C. H. BECK
STUDIUM

Hilkert Weddige

Einführung in die germanistische Mediävistik

Verlag C. H. Beck München

Die Deutsche Bibliothek – CIP-Einheitsaufnahme

Weddige, Hilkert:
Einführung in die germanische Mediävistik / Hilkert
Weddige. – 4. Aufl. – München : Beck, 2001.
(C. H. Beck-Studium)
ISBN 3 406 36749 6

ISBN 3 406 36749 6

4. Auflage. 2001
Umschlagentwurf: Bruno Schachtner, Dachau
© C. H. Beck'sche Verlagsbuchhandlung (Oscar Beck), München 1987
Gesamtherstellung: Druckerei C. H. Beck, Nördlingen
Printed in Germany

www.beck.de

Inhalt

Vorwort 9

1. «Germanistische Mediävistik»: Begriff, Geschichte und gegenwärtige Situation 11
   - 1.1 «Mediävistik» 11
   - 1.2 «Germanistik» 14
   - 1.3 Zur gegenwärtigen Situation der germanistischen Mediävistik 18
   - 1.4 Zur Begründung eines gegenwärtigen Interesses an mittelalterlicher Literatur 21

2. Zur Überlieferung der deutschen Literatur des Mittelalters 29
   - 2.1 Handschriftenkunde 29
   - 2.2 Textkritik 32
   - 2.2.1 Grundbegriffe der Textkritik 32
   - 2.2.2 Zur Anlage von *Des Minnesangs Frühling* am Beispiel von MF 4,17 .. 35
   - 2.3 Überlieferungsgeschichte als methodischer Ansatz von Literaturgeschichte 40

3. Zum mittelalterlichen Bildungswesen: Mündlich volkssprachliche Laienkultur und schriftlich lateinische Klerikerkultur 45
   - 3.1 Klerikerkultur: zum mittelalterlichen Unterrichtswesen 45
   - 3.1.1 Die Klosterschule 45
   - 3.1.2 Die Universitäten 48
   - 3.2 Laienkultur: zum Verhältnis von Literarizität und Illiterarizität 54

4. Mittelalterlich-christliche Bedeutungskunde (Hermeneutik) ... 58
   - 4.1 Christliche Weltdeutung im Mittelalter 58
   - 4.1.1 Christliche Universalkartographie 58
   - 4.1.2 Weltkunde als Buchwissen – Weltkunde durch *erfarung* 60
   - 4.1.3 Zur Zwei-Bücher-Lehre: das «Buch der Bücher» und das «Buch der Welt» 65
   - 4.1.4 Zur Begründung und Grundregel spiritualer Dingdeutung 67
   - 4.1.5 Naturdeutung – Naturkunde – Naturwissenschaft 71
     - Zur *Physiologus*-Tradition und -Adaptation 71
     - Von der Naturdeutung über die Naturkunde zur Naturwissenschaft.. 76
     - Mittelalterliche Naturdeutung und barocke Emblematik 79
   - 4.1.6 Christliche Geschichtsdeutung im Mittelalter 81
     - Typologie 81
     - Beispiele für Typologie in Literatur und bildender Kunst 84
     - Die Reichskrone als *signum sanctitatis* und die Philipp-Sprüche Walthers von der Vogelweide 84
     - Typologische Überhöhung im *Rolandslied* des Pfaffen Konrad 90

Typologie in sakralen Bilddenkmälern 93
Christliche Geschichtsdeutung 96
Otto von Freising 96
Die Geschichte des Simplicius *sub specie aeternitatis* 99
4.2 Textdeutung im Mittelalter............................ 100
4.2.1 Bibelexegese bei Otfried von Weißenburg und in einer Predigt 100
4.2.2 Zur allegorischen Interpretation in der Geschichte des Schriftverständnisses 105
Zur Zeichenlehre Augustins 105
Der Allegoriebegriff in der Rhetorik und in der christlichen Hermeneutik 107
Systematisierungsentwürfe zum mehrfachen Schriftsinn 108
4.2.3 Zur Allegorie in der profanen Literatur 110

5. Rhetorik und Metrik............................... 117
5.1 Die *ars rhetorica* als «Lehre vom Machen nach Zwecken durch Mittel» . 117
5.2 *Inventio* 119
5.2.1 Die *loci communes (Topoi)*........................... 119
5.2.2 Die drei Redegattungen *(genera orationis)* 123
5.3 *Dispositio* 125
5.3.1 Die Hauptteile einer Rede 125
5.3.2 Zum Aufbau von Urkunde und Brief 128
5.4 *Elocutio* 131
5.4.1 Die Lehre vom Angemessenen *(aptum, decorum)* und von den drei Stilebenen 131
5.4.2 Rhetorische Stilmittel: Figuren und Tropen 132
Zu den Tropen 133
Rhetorische Figuren............................... 133
5.5 Persönliches Erlebnis und rhetorische Distanz 138
5.6 Zum Verhältnis von Rhetorik und Poetik 141
5.7 Zur Metrik vor allem der mittelhochdeutsch-höfischen Dichtung ... 143
5.7.1 Gebundene Rede................................. 143
5.7.2 Reim 144
5.7.3 Takt und Versfüllung 145
5.7.4 Strophenformen 150
5.7.5 Der Übergang vom Reimvers zur Prosa 152

6. Die Feudalgesellschaft............................. 155
6.1 Ordogedanke und soziale Mobilität 155
6.2 Vom Personenverbandsstaat zum institutionellen Flächenstaat 161
6.3 Haus und Herrschaft 166
6.3.1 Grundherrschaft und Burg........................... 166
6.3.2 Der Hof und die höfische Lebensform 169
6.4 *ritter* und *vrouwe* 171
6.4.1 Zum Ritterbegriff 171
6.4.2 Der Ritter im Dienste Gottes und der Frauen 175
Der *miles christianus* 175
Die *vrouwe* 178
6.5 Stadt und Land 184

Inhalt

7.	**Die höfische Epik: Artusroman und Heldenepos**	187
7.1	«Ritterlich-höfische Dichtung der Stauferzeit»	187
7.2	Das französische Vorbild	190
7.2.1	Zur Rezeption und Adaptation der adligen Ritter- und Hofkultur Frankreichs im 12./13. Jahrhundert	190
7.2.2	Zur Rezeption der *trois matières* der altfranzösischen Epik	192
7.3	Der deutsche Artusroman	195
7.3.1	Zur Rolle des Protagonisten im Artusroman	195
	Der einzelne und die Gesellschaft	195
	Episodische Struktur und doppelter Cursus	197
	Strukturverschiebungen innerhalb der frühen Artusepik	199
7.3.2	König Artus und die Tafelrunde. Zur Rolle des Rechtsbrauchs	203
7.3.3	*der âventiure meine*	207
7.4	Mittelhochdeutsche Heldenepik	213
7.4.1	Germanische Heldensage	213
	Zur germanischen Tradition: Germanische Heldensage und Gefolgschaft	213
	Zum Ursprung der germanischen Heldensage	216
	Überlieferungsformen der germanisch-deutschen Heldensage	222
7.4.2	Das Nibelungenlied	225
	Nibelungensage und Nibelungenlied	225
	Heroische Tradition und höfische Modernität im Nibelungenlied	229
	Zum Stellenwert des Höfischen	229
	Zum Stellenwert des Heroischen	233
7.5	Zum Verhältnis von Epos und Roman	237
8.	**Minnesang und Spruchdichtung**	243
8.1	Minnesang	243
8.1.1	Zu den Anfängen weltlicher Lyrik in der Volkssprache	243
8.1.2	Der frühe donauländische Minnesang	247
8.1.3	Hohe Minne	254
	Zum Begriff der höfischen Liebe im Minnesang und in der Troubadourlyrik	254
	Minnesang und Tagelied	260
	Minnesang mit Kreuzzugsthematik	263
	Walthers von der Vogelweide Mädchenlieder und die Lieder der Neuen Hohen Minne	269
8.2	Zur Spruchdichtung	277
8.2.1	Minnesang und Spruchdichtung: Lied – Sangspruch – Sprechspruch	277
8.2.2	Gnomische Thematik	279
8.2.3	Lob und Tadel in den Sprüchen Walthers von der Vogelweide	281
9.	**Die deutschsprachige Literatur des Mittelalters in der Literaturgeschichtsschreibung: Probleme und Möglichkeiten der Darstellung**	286

10. Anmerkungen und Literaturhinweise 294

    10.1 Abkürzungen 294
    10.2 Anmerkungen 295
    10.3 Literaturhinweise 314
    10.3.1 Allgemeine Literaturhinweise und Empfehlungen zur Anlage und schriftlichen Form germanistischer Arbeiten 314
    10.3.2 Literaturhinweise zu den einzelnen Kapiteln 321

Verzeichnis der Abbildungen und Quellennachweis 356

Register 357

1. Namen und Sachen 357
2. Forschung 366

Vorwort

Dieses Buch möchte für die ältere deutsche Literatur und ihre Wissenschaft Interesse wecken. In der Schule gelten sie nicht mehr als «aktuell», und auch an der Universität kommt das Interesse nicht von allein, nämlich nicht ohne Erfahrung im Umgang mit den Quellen.
Das Buch soll darum im Überblick Grundkenntnisse vermitteln von den hauptsächlichen Gegenständen, Verfahrensweisen und Problemen der germanistischen Mediävistik. Im ersten Teil werden insbesondere diejenigen Richtungen vorgestellt, die als Grundlagenforschung zugleich den interdisziplinären Ansatz der Mediävistik repräsentieren. Der zweite Teil konzentriert sich auf die höfische Literatur und Gesellschaft des Hochmittelalters, während die geistliche Literatur des Frühmittelalters nur wenig und die bürgerliche des Spätmittelalters überhaupt nicht berücksichtigt werden.
Damit wird womöglich einer Kanonisierungstendenz Vorschub geleistet, die der Historizität in der Literaturwissenschaft zuwiderliefe. Gleichwohl entspricht sie der vorherrschenden Unterrichts- und Prüfungspraxis, und aus dieser ist die vorliegende Einführung entstanden, für diese ist sie bestimmt. Trifft die Auswahl Wesentliches, so sei doch daran erinnert, daß es häufig gerade die Umwege im Studium sind, die schließlich zum Mittelpunkt von Erkenntnis und Interesse führen. Der Verfasser sähe seine Aufgabe erfüllt, wenn sich der Leser mit Ecos Bruder William (und frei nach Wittgenstein) sagen könnte: *Er muoz gelîchsame die leiter abewerfen, sô er an ir ûf gestigen.*

Zur zweiten Auflage (1992)

Das Buch hat viel Anerkennung gefunden. In der Neuauflage sind Druckfehler und Versehen berichtigt und die Literaturhinweise dem gegenwärtigen Stand angepaßt.

Zur dritten Auflage

Das Namen- wurde um ein Sachregister ergänzt, der bibliographische Anhang aktualisiert. Dem literaturgeschichtlichen Teil ist 1996 ein sprachgeschichtlicher *(Mittelhochdeutsch. Eine Einführung)* zur Seite gestellt worden, der die Kenntnisse vermitteln möchte, die zum Übersetzen mittelhochdeutscher Texte nötig sind. Beide Darstellungen können einander wechselseitig ergänzen, zumal beide auf denselben Textbeispielen fußen. Ich hoffe, daß damit die *Einführung in die germanistische Mediävistik* die notwendige Abrundung erhält.

München, im November 1996 H. W.

1. «Germanistische Mediävistik»: Begriff, Geschichte und gegenwärtige Situation

1.1 «Mediävistik»

«Mediävistik» ist abgeleitet von lat. *medium aevum* und meint die fächerübergreifende Gesamtwissenschaft vom europäischen *Mittelalter*. Der europäische Kulturraum umfaßt dabei nicht nur das westlich-lateinische «Abendland», dessen Völker mittelbar oder unmittelbar mit Christentum und Spätantike in Berührung kamen, sondern auch die östliche Welt des griechisch-orthodoxen Christentums. Der Begriff des Mittelalters setzt voraus, daß sich im geschichtlichen Prozeß[1] ein Zeitraum als Sinneinheit fassen lasse, der sich in seiner Besonderheit abhebe vom vorausgehenden Altertum und von der folgenden Neuzeit. Diese Dreiteilung ist ein Verstehensentwurf späterer Generationen. Im – von uns so genannten – Mittelalter selbst verstand man sich nicht als Zeit der Geschichtsmitte im profangeschichtlichen, sondern als eine des Übergangs im heilsgeschichtlichen Sinne: mit Christi Kreuzestod hatte bereits das letzte Zeitalter begonnen, dessen Ende am Jüngsten Tage mit der Wiederkunft Jesu erwartet wurde.

Die Bezeichnung «Mittelalter» kam erst gegen Ende des 15. Jahrhunderts in italienischen Humanistenkreisen (implizite schon bei Petrarca) als Inbegriff einer Gegenwelt auf – für ein finsteres Zeitalter zwischen Antike und Renaissance. Als Kriterium galt den humanistischen Dichter-Philologen allererst die Qualität des geschriebenen Latein: im Mittelalter ins Barbarische abgesunken, hatte es jetzt bei den *moderni* wieder die klassische Höhe der *antiqui* erreicht.[2]

Der Begriff «des» Mittelalters ist weder seinem Inhalt noch seinem Umfang nach eine feste Größe, sondern wie jede Epochensetzung und Periodisierung[3] eine Hilfskonstruktion, wenngleich unentbehrlich für historisches Verstehen. Unter *Epoche* versteht man im strikten Sinne einen Wendepunkt, an welchem etwas Neues beginnt. Entscheidend ist dabei, worauf man sich jeweils bezieht: auf die Geschichte der politisch-staatlichen Ordnung, auf die der Wirtschaft, der Naturwissenschaft, der bildenden Kunst, der Literatur usf. Beim Vergleich solcher je «besonderen Geschichten» ergibt sich für die «allgemeine» Geschichtsschreibung jedoch ein Nebeneinander von Altem und Neuem, eine faktische «Ungleichzeitigkeit des Gleichzeitigen» (W. Pinder), welche eine allgemeine Epochenabgrenzung von vornherein fragwürdig erscheinen läßt.

So hat man den Beginn des Mittelalters u. a. in Verbindung gebracht mit dem Einbruch der Hunnen (375 n. Chr.), mit Kaiser Konstantin (325–337), mit dem Ende des weströmischen Reiches (476), mit der Ausbreitung des Islam (8. Jh.) usw., während das Ende des Mittelalters markiert sein sollte z. B. durch den Untergang des oströmisch-byzantinischen Reiches (1453), durch die Entdeckung Amerikas (1492), durch Luthers Thesen (1517) oder gar erst durch die Französische Revolution (1789). Deshalb muß jede mediävistische Einzeldisziplin die ihrem jeweiligen Gegenstandsbereich angemessene Epochenbestimmung suchen, finden und begründen. Die Geschichte der deutschsprachigen mittelalterlichen Literatur läßt sich noch recht exakt mit dem Einsetzen der schriftlichen Überlieferung beginnen, dagegen wird man für ihr Ende eine breite Übergangszone zwischen spätem Mittelalter und früher Neuzeit zugrunde legen müssen, wobei die Grenze je nach Fragestellung um Jahrhunderte vor- oder zurückverlegt werden kann – die rhetorische, die christlich-allegorische und die feudal-höfische Tradition etwa reichen bis ins 18. Jahrhundert. Wenn sich also die Bezeichnung Mittelalter für die Zeit von ca. 300/500 bis ca. 1500 eingebürgert hat, so ist dies ein Bezugsrahmen von relativem Wert. Zwar versucht die Mediävistik, alle Lebensäußerungen dieses Zeitraums zu einem Gesamtbild zu vereinen und zur «integralen Historie» (P. E. Hübinger) einer Epoche zu gelangen, aber sie sieht nicht mehr wie Leopold von Ranke «jede Epoche als etwas für sich Gültiges» an, weil damit «der Faden zwischen der Vergangenheit und der Gegenwart der Geschichte – zwischen der Epoche, *wie sie eigentlich gewesen*, und dem, *was aus ihr hervorging* – durchschnitten würde».[4]

Als interdisziplinäre Kultur- und Epochenwissenschaft wurde die Mediävistik bislang kaum institutionalisiert.[5] Ansätze finden sich z. B. in London (s. *Journal of the Warburg and Courtault Institutes*), in Poitiers (s. *Cahiers de civilisation médiévale*), Löwen und Spoleto (s. *Studi medievali*). In den USA gibt es die Mediaeval Academy of America (s. *Speculum*). In der Bundesrepublik wurde 1968 in Münster ein Sonderforschungsbereich «Mittelalterforschung» unter der Leitung von Friedrich Ohly und Karl Hauck gegründet (vgl. das Jahrbuch *Frühmittelalterliche Studien* und die Buchreihe *Münstersche Mittelalter-Schriften*). Für Geschichte gibt es in Göttingen ein Max-Planck-Institut, das sich u. a. die Erforschung der Struktur der mittelalterlichen Gesellschaft zum Ziel gesetzt hat; in München ist die Arbeitsstelle der *Monumenta Germaniae Historica;* im österreichischen Krems ist ein Institut für mittelalterliche Realienkunde im Aufbau, das sich mit der Geschichte des Alltags und der Sachkultur befaßt. Vielenorts werden mediävistische Symposien veranstaltet, z. B. in Verbindung mit großen Ausstellungen (Staufer, Babenberger etc.); über die Mediävistentagungen des Kölner Thomas-Instituts – mit der Theologie als Mittelpunkt – unterrichtet die Buchreihe *Miscel-*

lanea Mediaevalia. Am deutlichsten freilich dokumentiert sich der interdisziplinäre Austausch «auf dem Papier», nämlich in den wissenschaftlichen Publikationen. Gewiß überwiegt hier noch die bloße Addition, etwa in Form der «Buchbindersynthese», wie sie für Nachschlagewerke und Handbücher typisch und wohl auch unumgänglich ist, interdisziplinär im eigentlichen Verstande sind erst solche Untersuchungen zu nennen, die vom jeweiligen Gegenstande einer Einzeldisziplin her die Grenzüberschreitung als notwendig und sinnvoll erkennen lassen.

De facto ist natürlich die Zusammenarbeit und Grenzüberschreitung innerhalb der traditionellen Hauptgruppen der Geisteswissenschaften am intensivsten: auf der einen Seite die Geschichtswissenschaften (mit der Rechtsgeschichte), auf der anderen die Philologien; daneben Theologie und Philosophie, Kunstgeschichte und Musikgeschichte. Als Kernfach innerhalb der mediävistischen Philologien ist – spätestens seit Ernst Robert Curtius' *Europäische Literatur und lateinisches Mittelalter* (1948) – die mittellateinische Philologie anerkannt, sind doch ohne den lateinischen Hintergrund die volkssprachlichen Literaturen des Mittelalters unverständlich. Das Problem der Zweisprachigkeit stellt sich damit den volkssprachlichen – vor allem den romanischen und den germanischen – Philologien als zentrale Aufgabe; im Grunde ist ja jeder deutsche Schrifttext des Mittelalters schon vom Schreiben her «ein Vermittlungsprodukt zwischen mündlich volkssprachlicher Laien- und schriftlich lateinischer Klerikerkultur».[6] Insofern versteht sich die germanistische Mediävistik als Wissenschaft von der deutschen Sprache und Literatur im lateinischen Mittelalter – aber:

«Wie die europäischen Sprachen und ihre Literaturen sich entwickelt haben: aus ursprünglich mündlichen ethnischen Kulturen zur Schriftlichkeit unter der Dominanz der gelehrten lateinischen und griechischen Schriftkultur und in Wechselwirkungen mit ihr und weiter zu Trägern der neuzeitlichen Nationalsprachen und Kultursprachen – das geschieht für Deutsch, Niederländisch, die skandinavischen Sprachen, für Französisch, Italienisch, Spanisch, Englisch, die slawischen Sprachen usw. jeweils so spezifisch anders, daß nur die einzelnen Philologien adäquate Kategorien dafür gewinnen können.»[7]

Worin die Eigenart der mittelalterlichen deutschen Literatur bestehen könnte, wie es dazu kam und was daraus geworden ist, wird sichtbar erst im vertikal-diachronischen Zusammenhang: wenn rückschreitend Kontinuitäten und Diskontinuitäten zwischen dem Hier und Jetzt und der Vergangenheit aufgedeckt werden. Darum versteht sich die germanistische Mediävistik nicht nur als Teildisziplin der Mediävistik als einer synchron vergleichenden Querschnittswissenschaft, sondern auch als Teildisziplin der Germanistik als einer Wissenschaft von der deutschen Sprache und Literatur von den Anfängen bis zur Gegenwart. Unter diesem Aspekt hieße die «germanistische Mediävistik» eigentlich besser «mediävistische Germanistik».

1.2 «Germanistik»

Die Geschichte der Mittelalter-Rezeption vor der Etablierung der Germanistik als Fachwissenschaft um 1830/35 ist ein Kapitel für sich. Jedenfalls ist das Interesse an mittelalterlicher deutscher Literatur auch in der lateinisch sich verständigenden Gelehrtenwelt des 16. und 17. Jahrhunderts keineswegs völlig erloschen (s. M. Goldast, S. Brant, M. Opitz, D. G. Morhof, J. M. Moscherosch u. a.). In der fortschrittsgläubigen Aufklärung herrscht dann allerdings die Tendenz vor, das Mittelalter als überwundene oder zu überwindende Vergangenheit abzutun. Die großen Entwürfe Herders sind es wohl vor allem gewesen, die den Anstoß zur Entwicklung des geschichtlichen Denkens in Deutschland gaben. Eine neue Epoche der Mittelalter-Rezeption beginnt dann im Umfeld der Frühromantik: keine «Wiederentdeckung», wohl aber eine Aufwertung des Mittelalters, die – so diffus sie anfangs sein mochte – schließlich der historisch-philologischen Betrachtung den Weg ebnete. Im utopischen Rückblick eines Novalis zum Beispiel wird angesichts der Erfahrung der Mangelhaftigkeit gegenwärtiger Verhältnisse das Wunschbild einer schöneren Vergangenheit entworfen, «wo Europa ein christliches Land war, wo eine Christenheit diesen menschlich gestalteten Erdteil bewohnte». Die Beschäftigung mit älterer deutscher Literatur diente freilich mehr der Selbstvergewisserung des eigenen literarischen Tuns, war noch nicht eigentlich Literaturwissenschaft. Gleichwohl wurde solche Rückwärtsgewandtheit in Verbindung mit dem neu erwachten Nationalbewußtsein zu einem entscheidenden Movens im Entstehungsprozeß der Germanistik.

Die neueren europäischen Philologien – Germanistik, Romanistik, Anglistik – sind Abkömmlinge der klassischen Philologie;[8] die Textkritik eines Karl Lachmann (1793–1851) zum Beispiel repräsentiert eindrücklich die gemeinsame philologische Tradition. Griech. *philologos* bezeichnet in Platons Dialogen den «Liebhaber des *logos*» (und seine Lust am Miteinander-Sprechen); in der mlat. und neulat. Literatur wird dann *philologia* eine Tätigkeit genannt, die sich um den Wortlaut und den Sinn von Texten bemüht. Dabei geht es um die Wiedergewinnung und Auslegung solcher Texte, die das eigentlich Maßgebliche enthalten – und das sind v. a. Bibel und Gesetze. Darum ist die Geschichte der Philologie eng verknüpft mit derjenigen der Theologie und der Jurisprudenz.

«Germanist» hieß zunächst «Kenner des germanischen Rechts», im Unterschied zum «Romanisten», der für das römische, und zum «Kanonisten», der für das geistlich-kanonische Recht zuständig war. Jacob Grimm war von Haus aus Jurist. Der rechtskundliche «Germanist» Friedrich Carl von Savigny hat seine Vorstellung, daß Glaube, Recht, Sitte, Sprache und Dichtung eines Volkes aus der gleichen Wurzel kämen, mitgeprägt. 1846 wird das Wort «Germanist» in erweiterter Bedeutung gebraucht für «Männer, die sich der Pflege des deutschen Rechts, deutscher Geschichte und Sprache ergeben»,[9] so die Einladung zur ersten «Germanistenversammlung» nach Frankfurt am Main. «Germanist» meint jetzt den «Erforscher des germanisch-deutschen Altertums». Die Sprachforschung erscheint nun als das alle Richtungen der germanisch-deutschen Altertumskunde umfassende Band. «Was ist ein volk?», fragt der zum Vorsitzenden gewählte Jacob Grimm die Germanistenversammlung, und er antwortet: «ein volk ist der inbegriff von menschen, welche dieselbe sprache reden».[10] Es fehlt ein aus konkreter staatlicher und sozialer Ordnung begründeter Nationalbegriff; denn die großen Ziele der Befreiungskriege – Einheit und Freiheit – hatten sich nicht erfüllt, und sie ließen sich auch mit der Revolution von 1848 nicht verwirklichen. Um so dringlicher schien es, wenigstens das Bewußtsein eines geistigen Deutschland zu wecken und zu fördern. «Was haben wir denn gemeinsames als unsere sprache und literatur?», schreibt Jacob Grimm in seiner Vorrede zum *Deutschen Wörterbuch* (1854), und: «Seit den befreiungskriegen ist in allen edlen schichten der nation anhaltende und unvergehende sehnsucht entsprungen nach den gütern, die Deutschland einigen und nicht trennen, die uns allein den stempel voller eigenheit aufzudrücken und zu wahren im stande sind».[11] In der Hoffnung auf ein künftiges Vaterland in Einheit und Freiheit werden diese einigenden Güter in romantischer Rückwendung in der germanisch-deutschen Vergangenheit gesucht. Zu diesem Zwecke gründete schon 1819 der Reichsfreiherr vom Stein die «Gesellschaft für ältere deutsche Geschichtskunde», welcher mit den *Monumenta Germaniae Historica* (zitiert: MGH) die größte Quellensammlung zur mittelalterlichen deutschen Geschichte verdankt wird.

Diesem Ziel dienen nicht zuletzt auch die großen Sammlungen von Jacob Grimm (1785–1863) und Wilhelm Grimm (1786–1859), die zumeist das Adjektiv «deutsch» im Titel tragen: die *Deutschen Sagen* (1816 und 1818); Jacobs *Deutsche Rechtsaltertümer* (1828), *Deutsche Mythologie* (1835) und die *Weistümer* (1840–63) sowie Wilhelms *Deutsche Heldensage* (1829). Jacob Grimm veröffentlicht 1819 den 1. Band seiner *Deutschen Grammatik* (Band II 1826, III 1831, IV 1837), und vor allem: 1852 erscheint die erste Lieferung des *Deutschen Wörterbuches*.[12] Konrad Burdach hat den Grimms «die wissenschaftliche Entdeckung und Darstellung der deutschen Nationalität» zugeschrieben, aber ihre wahrhaft internationale Wirkung (z. B. auf die Slavistik) erklärt sich erst daraus, daß sie die eigene Nation als eine unter anderen verstanden, daß bei aller «Andacht zum Unbedeutenden» (Sulpiz Boisserée) und Liebe zum Deutschen ihre Interessen von europäischer Weite waren. Gleichwohl haftet ihrer Vorstellung vom Wesen des deutschen Volkes letztlich etwas Irrationales an.

Der Mythos vom Deutschen, oft gleichgesetzt mit dem Germanischen und entgegengesetzt dem Römisch-Romanischen, entsteht mit der Wiederentdeckung der *Germania* des Tacitus durch die deutschen Humanisten des 15. und mit einer Sprachtheorie des 17. Jahrhunderts, derzufolge in der unvermischten deutschen Sprache Klang und Sinn noch ungeschieden waren. Nach romantischer Sprach- und Literaturauffassung wird der Ursprungszustand der deutschen Sprache faßbar in der älteren und ältesten Natur- und Volkspoesie, in welcher sich am reinsten «deutsches Wesen» mit den unverdorbenen Tugenden des Aufrichtigen, Schlichten, Festen, Treuen offenbaren sollte. In Sprache, Literatur, Religion, Brauchtum, Recht und Geschichte wird ein von einem imaginären Ursprung her unveränderter deutscher Volksgeist gesucht. Ein August Wilhelm Schlegel, weltläufig, gebildet in und an der Weltliteratur, hat schon 1815 den schwärmerischen Kult des Volkes und des dichterischen Volksgeistes kritisiert. Doch nicht die Brüder Schlegel, sondern die Brüder Grimm sind die Ahnherren der akademischen Germanistik geworden.

Das bedeutete: Vernachlässigung der gegenwärtigen Literatur, Hinwendung zum germanisch-deutschen Altertum, Wertschätzung alles Frühen, Begründung des Mythos vom «Deutschen». Damit sind in der Frühzeit der Germanistik auch Dispositionen angelegt, die über die nationale Geschichte der Gervinus- und Schererzeit schließlich in der Zeit des Nationalsozialismus die Germanistik zur «Deutschkunde», zu einer «deutschen Wissenschaft»[13] werden ließen, wo manchem ihrer Vertreter das «deutsche Volk» und ein diffuses – und darum manipulierbares – «deutsches Wesen» oberste Kategorien waren.

Dennoch hat der Nationalstaatsgedanke des 19. Jahrhunderts die Entstehung der neueren nationalen Philologien überhaupt erst legitimiert, und die Idee der nationalen Individualität setzte insbesondere der deutschen Philologie das große Ziel. Zur Verwissenschaftlichung des Faches trug seit der zweiten Hälfte des 19. Jahrhunderts dann ganz entscheidend der Positivismus bei. Dieser geht weltanschaulich, erkenntnistheoretisch und methodologisch vom unmittelbar «Gegebenen» aus, von der «objektiven», voraussetzungslosen und exakten Beschreibung «positiver Tatsachen». Daten von Werken, Autoren, Richtungen und Epochen werden in ihrer Vereinzelung verabsolutiert und kaum im historischen Gesamtzusammenhang verstanden, vielmehr in enger Anlehnung an die Naturwissenschaften als Glieder einer lückenlosen Kette von Ursache und Wirkung nach dem Kausalitätsprinzip erklärt. Die Quellenforschung löst die spezifische Eigenart des literarischen Werkes in ein Bündel von «Einflüssen» auf. In der Sprachgeschichte z. B. beschreiben «Junggrammatiker» wie K. Brugmann, H. Osthoff, W. Braune, H. Paul die Lautveränderungen als nach «ausnahmslos» wirkenden «Gesetzmäßigkeiten» verlaufende Vorgänge, deren Ausgangspunkt der «psycho-physische Mechanismus» des Sprechakts ist. «Die Naturwissenschaft zieht als Triumphator auf dem Siegeswagen einher, an den wir alle gefesselt sind», so Wilhelm

Scherer (1841–1886), dessen *Geschichte der deutschen Literatur* (1883) zum repräsentativen und schulebildenden Werk positivistischer Literaturgeschichtsschreibung geworden ist. Lag für Jacob Grimm bereits in der Frühzeit die wahre Größe und Vollendung, so vertraut Scherer auf den «Fortschritt» und auf das «Glück der Gegenwart», an welcher die Vergangenheit gemessen und nicht selten verworfen wird. Infolgedessen werden philologische Verfahrensweisen jetzt auch auf neuere Texte angewandt, unter dem Einfluß Scherers und seines Schülers Erich Schmidt (1853–1913) etabliert sich an den Universitäten (z. B. in Berlin) die neuere deutsche Literaturgeschichte neben der älteren.

Die Reaktion auf den Positivismus ließ nicht lange auf sich warten. Ebenfalls im Jahre 1883 erschien der erste Band von Wilhelm Diltheys (1833–1911) *Einleitung in die Geisteswissenschaften* – der Versuch einer erkenntnistheoretischen Begründung der Geisteswissenschaften gegen die Naturwissenschaften vom Standpunkt der historischen Hermeneutik: Während die Naturwissenschaften auf das Allgemein-Gesetzmäßige zielen und ihre Gegenstände (die Natur) durch Erfahrung, Experiment und Berechnung zu analysieren und zu *erklären* suchen, beziehen sich die Geisteswissenschaften als historische Wissenschaften auf das Individuell-Besondere und Unüberholbare als das «Geschichtliche». Ihre Aufgabe ist nicht die Analyse einzelner Kausalverhältnisse, sondern das *Verstehen* eines komplexen Ganzen, wobei die Analyse ein synthetisches Verstehen bereits voraussetzt – ein Akt, den Dilthey aus dem nicht weiter reduzierbaren persönlichen Erlebnis des Verstehenden herleitet. Wenn Verstehen und Auslegen die Interpretation ausmachen, so ist Hermeneutik die Theorie der Interpretation, indem sie die Bedingungen des Verstehens und die praktischen Möglichkeiten der Auslegung reflektiert. Die «Kunstlehre des Verstehens schriftlich fixierter Lebensäußerungen» hat zum Beispiel das Problem bewußt gemacht, daß sich Verstehen in einem unauflöslichen «hermeneutischen Zirkel» bewegt:

«Nach der Seite des Erkenntnisobjekts besagt der ‹philologische Zirkel›, daß das Einzelne jeweils nur aus dem zugehörigen Ganzen, das Ganze aber seinerseits erst aus dem Einzelnen zu verstehen sei; nach der Seite des Erkenntnissubjekts besagt der ‹Zirkel der Geschichtlichkeit des Verstehens›, daß das Verstehen in den geschichtlich gewordenen Erkenntniszusammenhang des auffassenden Subjekts hinein geschieht, der wiederum in den geschichtlichen Wirkungszusammenhang der geistigen Welt verflochten ist.»[14]

Gegenstand und Erkenntnisweise der Geisteswissenschaften sind also geschichtlicher Art; denn sowohl der (subjektive) Verstehenszusammenhang als auch der (objektive) Sinnzusammenhang eines Textes sind geschichtlich bedingt, keine unveränderlichen «Tatsachen an sich». Der Geschichtlichkeit der Gegenstände entspricht die Geschichtlichkeit des Verstehenden: dieses Verstehensproblem, mit dem sich dann Martin Heidegger, Hans-Georg Gadamer und Jürgen Habermas weiter auseinandergesetzt haben, stellt sich allen historisch-hermeneutischen Wissenschaften als Aufgabe, also auch der Mediävistik, die ja von vornherein ihre Gegenstände als geschichtliche definiert. Damit ist jedoch schon die hermeneutische Wende vorweggenommen, die sich eigentlich erst in den letzten Jahrzehnten vollzog. Zunächst erfolgte in den beiden ersten Jahrzehnten dieses Jahrhunderts der Übergang von der positivistisch-biographischen Tatsachenforschung zur sog. Geistes- und Ideengeschichte. Sie setzte der kausalen Geschichtserklärung eine Ästhetik der irrationalen Schöpfung entgegen und suchte in übergreifenden Synthesen den Zusammenhang der Dichtung in der Wiederkehr überzeitlicher Ideen («Geist», «Wesen», «Idee», «Gestalt», «Bild» lauten die Grundbegriffe).[15]

1.3 Zur gegenwärtigen Situation der germanistischen Mediävistik

Die Germanistik der Nachkriegszeit zog sich auf die vermeintlich unabhängigen Bereiche des Ästhetischen und/oder des Tatsachenwissens zurück. Kennzeichnend ist die Wende von einer generalisierenden Betrachtungsweise der Literatur unter ideen- und geistesgeschichtlichen Aspekten zur immanenten Interpretation des einzelnen «sprachlichen Kunstwerks» (Wolfgang Kayser) in seiner künstlerischen Eigengesetzlichkeit.

Die Altgermanistik entfernte sich von der germanischen Altertumskunde und von der Nordistik (Andreas Heusler) und näherte sich der mittellateinischen Philologie und der Romanistik (Ernst Robert Curtius, Erich Auerbach) sowie der Theologie (Julius Schwietering, Friedrich Ohly). Damit erlangten die christliche und die römisch-romanische Komponente in der deutschen Literaturgeschichte ihren gleichberechtigten Platz neben der germanischen. Nach einer Periode einseitiger Konzentration auf die diachronische Rekonstruktion von Vorstufen setzte sich die synchronische Betrachtung der überlieferten Texte in ihrer Zeit durch (paradigmatisch die Wende in der Nibelungenforschung). Zunehmend wandte man sich der Literatur des Spätmittelalters und der Barockzeit zu: Hier gab es noch genügend weiße Flecken auf der literaturgeschichtlichen Landkarte, hier eröffneten zunächst die Wiederentdeckung der rhetorischen Tradition (Ernst Robert Curtius), dann die rezeptionsgeschichtliche (Hans Robert Jauß) und schließlich die sozial- und funktionsgeschichtliche (Erich Köhler) Forschungsperspektive vielfältige Anwendungsmöglichkeiten. «Die Eroberung ganzer Jahrhunderte geht seitdem einher mit der Durchsetzung eines Literaturbegriffs, der die Grenzen der ‹eigentlichen› Literatur durchbricht und kultur-, mentalitäts- und bildungsgeschichtlich bedeutsame Texte zum Forschungsgegenstand macht.»[16]

1.3 Zur gegenwärtigen Situation der germanistischen Mediävistik

Innerhalb der institutionalisierten Germanistik verlagerte sich endgültig das Gewicht von der älteren auf die neuere deutsche Literaturwissenschaft. Die Sprachwissenschaft blieb zunächst der Wissenschaft von der «Älteren deutschen Sprache und Literatur» überlassen, bis sich die germanistische Linguistik – v. a. mit der Forderung nach stärkerer Betrachtung der Gegenwartssprache und nach synchronen, auf die interne Sprachstruktur bezogenen Untersuchungen – verselbständigte.

Seither versteht sich die germanistische Mediävistik primär als Wissenschaft von der älteren deutschen Literatur, wobei zumindest grundsätzlich kein erkenntnistheoretischer und methodologischer Unterschied zur «Neueren deutschen Literaturwissenschaft» besteht. Hier wie dort gilt ein erweiterter Literaturbegriff («Textwissenschaft»), können nach denselben Methoden Texte ediert, in ihrem historischen Kontext beschrieben und gedeutet werden. Es ist das Eigengewicht ihrer Gegenstände, das das Spezifische der Mediävistik ausmacht, sie zu spezifisch-historischen Fragestellungen und Antworten herausfordert – zum Verhältnis von Überlieferungsgeschichte und Literaturgeschichte, von Mündlichkeit und Schriftlichkeit, von Latein und Volkssprache, zur christlichen Hermeneutik, zur rhetorischen Tradition, zur Gattungsgeschichte, zur Sozialgeschichte und zur Funktion der Literatur in bestimmten Gebrauchssituationen, um nur die heute wichtigsten Gegenstandsbereiche zu nennen.

Dagegen hat sich die methodische Kluft zwischen mediävistischer Sprachwissenschaft und moderner Linguistik eher noch vertieft. Da alt- und mittelhochdeutsche Sprachkenntnisse nur mehr funktionalen Stellenwert für die altgermanistische Literaturwissenschaft besitzen («Übersetzungsfähigkeit» heißt das Nahziel in der Lehrpraxis), werden linguistische Beschreibungsmodelle nicht in dem Maße systematisierend und generalisierend angewandt, wie es beim Sprachstudium als Hauptzweck möglich wäre. Bei dieser Umorientierung in der mediävistischen Lehre hat die germanische Sprachwissenschaft, z. B. das Studium des Gotischen, Altnordischen, Altsächsischen, auch das des Althochdeutschen, erheblich an Boden verloren, zumal gleichzeitig innerhalb der Linguistik das Pendel nach der Seite der Systemlinguistik ausschlug. Hier hat sich jedoch inzwischen die Historik längst ihren Platz zurückerobert, so daß es im sprachwissenschaftlichen Bereich zu Überschneidungen zwischen germanistischer Linguistik und Mediävistik kommt.

Die Einheit der Deutschen Philologie jedenfalls, die bis in die Mitte der sechziger Jahre nahezu ungebrochen fortlebte (die von Wolfgang Stammler herausgegebene *Deutsche Philologie im Aufriß* ist dafür ein Dokument), droht zum unvermittelten Nebeneinander ihrer Teilbereiche zu veräußerlichen. Ob unter den miteinander konkurrierenden Richtungen der *Strukturalismus* eine neue Einheit im Methodologischen zu stiften vermag, ist in der Praxis noch nicht entschieden, weil sich die Analyse literarischer Strukturen nicht ohne weiteres mit Fragen nach geschichtlichen Wandlungsprozessen vermitteln läßt: «Literatur *und/oder* Geschichte», das ist das Problem.[17]

Ihren vorläufigen Abschluß fand diese Entwicklung 1970 auf einer Konferenz der Kultusminister mit den «Rahmenbestimmungen zu den Anforderungen für die Wissenschaftliche Prüfung im Fach Deutsch». Sie gehen aus von drei Fachgebieten: «Deutsche Sprache», «Ältere deutsche Literatur», «Neuere deutsche Literatur». Für das Hauptstudium im Fachgebiet Ältere deutsche Literatur werden erwartet:

1. Vertrautheit mit literaturwissenschaftlichen Methoden;
2. Fähigkeit zur Analyse alt- und mittelhochdeutscher Texte;
3. Kenntnis älterer deutscher Texte aufgrund ausgedehnter Lektüre und Überblick über die Geschichte der älteren deutschen Literatur;
4. Einblick in die Beziehungen zwischen der deutschsprachigen und der nichtdeutschsprachigen mittelalterlichen Literatur;
5. Einblick in die Geschichte des Fachgebietes.

Dieses «Dreiermodell» ist ein wissenschaftsgeschichtlich bedingter Kompromiß nach den Auseinandersetzungen der Jahre 1966 bis 1969, als die Germanistik – im Zusammenhang mit einer allgemeinen Veränderung der gesellschafts- und hochschulpolitischen Lage – in eine Krise geriet. Auslösendes Ereignis war für eine breitere Öffentlichkeit der Münchner Germanistentag 1966 zum Rahmenthema «Nationalismus in Germanistik und Dichtung».[18] Der Diskussion um die politischen Implikationen des Faches in der Vergangenheit folgten «Ansichten einer künftigen Germanistik»[19] und konkrete Reformvorschläge (z. B. von Wolfgang Iser und Harald Weinrich). Ein zweiter Anstoß kam von den Studenten, die gegen die vermeintliche politische Abstinenz der Wissenschaft Sturm liefen und Mitbestimmung in Hochschulangelegenheiten forderten.[20] Ihre eigentliche Brisanz erhielt diese anfangs eher fachinterne Ad hoc-Kritik schließlich durch die Aneignung des begrifflichen Instrumentariums der *Kritischen Theorie* der Frankfurter Schule (Adorno, Horkheimer, Habermas, Marcuse).[21] In den Mittelpunkt rückte die studentische Kritik an der ideologischen, systemstabilisierenden Funktion der Wissenschaft.

Die Frage nach der «gesellschaftlichen Relevanz» lief dem traditionellen Selbstverständnis der Germanistik zuwider und setzte insbesondere die Altgermanistik einem starken Rechtfertigungsdruck aus. Deren Verhältnis zur Schulpraxis galt als «Gretchenfrage»;[22] ältere Literatur wurde für «veraltet» und darum «überflüssig» erklärt; das Interesse an einer technischen Verwendbarkeit der Unterrichtsinhalte traf sich mit einem verengten Begriff von «Aktualität». Die «reformierte Altgermanistik»[23] versuchte, diese Kritik aufzunehmen und die Kritiker mit deren eigenen Waffen zu schlagen, indem sie für eine sozialgeschichtlich fundierte Literaturbetrachtung eintrat, was wiederum von seiten der «alten» («bürgerlichen») Altgermanistik als «soziologische Mode» o. ä. abgelehnt wurde. Die Germanistik im Ausland wahrte gegenüber solchen «Grundsatzdiskussionen» ohnehin pragmatische Distanz.

Die Reformeuphorie ist verflogen. Wenn auch der Wortschatz der «szientifischen Wende»[24] die «Rückführung auf eine unprätentiöse Fachdisziplin»[25] eher verhindert hat, so ist doch unbestritten, daß sich seither die Literaturwissenschaft «in verstärktem Maße wissenschaftlicher Selbstprüfung stellt. Strengere Verfahrensregeln und Methoden anzuwenden, methodische Reflexion als Kontrollinstanz [...] einzusetzen, ist eine häufig zu beobachtende Tendenz», heißt es in einem DFG-Bericht des Jahres 1981 zur Lage der Germanistik. Und vor allem: «Der heutige Literaturwissenschaftler ist wieder Historiker geworden»,[26] was der germanistischen Mediävistik, deren Feld ja die Literarhistorie ist, nur förderlich sein kann.

1.4 Zur Begründung eines gegenwärtigen Interesses an mittelalterlicher Literatur

Als 1968 dem französischen Germanisten Robert Minder der Hamburger Goethe-Preis verliehen wurde, gab er seiner Dankesrede den Titel: «Wie wird man Literarhistoriker und wozu?»[27] An drei Symptome seiner Jugendzeit erinnerte er sich: die Faszination durch den Buchkatalog eines Warenhauses, die Freude am Auf- und Umstellen von Büchern, die Sammlung von Exzerpten aus Urteilen über zum Teil ungelesene Bücher – «Früh übt sich im Nichtlesen und doch Darüberredenkönnen, was ein Literarhistoriker werden will». So entstand der Gedanke jener ungewöhnlichen Festschrift für Minder, in welcher der Herausgeber Unseld nicht einfach gefragt hatte: «*Was ist* Literaturhistorie?» Er bediente sich vielmehr einer hermeneutischen List, indem er die Zunftgenossen – frei nach Schiller (und Jauß) – fragte: «Wie, warum und zu welchem Ende *wurde ich* Literarhistoriker?» Damit wurde eine Selbstreflexion nahegelegt, in welcher die Vergangenheit und Gegenwart des Ich und die Gegenstände seiner Tätigkeit als in einem Verstehenshorizont vermittelt erscheinen mußten.

Angewandt auf die Mediävistik heißt das: Die eine Frage «Was ist germanistische Mediävistik?» bedingt zugleich die andere: «Warum studiere ich germanistische Mediävistik?» Doch so sehr auch Wissenschaftstheorie, philosophische Hermeneutik und die «Reflexion des Erkenntnisinteresses» zur Vergewisserung der Grundlagen und der Verfahrensweisen des Faches beigetragen haben: es fällt schwer, die Argumentation von der Ebene des Abstrakten auf die des Konkreten zu ziehen. Ohnehin war und ist die Antwort zumeist ein beredtes Schweigen – verständlich genug nach Jahren, in denen die Frage nach dem Selbstverständnis der Mediävistik eher einem Rechtfertigungszwang glich, auf den man entweder mit hilfloser Abwehr oder mit modischer Anpassung reagierte. Deshalb zur Anregung der Hinweis auf zwei Veröffentlichungen des Jahres 1976, die ein gegenwärtiges Interesse an mittelalterlicher Literatur ernsthaft zu begründen suchen.

Hans Robert Jauß[28] argumentiert für ein gegenwärtiges Interesse 1. mit dem ästhetischen Vergnügen, 2. mit der befremdenden Andersheit und 3. mit dem Modellcharakter mittelalterlicher Texte:

«Angesichts der gegenwärtigen Situation, in der sich die klassischen Paradigmen der positivistischen Traditionsforschung wie auch der idealistischen Werk- oder Stilinterpretation erschöpft und die angepriesenen modernen Methoden der strukturalen Linguistik, Semiotik, phänomenologischen oder soziologischen Literaturtheorie noch nicht paradigmenbildend verfestigt haben, schlage ich vor, das Forschungs- und Bildungsinteresse an der Literatur des Mittelalters mit drei Gründen zu rechtfertigen: dem ästhetischen Vergnügen, der befremdenden Andersheit und dem Modellcharakter mittelalterlicher Texte. Wie leicht zu erraten ist, liegt dieser Triade ein bewährtes Verfahren der literarischen Hermeneutik zugrunde. Die unmittelbare oder präreflexive Leseerfahrung, die implizit ja immer schon ein Erproben der Lesbarkeit einschließt, bildet die unentbehrliche erste hermeneutische Brücke. Die vermittelnde Leistung oder hermeneutische Funktion des ästhetischen Vergnügens erweist sich daran, daß es durch fortschreitende Einstimmung oder auch via negationis, durch ein eintretendes Mißvergnügen an der Lektüre, die erstaunliche oder befremdende Andersheit der vom Text eröffneten Welt gewahr werden läßt. Sich diese Andersheit einer abgeschiedenen Vergangenheit bewußt zu machen, erfordert das reflektierende Aufnehmen ihrer befremdenden Aspekte, methodisch ausführbar als Rekonstruktion des Erwartungshorizonts der Adressaten, für die der Text ursprünglich verfaßt war. Dieser zweite hermeneutische Schritt darf indes nicht schon das Ziel des Verstehens überhaupt sein, soll die so gewonnene Erkenntnis der Andersheit einer fernen Textwelt nicht bloß eine verschärfte, durch Horizontabhebung objektivierte Variante historischer Vergegenständlichung bleiben. Im Durchgang durch die Befremdung der Andersheit muß ihr möglicher Sinn für uns gesucht, die Frage nach der historisch weiterreichenden, die ursprüngliche kommunikative Situation übersteigenden Bedeutung gestellt werden. Oder in Gadamers Terminologie formuliert: die Horizontabhebung muß im Prozeß aktiven Verstehens zur Verschmelzung des vergangenen mit dem gegenwärtigen Horizont ästhetischer Erfahrung weitergeführt werden. Dabei ist es nicht von vornherein ausgemacht, daß die Horizontverschmelzung gelingt. Das anfängliche ästhetische Vergnügen am Text kann sich schließlich als ein naiv modernisierendes Vorverständnis enthüllen, das erste ästhetische Urteil der Nicht-Lesbarkeit sich auch noch am Ende als unüberwindbar erweisen. Dann fällt der Text als ein nur noch historisch interessantes Zeugnis aus der Kanonbildung gegenwärtiger ästhetischer Erfahrung heraus.» (S. 10)

«Mit dieser Einstellung eines schon reflektierten ästhetischen Genusses, der ein Erkennen des Kontrastes zu moderner Erfahrung voraussetzt, sind wir bereits beim zweiten hermeneutischen Schritt, der Befremdung durch *Alterität*, angelangt. Dieser Begriff ist nicht zufällig in der Debatte über Paul Zumthors *Essai de poétique médiévale* in den Mittelpunkt des Interesses getreten. Ich folge in seinem Gebrauch zugleich der Sprachtheorie Eugenio Coserius, um im Blick auf das hermeneutische Problem der

1.4 Zum gegenwärtigen Interesse an mittelalterlicher Literatur

mittelalterlichen Literatur die eigentümlich gedoppelte Struktur eines Diskurses zu benennen, der uns als Zeugnis einer fernen, historisch abgeschiedenen Vergangenheit in befremdender ‹Andersheit› erscheint, gleichwohl aber als ästhetischer Gegenstand dank seiner sprachlichen Gestalt auf ein *anderes*, verstehendes Bewußtsein bezogen ist, mithin auch mit einem späteren, nicht mehr zeitgenössischen Adressaten Kommunikation ermöglicht.» (S. 14)

«Auf die kürzeste Formel gebracht, ist es ein neuer Versuch, die Modernität mittelalterlicher Literatur in ihrer Alterität zu entdecken. Es bedarf kaum der Bemerkung, daß ‹Modernität› dabei von den unkritischen Weisen einer Aktualisierung abzusetzen ist, die ein gegenwärtiges Interesse geradezu aus der Literatur der Vergangenheit bestätigt finden will. Gegenüber solchem Modernismus meint Modernität die Erkenntnis einer Bedeutung mittelalterlicher Literatur, die nur im reflektierten Durchgang durch ihre Alterität zu gewinnen ist. Der Modellcharakter, den das Feld dieser Literatur für die gegenwärtige Theoriebildung und interdisziplinäre Forschung der Humanwissenschaften gewinnen könnte, läßt sich vorläufig wohl so beschreiben, wie ich es anderweitig im Blick auf den begonnenen *Grundriß der romanischen Literaturen des Mittelalters* schon einmal versucht habe. Das Mittelalter weist in seiner Literatur folgende Züge auf, die sich in gleich beispielhafter Ausprägung gewiß nicht häufig vereint finden: das Modell einer in sich geschlossenen Kultur und Gesellschaft, in welcher Kunst und Literatur noch in der Praxis ihrer normbildenden Funktionen greifbar sind; der zugleich archaische und schulartig gebildete Charakter dieser Kultur, in der sich der Kosmopolitismus der lateinischen Schriftlichkeit mit der Alltagsfunktion der gesprochenen romanischen Regionalsprachen überkreuzt; der Konservativismus einer Literatur, die fern von aller Aristotelesrezeption ihr eigenes Nachahmungsprinzip und Literatursystem entwickelt und gegenüber der Antike und fremden Kulturen eine erstaunliche Aneignungskraft aufweist; das vorgeprägte, kaum veränderliche Ausdruckssystem dieser Literatur, die ihren eigenen Weg vom Zeichen zum Symbol durchmißt und dabei doch eine bewegliche Ordnung von gattungshaften Mustern und ‹Tönen› hervorbringt, an denen sich die kommunikative Leistung der Literatur einer sich formierenden Gesellschaft entfaltet.» (S. 25f.)

Jauß erläutert die Alterität am Beispiel der Allegorese und vor allem an der Mündlichkeit der literarischen Überlieferung des Mittelalters. Mehr als jedes andere Ereignis habe zudem die Erfindung des Buchdrucks «die Zeit davor» für uns verschlossen. Er verweist ferner, unter Berufung auf die Studien von C. S. Lewis, auf die Alterität des vorkopernikanischen Weltmodells, das in den großen Systementwürfen eines Dante und eines Thomas von Aquin gipfele. Die Alterität der mittelalterlichen Literatur sei durch die «Illusion» geschichtlicher Kontinuität, wie sie etwa Ernst Robert Curtius postuliert habe, verdeckt worden. «Zwischen der Literatur des christlichen Mittelalters und dem ästhetischen Kanon unserer Moderne besteht nur eine illusionäre Kette ‹unzerreißbarer Tradition›.»

Diese Verabsolutierung der Alteritätsthese fordert insoweit zum Widerspruch heraus, als sie die Diskontinuität über- und die Kontinuität im historischen Prozeß unterschätzt. Zum Vergleich Helmut Brackert, Hannelore Christ und Horst Holzschuh.[29] Sie erörtern zunächst den historischen Zeugniswert, dann die ästhetische Qualität und schließlich den emanzipatorischen Gehalt und die Aktualisierung mittelalterlicher Texte, um deren didaktische Relevanz für den gegenwärtigen Schulunterricht zu erweisen.

«*Historischer Zeugniswert.* Im mittelalterlichen Text vermitteln sich spezifische Formen historischen Bewußtseins und spezifische Formen historischer Wirklichkeit, die, wie es scheint, von den unseren zunächst einmal grundsätzlich unterschieden sind.» (S. 14)

«*Historische Kontinuität.* Die Fremdheit dieser Lebensäußerungen ist offensichtlich. Dennoch ist diese Fremdheit nicht total. Denn diese Frühformen individuellen Ausdrucks, die sich mit den konventionellen sprachlichen Formen der Tradition und durch sie mit den gesellschaftlichen Erfahrungsräumen und in ihnen wieder mit dem sozialen Gefüge und den Herrschaftsformen ihrer Entstehungszeit vermitteln, stehen im sozialgeschichtlichen Zusammenhang einer Entwicklung von gesellschaftlich-individuellen Erfahrens- und Erlebensformen, die sich mit dem Stichwort ‹Prozeß der Zivilisation› umschreiben läßt und die auch noch für uns relevant sein dürfte, weil sich in ihr Regeln und Normen ausgebildet haben, die, ohne daß es uns bewußt zu sein braucht, unsere eigene Sozialisation im kognitiven wie affektiven Bereich noch heute wesentlich mitbestimmen. In ihnen haben sich Grundmuster von Erfahrung – wie auch immer durch ihre geschichtliche Entwicklung verändert – erhalten, deren Genese bis weit ins Mittelalter zurückreicht. [...]

Tatsächlich erscheint Geschichte niemals als unabhängige Größe, als ‹die Geschichte›, sondern nur als Sinn- und Wirkungszusammenhang vergangenen menschlichen, und das heißt auch sprachlich-literarischen Handelns, mit dem Ziel jeweils gegenwärtiger Erkenntnis. Das, was als Geschichte dargestellt wird, kann daher niemals genaue Rekonstruktion, exakte Wiedergabe sein, ‹sondern Konstruktion vergangener Wirklichkeit aufgrund überlieferter, kritisch geprüfter, untereinander in vielfältige, sich kontrollierende Beziehung gebrachter, für gegenwärtiges Verstehen und unter gegenwärtigen Fragestellungen erschlossener, forschend verstandener und in einen Erklärungszusammenhang eingebrachter Informationen. Es gibt keine Erkenntnis von Geschichte, die nicht gegenwartsbestimmt ist›. (Vierhaus S. 27)

Ein Erkenntnisinteresse gegenwärtiger Menschen aber müßte es sein, ihre eigene Gegenwart in ihrer Historizität, d. h. in ihrer geschichtlichen Gewordenheit zu begreifen, und damit eine notwendige Voraussetzung kritischer Gegenwartsanalyse und das heißt der eigenen Positionserklärung zu erfüllen. Literaturwissenschaftliche Arbeit hätte dann, stärker als bisher, die genetischen Modelle, die überlieferten Verhaltensnormen, traditionellen Erfahrungs- und Erkenntnisformen auf ihre historische, noch heute wirksame und daher noch für uns bedeutsame Prägekraft zu untersuchen, bzw. von gegenwärtigen Formen der Erfahrung, Erkenntnismustern und Verhaltensmodellen aus die geschichtlichen Zusammenhänge ihrer Genese zu rekonstruieren; zum einen, weil zur historischen Identität auch das Bewußtsein historischer Kontinuität gehört, zum anderen und zum wichtigeren, weil erst die Einsicht in die Zusammenhänge der genetischen Konstitution unseres eigenen Bewußtseins uns Recht und Unrecht, Sinn und Unsinn von Forderungen und Ansprüchen, Einflüssen und Prägungen erkennen läßt, denen wir von seiten der kulturellen Überlieferung jenseits unseres eigenen bewußten Wollens und Zutuns allemal und von vornherein unterworfen sind.» (S. 15 ff.)

«*Historische Differenz.* Es schiene uns jedoch zu eng, nur *das* am Mittelalter als relevant gelten zu lassen, was sich unmittelbar dem hier formulierten Erkenntniszweck zuordnen ließe. Gerade auch die Erkenntnis der Fremdheit des Mittelalters scheint uns im Zusammenhang heutiger Bildungsprozesse eine nicht unerhebliche Funktion zu haben [...].

1.4 Zum gegenwärtigen Interesse an mittelalterlicher Literatur

Denn gerade die fremde Form, in der Literatur im sozialen Handlungszusammenhang erscheint, vermag Reflexionsprozesse in Gang zu setzen, die durch das Mittel des Kontrastes unsere eigenen Denk- und Verhaltensformen schärfer hervorheben und dadurch von Aufschluß sein können.» (S. 17)

Die Genese individuellen Bewußtseins dient dafür als Beispiel. Bei der ästhetischen Qualität erinnern die Verfasser an die Historizität der ästhetischen Urteilsbildung. Sie gehen wie Jauß von der grundsätzlichen Fremdheit des ästhetischen Phänomens aus, «von der Tatsache, daß es uns nicht mehr unmittelbar zugänglich und nur über die Reflexion der Vermittlungsschritte ein Zugang möglich ist». Ihre Gründe für die Beschäftigung mit ästhetischen Objektivationen vergangener Epochen sind:

«*Ästhetische Qualität:* Zum einen wird konsequenter, als dies an gegenwärtigen oder auch zeitlich weniger weit zurückliegenden Werken möglich ist, die Historizität auch ästhetischer Urteile kenntlich und dadurch eine, wie uns scheint nicht nur notwendige, sondern auch sinnvolle Relativierung gegenwärtiger ästhetischer Wertnormen geleistet. Das gilt auch für das Vergnügen am Text, also für eine der sicherlich wesentlichen und vor allem auch motivationsbildenden Komponenten der Beschäftigung mit Literatur: Dieses Vergnügen ist im Falle der mittelalterlichen Literatur allemal erschwert durch die fremde Form, die als solche nicht ernst genommen wäre, wenn sie nicht als historisch vermittelt reflektiert würde. Die Zeit, in der die Lieder des Minnesangs wie Gedichte des 19. Jahrhunderts als Erlebnisdichtung interpretiert wurden, ist noch nicht lange her; aber aus der Geschichte solchen Mißverständnisses läßt sich lernen, in welchem Maße der spontane ‹Zugriff› des Verstehens verfälscht und wie wenig unmittelbar das Vergnügen an diesen Texten sein kann. Positiv gewendet: Gerade auch in bezug auf die ästhetische Dimension liegt der unterrichtsspezifische Wert dieser Texte in der Fremdheit der ästhetischen Wahrnehmung.

[...] Zum anderen vermag gerade die Konfrontation mit ästhetisch fremden Werken im Sinne einer gesteigerten Wahrnehmungs- und Imaginationskraft zu sensibilisieren für ästhetische Erfahrung überhaupt, vermag Wahrnehmungsschwellen abzubauen, indem sowohl der Bereich der ästhetischen Wahrnehmung sich erweitert als auch die Wahrnehmung selbst sich um Möglichkeiten bereichert, die innerhalb unseres eigenen ästhetischen Erfahrungshorizonts so nicht erscheinen [...].

Drittens, und dies bedarf etwas weitergreifender Ausführung, wird an mittelalterlichen Werken besonders gut erkennbar, wie fragwürdig der Begriff der Fiktion in Bezug auf ästhetische Produktion überhaupt verwendet wird. Wir haben ein Modell von Literatur vor uns, bei dem gewisse Formen vermeintlich wirklichkeitsferner Hermetik, wie sie für den modernen Ästhetik-Begriff des 19. Jahrhunderts geradezu repräsentativ geworden sind, noch nicht existieren. Kunst bleibt, da sich Besonderes und Allgemeines, Individuum und Gesellschaft noch nicht in späterer Schärfe gegenüberstehen, sondern der Einzelne immer in einer gesellschaftlichen Gruppe integriert bleibt und nicht als Einzelner, sondern durch seine Bindung an hierarchische Ordnungen Identität gewinnt, grundsätzlich eingebunden in gesellschaftliche Funktionalität und ist daher unmittelbarer als spätere Dichtung erkennbar als Sozialgeste, d.h. als gesellschaftliche Äußerungsform von Schichten und Klassen, die Literatur zum Instrument ihres gesellschaftlichen Handelns machen können [...].

Schließlich [...] Wichtiger aber scheint zu sein, wie ein Werk die gesellschaftlichen Widersprüche in sich austrägt und in sich aufhebt, welche Lösungen es in seiner

Sprachlichkeit anzubieten und welche Skepsis es noch gegenüber der eigenen Lösung aufzubringen vermag – darin anerkennend, daß Kunst die realen Konflikte und sozialen Antagonismen nicht real beseitigen, sondern nur in einer symbolischen Konstruktion aufheben kann.» (S. 22 ff.)

Für die Verfasser gewinnt der Begriff der «Andersheit» einen anderen Stellenwert als in der ‹Poetik und Hermeneutik› von Jauß, wenn sie das ihm innewohnende Moment der «Veränderbarkeit» angesichts der «Geschichtslosigkeit technokratischer Ideologie» betonen:

«Gesucht werden die wendigen, kreativen, angepaßten Leute, die erinnerungslos und geschichtslos, und daher auch alternativlos und utopielos sind, da nur sie die Funktionalität des Gegenwärtigen garantieren. Unerwünscht dagegen sind diejenigen, die sich in die Geschichte der Menschen versenken, um aus ihr die anderen, vielleicht besseren Möglichkeiten herauszulesen, aus ihr herauszulesen, daß das Hier und Jetzt nicht das einzige ist, was es je gab und geben wird; die das Gegenwärtige messen an den verschütteten Möglichkeiten der Vergangenheit, welche in den historischen Objektivationen der Literatur aufgehoben sind; die der im Hinblick auf die Vielzahl historischer Möglichkeiten, auf jeden Fall verengten Perspektive der Gegenwart andere Formen historischen Bewußtseins hinzufügen wollen, um überhaupt Maßstäbe gewinnen zu können; die die Arbeit an der Geschichte dazu benutzen, um aus Erkenntnis historischer Differenzen den Absolutheitsanspruch von Handlungsanweisungen zu relativieren, die im Rahmen bloß gegenwartsorientierter Zweckrationalität als unumgänglich und notwendig hingestellt werden.
Jede Beschäftigung mit geschichtlichen, und d. h. auch literaturgeschichtlichen Gegenständen lehrt uns die Verhältnisse unserer eigenen Zeit vor dem Hintergrund anderer Denk- und Handlungsentwürfe genauer und differenzierter zu sehen; lehrt uns, und das scheint uns heute im Hinblick auf den allgemeinen Geschichtsschwund von nicht zu unterschätzendem didaktischen Wert zu sein, die gegenwärtige Welt überhaupt erst einmal unter der Perspektive der Veränderung und Veränderbarkeit zu sehen; lehrt uns, und das scheint wiederum nicht das geringste Ergebnis zu sein, aus den Bedingtheiten der unterschiedlichen Profilierungen historischen Lebens zu erkennen, daß und wie auch die kognitiven und emotionalen Modellierungen sowie die politisch-praktischen Verhaltensmuster unserer eigenen Denk- und Handlungsorientierung durch vielfältige Faktoren determiniert sind; lehrt uns schließlich, an der Besonderheit literarischen Materials das Verhältnis von individuellem Bewußtsein und geschichtlicher Realitätsdetermination, von besonderer Erfahrung und allgemeiner Bedürfnisstrukturierung, in seinem dialektischen Sinn zu begreifen.» (S. 27f.)

Die alten Texte könnten wieder wichtig werden, so schon in der Einleitung des ersten Teils (1973, S. 69), «indem sie uns nachdrücklich darauf verweisen, daß nicht immer war, was ist, helfen sie uns erkennen und festhalten, daß auch anderes sein könnte».

Wie, warum und zu welchem Ende wurde ich Literarhistoriker? Auf diese Frage hat ein großer Literarhistoriker und Meister der Interpretation, Richard Alewyn,[30] lakonisch geantwortet:

1.4 Zum gegenwärtigen Interesse an mittelalterlicher Literatur

«*Warum wurde ich Literarhistoriker?*
Aus Begeisterung, nämlich:
1. weil ich Lehrer werden wollte und dies:
   (a) weil ich als Schüler verelendete unter der Mischung von Stumpfsinn und psychophysischer Brutalität, die sich als «humanistisches» Gymnasium bezeichnete, und einer künftigen Generation etwas Besseres gönnte,
   (b) weil mir, erst unter dem Einfluß eines pietistischen Jugendvereins, später unter dem der Jugendbewegung, die Bildung junger Menschen eine erstrebenswerte Aufgabe erschien,
2. weil ich im Schulalter gerne Gedichte und Dramen las und machte,
3. weil mir am Anfang meiner Studentenzeit an Büchern wie Spenglers ‹Untergang des Abendlandes›, Leopold Zieglers ‹Gestaltwandel der Götter› und Pannwitz' ‹Krisis der Europäischen Kultur› zweierlei aufging:
   (a) die Vergangenheit als Raum der Erfahrung,
   (b) die Gegenwart als Brennpunkt der Geschichte, und mich damit als Angehörigen der chiliastisch gestimmten Generation der frühen zwanziger Jahre (Jugendbewegung, Kommunismus, Expressionismus, George) das Bedürfnis ergriff, mit dem Instrumentarium der Historie die Gegenwart zu deuten und die Zukunft zu entwerfen.

Wie wurde ich Literarhistoriker?
Aus Zufall, nämlich:
Im Verlauf meiner Studienjahre traten das erste und das zweite dieser Motive allmählich in den Hintergrund. Dem dritten hätte eine, bis heute akademisch nicht vorhandene, ‹Kulturgeschichte› am meisten entsprochen, in die ich zehn Jahre später als unfreiwilliger Privatier für ein paar Jahre einkehrte. Aber diese konnte nicht der Brotberuf sein, auf den ich angewiesen war.

Immerhin besuchte ich als Student nichts weniger als germanistische Lehrveranstaltungen – damals gab es noch die akademische Freiheit –, sondern lief, ungeachtet ihres ‹Fachs›, den Lehrern zu, die etwas zu bieten hatten: in der Soziologie Alfred Weber und Karl Mannheim, in der Archäologie Ludwig Curtius, in der Kunstgeschichte Heinrich Wölfflin, in der Philosophie Karl Jaspers, in der Romanistik Karl Vossler und Ernst Robert Curtius. In der Germanistik interessierte mich allein Friedrich Gundolf, der mich aber von einer produktiven Beschäftigung mit deutscher Literatur eher abschreckte, denn bei ihm schien mir damals alles schon so endgültig gesagt, daß auf diesem Felde nichts mehr zu bestellen blieb.

Wenn ich trotzdem zum Abschluß meiner Studien die Germanistik wählte, so hatte dies keinen tieferen Grund, als daß in meinem neunten Semester der väterliche Geldhahn zu versiegen drohte und ich geloben mußte, innerhalb von sechs Monaten mein Studium zu beenden. Für ein Staatsexamen war die Zeit zu knapp, also entschied ich mich für die Promotion. Aber in welchen Fächern? Philosophie stand für mich fest (wegen Hegel und Jaspers). Kunstgeschichte entfiel, weil der einzige Vertreter des Fachs ein Ekel war. Also Griechisch, denn in Pindar fühlte ich mich einigermaßen zu Hause. Aber eine Schnelldissertation autodidaktisch anzufertigen, traute ich mir allenfalls in der deutschen Literatur zu. Ich ging zu Gundolf, aber der nahm damals Doktoranden grundsätzlich nicht an. So wandte ich mich wie jedermann an Max von Waldberg. Die Themen, die ich ihm anbot, fanden allerdings keinen Anklang. So akzeptierte ich aus seinem Gegenangebot das Thema, dessen Bewältigung mir in vier Monaten möglich schien: die ‹Antigone›-Übersetzung des Martin Opitz, von deren Existenz ich bis dahin keine Ahnung gehabt hatte. So wurde ich zum «Barockforscher».

1.4 Zum gegenwärtigen Interesse an mittelalterlicher Literatur

Denn aus dieser Dissertation ergab sich der Auftrag Julius Petersens, eine Geschichte der deutschen Barockliteratur zu schreiben, den ich nicht abweisen konnte, weil an ihn der Rettungsanker eines Stipendiums verknüpft war, in Höhe von – andere Zeiten, andere Sitten – 125 Reichsmark, sowie die weitere Aussicht auf eine Habilitation für deutsche Literaturgeschichte. So wurde aus dem prätendierten Universalhistoriker der Schiller'sche ‹Brodgelehrte›. Lieber wäre ich ja an ein Theater, an eine Zeitung oder zu einem Verlag gegangen, aber dazu fehlten mir die Beziehungen.

Warum blieb ich Literaturhistoriker?

Aus Not, nämlich:

Die Hoffnung, wenn ich erst einmal ökonomisch gesichert wäre, die Fessel wieder abstreifen zu können, zerstob mit dem Jahre 1933. Deutsche Sprache und Literatur war das einzige Fach, in dem ich einigermaßen ausgewiesen war und in dem ich als Emigrant in Paris und New York und später als Remigrant in Deutschland ein Unterkommen finden konnte, und so ist es – von einigen Seitensprüngen abgesehen – dabei geblieben. Womit nicht gesagt sein soll, daß ich mich dort fehl am Platze fühle, aber auch nicht, daß es dabei sein Bewenden haben muß.»[31]

2. Zur Überlieferung der deutschen Literatur des Mittelalters

2.1 Handschriftenkunde

Der Begriff «Literatur» (< lat. *littera* ‹Buchstabe›) verweist auf das Medium der Schrift. Und in der Tat wird ja in der Neuzeit Literatur vornehmlich geschrieben und gelesen, während im Mittelalter die gesprochene Sprache, das *Singen und Sagen* und Hören, noch einen ungleich höheren Stellenwert hatte. So hoch jedoch der Anteil der Mündlichkeit an der Existenz und Aktualisierung gerade auch der volkssprachlichen Literatur war, diese wäre ohne schriftliche Fixierung heute unbekannt. Die Schriftlichkeit geht zurück auf die Christianisierung der germanischen Stämme, die vorher keine Gebrauchsschrift kannten – die Runen dienten primär als Kultzeichen.

Die mittelalterliche Literatur vor Ausbreitung des Buchdrucks (ca. 1450–1500) ist handschriftlich überliefert. Ein Buch läßt sich in einer beliebigen Zahl identischer Exemplare mechanisch reproduzieren. Es ist eine Ware auf dem Büchermarkt, gedruckt für eine anonyme Öffentlichkeit von Käufern und Lesern. Eine Handschrift wird dagegen für einen engen Kreis von Besitzern und Benutzern geschrieben, ist eine Luxusware, die nur in einer begrenzten Zahl von (nicht miteinander identischen) Exemplaren hergestellt werden kann. Zumeist ist eine Handschrift nicht ohne weiteres verifizierbar, weil das vom Buch her vertraute Titelblatt mit Angaben über Titel, Verfasser, Schreiber, Erscheinungsjahr und -ort fehlt. Überhaupt kann die handschriftliche Überlieferung nur selten so unmittelbar ausgewertet werden, wie sie aufgefunden wird. Es ist eine Reihe von vorbereitenden Arbeitsschritten erforderlich, die erst die «eigentliche» Interpretation eines Textes ermöglichen. Zunächst wird eine Handschrift nach folgenden äußeren und inneren Merkmalen beschrieben:

1. Standort: Notiert wird der derzeitige Aufbewahrungsort der Handschrift mit der Bibliothekssignatur. Gängige Abkürzungen sind z. B.: Cgm 19 für *Codex germanicus monacensis 19:* «Deutsche Handschrift der Bayerischen Staatsbibliothek München, Nr. 19» (enthält: Wolfram von Eschenbach, *Parzival – Titurel – Lieder*); Clm 4660 für *Codex latinus monacensis* (enthält: *Carmina Burana*); Cod. Pal. Germ. 848 für *Codex Palatinus Germanicus 848:* «Deutsche Handschrift der Pfälzischen Bibliothek», nämlich der Universitätsbibliothek Heidelberg (Nr. 848 ist die Manessische oder Große Heidelberger Liederhandschrift); Cod. Vindob. Ser. Nov. 2663 für *Codex Vindobo-*

nensis, Series Nova 2663, Handschrift der Österreichischen Nationalbibliothek Wien (*Ambraser Heldenbuch*).

2. Provenienzen: Angaben über die Vorbesitzer der Handschrift sind für die Überlieferungs- und Rezeptionsgeschichte gerade der mittelalterlichen Literatur von großer Bedeutung. Der heutige Standort einer Handschrift etwa in München besagt wenig, aufschlußreich kann dagegen ihre Herkunft aus dem Kloster Tegernsee sein, dem sie wiederum laut Vorbesitzervermerk im Jahre 1404 von einem Regensburger Patrizier vermacht wurde usf.

3. Schreibstoff: Ägyptischer Papyrus, in Rollenform benutzt und einseitig beschrieben, war der Schreibstoff der Griechen und Römer. Vom 4. bis zum 13. Jh. war das aus gebeizter Schafs- oder Kalbshaut hergestellte Pergament in Gebrauch. Es war kostbar, deshalb die Gewohnheit des Palimpsestierens: die ursprüngliche Schrift wurde getilgt und das abgeschabte oder abgewaschene Manuskript zum zweiten Male beschrieben (codex rescriptus, Palimpsest). Im 14., 15. Jh. sind die meisten deutschen Handschriften auf Papier geschrieben. Das Papier wurde mit Wasserzeichen (z. B. Ochsenkopf, Krone, Buchstaben) versehen, indem auf das Schöpfsieb ein geformter Draht gelegt wurde. Diese von C. M. Briquet katalogisierten Markenzeichen der Papiermühlen können zu einer ersten zeitlichen Eingrenzung führen.

4. Schrift: Alter und Besonderheiten der Schrift, auch die verschiedenen (Schreiber-)Hände, werden registriert; denn die Bestimmung der Schriftart ermöglicht häufig eine genaue Datierung der Handschrift. Mit der Geschichte der Schrift beschäftigt sich die Paläographie. In den Handschriften, mit denen es die germanistische Mediävistik zu tun hat, begegnen u. a. folgende Schrifttypen:

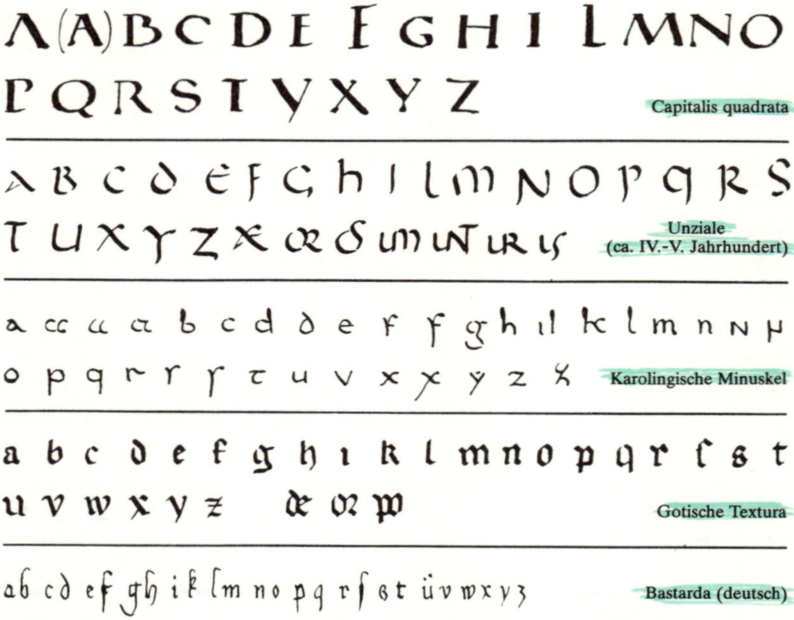
Capitalis quadrata
Unziale
(ca. IV.-V. Jahrhundert)
Karolingische Minuskel
Gotische Textura
Bastarda (deutsch)

Abb. 1: Schrifttypen (nach Bernhard Bischoff).[1] *Zum Vergleich s. u. die Proben aus altdeutschen Handschriften, Abb. 3, 15.*

2.1 Handschriftenkunde

In der Geschichte der lat. Schrift lassen sich grundsätzlich zwei Schreibtechniken unterscheiden: die kalligraphische der Buchschriften und die kursive der alltäglichen Bedarfsschriften. Capitalis, Unziale, karolingische Minuskel und gotische Textura sind «gebaute» Schriften, d. h. der Schreiber baut mit der Vogelfeder jeden Buchstaben in einer bestimmten Reihenfolge von Druck- und Haarstrichen auf. Bei Kursivschriften wird dagegen der Buchstabe möglichst ohne abzusetzen geschrieben und mit den benachbarten Buchstaben verbunden.

Die römische Capitalis begegnet seit der frühen Kaiserzeit (bes. auf Inschriften) und lebt im großen Alphabet der lateinischen Druckschrift fort. Die spätantik-frühmittelalterliche Unziale ist aus der Majuskelkursive (Majuskel: Groß-, Minuskel: Kleinbuchstabe) abgeleitet. Aus der stark gerundeten Unziale entwickelt sich im 5. Jh. unter dem Einfluß der Minuskelkursive die mit Unter- und Oberlängen versehene Halbunziale. Im Zusammenhang mit den Reformbestrebungen Karls d. Gr. entsteht mit der karolingischen Minuskel eine Schrift mit ausgeprägtem Minuskelcharakter, die bis zum 12. Jh. vorherrscht. Um die Wende vom 12. zum 13. Jh. setzt sich von Nordfrankreich aus der gotische Stil durch: die gotische Textura ist gekennzeichnet durch die Streckung und gerade Aufrichtung aller Schäfte; alle senkrecht auf der Linie stehenden Schäfte werden umgebrochen. Neben dieser gotischen Buchschrift bildet sich eine gotische Kursive (Notula) heraus; die Bastarda vereinigt Züge der Textura und der Kursive. Unter Kaiser Maximilian I. bürgert sich die Fraktur ein, eine längliche Kanzleischrift, deren Majuskeln mit einem S-förmigen Schnörkel, dem sog. Elefantenrüssel im Aufstrich oder Hauptschaft, verziert sind.

5. *Blatt- und Lagenzählung:* Bei mittelalterlichen Handschriften werden nicht die Seiten gezählt (Paginierung), sondern die Blätter (Foliierung). «fol. 10^r» heißt *folio 10 recto* (Vorderseite des 10. Blattes), «fol. 10^v» heißt *folio 10 verso* (Rückseite des 10. Blattes). Wenn die Blätter noch in Spalten aufgeteilt sind, so wird die erste Spalte mit a, die zweite mit b, die dritte mit c bezeichnet. Der *Erec* des Hartmann von Aue beginnt z. B. im Ambraser Heldenbuch auf fol. XXX^{rb}, also auf der zweiten Spalte der Vorderseite des 30. Blattes.

Um die Vollständigkeit einer Handschrift festzustellen, werden die Lagen untersucht: Beim modernen Buch geht man zur Bezeichnung des Formats von der Einheit des Bogens aus, der im Folioformat (2°), einmal gefaltet, 4 Seiten, im Quartformat (4°), zweimal gefaltet, 8 Seiten und im Oktavformat (8°), dreimal gefaltet, 16 Seiten umfaßt. Für mittelalterliche Handschriften gibt es kein genormtes Format. Die Pergamenthandschrift geht von dem in der Mitte gefalteten Pergamentstück, dem Doppelblatt, als Einheit aus, von dem mehrere in gleicher Größe geschnittene Blätter zu einer Lage vereinigt werden. Werden zwei in der Mitte gefaltete Blätter ineinander gelegt, so ergibt sich ein Binio (II); sind es drei, hat man es mit einem Ternio (III) zu tun; meistens besteht die Lage aus vier Blättern, einem Quaternio (IV); fünf ineinander gelegte Doppelblätter bilden den Quinternio (V) usw. Beispiel einer Lagenuntersuchung: II + 7 IV + (V – 2). Diese Handschrift beginnt mit einem Binio, ihm folgen 7 Quaternionen und schießlich ein Quinternio, dem jedoch 2 Blätter fehlen.

6. *Format:* Die Blattgröße und der beschriebene Raum werden erst der Höhe, dann der Breite nach in Millimetern gemessen.

7. *Einrichtung der Handschrift:* Hier finden sich Angaben zur Spaltengliederung, zur Zeilenzahl pro Seite, zum Umfang der Initialen, zur Absetzung der Verse usw.

8. *Ausstattung der Handschrift:* Bilder, Initialen, Wappen, Rankenwerk und Zierstriche werden genau beschrieben. Eine Handschrift ist häufig nicht nur ein Text-, sondern auch ein Bilddenkmal. Das Verhältnis von Text und Bild gibt wichtige Aufschlüsse über das Verständnis eines Textes zur Entstehungszeit der Handschrift u. a. m.

An der Bayerischen Akademie der Wissenschaften wird an einem Katalog aller illustrierten deutschen Handschriften des Mittelalters gearbeitet.

9. Einband: Der Einband ist oft jünger als die Handschrift selbst. Gleichwohl können Angaben zu Material, Alter und künstlerischer Gestaltung (Stempel, Wappen, Portraits etc.) für die Provenienz des Kodex wertvolle Indizien liefern.

10. Schreibdialekt: Man versucht mit Hilfe der Grammatik, wie z. B. derjenigen von Karl Weinhold, die Schreibgewohnheiten eines Schreibers einer bestimmten Sprachperiode, einer Schreiblandschaft oder gar einem Schreibort (etwa dem Kloster St. Gallen, der Innsbrucker Kanzlei) zuzuordnen.

Inkunabelkunde

Mit der Erfindung der Vervielfältigung von Lettern, der Satztechnik, der Druckfarbe und der Presse durch Johannes Gutenberg entwickelt sich die Handschrift zum Druckwerk. Inkunabelzeit nennt man die Entwicklungsepoche, als die Druckkunst noch in der Wiege, in den Windeln *(incunabula)* lag: Die frühen Drucke imitieren ihre handschriftlichen Vorgänger. Um 1480 setzt die typographische Vereinheitlichung ein, um 1500 beginnt die Massenproduktion.

Zunächst wirkt sich mit Kürzungen, Ligaturen, den handschriftlich nachgetragenen Initialen, Rubriken, dem Bildschmuck noch das Vorbild der Handschrift aus. Im allgemeinen fehlt das Titelblatt. Meist beginnt der Text mit einem *«Incipit liber»*, und er endet mit dem *«Explicit liber»*. An Stelle des Titelblatts nennt gelegentlich die Schlußschrift *(Kolophon)* den Titel des Werkes, den Drucker, Datum und Druckort. Wenn solche Angaben fehlen, versucht man, an Hand des Firmenzeichens *(Signet)* und vor allem durch Typenvergleich – mit Hilfe des *Typenrepertoriums* von Konrad Haebler – die Inkunabel einzuordnen.

2.2 Textkritik

2.2.1 Grundbegriffe der Textkritik

Eigenhändige Niederschriften *(Autographa)* deutschsprachiger Autoren des Mittelalters sind nur in Ausnahmefällen erhalten (so stellt z. B. die Wiener Hs. V der Evangelienharmonie des Otfried von Weißenburg 863/71 eine vom Autor selbst korrigierte Reinschrift dar). In der Regel liegen Abschriften vor, die nie völlig mit dem Original übereinstimmen.

Die Textkritik – so wie sie Karl Lachmann nach dem Vorbild der klassischen Philologie für die Germanistik begründete – setzt sich die Herstellung eines dem Original möglichst nahekommenden Textes zum Ziel. Ihre Aufgabe ist die Rekonstruktion des *Archetypus.* Das ist diejenige Fassung eines Textes, die als Ausgangspunkt der gesamten Überlieferung gelten muß, aber nicht mit dem Original identisch ist.

Die Textkritik vollzieht sich in mehreren Schritten: Zunächst ist festzustellen, was als überliefert gelten muß oder darf *(recensio),* dann ist zu prüfen, inwieweit das Bestbeglaubigte als original gelten darf *(examinatio)*, und schießlich, wenn die Überlieferung sich als nicht original erweist, versucht man durch Vermutung, das Originale wiederherzustellen *(emendatio)*.

Recensio: Auf die heuristische Tätigkeit des Sammelns folgt das Sichten und Werten des Materials. Träger der Überlieferung kann ein einziger Zeuge *(Codex unicus)* sein, liegen mehrere Zeugen vor, so ermöglicht der Vergleich der Texte *(Kollation)* die Bestimmung von Abhängigkeitsverhältnissen *(Filiationen)*, weil sich beim Abschreiben Veränderungen, «Fehler», einzustellen pflegen. Am Ende lassen sich diese Abhängigkeitsverhältnisse oft in einem stammbaumähnlichen Schema *(Stemma)* darstellen. Die Anzahl möglicher stemmatischer Typen steigt mit der Anzahl der Zeugen in geometrischer Progression.

Liegen zwei Handschriften vor, so sind beim Kopieren aus einer einzigen Vorlage drei Kombinationsmöglichkeiten gegeben:

Stehen drei Zeugen zur Verfügung, beträgt die Zahl der möglichen Typen 22; bei vier Zeugen beträgt sie 250, bei fünf Zeugen ca. 4000 usf. Fehler, die Folgerungen für die Beziehungen der Handschriften zulassen, nennt man *Leitfehler*. Sie spielen für die Bestimmung der Abhängigkeitsverhältnisse von Handschriften die Rolle, die in der Paläontologie den Leitfossilien zukommt. Die *Unabhängigkeit* eines Zeugen (B) von einem anderen (A) wird z. B. erwiesen durch einen Fehler von A gegen B, der so beschaffen ist, daß er nicht durch Konjektur entfernt worden sein kann: *Trennfehler*. Die *Zusammengehörigkeit* zweier Zeugen (B und C) gegenüber einem dritten wird erwiesen durch einen den Zeugen B und C gemeinsamen Fehler, der so beschaffen ist, daß aller Wahrscheinlichkeit nach B und C nicht unabhängig voneinander in diesen Fehler verfallen sein können: *Bindefehler*. Ein Zeuge, der ausschließlich von einer Vorlage abhängt, ist als Zeuge der Überlieferung wertlos und bleibt unberücksichtigt *(eliminatio)*. Hängen zwei Zeugen von einer nicht erhaltenen Vorlage ab, so gilt der Text, soweit er beiden gemeinsam ist, als Text der Vorlage. Wo die beiden Zeugen voneinander abweichen, ergibt sich nur die Alternative zwischen zwei Formulierungen *(Varianten)*, die dann in der Examinatio zu bewerten sind.

Diese Methode läßt sich prinzipiell nur bei «vertikaler» Überlieferung anwenden, nämlich dann, wenn jeder Schreiber nur eine einzige Vorlage benutzt hat:

Sie ist jedoch nur sehr bedingt anwendbar bei «horizontaler» Überlieferung, wenn ein Schreiber mehrere Vorlagen nebeneinander benutzt und diese in seinem Text miteinander vermischt hat *(Kontamination)*:

Kontaminiert wurde nicht nur bei viel gelesenen Autoren der Antike, sondern auch bei mittelalterlichen Texten.

Die Qualität einer Handschrift muß keineswegs ihrem Alter proportional sein: *recentiores non deteriores* – «die jüngeren (Handschriften) sind nicht die schlechteren». Das Nibelungenlied ist um 1200 entstanden, aber die späte Fassung des Ambraser Heldenbuches (Anfang 16. Jh.) steht dem Original viel näher als die ganz frühe Redaktion der Donaueschinger Handschrift (um 1220).

Examinatio: Hat die Musterung der Überlieferung auf einen bestbeglaubigten Text geführt, so müssen dieser und die Varianten auf ihren Wert hin beurteilt werden. Vielfach ist dabei die «schwerere Lesart» *(lectio difficilior)* als eher authentisch der «leichteren» vorzuziehen, z. B. Walther v. d. V., La. 19, 8–10. Das sprachlich Abwegige *(Anomalie)* wird beseitigt, während das Vereinzelte, wenn es sprachlich möglich und sinnvoll ist, akzeptiert werden kann *(Singularität)*.

Ziel der *Emendatio* ist die Herstellung des denkbar besten Textes, der der Intention des Autors am nächsten kommt. Der Versuch der Herstellung des Textes kann zur evidenten Verbesserung *(Emendation* im engeren Sinne) oder zu einer plausiblen Vermutung *(Konjektur)* oder aber zu der Feststellung führen, daß eine Heilung der Verderbnis *(corruptela)* nicht möglich ist; eine solch unheilbare Verderbnis wird als *crux* (†) bezeichnet.

Interpolationen sind bewußte Eingriffe (meist Einfügungen) in die originale Überlieferung. Die Geschichte der Interpolationen ist eng verknüpft mit der der Fälschungen besonders im mittelalterlichen Urkundenwesen.

Die Kirche stützte ihre universalen Machtansprüche auf die großen Fälschungen der Konstantinischen Schenkung und der Pseudoisidorischen Dekretalien. Rudolf IV. von Österreich revidierte 1358/59 zu seinen Gunsten das Privilegium minus Kaiser Friedrichs I., der 1156 die Mark Österreich zum Herzogtum erhoben und Heinrich Jasomirgott und Theodora mit bedeutsamen landeshoheitlichen Rechten ausgestattet hatte, durch das Privilegium maius mit Hilfe von «Urkunden» Julius Caesars und Neros.

Die *historisch-kritische Edition* setzt sich also die Herstellung eines Textes zum Ziel, der dem Original möglichst nahe kommt – nach «kritischer» Sichtung der Überlieferung, aber zugleich mit «historischer» Darstellung der Überlieferungsgeschichte. Jede Entscheidung des Herausgebers muß nachprüfbar sein: In der Regel wird der Herausgeber seiner Ausgabe eine *Leithandschrift* zugrunde legen, die er unter mehreren Zeugen für die zuverlässigste Handschrift hält und von der er nur im Falle eindeutiger Fehler beim Abdruck abweicht. Die von der Leithandschrift abweichenden Lesarten der übrigen Handschriften werden als *Varianten* in einem eigenen Apparat unter dem Text registriert. Hier wird zunächst die betreffende Textstelle, das *Lemma*, mit nachgesetzter eckiger Klammer und mit Nennung von Vers- oder Zeilenzahl wiederholt, dann folgen die jeweiligen Varianten aus den Handschriften, die mit *Siglen*, nämlich Groß- und Kleinbuchstaben, bezeichnet werden. In der Regel setzt man Text und Varianten *recte*, in Geradschrift, dagegen alle Bemerkungen, Zusätze und Streichungen des Herausgebers *kursiv*, in Schrägschrift.

Die neueren Editionen der *Monumenta Germaniae historica* sind nicht nur für die historische Mediävistik vorbildlich. In der germanistischen Mediävistik sind die editorischen Grundsätze der Reihe *Deutsche Texte des Mittelalters* (zit.: DTM) richtungsweisend geworden (vgl. A. Hübner, DTM 38, 1934, S. V–IX), aber für jede Edition wird man die Grundsätze dem besonderen Gegenstand entsprechend modifizieren. Als Pionier-Leistungen angesichts einer schwierigen Überlieferungslage können Karl Stackmanns Ausgaben zu Heinrich von Mügeln und zu Frauenlob gelten, auch die von Hans Pyritz herausgegebene *Minneburg* (DTM 43, 1950). Ein Paradigma für die unterschiedlichen Strömungen in der Geschichte der Editionsphilologie ist schließlich *Des Minnesangs Frühling*.

2.2.2 Zur Anlage von «Des Minnesangs Frühling» am Beispiel von MF 4, 17

Die Miniatur (Abb. 2) zeigt einen Herrscher auf der Thronbank in streng frontaler, rein zweidimensionaler Darstellung mit den Attributen seiner Standes- und Herrscherwürde (Purpurmantel, Krone, Szepter, Schwert, Wappen, Helmzier). Die Haltung des Kaisers ist vorgeprägt in römischen Konsulardiptychen und vor allem in Darstellungen des thronenden Christus. Ein übergroßes Spruchband anstelle des Reichsapfels bezeichnet den Dichter und Sänger. Vgl. den ikonographischen Typus des Königs mit dem Saitenspiel: David wird als *rex et propheta* dargestellt. Seit dem 12. Jh. gilt in der Fürstenspiegelliteratur der Satz: *rex illitteratus asinus coronatus*. Die Miniatur stammt aus der Großen Heidelberger Liederhandschrift (1. Hälfte des 14. Jhs.). Johans Hadloub

2. Zur Überlieferung der deutschen Literatur des Mittelalters

Abb. 2: Kaiser Heinrich. Cod. Pal. Germ. 848, fol. 6ʳ

bezeugt (fol. 372^(rb)) ihre Verbindung mit dem Zürcher Patrizier Rüdiger II. Manesse (gest. 1304) und dessen Sohn Johannes (gest. 1297), daher auch «Manessesche Handschrift». Kaiser Heinrich eröffnet die Sammlung, deren Autoren eingangs strikt, später vage nach Ständen geordnet sind (Fürsten, Grafen, Herren, *meister*): Indiz für das Prestige des Minnesangs als Standesdichtung.

An einem Minneliede Kaiser Heinrichs soll zunächst der Weg von der Handschrift über die diplomatische Transkription zur historisch-kritischen Edition verfolgt werden, um dann im einzelnen die Anlage von *Des Minnesangs Frühling* zu erläutern:

a. Die Handschrift (Sigle: C) im Faksimile

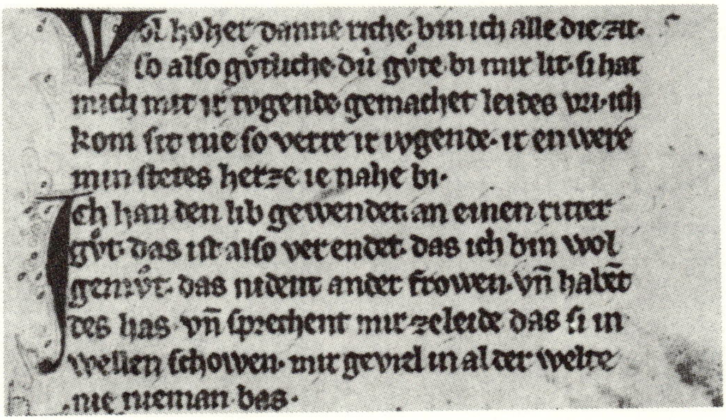

Abb. 3: Cod.Pal.Germ. 848 (gotische Textura)

b. Diplomatische Transkription

> Wol hoher danne riche · bin ich alle die zit ·
> ſo alſo gv̊tliche · dù gv̊te bi mir lit · ſi hat
> mich mit ir tvgende · gemachet leides vri · ich
> kom ſit nie ſo verre ir ivgende · ir enwere
> min ſtetes herze ie nahe bi ·

> Ich han den lib gewendet · an einen ritter
> gv̊t · das iſt alſo verendet · das ich bin wol
> gemv̊t · das nident ander frowen · vñ habēt
> des has · vñ ſprechent mit zeleide das ſi in
> wellen ſchowen · mir geviel in al der welte
> nie nieman bas.

c. Historisch-kritische Edition: *Des Minnesangs Frühling*, [36] 1977

IX. Kaiser Heinrich

I Wol hôher danne rîche

1 Wol hôher danne rîche   bin ich alle die zît,   4, 17 — 5 CB
  sô alsô güetlîche   diu guote bî mir lît.
  si hât mich mit ir tugende
  gemachet leides vrî.
5 ich kom ſ⟨ir⟩ nie so verre   sîtᴸ ir jugende,
  ir enwaere mîn staetez herze   ie nâhe bî.

2 'Ich hân den lîp gewendet   an einen ritter guot,   4, 26 — 6 CB
  daz ist alsô verendet,   daz ich bin wol gemuot.
  daz nîdent ander vrouwen
  únde habent des haz
5 und sprechent mir ze leide,   daz si in wéllen schouwen.
  mir geviel in al der welte   nie nieman baz.'

[Übersetzungshilfen]
1, 1 *Wol hôher danne rîche*   wohl mehr als mächtig.
2, 2 *verenden*   ausgehen.

[Handschriften-Apparat]
I. 1, 1 *hôher d. richer* B. 2 *So so gýteliche* B. 4 *gamachet* B. 5 *Ich kom sit n. s. v. ir iug.*
   C, *Ich kom ir nie sit in iug.* B. 6 *were* B.
2, 5 Reimpunkt nach *daz* B. *wellent in schowent* B. 6 *geviele* B. *alle* B. *nie manne* B.

[Kommentierender-Apparat]
I. Ton I und II e i n Lied Schenk ZfdPh. 27, 499 f; zur Versanordnung und zu den
   Zäsuren vgl. Anm. — 1, 1 Schenk ebd., Jungbluth³ 73, Wisniewski Festschr. Hora-
   cek 1974, 347] ¶ *hoeher dannez r.* K(HVBr), *danne rîcher* Joseph, Die Frühzeit des
   deutschen Minnesangs I, 1896, 69. *al die* K(HV). 2 *Sô sô* K(HV). 5 *Ich kom ir nie
   sô verre* K(HV). VBa, Sievers Beitr. 52, 462] ¶ *sît der zît ir j.* K, *sît ir* (Lücke) *j.*
   H. 6 *Irn waer (waere* V) K(HV).
2, 5 *sin* K. *daz* streicht V, de Boor Beitr. 77 (T) 373. ... *leide. daz in got welle sch.*
   Jungbluth³ 71.

Die früh- und hochhöfische deutsche Liebeslyrik von ca. 1170 bis 1200 – mit Ausnahme der gesondert herausgegebenen Gedichte Walthers von der Vogelweide – ist
vereint in *Des Minnesangs Frühling* (zit.: MF). Karl Lachmann und sein Schüler Moriz
Haupt erschlossen mit den Methoden der klassischen Textkritik den Archetypus, und
bis zur 35. Auflage galt den Bearbeitern die älteste «authentische» Textgestalt, der von
vornherein dichterische Qualität und Stimmigkeit zugebilligt wurde, als Ziel. Textdif-
ferenzen wurden allein als Folgen einer fehlerhaften Überlieferung bewertet. Carl von
Kraus etwa hatte so feste idealtypische Vorstellungen von der «eigentlichen», «ur-

sprünglichen» und «echten» Form eines Gedichts, daß er sich schon aus metrischen Gründen bei jeder Gelegenheit der Konjekturalkritik bediente. Die letzte Neubearbeitung von Hugo Moser und Helmut Tervooren verrät demgegenüber ein geschärftes Bewußtsein von der unterschiedlichen Existenz- und Tradierungsform antiker und mittelalterlicher Texte. Die Überlieferungsbedingungen der antiken schriftlichen Literatur sind andere als die der mittelalterlich-volkssprachlichen, die stärker der Mündlichkeit verhaftet ist. Deshalb bleibt die neue Ausgabe dem handschriftlich überlieferten Text so nahe wie möglich, Konjekturvorschläge werden weitgehend in die Apparate oder Anmerkungen verbannt.

Erläuterungen zu den Angaben von MF 4, 17:

«IX. Kaiser Heinrich»: Die Herausgeber halten sich nicht an die hierarchisch-ständische Anordnung des Manesseschen Handschrift, sondern sie rücken diesen Autor auf Grund ihrer literarhistorischen Kriterien an die 9. Stelle. Die Lieder des Kürenbergers oder des Dietmar von Eist z. B. gelten als älter.

Die Töne der einzelnen Dichter sind mit römischen Ziffern durchgezählt, die vor der – in der handschriftlichen Überlieferung fehlenden – Überschrift stehen: «I Wol hôher danne rîche».

«4,17 – CB» rechts neben der 1. Zeile verweist darauf, daß der erste Herausgeber von MF, Karl Lachmann, die Strophe als «4,17» gezählt hat; dann erscheint rechts neben dem Bindestrich die kursiv gesetzte Sigle der Leithandschrift, hier: C, gefolgt von der recte gesetzten Sigle der Handschrift B, in welcher die Strophe ebenfalls überliefert ist. Aus dem Verzeichnis der benutzten Handschriften, S. 11 ff., geht hervor, daß C und B die Siglen für die Manessesche und für die Weingartner Liederhandschriften sind. «5 CB» besagt zudem, daß die Strophe unter den Kaiser Heinrich zugeschriebenen Strophen als fünfte in den Handschriften begegnet. Die 2. Strophe steht dort an 6. Stelle; die Strophenfolge stimmt also mit derjenigen des kritisch hergestellten Textes überein – ein wichtiger Befund, denn vielfach widersprechen einander die Strophenfolgen der verschiedenen Handschriften, die ja ohnehin (vgl. die Abb. aus der Manesseschen Handschrift) nur die einzelnen Strophen optisch voneinander absetzen, so daß die Herausgeber entscheiden müssen, welche Strophen zusammen ein Lied oder einen Spruch bilden.

Die Schreibweise der Handschriften wird zwar im Lesartenapparat weitgehend beibehalten, wenngleich dort die Lesarten vielfach abgekürzt werden, aber im Haupttext haben die Herausgeber um der besseren Lesbarkeit willen die Schreibung verändert:

1. Die langen Vokale werden mit einem Längenzeichen versehen: Zirkumflex ˆ.
2. Der lautlich irrelevante Wechsel zwischen langem ſ und rundem s wird ausgeglichen.
3. Die Schreibung von v und u sowie von j und i wird in der Weise geregelt, daß v und j für den Konsonanten, u und i für den Vokal stehen.
4. Die Abkürzungen werden aufgelöst. Die überschriebenen Buchstaben (diakritische Zeichen) werden nicht beibehalten, z. B. werden die in der nhd. Schreibweise üblichen Umlautzeichen eingeführt.
5. Das Verhältnis von Groß- und Kleinschreibung wird so geregelt, daß ein großer Anfangsbuchstabe nur bei Eigennamen und am Satz- bzw. Versanfang steht.
6. Der Text wird durch Interpunktion gegliedert. (Die Handschrift C kennt nur Reimpunkte.)
7. Die Zusammen- und Getrenntschreibung wird geregelt.

Zur Texteinrichtung notieren die Herausgeber von MF u. a. folgende Einzelregelungen: Ersetzte Wörter und ersetzte oder hinzugefügte Buchstaben sind kursiv gedruckt. Gegen die Leithandschrift hinzugefügte Wörter stehen *kursiv* in spitzen Klammern

< >. Vgl. 1,5: ich kom < *ir* >; *ir* fehlt in der Leithandschrift C und wird lt. Varianten-Apparat aus Hs. B übernommen. Solche konjekturalen Zusätze müssen von konjekturalen Streichungen (Athetesen) unterschieden werden: Auf weggelassene Wörter oder Verse wird durch zwei leere eckige Klammern [ ] hingewiesen. Sind Buchstaben weggelassen, werden der vorangehende und der folgende Buchstabe kursiv gesetzt. Umstellungen sind durch das Zeichen ʃ vor dem ersten und ʅ nach dem letzten umgestellten Wort gekennzeichnet; vgl. 1,5. Vermutlich verderbte Stellen sind durch eine Crux (†) kenntlich gemacht.

Unter dem kritisch hergestellten Text finden sich zwei Apparate:

Der Handschriften-Apparat (Varianten-Apparat) verzeichnet alle handschriftlichen Abweichungen gegenüber dem von den Herausgebern konstituierten Text, und das heißt in der Regel: die von der jeweiligen Leithandschrift abweichenden Lesarten der übrigen Handschriften. Da für die beiden Strophen Kaiser Heinrichs C als Leithandschrift gewählt wurde, begegnen im Apparat die Varianten der Weingartner Handschrift mit der Sigle B. «I. 1,1 *hôher danne richer B.*» lautet z.B. die Lesart der Weingartner Hs. B, während die im kritischen Text abgedruckte Fassung diejenige der Manesseschen Leithandschrift C ist. Wenn die Herausgeber – wie in früheren Auflagen zu MF 4,17 – eine Konjektur vorgenommen haben, müssen sie im Lesarten-Apparat selbstverständlich den Wortlaut aller Handschriften abdrucken, die von ihrer Konjektur abweichen, also auch die Variante der Leithandschrift.

Der kommentierende Apparat gilt Fragen der Textkonstitution; er gibt dazu auch Hinweise auf die Forschung.

Zu Zeile 1,1 haben sich offensichtlich geäußert: Schenk, Jungbluth, Wisniewski – vgl. dazu das Verzeichnis der abgekürzt zitierten Literatur, S. 453 ff. Wichtig ist dann die Notiz: *hoeher dannez r.* K (HVBr). Hier ist nämlich von früheren Herausgebern eine Konjektur vorgeschlagen worden, so daß zu übersetzen wäre: «Über die Würde des Kaisers hinaus bin ich erhoben, wenn die Geliebte bei mir liegt.» «K» heißt, daß Carl von Kraus noch für die Konjektur eintrat, die von «H», Moriz Haupt, stammt und die auch von Friedrich Vogt und Hennig Brinkmann befürwortet wurde. Moser/Tervooren wahren jetzt dagegen die handschriftliche Überlieferung und übersetzen – ohne Konjektur – «Wohl mehr als mächtig bin ich...». Aus solchen Angaben läßt sich bereits ein Stück Interpretationsgeschichte rekonstruieren: Der Gedanke, «lieber eine bestimmte Frau als eine hohe Stellung oder alle Macht der Welt», ist Gemeingut der frühen europäischen Liebeslyrik. Hier verstärkt jedoch die Konjektur den Eindruck einer seltenen Kongruenz von Fiktion und Realität; denn hier scheint ein Autor den Kaiser-Topos zu benutzen, der womöglich selbst ein Kaiser war! Die rhetorische Formel würde beglaubigt durch die gesellschaftliche Realität, aber gerade diese durch die Konjektur suggerierte Annahme ist für ein Minnelied, das Rollenlyrik ist, nicht zwingend.

2.3 Überlieferungsgeschichte als methodischer Ansatz von Literaturgeschichte

Die genealogische Methode der Lachmann-Schule fußte auf Prämissen, die in der volkssprachlichen Literatur des Mittelalters häufig nicht vorausgesetzt werden können. Die Einschätzung der Handschriftenverhältnisse des Nibelungenliedes liefert dafür ein Beispiel:

2.3 Überlieferungsgeschichte und Literaturgeschichte

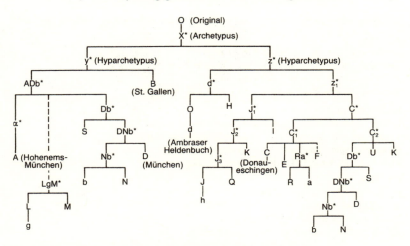

Abb. 4: *Braunes Stemma der Nibelungenlied-Handschriften (nach H. Brackert)*[2]

Wilhelm Braune entwarf für die 34 Handschriften des Nibelungenliedes ein geschlossenes Stemma, das an drei Voraussetzungen gebunden ist: 1. an eine «kontaminationslose Handschriftenentwicklung», 2. an einen «relativ fehlerfreien Archetypus» und 3. an eine «lückenlose schriftliche Tradition» vom Original bis zu den erhaltenen Handschriften. Helmut Brackert hat es unternommen, Braunes Voraussetzungen zu widerlegen – und d. h.: die Ergebnisse einer Untersuchung, die von falschen Voraussetzungen ausgeht, müssen notwendig ebenso falsch sein.

Der Archetypus des NL. entzieht sich einer genauen Fixierung, alle Texte weisen ein Nebeneinander von «Ursprünglichem» und «Nichtursprünglichem» auf. In jeder Stufe der Tradition tritt «Sondergut» auf, das alle Merkmale der «Echtheit» trägt, indem es mit demjenigen übereinstimmt, was als zugehörig zum Kreise der Nibelungensage und des Nibelungenlieds ausgewiesen ist. Das nachträgliche Einströmen von Formen und Motiven der Nibelungentradition macht also die Unterscheidung von «original» und «sekundär» illusorisch. Ein «Original» im herkömmlichen Sinne hat es im Falle des Nibelungenliedes nicht gegeben. «Die Urheber der verschiedenen Redaktionen, die uns vorliegen, lassen sich nicht prinzipiell als Geister minderen Ranges von jenem Autor unterscheiden, auf den der gemeinsame Text zurückginge.»[3] Einen ungemischten Text als Maßstab gibt es hier nicht.

Aus Braunes Stemma (s. o.) wird klar, daß von den erhaltenen Handschriften die St. Galler Hs. (B) des y-Zweigs dem Archetypus am nächsten steht, aber im Falle der berühmten Eingangsstrophen zeigt nur die Hs. J des z-Zweigs den ursprünglichen Bestand, während die Fassung in der Hs. B stark von * C beeinflußt ist. Genau rekonstruieren läßt sich der Überlieferungsvorgang jedoch im einzelnen nicht mehr, weil die Querverbindungen zwischen den Hss. zu den Strophen 1–21 zu kompliziert sind.

Ähnliche Probleme wirft die Lesartendivergenz der vielerörterten Strophe 1912 auf:[4]

A] 1849
Do der strit niht anders   kvnde sin erhaben –
Kriemhilt leit daz alte   in ir herzen waz begraben –
do hiez si tragen ze tische   den Eceln svn.
wie kvnd ein wip dvrch rache   immer vreislicher tv̂n?

B] 1909 (1912)
Do der strit niht anders   chvnde sin erhaben –
Criemhilt ir leit daz alte   in ir hercen was begraben –
do hiez si tragen cen tihssen   den Eceln svn.
wi chvnde ein wip dvrch rache   immer vreislicher getvn?

C] 1963
Do die fvrsten gesezzen   warn vber al
vñ nv begvnden ezzen,   do wart in den sal
getragen zv̂ den fv̂rsten   daz Ezeln kint;
da von der kunec riche   gewan vil starchen iamer sint.

1909   DI[N]abdh
1 Da Nb. Do (= Da d) (nu a) die fursten alle *(fehlt ad)* gesazzen (= geseßen hetten a, gesessñ waren d) uber al Iadh. 2 Criemhilt ir] Crimhilden DNb.   vñ ezzen begvnden Kriemhilt hiez in den sal Ih, vnd nu begonden eßen da wart in den sal a, vnd nu begunden essen da hiess Chrimhilt in den sal d. 3 da b. zv tische Db. tragen dar ze tische. Ih, getragen zu den fv̂rsten a, tragen zun tischen d. daz a, des b. Etzelines D. kint a. 4 moht Ih. ein *fehlt Nb.* frayßlichen d. tv̂n INbdh. da von der künig reich gewan vil iamers sint a.

Der Hyparchetypus y* (vgl. die Hss. B und A) deutet die Motive für Kriemhilds Handeln beim Ausbruch des großen Kampfes zwischen Hunnen und Burgunden an; auf einer früheren Sagenstufe (vgl. die Thidrekssaga) hatte Kriemhild ihren Sohn veranlaßt, Hagen ins Gesicht zu schlagen, um den Kampf zu entfesseln. Die Donaueschinger Hs. C zielt auf eine Entlastung Kriemhilds, Hagen wird nicht nur mit der Ermordung Siegfrieds und dem Hortraub belastet, sondern auch mit der Tötung Ortliebs. Aber die Hss. J und d (Ambraser Heldenbuch), die Braune dem z*-Zweig zurechnet, teilen in diesem Falle nicht die Tendenz von C; sie führen Kriemhilds Handeln ohne Begründung vor. Eine Entscheidung, wo der «originale» Wortlaut zu finden sei, hält Brackert[5] hier weder für möglich noch für sinnvoll; er will y* und Jd als gleichwertige (Präsumptiv-)Varianten nebeneinander gelten lassen.

Fazit: Gab es überhaupt «das» Nibelungenlied und «den» Nibelungenlied-Dichter? Für Brackert wird er zum «hypothetischen Dichter»; denn grundsätzlich stehe hinter dem Text eine Mehrzahl von Sängern, die alle in der gleichen poetischen Technik bewandert, mit dem gleichen Stoff vertraut waren und sich an dessen Ausformung beteiligten. Prinzipiell erhält damit jede Fassung ihre eigene Legitimität, die Unfestigkeit des Textes wird zum Gattungsmerkmal. Das belegt auch die Variationsbreite in der aventiurehaften Dietrichepik.[6]

Dieser Überlieferungsbefund wird so gedeutet, daß der schriftlichen Buchdichtung eine vielfältige mündliche Lied- und Sagentradition vor-

2.3 Überlieferungsgeschichte und Literaturgeschichte 43

ausgegangen sei, die auf die verschriftlichten Fassungen des Nibelungenliedes eingewirkt habe. – Mündlichkeit und Schriftlichkeit stehen im Mittelalter nicht einfach neben- oder gegeneinander, sondern sie wirken wechselseitig aufeinander ein. Texte können gesungen und gesprochen, im öffentlichen Vortrag gehört und/oder als Privatlektüre gelesen werden. In diesem wiederholten Austauschprozeß ist mit mannigfaltigen Zwischenstufen zu rechnen. Ein entscheidender Impuls dazu ging von der *oral tradition*-Forschung aus, die die Merkmale einer mündlich-improvisierenden Erzähltradition herausgearbeitet hat:[7] Gegenüber den *fixed texts* eignet den *performances* der mündlichen Darbietung Variabilität; es gibt eine Konstanz des Sinngerüsts von Liedfabeln, doch mit einer Vielzahl von Varianten und austauschbaren Formeln je nach Vortragssituation. Das gilt nicht nur für die heroische Epik, sondern auch z. B. für die Reimsprecherkunst des Spätmittelalters[8] und erst recht für den Prozeß des «*Zersingens*» von Volksliedern und Balladen. In der mündlich-kollektiven Literatur ist deshalb der Begriff des Originals weniger fest als in strikt schriftlich-individueller Dichtung. Nicht jede Formel und Variante des Nibelungenliedes muß darum schon auf Spuren ursprünglicher Mündlichkeit verweisen, sie kann auch genuin schriftliches Ausdrucksmittel sein. Angesichts dieser «symbiotischen Mischkultur» von Schriftlichkeit und Mündlichkeit, wie sie die volkssprachliche Literatur des Mittelalters darstellt, erweisen sich die Grundannahmen der klassischen Textkritik von Original, Archetypus und Stemma teilweise als historisch inadäquat. Eine strenge Trennung zwischen Entstehungsvarianten (Autorvarianten) und späteren Bearbeitungs- und Überlieferungsvarianten ist vielfach unmöglich. Dementsprechend hat sich das textkritische Interesse immer mehr von der Entstehungsgeschichte hin zur Überlieferungsgeschichte eines Textes schlechthin verlagert. Die Suche nach dem nicht erhaltenen «Ursprünglichen», «Echten» weicht zunehmend der Deutung der tatsächlich erhaltenen Überlieferung, in der grundsätzlich jeder Handschrift, jeder Fassung eines Textes eine «eigene situationelle Konsistenz» zugebilligt wird.

Es ist der Vorzug einer historisch-kritischen Edition, daß sie beiden Aspekten gerecht zu werden vermag: sie bietet die Grundlage sowohl für produktionsästhetische und -geschichtliche als auch für rezeptionsästhetische und -geschichtliche Fragestellungen. Die Überlieferungsgeschichte mit Handschriftenkunde, Textkritik und Edition ist heute von einer Hilfswissenschaft, die «nur» der Herstellung eines kritischen Textes zu dienen hatte, zu einer Grundlagenwissenschaft der mittelalterlichen Literaturgeschichte avanciert. Handschriften und Drucke können als Verbreitungsmedien von Texten Funktionen dieser Texte mittragen. Sie sind für eine bestimmte Funktion in einer bestimmten *Gebrauchssituation* in bestimmten sozialen Gruppen (Kloster, Universität, Hof, Stadt) hergestellt worden, sie haben bei veränderter Gebrauchssituation neue Funktionen angenommen, und die konkrete Funktion und Gebrauchssituation hat die Gestalt, den literarischen Typus der Texte selbst mitgeprägt. Nicht nur Neuproduktionen, Abschriften, Bearbeitungen, Übersetzungen, sondern auch «Wertsignale» durch Pergament und Illustration, «Verbrauchssignale» durch Schrift, Format, Material einer Handschrift, schließlich auch der Übergang in den Buchdruck «mit seinen Wert- und Verbrauchssignalen durch Drucker und Druckorte, Auflagen, Ausstattung mit Holzschnitten» usw. können Aufschlüsse geben über die besonderen Bedingungen, unter denen ein Text entstanden ist, über die Wirkung dieser Umstände auf den Text und über dessen Funktion in einer *Gebrauchssituation*.[9]

Die Entwürfe Hugo Kuhns kreisen immer wieder um diesen Begriff, zuletzt in einer Fallstudie zur Manesseschen Handschrift. Gegenbegriff wäre die *Autonomie der Kunst,* die als Grundannahme die Ästhetik des 19. Jahrhunderts bestimmt. Im Mittelalter und in der frühen Neuzeit werden Dichtung und Sachliteratur noch nicht essentiell voneinander unterschieden, jeder Text ist ein Stück «Gebrauchsliteratur», steht in einer bestimmten Gebrauchssituation des Machens, Hörens und Lesens, die es zu eruieren gilt. Schon das Faktum, daß die großen Sammelhandschriften des Minnesangs und der höfischen Epik auf dem – antiquarischen, «epigonalen» – Interesse Späterer beruhen, ist z. B. interpretationsbedürftig genug. Zum geschichtlichen Verständnis der Texte gehört die Frage, wie die Texte gelebt haben: die Antwort geben in der Regel nicht die Texte selbst, sondern die Daten ihrer Überlieferungsgeschichte, aus welchen sich somit eine Soziologie der mittelalterlichen Literatur rekonstruieren ließe. Die Überlieferungsgeschichte als methodischer Ansatz, wie ihn Hugo Kuhn entworfen hat und wie ihn die Würzburger Forschergruppe unter Kurt Ruh praktiziert, trägt bei zu einer erweiterten Konzeption von Literaturgeschichte.

3. Zum mittelalterlichen Bildungswesen: Mündlich volkssprachliche Laienkultur und schriftlich lateinische Klerikerkultur

3.1 Klerikerkultur: zum mittelalterlichen Unterrichtswesen

3.1.1 Die Klosterschule

Das Latein besaß im mittelalterlichen *orbis christianus* universale Geltung. Seit der Vulgataübersetzung des Hieronymus (345–420), seit Augustinus (354–430), Leo I. d. Gr. (440–461) und Gregor I. d. Gr. (590–604) sprach, schrieb und dachte die römisch-katholische Kirche lateinisch, und wer von den Laien über die regionalen Mundarten und über die augenblickliche Situation hinaus gehört werden wollte, tat es den Klerikern nach. Mit dem allmählichen Zurücktreten der übernationalen Kräfte des Mittelalters verlor auch das Lateinische seine Vormachtstellung, aber es blieb noch bis weit in die frühe Neuzeit die Sprache der Gelehrten und der Wissenschaft. Das mittelalterliche Latein fußt auf der spätrömischen Vulgärsprache und unterscheidet sich von der Sprache eines Caesar oder Cicero durch größere grammatische und stilistische Freiheiten, ohne daß darum alle Regeln aufgehoben wären.[1] Keiner, der im Mittelalter lateinisch sprach und schrieb, hatte das Lateinische als Muttersprache gesprochen. Lateinkenntnisse vermittelte vielmehr erst die Schule, und das hieß im Frühmittelalter: die Klosterschule.

Der um 820/26 in der Abtei Reichenau für den St. Galler Abt Gozbert (816–837) kopierte Klosterplan (s. Abb. 5), übrigens der älteste erhaltene Bauplan Europas, stellt die Idealanlage eines Klosters dar, wie es zur Zeit Karls des Großen (768–814) und Ludwigs des Frommen (813–840) sein sollte, um als vorbildlich zu gelten. Der Plan besteht aus 5 Blättern aus Kalbspergament, die mit Darmfäden zusammengenäht worden sind. Auf einer Gesamtfläche von 112 × 77 cm sind mit roten Strichen umrißweise rund 50 Gebäude gezeichnet, mit ca. 340 erklärenden lat. Beischriften.

Das geistige und geistliche Zentrum bildet die doppelchorige Kirche; die bauliche Mitte ist das an die Kirche gegen Süden angefügte Claustrum mit seinen 3 je zweistökkigen Gebäudeflügeln, die den quadratischen Innenhof mit dem Kreuzgang bilden. Im Norden dann der vornehme Bezirk mit Gästehaus, Schule und Abtpfalz; nach Osten der stille Bezirk mit Hospital, Noviziat und Gärten; nach Süden der werktätige Bezirk mit Werk- und Wohnhäusern; nach Westen der vieh- und landwirtschaftliche Bereich mit den Stallungen – eine in sich geschlossene Welt also, autark auch im Materiellen.

Auffällig ist, daß der Plan zwei Klosterschulen vorsieht. Tatsächlich gab es ein «allgemeines» Schulhaus und eine innere Schule. Diese – zwischen Hospital und Baum-

3. Zum mittelalterlichen Bildungswesen

garten angesiedelt – war dem Noviziat vorbehalten und bildete ein Kloster im kleinen mit Doppelkirche, Kreuzgang *(porticus)*, Speiseraum *(refectorium)*, Schlafsaal *(dormitorium)*, Wärmeraum *(pisalis)*, Küche *(coquina)*, Krankenzimmer *(infirmarium)* und Badezimmer *(balneatorium)*. Die Bibliothek im Winkel der großen Kirche zwischen Ostchor und Querschiff ist ein zweistöckiges Gebäude. Das untere Geschoß diente als *scriptorium*, das obere als Handschriftenmagazin. Aus dieser Bibliothek stammen z. B. die Handschrift B des Nibelungenliedes und – für die St. Galler Klosterschule typischer: das älteste erhaltene Schriftwerk in deutscher Sprache, der *Abrogans*, ein spätlateinisches, alphabetisch geordnetes Wörterbuch mit deutschen Äquivalenten.

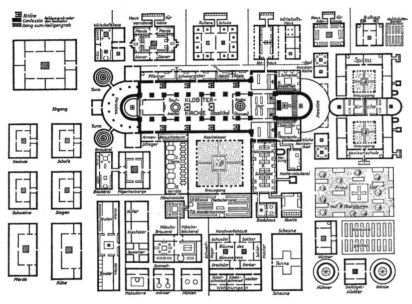

Abb. 5: Grundriß eines Benediktiner-Klosters[2]

Kloster (< lat. *claustrum*) meint die abgeschlossene, gemeinsame Wohnung von Ordensleuten. Das Klosterleben ist geprägt durch die von Benedikt von Nursia (ca. 480–550/53) um 529 für Monte Cassino verfaßte Regel,[3] die für das abendländische Mönchtum vom 8. bis zum 12. Jh. allein maßgebend war. An der Spitze des Klosters steht der Abt, der von den Mönchen als «Vater» der klösterlichen «Familie» auf Lebenszeit gewählt wird. Als Gelübde verlangt die Regel Beständigkeit und – im Gegensatz zu undiszipliniert umherschweifenden Mönchen –Seßhaftigkeit *(stabilitas loci)*, Gehorsam *(oboedientia)* gegenüber dem Abt sowie einen durch Eigentumsverzicht und Keuschheit gekennzeichneten Tugendwandel *(conversatio morum)*. Zugelassen sind auch Laienbrüder *(fratres conversi)*, die zwar die Gelübde ablegen, aber nicht die priesterlichen

3.1 Klerikerkultur: zum mittelalterlichen Unterrichtswesen 47

Weihen empfangen. Die Askese ist nicht rigoristisch. Der Wert der Arbeit wird betont *(ora et labora)*, und das bedeutet nicht nur Ackerbau, Weinbau und Viehzucht, sondern – vor allem unter dem Einfluß Augustins und Cassiodors – auch wissenschaftliche Tätigkeit: Sammeln, Kopieren und Übersetzen antiker und christlicher Literatur.

Zur Zeit Karls des Großen verfügte die Aachener Synode von 789, daß bei jedem Kloster eine Schule einzurichten sei.[4] Fulda, die Gründung des Bonifatius († 754), wurde unter der Leitung des Hrabanus Maurus (784–856) zur hervorragendsten Bildungsstätte des karolingischen Ostreiches. Salzburg, Freising, Regensburg (St. Emmeram), St. Gallen, die Reichenau, Murbach und Weißenburg im Elsaß, Würzburg, Lorsch, Mainz und Trier waren mit ihren Klosterschulen und -bibliotheken weitere regionale Mittelpunkte des geistlich-gelehrten Unterrichts.

Ohne die Klosterschulen ist die Verschriftlichung der ahd. Literatur nicht zu denken. Ekkehard IV. (980–1060), Schüler Notkers des Deutschen († 1022), bietet in seinen *Casus sancti Galli* einen außerordentlich lebendigen Einblick in das Klosterleben des 10. Jhs.[6] Ein Reflex solcher Klosterschulwirklichkeit findet sich noch im *Gregorius*, wenn Hartmann

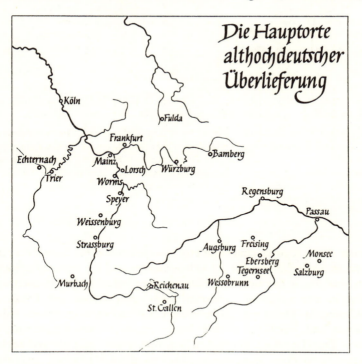

Abb. 6: Die Hauptorte althochdeutscher Überlieferung[5]

von Aue die Erziehung seines Helden schildert, der freilich bereits als *puer senex* (V. 1180) im Lichte legendarischer Stilisierung erscheint:[7]

Dô der vischære und sîn wîp
über des süezen kindes lîp
sô rehte vlîzic wâren
unz ze sehs jâren,
der abbet nam ez dô von in
zuo im in daz klôster hin
und kleidetez mit selher wât
diu phäflîchen stât
und hiez ez diu buoch lêren.
swaz ze triuwen und ze êren
und ze vrümikeit gezôch,
wie lützel ez dâ von vlôch!
wie gerne ez âne slege mit bete
sînes meisters willen tete!
ez enlie sich niht betrâgen
ez enwolde dingelîches vrâgen
diu guot ze wizzenne sint
als ein sæligez kint.
   Diu kint diu vor drin jâren
zuo gesetzet wâren,
mit kunst ez diu sô schiere ervuor
daz der meister selbe swuor,
er gesæhe von aller hande tugent
nie sô sinnerîche jugent.

er was (dâ enliuge ich iu niht an)
der jâre ein kint, der witze ein man.
   An sîm einleften jâre
dô enwas zewâre
dehein bezzer grammaticus
danne daz kint Grêgôrius.
dar nâch in den jâren drin
dô gebezzerte sich sîn sin
alsô daz im divînitas
gar durchliuhtet was:
diu kunst ist von der goteheit.
swaz im vür wart geleit
daz lîp und sêle vrumende ist,
des ergreif er ie den houbetlist.
dar nâch las er von lêgibus
und daz kint wart alsus
in dem selben liste
ein edel lêgiste:
diu kunst sprichet von der ê.
er hete noch gelernet mê,
wan daz er wart geirret dran,
als ich iu wol gesagen kan.
(V. 1155–1200)

Wât diu phäflîchen stât Kleidung, die einem clericus zukommt. – *betrâgen* träge werden, verdrießen. – *dingelîch* < aller *dinge gelîch* alles. – *ervarn* stv., einholen.

Realiter wurden die Schüler im Alter von 7 oder 8 Jahren ins Kloster aufgenommen, mit 15 konnten sie sich für das Mönchstum entscheiden, mit 18 die Gelübde ablegen und sich bis zum 24. Jahre auf die Priesterweihe vorbereiten. Entsprechend wird Gregorius vom 7. Jahre an in der inneren Klosterschule eine geistliche Ausbildung zuteil, die sich natürlich deutlich abhebt von der höfischen Erziehung Tristans (vgl. Gottfried von Straßburg, *Tristan*, u. a. 2056–2143).

3.1.2 Die Universitäten

Kloster bzw. Klosterschule und Hof (zu diesem s. u. 6.3.2) sind im Frühmittelalter die Zentren der mittellateinischen und der volkssprachlichen Literatur. Beide Institutionen sind eng miteinander verknüpft, auch wenn weltliche und geistliche Gewalten, allen voran Kaiser und Papst, mit wechselndem Erfolg um die politische Vorherrschaft gekämpft haben. Klöster und kirchliche Ämter fungieren als Versorgungsinstitut des Adels. Die Herren der geistlichen Territorien sind nicht nur von adeliger Herkunft, sondern sie regieren auch wie weltliche Herrscher; die Hofhaltung eines geistlichen Fürsten unterscheidet sich von derjenigen seines weltlichen Verwandten eigentlich nur darin, daß die Frauen fehlen oder jedenfalls keine repräsentative Rolle spielen; an den Höfen der weltlichen Großen wiederum sind die Kleriker unentbehrlich, weil ihnen der Schriftverkehr der Kanzleien obliegt. Mit anderen Worten: In der politischen und sozialen Geschichte des Mittelalters gibt es de facto nicht die strenge Grenze, die nach kanonischem Recht den Kleriker vom Laien trennen soll.

Für die Literaturgeschichte jedoch wird diese Unterscheidung so bedeutsam, weil sie sich mit einer anderen überschneidet, nämlich derjenigen zwischen Gelehrten und Nicht-Gelehrten. Das Begriffspaar mhd. *pfaffen unde leien* korrespondiert einem anderen, nämlich *litterati et illterati vel idiotae*. Im Frühmittelalter, als die Kirche geradezu das «Bildungsmonopol» innehatte, war der *litteratus* in aller Regel ein Kleriker, im späteren Mittelalter und in der frühen Neuzeit meint *clericus* keineswegs mehr allein den Kleriker, sondern auch den Laien, der eine gelehrte Bildung vorzuweisen hat (vgl. engl. *clerk*). Diese Verschiebung im Bildungsgefälle hängt nicht zuletzt mit dem Aufkommen der Universitäten zusammen: Neben die kirchlichen oder (später auch) städtischen Lateinschulen treten seit dem 13. Jh. nach und nach die Hohen Schulen. 1158 versieht Friedrich I. Barbarossa die – v. a. auf die Rechtswissenschaft ausgerichtete – Universität Bologna mit Statuten; 1208/09 bezeichnet Innozenz III. die Universität Paris als *universitas*. Der Begriff meint nicht die «Gesamtheit der Wissenschaften» *(universitas litterarum)*, sondern die Korporation der Lehrenden und Lernenden; denn im Unterschied etwa zum monokratisch strukturierten Hofstaat ist die Universität genossenschaftlich organisiert mit Exemtion von der örtlichen Gerichtsbarkeit, mit dem Recht zur Selbstverwaltung.

Die Sorbonne ist in vier Fakultäten gegliedert: Medizin, Jurisprudenz und Theologie sind die höheren Fakultäten, während die Artistenfakultät den propädeutischen Unterbau bildet. Das *Trivium* der *artes liberales* wurde mit dem Baccalaureat, das *Quadrivium* mit dem Magisterexamen abgeschlossen. Die höheren Fakultäten verliehen die Lehrbefugnis *(licentia)* und die Doktorwürde. Die Scholaren begannen mit dem Studium oft schon im 14. oder 15. Lebensjahre. Die *septem artes* studierte man 5–6, die Theologie etwa 15 Jahre. Die Angehörigen der Artistenfakultät waren in Paris in vier «Nationen» gegliedert: Franzosen, Pikarden, Normannen, Engländer (und Deutsche). Man wohnte in einer pensionsähnlichen Herberge *(hospicium, bursa)* oder klostermäßig im Internat *(collegium)*. War Paris der Prototyp einer Professorenuniversität mit klerikalem, so Bologna der einer Studentenuniversität mit laikalem Lehrkörper. Oxford, gegründet 1167 auf Befehl Heinrichs II., orientiert sich am Vorbild der Sorbonne, während Padua (1222) und Siena (1246) Ableger der Bologneser Universität sind, deren Verfassung auch von Salamanca (1243) adap-

3. Zum mittelalterlichen Bildungswesen

Abb. 7: *Die europäischen Universitäten bis 1500*[8]

tiert wird. Den vielenorts erhaltenen Matrikellisten, für die Sozial- und Bildungsgeschichte eine Fundgrube, läßt sich entnehmen, daß im 13. Jh. Paris etwa 4000–5000, Oxford 3000–4000 Studenten hatten. Im späteren Mittelalter ist demnach ein weit größerer Teil der Gesamtbevölkerung mit akademischer Bildung in Berührung gekommen als in der Neuzeit! Da überall gleichermaßen das Latein im Gebrauch war, gab es einen wahrhaft europäischen Austausch im Bildungswesen: Scharen von Studenten zogen nach Bologna, um die Rechte, nach Salerno und Montpellier, um die Medizin, nach Paris, um die Theologie zu studieren. Nicht selten scheinen die «Vaganten» (auch: «Goliarden») mehr Gefallen am Umherziehen, Trinken und Lieben gefunden zu haben als am Studium selbst. Diesen Verdacht weckt jedenfalls die sog. Vagantendichtung der *Carmina Burana* (ca. 1220–50) und der Cambridger Liedersammlung.

Die geistlichen und die weltlichen Gelehrten *(litterati)* bilden gegenüber den Nicht-Gelehrten *(illitterati)* eine geschlossene Gruppierung, die *respublica litteraria*, wie sich die Gelehrtenrepublik im Späthumanismus um 1600 selbst nennt. Das räumliche Zusammenleben im Kloster oder im Kollegium, das Bindeglied des Lateinischen bewirken u. a. eine starke Abgrenzung nach außen und zugleich einen großen inneren Zusammenhalt. Ein enges Netz persönlicher und institutioneller Beziehungen verknüpft die Klöster, Orden, Schulen und Universitäten miteinander. Damit sind zugleich die Zirkulationsbahnen bezeichnet, in welchen sich allererst literarisches Leben abspielt.[9] Innerhalb der gelehrten Welt des Mittelalters und der frühen Neuzeit gibt es jedoch ein starkes Bildungsgefälle. Oft wird z.B. der niedere Klerus auf dem Lande die «hohe» Theologie, wie sie zu Paris, Oxford usw. betrieben wurde, nur über Zwischenträger in vergröberter Form rezipiert haben. Gerade auf dieser unteren Stufe der Gelehrten-Skala kommt es aber zu Kontakten mit den Nicht-Gelehrten und Laien, eben auch mit mhd. Laiendichtern.[10]

Wenn sich an den Universitäten die Rechtswissenschaften als eigenständige Disziplin etablieren, so hängt das sicherlich mit der Entstehung des neuzeitlichen Staates zusammen – zur Verwaltung des Landes werden rechtskundige, gelehrte Räte und Beamte gebraucht. Aber für Jahrhunderte bestimmte die Theologie das geistige Leben.

Unter *Scholastik* (< lat. *schola*) faßt man die in den Schulen und Universitäten ausgebildete theologisch-philosophische Spekulation zusammen, die mit einer schulmäßigen, begrifflich-rationalen Methode die durch die Autorität von Bibel und kirchlicher Lehre verbürgten Glaubenswahrheiten zu durchdringen suchte. Die Scholastik wollte «durch Anwendung der Vernunft, der Philosophie auf die Offenbarungswahrheiten möglichste Einsicht in den Glaubensinhalt gewinnen» und in einer systematischen Gesamtdarstellung der Heilswahrheiten die vom Vernunftsstandpunkt aus erhobenen Einwände gegen den Offenbarungsinhalt lösen (M. Grabmann). Die Geschichte der Scholastik ist eng verknüpft mit derjenigen der Aristoteles-Rezeption. Die Frühscholastik beginnt im 9. Jh. mit Johannes Eriugena oder Scotus und reicht bis ca. 1200. Anselm von Canterbury (1033–1109) v. a., aber auch Peter Abaelard (1079–1142) und Petrus Lombardus werden ihr zugerechnet. Bonaventura, Albertus Magnus und Thomas von Aquin gelten als Vertreter der Hochscholastik (ca. 1150–1300), während Wilhelm von Ockham (1290/1300–1350) bereits in die Spätscholastik (ca. 1300–1400) gehört.

Die Scholastik hat mit der *scholastischen Methode* eine spezielle Lehrform entwickelt: Grundelemente sind die Lesung *(lectio)* eines Textes, dessen Kommentierung an Hand der *Sentenzen* anerkannter Autoren und das Streitgespräch *(disputatio)* zur Wiederholung und Einübung des Unterrichtsstoffes. Aus der Behandlung widersprüchlicher Aussagen ergibt sich die Argumentation des *pro et contra* in der literarischen Form der *quaestio:* Zuerst werden die Gründe dargelegt, die gegen die in Rede stehende These sprechen, dann stellt der Redner seine eigene Meinung dar; schließlich entkräftet er der Reihe nach die Gegengründe und sucht zu einem Ausgleich der Meinungen in der *solutio* zu gelangen. Die Quaestionenform wirkt noch in der Kontroversliteratur des konfessionellen Zeitalters nach, schließlich gehören auch Luthers Thesen zu Wittenberg in diesen Kontext. Ihre eigentliche Anwendung jedoch erfuhr die scholastische Methode im sog. *Universalienstreit.* Die Vertreter des *Realismus* behaupteten, das Allgemeine sei das Wirkliche, ihm gebühre ein höherer Seins- und Realitätsgrad als den Einzeldingen, weil es vor dem Besonderen existiere – *universalia sunt realia ante rem.* Dieser mehr idealistischen als «realistischen» Position setzte der *Nominalismus* die These entgegen, daß die allgemeinen Begriffe bloße Worte seien, während in Wirklichkeit nur die Einzeldinge existierten – *universalia sunt nomina post rem;* Allgemeinbegriffe seien nicht-ontologische, nicht-substantielle Gedankenkonzeptionen, Sammel-Namen nach konkreten Dingen, aus diesen durch Abstraktion gewonnen. Die nominalistische Richtung galt an den Universitäten als *via moderna.* Und in der Tat hat sie mit ihrer Skepsis, mit ihrem Versuch, Wahrheit und Wirklichkeit anthropozentrisch vom Subjekt her zu bestimmen, der modernen Naturwissenschaft den Weg bereitet.[11]

Nach den scholastischen Wissenschaftslehren kann man im mittelalterlichen «Bildungssystem» (in der Praxis gibt es mannigfaltige Abweichungen) drei Artesreihen unterscheiden, wobei lat. *ars* (mhd. *list*) eher «Lehre» als «Kunst» meint:

1. Die sieben freien Künste *(septem artes liberales)* bildeten das «Grundstudium». In der Antike galten solche Studien, die nicht dem Gelderwerb dienten, als «eines freien Mannes würdig». Durch Autoritäten wie Martianus Capella (Anfang 5. Jh.), Boethius († 524) und Isidor von Sevilla († 636) erlangte die Siebenzahl kanonische Geltung. Die Disziplinen des «Dreiwegs» wurden weitaus gründlicher betrieben als die des «Vierwegs». Das *Trivium* umfaßte die drei formal-sprachlichen Fächer *Grammatik, Rhetorik, Dialektik (Logik),* das *Quadrivium* die vier mathematischen Wissenschaften *Arithmetik, Musik, Geometrie, Astronomie.*

Die Grammatik ist die Wissenschaft vom richtigen Reden, vom richtigen Schreiben und vom richtigen Verstehen des Geschriebenen. Der Schüler hatte zunächst die *Institutiones grammaticae* des Priscianus von Caesarea auswendig zu lernen, wobei nicht selten die Rute des Lehrers nachhalf. Die *Ars grammatica maior* des Aelius Donatus war das Lehrbuch für Fortgeschrittene. Die Rhetorik lehrte die Kunst des guten Redens und Schreibens, während die Dialektik, auch Logik genannt, das begriffliche Denken schulen sollte und – gestützt auf die kleineren logischen Schriften des Aristoteles in der Kommentierung durch Boethius – logische Schlußfolgerungen zum Gegenstand hatte.

Ist für die Fächer des Triviums das Wort das verbindende Element, so für diejenigen des Quadriviums die Zahl. Die Arithmetik behandelte die Größen an sich, übte auch im praktischen Rechnen mit Hilfe eines Rechenbretts (Abacus); die Geometrie beschäftigte sich nach dem Vorbild

Euklids mit den unbeweglichen Größen, während die Astronomie die Theorie der Planetenbewegung und – in enger Verflechtung mit der Astrologie – den Einfluß der Gestirne auf den Menschen erörterte. Die Musik sollte nach Auffassung des Boethius die Lehre von den Proportionen in der Sternenwelt, im Menschen und in den Instrumenten vermitteln.

2. Den freien Künsten treten (außerhalb der Universität) die «unfreien» Eigenkünste zur Seite. Zur praxisorientierten Reihe der *artes mechanicae*, deren Benennung und Reihenfolge schwankt, gehören: Handwerk (z. B. die Webkunst), Kriegswesen, Seefahrt mit Erdkunde und Handel, Landbau (mit Gartenbau) und Haushalt, Jagd, Heilkunde und die Hofkünste (z. B. Turnier). Theoretisch vorbereitet wurde diese Auffächerung wohl durch den Nominalismus, in der Praxis entsprach sie der zunehmenden Arbeitsteilung.

Als 3. artes-Reihe können die *verbotenen* Künste gelten (Paracelsus nennt sie *artes incertae*), die im Verborgenen eine nicht geringe Rolle spielten, nämlich Magie und Mantik. Auch die von den weltlichen Behörden verfolgten Praktiken des Gaunertums rechnet man dazu. Zwischen den Disziplinen steht die Alchemie, deren Übergänge zur späteren Chemie genauso fließend sind wie die zwischen Astrologie und Astronomie – die Grenzen der erfahrbaren Welt sind undeutlich und unsicher.

Jede dieser Disziplinen hat ein umfangreiches Fachschrifttum hervorgebracht, das zusammen mit der theologischen, juridischen und medizinischen Literatur die Dichtung als «Literatur im engeren Sinne» bei weitem übertrifft. Kein Werk der höfischen Klassik kann sich mit *Meister Albrants Roßarzneibuch* oder gar mit dem *Sachsenspiegel* an Verbreitung messen. Das Studium der Fachliteratur, wie es für die germanistische Mediävistik z. B. W. Stammler und v. a. Gerhard Eis und seine Schüler[12] gefördert haben, fußt von vornherein auf einem erweiterten Literaturbegriff. Wo die Belehrung – und nicht bloße Unterhaltung – als Postulat für «wahre» Literatur gilt, verbietet sich ohnehin eine strikte Trennung zwischen fiktionalen und expositorischen Texten. Zwischen beiden Bereichen gibt es Wechselbeziehungen; oft ermöglicht erst die Kenntnis der Fachliteratur ein historisch adäquates Verständnis mittelalterlicher Dichtung. Darüber hinaus hat jedoch die Fachliteratur ihren eigenen literarhistorischen Stellenwert: hier entwickeln sich eigene Fachsprachen, literarische Formen, z. B. der Traktat oder die Grundform des Rezepts, das in der medizinischen Literatur eine ähnliche Stellung einnimmt wie das Kirchenväterzitat in der geistlichen, und vor allem: die Prosa. Diese Gebrauchsliteratur wurde von Berufspraktikern, von Spezialisten ihres Faches, für ganz pragmatische Zwecke geschaffen, und darum läßt sie sich auch nur von ihrer jeweiligen Funktion her angemessen verstehen.

3.2 Laienkultur: zum Verhältnis von Literarizität und Illiterarizität

> Ein ritter sô gelêret was
> daz er an den buochen las
> swaz er daran geschriben vant:
> der was Hartman genant,
> dienstman was er zOuwe

Diese ersten 5 Verse aus dem Prolog zum *Armen Heinrich* informieren den Leser/Hörer über den Namen des Autors/Erzählers: *Hartman*, über den Status Hartmanns: *ritter/dienstman*, über seine geographische Herkunft: *zOuwe* und über den Bildungsgrad: *gelêret, las*. Während Hartmann von Aue nicht ohne Selbstbewußtsein auf seine Gelehrsamkeit und Lesefähigkeit verweist, stellt sich sein Zeitgenosse Wolfram, nicht minder selbstbewußt, ganz anders vor:

> ine kan decheinen buochstap.
> dâ nement genuoge ir urhap:
> disiu âventiure
> vert âne der buoche stiure (Pz. 115, 27–30).

Das heißt entweder: «ich bin kein Buchgelehrter» *(nescire litteras)*, oder: «ich kann weder lesen noch schreiben». Die Behauptung ist ihrem Kontext nach polemisch gemeint und deshalb wohl nicht ganz wörtlich zu nehmen. Wahrscheinlich hat Wolfram, der in seinen Werken eine Fülle von disparatem Wissensstoff präsentiert, keine gelehrte, d. h. geistlich-lateinische Erziehung genossen. Die Zeilen spiegeln das ambivalente Verhältnis des Autodidakten gegenüber der bloßen Buchgelehrsamkeit wider.

Darin unterscheidet sich Wolfram von Hartmann, mit dem er jedoch das ständische Selbstbewußtsein teilt:

> ich bin Wolfram von Eschenbach
> unt kan ein teil mit sange (Pz. 114, 12 f.)
> Aber:
> schildes ambet ist mîn art:
> [«Waffenhandwerk ist mein Beruf»]
> swâ mîn ellen sî gespart,
> swelhiu mich minnet umbe sanc,
> sô dunket mich ir witze kranc (Pz. 115, 11–14).

Hartmann und Wolfram sind keine Berufsdichter (wie z. B. Walther von der Vogelweide), sondern sie verstehen sich als «Ritter». Sie sind Angehörige der Feudalgesellschaft, und zwar Laien, deren institutioneller Bezugspunkt nicht die Kirche, sondern der Hof ist.

3.2 Laienkultur: zum Verhältnis von Literarizität und Illiterarizität

Laien, das sind zumeist jene «*homines illitterati vel idiotae*», deren Bildungsweise sich von derjenigen der Kleriker, der «*litterati*», unterscheidet.[13] *Illitteratus* heißt einer, der die *litterae*, die Buchstaben, nicht kennt. Im frühen Mittelalter waren selbst Kaiser und König vielfach des Lesens und Schreibens unkundig, ohne darum schon als «gekrönte Esel» zu gelten. Die *illitterati* sind zwar Laien und Analphabeten ohne Lateinkenntnis, doch sie bewahren ihre eigene nicht-schriftliche Überlieferung in der Volkssprache, die neben der lateinischen Schrift- und Buchtradition römisch-antiker und biblisch-patristischer Herkunft fortwirkt. Bereits der Fall des Hartmann von Aue (ein in der Volkssprache dichtender Laie und gleichwohl ein *homo litteratus*) zeigt jedoch, daß diese beiden Bildungsweisen und -welten nicht unvermittelt nebeneinander existieren, sondern sich in mannigfachen Legierungen und Überlagerungen begegnen. Jeder deutsche Schrifttext des Mittelalters ist «schon vom Schreiben her ein Vermittlungsprodukt zwischen mündlich volkssprachlicher Laien- und schriftlich lateinischer Klerikerkultur» (Hugo Kuhn). Zu diesem Austauschprozeß drei Beispiele aus durchaus verschiedenen Bereichen und Epochen der Literaturgeschichte.

Am eigentlichen Beginn der deutschen Literaturgeschichte steht die Begegnung der deutschen Sprache mit der lateinischen Sprache und Schrift; denn die geistliche Literatur dient einem Missionsauftrag, und der christliche Glaube beruht auf schriftlicher Offenbarung. Die deutsche Sprache und Literatur hat sich nicht nahtlos aus der Sprache und Literatur der germanischen Stämme entwickelt, sondern sie beginnt im späten 8. Jh. – nach einer überspitzten Formulierung Helmut de Boors – «aus dem Nichts heraus». Auf den äußeren Akt der Bekehrung folgt ein langwieriger Prozeß der inneren Auseinandersetzung mit den christlichen Glaubensinhalten – ein Prozeß, der sich an der Entwicklung der altsächsischen und althochdeutschen Kirchensprache ablesen läßt. Die Literatur der Karolingerzeit ist überwiegend mittellateinisch. Zwischen 750 und 900 vollzieht sich die allmähliche Einschmelzung spätantiker-christlicher Begrifflichkeit in die Volkssprache, »da man in der Muttersprache schneller begreift, was man in einer fremden Sprache kaum oder nicht völlig begreifen kann«. So begründet der große Lehrer Notker von St. Gallen am Ende der ahd. Sprachperiode seine Übersetzungshilfen. Latein, obwohl die Verkehrssprache der *litterati*, bleibt doch immer eine Fremdsprache. Eine bis dahin schriftlose Sprache war überhaupt erst einmal zu schreiben, die Sprache selbst auf die neuen Inhalte anzuwenden – für lat. *temptatio* sind im Ahd. 10 verschiedene Lehnprägungen versucht worden, in einer Glied-für-Glied-Übersetzung wird lat. *abs-tinent-ia* zu ahd. *fir-hab-itha* usf. Diese Schöpfung einer christlich-deutschen Schreib- und Sprachtradition ist die Leistung der Benediktinerklöster, und es sind die

Reformbestrebungen Karls des Großen, die jenen vielfältigen Ansätzen einer ahd. Übersetzungsliteratur Einheit und Rückhalt geben.

Obgleich außerkirchliche Literatur nicht übersetzt und deutsche weltliche Dichtung nicht aufgezeichnet wird, hat sich in der mündlichen Überlieferung doch die heroische Dichtung und Geschichtsdeutung behauptet – aber nicht ungebrochen: Das mündlich vorgetragene germanische Heldenlied mit seinem knapp andeutenden und springenden Stil schwillt im Zuge der Verschriftlichung zu «epischer Breite» an, zum Buch-Epos, obgleich sich der Grundriß der Fabel kaum verändert. Das ags. *Beowulf*-Epos bewahrt den Stabreim des germanischen Heldenliedes, doch seine buch-epische Ausweitung vollzieht sich nach dem Vorbild lateinischer Epen. Der mlat. *Waltharius* setzt die Geschichte von Walther und Hildegunde völlig um in die Sprache und Metrik der antiken Epik. Auch das mhd. *Nibelungenlied* ist kein in der reinen Mündlichkeit existierendes «Lied» mehr, sondern buchmäßiges Epos.

Mit der im einzelnen höchst komplizierten Wechselwirkung von Mündlichkeit und Schriftlichkeit, von Volkssprache und Latinität, von Laien- und Klerikerkultur geht eine unterschiedliche Bewertung einher: Der Hunnenherrscher Attila starb nach dem Bericht des Goten Jordanes im Jahre 453 in der Hochzeitsnacht mit einer germanischen Nebenfrau an einem Blutsturz. Der kirchlich-gelehrten Geschichtsschreibung und Hagiographie erscheint dieser Tod als gerechtes Gottesurteil. «Der Mann, der stets nach Menschenblut gedürstet hatte, sollte an seinem eigenen Blut ersticken» (Otto von Freising). In zahlreichen Legenden wird Attila als Gottesgeißel verstanden, die das christliche Imperium bedroht, aufgehalten gerade noch von einem Diener Gottes, einem Bischof oder dem Papst, dem jeweils die Rettung von Troyes, Paris, Orléans, Utrecht, Ravenna, Rom usw. verdankt wird. Ganz anders verfährt die – ursprünglich mündliche – heroische Geschichtsüberlieferung: sie verknüpft Attilas Tod mit dem Untergang des burgundischen Stammes unter König Gundahari 437 und deutet das Ganze um zu einem Sippenkonflikt mit Rachehandlung. Wenn Atli im altnordischen Heldenlied als heimtückisch und hortgierig charakterisiert wird, so mehr nach heroischem als nach christlich-legendarischem Muster. Im Nibelungenlied schließlich ist von Etzels Ende gar nicht mehr die Rede, er begegnet als der treue und gütige Freund Rüdigers und Dietrichs von Bern, eine ruhende Mittelpunktfigur bar größerer Aktivitäten.

Zwei ganz verschiedene Traditionsstränge wirken auch auf das Bild des Ostgotenkönigs Theoderich ein: bewundert und verehrt ist Dietrich von Bern in der Heldensage, ein König, der um sein verlorenes Reich kämpft, von dessen Tod aber man nichts weiß. Verdammt dagegen ist Theoderich in der kirchlichen Polemik: den arianischen Ketzer, dem auch die Ermordung des im Mittelalter hochgeschätzten Philosophen Boethius angelastet

3.2 Laienkultur: zum Verhältnis von Literarizität und Illiterarizität

wird, läßt sie zur Strafe für seine Untaten geradewegs in die Hölle reiten. Anscheinend vermischten sich dann zum Teil die volkssprachlich-mündliche und die lateinisch-gelehrte Überlieferung, und es entstand jenes schillernde Dietrich-Bild der späten Heldensage. Hier wird der kirchliche Höllenritt nach Vorstellungen von Jenseitsfahrten und Entrückungen abgemildert, ein Zwerg holt Dietrich heim usw.

Ein Paradigma der Symbiose beider Kulturen ist auch der *Sachsenspiegel* des Eike von Repgow (um 1234): Der Sachsenspiegel bewahrt mit festen Formeln und sinnbildlichen Gesten noch Züge, die für die mündliche Überlieferung von Rechtsgewohnheiten typisch sind. Aber mit der Literarisierung tritt jener «Poesie im Recht» (Jacob Grimm) – oft gleichgesetzt mit dem germanischen Anteil am deutschen Recht – eine Tendenz zur Systematisierung (Paragraphen-Einteilung!) und Rationalisierung des Rechts zur Seite, wie sie dem römischen und dem geistlich-kanonischen Recht eigen ist, d. h. einer von vornherein schriftlich-gelehrten Überlieferung. Bezeichnend auch Eikes Aussage, daß er sein Buch zuerst *«an latin hadde gebracht»*.

Das Verhältnis von Klerikern und Laien wird um 1520/30 zum Gegenstand der großen Programmschriften der Reformation. *«Vor got sein wir alle priester durch den glauben»*, so lautet die These Martin Luthers, – *«der pawr wirt witzig»*, heißt es in einer Flugschrift des Eberlin von Günzburg, und damit war die Wirkung der Reformation im Bauernkrieg umschrieben: Dem Laien wird ein neues Bewußtsein seiner selbst gegeben, indem auch ohne Lehrautorität der Kirche jedem Christen das Recht zugebilligt wird, auf der Grundlage des Evangeliums sein Verhältnis zu Gott selbst zu bestimmen. Über Luthers Zwei Reiche-Lehre hinausgehend wird dieses Recht dann im Bauernkrieg ausgelegt als Recht des *«gemeinen Mannes»* auf Wiederherstellung göttlicher Gerechtigkeit in der Welt, als Recht auf Widerstand gegen weltliche Obrigkeiten. Luther schreibt und spricht Deutsch, seine Gegner müssen ihm darin folgen. In einem Ausmaß wie nie zuvor wird durch den Buchdruck die gelehrt-theologische Auseinandersetzung einer breiten Öffentlichkeit vermittelt. Für etwa zwei Jahrzehnte schien die Kluft zwischen Klerikern und Laien aufgehoben, aber mit dem Ende des Bauernkrieges (auch demjenigen Thomas Müntzers) beginnt im Grunde schon die lutherische Orthodoxie, und die katholische Gegenreformation folgt alsbald; die alten Führungsschichten gewinnen wieder die Oberhand, abzulesen auch an der Literatur, wo die deutsche Sprache nach und nach an Boden verliert. Um 1600 bildet die späthumanistische *Respublica litteraria* wieder eine Welt für sich – bis um 1617/24 Martin Opitz der deutschen Sprache und Literatur zu erneutem Ansehen verhilft. Doch bleibt die deutsche Dichtung auch im 17. Jahrhundert eine Sache der *poetae docti*.

4. Mittelalterlich-christliche Bedeutungskunde (Hermeneutik)

4.1 Christliche Weltdeutung im Mittelalter

4.1.1 Christliche Universalkartographie

Die mittelalterliche Weltkarte ist ein Spiegel des christlichen Weltbildes. Während die Araber längst über Landkarten verfügten, die antike Tradition mit neuerer Erfahrung vereinten, während auch die Genueser und Venezianer für die Küstenregionen des Mittelmeeres einigermaßen verläßliche Segelkarten (Portulane) unter Verwendung des Kompasses (seit etwa 1300) benutzten, bleibt eine *mappa mundi* wie zum Beispiel die Londoner Psalterkarte aus der 2. Hälfte des 13. Jhs. ohne praktische Verwendbarkeit. Sie will auch gar kein Abbild der Welt im geographisch-naturwissenschaftlichen Sinne geben, sondern sie veranschaulicht aus christlich-heilsgeschichtlicher Perspektive das Weltbild, das vor Kopernikus (1473–1543) und Galilei (1564–1642) herrschte.

«Weltbild», das meint die Vorstellungen der Menschen über Raum und Zeit; abgrenzbar einerseits durch die zeitlichen Koordinaten von Vergangenheit, Gegenwart und Zukunft, anderseits durch die räumlichen, kosmologischen Vorstellungen über das Verhältnis der Erde und ihrer Bewohner zum Universum. Dieses Weltbild, das nicht durch neue naturwissenschaftliche Erfahrungen geprägt wird, sondern das auf alte griechische, ägyptische und vor allem biblische Überlieferungen zurückführt, wurde dem Mittelalter insbesondere vermittelt durch die *Etymologiarum sive originum libri XX* und die Abhandlung *De natura rerum* des Isidor von Sevilla (um 560–636). Auch die enzyklopädischen Werke von Beda Venerabilis (672/73–735) und Hrabanus Maurus z. B. haben zur Verfestigung dieses Wissens beigetragen.

Die Welt ist nach antiker Tradition in drei Erdteile gegliedert *(orbis tripartitus)*: Asien, Europa und Afrika – in der biblischen Tradition entsprechen ihnen die Anteile der Erde, die Noes Söhne Sem, Cham und Japhet nach der Sintflut von neuem bevölkerten. Asien sollte ebenso groß sein wie Europa und Afrika zusammen; für das Verhältnis Festland zu Wasser auf der Erdoberfläche wurde die Relation 6:1 angenommen. So entsteht das Grundmodell der sog. T-Karte: Die Erdteile werden durch Wasser begrenzt; zwischen Europa und Afrika das Mittelmeer als T-Schaft, zwischen Asien und Europa als linkes Balkenende Schwarzes

4.1 Christliche Weltdeutung im Mittelalter

Meer, Don und Ägäis, als rechtes zwischen Asien und Afrika der Nil. Osten liegt oben.

Nach der Londoner Psalterkarte (Abb. 8) liegt Jerusalem im Weltmittelpunkt,[2] darum ist das T ein wenig nach unten verschoben. Im Osten (vgl. die Ostung im Kirchenbau) liegt das Paradies mit den Paradiesflüssen, die nach langem unterirdischen Lauf als die Weltflüsse Phison oder (hier: und) Ganges, Euphrat, Tigris und Geon oder Nil im Orient an die Oberfläche treten. Im Paradies, hinter einem Kranz hoher Berge verborgen, sieht man die Gesichter von Adam und Eva vor dem Apfelbaum. Der unbekannte Süden wird von Monstren aller Art bevölkert, im Norden leben die Amazonen.

Daß dieses Weltbild nicht allein geozentrisch, sondern allererst christozentrisch ist, verdeutlicht die Umrahmung des Mittelteils (die hier wegen des schlechten Erhaltungszustandes des Originals nicht reproduziert werden konnte): Christus thront als Weltenrichter über der Ökumene, in der Hand hält er nochmals die durch das T geteilte Erdkugel;[3] zwei Engel an seiner Seite schwingen Gefäße mit Weihrauch. Unterhalb des Mittelteils kriechen zwei Drachen, die wohl die Hölle verkörpern sollen.

Abb. 8: Mittelteil der Londoner Psalterkarte (BM, Ms. Add. 28681, fol. 9),[1] daneben das T-Schema.

4. Mittelalterlich-christliche Bedeutungskunde (Hermeneutik)

Solche Vorstellungen über die Erde werden verknüpft mit anderen über die vier Elemente, die vier Jahreszeiten, die vier Temperamente usf.: Zur Erde gehören Herbst und schwarze Galle (*melancholia* – Melancholiker), zum Feuer Sommer und gelbe Galle (*colera* – Choleriker), zur Luft Frühling und Blut (*sanguis* – Sanguiniker) und zum Wasser der Winter und Feuchtigkeit (*humor* – Phlegmatiker). So steht der Mensch als Mikrokosmos in Verbindung mit dem Makrokosmos; denn als Ebenbild Gottes verkörpert er das Zentrum der Schöpfung. Der Schöpfer thront ganz oben, am Rande des Planetensystems, wo sich der Fixsternhimmel wölbt. Das Universum erscheint nämlich als eine begrenzte, schön gestufte und mit engelhaften Wesen bevölkerte Ordnung von Räumen, erfüllt mit Sphärenmusik. In dem – nach platonischer Tradition – in fünf Zonen von oben nach unten abgestuften Kosmos ist die oberste Sphäre die Region des Göttlichen. Der Äther wird als zweite Zone gedacht. In der dritten Luftregion werden die guten, in der vierten Wolkenzone die bösen Geister angesiedelt. Der Mensch lebt zwar ganz unten in der fünften Zone, ist aber über jene mittleren Ordnungen mit Gott verbunden. Da der vollkommene Gott vor und nach allem Unvollkommenen ist, kann es aus solcher Sicht keine «Evolution» geben. Auch wenn mancherlei Widersprüche zwischen Theologie und Kosmologie bestehen bleiben, so ist doch für das mittelalterliche Weltbild das Bestreben kennzeichnend, alles in ein großes System zu bringen, gipfelnd schließlich in der *Summa Theologica* des Thomas von Aquin (1267–73) und in Dantes *Divina Commedia* (1307–21).

4.1.2 Weltkunde als Buchwissen – Weltkunde durch «erfarung»

Der um 1190 im Auftrag Heinrichs des Löwen in Braunschweig entstandene *Lucidarius* ist eine für mittelalterliche Enzyklopädien typische, weltliches und geistliches Wissen zusammenfassende christliche Weltkunde. «Die Methode dieses Lehrbuches ist die der Schule» (G. Ehrismann), das heißt, die eines Dialoges zwischen dem Jünger, der fragt, und dem Meister, der die Antwort gibt. Hier ein Auszug, der weitgehend dem auf der Londoner Psalterkarte Dargestellten entspricht:

«Von der ordenunge der welte.
Da sprach der junger: ‹wir sulen die *rede* lan bliben eine wile unde sulent mir sagen von der ordenunge dirre welte.›
Der meister sprach: ‹dise welt ist sinewel, unde ist unbeslozen mit dem wendelmer. da inne suebet die erde alse der duter indem eige indem wisem.›
Da sprach der junger: ‹wa von wirt die erde gevestent, daz sie nith gewichen mac?›
Der meister sprach: ‹die erde habet nith wen der Gotes gewalt, wen sie suebet in dem singewege, unde rinnet dez wassers so vil dar unbe, swer obenan were indem lufte, den duthe die erde nith breiter denne ein pfennic. tuerhes durch die erde, gant löcher, die heissent dracones, dar in rinnent die wasser. da von wirt die erde alle füthe.›

4.1 Christliche Weltdeutung im Mittelalter

Da sprach der junger: ‹wa von komen die ursprúnge?›
Der meister sprach: ‹da die wasser uz den mer rinnent under der erde inden drachen, so der drako danne ende genimet, so brichet daz wasser denne uber die erde, unde rinnet iemer mere unze ez hin wider kumet indaz mer. von dú sprechent dú bůch daz alle wazer rinnent wider zů ir rethem ursprunge.›
Wie die welt geteilit ist.
Do sprach der junger: ‹nu sage mir wie disu welt sie geteilet!›
Der meister sprach: ‹ein straze gat miten durch die welt. die ist verbrennet von der sunnen, daz da deheinez menschen wesen mac sin. die uzeren zua strazen sint nith gebuwen, wen ez ist umbe die lant alsogetan daz die sunne niemer volle da geschinet. die zwo strazen enmitten sint gebuwen. also solt du daz merken daz dirre welte nith gebuwen ist wen daz dritte teil.›
Do sprach der junger: ‹wie ist daz drite geteilet, daz wir buwen?›
Der meister sprach: ‹dú welt ist in drú geteilet, daz eine Asia, daz ander Europa, daz drite teil heizet Affrica.›
Do sprach der junger: ‹nu sage mir von dem teile daz da heizet Asya.›
Der meister sprach: ‹Asia hebit sich da die sunne uf gat, unde gat nordenthalben unz an daz mer. indeme deile ist daz paradis rethe da die sunne uf gat. inparadise entspringet ein burne, dar uz rinnent vier wasser. daz eine heizet Phison indem paradyso; so ez denne druz cumet, so heizet es Ganges. daz ander heizet Gyon; so ez denne uz dem paradise cumet, so heizet ez Nilus. daz drite heizet Tygris, das vierde heizet Eufratez. die zwei verwandelent ires namen nith.›
Do sprach der junger: ‹rinnent die wazer durch das paradise?›
Der meister sprach: ‹zuei wazzer sint so groz, unde rúnnen sie durch daz paradis, so verderbiten su sin ein michel teil. da von sagent uns die bůch, daz die wasser rinnent indem paradiso under der erde, so si denne druz coment, so brechen sie uber die erde.›
Do sprach der junger: ‹nu sage mir, wa entspringent die wasser?›
Der meister sprach: ‹daz eine, Gangez, daz springet zů Endian uz eineme berge Orcober, unde rinnet osternt in daz wendelmer. daz ander heizet Nilus, daz springet uz eime berge der heizet Athlaz, unde vellet so balde wider in die erde, unz an daz Rote mer. die anderen zuei springent beide in Armenia uz einem berge heizet Parcoatra unde rinnent beide sunder in daz mer.›»[4]

sinewel rund. – *wendelmer* Weltmeer. – *singewege (sintgewaege)* Weltmeer. – *fúthe (viuhte)* feucht [– statt *ht* wird regelmäßig *th* geschrieben].

Buch I des *Lucidarius* beginnt mit Gott und der Schöpfung. Den Hauptteil bilden Geographie, Kosmographie, Astronomie und Physiologisches (Mensch, Embryo, Kind); zum Schluß wird über das Ende aller Dinge und das Reich Gottes gehandelt. Buch II informiert über Theologisches (Trinität, Sünden) und über Liturgisches (Tageszeiten, Messe, Kirchenfeste). Buch III ist eschatologisch ausgerichtet (Von den Toten, Fegefeuer, Hölle, Antichrist, Jüngstes Gericht). Hauptquelle ist die *Imago mundi* des Honorius Augustodunensis (ca. 1100–50). So vergröbernd der *Lucidarius* auch enzyklopädisches Wissen wiedergibt, er wurde ins Französische, Provenzalische, Italienische, Englische, Niederländische, Dänische und Tschechische übersetzt und noch als «Volksbuch» *(Elucidarius)* gedruckt.

Bei der Abfassung dieser *summa* für Laien verlangte der Herzog von seinen Hofklerikern, die Prosa zu wählen – *wan sie ensolden nicht schriben wan die warheit, als ez zu latine steit* (so heißt es in der gereimten

4. Mittelalterlich-christliche Bedeutungskunde (Hermeneutik)

Vorrede der Hs. B, vv. 16–18). Die Wahrheit findet man in der Überlieferung, in den *schriften* (v. 13). Auf die *bûch* beruft sich denn auch der *meister* bei der Belehrung des Jüngers (I, 33; II, 27). Im Mittelalter genießt die einmal begründete schriftliche Tradition uneingeschränkte Autorität; ihr hat sich jede Beobachtung der Wirklichkeit zu beugen. «Alle *Autoren* sind *Autoritäten*» (E. R. Curtius). Weltkunde wird weitergegeben als Buchwissen.

Sebastian Brant hatte 1494 bereits vage Kenntnis von den Entdeckungen der Portugiesen und Spanier, als er sein *Narrenschiff* veröffentlichte, das auf Anhieb zu einem europäischen Bucherfolg wurde. Aber die *erfarung aller land* wird ebenso als Narrheit und Sünde verworfen wie das Ausmessen von Himmel, Erde und Meer. Die Maßstäbe dieses konservativen Satirikers sind noch ganz und gar die mittelalterlich-christlichen. Das Streben nach Erkenntnis der Außenwelt, die *curiositas*,[5] wird als *superbia* verdammt; denn sie lenkt ab von der Selbsterkenntnis, von der Erinnerung *(memoria)* an die eigentliche Bestimmung des Selbst – sie zerstreut nur die Sorge um das Heil der Seele:

Was nott wont doch eym menschen by
Das er sůch grössers dann er sy
Vnd weißt nit was jm nutz entspring
Wann er erfart schon hohe ding
Vnd nit die zyt syns todes kennt
Die wie eyn schått von hynnan rennt
Ob schon dis kunst ist gwyß vnd wor
So ist doch das eyn grosser tor
Der jn sym synn wygt so gering
Das er well wissen frömde ding
Vnd die erkennen eygentlich
Vnd kan doch nit erkennen sich
Ouch gdenckt nit wie er das erler
Er sůcht alleyn rům / weltlich ere/
Vnd gdenckt nit an das ewig rich [...]
Vil handt erkundt / verr / frömbde lant
Do keyner nye sich selbs erkant
[...].[6]

Abb. 9: Sebastian Brant, «Das Narrenschiff» Basel 1494, Kap. (66): «von erfarung aller land.»

Der Holzschnitt zeigt einen Narren, der mit dem Zirkel die auf dem Boden gezeichnete Erdscheibe ausmißt. Sie schwimmt im Weltmeer, umlagert von den verschiedenen Sphären. Ein anderer Narr hinter der Mauer schaut zu.

4.1 Christliche Weltdeutung im Mittelalter

Dieselbe Grundhaltung nimmt Francesco Petrarca 1336 ein, wenn er sich in seinem berühmten Brief über die Besteigung des Mont Ventoux auf Augustin beruft: «Und es gehen die Menschen, zu bestaunen die Gipfel der Berge und die ungeheuren Fluten des Meeres und die weit dahinfließenden Ströme und den Saum des Ozeans und die Kreisbahnen der Gestirne, und haben nicht acht ihrer selbst.»[7] So eindeutig auch der Weg zum Gipfel mit rhetorischen Mitteln im allegorischen Sinne stilisiert wird, so reflektiert die Natur auch wahrgenommen wird durch den Filter allgegenwärtiger Literaturerfahrung, die *cupiditas videndi*, obgleich am Ende verworfen, ist als Möglichkeit präsent. Das Panorama «bewegt» ihn, «einem Betäubten gleich». Für einen Augenblick «bestaunt» und «genießt» er das «Irdische», selbst wenn alsbald die Kehrtwende zur vorbildlichen Bekehrung erfolgt, selbst wenn Petrarca den Berg überhaupt nicht bestiegen haben sollte.

Schon im frühen Mittelalter gibt es Fahrten aus Neugierde, die neue Erfahrungen vermitteln. Sie können jedoch noch längst nicht die althergebrachten, durch Autoritäten festgeschriebenen Meinungen erschüttern. Neues wird dem Altbekannten zugeordnet, so daß es zu jener typischen Mischung von fabulösem Buch- und realistischem Erfahrungswissen kommt wie in den *Gesta Hammaburgensis ecclesiae pontificum* des Adam von Bremen. Er bietet im IV. Buch eine ausführliche Beschreibung der nordeuropäischen Länder, deren Mission ja von Hamburg und Bremen aus erfolgte. Darin erzählt er von den *Vínland*-Fahrten der Isländer, die um das Jahr 1000 von Grönland aus wohl das Land südlich vom St. Lorenzstrom entdeckten, und von einer Fahrt der Friesen ins Nordmeer:

«39. Außerdem erzählte er [der Dänenkönig], viele Männer hätten in diesem Ozean noch eine weitere Insel entdeckt; sie heiße Winland, weil dort wilde Weinstöcke wachsen, die besten Wein bringen. Nicht ausmalenden Vermutungen, sondern zuverlässigen dänischen Berichten entnehme ich auch, daß dort ohne Aussaat reichlich Getreide wächst. [Nach dieser Insel, sagte er, findet man in diesem Ozean kein bewohnbares Land mehr, alles dahinter sei voll von unerträglichem Eise und unermeßlichem Dunkel. Martianus [Martianus Capella VI, 666] erwähnt das mit folgenden Worten: ‹Einen Tag Schiffsreise hinter Thule wird das Meer fest›. Das hat der weiterfahrene Norwegerfürst Harald kürzlich selbst festgestellt. Als er mit seinen Schiffen die Weite des nördlichen Ozeans durchfuhr und schließlich vor seinen Augen der Raum am Ende der Welt sich verfinsterte, entkam er, umkehrend, nur mit Mühe unversehrt dem gähnenden Schlund des Abgrunds.]

40. Auch berichtete mir Bischof Adalbert seligen Angedenkens, zur Zeit seines Vorgängers hätten einige edle Friesen auf einer Erkundungsfahrt ins Meer Segel gegen Norden gesetzt, weil die Leute dort sagen, unmittelbar nördlich der Wesermündung gebe es nur den endlosen Ozean, aber kein Land. Eidlich verpflichteten sich die Fahrtgenossen zur Klärung dieser Frage und gaben froh den Befehl zur Abfahrt von der friesischen Küste. Dänemark auf der einen, England auf der anderen Seite, kamen sie zu den Orkneys. Die ließen sie links, Norwegen blieb rechts, so erreichten sie nach langer Überfahrt das eisige Island. Dann durchfuhren sie das Meer in Richtung auf den

4. Mittelalterlich-christliche Bedeutungskunde (Hermeneutik)

Nordpol, und nachdem sie alle oben erwähnten Inseln hinter sich gelassen hatten [...], gerieten sie plötzlich in die schwarze Finsternis des erstarrenden Ozeans, die sich mit den Augen kaum durchdringen ließ. Und schon zog eine bewegte Strömung des Ozeans die unglücklichen, ganz verzweifelten Seefahrer, die nur noch den Tod vor Augen sahen, zurück zum geheimnisvollen Anfang seines Urgrunds mit gewaltigem Sog dem Chaos entgegen [...]; dieses tiefe Chaos soll alle Meeresströmungen, die offensichtlich verschwinden, einsaugen und wieder ausspeien, was man gewöhnlich Flutwirbel nennt. Als sie nur noch zu Gott um Erbarmen flehten, und möge ihre Seelen aufnehmen, riß der zurückflutende Meeressog einige Schiffe der Gefährten weg, die übrigen aber trieb die wieder ausgespiene Strömung fern von den anderen rückwärts fort. [...]

41. Als sie dem gefährlichen Dunkel und den kalten Räumen entronnen waren, landeten sie unverhofft auf einer Insel, die durch hohe Felsen ringsum wie eine Burg befestigt war. Als sie zur Erkundung an Land gingen, trafen sie Menschen, die sich zur Mittagszeit in unterirdischen Höhlen verborgen hielten. Vor ihren Türen lagen unermeßlich viele Gefäße aus Gold [...]. Die Ruderer nahmen soviel von den Schätzen, wie sie tragen konnten, und kehrten schleunigst frohgemut auf die Schiffe zurück. Da sahen sie plötzlich Menschen von erstaunlicher Größe hinter sich her kommen, die wir Kyklopen nennen. Vor ihnen liefen Hunde her, die an Größe gewöhnliche Tiere weit übertrafen; einen der Gefährten konnten sie beim Nachsetzen packen, und schon war er vor ihren Augen zerfleischt. Die anderen aber erreichten die Schiffe und entrannen der Gefahr, obwohl ihnen die Riesen, wie sie erzählten, schreiend bis weit hinaus aufs hohe Meer folgten. So erreichten die Friesen, vom Glücke geleitet, Bremen [...].»[8]

Weiter weiß Adam von Bremen zu erzählen, daß an den Küsten des Baltischen Meeres Amazonen leben (IV, 19), die durch einen Schluck Wasser Kinder empfangen sollen; allerdings hält er für glaubwürdiger, daß sie von vorbeifahrenden Händlern schwanger werden. Die männlichen Kinder haben Hundsköpfe und das Haupt an der Brust usf. In den erzählenden Quellen finden sich seit der Antike derlei kuriose Reminiszenzen zuhauf, sogar in der altnordischen *Vínland*-Überlieferung, von der Adam gehört hat: In der an. *Eiríks saga rauða*, die insgesamt durchaus authentisch wirkt, treffen die Wikinger auf der Insel Winland einen Einfüßler, eine Spezies, die dem Schreiber wohl eher bei Isidor von Sevilla (*Etym.* XI, 3, 23) begegnet war. Isidors «Skiopoden» sind mit den «Plathüeven» im *Herzog Ernst* identisch, Sir John Mandeville (1356) kennt sie ebenfalls aus Äthiopien – solche Fabelwesen behaupten ein zähes Eigenleben im gelehrten Zitat.

Dem Wissen und Fragen sind durch die schriftliche Tradition und durch die Kirche Grenzen gesetzt, doch der Hang zur Grenzüberschreitung ist schon vorhanden: Die Friesen des Adam von Bremen unternehmen eine Erkundungsfahrt aus Neugierde *(Cuius rei novitate pervestiganda ... progressi sunt.).* Im «Zeitalter der Entdeckungen» werden diese Grenzen dann Zug um Zug korrigiert und überschritten. Vorher aber dominiert eine vorwissenschaftliche Weltkunde, welche über all dem Exotisch-Wunderbaren ihren transzendenten Bezug kaum noch erkennen läßt. Die romanhaften Erzählungen von Alexander, dem *wunderlî-*

chen man, sind dafür ein Beispiel. Doch zumindest dem Laien gelten die jahrhundertelang tradierten Erzählungen von den Wundern dieser Welt als *mirabilia* Gottes, die eben deshalb – gerade an der Peripherie der Ökumene – für möglich gehalten werden. Als wahr schien sie die Legende zu bestätigen: Der irische Mönch Brandan liest in einem Buch von den Wundern Gottes in der Welt, aber er will sie nicht glauben und wirft das Buch ins Feuer. Zur Strafe muß er sich auf eine Seereise begeben, um die Wunder selbst in Augenschein zu nehmen und aufzuzeichnen. Als er einsieht, daß es unmöglich ist, alle Wunder Gottes zu schauen, kehrt er in sein Kloster zurück.

4.1.3 Zur Zwei-Bücher-Lehre: das «Buch der Bücher» und das «Buch der Welt»

Dem mittelalterlichen Christen ist die Erkenntnis Gottes sowohl im «Buch der Bücher» als auch im «Buch der Welt» möglich. Die Kirche zieht dabei jedoch einen deutlichen Trennungsstrich zwischen Klerikern und Laien. Repräsentativ für den Standpunkt der gelehrten Scholastik dazu Hugo von St. Victor (1096–1141):

> «Diese ganze sinnlich wahrnehmbare Welt ist wie ein Buch, geschrieben vom Finger Gottes, das heißt von der göttlichen Kraft geschaffen, und die einzelnen Geschöpfe sind wie Figuren, die nicht nach menschlichem Beschluß, sondern durch den göttlichen Willen aufgerichtet worden sind, um die Weisheit des unsichtbaren Wesens Gottes zu offenbaren.
>
> So aber wie ein Ungelehrter, wenn er ein aufgeschlagenes Buch sieht, Figuren erblickt und die Buchstaben nicht kennt: so sieht der törichte und ungeistige Mensch, der nicht durchschaut was Gottes ist, an jenen sichtbaren Geschöpfen nur außen die Erscheinung, doch erkennt innen nicht die Vernunft. Wer aber vom Geist begabt ist und alles zu unterscheiden vermag, der begreift, gerade indem er außen die Schönheit des Werkes betrachtet, im Inneren, wie sehr die Weisheit des Schöpfers zu bewundern ist. Während der Unverständige an ihnen nur die Erscheinung bestaunt, die Weise aber durch das hindurch, was er außen sieht, nach der tiefen Erkenntnis der göttlichen Weisheit forscht, ist es, wie wenn in ein und derselben Schrift der eine die Farbe oder die Gestalt der Figuren empföhle, der andere jedoch den Sinn und die Bedeutung lobte. Also ist es gut, die göttlichen Werke beharrlich zu betrachten [...], damit wir durch das, was wir außen glauben, innen zur Erkenntnis der Wahrheit gelangen.»[9]

Diese Anschauung von der Zeichenhaftigkeit der zu transzendierenden raum-zeitlichen Wirklichkeit, die auch dem Illiteraten eine Deutungsmöglichkeit vom Sensiblen zum Intelligiblen eröffnet, findet ihren Niederschlag in vereinfachter, popularisierter Form in der volkssprachlichen Predigt. Berthold von Regensburg († 1272) kennt zwei Wege, die zum Himmelreich führen: Altes und Neues Testament für die *pfaffen*, Himmel und Erde für die *leien*.

4. Mittelalterlich-christliche Bedeutungskunde (Hermeneutik)

«Der almehtige got hât uns geben zwei grôziu buoch uns pfaffen, dâ mit wir an lernen unde lesen unde singen. Alliu diu dinc der uns nôt ist zuo der sêle unde zuo dem lîbe, alle tugende der wir bedürfen ze gote unde zer werlte, wie wir got minnen süln [...]: daz lesen wir pfaffen allez samt an zwein buochen. Daz ein ist von der alten ê unde daz ander von der niuwen ê, und einez lesen wir bî der naht unde daz ander bî dem tage. Daz ist reht alse wîz unde swarz: diu alte ê ist diu naht, diu niuwe ê ist der tac. Und alsô hât uns got alle naht unde tac in sîner huote [...] mit disen zwein buochen [...].

Wan nû iu leien himelrîches alse nôt ist als uns pfaffen, dar umbe hât iu got zwei grôziu buoch gegeben, dâ ir an lernen unde lesen sullet alle die wîsheit der iu nôt ist unde die iuch in daz himelrîche wîsen sullen: daz ist der himel unde diu erde.

Dar an sult ir lesen unde lernen allez daz iu nôt ist an lîbe und an sêle. An der erden bî dem tage, an dem himel bî der naht. Wan der almehtige got hât uns alliu dinc ze nutze und ouch ze guote geschaffen, einhalp zuo dem lîbe und anderhalp zuo der sêle.

Und alsô sult ir daz ertrîche mezzen unde niezen zuo des lîbes nutze, alsô daz ir ez bûwen sullet mit korne und mit wîne unde mit allen dingen, diu ir ze des lîbes nôt bedürfet. Und alsô maniger leie tugent müget ir ouch dar an lernen unde lesen, diu iuch zuo dem himelrîche wîsen sol in daz geheizen lant, ob ir ez kundet, alse der guote sant Bernhart. Dô man den frâgte, wâ von er sô wîse wære, dô sprach er: ‹ich lerne an den böumen› [...].»[10]

Noch Grimmelshausen weiß, wie dies vor sich geht. In der *Continuatio des abentheurlichen Simplicissimi* (1669) wird der Held auf eine einsame Insel verschlagen. Bei dieser Robinsonade wird ihm die Welt zum Buch:

«O wie offt wünschte ich mir [...] geistliche Bücher [...] / aber ich hatte solche drumb nit; Demnach ich aber vor diesem von einem heiligen Mann gelesen / daß er gesagt / die gantze weite Welt sey ihm ein grosses Buch / darinnen er die Wunderwerkke GOttes erkennen: und zu dessen Lob angefrischet werden möchte; Alß gedachte ich demselbigen nachzufolgen / wiewol ich / so zusagen / nit mehr in der Welt war; die kleine Jnsul muste mir die gantze Welt seyn / und in derselbigen ein jedes Ding / ja ein jeder Baum ! ein Antrieb zur Gottseligkeit: und eine Erinnerung zu denen Gedancken die ein rechter Christ haben soll; also ! sahe ich ein stachelecht Gewächs / so erinnerte ich mich der dörnen Cron Christi / sahe ich einen Apffel oder Granat / so gedachte ich an den Fall unserer ersten Eltern [...].»[11]

Simplicius, abermals in der Rolle des Einsiedlers, sucht Gott an seinen Werken in der Welt zu erkennen. Er sieht eine Pflanze, die *stachelecht* ist, was ihn an die Dornenkrone Christi erinnert. Indem die Stacheln nicht nur als Stacheln an und für sich genommen werden, sondern den meditierenden Christen auf den Kreuzestod verweisen, werden sie zum Zeichen für anderes; und dasselbe meint das *«ich lerne an den böumen»* bei Berthold von Regensburg. Was dieser und erst recht Hugo von St. Victor systematisch auffächern, begegnet bei Grimmelshausen zwar nurmehr als Reminiszenz in der schlicht assoziierenden Form einer Andachtsübung, aber die drei Autoren stehen in der Tradition jenes allegorischen Auslegungsverfahrens, das seit Paulus über des Origenes Περὶ ἀρχῶν und

Augustins *De doctrina christiana* bis zur Scholastik systematisch zur rational erklärten und erklärenden, lehr- und lernbaren Methode ausgebaut worden war. Bei dieser Verstehensweise handelt es sich um eine spezifisch mittelalterlich-christliche Denkform, die für Jahrhunderte große Teile der geistlichen, aber auch der profanen Literatur und Kunst beherrscht hat. Die Zitate aus Hugo und Berthold machen deutlich, daß es vor und neben solcher Dinginterpretation die Textinterpretation gibt, nämlich die dem Gelehrten vorbehaltene Exegese der Heiligen Schrift. Beide Erkenntnismöglichkeiten gehören jedoch unmittelbar zusammen und stehen in einem Verhältnis wechselseitiger Zuordnung und Erhellung.

4.1.4 Zur Begründung und Grundregel spiritualer Dingdeutung

Ep. ad Romanos 1, 20: *invisibilia enim ipsius* [scil. *Dei*] *creatura mundi per ea quae facta sunt intellecta conspiciuntur sempiterna quoque eius virtus et divinitas.* Dieser Satz des Paulus, daß Gottes unsichtbares Wesen wahrgenommen werde durch das, was er bewirke, nämlich an den Werken seiner Schöpfung, legitimierte u. a. die mittelalterlich-symbolische Weltbetrachtung: das Ding wird sowohl als Ding an und für sich aufgefaßt als auch als Zeichen, das in Richtung auf das Bezeichnete hin überschritten werden kann.

Das Mittelalter, so Friedrich Ohly, «hat die eigene, ihm gemäße Perspektive in der spirituellen Transparenz des Seienden. Sie ergibt sich in dem vom Irdischen sich lösenden Aufblick und Durchblick zur spirituellen Bedeutungswirklichkeit des im Kreatürlichen vorhandenen Zeichens. Sie ist Perspektive im wahrsten Sinne, indem sie durch das Sichtbare auf das Unsichtbare, durch das Significans auf das Significatum hindurchschaut.»[12]

Alanus ab Insulis (Alain de Lille, um 1120–1202) bringt diesen Verweisungszusammenhang zwischen dem Seienden und dem höchsten Sein auf die apodiktische Sentenz: *Omnis creatura significans.*[13] Auch für Freidank (um 1230) gibt es nichts auf der Erde, was nicht eine Bedeutung in sich hat, was nicht noch anderes bedeutet als sich selbst:

> Diu erde keiner slahte treit,
> daz gar sî âne bezeichenheit.
> nehein geschepfede ist sô frî,
> sin bezeichne anderz, dan si sî.[14]

Das außen Sichtbare hat nämlich eine Bedeutung, so Thomasin von Zirklaere um 1215/16 im *Welschen Gast* (V. 10437–40), weil es anzeigt, was im Inneren einer Sache enthalten ist:

4. Mittelalterlich-christliche Bedeutungskunde (Hermeneutik)

> [...] daz man ûzerhalben siht,
> daz ist ân bezeichenunge niht,
> wan ez bezeichent zaller vrist
> daz ouch innerthalben ist.

Das stimmt genau mit der Auffassung Hugos von St. Victor überein. Zeichencharakter hat jedoch nicht nur das Ding, sondern auch das Wort. Die Dingbedeutungskunde wird bezogen auf die Schriftdeutung. Richard von St. Victor († 1173), Hugos Schüler, hat den Grundsatz formuliert, «daß nicht nur die Wortklänge, sondern auch die mit dem Wort gemeinten Dinge bedeutungshaltig sind»: *Non solum voces, sed et res significativae sunt.*[15] Man hört oder liest ein Wort, das als profanes Wort nur eine vordergründige Bedeutung hat, den historischen bzw. buchstäblichen Sinn *(sensus historicus, sensus litteralis)*, der darin besteht, daß der Wortklang *(vox)* ein Ding *(res)* zum Inhalt hat.

«Es macht nun das Wesen der heiligen Schrift aus, daß dieses Ding, in dem sich der Buchstabensinn erschöpft, erst der eigentliche Bedeutungsträger ist. Jedes mit dem Wortklang in die Sprache gerufene Ding, alle von Gott geschaffene Kreatur, die durch das Wort benannt wird, deutet weiter auf einen höheren Sinn, ist Zeichen von etwas Geistigem, hat eine *significatio*, eine *be-zeichenunge*, eine Bedeutung. Man unterscheidet also eine zweifache Bedeutung, einmal vom Wortklang zum Ding, von der *vox* zur *res*, und eine höhere, an das Ding gebundene, die vom Ding wieder auf ein Höheres weist.»[16]

Res (Ding) heißt zunächst etwas, das als solches nichts anderes bezeichnet als das Ding an und für sich. *Signum* (Zeichen) heißt etwas, das auf etwas anderes verweist. Eine *res* mit *signum*-Charakter wird zum Sinnträger, zur *res significans*. Die Erschließung der Signifikanz eines Sinnträgers geschieht auf Grund seiner Eigenschaften, die als *proprietates* zugleich Eigenschaften oder Merkmale des Bedeuteten, des Bezeichneten *(significatum)* sind. Jedes Bedeutende, jeder Sinnträger, so die Grundregel, bedeutet über seine Eigenschaften; das Bedeutete wird also gefunden über die Eigenschaften des Sinnträgers.

Wort(klang)	Sinnträger	Eigenschaften/Proprietäten	Bedeutungen
vox	Bedeutendes	Deutungsansätze	Bedeutetes
	significans		*significata*
		proprietates	*(significationes)*
	res (prima)		*res secundae vel aliae*

Schema zur Sinnfindungsregel in der christlichen Hermeneutik[17]

4.1 Christliche Weltdeutung im Mittelalter

Zur Anwendung dieser Grundregel das Paradigma «Löwe»: Begegnet etwa in der Vulgata das Wort *(vox)* «*leo*», so ist damit zunächst das Ding *(res)* benannt, das als Löwe aus der Natur oder aus der naturkundlichen Literatur bekannt ist. Diese *res* kann jedoch weiter als *res significans* verstanden werden, wie z. B. im *Physiologus:*[18]

«[...] Der Physiologus hat vom Löwen gesagt, daß er drei Eigenarten habe. Seine erste Eigenart ist diese: Wenn er einhergeht im Gebirge und seinen Weg nimmt, und es kommt ihm die Witterung vom Jäger, so verwischt er mit seinem Schweife seine Fährte, auf daß nicht der Spur folgend der Jäger sein Lager finde und über ihn komme.

So auch mein Heiland, von dem gesagt ist: Siehe es hat überwunden der Löwe, der da ist vom Geschlecht Juda, die Wurzel Davids: entsandt vom ewigen Vater, verhüllte er die Fährte seines Weges im Geiste, nämlich seine Gottheit. Unter Engeln wurde er Engel, unter Thronen Thron, unter Mächten Macht, unter Menschen Mensch, als er herniederfahrend einging in Mariens Schoß, auf daß er das umherirrende Geschlecht der Menschen errette: Und das Wort ward Fleisch und wohnte unter uns [...].

Die zweite Eigenart des Löwen: Wenn der Löwe schlummert in seiner Höhle, so ist's doch eher ein Wachen; denn geöffnet bleiben seine Augen.

Dies bezeugt auch Salomon im Hohenlied, sagend: Ich schlafe, aber mein Herz wacht. Denn die Leiblichkeit des Herrn schläft am Kreuz, seine Göttlichkeit aber wacht, sitzend zur Rechten des Vaters. Siehe der Hüter Israels schläft noch schlummert nicht, sagt der Prophet.

Die dritte Eigenart des Löwen: Wenn die Löwin ihr Junges wirft, so ist dieses zuerst tot. Die Löwin aber behütet das Geborene, bis daß sein Vater kommt am dritten Tage, und ihm in's Antlitz bläst, und es erweckt.

Dergestalt hat auch der All-Gott und Vater den Erstgeborenen vor allen Kreaturen, unseren Herrn Jesus Christus, seinen Sohn, von den Toten aufgeweckt, damit er das irrende Geschlecht der Menschen errette. Schön also hat Jakob gesagt: und wie das Junge des Löwen: Wer wird es aufwecken? Dies nämlich wirket der Vater.

Wohlgesprochen hat also der Physiologus vom Löwen und seinem Jungen.»

Der *Physiologus* schreibt also dem Löwen drei Proprietäten zu:
1. Der Löwe verwischt seine Spur mit dem Schwanz, wenn er gejagt wird.
2. Wenn der Löwe schläft, sind doch seine Augen geöffnet.
3. Am dritten Tage erweckt der Löwenvater die totgeborenen Jungen zum Leben.

Diese Proprietäten bezeichnen drei Bedeutungen *(significationes)*:
1. Christus war Mensch unter Menschen, um dem Teufel zu verbergen, daß er Gottes Sohn sei.
2. Christus ruhte in seinem menschlichen Leib, wachte aber in seiner Gottheit.
3. Gottvater erweckte seinen Sohn am dritten Tage vom Tode.

Das Ding hat so viele Bedeutungen wie es Eigenschaften hat; und da es gute und böse Eigenschaften gibt, kann dasselbe Ding gute und böse Bedeutungen haben. Als Beispiel solcher Bedeutungsvarianz und Bedeutungspluralität wiederum der Löwe: Der Löwe kann – wie im *Physiolo-*

4. Mittelalterlich-christliche Bedeutungskunde (Hermeneutik)

gus – Christus bedeuten, er kann umgekehrt den Teufel bedeuten; denn – 1. Petr. 5,8 – «er geht brüllend umher und sucht, wen er verschlinge»! Hier gilt das Prinzip der Kontextdependenz: «Das Ding [...] hat eine Bedeutungswelt, die von Gott bis zum Teufel reicht und potentiell in jedem mit einem Wort bezeichneten Dinge vorliegt. Sie aktualisiert sich jeweils nur in einer durch den Kontext und die am Dinge herangezogene Eigenschaft bestimmten Richtung. Im konkreten Textfall kann der Löwe also nicht ‹Gott und Teufel› bedeuten, sondern nur eines und in einem anderen Textzusammenhang das andere.»[19]

Die hermeneutische Sinnfindungsregel beruht auf dem Glauben, daß alles in der Schöpfung Verweisungscharakter habe. Theoretisch gibt es denn auch eine schier unbegrenzte Zahl und Vielfalt von Sinnträgern, praktisch hat man sich jedoch auf eine relativ begrenzte Zahl von Sinnträger-Gruppen oder -gattungen verständigt. So gelangt z.B. Hugo von St. Viktor zu den 6 Sinnträger-Gattungen *res, persona, numerus, locus, tempus, gestum*:[20]

Res meint die Dinge im engeren Sinne, nämlich Tiere, Pflanzen, Mineralien, im Unterschied zur *persona*, zu hervorragenden Menschen wie Propheten, Aposteln, Patriarchen und Königen. *Numerus:* diese zentrale Kategorie zielt auf das Durchwaltetsein der Welt von Sinn und Ordnung durch die Zahl. *Locus* ist die Befindlichkeit im natürlichen und gebauten Raum (dazu gehört die Architektur-Allegorese, z.B. des Kirchengebäudes, der Arche Noah), während unter *tempus* die Festgelegtheit des Geschehens in der Natur und in der Geschichte durch die Zeit verstanden wird. *Gestum* schließlich bezieht sich auf Vorgänge im Naturgeschehen und auf das Handeln Gottes und der Menschen in dieser Welt.

Diese teils formalen, teils inhaltlichen Unterscheidungen ergeben keinen in sich stringenten Systementwurf, keine vollständige «Kategorientafel». Explizit nicht aufgeführt wird z.B. die Kategorie der Qualität,[21] die gleichwohl ihren Platz in der Deutungspraxis (etwa in der Farbenlehre) hatte. Ähnliches gilt für die Deutung der Buchstaben (z.B. die des Y[22]), der geometrischen Figuren (Kreis, Dreieck, Viereck), der Syntax und der Sprache selbst (Etymologie). Als unerläßliche Voraussetzung für die Erkenntnis der *res* als Bedeutungsträger gilt seit Augustin Sachkenntnis. Sie verhindert bei der Ding- und Schriftdeutung bloße Spekulation, sie verlangt geradezu das Studium der *septem artes liberales*. Im folgenden sollen nur die geistliche Naturdeutung – eingeengt auf die Tierdeutung – und die Geschichtsdeutung exemplarisch vorgestellt werden:

4.1.5 Naturdeutung – Naturkunde – Naturwissenschaft

Zur Physiologus-Tradition und -Adaptation

Physiologus («der Naturkundige»), so nannte man sowohl den Autor als auch das Werk, das wahrscheinlich um 200 n. Chr. (in Alexandria?) entstanden ist. Es handelt sich um die christliche Bearbeitung v. a. von Tierberichten, die größtenteils schon in der griechisch-römischen Literatur (Aristoteles, Plinius d. Ä., Aelian) vorhanden waren, deren Ursprünge zum Teil in der altägyptischen Religion zu suchen sind. Vom griechischen *Physiologus* ist eine Breitenwirkung ausgegangen, die im Mittelalter wohl nur von derjenigen der Bibel übertroffen wird. Es gibt Übersetzungen ins Koptische, Syrische, Armenische, Georgische, Arabische, Lateinische, Russische, Rumänische, Bulgarische, Serbische, Tschechische, Französische, Provenzalische, Spanische, Englische, Isländische, Flämische und Deutsche. Die älteste deutsche Übersetzung stammt aus Kärnten um 1070. Der *Jüngere Physiologus* ist eine bairisch-österreichische Neuübersetzung um 1120 in Prosa, die zwischen 1180 und 1200/10 in der Millstätter Handschrift als Reimfassung bearbeitet wurde.

Der *Jüngere Physiologus* über das Einhorn:[23]

«(1) Ouch ist ein tier unte heizzit Einhurno. von deme zellit Physiologus, daz iz suslich gislahte habe. (2) Iz ist luzzil tier unte ist deme Chizzine gilich unte ist vile chuone. Iz habit ein horn an deme houbite. nehein man nimag in givahen, neware mit disme liste. (3) Man nimit eine magit unte leittet sie in die stat, da der Einhurn emzige wisit, unt lazzit sie eina da. (4) So der Einhurne si gisihet, so springet er in ir barm unde slaffet. so wirt er gevangen unde leitet man in zuo des chuniges phalinze. (5) Also tet unser trehtin, der haltende Christ, der geistlich Einhurne ist, so David sprach: ‹er ist min liebo also des Einhurnen sun› und chut ave sus: ‹Sin gewalt wirt erhohet also des Einhurnen horn›. sus chut Zacharias: ‹er irchuchet in Davidis geslahte daz horn unsere heile›; unt in dem buoche deutronomio da ist sus gescriben: (6) Moyses, do er wihte Josebes geslahte, do chod er: ‹du min erister sun, din anesune ist getan also des Pharres, diniu horn sint getan, also des tieris Rinocerotis.› (7) Daz er ave ein horn habit, daz bezeichinot, daz Christ sprach: ‹Ich unt min vater wir birn ein›; Christis houbit daz ist got. (8) Sin chuoni diu meinit daz, wante neheine furstuomo noch gewalte noch herscaft in vernemen nimahten noch helle nimahte in gehaben. (9) Daz er luzzil ist, daz meinit diu diemuoti siner libhafte, also er selbe sprach: ‹Lirnet von mir, want ich milte bin unte diemuotis herzen.› (10) Er got ist so chuoni, daz ter unchustigi tiefel firnemen noch ersuochen nimach dei gitougen siner libhafti. (11) Mit einim deme willen sines vater so fuor er in die wambe der unbiruortin magide; duo wart daz wort ze fleiske getan unde wonet in uns. (12) ⟨D⟩az der Einhurne dem Chizze gelich ist, daz bezeichinot unseren haltare, also Sante Paulus chod: ‹Got wart getan in suntiges lichnamen bilde, do verdamnote er unsere sunte mit sineme lichenamen.›»[23]

(4) *barm* Schoß. (5) *trehtin, trahtīn, truhtīn* Herr der Gefolgschaftsschar, der *truht*, im Mhd. Gottesbezeichnung. *chut, chod:* Inf. *queden* stv. sagen, sprechen; im Bair. nach Ausfall des /w/ Verdumpfung des folgenden Vokals zu *koden; daz quīt* das heißt. – (6) *anesune* Angesicht. (9) *libhafte* Leibhaftigkeit, Leben. (10) mhd. *unkustic* un-

4. Mittelalterlich-christliche Bedeutungskunde (Hermeneutik)

keusch, bösartig; *dei getougen* Gottes Geheimnisse, Heimlichkeiten. (11) *wambe* Mutterleib, Bauch. (12) *haltare* Bewahrer, Hirt, Erlöser.

Zuerst werden typische Eigenarten eines Tieres berichtet, dann wird das Berichtete ausgelegt. Der Übergang vom Bericht zur Auslegung wird signalisiert durch ein vergleichendes *Also* (5). «Das Tier, das es nicht gibt» (Rilke), gilt hier als real existent, aber auf Grund seiner *gislahte* (1) *bezeichinot* (7, 12), *meinit* (8, 9) es zugleich Christus als *geistlich Einhurne* (5). Im *Physiologus* werden also vom Löwen (s. o. 4.1.4), vom Einhorn etc. zeitlos-typische Eigenschaften als wirkliche oder vorgebliche Naturbeobachtungen *berichtet*. In der Fabel, die ja häufig auch von Tieren handelt, wird dagegen ein Vorgang sukzessive in der Zeit *erzählt* (z. B.: Der Löwe und der Waldesel «gingen einst» zusammen jagen ...). Die Welt redender Tiere ist hier von vornherein als irreale zu erkennen: Der *Faktizität* eines *Physiologus*-Berichts steht die *Fiktivität* der Geschichte einer Fabel gegenüber. Häufig folgt auf den Bild- oder Erzählteil einer Fabel gleich ein *Epimythion* zur Anwendung, aber diese muß nicht explizit sein, weil der Hörer oder Leser sie auch implizit der Fabelsituation entnehmen kann. Für den *Physiologus* ist dagegen der Auslegungsteil nach dem Berichtteil konstitutiv. Wohl nicht zuletzt unter seinem Einfluß hat dieses Prinzip der Zweiteiligkeit dann u. a. auch die Fabelform des mhd. *bîspel* ergriffen, was soviel wie «Bei-Erzählung», die neben etwas anderem steht, bedeutet (mhd. *spel* Erzählung, wie in engl. *gospel* < *gōd spell* gute Rede). Der Stricker gliedert sein Tier*bîspel* vom Vogel und dem Sperber z. B. in einen erzählenden und in einen moralisierend-erörternden Teil. Dies tut auch Freidank, dessen Spruch von den Rebhühnern dem *Jüngeren Physiologus* nahesteht. Aber wo er im Bildteil (V. 11–18) nur die Proprietät referiert, erzählt der Stricker (V. 1–12) eine Geschichte. Zunächst Freidank (144, 11–26):

> Diu rephüenre einander stelnt
> ir eier (daʒ si sêre helnt)
> und brüetent s' ûʒ als ir kint.
> als sie ze vogelen worden sint
> sô nement s' ir rehten muoter war,
> swâ sie die hœrnt, und fliegent dar;
> si lânt ir stiefmuoter frî
> und sint ir rehten muoter bî.
> als stilt der tiuvel manegen man
> von sîner muoter, swie er kan;
> diu muoter ist diu kristenheit,
> diu nieman trôst noch gnâde verseit.
> diu muoter manegen lêret,
> daʒ er von sünden kêret.
> so ist der tiuvel betrogen,
> und ist sîn rephuon hin geflogen.

Der Stricker: Der Vogel und der Sperber[24]

Uf einem grüenen rise
sanc ein vogel sine wise
eines morgens vil fruo.
im was so ernest dar zuo,
daz er sin selbes vergaz
und also singende saz,
unz ein sparwære dar swanc,
do er aller wünneclichist sanc,
und nam in in sine füeze:
da wart sin stimme unsüeze
und sanc als die da singent
die mit dem tode ringent.
Also fröunt sich der werlde kint,
die so vaste mit der werlde sint,
daz si got verlazent under wegen
und wellent deheiner vorhte pflegen
und tuont swaz in gevellet,
unz si der tot ersnellet
und würget si als drate,
daz in helfe kumt ze spate.
sus nimt ir fröude und ir spil
ein bœser ende und ein zil
denne des vogels der da sanc,
unz er den tot da mite erranc.
diu not die im sin sanc erwarp,
der was ein ende, do er starp –
so ist der werlde kinde not,
diu ane riuwe ligent tot,
an ende und also manecvalt,
daz si iemer belibent ungezalt.

Die *Physiologus*-Zitate in der mittelalterlichen Literatur und Kunst sind Legion, und ebenso vielfältig ist deren jeweilige Funktion. Der Marner («Seemann») zählt in einem Spruch um 1250 sechs Tiere aus der *Physiologus*-Tradition auf und bringt sie auf den gemeinsamen Nenner einer *bezeichenunge*, nämlich der Erlösung aus der Hölle durch Christus:[25]

Alsô des lewen welf geborn
werdent, sô sint sie tôt;
vil grimmeclich sô ist sîn zorn,
vil jæmerlich sô ist sîn nôt.
lûte er in ir ôre schrît, des werdent wider lebendic sie.
Der helfant wazzer hât erkorn,
diz wunder got gebôt.
sîn fruht wær anders gar verlorn.
der strûz mit sînen ougen rôt
drî tage an sîniu eiger siht, des werdent ûz gebrüetet die.

4. Mittelalterlich-christliche Bedeutungskunde (Hermeneutik)

> Der adlar lât sîniu kinder in die sunnen sehen,
> die des niht tuont, dâ mugt ir michel wunder spehen,
> die lât er vallen nider.
> der fênix der verbrennet sich und lebet nâch dem viure wider.
> von liebe erkrimmet ouch der pellicânus sîniu kint;
> swenn er sie vint
> tôt, deist niht ein wint,
> sô tuot er rehte als er sî blint,
> er nimt sîns herzen bluot und machet, daz si wider lebendic sint:
> mit der bezeichenunge sîn wir von der helle erlœset hie. (XV, 281–300)

Die Eigenschaften, die der Marner vom Löwen, Elefanten, Phönix und Pelikan nennt, stammen unmittelbar aus der *Physiologus*-Tradition. Die Eigenart des Elefanten bedarf der Erläuterung: Dieser ist ohne sexuelle Begierde. Männliches und weibliches Tier begeben sich zur Zeugung ins Paradies, fressen dort das Mandragorakraut und verbinden sich (= Adam und Eva im Zustande der Unschuld). Die Elefantenkuh wandert zum Gebären in einen See, um vor dem Drachen sicher zu sein (= Adam und Eva nach dem Sündenfall in die bedrohliche Welt gejagt, aus der Christus die Menschheit herausführte). Ein anderer Grund: Die Elefantenkuh geht soweit in einen See, bis ihr das Wasser ans Euter reicht; denn würfe sie auf dem Lande, könnte sie nicht mehr aufstehen. Der Elefant hat nämlich keine Kniegelenke. (Wenn er schlafen will, muß er sich deshalb an einen Baum lehnen. Das weiß der Jäger, der vorher eine Kerbe in den Baum gehackt hat. – «Vertrauen ist nirgends gefahrlos, auch der Schlaf ist nicht sicher vor dem Feind», heißt es dazu auf einem Emblem von 1611/13.) Die Jungenprobe des Adlers fehlt noch im griech. *Physiologus;* in die mittelalterlichen Versionen gelangt sie durch Aristoteles, Aelian und Plinius. Sie soll darauf verweisen, daß Christus diejenigen, die auf ihn, die wahre Sonne, allzeit sehen, behütet, während er die Ungerechten fallen läßt.

Die *Physiologus*-Tradition hat sich gegenüber ihrem Ausgangstext immer mehr verbreitert und verselbständigt. Eine gewisse Grundkenntnis gerade der geistlichen Tierdeutung gehörte sicherlich zum literarischen «Erfahrungs- und Erwartungshorizont» des Publikums auch der weltlichen Dichtung. Eben deshalb kann hier ein Zitat aus der *Physiologus*-Tradition durchaus eine Wendung ins Profane erhalten. So im *Willehalm*, wenn Wolfram von Eschenbach die Adlerprobe bei Rennewarts erstem Auftritt zitiert:

> nu merket wie der adelar
> versichert sîniu kleinen kint,
> sô si von schalen komen sint,
> er stêt in sîme neste
> und kiust vor ûz daz beste:
> daz nimt er sanfte zwischen die klâ
> und biutetz gein der sunnen aldâ:
> ob ez niht in die sunnen siht,
> daz im diu zagheit geschiht,
> von neste lât erz vallen.
> sus tuot ern andern allen,
> op ir tûsent möhten sîn.

4.1.5 Christliche Weltdeutung: Naturdeutung

daz in der sunnen hitze schîn
siht mit beiden ougen,
daz wil er âne lougen
denne zeime kinde hân.
Rennewart der starke man
was wol ins aren nest erzogen,
niht drûz gevellet, drab gevlogen
unt gestanden ûf den dürren ast. (La. 189, 2–21)

Abb. 10: Die Tötung des Einhorns. Aus einem italienischen Bestiarium des 13./14. Jhs. (B. M. London, Ms. 12 F XIII, D-228 F).

Das Einhorn ist, mit Gustav René Hocke zu sprechen, eines der faszinierendsten plurivalenten Symbole der europäischen Geistesgeschichte. Es kann Christus, den Tod oder den Teufel bedeuten, ebenso Kraft, Mut, Demut, Keuschheit, Wollust. Besonders beliebt war (und ist) das Motiv der «Jungfrau mit dem Einhorn». Ursprünglich auf Christus und Maria bezogen, wird es in der höfischen Literatur und Kunst auf die Minnesituation übertragen. In einem Lied des Burkart von Hohenfels z. B. beteuert der um Minne werbende und dienende Mann seine Ergebenheit gegenüber der Dame, indem er sich in der Rolle des Einhorns sieht:

4. Mittelalterlich-christliche Bedeutungskunde (Hermeneutik)

Der einhürne in megede schôze
gît durch kiusche sînen lîp.
dem wild ich mich wol genôze,
sît ein reine saelic wîp
mich   verderbet: an den triuwen,
riuwen   mac si der gerich. (KLD 6, II, 5)

Von der Naturdeutung über die Naturkunde zur Naturwissenschaft

Christliche Welt- und Naturdeutung ist gebunden an Erinnerung (s. Grimmelshausen). Man sucht im «Buch der Natur», was man bereits im «Buch der Bücher» gefunden hat. Solches Vorwissen und ein schier blindes Vertrauen in die schriftliche Überlieferung bewirkten anscheinend eine derart einseitige Wahrnehmung der Realität, daß sich nicht erst heute die Frage nach der Glaubwürdigkeit gerade der *Physiologus*-Berichte stellt. Schon Augustin hat darauf in seinen Psalmen-Auslegungen – ausgehend vom Beispiel des Pelikans – geantwortet.

Er zitiert den 7. Vers des 101. Psalms – *adsimilatus sum pelicano deserti* («dem Pelikan, der in der Wüste wohnt, ihm ward ich ähnlich») – und referiert wie der Physiologus die Eigenschaft des Pelikans. Er läßt dabei offen, ob dies wahr oder falsch sei; wesentlich ist ihm die Kongruenz zwischen Pelikanmutter und Christus mit dem Opfer des eigenen Bluts zur Wiederbelebung der Kinder: «*Fortasse hoc verum, fortasse hoc falsum sit; tamen si verum est, quemadmodum illi congruat, qui nos vivificat sanguine suo, videte. Congruit illi quod matris caro vivificat sanguine suo filios suos: satis congruit.*»[26]

Kongruenz heißt, daß in der Deutung Erscheinungen der dinglichen Welt und Vorgänge in der Heilsgeschichte über strukturelle Ähnlichkeiten miteinander verknüpft werden. Ähnlichkeit *(similitudo)* kann jedoch keine völlige Wesensgleichheit von Schöpfer und Schöpfung meinen, wie Augustin am Beispiel des Adlers ausführt, von dessen Verjüngung im 102. Psalm die Rede ist *(renovabitur ut aquilae iuventus tua)*. Auf diese Psalmenstelle bezieht sich wahrscheinlich auch der *Physiologus*, der über den Adler sagt: Wenn sein Gefieder und seine Sehstärke abgenommen haben, sucht er sich eine reine Quelle und fliegt danach zur Sonne empor; sind seine alten Fittiche dann verbrannt, stürzt er sich hernieder zur Quelle, taucht dreimal hinein, und so erneuert er sich und wird wieder jung. Für Augustin bezeichnet *(significat)* diese Verjüngung des Adlers dem Menschen eine Art Auferstehung. Es erneuere sich zwar die Jugend des Adlers, aber nicht im Sinne der Unsterblichkeit selbst: «*Data est enim similitudo, quantum de re mortali potuit trahi ad rem utcumque significandam immortalem, non ad demonstrandam [...], non ad immortalitatem aquila reparatur, nos autem ad vitam aeternam.*»[27]

4.1.5 Christliche Weltdeutung: Naturdeutung

Der Begriff der *similitudo* wird von den Theoretikern der christlichen Welt- und Naturdeutung unterschiedlich verstanden. In jedem Falle wird das Wirkliche nicht als Sache aufgefaßt, sondern als Zeichen, aber in der Art des Bezeichnens unterscheiden sich die symbolische und die allegorische Naturdeutung: Jene sucht «eine Wesensgleichheit des Sichtbaren mit dem Unsichtbaren nach dem neuplatonischen Analogiedenken, nach der Auffassung von der Teilhabe des Seienden am Sein, von dem es abgeleitet ist.» Das Verhältnis von bezeichnendem Ding und Bezeichnetem «beschreiben in diesem Analogiedenken Begriffe wie Teilhabe, Ähnlichkeit, die durch den Grad der Vollkommenheit modifiziert ist». Die Erkenntnis steigt entsprechend den Stufen des Wirklichen auf «vom Körperlichen, dem Schatten des Bildes, über das Geistige, das Bild der Wahrheit, zur Wahrheit selbst». Für die naturallegoretische Richtung besteht dagegen «grundsätzlich Gleichheit aller Dinge hinsichtlich der Verweisungsfähigkeit. Sinnträger und Bedeutung gehören zwei getrennten Bereichen an. Der Schritt vom einen zum anderen ist für jedes Ding gleich weit, vom Wurm wie vom Himmelskörper. Jedes Ding kann Gott und den Teufel bedeuten [...].»[28]

Über solche Differenzierungen hinaus ist mittelalterliche Naturdeutung zunächst einmal ihrer Intention nach Naturkunde im Dienste der Theologie. Sie zielt nicht auf naturwissenschaftliche Wahrheit um ihrer selbst willen, sondern sie befragt die Erscheinungen in der Natur nach ihrer *similitudo* zum Heilsgeschehen. Der *Physiologus* sucht nicht wie die Zoologie oder die Physik nach *demonstrierbaren Begründungszusammenhängen*, sondern nach *signifikanten Verweisungszusammenhängen* zwischen dem Seienden und dem höchsten Sein. Die Enthüllung des Sinns von Geschaffenem setzt jedoch voraus, daß arttypische Eigenschaften als reale berichtet werden. Das impliziert eine «bewußtseinsmäßige Faktizität»,[29] wobei eben die Fakten nicht nur sich selbst bedeuteten. Der *Physiologus* will allererst den Glauben fördern, gleichwohl mochten ihm viele Rezipienten unter den Laien die Glaubwürdigkeit eines «zoologischen Lehrbuchs» zubilligen.

Im späten Mittelalter vollzieht sich allmählich eine Wende von der konsequent christlichen Welt- und Natur*deutung* zu einer Welt- und Natur*kunde*, die nicht mehr ausschließlich vom christlichen Erkenntnisinteresse beherrscht wird. Konrad von Megenberg etwa stützt sich in seinem *Buch der Natur* (1349/50) beim Bericht über den Löwen[30] nicht mehr allein auf die *Physiologus*-Tradition, sondern er beruft sich auf Augustinus, Solinus, Plinius, Aristoteles usw. Diese Tendenz zum Enzyklopädischen ist nicht neu, aber während bei den früheren Enzyklopädisten wie Isidor von Sevilla, Hrabanus Maurus und Vincenz von Beauvais die Fülle des Materials mehr oder minder systematisch einer Darstellung nach christlichem Deutungsmuster integriert wurde, gerät nun über der bloßen Anhäufung von Wissen der alte Bezugsrahmen aus dem Blick oder wird zumindest verwischt.

In den einzelnen Texten sind die Übergänge dabei fließend. Im *Renner* (1300), dem Kompendium des Hugo von Trimberg, herrscht die Moralisation mit der praktischen Tendenz, Exempel für die rechte christliche Lebensführung zu bieten, zwar noch vor, bleibt nach wie vor die Korrelation von Bericht und Auslegung konstitutiv, aber der strikt heilsgeschichtliche Bezug geht zunehmend verloren. Bei Konrad von Megenberg zeichnet sich bereits recht deutlich der Hang zur Kumulation nurmehr exotisch-interessanter, nicht notwendig signifikanter Proprietäten ab. Die drei altbekannten Eigenschaften des Löwen werden ohne Ausdeutung wiederholt und um andere erweitert: «*Ambrosius spricht, wenn der leb siech ist, sô vaeht er einen affen und frizzet den, dar umb, daz er gesunt werd*» u. a. m. Diese Verlagerung des Interesses konnte zur Ausklammerung des Auslegungs- und damit zur Verselbständigung des Erzählteils führen. Ohne christliche Legitimationsbasis jedoch mußte die bloße Wiedergabe seltsamer Eigenschaften auf Skepsis stoßen: «*aber des gelaub ich niht,*» kommentiert Megenberg eine Plinius-Bemerkung über den Adler. So konnte sich am Ende «theoretische Neugierde», lange als *curiositas* verfemt, rehabilitieren.[31]

Einen Neuansatz in der Geschichte der Naturwissenschaften, nämlich infolge der Aristoteles-Rezeption, bedeuten schon die *De animalibus libri XXVI* des Albertus Magnus (1193–1280). Naturwissenschaftliches Erkenntnisinteresse, gegründet auf Vernunft, Erfahrung und experimentelles Handeln, verrät dann vor allem Kaiser Friedrich II. (1212–50) in Sizilien: «*manifestare ea, quae sunt, sicut sunt*» – «die Dinge, die sind, so wie sie sind», sichtbar zu machen, das ist der methodische Grundsatz in *De arte venandi cum avibus*.[32] Zugleich will der Kaiser die adlige Beizjagd «zur Gewißheit einer Kunst erheben, wovon bisher niemand hinreichend Kenntnis besaß und was noch keiner als Kunst angesehen hat». Man könne sich der Vierfüßler mit Gewalt und List bemächtigen; «die Vögel aber, die hoch in den Lüften kreisen, können nur durch das Ingenium des Menschen gefangen und abgerichtet werden». Deshalb muß man ihr Verhalten genau studieren.

Friedrichs Falkenbuch ist die erste wissenschaftliche Darstellung der Ornithologie. In der Vatikan-Bibliothek befindet sich eine Abschrift, die im Auftrage des Kaisersohnes Manfred entstanden ist. Auf 500 naturgetreu gezeichneten und kolorierten Miniaturen sind Vertreter von rund 80 Spezies zu identifizieren. Das erste Buch gilt den Wasser-, Land- und Moosvögeln, ihren Lebensräumen, Nist- und Brutgewohnheiten, ihrer Nahrungssuche, dem Vogelzug und der Anatomie des Vogelkörpers. Das zweite Buch befaßt sich mit der Aufzucht und Zähmung der Falken. Friedrich verläßt sich nicht auf bloß Gehörtes, auch nicht auf Gelesenes, wenn er sich z. B. kritisch mit der Zoologie des Aristoteles auseinandersetzt. Für ihn zählt allein die Erfahrung; er unternimmt Experimente. In Apulien versucht er, Straußeneier von der Sonne ausbrüten zu lassen. Er weist nach, daß selbst ein hungriger Mönchsgeier ein lebendes Huhn nicht anrührt, weil er sich nur von Aas ernährt. Er stellt Kausalzusammenhänge her. Die Härte der Schwungfedern wird in Relation zur Häufigkeit des Flügelschlags gesetzt. Zum Bericht des Plinius über den Vogel Phönix, der auch im *Physiologus* begegnet, merkt er an: «Wir aber können das nicht glauben.»

Mittelalterliche Naturdeutung und barocke Emblematik
Die mittelalterlich-christliche Deutung von Tieren, Pflanzen, Edelsteinen lebt – wenn auch nicht ungebrochen – fort in der barocken Emblematik. Das Emblem ist eine synthetische Kunstform, die Vereinigung von Wort und Bild zu einem in sich geschlossenen allegorischen Gebilde, das in der Regel aus drei Teilen besteht:

1. Das *Motto* (auch *Lemma*) leitet die Deutung ein. Seine sentenziöse Kurzfassung besteht meist aus nicht mehr als fünf Wörtern. Zitiert werden Stellen aus der Bibel und aus antiken Autoren sowie Sprichwörter.

2. Die *Pictura* (auch *Icon*) ist der Bildteil, der «ein Stück Realität mit signifizierender Kraft» darstellt. Im Unterschied zur Allegorie geht die *res picta* nicht gänzlich in ihrer Funktion als Bedeutungsträgerin auf, ihr eignet bei aller artifiziellen Kombinatorik der bedeutungstragenden Elemente eine «potentielle Faktizität».

3. Die *Subscriptio* (auch *Epigramm*) ist der erklärende Text zum Bild. Die Affinität des Emblems zum Rätsel liegt in der Spannung, die aus dem zunächst unklaren Zusammenhang zwischen *Motto (Lemma)* und *Pictura* entsteht, bis dann die *Subscriptio* die Deutung sichert.

Dieser formalen Dreiteilung entspricht eine funktionale Zweiteiligkeit des Darstellens und Auslegens: alle drei Bauteile des Emblems übernehmen dabei die «Doppelfunktion des Abbildens und Auslegens oder des Darstellens und Deutens.»[33] Bedingung ist, daß die *res picta* des Bildes mehr bedeutet als sie darstellt, daß sie *res significans* ist. Die *subscriptio* erschließt dazu explizit die *significatio*. Das emblematische Auslegungsverfahren vermittelt wie die mittelalterliche Dingdeutung Einsicht in die von Sinnbezügen und Verweisungen durchwaltete Welt. In der emblematischen Deutung der frühen Neuzeit verschiebt sich jedoch nicht selten der im Mittelalter aus der Heilsgeschichte bezogene Anspruch auf objektive Verbindlichkeit zu einem Regulativ innerweltlichen Verhaltens.

So fußt z.B. das Bild vom «Labyrinth der Welt» in christlicher Sicht zunächst auf der Gegenüberstellung von Diesseits und Jenseits, mit den Irrwegen der menschlichen Seele in dieser Welt und schließlicher Erlangung des Heils und Ziels im Jenseits. Das aus konzentrischen Kreisen bestehende Labyrinth auf der Eingangsseite von Otfrieds Evangelienbuch soll sicherlich diesen an Verirrungen reichen Weg zum Himmelreich andeuten. Später hat sich jedoch das Deutungsinteresse mehr vom Ziel auf den Weg verlagert, den der Mensch in seinem Leben zurücklegt.

4. Mittelalterlich-christliche Bedeutungskunde (Hermeneutik)

Die Labyrinth-Bildlichkeit ermöglicht jetzt das Aufzeigen von Irrwegen als Fehlverhalten, das Problem der rechten Wegfindung tritt in den Vordergrund.[34]

Abb. 11: Aus dem «Nucleus emblematum» von Gabriel Rollenhagen, 1611/13.[35]

1. Motto (Inscriptio): *PRO LEGE PRO GREGE* [Für Recht und Volk]
2. Pictura: Links im Hintergrund der gekreuzigte Christus, mit dessen Blut sich die Abendmahlskelche der Gläubigen füllen – also die alte Deutung. Im Vordergrund der Pelikan, der mit seinem Blut die Jungen benetzt.
3. Subscriptio: *Dux, Vitam, bonus, et pro lege, et pro grege ponit, Haec veluti pullos sanguine spargit avis.* [Der gute Fürst gibt sowohl für das Recht als auch für das Volk das Leben auf, ebenso wie dieser Vogel die Jungen mit Blut benetzt.]

Rollenhagens Pelikan-Emblem (Abb. 11) veranschaulicht, wie christliche Naturdeutung und weltlich-politische Ausdeutung ineinander übergreifen können. Der Pelikan, der mit seinem Blut die Jungen wieder vom Tode auferweckt, verweist auf Jesus Christus, der mit seinem Tode die Menschheit

4.1.6 Christliche Weltdeutung: Geschichtsdeutung, Typologie

erlöst. Hier jedoch wird das Bild in der Auslegung von Inscriptio und Subscriptio übertragen auf den Fürsten als Stellvertreter Gottes und Christi auf Erden, der sich selbstlos im Dienste seiner Landeskinder aufopfert.

A. Henkel und A. Schöne bilden in ihrem *Emblemata*-Handbuch, das für die Aufschlüsselung allegorisch verschlüsselter Aussagen unentbehrlich ist, ein Emblem mit ähnlicher Tendenz ab. Es stellt einen Löwen und einen Hasen mit der Inscriptio PERVIGILANT AMBO (Wachsam sind beide) dar. Die aus dem *Physiologus* bekannte Proprietät des mit offenen Augen schlafenden Löwen wird hier auf König Philipp III. von Spanien bezogen, der als tapferer und edler Löwe Tag und Nacht über seine Untertanen, Hase und Lamm, wacht, um sie zu schützen.[36]

Im übrigen werden in der barocken Emblematik aber nicht nur die mittelalterlich-christliche Welt- und Naturdeutung, sondern auch andere Traditonen – wie z. B. die humanistische Hieroglyphik nach Horus Apollon – aufgenommen und umgedeutet.

4.1.6 Christliche Geschichtsdeutung im Mittelalter

Typologie

Unter Typologie als hermeneutischer Methode versteht man ein Auslegungsverfahren, das in Personen, Ereignissen und Einrichtungen, von denen im Alten Testament berichtet wird, Vorabbildungen und Vorausdarstellungen entsprechender Personen, Ereignisse und Einrichtungen im Neuen Testament sieht. «Typologie» geht auf griech. *typos* zurück – ein von Paulus gebrauchter Begriff, der in der Vulgata mit lat. *figura* übersetzt wird. Daher spricht man auch von «Figuraldeutung». Ep. ad Rom. 5,14: *sed regnavit mors ab Adam usque ad Mosem etiam in eos qui non peccaverunt in similitudinem praevaricationis Adae qui est forma futuri* («Doch herrschte der Tod von Adam an bis auf Mose auch über die, die nicht gesündigt haben und mit gleicher Übertretung wie Adam, welcher ist ein Bild des, der zukünftig war» [*forma futuri* entspricht griech. *«typos tou mellontos»*]. Adam wird hier als *typos* oder *figura* Christi verstanden, und damit erscheint Christus als *Antityp* Adams.

Typologie im strikt theologischen Sinne ist christozentrisch. Zwischen zwei Ereignissen oder Personen wird ein Zusammenhang hergestellt, «in dem eines von ihnen nicht nur sich selbst, sondern auch das andere bedeutet, das andere hingegen das eine einschließt oder erfüllt.»[37] Die heilsgeschichtliche Betrachtungsweise der Typologie setzt zeitlich getrennte Ereignisse nach dem Prinzip der Analogie und der vergleichenden Unterscheidung zueinander in einen Sinnbezug. Unter diesem Gedanken der Wiederholung, demzufolge ein wirklich vorgefallenes historisches Ereignis als reale Prophetie eines anderen vorgefallenen oder erwarteten Ereignisses gedeutet wird, steht der Bezug zwischen Altem Testament und Neuem Testament. Wiederholung meint jedoch nicht einfach die zyklische Wiederkehr des Gleichen, sondern zugleich die Erfüllung und

Vollendung, die die Weissagungen des Alten Testaments mit der Ankunft Jesu Christi gefunden haben oder noch finden werden. Entsprechend dem Christuswort (Mt. 5,17): «*Nolite putare quoniam veni solvere legem aut prophetas; non veni solvere sed adimplere*» («Ihr sollt nicht wähnen, daß ich gekommen bin, das Gesetz oder die Propheten aufzulösen; ich bin nicht gekommen aufzulösen, sondern zu erfüllen»). Das alttestamentliche Ereignis verhält sich zum neutestamentlichen wie der Schatten zum Licht der Wahrheit, wie Verheißung *(praefiguratio)* zur Erfüllung. Der Antitypos Christus ist dabei nichts Vorläufiges wie sein Typos Adam, sondern er *ist* die Erfüllung. Dem entspricht das Verhältnis zwischen Maria und Eva, wie es etwa im *Melker Marienlied*[38] (V. 76–84) in streng antithetischer Analogie *(tôt: lîb, tiufel: Gabrihel, mort: gotes wort)* zum Ausdruck kommt:

du besuontest den Even val,	(Du sühntest Evas Fall,
Sancta Maria.	Sancta Maria.
Eva braht uns zwiscen tot,	Eva brachte uns zwiefachen Tod,
der eine ie noch richsenot;	der eine herrscht noch immer;
du bist daz ander wib,	Du bist das andere Weib,
diu uns brahte den lib.	das uns das Leben brachte.
der tiufel geriet daz mort:	Der Teufel riet zu dem Tod:
Gabrihel chunte dir daz gotes wort,	Gabriel verkündete dir das Gotteswort,
Sancta Maria.	Sancta Maria.)

Häufig wird dann auch noch die Buchstabenfolge von EVA zum AVE des Gabrielgrußes an Maria umgekehrt. Solche Antithetik ist mehr als eine bloße Wiederholung mit umgekehrtem Vorzeichen; denn die zweite Frau ist die gesteigerte Wiederholung der ersten: *du besuontest den Even val*. Ebenso kann die Taufe als Antityp der Sündflut verstanden werden. Die Opferung Isaaks wird schon im Barnabasbrief wie später u. a. von Otfried von Weißenburg als Typos der Opferung Christi gedeutet. Die Israeliten in der Wüste sind die Typoi der Christen. Auf vielfältige Weise wird Moses mit Christus parallelisiert. Nach Johannes 3,12 sagte Jesus selbst: «Und wie Mose in der Wüste eine Schlange erhöht hat, also muß des Menschen Sohn erhöht werden.» Die eherne Schlange gilt danach als Vorabbildung des Kreuzes. In vergleichbarer Weise heißt es bei Matthäus 12,40: «Denn gleichwie Jona war drei Tage und drei Nächte in des Walfisches Bauch, also wird des Menschen Sohn drei Tage und drei Nächte mitten in der Erde sein.» Nach diesen Ansätzen im Neuen Testament werden im Laufe des Mittelalters wohl an die tausend Typen mit Hunderten von Antitypen in einen typologischen Verweisungszusammenhang gestellt.

Dabei kommt es zu einer folgenreichen Ausweitung. Seit Augustin und Ambrosius nimmt nämlich das für die Typologie konstitutive Grundverhältnis von Altem und Neuem Testament nicht selten eine dreistufige

4.1.6 Christliche Weltdeutung: Geschichtsdeutung, Typologie

Gestalt an. Die Inkarnation Christi erscheint zugleich als «antitypische» Erfüllung des Gesetzes und als «typische» Verheißung des Gottesreiches. Die Zeit Christi als Zeit der Erfüllung der alten Zeit rückt in die Mitte und wird zur Wendezeit: Die dritte Zeit ist die nach Christus, die Zeit der Fortexistenz Christi in der Kirche und die Zeit der Eschatologie. Es gibt eine Zeit vor Christus, in Christus und nach Christus nach dem Schema: Tempel in Jerusalem – Kirche in Jerusalem – Himmlisches Jerusalem. Als Präfigurationen des Kirchengebäudes gelten dabei nicht nur der Tempel Salomos, sondern auch die Arche Noah, die Stiftshütte von Moses und die Architektur in der Vision Ezechiels. Die Dreiteilung kann modifiziert werden, wenn mit Schöpfung, Sinai, Golgatha und Jüngstem Gericht vier Hauptereignisse der universalen Heilsgeschichte hervorgehoben werden. Auf dem Altar des Nikolaus von Verdun (1181) wiederum werden 51 Emailtafeln in 3 Bildreihen unter dem Gesichtspunkt *ante legem, sub lege* und *sub gratia* angeordnet. In der mittleren Reihe finden sich Szenen von der Verkündung an Maria bis zum Jüngsten Tag *(sub gratia),* denen jeweils eine Präfiguration aus der Zeit vor der Gesetzgebung auf dem Sinai *(ante legem)* und eine nach der Gesetzgebung *(sub lege)* zugeordnet sind.[39]

Die ottonische Reichskrone, die im folgenden näher behandelt werden soll, verrät zunächst mit der Korrespondenz von Stirn- und Nackenplatte (je 12 Steine) den klassisch typologischen Aufbau nach dem Konkordanzprinzip. Mit dem Verweis auf das himmlische Jerusalem nimmt das Deutungsschema dann eine dreistufige Gestalt an. Entscheidend ist hier jedoch die Ausweitung in den nicht-biblischen Bereich: David und Salomon verweisen nicht nur auf Christus, sondern auch der Kaiser wird von außerhalb der Bibel in den biblisch-heilsgeschichtlichen Zusammenhang einbezogen.

J. Schwietering, E. Auerbach und F. Ohly fassen auch solche Übertragungen auf Nicht-Biblisches unter den Oberbegriff «Typologie», weil – so Ohly – «die Künste freier sind als die Verkündigung der Kirche.»[40] «Es gibt eine halbbiblische und eine außerbiblische Typologie. Bei der halbbiblischen ist der eine, bei der außerbiblischen sind beide Pole der typologischen Sinnbeziehung nicht mehr in der Bibel, sondern in der außerbiblischen Geschichte.»[41]

Wer die Typologie als derart übergreifende Denkform versteht, kann z. B. Elternvorgeschichte und Hauptgeschichte in Gottfrieds *Tristan* und in Wolframs *Parzival* als außerbiblisch-typologisches Verhältnis interpretieren. Und was für den Generationenwechsel geltend gemacht wird, gilt womöglich auch für das Verhältnis von römischer Heldensage und christlicher Heiligenlegende in der *Kaiserchronik,* von antikem und höfisch-mittelalterlichem Stoff in Veldekes *Eneit,* von höfischem Rittertum und Gralsrittertum im *Parzival* usf.

4. Mittelalterlich-christliche Bedeutungskunde (Hermeneutik)

Wer, wie W. Schröder,[42] den Begriff der Typologie restriktiv im Sinne der Theologie auslegt, wird gegen eine solche Ausweitung Bedenken anmelden. In jedem einzelnen Falle wird zu klären sein, ob ein Bild oder ein Text durch explizite Signale typologische Bezugsetzungen nahelegen, sonst wäre in der Tat willkürlicher Spekulation Tür und Tor geöffnet. Schließlich werden ja keineswegs sämtliche Bereiche der Laienkultur von der geistlich-gelehrten Bedeutungskunde ergriffen – die germanisch-deutsche Heldenepik z. B. verhält sich gegenüber dieser Denkform resistent. Gleichwohl werden Literatur- und Kunstgeschichte den Typologie-Begriff flexibler und extensiver als die Theologie auslegen dürfen, weil eben ihre Gegenstände, die christlichen Künste, «freier» sind als Theologie und Kirche.

Beispiele für Typologie in Literatur und bildender Kunst

Die Reichskrone als signum sanctitatis und die Philipp-Sprüche Walthers von der Vogelweide

Im Mittelalter wird Herrschaft öffentlich repräsentiert. Der Herrscher stellt sich dar als die Verkörperung einer wie immer «höheren» Gewalt. «Repräsentative Öffentlichkeit»[43] als Verkörperung von Herrschaft haftet an der konkreten Existenz des Herrn; sie gibt seiner Autorität eine Aura und ist geknüpft an Attribute wie Insignien, Habitus, Gestus, Rhetorik; nicht zuletzt gehören zu solcher Selbstdarstellung nach außen auch die großen Hoftage und Feste. Sinnfälliger Ausdruck der *auctoritas* des deutschen Königs und Kaisers sind die Herrschaftsinsignien: Szepter, Schwert, Reichsapfel, (Himmels-) Mantel, die heilige Lanze und vor allem die Krone. Die ottonische Reichskrone (heute aufbewahrt in der weltlichen Schatzkammer der Wiener Hofburg) ist in jedem Teil und als ganze ein programmatisches Herrschaftszeichen, das in einmaliger Weise Aufschluß gibt über das Selbstverständnis ihrer Träger. Sie wurde angefertigt zur Kaiserkrönung 962.

Nach dem Tode Konrads I. ging die Königswürde von den ostfränkischen Karolingern an die sächsische Herzogsfamilie über. Seit 919 heißt das ostfränkische Reich *Regnum Theutonicorum*. Der Nachfolger Heinrichs I., Otto I., knüpft bewußt an das Kaisertum Karls des Großen an, wie bereits beim Staatsakt seiner Krönung 936 in Aachen deutlich wird. Widukind von Korvey hat die weltlichen und kirchlichen Akte dieser Wahl, mit Salbung und Krönung, protokollarisch genau geschildert. Am 2. Februar 962 – voraus ging der Sieg über die Ungarn 955 auf dem Lechfeld – wurde Otto I. in Rom vom Papst zum Kaiser gekrönt.

Damit wurde gewohnheitsrechtlich der Anspruch der deutschen Könige auf die Kaiserwürde begründet. Die Vorstellung bildete sich heraus, daß Kaiser sei, wer mehrere *nationes* beherrsche. Der «Weltherrschaftsanspruch» des mittelalterlichen Kaisertums gründete sich jedoch auf Ansehen (*auctoritas*), nicht auf Amtsgewalt (*potestas*) gegenüber anderen *regna* wie Frankreich, England, Kastilien. Schon in den Urkunden Karls des Großen lautet der Titel des Kaisers: *pacificus imperator, Romanum gubernans imperium*, wobei *gubernare* dasselbe wie engl. *govern* im Unterschied zu *rule* bedeutet.

4.1.6 Christliche Weltdeutung: Geschichtsdeutung, Typologie

Die Reichskrone ist die einzige oktogonale Krone des frühen Mittelalters. In ihrem Achteck wechseln Bild- und Edelsteinplatten, die durch Scharniere verbunden sind, miteinander ab; sie ist sowohl Bildkrone byzantinischer als auch Steinkrone westfränkischer Herkunft. Von den Seitenplatten hingen je 3 Pendilienkettchen wie bei der ungarischen Stephanskrone herunter. Von der Stirnplatte spannt sich zur Nackenplatte ein aufrechtstehender Bügel mit einer aus 8 Halbbogen bestehenden Oberkante. Später ließ Konrad II. (1024–39) das ursprüngliche Brustkreuz über der Stirnplatte befestigen und den Bügel erneuern mit der Inschrift: CHVONRADVS DEI GRATIA ROMANORV (m) IMPERATOR AVG (vstvs).

Abb. 12: Die Reichskrone über der Mitra (Rekonstruktion der Mitra nach der Darstellung des Regensburger Bischofs Erhard im Uta-Codex, clm. 13601, fol. 4)[44]

86   4. Mittelalterlich-christliche Bedeutungskunde (Hermeneutik)

Percy Ernst Schramm und H. Decker-Hauff[45] setzen in ihrer Deutung der Reichskrone bei der Amtstracht des jüdischen Hohepriesters an, die neben den antiken Herrschaftszeichen das Vorbild für den kaiserlichen Ornat geliefert haben dürfte. Wenn Liudprand von Cremona berichtet, daß Otto I. 962 in Rom in einem «bewunderungswürdigen und neuartigen Aufzug» *(miro ornatu novoque apparatu)* erschienen sei, so könnten damit u. a. das mit Glöckchen besetzte Königsgewand, der Himmelsmantel und die Mitra gemeint gewesen sein. In Bamberg ist von König Heinrich II. (1002–24) ein solcher Mantel erhalten, auf den mit goldenen Fäden Christus, die Evangelistensymbole und v. a. Sternbilder eingestickt sind. Das erinnert an das Obergewand des Hohepriesters, auf welchem nach Sapientia Salomonis 18,24 der ganze Erdkreis abgebildet war. Goldglöckchen hingen auch am Gürtel und an den Gewandsäumen des Hohepriesters (Exod. 28,34). Vor allem aber trug er (nach Lev. 29,6 und Eccl. 45,11) wie der deutsche König und Kaiser eine goldene Krone über der Mitra. Damit ist der Bügel der Reichskrone erklärt; denn er machte es möglich, daß der Herrscher unter der Krone eine Mitra nach Art des Bischofs tragen konnte. Schließlich begegnet auf dem Obergewand des Hohepriesters eine gesonderte Brustplatte mit 12 Edelsteinen für die 12 Stämme Israels (Exod. 28,15 ff.; 39,8 ff.). Jeweils 12 große Steine finden sich aber auch auf der Stirn- und auf der Nackenplatte der Krone. Wahrscheinlich verweist die Stirnplatte auf die 12 Stämme Israels, denen die 12 Propheten des Alten Bundes entsprechen, während die 12 Steine der ähnlich gearbeiteten Nackenplatte die 12 Apostel des Neuen Testaments bezeichnen. Ein wichtiges Indiz für den Bedeutungsgehalt der Krone ist ferner der oktogonale Grundriß, der ja wohl kaum von ungefähr auch in der Aachener Pfalzkapelle Karls des Großen und im Castel del Monte Friedrichs II. begegnet. Das Oktogon läßt sich auf zwei gekreuzt übereinander gelegte Quadrate zurückführen, die die Verbindung von himmlischem Jerusalem und von antikem Rom bezeichnen sollten; denn beiden Städten wurde im Mittelalter ein quadratischer Grundriß zugeschrieben. Aus Zahlsystem, Steinsetzung und Farbenskala der Edelsteine und Perlen ergeben sich weitere Verweise von der Krone auf die *Hierosolyma quadrata* (Offenb. 21,16).

Decker-Hauff zählt auf der Reichskrone 144 große Perlen (= 12 × 12) und erschließt eine Gesamtzahl von ursprünglich 360 (= 30 × 12) Perlen und Steinen. Solche Zählungen sind allerdings von einem gewissen Systemzwang diktiert, erst recht ist es die Einschätzung, welche Steine als «groß» gelten sollen. Denn Decker-Hauff will ein Zahlenprogramm nahelegen, dessen Erklärung er in der Apokalypse sucht, wo in der Tat Kombinationen mit der Zwölfzahl eine auffällige Rolle spielen: 12 Tore der Stadt, 12 Engel, 12 Namen der 12 Stämme Israels, 12 Grundsteine und auf diesen Namen der 12 Apostel des Lammes und 12 Edelsteinarten, 12 Perlen der 12 Tore, zwölftausend Stadien des Grundrisses. Ferner finden sich Belege für die Zahl 144. Die blauen Saphi-

4.1.6 Christliche Weltdeutung: Geschichtsdeutung, Typologie

re, grünen Smaragde, violetten Amethyste und andere Edelsteinsorten und -farben der Krone scheinen mit den Grundsteinen des himmlischen Jerusalem zusammenzuhängen, die in der Offenbarung namentlich genannt werden.

Beziehen sich die Steine und Perlen des ersten Quadrats auf das himmlische Jerusalem, so die bildlichen Darstellungen des zweiten auf Rom, Inbegriff und Sitz imperialer Herrschaft. Auf den Email-Platten sind der «König der Könige» sowie drei alttestamentarische Priesterkönige als Vorbilder irdischer Herrschaft abgebildet. Auf der linken Kronenhälfte David mit der Sentenz: «Das Amt des Königs liebt das Recht» (Ps. 98,4) und Salomo mit der Devise: «Fürchte den Herrn und meide das Böse» (Prov. 3,7). Auf der rechten Kronenhälfte zwei Darstellungen im Zusammenhang mit dem Propheten Jesaja. Die Pantokrator-Platte zeigt Gott auf hohem Stuhl mit zwei Seraphim zur Seite und bezieht sich auf die Berufung und Vision Jesajas (6,1ff.); die andere Platte zeigt Jesaja vor dem kranken König Hiskia (Ezechias) mit der Inschrift: «So will ich denn noch 15 Jahre zu deinem Leben hinzutun» (Jes. 38,5).

Diese Bezüge zwischen Altem und Neuem Testament, zwischen Vergangenheit, Gegenwart und Zukunft, zwischen Königtum und Prophetentum kennzeichnen die Reichskrone als *signum sanctitatis*. Mit der Korrespondenz von Stirn- und Nackenplatte (je 12 Steine) zeigt sie den streng typologischen Aufbau. Mit dem Verweis auf das himmlische Jerusalem nimmt das Deutungsschema eine dreistufige Gestalt an. Entscheidend ist hier jedoch die Ausweitung in den nichtbiblischen Bereich. David und Salomon verweisen nicht nur auf Christus, sondern auch der Kaiser wird von außerhalb der Bibel in den biblisch-heilsgeschichtlichen Zusammenhang einbezogen; eine halb-biblische Typologie also. Der gesalbte König und Kaiser auf Erden «entspricht» dem gesalbten Christus im Himmel. Im Mainzer Krönungsordo wird er als «Mittler» zwischen Kirche und Volk apostrophiert, so wie Christus der Mittler zwischen Gott und den Menschen ist. Die von Papst Gelasius I. 494 formulierte Zweigewaltenlehre zum Nebeneinander von *sacerdotium* und *imperium*, von Papsttum und Kaisertum, wird umgedeutet: Der deutsche König und Kaiser erhebt in der Ottonenzeit mit seinen Herrscherinsignien (Krone, Himmelsmantel, Reichsapfel, Heilige Lanze) den Anspruch, König und Priester in einer Person vorzustellen.

Zu den Philipp-Sprüchen Walthers von der Vogelweide

Die königlich-kaiserliche Zentralgewalt wird durch das im Investiturstreit erstarkte Papsttum und durch den Partikularismus der Landesherren entscheidend geschwächt. Aber gerade als sie mit der Doppelwahl von 1198 auf einem Tiefpunkt angelangt ist, erreicht die Kaiser- und Reichsideologie in der politischen Werbung um 1200 einen Höhepunkt.

4. Mittelalterlich-christliche Bedeutungskunde (Hermeneutik)

Angesichts der Mangelhaftigkeit gegenwärtiger Verhältnisse wird fortan die *renovatio* alter Herrlichkeit beschworen, so z. B. in den Reichssprüchen Walthers von der Vogelweide. Wie dabei der charismatische Glanz der Krone und ihres Trägers im realpolitischen Kampf um die Macht eingesetzt wird, verraten zwei Sprüche Walthers auf Philipp von Schwaben:

> Diu krône ist elter danne der künec Philippes sî:
> dâ muget ir alle schouwen wol ein wunder bî,
> wies ime der smit sô ebene habe gemachet.
> Sîn keiserlîchez houbet zimt ir alsô wol,
> daz si ze rehte nieman guoter scheiden sol:
> ir dewederz dâ daz ander niht enswachet.
> Si liuhtent beide ein ander an,
> daz edel gesteine wider den jungen süezen man:
> die ougenweide sehent die fürsten gerne.
> swer nû des rîches irre gê,
> der schouwe wem der weise ob sîme nacke stê:
> der stein ist aller fürsten leitesterne. (L.-K. 18,29)

Der Spruch L.-K. 18,29 fällt wohl in die Zeit der Krönung Philipps. Nach dem Tode Kaiser Heinrichs VI. 1197 in Messina wählte eine Mehrheit deutscher Fürsten Heinrichs Bruder Philipp von Schwaben am 8. 3. 1198 in Mühlhausen zum König. Die welfisch-angevinische Partei unter Führung von Richard Löwenherz unterstützte dagegen Otto IV. von Braunschweig, den Sohn Heinrichs des Löwen. Am 12. 7. 1198 wurde Otto in Aachen durch den Erzbischof von Köln gekrönt – am legitimen Ort und von legitimer Hand, aber nicht mit den echten Kroninsignien. Darauf wurde am 8. 9. 1198 der Staufer mit den echten Reichsinsignien gekrönt, aber in Mainz und nur durch den burgundischen Erzbischof von Tarentaise. Dieser Thronstreit führte zu allgemeiner Rechtsunsicherheit im Reich. Die Landesherren verfolgten ihr Eigeninteresse und ergriffen wie der Landgraf von Thüringen mal für den einen, mal für den anderen Thronprätendenten Partei. Deshalb Walthers Mahnung, den *weisen* als *aller fürsten leitesterne* zu nehmen. Der vornehmste Stein, von dessen Herkunft der *Herzog Ernst* erzählt, steht dabei als pars pro toto für die Krone. Der Sprecher hebt in seinem Preis hervor, wie gemäß sie dem legitimen Herrscher sei, *wies ime der smit sô ebene habe gemachet*, und wie dieser wiederum zu ihr passe. Die alte Krone ist für den jungen Philipp das wichtigste Unterpfand seines Herrschaftsanspruchs. Darum wirbt Walther gerade mit diesem Argument.

Vom *weisen* spricht Walther auch in dem im Reichston gehaltenen Spruch *Ich hôrte ein wazzer diezen*, der wohl ebenfalls zur Zeit von Philipps Wahl entstanden ist:

4.1.6 Christliche Weltdeutung: Geschichtsdeutung, Typologie

> [...] bekêra dich, bekêre.
> die cirkel sint ze hêre,
> die armen künege dringent dich:
> Philippe setze en weisen ûf, und heiz si treten hinder sich. (L.-K. 9,12–15)
>
> (Kehre dich um, kehre um [deutsches Volk]!
> Die Kronreife sind zu anmaßend geworden,
> die kleinen (zweitrangigen) Könige dringen auf Dich ein.
> Setz' dem Philipp den Waisen auf, und befiehl ihnen zurückzutreten.)

Die *cirkel* sind die runden Kronreife im Unterschied zur achteckigen Krone der Deutschen. Sie kommen den im Vergleich zum deutschen König zweitrangigen *armen* Königen zu, die – wie Richard Löwenherz – jetzt allzu selbstherrlich geworden sind und sich in die Angelegenheiten des Reiches einmischen. Die Deutschen sollen sie in ihre Schranken weisen und Philipp mit dem Waisen, der Reichskrone also, krönen.

An die «Reichsmetaphysik» der Ottonenkrone erinnert der Spruch L.-K. 19,5, der ein realhistorisches Ereignis, nämlich den Hoftag König Philipps zu Magdeburg Weihnachten 1199, in Bezug setzt zu dem mit dem christlichen Weihnachtsfest verknüpften heilsgeschichtlichen Ereignis:

> Ez gienc, eins tages als unser hêrre wart geborn
> von einer maget dier im ze muoter hât erkorn
> ze Megdeburc der künec Philippes schône.
> dâ gienc eins keisers bruoder und eins keisers kint
> in einer wât, swie doch die namen drîge sint:
> er truoc des rîches zepter und die krône.
> er trat vil lîse, im was niht gâch:
> im sleich ein hôhgeborniu küneginne nâch,
> rôs âne dorn, ein tûbe sunder gallen.
> diu zuht was niener anderswâ:
> die Düringe und die Sahsen dienten alsô dâ,
> daz ez den wîsen muoste wol gevallen. (L.-K. 19,5–15)

Der Hoftag findet Weihnachten 1199 statt – heilsgeschichtlich: *eins tages als unser hêrre wart geborn*. Der Ort ist Magdeburg, seit der Zeit Ottos I. (965) das kirchliche und politische Machtzentrum des deutschen Ostens – hier ist *Megdeburc* zugleich die *burc* der *maget*, die Stadt der hlg. Jungfrau. Die *hôhgeborniu küneginne* ist die byzantinische Prinzessin Irene, die in Deutschland den Namen Maria annahm. Sie wird hier ausgestattet mit den traditionellen Prädikaten der Gottesmutter: *rôs âne dorn, ein tûbe sunder gallen*. Die Analogie zur Trinität *(in einer wât, swie doch die namen drîge sint)* wird hergestellt über die dreifache Benennung Philipps als *eins keisers bruoder und eins keisers kint*: Philipp ist der Sohn eines Kaisers, nämlich Friedrichs I. Barbarossa, und er ist der Bruder eines Kaisers, nämlich Heinrichs VI. Damit aber die Dreiheit der Kaiser-Titel erreicht wird, muß Philipp selbst als Kaiser mitgerechnet werden, obgleich er die Kaiserwürde gar nicht mehr erlangte. Schon der Schreiber der Weingartner Handschrift konnte oder wollte dieser reichlich gesuchten Anspielung auf die Trinität nicht folgen. Er vereinfachte die «lectio difficilior» von C historisch korrekt zu: *In einer waete swie doch der namen zwêne sint.* Die Anwesenheit der Thüringer und Sachsen schließlich entspricht der damaligen politischen Konstellation; denn Hermann von Thüringen und Dietrich von Meißen standen gerade auf Philipps Seite, so daß *ez den wîsen muoste wol gevallen.* Doch auch die *wîsen* können ambivalent aufgefaßt werden: einerseits ist an die Ratgeber des Königs auf dem Hoftag, anderseits an die Weisen aus dem Morgenlande zu denken. Dieser Schwebezustand zwischen aktuell-politischen und heilsgeschichtlichen Bezügen macht den Reiz und die Wirkungsintention des Gedichts aus. Der Sprecher evoziert eine halbbiblische Typologie; grundsätzlich appelliert er an zwei Verstehensebenen – ein Verfahren, das mittelbar oder unmittelbar sein Vorbild in der theologischen Exegese nach dem mehrfachen Schriftsinn hat.

Typologische Überhöhung im *Rolandslied* des Pfaffen Konrad[46]

Das frühmittelhochdeutsche Rolandslied ist wahrscheinlich um 1170 im Umkreis Heinrichs des Löwen entstanden. Jedenfalls weist der Epilog (V. 9017–94) auf eine Beziehung zum welfischen Herzogshof in Regensburg. Vorlage ist die frz. *Chanson de Roland,* die um 1100 entstanden sein mag, obwohl die maßgebliche Oxforder Handschrift, abgefaßt im anglonormannischen Dialekt, erst auf etwa 1150/70 datiert wird. Der *phaffe Chunrat* (V. 9079) behauptet, für einen Kleriker durchaus glaubwürdig, daß er das frz. *bûch* zuerst ins Lateinische, dann ins Deutsche übersetzt habe. Er interpretiert seine *matteria* (V. 9020) im strikt geistlichen Sinne:

Realhistorische Folie ist der Spanienfeldzug Karls des Großen im Jahre 778, über welchen u. a. Einhard in seiner Karlsvita berichtet. Auf dem Rückmarsch soll die Nachhut in einen Hinterhalt der *Vascones* geraten sein. Hruodland, der Befehlshaber in der bretonischen Grenzmark, und viele andere fanden dabei den Tod. In der chanson de geste wird diese Begebenheit auf einen vasallitischen Konflikt zurückgeführt, nämlich auf Ganelons Verrat. Im deutschen Rolandslied wird nun die Auseinandersetzung zum welt- und heilsgeschichtlichen Exempel überhöht. Karl der Große wird in der Nachfolge Salomons (vgl. bes. 625–708) und Jesu Christi angesiedelt. Die zwölf Pairs erinnern an die zwölf Jünger usw.

Der erste Textausschnitt (1918 ff.) zeigt den Verräter Genelun expressis verbis in der Judasrolle. Das zweite Beispiel (6924 ff.) setzt den Märtyrertod des christlichen Helden in Bezug zum Tode Christi. In der Sterbestunde Rolands geschehen Zeichen, die auf die Naturereignisse verweisen, von denen die Passionsgeschichte (vgl. Mt. 27,45–54) berichtet. Nach Abschluß der Karlshandlung wird drittens im mittleren Teil des Epilogs (V. 9030–76) ein Bogen von der Zeitgeschichte zur Heilsgeschichte geschlagen. Heinrich, ein Herzog nur, aber seinem welfischen Selbstverständnis und seiner realen Machtfülle nach einem Könige gleich, wird mit David, dem vorbildlichen christlichen König, auch dem vorbildlichen Büßer, verglichen. Die Verse enthalten deutliche Anklänge an den 100. (z. T. auch an den 50.) Psalm. Der Preis des Königs als zweiter oder neuer David ist seit den Tagen Karls des Großen und Ludwigs des Frommen zu einem Topos des Herrscherlobs geworden. Zumindest implizit soll hier aber wohl eine Linie von David und Salomo über Jesus Christus zu Karl dem Großen und Roland bis zu dem so gerühmten Welfen gezogen werden.

1. Geneluns Verrat und der Verrat des Judas (V. 1918–1943)

Blanscandiz wincte sinen gnozzen.	Blanscandiz gab seinen Gefährten ein Zeichen.
zesamne si gesazzen under einen oeleboum.	Sie setzten sich zusammen unter einen Ölbaum.
si rieten mit Genelun den aller wirsisten rat, der under disem himele ie geurûmt wart.	Sie schmiedeten mit Genelun den bösesten Plan, der je unter dem Himmel ausgeführt wurde.
Genelun geriet michel not. den armen Iudas er gebildot. du unser herre ze merde gesaz unde er mit ime tranc unde az, in den truwen er in uerriet widir die meintaetige diet.	Geneluns Rat entsprang großes Unglück. Er ist ein Abbild des elenden Judas. Als unser Herr beim Abendmahl saß und Judas mit ihm trank und aß, da hatte er ihn hinterhältig schon verraten an das verbrecherische Volk.
er uerchophte in mit gedinge umbe drizzic phenninge.	Er verkaufte ihn um die versprochenen dreißig Silberlinge.
daz ime sit uil ûble irgienc, wander sich selben erhienc.	Doch mußte er es bald darauf büßen, denn er erhängte sich.
des en was alles nehein rat, iz was lange uore gewissaget.	Es mußte so kommen, es war längst prophezeit.
unde uerchophte Judas in einin, Genelun uerchophte widir die heidin mit ungetruwen listen manigen herlichen kristen.	Während aber Judas den einen verriet, lieferte Genelun den Heiden in böser Absicht viele edle Christen aus.
mit gedinge man wac den schaz, den man ime dar umbe gab, des goldes einen uil michelin last.	Man verhandelte über die Höhe des zu zahlenden Lohnes, einer großen Menge Goldes.
wie starche die untruwe uz prast!	Wie deutlich die Bosheit wurde!

4. Mittelalterlich-christliche Bedeutungskunde (Hermeneutik)

2. Rolands Tod und die Zeichen beim Kreuzestod (V. 6924–6949)

Do Rôlant uon der werlt verschît,	Als Roland aus der Welt schied,
uon himil wart ain michel liecht.	verbreitete sich am Himmel ein strahlendes Licht.
sa nach der wile	Nach kurzem
chom ain michel ertpibe,	folgte ein großes Erdbeben,
doner unt himilzaichen	Donner und Himmelserscheinungen
in den zwain richen,	in den beiden Reichen
ze Karlingen unt ze Yspania.	von Frankreich und Spanien.
di winte huben sich da.	Stürme brachen los
si zeualten di urmaren stalboume.	und fällten riesige Bäume.
daz liut ernerte sich chume.	Die Menschen kamen in große Gefahr.
si sahen uil diche	Immer wieder sahen sie
di uorchlichen himilbliche.	schreckliche Blitze über den Himmel zucken.
der liechte sunne der relasc.	Die strahlende Sonne hatte ihren Schein verloren.
den haiden gebrast.	Die Heiden kamen in Not.
diu scheph in uersunchen.	Die Schiffe sanken ihnen,
in dem wazer si ertruncken.	sie selbst ertranken im Fluß.
der uil liechte tac	Der helle Tag
wart uinster sam diu nacht.	war dunkel geworden wie die Nacht.
di turne zeuielen.	Türme fielen.
diu scone palas zegiengen.	Paläste stürzten zusammen.
di sternen offenten sich.	Man sah die Sterne (am Himmel).
daz weter wart mislich.	Die Welt hatte sich verkehrt.
si wolten alle wane,	Alle glaubten,
daz di wile ware,	dies sei die Stunde
daz diu werlt uerenden solte,	des Endes der Welt
unt got sin gerichte haben wolte.	und Gott wolle sein Gericht halten.

3. Herzog Heinrich und König David (V. 9039–9076)

Nune mugen wir in disem zite	Wir können heutzutage
dem chûninge Dauite	dem König David
niemen so wol gelichen	keinen mit ebendem Recht vergleichen
so den herzogen Hainrichen.	wie den Herzog Heinrich.
got gap ime di craft,	Gott gab ihm die Kraft,
daz er alle sine uiande eruacht.	alle seine Feinde zu besiegen.
di cristen hat er wol geret,	Er hat das Christentum ausgebreitet,
di haiden sint uon im bekeret.	die Heiden wurden durch ihn bekehrt.
daz erbet in uon rechte an.	Das kommt ihm mit vollem Recht zu.
ze fluchte gewant er nie sin uan.	Nie wandte er sich zur Flucht,
got tet in ie sigehaft.	stets siegte er mit Gottes Hilfe.
in sinem houe newirdet niemir nacht,	An seinem Hof wird nie Nacht,
ich maine daz ewige licht,	das ewige Licht nämlich
des nezerinnit im nicht.	geht nie aus für ihn.
untruwe ist im lait.	Er haßt den Unglauben
er minnit rechte warhait.	und liebt die göttliche Wahrheit.

4.1.6 Christliche Weltdeutung: Geschichtsdeutung, Typologie

io ŏbit der herre	Und der hohe Herr
alle gotlike lere	praktiziert seinen Glauben auch
vnt sin tuire ingesinde.	und (mit ihm) sein teures Gefolge.
in sime houe mac man uindin	An seinem Hof findet man
alle state unt alle zucht.	alles im Überfluß.
da ist vrŏde unt gehucht,	Da sind Glück, Freude,
da ist kŭske unt scham.	aber auch Sittsamkeit und Zurückhaltung,
willic sint ime sine man.	da sind treue Dienstleute,
da ist tugint unt ere.	Macht und Ansehen.
wa fraistet ir ie mere,	Wo hättet ihr je
daz imen baz geschahe?	von einem glücklicheren Menschen gehört?
sime schephere	Seinem Schöpfer
opherit er lip unt sele	gibt er sich ganz anheim
sam Dauid der herre.	wie einst König David.
swa er sich uirsumet hat,	Wo er gesündigt hat,
ze gerichte er im nu stat.	reinigt er sich bußfertig schon jetzt.
an dem iungistin tage,	Am Jüngsten Tag,
da got sin gerichte habe,	wenn Gott sein Gericht halten wird,
daz er in ze gerichte nine uordere,	möge er ihn nicht mehr zur Rechenschaft ziehen
sundir er in ordine	sondern ihn eingehen lassen
zu den ewigin gnaden,	in die ewige Seligkeit.
dar umbe rufe wir alle AMEN.	Dafür sprecht alle mit mir: «Amen.»

Typologie in sakralen Bilddenkmälern

Die typologische Verknüpfung des Alten Testaments mit dem Neuen Testament ist ein Hauptmerkmal der christlichen Kunst seit der Katakombenzeit. Auf Altären, Kirchenportalen und Heiligenschreinen wie auch in der *Biblia pauperum* begegnen nicht nur einzelne typologische Bilder, sondern ganze Bildreihen, systematisch entworfen nach einem festen typologischen Bildprogramm.

Die beiden Flügel einer Kirchentür boten sich geradezu an für eine *concordantia veteris et novi Testamenti*. Für den Hildesheimer Dom z. B. ließ Bischof Bernward im Jahre 1015 zwei 5 m hohe Türflügel in einem Stück aus Erz gießen. Jeder Flügel enthält 8 Felder mit reliefartigen Darstellungen heilsgeschichtlicher Szenen. Auf dem linken Flügel wird, von oben nach unten zu lesen, die Geschichte der Menschheit von der Erschaffung Adams bis zum Brudermord Kains erzählt. Dem Thema von der Verstrickung in Schuld und Sünde korrespondiert auf dem rechten Flügel dasjenige von der Erlösung. Hier wird in 8 Szenen, von unten nach oben zu lesen, die Erlösungsgeschichte von der Verkündigung an Maria bis zur Erscheinung des Auferstandenen dargestellt.[47]

Steht die Bernwardstür (vgl. das Gegenstück im Augsburger Dom) am Anfang der deutschen Monumentalskulptur in der ottonischen Stilepo-

94   4. Mittelalterlich-christliche Bedeutungskunde (Hermeneutik)

che, so bilden die Statuen am Doppelportal des Straßburger Münsters (Südquerhaus, um 1220/30) einen Höhepunkt der deutschen Gotik: in der Mitte finden sich König Salomo, darüber Christus mit der Weltkugel – die alte Relation von Typ und Antityp. Ihnen seitlich zugeordnet sind die Personifikationen der *Ecclesia* und der *Synagoge* (s. Abb. 13) mit den Attributen von Typ und Antityp. Die Synagoge steht als alte Braut der Kirche als der neuen Braut Christi gegenüber: die Gesetzestafel korrespondiert dem Kelch der Gnade, der gebrochene (Fahnen-)Stab dem ungebrochen-siegreichen Kreuzesstab. Die Synagoge neigt das Haupt mit verbundenen Augen, die Kirche triumphiert mit der Krone (und mit schauenden Augen). Hier (und ebenso in St. Gilles, Bamberg und Freiburg) zeigt

Abb. 13: Ecclesia und Synagoge am Doppelportal des Straßburger Münsters, Südquerhaus

4.1.6 Christliche Weltdeutung: Geschichtsdeutung, Typologie

sich eine Ausweitung typologischen Denkens: eigentlich ist die Synagoge keine bloß alttestamentliche Präfiguration, weil sie zugleich die zeitgenössische Judenheit als Negation der Kirche verkörpert.[48]

Abb. 14: Naturdeutung im Rahmen eines typologischen Bildprogramms. Flabellum mit Fuß, Kremsmünster/Niederösterreich

4. Mittelalterlich-christliche Bedeutungskunde (Hermeneutik)

Aus der Fülle typologischen Anschauungsmaterials noch das Beispiel aus Kremsmünster (s. Abb. 14). Das Scheibenkreuz (auch Flabellum genannt, weil es in seiner Form einem liturgischen Fächer gleicht) ist eine niedersächsische Arbeit, entstanden wohl um 1170/80 im Umkreis Heinrichs des Löwen, ein Stück welfischer «Repräsentationskunst».[49] Das Flabellum ist bemerkenswert, weil es christliche Naturdeutung mit typologischer Geschichtsdeutung kombiniert: Die Scheibe ist durch das Balkenkreuz in vier Sektoren gegliedert. In der oberen Hälfte sind zwei heilsgeschichtliche Ereignisse aus dem Neuen Testament dargestellt, in der unteren zwei Sinnträger mit den entsprechenden Proprietäten aus dem Physiologus. Die Kreuzesscheibe ruht auf drei Klauenfüßen, deren Medaillons drei Präfigurationen aus dem Alten Testament enthalten.

Das Scheibenkreuz zeigt links oben: Die Auferstehung Christi und die drei Frauen am Grabe. Inschrift: MYSTICVS ECCE LEO SURGIT BARRATRO POPULATO (Siehe, der mystische Löwe ersteht, nachdem er den Abgrund bezwang).

Darunter: Der Löwe erweckt seine totgeborenen Jungen durch sein Gebrüll zum Leben. Inschrift: QVID LEO VEL CATULVS SIGNENT VIX EXPRIMET ULLVS (Was der Löwe oder sein Junges bezeichnen, wird kaum jemand zum Ausdruck bringen).

Rechts oben: Die Himmelfahrt Christi. Inschrift: HIC VOLUCREM MERSUM SAPIAS SVP(ER) ETHERA VERSUM (Hier mögest Du den begrabenen Adler sich über die Lüfte erheben sehen).

Darunter: Der Sonnenflug des Adlers. Inschrift: HIC AQUILE GESTVS IE(S)U TYPUS EST MANIFESTVS (Hier wird die Haltung des Adlers als Typus Jesu offenbar).

Am Fuße: Samson mit den Türflügeln von Gaza. Inschrift: CONFRINGES POSTEM SAMSON SIC OBRVIT HOSTEM (So besiegte Samson durch die Zerstörung des Tores den Feind).

Moses und die eherne Schlange. Inschrift: QVI NOS SALVAVIT DOMINVM CRUX S(AN)C(T)A LEVAVIT (Den Herrn, der uns gerettet hat, erhöhte das Heilige Kreuz).

Die Juden schreiben das Tau an ihre Tore. Inschrift: TAV QVE POSTEM NOTAT EST CRUX QVE FVGAT HOSTEM (Das Tau, welches das Tor kennzeichnet, ist das Kreuz, das den Feind in die Flucht schlägt).

Christliche Geschichtsdeutung

Otto von Freising

«Als nun so alle Unruhen beigelegt waren, als der Welt ein seit langem nicht mehr gekannter Friede geschenkt war, als die ganze Welt dem Census der Römer unterworfen war, da ward im 42. Jahre der Regierung des Kaisers Augustus, im 752. Jahr nach der Gründung der Stadt, in der 193. Olympiade, 5500 Jahre nach Adam, als der Ausländer Herodes, der Sohn des Antipater, in Judäa König war, nach Daniel in der 66. Woche Jesus Christus, Gottes Sohn, nach dem Fleisch ein Sohn Davids, von der Jungfrau Maria geboren.»[50]

Wie Ottos umständliche Datierung von Christi Geburt zeigt, beruht christliche Geschichtsdeutung auf dem universalen Konzept von der Einheit alles Geschehens in der Geschichte eines Menschengeschlechts. Mit-

4.1.6 Christliche Weltdeutung: Geschichtsdeutung, Typologie

telalterlich-christliche Weltgeschichtsschreibung in der Nachfolge des Eusebius von Caesarea und vor allem von Augustins *De civitate Dei* will Kenntnis vom Anfang der Geschichte bis zum Ende der Zeiten vermitteln. Geschichte ist Heilsgeschichte, ein zwischen Schöpfung und Jüngstem Gericht überschaubarer zeitlicher Vorgang. Im Gegensatz etwa zu antiken Vorstellungen vom Kreislauf der Geschichte ist diese Geschichtskonzeption linear-final. Sie umfaßt nicht nur Vergangenes und Gegenwärtiges, sondern auch Zukünftiges. Die Geschichte der Menschheit ist sichtbare Begegnung des Unsichtbar-Ewigen mit dem Sichtbar-Vergänglichen. Vom Anfang bis zum Ende sind unter dem Menschengeschlecht zwei *civitates* miteinander im Widerstreit. *Civitas Dei* und *civitas terrena* treten gegen- und auseinander, doch untrennbar ist ihr gleichzeitiger Weg, wenn auch in entgegengesetzter Richtung.

So schreibt Otto von Freising im Vorwort zum I. Buch seiner *Historia de duabus civitatibus:*

«Oft habe ich lange hin und her gesonnen über den Wandel und die Unbeständigkeit der irdischen Dinge, ihren wechselvollen, ungeordneten Verlauf [...]. Da nun der Wandel der Zeitlichkeit niemals zum Stillstand kommen kann, welcher Vernünftige wird da bestreiten, daß, wie ich sagte, der Weise von ihr wegwenden muß zu dem beständigen und bleibenden Reiche der Ewigkeit? Das ist der Gottesstaat des himmlischen Jerusalem; nach ihm schmachten auf der Pilgerfahrt die Kinder Gottes, die unter der Wirrnis der Zeitlichkeit wie unter einer babylonischen Gefangenschaft schwer leiden. Denn es gibt ja zwei Staaten, einen zeitlichen und einen ewigen, einen irdischen und einen himmlischen, einen des Teufels und einen Christi, und nach der Überlieferung der katholischen Schriftsteller ist jener Babylon, dieser Jerusalem.»

Otto von Freising versteht jedoch seine Gegenwart des staufischen Imperiums (um 1143/46) weder einfach als eine *civitas Dei* noch als eine *civitas terrena*, sondern nach Augustin als *civitas permixta*, die sowohl Gutes als auch Böses enthält. Aus dem Vorwort zum VIII. Buch:

«Unser vorliegendes Werk, dem wir den Titel gegeben haben ‹Über die beiden Staaten›, besteht aus drei Teilen. Der Staat oder das Reich Christi nämlich wird sowohl in seinem diesseitigen wie in seinem jenseitigen Zustand ‹Kirche› genannt, er hat aber eine andere Beschaffenheit jetzt, wo er noch Gute und Böse gemeinsam in seinem Schoße birgt, eine andere wird er haben, wenn er nur die Guten in dem himmlischen Jerusalem an seinem Herzen hegen wird, eine andere hat er gehabt, ehe ‹die Fülle der Heiden eingetreten war›, als er unter heidnischen Fürsten lebte. [...] Bei dem verworfenen Staat findet sich ebenfalls ein dreifacher Zustand: der erste in der Zeit vor der Gnade, der zweite in der Zeit der Gnade, der dritte nach dem gegenwärtigen Leben. Der erste ist elend, der zweite noch elender, der dritte der elendste. [...] In diesem achten Buche unseres Werkes bleibt nun die dritte Periode darzustellen und zu zeigen, wie jener (Staat Christi) zur höchsten Seligkeit emporsteigt, dieser (verworfene Staat) dagegen in das äußerste Elend hinabsinkt, wenn im jüngsten Gericht der allgerechte Richter die Sache beider Staaten prüfen und entscheiden wird. Weil aber, wie Salomo sagt, das Herz oft vor dem Fall hochmütig und vor der Erhöhung gedemütigt wird, halte ich es für angemessen, vorher darzutun, wie unter dem Antichrist der Erhöhung des Staates Christi eine Erniedrigung, dem Sturze des verworfenen Staates dagegen eine vorübergehende Erhöhung vorausgeht [...].»

Der Chronist spürt «infolge der Erfahrungen aus unserer Zeit im eigenen Herzen», daß der Antichrist naht, daß «wir am Ende der Zeiten stehen». Das letzte der 6 Weltalter ist da, das letzte und vierte Weltreich steht vor dem Untergang. Das erste Weltalter in der Weltgeschichte reicht von Adam bis Noah, das zweite von Noah bis Abraham, das dritte von Abraham bis David, das vierte von David bis Nabuchodonosor, das fünfte von Nabuchodonosor bis Julius Caesar und das sechste von Octavianus Augustus, Christus, den Aposteln usw. bis zur Gegenwart.[51]

Insbesondere die Lehre von den vier Weltreichen (Babylonier > Meder, Perser > Griechen mit Alexander dem Großen > Römer), die auf der Vision des Propheten Daniel (Kap. 7) gründet, ist für das Selbstverständnis der karolingischen und deutschen Herrscherdynastien bedeutsam geworden. Nach der *Translatio-Imperii*-Theorie[52] konnte es nur einen Übergang vom römischen zum deutschen Reich geben, weil der Untergang von jenem ja das Weltende einleiten sollte. Dieses scheint Otto von Freising nicht mehr fern; denn jetzt liegt das Reich darnieder:

«Denn von Rom auf die Griechen, von den Griechen auf die Franken, von den Franken auf die Langobarden und von den Langobarden wieder auf die deutschen Franken übertragen, ist das römische Reich [...] altersschwach und vergreist. [...] So zeigt sich selbst am Haupte der Welt der Erdenjammer, und sein Fall kündet dem ganzen Körper drohend den Untergang an.»[53]

Wenn unter solchen Voraussetzungen und in diesem Rahmen z. B. Attilas Tod dargestellt wird, so ist dieser Tod nicht als bloßes Faktum bemerkenswert, sondern er steht als *exemplum* für das Walten Gottes in der Weltgeschichte:

«Vor seinem Abzug aus Italien hatte Attila um die Hand Honorias, der Schwester Kaiser Valentinians, angehalten, war aber abgewiesen worden; darauf kehrte er voll Ingrimm in sein Land zurück und heiratete ein sehr schönes Mädchen. Als er, in Liebe zu ihr entflammt, ein üppiges Mahl feierte, betrank er sich, und in der Nacht darauf, als er neben dem Mädchen auf dem Rücken lag, erstickte er an seinem eigenen, ihm aus der Nase strömenden Blut: am Morgen fanden ihn seine Leute tot. Das war, so meine ich, ein gerechtes Gottesurteil: der Mann, der stets nach Menschenblut gedürstet hatte, sollte an seinem eigenen Blut ersticken.»[54]

Das geschichtliche Ereignis wird nicht als einzelner Vorgang begriffen, sondern es weist über sich hinaus und hat seinen Stellenwert im göttlichen Heilsplan. Darin haben auf der einen Seite die «Gottesgeißel» Attila und der arianische Ketzer Theoderich ihren Platz als abschreckende Beispiele, auf der anderen Seite stehen als leuchtende Vorbilder potentielle Heilige wie z. B. der Kölner Erzbischof Anno in der Verklärung des frmhd. *Annoliedes* (um 1080).[55] Diese Geschichtsdeutung steht wie die

4.1.6 Christliche Weltdeutung: Geschichtsdeutung, Typologie

Ding- und Naturdeutung im Dienste einer metaphysischen Wahrheit, als deren entscheidendes Kriterium – so H. Brackert – eben Spiritualität, nicht Faktizität gilt.

Die Geschichte des Simplicius *sub specie aeternitatis*

Historisch unangemessen wäre es deshalb, christliche Epen und Romane des Mittelalters und der frühen Neuzeit mit der Elle individualpsychologischer Kriterien messen zu wollen. Das gilt für den *Parzival* ebenso wie für die Barockromane der Buchholtz, Lohenstein, Grimmelshausen, ganz zu schweigen vom barocken Trauerspiel. Der *Simplicissimus Teutsch* etwa ist weder die Autobiographie eines durch Kontinuität und Identität gekennzeichneten Charakters noch vermittelt die Darstellung der Welt ein «realistisches» Abbild des Dreißigjährigen Krieges.

Diese *Beschreibung deß Lebens eines seltzamen Vaganten* bezweckt in ihrer satirischen Brechung nichts anderes, als den Auf- und Abstieg der Protagonistenfigur auf den *Staffeln der Tugenden* und *deß Verderbens* zu notieren. Zwei unvereinbare Sphären prallen zusammen: die menschliche Seele in ihrem göttlichen Ursprung – Simplicius besitzt darum durchaus ein personales Ich, ein Gewissen mit der Fähigkeit zur Entscheidung für oder wider das göttliche Gebot – und die von Grund auf verdorbene und in Sünde gefallene Welt, die doch immer wieder die *Curiosität* reizt. Ein solcher Roman ist prinzipiell unabschließbar, seine Lebensgeschichte ist eine exemplarische:

> «Die Romane Grimmelshausens werden oft so mißverstanden, als ob Simplicissimus mit dem Streben in die Welt eintrete, seinem Erdendasein im Prozeß des sich entfaltenden Lebens einen Sinn abzugewinnen, um in diesem subjektiven Sinn die Welt zu deuten.
> Der Simplicissimus ist deshalb keine solche Weltdeutung, weil für Grimmelshausen die Welt bereits gedeutet ist. [...] Simplicissimus ist [...] bloß Heilsubjekt [...]. Der Simplicissimus ist kein Entwicklungsroman. Die Veränderungen, die in ihm gezeigt werden, sind nicht die verschiedenen Zustände einer organischen Entwicklung und Entfaltung [...]. Er ist nicht, wie im modernen Roman, ein unvertretbar einmaliger Gang ins eigene Leben hinein, sondern ein Sich-Orientieren über die Straße, die alle zum Seelenheil führt.»[56]

Die barocke Welt-, Natur- und Geschichtsdeutung unterscheidet sich von der mittelalterlichen wohl graduell, aber nicht essentiell.

4.2 Textdeutung im Mittelalter

4.2.1 Bibelexegese bei Otfried von Weißenburg und in einer Predigt

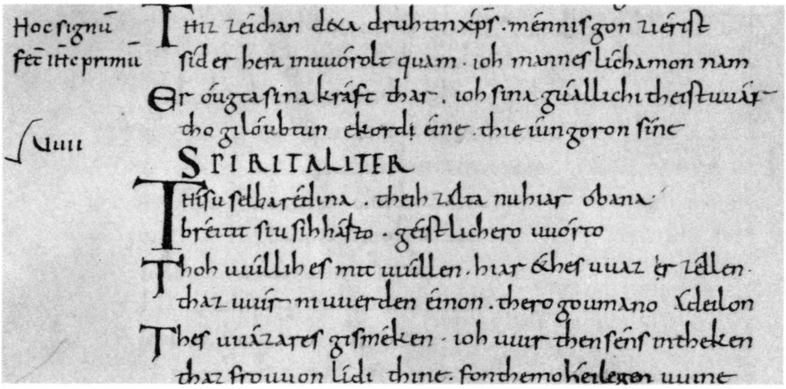

```
Hoc signū        Thiz zeichan deta druhtin xpr. mennisgon zierist
fec itte primu    sid er hera inuuorolt quam. ioh mannes lichamon nam
                  Er ougta sina kräft thar. ioh sina guallichi theistuuar
⌠uiii             tho giloubtun ekordi eine. thie iungoron sine
                  SPIRITALITER
                  Thisu selba redina. theih zalta nu hiar obana
                  breitit siu sih härto. geistlichero uuorto
                  Thoh uuillih es mit uuillen. hiar thes uuaz er zellen.
                  thaz uuir ni uuerden einon. thero goumano edeilon
                  Thes uuazares gismeken. ioh uuir then sens intheken
                  thaz frouuon lidi thine. fon themo heilegen uuine
```

Abb. 15: Aus Cod. Vindob. 2687, fol. 53ᵛ (Otfried von Weißenburg, Evangelienharmonie II.8, 53–9,6)[57]

Die Handschrift 2687 der Österreichischen Nationalbibliothek Wien gilt als von Otfried selbst korrigierte Reinschrift. Sie ist geschrieben in karolingischer Minuskel. Rot sind die Überschriften und die Anfangsbuchstaben jeder zweiten Langzeile. Versteilungspunkte stehen nach jeder Halbzeile. Über einzelne Verse sind Akzente (Neumen) gesetzt, die das Steigen oder Fallen der Stimme anzeigen und so die metrisch-musikalische Form unterstützen sollten. Die Strophenform Otfrieds besteht aus zwei binnengereimten Langzeilen, jede Langzeile enthält zwei Halbzeilen mit je vier Hebungen, der Takt ist zweisilbig alternierend.

Zum Faksimileausschnitt (Abb. 15) der kritisch hergestellte Text:

[hoc signum   Thiz zéichan deta druhtin Kríst   ménnisgon zi érist,
fecit Jesus primum]   sid er hera in wórolt quam   joh mannes líchamon nam.
                       Er óugta sina kráft thar   joh sina gúallichi, theist wár;
                            tho gilóubtun ekordi éine   thie júngoron síne.
        IX. Spiritaliter.
                       Thísu selba rédina   theih zálta nu hiar óbana,
                            bréitit siu sih hárto   géistlichero wórto;
                       Thoh will ih es mit wíllen   hiar étheswaz irzéllen,
                            thaz wír ni werden éinon   thero goumano ádeilon,
                       Thes wázares gismékèn   joh wir then séns intheken,
                            thaz frowon lídi thine   fon themo héilegen wine.

4.2 Textdeutung im Mittelalter

Otfried, Mönch, Priester und Schulleiter aus dem unterelsässischen Kloster Weißenburg hat – wie sich aus den Widmungsschreiben ergibt – zwischen 863 und 871 eine Evangelienharmonie in – wenn auch oft nur klangähnlichen – Reimversen gedichtet. Diese aus den vier Evangelien zusammengestellte Geschichte des Lebens Jesu wird in fünf Büchern, die den fünf Sinnen entsprechen sollen, nicht nur erzählt, sondern in den *Spiritaliter-, Mystice-* und *Moraliter-* Kapiteln auch ausgelegt. Solche exegetischen Kommentare gibt es in der (mlat.) Theologie längst, im Umfeld Otfrieds z. B. von Beda, Alkuin und Hrabanus Maurus. Aber Otfried von Weißenburg ist der erste Dichter des *sensus spiritualis* in deutscher Sprache.

Die Geschichte der Hochzeit zu Kana wird z. B. sowohl von Otfried als auch im ahd. *Tatian* und im asächs. *Heliand* behandelt.[58] Zwischen den drei Texten gibt es Querverbindungen: ihre Entstehung scheint verknüpft mit der Lehrtätigkeit des Hrabanus Maurus in Fulda (822–42). Während der *Tatian* die Begebenheit knapp referiert, wird sie im *Heliand* breit in Stabreimversen ausgemalt. Otfried erzählt zunächst im 8. Kapitel des II. Buches das Kana-Wunder nach Johannes 2,1–11, doch dann deutet er – anders als die Verfasser des *Tatian* und des *Heliand* – die Erzählung typologisch im 9. und allegorisch im 10. Kapitel aus. In der exegetischen Tradition wird die Verwandlung von Wasser in Wein meist auf das Grundverhältnis von Altem und Neuem Testament bezogen. Auf diesen Kontext greift Otfried zurück, wenn er mit den sechs Krügen die sechs Weltalter abgebildet sieht und dabei II.9,29ff. die Opferung Isaaks als *bilidi* für den Kreuzestod nimmt. Dem typologischen Exkurs folgt jedoch eine allegorische Auslegung, die zeigen soll, daß es nicht nur auf den Akt der Verwandlung selbst, sondern auch und vor allem auf das rechte Verständnis des «Trinkens» ankommt: Das Trinken des Wassers entspricht der historisch-literalen Verstehensebene, das des Weins der übergeordneten allegorischen. Wenn Otfried am Beispiel der Verwandlung des Wassers in Wein also das Verhältnis von Buchstabensinn und Spiritualsinn abgebildet sieht, so ist damit geradezu seine «Interpretation der Interpretation» im Sinne der christlichen Hermeneutik bezeichnet!

Joh. 2,1–11 (nach Martin Luther, 1545):

«Vnd am dritten Tage ward eine Hochzeit zu Cana in Galilea / vnd die mutter Jhesu war da. Jhesus aber vnd seine Jünger wurden auch auff die Hochzeit geladen. Vnd da es an Wein gebrach / spricht die mutter Jhesu zu jm / Sie haben nicht wein. Jhesus spricht zu jr / Weib was habe ich mit dir zuschaffen? Meine stunde ist noch nicht komen. Seine mutter spricht zu den Dienern / Was er euch saget das thut. Es waren aber alda sechs steinern Wasserkrüge gesetzt nach der weise der Jüdischen reinigung / vnd gieng in je einen / zwey oder drey Mas.

Jhesus spricht zu jnen / Füllet die Wasserkrüge mit wasser. Vnd sie fülleten sie bis oben an. Vnd er spricht zu jnen / Schepffet nu / vnd bringets dem Speisemeister. Vnd

4. Mittelalterlich-christliche Bedeutungskunde (Hermeneutik)

sie brachtens. Als aber der Speisemeister kostet den Wein / der wasser gewesen war / vnd wuste nicht von wannen er kam / die Diener aber wustens / die das Wasser geschepfft hatten / rüffet der Speisemeister dem Breutgam / vnd spricht zu jm / Jederman gibt zum ersten guten Wein / vnd wenn sie truncken worden sind / als denn den geringern / Du hast den guten Wein bisher behalten. Das ist das erste Zeichen das Jhesus thet / geschehen zu Cana in Galilea / vnd offenbarte seine Herrligkeit. Vnd seine Jünger gleubten an jn.»[59]

Dazu Otfried II.8, 53–II.10,22 (in der Übersetzung von H. D. Schlosser):

«Dies war das erste Zeichen, das Christus der Herr vor den Menschen gewirkt hat, nachdem er auf diese Erde gekommen war und Menschengestalt angenommen hatte.

Er offenbarte da seine (göttliche) Kraft und seine Herrlichkeit, das ist ohne jeden Zweifel; (doch) waren zu jener Zeit allein seine Jünger schon zum Glauben gelangt.

(Geistliche Auslegung) *Spiritaliter* (II,9)

Diese Begebenheit, das, was ich soeben erzählt habe, entfaltet demjenigen seinen Sinn, der den geistlichen Gehalt der Worte zu deuten versteht. Doch will ich gerne hier einiges darlegen, damit wir nicht etwa als einzige auf diesen Genuß verzichten müssen,
    damit wir nicht nur das Wasser kosten, sondern auch zum (wahren) Gehalt vordringen, damit du dich am heiligen Wein erfreust. – Laßt euch darum als erstes sagen, daß Christus der Bräutigam ist und seine Jünger im Land die Braut genannt werden können, die er im himmlischen Gemach ohne Unterlaß mit höchster Freude erfüllt,
    der er ein fröhliches Herz und ewige Morgengabe schenkt. Ich will dir auch erklären, was die steinernen Krüge bedeuten: im gläubigen Verständnis sind es die Herzen der Anhänger Gottes. Innen sind sie hohl, gefüllt mit heiliger Schrift, womit sie uns stets Köstliches zu trinken bieten.

Klares Quellwasser, das schenken sie uns auf köstliche Weise; soll man es aber in geistlicher Weise benennen, so schenken sie uns andererseits auch guten Wein. Diese Männer verstehen es alle: So können sie voll Sorgfalt aus den Büchern zu uns sprechen.
    – Die Zahl der Krüge ist sechs, das sollst du recht verstehen:
    Die Geschichte der Welt ist in sechs Abschnitte gegliedert. Wenn du Gottes Taten in jedem Zeitalter studierst und siehst einmal zusammen, was jeder (bisher) an Gutem getan hat, dann kannst du dich beim Gedanken daran (wie) an frischem Wasser laben und auch die, die dir anvertraut sind, (gleichsam) mit geistlichem Wein erfreuen.

Ich will dir offen gestehen: bislang habe ich selbst wenig davon getrunken, ich konnte nur wenig davon zu mir nehmen und kosten. Ich hätte nie gedacht, daß ich je dahin käme, wo solcher Wein ist, vielleicht (erst) in der himmlischen Heimat bei einer besseren Mahlzeit. – Nun will ich hier ausführlicher werden, ein Beispiel berichten, [Typologischer Exkurs:]
    damit uns allen das Verständnis leichter fällt. Der Herr hatte sich aus der Menge der Menschen einen Freund erwählt, einen weithin geschätzten Mann; der sollte sein Jünger sein. Er befahl (ihm), daß er seinen eigenen Sohn für ein Opfer – damit wäre ihm genüge getan – töten sollte
    auf dem Berg, den er ihm zeigen würde, damit er den Sohn in aller Eile dorthin führen sollte, ohne sich von seiner Kindesliebe ablenken zu lassen. Den Sohn (aber) hatte jener so ins Herz geschlossen, daß er ihm daraus kaum zu entreißen war, denn seine Geburt hatte das Ansehen des (betagten) Vaters erheblich gesteigert. Doch auch was dann an Außergewöhnlichem geschah, war nur dazu bestimmt, den Ruhm des Vaters zu vermehren,

4.2 Textdeutung im Mittelalter 103

daß nämlich alle Zeitgenossen erführen, daß er der rechte Jünger des Herrn war. – Nun führte er seinen über alles geliebten Sohn dorthin, er war entschlossen, das ihm auferlegte Gebot zu erfüllen. Der Sohn trug selbst das Holz und hatte keine Ahnung, daß er von des Vaters Hand den Tod erhalten sollte. Der aber kannte keine Umkehr, bis er ihn gefesselt hatte. Er hatte große Angst, daß der Sohn ihn zu einer Erklärung zwingen würde, deshalb tat er alles betont deutlich. Er legte den Jungen auf den Altar, wie es der Herr ihm befohlen hatte, und (legte damit) seine (eigene) Seele auf den Scheiterhaufen. Auch hätte er nicht gezögert, ihn zu verbrennen,

(denn) er hätte alles peinlich genau erfüllt, wie es der Herr selbst geboten hatte. Als er das Opferschwert schon gezückt hatte, rief ihm der Engel (des Herrn) zu. Er hieß ihn innehalten. Da lag nun der Junge gebunden da. (Der Engel aber) sprach, der Vater solle von ihm ablassen und ihm nichts zuleide tun, er sagte auch, er solle das Opfer ganz unterlassen, es sei schon genug getan.

Es sei, so sprach er, in diesem Tun für die Mitmenschen völlig deutlich geworden, daß der Vater in der Furcht Gottes lebe, da er eine solche Tat ausführen konnte und die Worte des Herrn so streng befolgt hatte, als er sich ans Werk machte, das ihm doch so zu Herzen gehen mußte. – Da sah er (in der Nähe) ein Schaf stehen, zum Opfer gerade recht;

er sah, wie es sich mit den Hörnern in einem Dorngesträuch abmühte. Das fing er sogleich und brachte es Gott zum Opfer dar: ein willkommener Ersatz für seinen Sohn! – Es höre jeder her, der (mehr) verstehen möchte, und er versenke sich (in diese Geschichte), damit er daraus heiligen Trank erhalte!

Betrachte stets, zu deinem Nutzen, was Gott dir aufträgt! Zögere nie, es mit starkem Willen zu erfüllen! Nimm dir immer diesen heiligen Mann zum Vorbild! Dann trinkst du stets mit großem Verlangen aus dieser klaren Quelle. Willst du diese Geschichte noch tiefer ausschöpfen, sie als (geistlichen) Wein kosten,

dann mußt du sie, wenn das dein Wunsch ist, auf Christus hin ausdeuten. Lies, was ich dir darlege, selbst in seinen Evangelien nach! Dort stößt du zwangsläufig auf eine ähnliche Begebenheit. Es ist sehr viel zu erklären, wie alles zusammengehört, man kann es aber auch mit knappen Worten darlegen.

Vernimm als volle Wahrheit, daß Gott selbst der Vater war, und daß der Sohn allein Christus bezeichnet, den er nach seinem Willen für uns zum Opfertod hingab, der nicht einmal den Einzigen schonte, wie Paulus geschrieben hat. (Ferner:) wie Gottes Sohn selbst das Kreuz trug, als er diese Pein erlitt,

und auf dem Altar des Kreuzes starb. Der menschliche Leib (Christi) ertrug, was seine Göttlichkeit nicht zuließ; so geschah wie bei jenen (bei Sohn und Widder) auch (zwischen den beiden Naturen Christi) die Stellvertretung. Die Arme (Christi) hingen fest im Geäst des Kreuzes, die Leute behandelten ihn dort, wie hier die Dornen (das Opferschaf).

Unsere schweren Sünden waren schuld, daß sie ihn mit Wunden (bedeckt) festnagelten, und ihn, einer nach dem andern, mit ihren Lästerreden verhöhnten. Vernimm auf diese Weise, was ich dir über den Sohn gesagt habe, und du wirst nie, davon bin ich überzeugt, einen besseren Wein trinken. Du darfst aber auf keinen Fall jemals nur mit halbem Herzen beginnen. Willst du die ganze Weltgeschichte durchgehen,

dann kannst du dich vollständig versorgen, dir zweierlei Trank verschaffen. Folge stets ohne Vorbehalt mit all deiner Kraft der (heiligen) Schrift! Dann sorgst du oft auf verständige Weise für kühlenden Trunk. Zugleich bedenke wohl den geistlichen Sinn der Worte, so läßt du deinem Geist heiligen Wein zukommen. –

4. Mittelalterlich-christliche Bedeutungskunde (Hermeneutik)

Die Krüge faßten zwei und drei Maß des Getränks; daraus nimm in deine Betrachtung auf, wie es die heiligen (Lehrer) fassen: Sie schreiben in heiliger Tradition nur vom Vater und vom Sohn oder manchmal, was dir bekannt ist, auch vom heiligen Geist. (Warum er aus Wasser und nicht aus nichts den Wein geschaffen hat) *Cur ex aqua et non ex nihilo uinum fecisset* (II, 10)
Christus wollte diesen Wein nicht aus nichts schaffen, was er durchaus hätte tun können, wenn es ihm in den Sinn gekommen wäre; vielmehr gebot er denen, die ihm unterstellt waren, die sechs Krüge mit Wasser zu füllen. Das hat er dann in Wein verwandelt,
damit man daraus stets ersehen sollte: er hat die sechs Weltalter mit Weisheit durchtränkt, keins von ihnen ist ohne Wert. – Als das göttliche Wirken seinen Höhepunkt erreicht hatte, trat er selbst in diese Welt ein, damit seine (leibliche) Gegenwart uns zum Heil würde. Das, was die Seinen zuvor in wörtlichem Verständnis gelesen
und aufgenommen haben, was mit Wein verglichen wie Wasser schmeckt, das machte er, wie es (ihm) angemessen war, so herrlich und köstlich – wir wollen es wahrnehmen –, daß es wie Wein neben Wasser schmeckt. – Die sich hierin auskennen und die obersten Ränge einnehmen, die ihren Rang und Wert auch beweisen und Bischöfe heißen,
die wählen für uns mit Sorgfalt den Wein aus den heiligen Büchern, sie weisen uns fortwährend mit geistlichem Lob auf ihn hin. Sie preisen ihn über alles mit erhabenen Worten und danken Christus als Gastgeber dafür, daß er uns diese Freude bereitet hat, den guten Wein für uns aufzuheben,
der uns nie mehr fehlen und (uns immer) geistlicher Trank sein wird. Möge uns immer danach verlangen, die Sehnsucht nach dieser Freude nie fehlen, und mögen wir unser ganzes Sinnen beständig danach richten! –»

Die Gleichnisreden Jesu boten sich für eine Auslegung im übertragenen Sinne von vornherein an. Zur Veranschaulichung des Verfahrens ein Auszug aus einer Predigt zu Beginn des 14. Jhs., in welcher das Gleichnis vom barmherzigen Samariter v. a. nach dem Vorbild Bedas Schritt für Schritt allegorisch als Rückkehr des Sünders zur Gnade (vgl. Hartmanns *Gregorius*-Prolog) umgedeutet wird:[60]

«[...] ein man fur von Jerusalem hintz Jericho *und chom* under die schacher, die beraubten in und (298) wunten in und zeslugen in und liezzen in fûr tot ligen. diser man der da von Jerusalem fur, der bezaichent unsern vater Adam, den ersten man in menschlichem chûnne. Jerusalem daz spricht ein beschauung des frides und der genaden. der mensch der waz da zů geschaffen, ob er nicht gesûndet het, swenn der sæligen zal die zů dem gotes rich erwelt sint, swenn diu erfûllet wær, daz si von dem irdischen paradys hintz dem himlischen paradis gefûrt werden an des leibs tot, ze der himlischen Jerusalem da diu ewig sælde ist, da die heiligen engel und die sæligen menschen daz antlûtze des almæchtigen gotes immer mer sehen. do er gesûnt und unsers herren gebot ûbergie, do wart er auz geworffen von Jerusalem hintz Jericho, daz ist diser tötlicher leip, da wart er in geworffen. do er in diz wenicheit gworffen wart, da funden in die schacher, daz ist der tiufel und sein engel. sein hochvart vellet in, do der tiufel im riet daz er daz obes az [...].
do must er durch sein hochvart vallen. do der arm under die schacher chom, die beraubten in; die tiufel beraubten alles manchûnn, daz gewæt der reinicheit und der untôticheit daz namen (299) si im. si slugen in auch und liezzen in halplebentign. die

slege bezaichent die sůnde: also der leip von den slegen geseret wirt, also wirt diu sele von den sůnden geseret. si liezzen in halplebentigen. die tiufel die lazzent daz manchůnn halbes leben, wan da wir in der sůnden volgen, da sterb wir; da wir recht tůn, da leben wir. [...]
  der ewart *und* der ander pfaffe, die furen den selben wech da der erst mensch hin gevarn waz, wan si auch sůnten. si sahen allez manchůnne hart verwundet mit den sůnden und enmochten ez nicht erlediegen, wan si selb sůndær waren untz an diu weil daz der chom der nie sůnt getet. [...] do fur ein Samaritanus fůr. Samaritanus daz spricht in unsern zungen ‹ein hutær› und bezeichen den heiligen Christ der ein huter ist alles manchunnes. der fur dar und chom zů dem sichen. unser herre, der heilig Christ, der chom zů dem ersten menschen der da verbundet waz, wan er chom durch (300) unser heil von himel und erbarmet sich über alles manchůnne. er chom zů dem siechen und bant im sein wunden. die wunden bant er im, do er sprach: ‹penitenciam agite, lat euch riwen eur sůnt›. er goz im wein und öl in sein wunden. daz öl ist senfte, daz goz er im in sin wunden, do er sprach: ‹appropinquabit regnum coelorum›. er sprach, ob wir bůzzen und riwe haben wellen, so nachent uns daz gotes rich. er goz auch den wein in di wunden, do er sprach: ‹omnis arbor que non fecit fructus, ein ieglich boum der nicht wucher treit, der wirt ab geslagen und wirt in daz fiur geworffen.› do er im sein wunden gebant, do hub er in auf daz ros, des heiligen Christes ros ist sein selbes leip, daz er den sichen auf sein ros legt, daz ist daz wir vil vast gelauben schůln daz der heilig Christ diu mensheit an sich nam, daz er von dem tot erstund, daz er ze himel fur. er furt den selben sichen in sein haus und beruchet in. daz selb haus daz ist diu heilig christenheit. [...] die zwen pfenning die unser herre dem wirt gab, daz waren diu zwei urchůnde, diu e und daz heilig eweingelium [...].»

4.2.2 Zur allegorischen Interpretation in der Geschichte des Schriftverständnisses

Zur Zeichenlehre Augustins
Weltdeutung und Textdeutung bilden im geistlichen Verständnis des Mittelalters eine Einheit; denn Gott offenbarte sich nicht nur in der Heiligen Schrift, sondern auch die ganze Schöpfung ist ihm ähnlich. Die Bibel gilt als fehlerlose Urkunde aller Offenbarungswahrheiten. Zu ihrem Verständnis wird die Dingbedeutungskunde möglich und notwendig; denn in der Bibel (s. o. 4.1.4) sind sowohl die von den Menschen gesetzten Bezeichnungen *(voces)* als auch die in diesen Bezeichnungen genannten Dinge *(res)* mit ihren Proprietäten bedeutungstragend.

  Mit der Zeichenfunktion der Sprache und der Dinge hat sich besonders Augustin auseinandergesetzt. Seine ‹Lehre von der christlichen Unterweisung› fußt auf der Unterscheidung von *res* und *signum*. Zeichen sind nötig, um die Kenntnis der eigentlichen *res* vermitteln zu können: *Omnis doctrina vel rerum est vel signorum, sed res per signa discuntur.*[61]

  In Augustins Zeichenlehre «verbindet sich die Theorie vom bloß signifikativen Charakter der Sprache mit der metaphysischen Anschauung von der Zeichenhaftigkeit der zu transzendierenden raum-zeitlichen Wirklichkeit (die insofern also sprachlichen Charakter hat und als vordergründige res zum signum der wahren res wird). Dieses auf

4. Mittelalterlich-christliche Bedeutungskunde (Hermeneutik)

Verdoppelung angelegte signum-res-Schema bietet beiden Möglichkeiten Raum: einem genauen Achten auf den Wortsinn sowie einer transponierenden Deutung vom Sensiblen zum Intelligiblen. Die Brücke bildet die aus der Rhetorik bekannte Tatsache, daß die Worte in doppelter Weise Zeichen sein können: als eigentliche (propria) und als übertragene (translata). Die Verstehensschwierigkeiten erwachsen für beide Arten daraus, daß die Worte unbekannt (ignota) oder doppelsinnig (ambigua) sein können. Im ersten Fall sind die Artes liberales zur Erklärung heranzuziehen [...], im zweiten Fall bedarf es eines Kriteriums vor allem dafür, was wörtlich und was figürlich zu verstehen (weil vom Autor so gemeint) sei. Dazu dient die Glaubensregel [...].»[62]

Diese Zusammenfassung Gerhard Ebelings trifft so genau den Kern von Augustins hermeneutischem Grundschema, daß im folgenden nur noch einige der hier zitierten begrifflichen Distinktionen aus *De doctrina christiana* erläutert zu werden brauchen:

Ausgangspunkt ist der Unterschied zwischen Sache und Zeichen. Jedes Zeichen ist irgendwie auch eine Sache, aber nicht jede Sache ist auch ein Zeichen. Wird in der Bibel ein Stück Holz genannt, so bezeichnet es zunächst dieses Ding an und für sich. Die *res* kann jedoch Zeichenfunktion übernehmen. Das Holz, das Moses ins bittere Wasser legte, hat Verweisfunktion von der dinglichen auf eine geistige Realität. Im einzelnen wird unterschieden zwischen nicht intendierten Zeichen *(signa naturalia)* – Rauch weist z. B. unfreiwillig auf Feuer – und als Verständigungsmittel intendierten Zeichen *(signa data)*. Im Bereich der *signa data* differenziert Augustin weiter zwischen dem *signum proprium* (ein Ding, das allein dazu gebraucht wird, etwas anderes, zu dessen Bezeichnung es eingesetzt ist, zu bezeichnen) und dem *signum translatum* (ein Ding, das neben seiner unmittelbaren Bedeutung noch etwas anderes bezeichnet). «So sagen wir z. B. ‹Ochs› und verstehen hier durch dieses einsilbige Wort jenes Tier, das mit diesem Namen bezeichnet zu werden pflegt; aber unter jenem Tier verstehen wir hinwiederum auch einen Prediger des Evangeliums, den der Schrift nach der Erklärung des Apostels meint, wenn sie sagt: ‹Dem dreschenden Ochsen sollst du nicht das Maul verbinden.› Die von Gott gegebenen, in der Heiligen Schrift enthaltenen Zeichen, sind uns wieder nur durch die Menschen, die sie aufschrieben, kund geworden.» Dabei kann es für spätere Hörer oder Leser dieser übertragenen Worte zu Zweideutigkeiten, Mißverständnissen, kommen. «Man muß sich davor hüten, eine bildliche Redeweise buchstäblich zu nehmen. Hierauf beziehen sich die Worte des Apostels: ‹Der Buchstabe tötet, der Geist belebt.›»

Diese Sätze zum Verhältnis von *littera* und *spiritus* führen auf Augustins theologische Begründung der Allegorese: Das allegorische oder übertragende Verstehen faßt die durch das *signum* bezeichnete *res* selbst wieder als Zeichen für eine dahinterliegende Wirklichkeit auf. Die *signa propria* werden zu *signa translata*, weil Worte und Zeichen «mit der Zeit», «in der Zeit», «durch die Zeit» einen neuen Sinn bekommen können. Wer diese Transposition, also die allegorische Auslegung, nicht vollzieht, macht das Zeichen zum bloßen Buchstaben.[63] Der menschliche Geist muß den Buchstaben übersteigen. Der Fleischwerdung Christi (Inkarnation) entspricht die Wortwerdung des Geistes (Inverbation) – die Bibel ist inspiriert und begegnet so dem auf spirituelle Erkenntnis angelegten Menschen.

Der Allegoriebegriff in der Rhetorik und in der christlichen Hermeneutik

Der rhetorische Allegoriebegriff fußt auf dem Modus der Übertragung. In dem Satz «Er war ein Turm in der Schlacht» bildet «Turm» das Substituens, während das Substituendum etwa «unerschütterlicher Kämpfer» heißen könnte. Beim uneigentlichen Sprechen wird ein primärer Sinnzusammenhang durch einen sekundären ersetzt. Die Vermittlung zwischen beiden Sinnebenen wird hergestellt durch ein *tertium comparationis*, hier etwa «Standfestigkeit». Diese Form der Übertragung ist nicht nur konstitutiv für die Metapher, sondern auch für die Allegorie. Darum bezeichnet Quintilian die Allegorie als *continua metaphora* und unterscheidet sie von der Metapher nur durch das quantitative Moment der größeren Ausdehnung.

Eine metaphorische Aussage ist aber nicht per se metaphorisch bzw. allegorisch, sondern sie kann nur als solche gemeint sein und/oder verstanden werden im Kontext. (Es macht einen Unterschied, ob der Satz «Mein Bruder ist ein Ochse» von der Kuh Ernestine in einer Fabel verkündet wird oder von N. N. in der Mensa.) Jeder Kontext ist dem historischen Wandel unterworfen. Und diese Historizität kann Textdeutungen im übertragenen Sinne bewirken. So setzt z. B. im 6. Jh. die Kritik der ionischen Naturphilosophie am Mythos ein. Um Homer zu «retten», verfällt man auf den Ausweg der allegorischen Umdeutung. Stellen, die jetzt als anstößig empfunden werden, unterlegt man einen übertragenen Sinn. Dasselbe Verfahren wird auf das erotische Hohelied von den späteren Exegeten angewandt.

«*Allegoria*» heißt eine grammatisch-historische Stilfigur, bei der man «eine Sache sagt, um etwas anderes herauszuhören» (Philodemos von Gadara). Cicero (*De Orat.* III,38,155) übersetzt den griech. Begriff mit *tralatio (translatio)*, «Übertragung». Durchaus in dieser Tradition steht die für das christliche Mittelalter richtungweisende Definition Isidors von Sevilla: *Allegoria est alieniloquium. Aliud enim sonat, et aliud intellegitur* (*Etym.* I,37,22).

Zwar ist der Modus der Übertragung gemeinsames Merkmal des rhetorischen und des christlich-theologischen Allegoriebegriffs, doch die christliche Allegorie ist mehr als eine Stilfigur, nämlich eine auf Glaubenstatsachen gegründete Übertragung. Dabei werden beide Ebenen, die des zu Übertragenden und die des Übertragenen, als gleich wirklich geglaubt. Auf diesen entscheidenden Unterschied zielt Augustins Entgegensetzung von *allegoria verbi* und *allegoria facti*:

Die typologische und allegorische Textauslegung sieht sich v. a. legitimiert durch Paulus. Im Galater-Brief 4,22–31 werden die beiden Frauen Abrahams, die Freie Sara und die Magd Hagar, einander gegenübergestellt. Die Geburt ihrer Söhne wird auf die beiden Testamente, auf Judentum und Christentum gedeutet, was die Vulgata mit *quae sunt per allegoriam dicta* einleitet (Luther: «Die Worte bedeuten etwas»). Die buchstäbliche Deutung wird hier von einer spiritualen überhöht, die sich im typologischen Schema von Verheißung und Erfüllung bewegt. Augustin präzisiert die Paulus-Stelle so: *Ubi allegoriam nominavit Apostolus, non in verbis eam reperit, sed in facto* (MPL 42,1069). Das allegorische Verfahren der theologischen Exegese fußt auf einem vorgegebenen heilsgeschichtlichen Tatbestand, der sich wirklich und wahrhaftig ereignet hat. Darum wird von den Vertretern der spirituellen Schriftauslegung immer wieder die fundamentale Geltung des Buchstabensinns betont. Für die profane allegorische Literatur ist dagegen der Buchstabensinn nicht unbedingt bindend, weil die weltliche Allegorie freie Setzung ist. Nicht Gott, sondern der Dichter setzt hier den Sinn.

Systematisierungsentwürfe zum mehrfachen Schriftsinn

Christlicher Exegese gilt die Bibel als Ganzes, in welchem jeder Teil gleich wichtig ist als Wort Gottes. Diese Einheit der Schrift wird auf Kosten der Verschiedenheit ihrer Teile behauptet. Ein einheitliches Verständnis wird ermöglicht durch die (von Paulus legitimierte) allegorische Methode der Schriftauslegung, derzufolge die Bibel die Wahrheit durch den Buchstabensinn verhüllt, so wie der Logos sich im Fleisch verhüllt (Joh. 1,14). Grundproblem jeder Bibelauslegung ist die Frage nach dem Verhältnis von Buchstabe und Geist, von *littera* und *spiritus*. In der Geschichte des christlichen Schriftverständnisses läßt sich je nach dem, ob das eine oder das andere Moment stärker hervortritt, zwischen Litteralisten und Spiritualisten unterscheiden:[64]

In der Tradition der alexandrinischen Philologie hat Origenes († 254) die allegorische Methode systematisch ausgebaut. Er behauptet – orientiert an der Trichotomie von Leib, Seele und Geist einen dreifachen Schriftsinn: den buchstäblichen (somatischen, d. h. historisch-grammatischen) «Wortsinn», den existentiellen (psychisch-moralischen) «Lebenssinn» und den spekulativen (pneumatischen, mystischen, anagogischen «Geistsinn» (G. Gloege). Dieser Exegese, in welcher die spirituale Auslegung den Primat hat, entspricht die Unterscheidung von zwei Gruppen von Christen: der Masse der Einfältigen, die «nur» glauben (nämlich das, was die Kirche lehrt), steht die auserwählte Schar derer gegenüber, die sich zu höherer Einsicht zu erheben vermögen. Eine ähnliche Dreiteilung begegnet auch bei Ambrosius und Hieronymus.

Im Lehrbetrieb des 12./13. Jhs. dominiert die Lehre vom vierfachen Schriftsinn, erstmals formuliert bei Cassian († 435), dann auch von Augustin, Beda und Hrabanus Maurus. «Die Abfolge ist nicht nur logisch, sondern dynamisch: jeder Sinn erzeugt den nächsten [...]. Dieselbe Wirklichkeit erscheint unter einem je neuen Gesichtspunkt.»[65] Um die Struktur des mehrfachen Schriftsinns sichtbar zu machen, bedient man sich seit Hieronymus und Gregor d. Gr. der Gebäudemetapher, wobei

4.2 Textdeutung im Mittelalter

sich die *sensus* zu einem in seinen Teilen sich gegenseitig bedingenden Baukörper zusammenfügen: Über dem Fundament der Geschichte, des Buchstabensinns, erheben sich die tragenden Wände der Allegorie, die – geschmückt mit den Farben der Tropologie – überwölbt werden vom Dach der Anagogie. Jeder Teil geht in diesem Bild des Aufstiegs aus dem anderen hervor. Für den Schulgebrauch brachte man die Sensuslehre auf folgenden Merkvers:

littera gesta docet, quid credas allegoria,
moralis guid agas, quo tendas anagogia.

Der Buchstabe lehrt das Geschehene, was zu glauben ist, (lehrt) die Allegorie, / der moralische Sinn (lehrt), was zu tun ist, wohin zu streben ist, die Anagogie.

Als Paradigma dient die vierfache Deutungsmöglichkeit von *Jerusalem:* Nach dem *sensus litteralis* (und *sensus historicus*) ist Jerusalem eine Stadt auf Erden – so erzählt die Hlg. Schrift in ihrem Buchstaben die Tatsachen, die sich in Wahrheit zugetragen haben. Buchstabe und Geschichte sind meist austauschbar; denn das Buch erzählt die Geschichte der Eingriffe Gottes in die Menschheitsgeschichte. Auf dieser Sinnebene können auch die *simplices vel illitterati* verstehen.

Nach dem *sensus allegoricus* i. e. S. bedeutet Jerusalem die Kirche – die allegorische Auslegung legt den eigentlichen Gegenstand des Glaubens dar in seinem Bezug auf Christus und die Kirche. So vermögen nur die *intelligentes* den Text zu verstehen.

Nach dem *sensus tropologicus* oder *sensus moralis* verweist Jerusalem auf die Seele der Gläubigen – aus den Glaubenslehren ergibt sich die Lebensregel der christlichen Seele; die Bibel erscheint als «Spiegel», in welchem der Mensch seine Sündhaftigkeit erfährt, aber zugleich die Vollkommenheit, zu der Gott ihn beruft. Auf dieser Sinnebene vermögen sich die Fortgeschrittenen, die *provecti*, zu bewegen.

Nach dem *sensus anagogicus* verweist Jerusalem schließlich auf die himmlische Gottesstadt. Der eschatologische Sinn erschließt den *sapientes* die letzten Wirklichkeiten.[66]

Diese Spezifizierung, wie sie z. B. Guibert von Nogent (MPL 156,25 D) gegen Ende des 11. und Wilhelm Durandus am Ende des 13. Jhs. erläutert haben, begegnet in der exegetischen Praxis selten in solcher «Reinkultur». Entscheidend ist vielmehr, daß in zahlreichen lateinischen und volkssprachlichen, in geistlichen und profanen Texten des Mittelalters ein Verständnis nicht nur im wörtlichen Literalsinn, sondern auch im allegorischen Sinne des *alieniloquium* intendiert ist.

Innerhalb der Geschichte des theologischen Schriftverständnisses bedeutet die Hermeneutik Martin Luthers (schon mit der Psalmenvorlesung von 1513/14) einen Einschnitt, aber keinen völligen Abbruch. Im Hinblick auf Joh. 1,14, wo von der Fleischwerdung des Logos die Rede ist, folgert Luther für die Verkündigung (Kerygma), daß «der Geist im Buchstaben verborgen» sei (WA 48,31). Der «geistliche Buchstabe» meint das Wort Christi, das sich mit der Verkündigung am Menschen jeweils verwirklicht und den Glauben schafft.[67]

Der vierfache Schriftsinn

Sinnebene	Leitfrage/Definition	Beispiel	Rezipienten
HISTORIA: – sensus historicus sensus litteralis	«Was ist, was war?» quae res gestae loquitur	Jerusalem hist.-geogr. eine Stadt im Hl. Land	simplices vel illitterati
ALLEGORIA: – sensus allegoricus	«Was bedeutet das heilsgeschichtlich?» in qua ex alio aliud intelligitur	Jerusalem bedeutet die Kirche	intelligentes
TROPOLOGIA: – sensus tropologicus/ sensus moralis	«Was bedeutet das für den einzelnen Menschen?» id est moralis locutio, in qua de moribus componendis ordinandisque tractatur	Jerusalem bedeutet die Seele u. deren Weg von der Sünde zur Gnade	provecti
ANAGOGIA: – sensus anagogicus	«Was bedeutet das eschatologisch?» spiritualis intellectus, per quem de summis et coelestibus tracturi ad superiora ducimur	Jerusalem bedeutet die himmlische Gottesstadt, die Auferstehung zum ewigen Leben	sapientes

4.2.3 Zur Allegorie in der profanen Literatur

Obgleich nach Ansicht geistlicher Rigoristen nur das Wort Gottes mehrere Sinnschichten umschließen konnte, entstand vornehmlich vom Ende des 12. Jhs. an nach dem Vorbild der Bibelexegese eine eigenständige allegorische Dichtung für Laien. Auch diese Autoren erheben den Anspruch, mehr zu meinen als sie sagen. Der *allegoria facti* tritt die allegorische Fiktion gegenüber, deren Bildlichkeit von vornherein auf Auslegung hin geschaffen ist und diese mit einschließt.

Am Anfang der allegorischen Epik des Mittelalters stehen zwei spätlateinische Werke: die *Psychomachia* des Prudentius (um 400) und *De nuptiis Philologiae et Mercurii* seines Zeitgenossen Martianus Capella.

Martianus Capella hat seinem Werk, das im Mittelalter als Grundlegung der *septem artes liberales* angesehen wurde, eine romanhafte Einkleidung gegeben. Auf einer Götterversammlung wird die Jungfrau Philologia zur Göttin erhoben und dem Merkur vermählt. Als Hochzeitsgeschenk erhält die Braut die als Frauen personifizierten sieben freien Künste. Das Buch von Prudentius hat für ein Jahrtausend die christliche Vorstellung des Seelenkampfes *(bellum intestinum)* geprägt: Der Konflikt zwischen Gut und Böse wird zum Kampf zwischen Tugend und Laster, in welchem mit Christi Hilfe die

4.2 Textdeutung im Mittelalter

Seele über die vom Körper aufgebotenen Laster triumphiert. Beide Werke haben erheblichen Anteil an der Entstehung der Personifikationsdichtung und der allegorischen Dichtung überhaupt.

Abb. 16: *Amor und der liebende Dichter aus dem «Roman de la rose»* (BM. London, Harley Ms. 4425, fol. 18°; flämisch, um 1500)

Im späten Mittelalter erreicht die allegorische Dichtung ihren Höhepunkt im *Roman de la rose* von Guillaume de Lorris (T. I, um 1230/40) und Jean de Meun (T. II, 1275/80). Die Darstellung der Liebe ist in die Form einer Allegorie eingekleidet, die der Dichter als Traum erlebt:

An einem Maimorgen führt ihn der Spaziergang an eine hohe Mauer, die einen Garten umschließt. Eine Reihe allegorischer Gestalten, die auf die Mauer gemalt sind, verteidigt den Zugang, bis ihm die Dame Oyseuse den Garten öffnet und ihm von dessen Besitzer, der «Sinnenlust», erzählt, der mit seiner Freundin «Fröhlichkeit» gerade ein höfisches Fest feiert. Da fällt der Blick des Dichters im Wasserspiegel eines

4. Mittelalterlich-christliche Bedeutungskunde (Hermeneutik)

verzauberten Brunnens auf eine herrliche Rose, Sinnbild der Geliebten. Amors mit seinen Pfeilen «Schönheit», «Einfachheit», «Aufrichtigkeit», «Geselligkeit», «Schöne Erscheinung» erklärt dem Dichter nun, wie er sich der Geliebten zu nähern habe. Doch die Rose wird bewacht von «Verleumdung», «Gefahr», «Scham», «Angst». Die «Vernunft», die von einem hohen Turm alles überblickt, rät von der Liebe ab. «Keuschheit» verbietet dem Dichter ein weiteres Vordringen, bis sich Venus einmischt und der Dichter durch einen Kuß die Geliebte an sich binden kann usf.

Im *Tristan* des Gottfried von Straßburg (um 1210) begegnet zum ersten Mal in deutscher Sprache die weltliche Allegorie. Die Darstellung der Minnegrotte in der Waldleben-Episode wird durch die anschließende Allegorese mit ihrem *entsliezen* der *meine* als Allegorie enthüllt. Obgleich in dieser «Konstruktionsallegorie» sämtliche Details bewußt um ihrer Übertragbarkeit willen eingesetzt werden, bleibt wie in der theologisch-spirituellen Exegese die literale Verstehensebene im Handlungsablauf gewahrt. Das Waldleben mit der Minnegrotte könnte im Erzählvorgang durchaus der Auslegung entraten. Die Allegorese in ihrer punktuellen Identifizierung der Grottenarchitektur mit ethisch-sittlichen Qualitäten überhöht die *fossiur' a la gent amant* zu einem «Lehrgebäude» der idealen Minne.[68] Die exegetische Methode als solche ist dem theologischen Vorbild entlehnt, aber sie wird jetzt angewandt auf einen nichtgeistlichen Inhalt. Die Minnegrotte als *res significans* ist ebenso profan wie die Minne als *significatum*. Gleichwohl besteht eine Analogie zum Religiösen, sei es im Sinne eines positiven Verhältnisses (als *«analogia entis»*, so J. Schwietering), sei es als negatives Verhältnis (als *«analogia antithetica»*, so G. Weber). Die Darstellung und Deutung der Grotte knüpft wahrscheinlich an verschiedene traditionelle Vorstellungen an. Die Allegorese der Minnegrotte erinnert z. B. an die tropologisch-mystische Ausdeutung des Kirchengebäudes (F. Ranke). Das kristalline Bett nimmt in der Grotte den Platz ein, der dem Altar in der Kirche zukommt. Das Bett ist jedoch nicht Gott geweiht, sondern der *gottinne Minne*, die damit ins Transzendente gehoben scheint, womöglich zu einer zweiten metaphysischen Macht neben oder gegen Gott.

Gottfried von Straßburg, *Tristan:* Allegorie und Allegorese der Minnegrotte[69]

a. Die Beschreibung der Grotte, des *locus amoenus* und der Wildnis: die Konstituierung der Allegorie (V. 16679–16772)

Sus kêrten si driu under in	in einem wilden berge ein hol,
allez gegen der wilde hin	daz haete er z'einen stunden
über walt und über heide	von âventiure vunden.
vil nâch zwô tageweide.	dô was er dâ geriten jagen
dâ wiste Tristan lange ê wol	und haete in sin wec dar getragen.

daz selbe hol was wîlent ê
under der heidenischen ê
vor Corinêis jâren,
dô risen dâ hêrren wâren,
gehouwen in den wilden berc.
dar inne haeten s'ir geberc,
so s'ir heinlîche wolten hân
und mit minnen umbe gân.
und swâ der einez vunden wart,
daz was mit êre bespart
und was der Minnen benant:
la fossiure a la gent amant,
daz kiut: der minnenden hol.
der name gehal dem dinge ouch wol.
ouch saget uns diz maere,
diu fossiure waere
sinewel, wît, hôch und ûfreht,
snêwiz, alumbe eben unde sleht.
daz gewelbe daz was obene
geslozzen wol ze lobene.
oben ûf dem slôze ein crône,
diu was vil harte schône
mit gesmîde gezieret,
mit gimmen wol gewieret
und unden was der esterîch
glat unde lûter unde rîch,
von grüenem marmel alse gras.
ein bette in mitten inne was
gesniten schône und reine
ûz cristallînem steine
hôch unde wît, wol ûf erhaben,
alumbe ergraben mit buochstaben,
und seiten ouch die maere,
daz ez bemeinet waere
der gottinne Minne.
zer fossiure oben inne
dâ wâren cleiniu vensterlîn
durch daz lieht gehouwen în,
diu lûhten dâ unde hie.
dâ man ûz und în gie,
dâ gienc ein tür êrîniu vür.
und ûzen stuonden obe der tür

esterîcher linden drî
und obene keiniu mê derbî.
aber umbe und umbe hin ze tal
dâ stuonden boume âne zal,
die dem berge mit ir blate
unt mit ir esten bâren schate.
und einhalp was ein pleine,
dâ vlôz ein fonteine,
ein vrischer küeler brunne,
durchlûter als diu sunne.
dâ stuonden ouch drî linden obe,
schoene und ze lobelîchem lobe,
die schirmeten den brunnen
vor regene und vor sunnen.
liehte bluomen, grüene gras,
mit den diu pleine erliuhtet was,
diu criegeten vil suoze in ein.
ietwederez daz schein
daz ander an in widerstrît.
ouch vant man dâ ze sîner zît
daz schoene vogelgedoene.
daz gedoene was sô schoene
und schoener dâ dan anderswâ.
ouge und ôre haeten dâ
weide unde wunne beide.
daz ouge sîne weide,
daz ôre sîne wunne.
dâ was schate unde sunne,
der luft und die winde
senfte unde linde.
von disem berge und disem hol
sô was ein tageweide wol
velse âne gevilde
und wüeste unde wilde.
dar enwas dekein gelegenheit
an wegen noch stîgen hin geleit.
doch enwas daz ungeverte
des endes nie sô herte,
Tristan enkêrte dar în,
er und sîn trûtgesellîn,
und nâmen ir herberge
in dem velse und in dem berge.

b. Die Grotten- und Wildnisallegorese (V. 16923–17099)

Nune sol iuch niht verdriezen,
ir enlât iu daz entsliezen,
durch welher slahte meine
diu fossiure in dem steine
betihtet waere, als si was.

Es soll Euch jetzt nicht verstimmen,
wenn Ihr Euch erklären laßt,
aufgrund welcher Bedeutung
die Höhle in dem Felsen
so gestaltet war, wie sie es war.

si was, als ich iezuo dâ las,
sinewel, wît, hôch und ûfreht,
snêwîz, alumbe eben unde sleht.
diu sinewelle binnen
daz ist einvalte an minnen.
einvalte zimet der minne wol,
diu âne winkel wesen sol.
der winkel, der an minnen ist,
daz ist âkust unde list.
diu wîte deist der minnen craft,
wan ir craft ist unendehaft.
diu hoehe deist der hôhe muot,

der sich ûf in diu wolken tuot.
dem ist ouch nihtes ze vil,
die wîle er sich gehaben wil
hin ûf, dâ sich der tugende gôz
ze samene welbet an ein slôz.
[...]
Diu want was wîz, eben unde sleht.
daz ist der durnehte reht.
der wîze und ir einbaere schîn
dern sol niht missemâlet sîn.
an ir sol ouch kein arcwân
weder bühel noch gruobe hân.
der marmelîne esterîch
der ist der staete gelîch
an der grüene und an der veste.
diu meine ist ime diu beste
von varwe und von slehte.
diu staete sol ze rehte
ingrüene sîn reht alse gras,
glat unde lûter alse glas.
Daz bette inmitten inne
der cristallînen minne,
daz was vil rehte ir namen benant.
er haete ir reht vil rehte erkant,
der ir die cristallen sneit
z'ir legere und z'ir gelegenheit.
diu minne sol ouch cristallîn,
durchsihtic und durchlûter sîn.

Innen an der êrînen tür
dâ giengen zwêne rigele vür.
ein valle was ouch innen
mit kündeclîchen sinnen
hin ûz geleitet durch die want,
aldâ s'ouch Tristan dâ vant.
[...]

Sie war, wie ich schon sagte,
rund, weit, hoch und steil,
schneeweiß, überall eben und glatt.
Die Rundung innen
bedeutet die Einfachheit der Liebe,
Einfachheit paßt gut zur Liebe,
die ohne Winkel sein soll.
Wenn Winkel an der Liebe sind,
sind es Betrug und Tücke.
Die Weite bezeichnet die Kraft der Liebe,
denn ihre Kraft ist unbegrenzt.
Die Höhe steht für die Hochstimmung
des Gemüts,
das sich in die Wolken emporhebt.
Ihm ist nichts zu schwer,
solange es sich emporheben will,
dorthin, wo das Abbild der Vollkommenheit sich zur Gipfelkrone aufwölbt.
[...]
Die Wand war weiß, glatt und eben.
Das ist das Wesen der Lauterkeit.
Ihre ganz und gar weiße Helligkeit
darf nicht durch Farben getrübt werden.
An ihr soll der Argwohn
weder Hügel noch Graben finden.
Der marmorne Fußboden
gleicht der Beständigkeit
in seiner ewig grünen Festigkeit.
Diese Bedeutung paßt am besten zu ihm
wegen seiner Farbe und Art.
Die Beständigkeit muß wahrlich
so grün sein wie das Gras,
so eben und klar wie Glas.
In der Mitte das Bett
der kristallenen Liebe
trug seinen Namen zu Recht.
Derjenige kannte ihre Eigenart ganz genau, der den Kristall zurechtschnitt
zu ihrer Bequemlichkeit und Pflege.
Die Liebe soll ja auch kristallklar,
durchsichtig und ganz lauter sein.

Innen an der ehernen Tür
waren zwei Riegel angebracht.
Im Inneren war auch ein Schnappschloß
kunstvoll
durch die Wand verlegt,
wo Tristan es vorfand.
[...]

4.2 Textdeutung im Mittelalter

Obene in die fossiure	Oben in der Grotte
dâ wâren niwan driu vensterlîn	waren nur drei kleine Fenster
schône unde tougenlîchen în	schön und verborgen
gehouwen durch den ganzen stein,	durch das Gestein gehauen worden,
dâ diu sunne hin în schein.	durch welche die Sonne hereinschien.
der einez ist diu güete,	Das eine war die Güte,
daz ander diemüete,	das andere die Demut
daz dritte zuht, ze disen drîn	und das dritte vornehmes Betragen.
dâ lachet in der süeze schîn,	Durch diese drei
	lachte der Sonnenschein,
diu saelige gleste,	der beglückende Glanz herein:
êre, aller liehte beste	die Ehre, das strahlendste Licht,
und erliuhtet die fossiure	und erleuchtete diese Höhle
werltlîcher âventiure.	weltlichen Glücks.
ouch hât ez guote meine,	Es hat auch seinen guten Sinn,
daz diu fossiure als eine	daß die Grotte einsam
in dirre wüesten wilde lac,	in dieser wüsten Wildnis lag.
daz man dem wol gelîchen mac,	Damit kann man durchaus vergleichen,
daz minne und ir gelegenheit	daß die Liebe und ihre Gegebenheiten
niht ûf die strâze sint geleit	nicht auf der Straße liegen
noch an dekein gevilde.	oder irgendwo auf dem freien Felde.
si lôschet in der wilde,	Sie liegt verborgen in der Wildnis;
z'ir clûse ist daz geverte	zu ihrer Höhle ist der Weg
arbeitsam unde herte.	mühselig und schwer.
die berge ligent dar umbe	Die Berge liegen um sie herum
in maneger swaeren crumbe	in vielen steilen Krümmungen,
verirret hin unde wider.	hier und da verstreut.
die stîge sint ûf unde nider	Die Wege hinauf und hinunter sind
uns marteraeren allen	für uns Leidende alle
mit velsen sô vervallen.	mit Felsbrocken so versperrt,
wir engân dem pfade vil rehte mite,	daß, wenn wir dem Weg nicht genau folgen,
verstôze wir an eime trite,	wenn wir einen einzigen falschen Tritt tun,
wir enkomen niemer mêre	wir niemals wieder
ze guoter widerkêre.	glücklich zurückkehren.
swer aber sô saelic mac gesîn,	Wer jedoch so glücklich ist,
daz er zer wilde kumet hin în,	daß er in diese Wildnis gelangt,
der selbe hât sîn arbeit	der hat seine Mühe
vil saeleclîchen an geleit.	glückbringend eingesetzt
der vindet dâ des herzen spil.	und findet dort seines Herzens Freude.
swaz sô daz ôre hoeren wil	Was immer das Ohr hören will
und swaz dem ougen lieben sol,	und das Auge ergötzt,
des alles ist diu wilde vol.	von alldem ist diese Wildnis voll.
sô waere er ungern anderswâ.	Dann möchte er gar nicht woanders sein.

Die allegorische Dichtung verlor ihre Anziehungskraft mit dem Beginn der Erlebnisästhetik, die die Allegorie auf die reine Begrifflichkeit festlegte und als «Verstandesdichtung» ablehnte. Mit der Abwertung der Allegorie ging die Aufwertung des Symbols einher, entsprechend der vielstrapazierten Definition Goethes:

«Die Symbolik verwandelt die Erscheinung in eine Idee, die Idee in ein Bild, und so, daß die Idee im Bild immer unendlich wirksam und unerreichbar bleibt und, selbst in allen Sprachen ausgesprochen, doch unaussprechlich bliebe.

Die Allegorie verwandelt die Erscheinung in einen Begriff, den Begriff in ein Bild, doch so, daß der Begriff im Bilde immer noch begrenzt und vollständig zu halten und zu haben und an demselben anzusprechen sei.»[70]

5. Rhetorik und Metrik

5.1 Die *ars rhetorica* als «Lehre vom Machen nach Zwecken durch Mittel»

Seit der Geniezeit galt in der Ästhetik der idealistischen Philosophie Poesie als autonom, als ihren Zweck wesentlich in sich selbst tragend, während die Rhetorik an äußere, meist niedere Zwecke gebunden erschien:

> «Das poetische Kunstwerk bezweckt nichts anderes als das Hervorbringen und den Genuß des Schönen; Zweck und Vollbringung liegt hier unmittelbar in dem dadurch selbständig in sich fertigen Werke [...].» Dagegen hat «die Beredsamkeit ihren Begriff [...] in der bloßen Zweckmäßigkeit zu suchen.» (Hegel)[1]

«Zweckmäßigkeit» / Zweckgerichtetheit ist in der Tat Merkmal der Rhetorik; denn sie zielt in Lehre und Praxis auf Verwendung der Sprache zum Zwecke der Beeinflussung, sie will wirken.

> «Es basiert nämlich die Rede auf dreierlei: dem Redner, dem Gegenstand, über den er redet, sowie jemandem, zu dem er redet, und seine Absicht zielt auf diesen.» (Aristoteles)[2]

Der Sophist Gorgias von Leontini (483/82–374/73) behauptete, über jeden beliebigen Gegenstand reden, jede Behauptung verteidigen oder widerlegen zu können. Es geht weniger um die Sache selbst als vielmehr um die Meinung des Zuhörers zu einer Sache. Rhetorik erfordert das Vermögen, bei jedem Gegenstand «das möglicherweise Glaubenerweckende» zu erkennen (Arist., *Rhet.*, 1355ᵇ). Daß der Redner seine Argumente «bloß» aus der Wahrscheinlichkeit, nicht aus der Wahrheit gewinne, daß er um der Erreichung seiner Zwecke willen die Sprache von der Vernunft trenne und (als Herrschaftsinstrument) mißbrauche, ist Gegenstand philosophischer Rhetorik-Kritik von Platon bis Kant und Hegel. Während die Grammatik als *scientia recte loquendi* den richtigen, nämlich korrekten Gebrauch der Sprache vermittelt, versteht sich die Rhetorik als Wissenschaft des guten Redens, als *ars bene dicendi*,[3] wobei dem *«bene»* eine technisch-moralische Doppelbedeutung zukommt: es meint einerseits die geschickte Handhabung der Rede, die Kunstfertigkeit, anderseits wird der Redner als *vir bonus dicendi peritus* definiert, als «ein der Rede kundiger, sittlich vollkommener Mensch». Der höchste Gott und Menschenbildner, so argumentiert Quintilian, hat allein dem Menschen die Sprache verliehen. Deshalb steht die Beredsamkeit über allen anderen Wissenschaften, kann der Idealmensch nur der Redner sein – der vollkommene muß aber notwendig ein guter Mensch sein.

Eben diesen moralischen Anspruch haben die Philosophen immer wieder in Zweifel gezogen. Für Kant heißt *persuadere* mehr «überreden» als «überzeugen», nämlich «durch den schönen Schein hintergehen». Entsprechend ist ihm die «Rednerkunst *(ars oratoria)* [...] als Kunst sich der Schwächen der Menschen zu seinen Absichten zu bedienen [...] gar keiner Achtung würdig.»[4] Wenn Hegel der «Zweckfreiheit» der Poesie die «bloße Zweckmäßigkeit» der Rhetorik entgegensetzt, so wird damit notwendig eine Poesie und Poetik abgewertet, die jahrhundertelang über weite Bereiche unter der Herrschaft der Rhetorik stand und der künstlerisches Handeln gerade als ein «Machen» für bestimmte Zwecke durch bestimmte sprachliche Mittel galt. So haben denn auch die Rhetorik-Kritik der Philosophie und die Ästhetik des deutschen Idealismus lange ein historisch-adäquates Verständnis rhetorisch strukturierter Literatur des Mittelalters und des Barocks verhindert.

Rhetorik als *téchnē*, als *ars,* bietet ein lehr- und lernbares System von Regeln. Setzt sich bei Kant das Genie seine Regeln selbst (KdU., § 46), so wird hier vom Redner und Dichter neben angeborener Veranlagung erlernbares Kunstwissen gefordert, also die Kenntnis vorgegebener Regeln. «Kunst heißt ‹ars›, weil sie aus festen *(artus)* Regeln und Vorschriften besteht.»[5]

Aus der Wirkungsintention der Rhetorik ergibt sich die Bindung der rhetorischen Praxis an die jeweilige geschichtliche Situation. Ungeachtet der Historizität und Variabilität rhetorischer Argumentationssysteme gibt sich jedoch die rhetorische Theorie normativ-zeitlos, zumindest wird sie bis zur Aufklärung so verstanden. Im «lateinischen Mittelalter» entwickelte sich für die europäischen Literaturen ein Kanon von Rhetorik-Lehrbüchern, nach denen Rhetorik im Rahmen der *septem artes liberales* gelehrt und gelernt wurde.

Die wissenschaftliche Grundlegung der Rhetorik durch Aristoteles (ca. 358–348 v. Chr.) beeinflußte die römische Rhetorik maßgeblich, dem Mittelalter blieb sie weitgehend unbekannt. Diesem wurden richtungsweisend die *Rhetorica ad Herennium* (ca. 86/84 v. Chr.), Ciceros *De Inventione* (ca. 84 v. Chr.) und *De Oratore* (55 v. Chr.) sowie Quintilians *Institutionis Oratoriae Libri XII* (ca. 93–95 n. Chr.). Darüber hinaus entwickelten sich im Mittelalter zwei neue Arten rhetorischer Lehre mit der Brieflehre *(ars dictaminis)* und mit der Predigtlehre *(ars praedicandi).* Augustins *De Doctrina Christiana* (392–426), besonders Buch IV, ist für die systematische Homiletik grundlegend geworden.

Das *persuadere* als Wirkungsziel der Rhetorik hat im Deutschen zwei Bedeutungskomponenten: nämlich intellektuell «überzeugen» durch *docere, probare, monere* und emotional «überreden» durch *delectare* oder *movere.* Es gibt also drei Arten der Beeinflussung: die sachlich-informative Belehrung, die angenehm-gemäßigte Darlegung und die leidenschaftliche Einwirkung (Affektenlehre). Diese Dreiheit wird dann zu den drei Stilen in Beziehung gesetzt.

Grundsätzlich pflegen die rhetorischen Lehrbücher fünf Bearbeitungsphasen eines Themas zu unterscheiden. Die *inventio* behandelt die Auffindung der Stoffmomente, die den Redegegenstand glaubhaft machen. Die *dispositio* beschäftigt sich mit der Auswahl und Anordnung des Stoffes in einer Rede. Die *elocutio* zeigt die Möglichkeiten sprachlich-stilistischer Umsetzung des Stoffes auf. Empfehlungen zum Auswendiglernen einer Rede gibt die *memoria*, zum Vortrag der Rede die *actio*. Die ersten drei Stufen beim Verfertigen einer Rede («erfindung vnd eintheilung der dinge» – «zuebereitung vnd ziehr der worte») nennt z.b. auch Opitz im *Buch von der Deutschen Poeterey* (1624) als Hauptpunkte neben der Vers- und Reimkunst:

«WEil die Poesie, wie auch die Rednerkunst, in dinge vnd worte abgetheilet ist; als wollen wir erstlich von der erfindung vnd eintheilung der dinge, nachmals von der zuebereitung vnd ziehr der worte vnnd endtlich vom maße der sylben, Verse, reimen, vnnd vnterschiedener art der carminum vnd getichte reden.»[6]

5.2 Inventio

5.2.1 Die loci communes (Topoi)

Die Stoffmomente einer Rede werden aufgefunden, nicht erfunden. Sie befinden sich an vorgegebenen Fundstätten oder «Örtern», die der Redner systematisch abfragen kann. Diese *loci communes* sind ursprünglich nicht die Argumente selbst, die Inhalte, sondern die formalen Wege dorthin, wo man jene finden kann. Gängige Suchformel war ein hexametrischer Merkspruch des Matthieu de Vendôme: *quis, quid, ubi, quibus auxiliis, cur, quomodo, quando?* («Wer, was, wo, wodurch, warum, auf welche Weise, wann?»)

Ähnlich beschreibt heute H. D. Lasswell den Kommunikationsvorgang mit Hilfe folgender Frageformel: *«Who says what in which channel to whom with what effect?»* Jede dieser Fragen läßt sich weiter subklassifizieren. Die Wer-Frage nach der Person etwa kann unterteilt werden in Fragen nach Namen, Abstammung, Geschlecht, Vaterland, Aussehen usw. Aus der rhetorischen Formkategorie entwickelte sich jedoch in der literarischen Tradition eine poetische, gebunden an bestimmte Inhalte, die dann auch als *loci communes* oder *Topoi* bezeichnet wurden. Ein solcher Topos ist z.B. der *locus amoenus*, den Ernst Robert Curtius so charakterisiert hat:

5. Rhetorik und Metrik

«Er ist ein schöner, beschatteter Naturausschnitt. Sein Minimum an Ausstattung besteht aus einem Baum (oder mehreren Bäumen), einer Wiese und einem Quell oder Bach. Hinzutreten können Vogelgesang und Blumen. Die reichste Ausführung fügt noch Windhauch hinzu.»[7]

Der Lustort zählt zu den Konstanten der rhetorischen Tradition. Er begegnet bereits in der *Odyssee* (Od. V, 55–74: Grotte der Kalypso; Od. VII, 112–132: Garten des Alkinoos), in den Idyllen Theokrits und in den Eklogen Vergils, in *Daphnis und Chloe*, einem spätantiken Hirtenroman von Longos. In der mittelalterlichen Literatur gehört der *locus amoenus* zu den Schauplätzen der Artusepik, er findet sich in der Waldleben-Episode des *Tristan* ebenso wie in Paradies-Schilderungen und im Natureingang des Minnesangs und der Vagantenlyrik.

Wenn sich eine solche Ideallandschaft in zahllosen Texten nachweisen läßt, so liegt der Schluß nahe, daß es sich dabei nicht um die Wiedergabe einer geschauten Wirklichkeit handelt, sondern primär um die Reproduktion einer «angelesenen» Wahrnehmung der Außenwelt. Eine solche Kombination traditioneller Requisiten stilisiert ins Allgemein-Typische, nimmt Distanz vom Einmalig-Konkreten. Das Erkennen «traditioneller literarischer Klischees» in einem Text ist notwendig, aber deren bloße Katalogisierung ist noch keine Interpretation. Im nächsten Schritt ist zu fragen nach dem besonderen Stellenwert, nach der jeweiligen Funktion eines Topos im einzelnen Werk:

«Der von Curtius topisch bestimmte ‹Lustort› ist gleichsam der gemeinsame Nenner bestimmter literarischer Naturschilderungen, der ihre Vergleichbarkeit ermöglicht. Diese Komparabilität der topischen Naturbilder zwingt zu Fragen nach dem Zähler, dem geschichtlich Einmaligen, den Unterschieden der auf einen (topischen) Nenner gebrachten Erscheinungen. Indem wir ein literarisches Gebilde als topisch erkennen und bestimmen, können wir uns der Aufgabe nicht entziehen, die geschichtlichen Bedingungen und Umstände der topischen Prägung deutlich zu machen.»[8]

Historische Topik im Dienste der Interpretation hat also das jeweilige Verhältnis von Typus und Variation zu bestimmen. Walther von der Vogelweide zitiert im folgenden Lied offensichtlich den *locus amoenus* in Verbindung mit dem Topos vom Traum des Dichters, um mit dem Krähenschrei plötzlich die Publikumserwartungen parodistisch zu durchkreuzen. Die Schlußpointe ist purer Nonsens.

Walther von der Vogelweide, *Dô der sumer komen was* (L.-K. 94,11–95,16)

Dô der sumer komen was
und die bluomen dur daz gras
wünneclîchen sprungen,
aldâ die vogele sungen,
dô kom ich gegangen
an einen anger langen,
dâ ein lûter brunne entspranc:
vor dem walde was sîn ganc,
dâ diu nahtegale sanc.
Bî dem brunnen stuont ein boum:
dâ gesach ich einen troum.
ich was von der sunnen

5.2 Inventio

entwichen zuo dem brunnen,
daz diu linde mære
mir küelen schaten bære.
bî dem brunnen ich gesaz,
mîner sorgen ich vergaz,
schier entslief ich umbe daz.
  Dô bedûhte mich zehant
wie mir dienten elliu lant,
wie mîn sêle wære
ze himel âne swære,
und der lîp hie solte
gebâren swie er wolte.
dâne was mir niht ze wê.
got gewaldes, swiez ergê:
schœner troum enwart nie mê.
  Gerne slief ich iemer dâ,
wan ein unsæligiu krâ

diu begonde schrîen.
daz alle krâ gedîen
als ich in des günne!
si nam mir michel wünne.
von ir schrîenne ich erschrac:
wan daz dâ niht steines lac,
sô wær ez ir suonestac.
  Ein vil wunderaltez wîp
diu getrôste mir den lîp.
die begond ich eiden:
nû hât si mir bescheiden
waz der troum bediute.
daz merket, lieben liute.
zwên und einer daz sint drî:
dannoch seit si mir dâ bî
daz mîn dûme ein vinger sî.

maere berühmt, bekannt, ausgezeichnet, gut, lieb. *baere,* Inf. *bern* stv. hervorbringen, tragen, gebären, hier: spenden. daß alle Krähen so gediehen, wie ich es ihnen gönne! *suonestac* Jüngstes Gericht.

    So werden bestimmte topische Grundmuster wiederholt und zugleich im einzelnen Text je besonders variiert. Dabei schälen sich in der jahrhundertelangen Geschichte ihrer Verwendung typische Zuordnungen von Schauplätzen, Handlungen und Figuren heraus.

    Der *locus amoenus* etwa ist die immer wieder benutzte Bühne höfischer, bürgerlicher und bäuerlicher Liebespaare – ein Schauplatz, der als Geschehen von vornherein Liebe oder Wunderbares erwarten läßt. In der mlat. und afrz. Pastourelle z. B. begegnen einander im Freien ein Mann höheren und ein Mädchen niederen Standes. Der Ritter oder der Kleriker beginnt ein Gespräch, das mit der Verführung der *puella* / aprov. *vilana* zu enden pflegt (vgl. CB 185 oder Oswald von Wolkenstein, Kl. 83). Im Carmen Buranum 142[a] liegt dieser Ausgang ebenfalls nahe, auch wenn die Pastourellensituation nur angedeutet wird:

  Ih solde eines morgenes gan
    eine wise breite;
  do sah ih eine maget stan,
    div grůzte mih bereite.
  si sprah: «liebe, war wend ir?
    durfent ir geleite?»
  gegen den fůzen neig ih ir,
    gnade ih ir des seite.

Manchmal allerdings verhält sich die Hirtin auch abweisend, so im CB 79 und in Marcabrus berühmter Pastorela *L'autrier jost' una sebissa.* Doch allemal versucht der Mann eine sexuelle Annäherung, die als flüchtige

Begegnung mit einer Angehörigen der Unterschicht ohne weiteres lizenziert ist. Nur scheinbar überbrückt die Pastourelle die Kluft zwischen den Ständen, in Wahrheit bestätigt sie diese eher.

Die Topik eines Textes verweist somit nicht nur auf innerliterarische Traditionszusammenhänge, sondern auch auf sozialgeschichtliche Gegebenheiten. Die Beliebtheit der bukolischen Dichtung, des Schäferromans etc., erklärt sich aus der Funktion eines Kontrastphänomens. Dem Lobe des Landlebens korrespondiert ein Ungenügen an den realen Zwängen zunächst des Hoflebens, dann des Stadtlebens.

Die *laudatio temporis acti* setzt der schlechten Gegenwart das Lob einer besseren und schöneren Vergangenheit entgegen – eine Haltung, die sich gewiß auch außerhalb jeder literarisch-rhetorischen Erfahrung einstellen kann. Dieser Topos ist geradezu konstitutiv für die römische und für die altenglische Elegie. Tibull zitiert die Natur, Properz die Sagenwelt als Kontrastbild für die Gegenwart. In der ae. *Ruinen*-Elegie werden die jetzigen Bäderruinen mit den vormaligen Prachtbauten verglichen. *Deors Klage* ist ein elegischer Monolog, in dem ein Sänger (ae. *scop*) um Helden wie Wieland, Theoderich und Ermanarich sowie um sein verlorenes Ansehen am Hofe der Hedeninge trauert.

Owê war sint verswunden alliu mîniu jâr, so setzt die «Elegie» Walthers von der Vogelweide (L.-K. 124,1) als Altersrückblick ein. Die Veränderungen in Natur und Gesellschaft werden in einer Reihe von Antithesen zwischen dem Einst und dem Jetzt beklagt. Doch die Erinnerung an die verlorene Zeit wird widerrufen: *wê waz spriche ich tumber man durch mînen boesen zorn? swer dirre wünne volget, hât jene dort verlorn*. Die Antithesen zwischen dem Einst und dem Jetzt werden relativiert durch die Entgegensetzung von Gegenwart und Zukunft, von Diesseits und Jenseits. Im Blick auf den hier verheißenen *trôst* erweist sich der Rückblick auf die Vergänglichkeit des Irdischen als verwerflich. Die Klage mit der *laudatio temporis acti* kehrt nach dem Widerruf der Klage in die Gegenwart zurück mit einem Aufruf zur Teilnahme am Kreuzzug: *möht ich die lieben reise gevaren über sê, sô wolte ich denne singen wol, und niemer mêr ouwê*. Das ist der eigentliche Endzweck, dem hier der Topos dient.

Er kann jedoch auch zugespitzt werden zum Topos der verkehrten Welt, wie er z. B. im Carmen Buranum 6 begegnet: *Florebat olim studium* – mit der Klage über den gegenwärtigen Verfall der Wissenschaften beginnt das Gedicht. Die heutige Jugend will nicht mehr lernen, aber – so geht der Gedanke weiter – die ganze Welt ist auf den Kopf gestellt: der Blinde führt den Blinden; Vögel fliegen, ehe sie flügge sind; der Esel schlägt die Saiten, die keusche Lucretia wird Dirne, aus heiß wird kalt. Diese Reihung unmöglicher Dinge *(Adynata)* ließe sich beliebig fortsetzen, um zu demonstrieren, wie «alles bricht aus seiner Bahn und jeder folgt dem eignen Wahn».

Die *laudatio temporis acti* ist dabei nur ein Aspekt der Darstellung einer verkehrten Welt, die Kritik an den Zuständen der jeweiligen Gegenwart ermöglicht. Für viele Satiren ist die verkehrte Welt zum Strukturprinzip geworden, so in den Narrensatiren des 16. Jhs., so auch im *Simplicissimus teutsch*. Simplicius scheint in Hanau der Narr im Kalbsfell zu sein, während in Wahrheit doch gerade die anderen die Narren sind. Dem Zerrbild einer als mangelhaft verurteilten Welt liegt dabei stets eine Norm zugrunde, an der jene gemessen wird. Im Bild einer «verkehrten Welt» ist implizit auch der Entwurf einer «richtigen Welt» enthalten, wie sie sein könnte oder sein sollte.

5.2.2 Die drei Redegattungen (genera orationis)

Auf Aristoteles gehen die drei Redegattungen *(genera orationis)* zurück, nämlich die drei Stoff- und Praxisbereiche, in denen die *inventio* tätig ist.

Das *genus iudiciale* hat Recht oder Unrecht zum Gegenstande, hier geht es um Anklage oder Verteidigung einer vergangenen Tat vor Gericht.

Im *Iwein* Hartmanns von Aue versucht die Dienerin Lunete, den Schmerz Laudines um den von Iwein getöteten Askalon als unvernünftig darzustellen und die trauernde Landesherrin durch eine advokatorisch-geschickte Fragekette zur Vernunft zu bringen (V. 1796 ff.). Sie will nämlich Laudine überzeugen und überreden, daß es notwendig sei, ausgerechnet denjenigen zu ehelichen, der ihren Ehemann getötet hatte. Sie macht Laudine zum *rihtaere* (v. 1954) und legt ihr folgende *conclusio* nahe: *swâ zwêne vehtent umbe den lîp, weder tiurre sî der dâ gesige od der da sigelôs gelige*. Daß der Sieger im Zweikampf «besser» sei als der Besiegte, muß auch Laudine zugeben, und damit «kommt der Stein ins Rollen».

Modellfall einer Gerichtsrede mit Gott als Richter ist auch der *Ackermann aus Böhmen* des Johannes von Tepl (um 1400), in welchem der Witwer den Tod anklagt, ihm die geliebte Frau geraubt zu haben. In einem Meisterstück rhetorischer Dialektik wird eine *causa* aufgespalten in zwei Denkmöglichkeiten (Tod als gottgelenkte Naturgesetzlichkeit – Tod als Vernichter unersetzlichen, gottgeschaffenen Einzeldaseins), bis am Ende diese Antinomie ihre paradoxe Lösung im Urteil Gottes und im demütigen Gebet des Menschen findet.

Das *genus deliberativum* ist ursprünglich die abratende oder zuratende Darlegung von Schaden oder Nutzen einer Sache vor der Volksversammlung; im Unterschied zur Gerichtsrede ist sie politische Rede mit Mahnungen oder Warnungen im Hinblick auf die Zukunft.

Im *Iwein* (V. 2763–2970) überredet und überzeugt Gawein seinen Freund Iwein, daß es besser sei, nach der Eheschließung mit Laudine nicht einfach *turnieren* und *rîterschaft* hintanzusetzen. Er zitiert als abschreckende Beispiele das *verligen* Erecs und den «Krautjunker», der *giht er sül dem hûse leben*, der nur noch an die Ernte und an die Kornpreise denke, völlig von den *sorgen* alltäglicher *arbeit* gefangen.

Diese Rede entspricht nicht völlig dem antiken Gebrauch des *genus deliberativum*, das ebenso wie das *genus iudiciale* unter bestimmten gesellschaftlichen Bedingungen der Antike entstanden ist, die sich im Mittelalter und in der frühen Neuzeit verändert haben. Beide Redegattungen büßen an Bedeutung ein gegenüber der dritten Redeart des *genus demonstrativum* (griech. *genos epideiktikon*). Sie gilt dem Lob oder Tadel von Personen, Ereignissen, Sachen vor allgemeinerem Publikum; sie ist primär auf die Gegenwart bezogen. Ihr ist ein Großteil des sog. Gelegenheitsschrifttums[9] bei gesellschaftlichen Anlässen wie Geburtstag, Hochzeit, Tod zuzuordnen. Herrscherlob, Städtelob, Gotteslob gehören in diese rhetorisch-panegyrische Tradition. Quintilian[10] empfiehlt z. B. beim Loben, nach folgendem Schema vorzugehen:

«Das Lob auf Menschen läßt sich zunächst *nach Zeitabschnitten* gliedern: die Zeit, die ihnen *vorausging*, und die, in der *sie selbst lebten;* bei denen, die ihr Schicksal erfüllt haben, auch noch die *Zeit, die auf sie gefolgt* ist. Dem Menschen voran wird man *Vaterland, Eltern* und *Vorfahren* stellen, die zwiefach zu behandeln sind: denn entweder wird es eine schöne Leistung sein, sich eines adligen Hauses würdig gezeigt oder aber ein weniger angesehenes Geschlecht berühmt gemacht zu haben durch seine eigenen Taten [...]

Das Lob für den betreffenden Menschen selbst muß man aus seinem *Geist*, seinem *Körper*, von den äußeren Gegebenheiten gewinnen. Hierbei ist, was der Körper und die Glücksumstände bieten, zwar von geringerem Gewicht, aber auch nicht nur in einer Art zu behandeln; denn zuweilen ist es die Schönheit und Kraft, die wir in unseren Wörtern zum Ruhm anführen [...], zuweilen aber trägt gerade auch die Körperschwäche viel zur Bewunderung bei, wenn etwa der Dichter [...] sagt, klein sei er gewesen, aber ein Kämpfer. [...]

Das Lob des Geistes ist immer das echte Lob, doch auch diese Aufgabe läßt sich nicht nur auf einem Wege durchführen; denn in einem Fall macht es sich besser, wenn man den *Altersstufen* und der *Reihenfolge der Taten* folgt, also *in den ersten Lebensjahren die Anlagen* lobt, dann die *Erfolge beim Lernen,* danach dann die ganze Kette der Leistungen, das heißt der *Taten und Reden*. In einem andern Fall macht es sich besser, das *Lob der Tugenden nach ihren Erscheinungsformen* einzuteilen, Tapferkeit, Gerechtigkeit, Selbstbeherrschung usw. [...]

Die Zeit, die dem Lebensende folgt, läßt sich nicht immer behandeln, nicht nur weil wir manchmal Lebende loben, sondern weil sich die Gelegenheit selten bietet, auf göttliche Ehrungen und Beschlüsse und von Staats wegen errichtete Standbilder Bezug zu nehmen. In diesem Rahmen möchte ich die *Denkmäler des Geistes stellen, die den Beifall der Jahrhunderte* gefunden haben; denn manche, wie Menander, haben ein gerechteres Urteil bei der Nachwelt gefunden als zu ihrer eigenen Zeit. Lob für Eltern bedeuten ihre Kinder, für Städte ihre Gründer, für Gesetzgeber die Gesetze, die sie gaben, für Erfinder die Künste, die sie erfunden [...]

Diese ganze Anordnung wird auch beim Tadeln gelten, nur im entgegengesetzten Sinn [...].»

Es sind gerade Beispiele aus der epideiktischen Gattung, die heutiges Vorverständnis bewußt machen können: Wenn ein Walther von der Vogelweide einmal für den Staufer Philipp von Schwaben Partei ergreift, dann für den Welfen Otto IV. von Braunschweig und schließlich für Friedrich II., so fällt es schwer, ein solches Verhalten nicht als «Opportunismus» abzuwerten. Und erst recht wirken die Lobhudeleien von Humanisten des 15./16. Jhs. unerträglich, weil heute die Neigung besteht, die Sache mit der Person, die sie vertritt, zu identifizieren. Damit wird jedoch ein auf Erlebnis und auf persönliche Überzeugung gegründeter Wahrheitsbegriff vorausgesetzt, wo statt dessen etwas je nach der beabsichtigten Wirkung nur wahrscheinlich gemacht werden soll. Darum hat die rhetorische Textanalyse die Texte in ihrer Historizität zu verstehen und zu bewerten, nicht das Verhalten von Personen.

5.3 Dispositio

5.3.1 Die Hauptteile einer Rede

Wenn auch die Empfehlungen zur Gliederung einer Rede nicht ganz einheitlich sind (vgl. H. Lausberg, § 262), so lassen sich in der Regel doch vier Hauptteile unterscheiden, nämlich *exordium, narratio, argumentum* und *peroratio*.

Das *exordium* (griech. *prooimion*) ist die Einleitung, die das Publikum zu Sympathie *(benevolentia)*, Aufmerksamkeit *(attentio)* und Aufgeschlossenheit *(docilitas)* bewegen soll (Quintilian, *Inst. orat.* IV 1,5). In mittelalterlichen Texten – so z. B. in Gottfrieds *Tristan* – kann das *exordium* weiter unterteilt sein in einen *prologus praeter rem* und in einen *prologus ante rem*.[11] Jener ist das nicht unmittelbar auf den Haupttext bezogene Vorwort, dieser die Einleitung in das folgende Werk – eine Zweiteilung, die bis heute in der wissenschaftlichen Literatur gang und gäbe ist.

Der Prolog eröffnet eine Erzähl-Situation: der Autor/Erzähler spricht zum Hörer/Leser über sich, über sein Werk, über sein Publikum. Das erste Blatt der Heidelberger Handschrift (Cod. Pal. Germ. 360) von Gottfrieds *Tristan* veranschaulicht mit den hervorgehobenen Initialen schon optisch die Funktion des Prologs, zwischen Autor/Erzähler, Werk und einem exklusiv-eingeweihten Publikum (der *edelen herzen*) zu vermitteln. Die Anfangsbuchstaben der ersten 11 Strophen des *prologus praeter rem* ergeben das Akrostichon «GDIETERICHT». Vermutlich steht «G» für Gottfried, wenn es nicht den Titel *grâve* des Empfängers «Dieterich» wiedergibt. Das «T» verweist auf T[ristan], das «I», welches den zweiten, stichischen Teil des Prologs eröffnet, auf I[solde]. Auf das «TI» folgt später das komplementäre Initialen-Paar «IT», und so spinnt sich das Initialenspiel fort durch das Fragment.[12]

Der Prolog ist durchaus Bestandteil des Erzählganzen, gleichwohl kommt ihm als «Ort reflektierenden Verharrens» (W. Hirdt) vor Beginn der eigentlichen Erzählung eine begrenzte Eigenständigkeit zu. Diese Textpartie ist poetologisch so wichtig, weil sie am ehesten Aufschluß über das Selbstverständnis des Dichters und über die zeitgenössische Interpretation eines Textes verspricht. Sonst gibt es im Mittelalter höchstens Ansätze zu einer eigentlichen Literaturtheorie. Der Prolog Hartmanns von Aue zum *Armen Heinrich* etwa gibt nicht nur Auskunft über den Status des Autors (s. o. 3.2), sondern auch über das Selbstverständnis eines mittelalterlichen Dichters – *nu beginnet er iu diuten ein rede die er geschriben vant*. Der Prolog zu Heinrich Wittenwilers *Ring* (nach 1400) trifft die für Jahrhunderte gültige Unterscheidung zwischen Belehrung *(prodesse)* und Unterhaltung *(delectare)* und kündigt sogar an, daß diese beiden Aufgaben der Dichtung in der Handschrift durch farbige Linien auseinandergehalten werden sollen: *Die rot die ist dem ernst gemain, Die grüen ertzaigt uns törpelleben.*[13]

Die Sonderstellung des Prologs kann formal betont werden, indem – wie z. B. im *Sachsenspiegel* – der sachlichen («expositorischen») Prosa-Darstellung des Haupttextes eine kunstvolle («fiktive») Reimvorrede vorausgeschickt wird. Vor allem jedoch eignet dem Prolog eine spezifische Exordialtopik. Der einzelne Autor verfügt mehr oder weniger über ein Arsenal von Versatzstücken aus der literarischen Tradition, wobei er mit seiner Auswahl und Variation eigene Akzente setzen kann. Hauptabsicht bleibt stets die *captatio benevolentiae* des Publikums – Peter Handkes *Publikumsbeschimpfung* setzt ja gerade diese Erwartung voraus. Viele Einleitungsformeln lassen sich als «affektierte Bescheidenheit» (E. R. Curtius) zusammenfassen. Um die Hörer und Leser wohlwollend zu stimmen, tritt man bescheiden auf. Die Bescheidenheit wirkt affektiert, weil man glaubt, sie eigens hervorheben zu müssen: «Ich bin unfähig, einem so großen Thema gerecht zu werden». Man bemängelt seine «ungebildete, rohe, bäurische Sprache». Man gibt sich geradezu unterwürfig, spricht von «meiner Wenigkeit» usw. Die rhetorische Attitüde trifft sich in der geistlichen Literatur mit der Beteuerung christlicher Demut.

Statt der Bescheidenheits- und Demutsfloskeln kann aber auch der Topos der Überbietung gewählt werden: «Ich bringe noch nie Gesagtes». Autorenstolz tut sich kund, wenn darauf hingewiesen wird, daß man mit seinem Lob z. B. einen Gönner «unsterblich» mache. Vielfach wird die Bescheidenheits- mit der Begründungstopik verknüpft. Als *causa scribendi* kann der Auftrag des Vorgesetzten oder das Drängen der Freunde angeführt werden. Man schreibt nicht zur Unterhaltung, sondern zur «Vermeidung der Trägheit». Das «Wissen verpflichtet zur Mitteilung» an die Nachwelt, so Einhard, der selbst in der Umgebung Karls des Großen war. Die Berufung auf Augenzeugenschaft *(adtestatio rei visae)* galt zugleich als Ausweis historischer Wahrheit. Nicht zuletzt diese Behauptung sicherte im Mittelalter den Trojaromanen von Dictys Cretensis (4. Jh.) und Dares Phrygius (6. Jh.) ein Ansehen, das Homers *Ilias* in den Schatten stellte. Die Aufnahmebereitschaft des Publikums wird erhöht, wenn man *brevitas* verspricht. Man fürchtet, durch übermäßige Länge Widerwillen *(fastidium)* und Langeweile zu erregen. Ein Entschuldigungsgrund auch dafür, daß der Heilige viel mehr Wunder getan habe, als man hier aufzählen könne. Überhaupt bringe man nur Weniges von dem Vielen, das man wisse *(ex pluribus pauca)*. Wer den Prolog mit einer Sentenz oder einem Sprichwort eröffnet, bedient sich einer Aussage, die als allgemein gültig anerkannt ist, so daß ihm von vornherein Zustimmung und Neugier des Publikums gewiß sind. In der antiken und humanistischen Literatur begegnet der Musenanruf, in der christlichen der Dedikationstopos: «Ich bringe mein Werk (als Opfer) auf Gottes Altar dar». Sehr beliebt ist schließlich die Zweifelsfrage: «Womit soll ich beginnen?»

Auf das *exordium* folgt die *narratio*. Im *genus iudiciale* ist sie Erzählung des Tathergangs, die den Richter parteiisch über den Sachverhalt informiert, um die anschließende *argumentatio* vorzubereiten. Diese macht den eigentlichen Kern der Rede aus und gibt die Begründung des jeweiligen Standpunktes. Sie kann auch in einen positiven Beweis *(confirmatio)* und in eine Widerlegung gegnerischer Einwände *(refutatio)* untergliedert werden. So argumentiert z. B. Eike von Repgow im *Sachsenspiegel* (Ldr. III, 42) gegen die Unfreiheit. Das philosophische Schlußverfahren (Syllogismus) tritt dabei hinter der spezifisch rhetorischen Argumentationsweise der *ratiocinatio* (des Enthymems) zurück. Grundlage der Beweiskette bildet eine allgemein anerkannte und daher schwer zu widerlegende Feststellung. Statt des Schlußverfahrens bedient man sich aber gerade in der volkssprachlichen Literatur gern des natürlichen Beweises, indem eine außerhalb des eigentlichen Redegegenstandes liegende Sache als Beispiel *(exemplum)* in die Rede einbezogen wird, vgl. z. B. das «Predigtmärlein».

In der literarischen Erzählung kommt der *narratio* das Hauptgewicht zu. Sie wird als Vorgangserzählung nach dem Tatsächlichkeitsgrad spezifiziert: Als *fabula* ist die *narratio* weder wahr noch wahrscheinlich, als *historia* kann sie Wahrheit beanspruchen, als *argumentum* ist sie zwar nicht wahr, aber – und das wird zum entscheidenden Argument für die Legitimation fiktionaler Texte – doch wahrscheinlich (Herenn. 1,8,13).

Der Schluß, die *peroratio* (griech. *epilogos*), faßt häufig noch einmal die Argumente zusammen *(conclusio)* und appelliert an die Affekte. Zur Topik des Schlusses gehören z. B. die Bitte um Fürsprache und das Gebet oder wenigstens ein *Amen*. Im Grunde sind Prolog und Epilog nur «Stellungsvarianten» (P. Kobbe). Sie sind weder inhaltlich noch formal verschieden, vielfach übernimmt der Epilog die Funktion des Prologs. Eike von Repgow, der im *Prologus* zum *Sachsenspiegel* behauptet hatte: *Got is selve recht, dar umme is em recht lef,* benutzt zum Beschluß des Lehnrechts (78 § 3) dieses Argument als Waffe gegen etwaige Kritiker: «Dieses Buch wird sich auch manchen zum Feinde machen; denn alle, die wider Gott und das Recht streben, werden diesem Buche gram sein ...»

Abb. 17: Die Feinde des Sachsenspiegels (Dresdner Bilderhandschrift)[14]

Da der Sachsenspiegel dem göttlichen Willen entspricht, schaut Gott (mit Goldnimbus) oben aus dem Buche heraus. Links unten der Verfasser, der wie ein Buchzeichen zwischen den Blättern liegt. Mit abwehrenden Gesten daneben zwei Feinde des Buches: der eine bespuckt den Verfasser und tritt mit dem Fuße nach ihm.

5.3.2 Zum Aufbau von Urkunde und Brief

Besondere Formen der Dispositio haben sich für Predigt, Urkunde und Brief entwickelt.

Bei der Predigt, die allen drei Redegattungen angehören kann, wird in der Regel zwischen der Homilie, die die Auslegung eines Bibeltextes zum Gegenstand hat, und dem Sermon, der Themapredigt, unterschieden. Es gibt einfache und sehr komplizierte Innengliederungen; denn nach der Grundregel der Homiletik sind Gegenstand und Form der Predigt dem Bildungsgrad der jeweiligen Hörergemeinde anzupassen. Infolgedessen gibt es große Unterschiede zwischen den Predigten der auf Breitenwirkung bedachten Bettelmönche und denjenigen der Scholastik und Mystik, die sich an ein exklusives Publikum wenden. Bekannt sind zwar die Predigten großer Redner wie Bernhard von Clairvaux, Berthold von Regensburg, Meister Eckehart, Geiler von Kaysersberg, Abraham a Sancta Clara, Martin Luther usf., aber ein Großteil der Predigtliteratur harrt noch der Erschließung.

Die Predigt als geistliche Rede ist genuin mündlich, während Urkunde und Brief völlig der Schriftlichkeit verhaftet sind. Die Urkunde erfordert als aufgezeichnete Erklärung über Rechtsvorgänge die Beobachtung bestimmter (wenn auch nach der Verschiedenheit von Person, Ort und Zeit wechselnder) Formen, um beweiskräftig zu sein. Der Rechtsakt als in-

5.3 Dispositio

haltlicher Kern einer Urkunde ist fest vereinbart zwischen den Vertragspartnern. Hier bedarf es keiner Überredungskünste mehr, wohl aber muß die Urkunde ihrer Form nach überzeugen. Die rhetorische Form soll dem Vertrag in Gegenwart und Zukunft rechtliche Wirkung und Glaubwürdigkeit sichern.

Eine mittelalterliche Kaiser- und Königsurkunde ist folgendermaßen aufgebaut: *invocatio* (Anrufung der Trinität), *intitulatio* (der Aussteller nennt sich, oft mit einer Devotionsformel, aber auch mit allen Titeln, die Herrschaftsansprüche darstellen) und *inscriptio* (Nennung des Empfängers, oft mit einer Grußformel) bilden das Eingangsprotokoll. Die *arenga* begründet, meist stark biblisch-rhetorisch gefärbt, den Haupttext. Es folgt die Willenserklärung an den Empfänger *(promulgatio)*. Die *narratio* referiert den Tatbestand, die Rechtsgrundlage. Den eigentlichen Rechtsakt bildet dann die *dispositio*. Sie bedarf der Bekräftigung, der *sanctio*, und der Aufzählung aller Mittel, die den Rechtscharakter der Urkunde beweisen – *corroboratio*. Zum Schluß, dem Eschatokoll, gehören die Unterschriften *(subscriptio)*, Zeit und Ort der Ausstellung *(actum, datum)* und ein Segenswunsch *(apprecatio)*.

Relikte der Urkundenform begegnen noch im Vertrag zwischen D. Faustus und dem Teufel im Faustbuch von 1587, aber ungleich wichtiger ist, daß die Urkunde die Form des Briefes beeinflußt hat. Mhd. *brief* (< lat. *brevis*) meint ja doch als «kurzes Schreiben» nicht nur den Brief, sondern auch die Urkunde (vgl. nhd. *Schuldbrief, Meisterbrief*). Konstitutives Merkmal des Briefes ist die schriftliche Kommunikation zwischen räumlich getrennten Partnern.

Unterschieden wird zwischen dem «offenen Brief» *(littera patens)* und dem «geschlossenen Brief» *(littera clausa)*. Jener wurde offen übersandt, war für die Öffentlichkeit bestimmt und darum mit einem größeren Zeremoniell verbunden als der nur für den internen Verkehr bestimmte und für andere verschlossene Brief. Einen hohen Publizitätsgrad erreichten z. B. zur Zeit des Investiturstreits die Briefe Gregors VII. und Heinrichs IV. und zu Beginn der Reformation die offenen *Sendschreiben* Martin Luthers. Die Übergänge zwischen «öffentlich» und «privat» sind jedoch fließend, weil es den antiken und den modernen Gegensatz zwischen Öffentlichkeit und Privatsphäre ohnehin nicht gegeben hat.

In den *Artes dictaminis* mittelalterlicher und frühneuzeitlicher Briefsteller wird in der Regel der fünfteilige Aufbau des Briefes gefordert: *salutatio* (Begrüßung und Titulatur), *captatio benevolentiae* (Gewinnung der Gunst des Lesers), *narratio* («Erzählung», heute in der Kurzform der *propositio* als «Betreff» häufig vor der *salutatio*), *petitio* (Gesuch, der *argumentatio* entsprechend) und *peroratio* (Schluß mit *actum* und *datum*).

Bemerkenswert ist, wie noch heute in *salutatio* und *peroratio* das Verhältnis von Über-, Unter- oder Gleichordnung die Formulierung bestimmt (vgl.: «mit bestem Gruße» – «mit freundlichem Gruß» – «mit herzlichem Gruß» – «mit verbindlichen Empfehlungen» – «Ihr/Dein» usf.).

Der Brief kann als literarische Gebrauchsform höchst unterschiedliche Funktionen erhalten. Die Rhetorik setzt den Rahmen, doch die Füllung ist variabel. Ein Brief kann der sachlichen Mitteilung und Erörterung ebenso wie dem persönlichen Appell und Bekenntnis dienen. Die Spanne reicht vom für okkasionelle Zwecke verfaßten Geschäftsbrief bis zum kunstvoll komponierten Briefroman. Jedes beliebige Thema kann behandelt werden und in unterschiedlicher Perspektive erscheinen. Es gibt die Möglichkeit des fingierten Briefes: Der reale Autor fungiert der Fiktion nach als Herausgeber (s. Lessing). In den *Epistolae obscurorum virorum* von 1515/17 erfinden Humanisten Briefe aus dem Geiste ihrer spätscholastisch-konservativen Gegner und geben die fingierten Briefschreiber der Lächerlichkeit preis. Der Widmungsbrief hat sich zu einer eigenständigen Gattung entwickelt, schon die Vorreden Otfrieds von Weißenburg können dazu gerechnet werden. Zur Geschichte des Gelehrten-Briefwechsels gibt es zahlreiche mittel- und neulateinische Quellen, deren Erforschung noch ganz in den Anfängen steckt. Selbst die Geschichte des deutschen «Privatbriefes» im Mittelalter und in der frühen Neuzeit ist eigentlich noch ungeschrieben. Ihrem rhetorischen Grundzug entsprechend sind aber die Briefe bis zum Ausgang des 18. Jahrhunderts der Wirkungsintention nach kaum Ausdruck individueller «Unmittelbarkeit», vielmehr Erfüllung vorgegebener, typisch-exemplarischer Muster, formuliert aus einer reflektierenden Distanzhaltung heraus.

Zum Beispiel der «Liebesbrief»: Eine große Wirkung entfalteten im Mittelalter und im Barock die *Heroides* Ovids. Es handelt sich um eine Sammlung von fünfzehn fiktiven, im elegischen Versmaß gehaltenen Briefen, in denen Frauen den fernen Geliebten ihr Liebesleid klagen: Penelope schreibt an Odysseus, Medea an Jason, Dido an Aeneas usw. Eine ähnliche Resonanz fand später der Briefwechsel zwischen Petrus Abaelardus (1079–1142) und Heloisa, den noch Hoffmann von Hoffmannswaldau in seinen *Helden-Briefen* (1680) galant bearbeitete: *«Auf einen Brief von Blutt gehört ein Brief von Thränen ...»*. In der bildenden Kunst und Literatur werden immer wieder solche Beispiele von glücklichen oder unglücklichen Liebenden zitiert.

Auch in der mhd. Epik gibt es als Briefeinlage den Typ des Minnebriefes, der wiederum kein privates Minnebekenntnis ist. Vielmehr gilt als beispielhaft und damit überhaupt erst darstellenswert, was für alle Liebenden gilt. Vgl. den Brief von Gramoflanz an Itonje im *Parzival* (751,1–30). Gerade im Lichte der Parodie erhellt, wie präsent die Vorlage ist: In Heinrich Wittenwilers *Ring* schreibt der bäuerliche Held Bertschi Triefnas einen Brief an seine Mätzli Rüerenrumpf (V. 1860–73), der in seiner Direktheit (*«Pei dir so schlieff ich gerne»*) freilich nicht ganz nach dem Geschmack des schreibkundigen Oheims ist, so daß dieser ihn nach allen Regeln der Kunst in einen zierlichen Werbebrief umstilisiert (V. 1878–1910).

Die Beliebtheit der Briefsteller läßt darauf schließen, daß die dort empfohlenen Muster eines Liebesbriefes, eines Kondolenzbriefes usw. die

Artikulation der Gefühle mitgeprägt haben. Das gilt im besonderen Maße für die rhetorische Stilistik.

5.4 Elocutio

Die *elocutio* ist die Kunstfertigkeit, den durch die *inventio* aufgefundenen und durch die *dispositio* geordneten Stoff sprachlich auszudrücken und auszuschmücken: sie ist die Lehre vom Stil i. e. S.

5.4.1 Die Lehre vom Angemessenen (aptum, decorum) und von den drei Stilebenen

Der Stil kann nach positiven und nach negativen Qualitäten *(virtutes, vitia)* bewertet werden. Kriterien sind: Sprachrichtigkeit *(puritas)*, Klarheit *(perspicuitas)*, Redeschmuck *(ornatus)* und vor allem – wegen der Wirkungsintentionalität der Rhetorik – die Angemessenheit *(aptum)*.

Angemessenheit meint, daß den Gegenständen *(res)* und den Themen, die der Redner behandelt, das sprachliche Gewand der Wörter angemessen sein muß. Da die Gegenstände ihrem Rang nach unterschieden sind, muß sich diese Abstufung bei der *imitatio* des Redners oder Dichters in einer Rangordnung der sprachlichen Ebenen spiegeln. Der dreistufigen Hierarchie der Gegenstände entspricht eine ebensolche der Stillagen. Die Entsprechung, die Kongruenz zwischen Stil und Autor, zwischen Stil und Rezipient, zwischen Stil und Stoff ist das *aptum* oder *decorum*. Diese adäquate Zuordnung der *verba* zu den *res* zitiert auch Martin Opitz in der Einleitung seines *elocutio*-Kapitels (*Buch von der Deutschen Poeterey*, 1624, Kap. 6):

> «NAch dem wir von den dingen gehandelt haben, folgen jetzund die worte; wie es der natur auch gemeße ist. Denn es muß ein Mensch jhm erstlich etwas in seinem gemüte fassen, hernach das was er gefast hat außreden [...] weil aber die dinge von denen wir schreiben vnterschieden, als gehöret sich auch zue einem jeglichen ein eigener vnnd von den andern vnterschiedener Character oder merckzeichen der worte. Denn wie ein anderer habit einem könige, ein anderer einer priuatperson gebühret, vnd ein Kriegesman so, ein Bawer anders, ein Kauffmann wieder anders hergehen sol: so muß man auch nicht von allen dingen auff einerley weise reden; sondern zue niedrigen sachen schlechte, zue hohen ansehliche, zue mittelmässigen auch mässige vnd weder zue grosse noch zue gemeine worte brauchen.»

Unterschieden werden drei Stilarten *(genera elocutionis)*: Die niedrige Stilebene *(genus humile)* ist schlicht, klar und genau. Der Redner verzichtet auf Redeschmuck, er will informieren und belehren *(docere)*. Die Bibel wurde dem *genus humile* zugeordnet. Die mittlere Stilebene *(genus medium / mediocre)* soll erfreuen *(delectare)* durch reichere Verwendung von rhetorischen Schmuckmitteln. Die hohe Stilebene *(genus grande/ grave / sublime)* soll bewegen und erschüttern *(movere)*; dem erhabenen Gegenstand kommt Pathos zu. Der hohe Stil dominiert in Epos und Tragödie, in den Oden Pindars, in Klopstocks *Messias*, in Miltons *Paradise Lost*.

Als Paradigma der drei Stilarten galten im lateinischen Mittelalter Vergils *Bucolica, Georgica* und *Aeneis:*

«Diese biographische Abfolge der virgilischen Werke wurde vom Mittelalter als wesenhaft begründete Hierarchie dreier Dichtgattungen, aber auch dreier Stände (Hirt – Bauer – Krieger) und dreier Stilarten aufgefaßt. Sie erstreckte sich auf die zugeordneten Bäume (Buche – Obstbaum – Lorbeer und Zeder), Lokale (Trift – Acker – Burg oder Stadt), Geräte (Stab – Pflug – Schwert), Tiere (Schaf – Rind – Roß). Diese Entsprechungen wurden in einem aus konzentrischen Kreisen bestehenden graphischen Schema untergebracht, das *rota Virgilii* hieß (das Rad Virgils).»[15]

Die Literatur soll eine Welt nachahmen, die nicht ohne eine Ordnung und einen obersten Ordner gedacht werden kann. In der literarischen Praxis konnte eine strikte Trennung der Stile zwar nicht immer eingehalten werden, aber die Wirkung der Dreistiltheorie, wie sie die normative Poetik vertrat, war groß. Die Barockdichter befolgen weitgehend, was Opitz und seine Schüler z. B. zum hohen Stil empfehlen:

«Die Tragedie ist an der maiestet dem Heroischen getichte gemeße, ohne das sie selten leidet, das man geringen standes personen vnd schlechte sachen einführe: weil sie nur von Königlichem willen, Todtschlägen, verzweiffelungen, Kinder- und Vätermördern, brande, blutschanden, kriege vnd auffruhr, klagen, heulen, seuffzen vnd dergleichen handelt [...].» *(Poeterey*, Kap. 5)

«[...] in wichtigen sachen, da von Göttern, Helden, Königen, Fürsten, Städten vnd der gleichen gehandelt wird, muß man ansehliche, volle und hefftige reden vollbringen, vnd ein ding nicht nur bloß nennen, sondern mit prächtigen hohen worten vmbschreiben.» *(Poeterey*, Kap. 6)

5.4.2 Rhetorische Stilmittel: Figuren und Tropen

Die Stilmittel der *elocutio* bezeichnen sprachliche Änderungsformen, durch die ein Text den Bereich des bloß grammatisch Richtigen überschreitet. Dabei werden Figuren des direkten (eigentlichen) Ausdrucks von den Tropen als Wendungen des uneigentlichen (bildlichen) Ausdrucks unterschieden. Die Kenntnis solcher Stilmittel gehört zum Beschreibungsinstrumentarium der rhetorischen Textanalyse, doch die bloße Aufzählung von Figuren ließe das Rhetorische als etwas äußerlich Aufgesetztes und Formales erscheinen. Entscheidend bleibt der Verwendungszweck; er bestimmt die Darbietungsform. Die beabsichtigte und realisierte Wirkung macht den Wert eines rhetorisch strukturierten Textes aus.

Zu den Tropen

Bei den Tropen werden Texteinheiten als semantische Einheiten gegen andere ausgetauscht, wobei ein *tertium comparationis* die Brücke bildet. Vorausgesetzt wird eine Ähnlichkeit *(similitudo)* zwischen dem Abbildenden und dem Abgebildeten. *Metapher* bezeichnet in der Rhetorik den «Ersatz eines *verbum proprium* durch ein Wort, dessen eigene *proprie*-Bedeutung mit der des ersetzten Wortes in einem Abbild-Verhältnis steht». Deshalb wird die Metapher «auch als ›gekürzter Vergleich‹ definiert, in dem das Verglichene mit dem Abbild in eins gesetzt wird» (H. Lausberg). Wie das Einzelwort läßt sich auch ein ganzer Satz und Gedanke durch einen ähnlichen Gedanken ersetzen. Diese «fortgesetzte Metapher» wird (s. o. 4.2.2) *Allegorie* genannt. Im Unterschied zur Metapher verbindet der *Vergleich* das Verglichene syntaktisch mit dem Abbild (z. B. durch mhd. *sô*). Breiter ausgestaltet wird der Vergleich im *Gleichnis,* wobei der Übergang zur Allegorie häufig fließend ist. Die Unterschiede zwischen Metapher und Allegorie einerseits und Vergleich und Gleichnis andererseits liegen in der Wirkung und Funktion. Allerdings sind die Abgrenzungen der Rhetorik gerade im Bereich des bildlichen Sprechens heute durch die linguistische Semantik, die Psychologie und die Theologie wesentlich differenziert worden.[16]

Zu den auf Substitution gegründeten Tropen gehört auch die *Synekdoche (pars pro toto):* Das Besondere steht für das Allgemeine oder umgekehrt. Ein Sonderfall der Synekdoche und der *Periphrase* (Umschreibung) ist die *Antonomasie*: ein bekannter Eigenname aus Mythologie oder Geschichte wird durch ein Appellativ ersetzt und umgekehrt. «Der letzte Ritter» steht für Kaiser Maximilian I., «Salomo» für den weisen Richter. Eine *Metonymie* wie «Downingstreet» meint die Ersetzung des eigentlichen Ausdrucks durch einen anderen Ausdruck, der mit jenem in kausalem, räumlichem oder zeitlichem Zusammenhang steht. Die *Ironie* stellt die extreme Form der Substitution dar. Im Unterschied zur Allegorie, die zum ernsthaft gemeinten Gedanken in einem Vergleichsverhältnis steht, bringt die Ironie das Gegenteil des ernstlich Gemeinten zum Ausdruck.

Rhetorische Figuren

Die rhetorischen Figuren werden hier nur in knapper Auswahl vorgestellt. Zudem wird die herkömmliche Einteilung in Wort-, Satz-, Gedanken- und Klangfiguren im Anschluß an H. F. Plett[17] modifiziert. Werden bei den Tropen Texteinheiten ersetzt, so können mit rhetorischen Figuren Texteinheiten 1. in ihrer Position umgestellt, 2. wiederholt, 3. appellativ «gerichtet» und vor allem 4. quantitativ erweitert oder gekürzt werden.

1. Positionsfiguren:
Die Positionsfiguren beruhen entweder auf der Durchbrechung der regulären Syntax oder auf der Insistenz auf der regulären syntaktischen Anordnung.

Inversion: Verkehrung der sprachüblichen syntaktischen Wortstellung. Im Unterschied zur syntaktischen Inversion ist das *Hysteron proteron* («das Spätere zuerst») die Verkehrung der logischen oder chronologischen Folge, z. B.: «Ihr Mann ist tot und läßt Sie grüßen» (Goethe, *Faust*).

Hyperbaton (transgressio): Trennung zweier syntaktisch eng zusammengehörender Wörter durch Einschalten eines konstruktionsfremden dritten Elements, z. B.: «ir Tod, euch sei verfluchet» *(Ackermann aus Böhmen).* Die *versus rapportati* stellen als geschachtelte Aufzählung einen Sonderfall des Hyperbatons dar:

Die Sonn / der Pfeil / der Wind / verbrent /verwundt / weht hin
Mit Fewer /schärfe /sturm /mein Augen / Hertze / Sinn (Martin Opitz).

Isokolon: Parallelismus, syntaktische Koordination gleichrangiger Texteinheiten.

Grimmiger tilger aller lande,
schedlicher echter aller werlte,
freissamer mörder aller leute,
ir Tod, euch sei verfluchet ! (Johannes von Tepl, *Der ackerman,* 1,1–3).

Chiasmus: die korrespondierenden Glieder werden über Kreuz gestellt.

ein senedære unde eine senedærîn,
ein *man* ein *wîp*, ein *wîp* ein *man*,
Tristan Isolt, Isolt Tristan (Gottfried von Straßburg, *Tristan*).

2. Wiederholungsfiguren:

Geminatio (iteratio, epizeuxis): Wiederholung am Anfang: «Komm / komm /und lob den Schöpffer dein» (Grimmelshausen). Wiederholung in der Mitte: «Die Blätter fallen, fallen wie von weit» (Rilke). Wiederholung am Ende: «Singet leise, leise, leise» (Brentano).

Anadiplose (reduplicatio): Zusammenhang des letzten und des ersten Gliedes.

O Sonne der Wonne /
O Wonne der Sonne (Paul Fleming, hier zugleich Chiasmus).

Anapher: Wiederkehr desselben Wortes oder derselben Wendung am Anfang mehrerer aneinandergereihter Sätze oder Satzglieder. *Epipher:* Wiederholung am Ende. «*wo sint* die frumen, achtberen leute, als vor zeiten waren ?[...] *Wo sint sie hin*, die auf erden wohnten und mit Gote redeten [...] *Wo sint sie hin*, die auf erden saßen under der gestirne umbgengen [...] *Wo sint sie hin*, die sinnereichen [...]» (anaphorische Reihung aus dem *Ackermann aus Böhmen*, Kap. 17).

Pleonasmus: überflüssige inhaltliche Wiederholung («weißer Schimmel»), ähnlich der *Tautologie,* der Wiederholung des bereits Gesagten mit einem sinnverwandten Wort («voll und ganz»).

Polyptoton (traductio, metabole): Wiederholung des gleichen Wortes in verschiedenen Flexionsstufen. Die Wiederkehr von Wörtern desselben Stammes wird als *figura etymologica* bezeichnet, z. B.:

dâ was ir herze ersteinet:
dâ was niht *lebenes* inne
niuwan diu *lebende* minne
und daz vil *lebelîche* leit,
daz *lebende* ûf ir *leben* streit (Gottfried von Straßburg, *Tristan*)

Paronomasie (annominatio): Vorkommen klangähnlicher, jedoch bedeutungsverschiedener Wörter (vgl. Kalauer).

3. Appellfiguren:

Interrogatio: rhetorische Frage, die keine Antwort erfordert, weil sie diese schon implizite enthält, z. B. *Quousque tandem velis abutere patientia nostra* (Cicero, *In Catilinam*). *Concessio:* fiktive rednerische Kapitulation mit gleichzeitiger Überbietung durch Gegenargumente.
Prokatalepse (praeoccupatio): vorwegnehmende Widerlegung möglicher Einwände. «Du wirst einwenden...». *Aporie (dubitatio):* gespielter Zweifel (s. Exordium).
Exclamatio: Ausruf, durch Interjektionen («Ach» usw.). *Apostrophe:* Anrede eines «Zweitpublikums», z. B. Anruf von Göttern, Toten, Musen, Frau Minne usw.

4. Quantitätsfiguren:
Jedes Thema erlaubt eine ausgedehnte oder eine kurze Darstellung.

Figuren der Kürzung *(abbreviatio)*:
Asyndeton: Man spricht von asyndetischer Reihung, wenn die einzelnen Glieder sprachlich unverbunden bleiben, von syndetischer Reihung, wenn sie durch «und», «oder» bzw. durch ein anderes Bindewort zusammengehalten werden.
Ellipse: Worteinsparung. Andere Satzteile übernehmen die Funktion des fehlenden Satzteils. *Apokoinu:* ein Satzteil, der gleichmäßig zu zwei beigeordneten Sätzen gehört, wird in die Mitte zwischen beide ohne Verbindungswort gestellt. *Zeugma:* ein Verb beherrscht mehrere Objekte und Sätze, obgleich es nur für eines paßt, z. B. «Als Viktor zu Joachime kam, hatte sie Kopfschmerzen und Putzjungfern bei sich». Bei L. Sterne und Jean Paul u. a. ein gern benutztes Mittel der Komik.
Paralipse (praeteritio): bekundetes «Übergehen» eines Redegegenstandes unter tatsächlicher Nennung, z. B. «Ich schweige von seiner Tapferkeit...». *Aposiopese (interruptio):* Verschweigen des Wichtigen unter affektbetontem Abbruch der Rede.

Erweiterung (amplificatio):
Während die *abbreviatio* zur thematischen Reduktion unter Auslassung von Details führt, meint die *amplificatio* die eindringliche Auffächerung eines Themas in Details. Die Erweiterung erfolgt entweder durch zergliedernde Aufspaltung eines Themas nach dem Prinzip der Distribution oder durch Hinzufügung ständig neuer Details nach dem Prinzip der Addition.
Die Gattung des Tageliedes kommt mit einem Minimum von Konstituenten aus, die ständig aufs neue variiert werden. Bei Dietmar von Aist (um 1170) heißt es schlicht: «ein *vogellîn* sô wol getân daz ist der linden an daz zwî gegân» (MF 39,20–21). Oswald von Wolkenstein (1376–1445) amplifiziert: «die voglin klingen in dem hard, *amsel, droschel,* der *vinck,* und ein ziselin, das nennet sich *guggukh*» (Kl. 49).
Der Tannhäuser zitiert in seinem Kreuzlied[18] einen Katalog von zwölf Winden (*schrok, tremundane, mezzot, arsule* etc.), um am Ende hervorzuheben, daß er gerade nicht um solcher Kenntnisse willen die Fahrt ins Heilige Land angetreten habe, sondern *durch got.* Die Aufzählung hat eine Funktion: mit rhetorischen Mitteln wird «realistisch» von einer Seereise erzählt, die allegorisch gemeint ist. Oswald von Wolkenstein hat später den Windekatalog für sein Lied *Var, heng und laß* adaptiert.
Eine Form der distributiven Amplifikation ist die *Antithese:*
ICh seh' wohin ich seh / nur Eitelkeit auff Erden /
Was dieser heute bawt / reist jener morgen ein /
Wo jtzt die Städte stehn so herrlich / hoch vnd fein /
Da wird in kurtzem gehn ein Hirt mit seinen Herden:

5. Rhetorik und Metrik

> Was jtzt so prächtig blüht / wird bald zutretten werden:
> Der jtzt so pocht vnd trotzt / läst vbrig Asch vnd Bein [...]
> (Andreas Gryphius, *Vanitas, Vanitatum, Et Omnia Vanitas*).

Das *Oxymoron*, die syntaktische Einheit von einander ausschließenden Begriffen, ist die extreme Form der Antithese – eigentlich mehr als eine Stilfigur, geradezu eine Denkform. Als Oxymora werden z. B. in der schlesischen Mystik paradoxe Glaubensinhalte artikuliert:

> Man weiß nicht was man ist.
> Ich weiß nicht was ich bin /
> Ich bin nicht was ich weiß:
> Ein ding und nit ein ding:
> Ein stüpffchin und ein kreiß (Angelus Silesius, 1675).

Die *unio* der Liebenden wird von Gottfried von Straßburg mit Hilfe des Oxymorons umschrieben, das dann auch zum beherrschenden Stilzug petrarkischer und petrarkistischer Liebeslyrik wird:

> ein ander werlt die meine ich,
> diu samet in eime herzen treit
> ir süeze sûr, ir liebez leit,
> ir herzeliep, ir senede nôt,
> ir liebez leben, ir leiden tôt,
> ir lieben tôt, ir leidez leben (aus dem Prolog zum *Tristan*).

Francesco Petrarca (*Le Rime* 134)[19]

> Pace non trovo e non ho da far guerra;
> E temo e spero et ardo e sono un ghiaccio;
> E volo sopra 'l cielo, e giaccio in terra;
> E nulla stringo, e tutto 'l mondo abbraccio.
>
> Tal m'ha in pregion, che non m'apre né serra;
> Né per suo mi riten né scioglie il laccio;
> E non m'ancide Amor e non mi sferra,
> Né mi vuol vivo né mi trae d'impaccio.
>
> Veggio senz'occhi e non ho lingua e grido;
> E bramo di perir e cheggio aita;
> Et ho in odio me stesso et amo altrui.
>
> Pascomi di dolor, piangendo rido;
> Egualmente mi spiace morte e vita.
> In questo stato son, donna, per vui.

> Ich finde keinen Frieden und vermag nicht Krieg zu führen.
> Ich fürchte und hoffe, brenne und bin wie Eis.
> Ich fliege zum Himmel und liege auf der Erde.
> Ich fasse nichts und umarme die ganze Welt.
>
> Der mich gefangen hält, der öffnet weder schließt mir.
> Weder hält er mich als Sklave, noch löst er mir die Fessel.
> Und Amor tötet mich nicht, noch schließt er meine Ketten auf.
> Er will mich nicht lebend, noch zieht er mich aus der Bedrängnis.
>
> Ich sehe ohne Augen und ohne Zunge rufe ich.
> Ich verlange zu sterben und suche Hilfe.
> Ich hasse mich selbst und liebe anderswo.

5.4 Elocutio

Ich weide mich am Schmerz, weinend lach ich.
Auf gleiche Weise mißfällt mir Tod und Leben.
In diesem Zustand bin ich, Geliebte, euretwegen.

Descriptio (Ekphrasis) ist die amplifizierende Beschreibung eines Gegenstandes, einer Person, eines Ortes, von Tages- und Jahreszeiten. Die Beschreibung erfolgt nicht willkürlich, sondern systematisch nach den Frageformeln der *inventio*. Zweck der Beschreibung ist es, zu loben oder zu tadeln. Diese Ausrichtung auf Lob und Tadel zielt auf Normatives. Nicht das Charakteristische, Einmalige, Individuelle soll beschrieben werden, sondern man sucht im Besonderen das Allgemeingültige, Musterhafte, Typische. Darin trifft sich die Rhetorik mit der Theologie: dem Realismus gilt ja die in Gott ruhende objektive Wirklichkeit jenseits der subjektiven Wahrnehmung als das eigentlich Reale. Einen «Realismus» als Darstellung einer tatsächlichen Wirklichkeit um ihrer selbst willen darf es im Mittelalter nicht geben. Die Wendung des Nominalismus zum Besonderen und der Zug zum Detail in der rhetorischen *amplificatio* und *descriptio* haben die typisierende Darstellungsform gerade in der spätmittelalterlichen Literatur zwar modifiziert, aber nicht wesentlich verändert.

Da die *descriptio* hauptsächlich im *genus demonstrativum* verwandt wird, gelten für die Personenbeschreibung dieselben Topoi, die z.B. Quintilian für das Personenlob empfohlen hatte: *nomen, natura (sexus, patria, natio, qualitates animae et corporis), convictus, educatio, amici, officium, fortuna, habitus, studium, affectio, facta, orationes* etc. Es genügt aber nicht, den Topos-Charakter einer Descriptio zu erkennen, sondern die Analyse wird nach dem jeweiligen Zweck fragen. Das, was z.B. Einhard über die Lebensgewohnheiten Karls des Großen (Kap. 22ff.) und ähnlich Widukind über diejenigen Ottos I. zu erzählen wissen, mag historisch-biographisch zutreffen oder auch nicht. Ziel der Chronisten ist die Darstellung eines vorbildlichen Herrschers. Einhard benutzt zu diesem Zwecke die *Caesares* Suetons, Widukind stützt sich wiederum auf Einhard und Sueton.

Zahlreich sind in der mittelhochdeutschen Dichtung die Beschreibungen des Wunderbaren, des Häßlichen und des Schönen. Wenn Gottfried von Straßburg seine vorgebliche Unfähigkeit zur *descriptio* von Tristans Schwertleite beteuert, um so ein ironisches Alibi für seinen langen Literaturexkurs zu gewinnen, dann ist diese Distanzierung gleichwohl ein Indiz für die Beliebtheit der *descriptio* in der rhetorisch beeinflußten Literatur. Hartmann von Aue beschreibt im *Erec* (V. 7290ff.) ausführlich das wunderbare Pferd, das Enite zum Geschenk erhält. Die detaillierte *descriptio* macht in ihrem fiktiven Realismus das Wunderbare glaubhaft, das wiederum die höfischen Qualitäten der solchermaßen Beschenkten hervorhebt *(ouch mohte sis vil wol gezemen)*. Im *Iwein* (V. 425 ff.) wird die Häßlichkeit des *walttôren* ausgemalt: der *gebûre* verkörpert zugleich die Kehrseite des höfischen Schönheitsideals. Wolfram von Eschenbach beschreibt im *Parzival* (312,2-314,10) die schier unüberbietbare Häßlichkeit der Gralsbotin Cundrîe mit einer Reihe drastischer Vergleiche: die Nase eines Hundes, die Hauer eines Ebers, die Borsten eines Schweins, die Ohren eines Bären, dazu Affenhaut und Löwenklauen, aber gekleidet in Genter Leinen, geschnitten nach der neuesten französischen Mode, aber kundig des *latîn, heidensch, franzoys*, beschlagen in Dialektik und Geometrie, und vor allem hat sie bei aller Häßlichkeit die Tugend wahrer *triuwe*. – In der Memento mori-Tradition begegnen abschreckende Bilder des Todes, so beschreibt z.B. Heinrich von Melk den verwesenden Leichnam eines Ritters, der einst *hôflîchen* mit den Damen einherstolzierte und *troutliet* sang. Nicht nur der Tod ist häßlich, sondern auch das Alter. Oswald von Wolkenstein zählt in einem Lied (Klein, Nr. 5) die Symptome des Alters auf, in der Rolle eines Büßers und mit der Mahnung: «Wie Ihr jetzt seid, so waren wir; wie wir jetzt sind, so werdet Ihr.» Im mlat. *Ruodlieb*-Roman (14,3–64) aus der Mitte des 11. Jhs. wird eine alte Frau von Kopf bis Fuß beschrieben, um im Vergleich mit ihrer Schönheit in der Jugend die Widerwärtigkeit des Alters zu demonstrieren.

Im Minnesang dient die *descriptio* natürlich dem Preis der Schönheit der umworbenen Dame, so in Walthers von der Vogelweide *Si wundervol gemachet wîp* (L.-K. 53,25). Christian Hoffmann von Hoffmannswaldau verbindet in einem galanten Sonett Lob und Tadel, indem er der jetzigen Schönheit die künftige Häßlichkeit im Tode entgegensetzt. Die ironische Schlußpointe, daß die Natur ihr Herz «aus Diamant» gemacht, läßt in der Schwebe, ob die vorangehende antithetische Beschreibung nicht schon mehr Drohung und Absage als Werbung ist:

> Sonnet.
> Vergänglichkeit der schönheit. [1695]
> ES wird der bleiche todt mit seiner kalten hand
> Dir endlich mit der zeit um deine brüste streichen /
> Der liebliche corall der lippen wird verbleichen;
> Der schultern warmer schnee wird werden kalter sand /
> Der augen süsser blitz / die kräffte deiner hand /
> Für welchen solches fällt / die werden zeitlich weichen /
> Das haar / das itzund kan des goldes glantz erreichen /
> Tilgt endlich tag und jahr als ein gemeines band.
> Der wohlgesetzte fuß / die lieblichen gebärden /
> Die werden theils zu staub / theils nichts und nichtig werden /
> Denn opfert keiner mehr der gottheit deiner pracht.
> Diß und noch mehr als diß muß endlich untergehen /
> Dein hertze kan allein zu aller zeit bestehen /
> Dieweil es die natur aus diamant gemacht.

5.5 Persönliches Erlebnis und rhetorische Distanz

1933 wurde in einer Formelsammlung der Freiburger Universitätsbibliothek ein Brief des Johannes von Tepl aus Saaz an seinen Prager Freund Peter Rothirsch entdeckt. Es handelt sich um ein Begleitschreiben zur Übersendung des eben verfaßten *Ackermann aus Böhmen (epistola oblata ... cum libello ackerman de nouo dictato),* den der Autor ausdrücklich als rhetorisch konstituiert verstanden wissen will. Ein aufmerksamer Zuhörer werde das rhetorische Beiwerk *(rethorice accidencia)* herausfinden, das der Verfasser als «Ährenlese von meinem unfruchtbaren Acker» (dem «Acker der Wohlredenheit» nämlich) mit seinem in der ungelenken deutschen Sprache roh und derb zusammengeleimten Gebilde darbiete. Aber offensichtlich geht es um mehr als Akzidenzien; denn *rhetorice essencialia* prägen den Ausdruck. Lob und Tadel, *amplificatio* und *abbreviatio,* Figuren und Tropen wie Metapher und Ironie werden zu solchen Essentialien der im Ackermannbüchlein verwandten Mittel gezählt.

5.5 Persönliches Erlebnis und rhetorische Distanz

Jn eo tamen, per preassumptum grosse materie, jnveccio contra fatum mortis jneuitabile situatur, jn qua rhetorice essencialia exprimuntur.[20] Dieser Satz gilt seither als Schlüssel zur Interpretation: Der Text ist eine «*jnveccio*» (vgl. Invektive) – ein Streitgespräch, in welchem zwei Rechtsstandpunkte vertreten werden. Der *jnveccio* liegt eine «*grosse materie*» zugrunde; denn hier lehnt sich der Mensch gegen das unvermeidliche Schicksal des Todes auf – «*contra fatum mortis jneuitabile*», bevor er sich nach dem Urteil Gottes im Gebet mit dem Unabwendbaren abfindet. Was bedeutet dabei der Hinweis auf den essentiell rhetorischen Grundzug des *Ackermann aus Böhmen*?

In 32 Streitkapiteln stehen einander Ackermann und Tod gegenüber. Jenen *twinget leid zu klagen, diesen die anfechtung des klagers, die warheit zu sagen* (XXXIII). So heißt es in Gottes Richterwort, das beiden Parteien – begrenzt – ihr Recht zugesteht: dem Ackermann als Kläger die «Ehre», dem Tod als Angeklagten den «Sieg». Mit dem Gebet des Ackermanns erreicht der Dialog sein Ziel: die vorbildlich christliche Ergebung des Trauernden in den Willen Gottes, eine «mittelalterliche» Lösung, wenn man so will. «Neuzeitlich» mutet der Konflikt an. Die *klage* des Ackermanns ist ja nicht nur Anklage *(accusatio)*, sondern auch Klage *(lamentatio)* um den Tod der geliebten Ehefrau. Das *leid*, das in der Klage zum Ausdruck kommt, ist es, das den Leser auch heute noch betroffen macht. Er isoliert aus dem dreigliedrigen Textganzen den affektbetonten Part der Ackermann-Figur, setzt deren Position einem «Bekenntnis» des Autors gleich und hält den *Ackermann* insgesamt für eine «persönliche Erlebnisdichtung». Diese Deutung wird sogar gestützt durch historisch-biographische Zeugnisse, die wahrscheinlich machen, daß Margarethe, die erste Frau des Johannes von Tepl, tatsächlich unmittelbar vor der Abfassung des *Ackermann aus Böhmen* um 1400 gestorben ist.

Der Eindruck von «Ursprünglichkeit» und «Erlebnis», wie er von der Ästhetik des 19. Jhs. her naheliegt, wird jedoch relativiert durch den Hinweis des Autors auf die rhetorische Machart seines *dictamen* und durch die Nachweise der Forschung, die den Text nahezu bis ins letzte Detail der rhetorischen Tradition verhaftet sieht. Der *Ackermann aus Böhmen* ist geprägt von rationaler Distanz, ein «Stilkunstwerk» (A. Hübner) nicht nur im Formalen, sondern eine kompositorische Einheit auch im Gedanklichen (G. Hahn). In der Anordnung des Stoffes, in der Auseinandersetzung mit der literarischen Tradition liegt die persönliche Stellungnahme des Autors, nicht in der «Originalität des Einzelerlebnisses». Sie wäre für «das vollkommenste Stück Prosa in unserer älteren Literatur» (G. G. Gervinus) ein historisch unangemessenes Kriterium der Wertung. Ein biographischer Anlaß kann, aber muß nicht notwendig vorausgesetzt werden. Die Wirkungsintention geht aufs Überpersönlich-Allgemeine – der Ackermann spricht als «zweiter Adam» für den Menschen, der Tod argumentiert ohnehin für ein Naturgesetz. Eine – möglicherweise durchaus vorhandene – spontan-subjektive Erfahrung von Schmerz und Tod wird artikuliert in den vorgegebenen Mustern der Rhetorik, sie erscheint am Ende bewältigt und objektiviert als christliche Trauer. Dem äußeren prozessualen Rahmen entspricht ein innerer «Prozeß typisierender Einordnung» (G. Hahn), gipfelnd im *Amen* des Schlußgebets.

Im Prozeß der rhetorischen Distanzierung und Reflexion wird jedes persönliche Erlebnis einer «typisierenden Einordnung» unterworfen. Rhetorik wendet das Private ins Öffentliche, sieht im Besonderen stets das Allgemeine. Die Bindung an die rhetorische Tradition ermöglicht es dem Autor, das Einmalige als etwas wahrzunehmen und darzustellen, das sich bereits wiederholt oder das sich künftig wiederholen kann. Selbst Bekehrungen werden nicht als zutiefst private, sondern als nachahmenswerte Beispiele einer Entscheidung zur Umkehr erzählt. Wie auch immer Theologie und Religionspsychologie solche inneren Vorgänge beschreiben und deuten mögen, die rhetorische Literatur – und die ganze Hagiographie gehört dazu, weil sie etwas bewirken will – interessiert sich nicht für sie um ihrer selbst willen. Sie benutzt deren Unmittelbarkeit und Einmaligkeit zur Demonstration des Vorbildlichen. Sie zitiert und variiert vorgegebene Sprach-, Denk- und Verhaltensmuster. Als Beispiel mag hier der inspirierende «Griff zum Buch» dienen.

Augustin erzählt in den *Confessiones*[21] von seiner Bekehrung:

«Ich aber warf mich unter einem Feigenbaum zu Boden [...] und weinte in der bittersten Zerknirschung meines Herzens. Da auf einmal hörte ich aus dem Nachbarhaus die Stimme eines Knaben oder Mädchens im Singsang wiederholen: ‹Nimm es, lies es, nimm es, lies es!› [...] ich wußte keine andere Deutung, als daß mir Gott befehle, das Buch zu öffnen und die Stelle zu lesen, die zuerst ich träfe. Denn von Antonius hatte ich gehört, wie er bei einer Evangelienverlesung, zu der er sich von ungefähr eingefunden hatte, die Worte ‹Geh hin, verkaufe alles [..]› als wäre es für ihn vermeint [...] sich zur Mahnung genommen [...]. So ging ich eilends wieder an den Platz, wo Alypius saß; denn dort hatte er das Buch des Apostels hingelegt, als ich aufgestanden war. Ich ergriff es, schlug es auf und las still für mich den Abschnitt, auf den zuerst mein Auge fiel: ‹[...] ziehet an den Herrn Jesus Christus und pfleget nicht des Fleisches in seinen Lüsten.› [...] kaum war dieser Satz zu Ende, strömte mir Gewißheit als ein Licht ins kummervolle Herz [...]. Alypius [...] wollte sehen, was ich gelesen hätte: ich zeigte es ihm, und er las noch hinaus über die Stelle [...] ‹Des Schwachen im Glauben aber nehmt euch an.› Das bezog er auf sich [...]»

Augustin erinnert sich in diesem entscheidenden Augenblick seines Lebens an die inspirierende Wirkung einer Bibelstelle auf Antonius, Alypius wiederum folgt dem Beispiel Augustins und entdeckt gleichfalls ein Bibelwort, das er auf sich bezieht. Francesco Petrarca schlägt auf dem Mt. Ventoux Augustins *Confessiones* auf und vergleicht seine Reaktion ausdrücklich mit derjenigen von Antonius und Augustinus:

5.6 Zum Verhältnis von Rhetorik und Poetik

«Hingegen sah ich sehr klar zur Rechten die Gebirge der Provinz von Lyon, zur Linken sogar den Golf von Marseille [...]. Die Rhône lag mir geradezu vor Augen. Dieweil ich dieses eines ums andere bestaunte und jetzt Irdisches genoß, dann nach dem Beispiel des Leibes auch die Seele zum Höheren erhob, schien mir gut, in das Buch der Bekenntnisse des Augustin hineinzusehen [...]. Das faustfüllende Bändchen allerwinzigsten Formats, aber unbegrenzter Süße voll, öffne ich, um zu lesen, was mir entgegentreten würde [...]. Ich rufe Gott zum Zeugen an [...], daß dort, wo ich die Augen zuerst hinheftete, geschrieben stand: [...] Ich war wie betäubt [...], ich konnte nicht glauben, daß dies sich zufällig so gefügt hätte [...]. Ich rief mir dabei ins Gedächtnis zurück, daß genau das gleiche einst Augustin betreffs seiner selbst vermutet hatte [...]. Dasselbe war ja schon vorher einmal, wie sein Biograph Athanasius berichtet, dem Antonius geschehen [...]. Und wie Antonius [...] und wie Augustin, nachdem er jenes gelesen, nicht mehr weiter fortfuhr, so war auch für mich [...] das Lesen schon ganz erledigt, und schweigend bedachte ich, wie groß der Mangel an Einsicht bei den Sterblichen sei [...]».[22]

Die Reihe ließe sich bis zu Luthers Erlebnis im Wittenberger Klosterturm 1513 fortsetzen, wo das *in justitia tua libera me* wie eine Erlösung in seinem theologisch-exegetischen Ringen gewirkt haben muß. Der «Griff zum Buch» kann durchaus einen persönlichen Erlebnishintergrund haben, aber wenn er in den Texten wiederholt bei der Darstellung von Bekehrungssituationen zitiert wird, so ist er zum Topos der literarisch-rhetorischen Tradition geworden. In Petrarcas Selbststilisierung zum Beispiel dient er der effektvollen Inszenierung einer Kehrtwende. Eine Bergbesteigung um ihrer selbst willen und die Wahrnehmung der Landschaft muten vielleicht schon «neuzeitlich» an, aber sie geben nur die Kontrastfolie ab für die «mittelalterlich»-christliche Rückbesinnung auf das Heil der Seele. Die innere Umkehr und die äußere Geste des Griffs zum Buch sind Höhepunkte eines Rollenspiels. Petrarca stellt sein Erlebnis auf dem Gipfel als *imitatio* Augustins dar, zugleich beschreibt er damit seinen eigenen Weg als einen exemplarischen im christlichen Sinne.

5.6 Zum Verhältnis von Rhetorik und Poetik

Literarisches Selbstverständnis in volkssprachlichen Texten des Mittelalters ist vornehmlich aus Prologen und Epilogen zu erschließen. Aufschlußreich sind ferner literaturkritische Äußerungen in den Exkursen mancher Erzählungen und in der mhd. Spruchdichtung. Die mittelalterlichen Poetiken sind lateinisch. Sie gehen auf die antike Rhetorik und Kunsttheorie zurück. Sie haben die Kunstanschauung und die poetische Praxis in der volkssprachlichen Literatur beeinflußt, aber eine eigenständige Literaturtheorie gibt es hier höchstens in Ansätzen.

Noch die deutsche Barockpoetik, die mit dem *Buch von der Deutschen Poeterey* (1624) des Martin Opitz einsetzt, fußt weitgehend auf der rhetorischen Tradition der Antike und des Späthumanismus. Sie will mit rhetorischen Argumenten die *Ticht-Kunst* legitimieren und im Verfertigen von Dichtung unterweisen. Rhetorik und barocke Regelpoetik sind *artes*, Kunstlehren, die die Ausdrucksmöglichkeiten durch Sprache als nach Regeln erlernbar und herstellbar behandeln. Eine Barockpoetik ist zumeist eingeteilt in die «Dichtkunst» und in die «Reimkunst». Jene entspricht im wesentlichen der rhetorischen *inventio*-Lehre und – was die poetischen Gattungen anbelangt – der *dispositio*, diese erweitert die *elocutio* im Hinblick auf das Verfertigen metrisch-gebundener Rede.

«*Kunst*» ist ein Verbalabstraktum zu «können»: Handwerkliches Können und Wissen gehören im Mittelalter wie im Barock zur Kunst. Für das Gelingen einer Dichtung und einer Rede ist jedoch neben der Beherrschung solcher *ars* eine mit *natura* (mhd. *sin*) bezeichnete Veranlagung unabdingbare Voraussetzung. Darüber hinaus zeichnet den Dichter vor dem Redner nach Auffassung der Barockpoetiken ein besonderer «poetischer Geist», der *furor poeticus*, aus: eine von außen wirkende Eingebung, die darum noch nicht mit dem «ein Genie sein» gleichgesetzt werden kann. So regelhaft die Barockpoetiken auch immer sind, nie fehlt der Vorbehalt, wie ihn z. B. Opitz in seiner Vorrede formuliert: «bin ich doch solcher gedancken keines weges, das ich vermeine, man könne iemanden durch gewisse regeln vnd gesetze zu einem Poeten machen»; denn die Schriften der Poeten «auß einem Göttlichen antriebe vnd von natur herkommen».[23]

Rhetorische und poetische Texte haben zudem unterschiedliche Gegenstandsbereiche. Opitz postuliert, daß «die gantze Poeterey im nachäffen der Natur bestehe vnd die dinge nicht so sehr beschreibe wie sie sein, als wie sie etwan sein köndten oder solten.»[24] «Natur» meint hier den Gesamtbereich der Welt des Vorfindlichen. Der Redner behandelt wie der Historiograph das Reale, die *res factae*. Das «Nachäffen» des Dichters ist Nachahmung, Mimesis, *imitatio*. Der Dichter verwandelt kraft seiner Einbildung die *res factae* in eine neue Realität. Diese *res fictae* sind als fiktive Darstellung der *res factae* der Wahrheit ähnlich *(verisimilis)*. Das Fiktionalitätsproblem wird in der volkssprachlichen Literatur zuerst am Beispiel des Artusromans näher erörtert (s. u. 7.3.3 *der âventiure meine*). Aber auch der Tadel an Vers und Reim als «schöner Einkleidung der Lüge» führte auf die zentrale Frage, was denn das «eigentlich Poetische», nämlich die dichterische «Wahrheit» ausmache (s. u. 5.7.5).

Schönheit wird im Mittelalter mit Form und Proportion gleichgesetzt. Deshalb gilt die Vers- und Reimkunst vielfach als Prüfstein für dichterisches Können. Nicht selten gewinnt dabei die Form einen Eigenwert, dem gegenüber der Inhalt verblaßt. Konrad von Würzburg (um 1225/30–87) hat z. B. ein Tagelied (E. Schröder, Nr. 30) gedichtet, in welchem jedes Wort auf ein anderes reimt:

5.7 Zur Metrik der mittelhochdeutsch-höfischen Dichtung

Swâ tac er- schînen sol zwein liuten,
die ver- borgen inne liebe stunde müezen tragen,
dâ mac ver- swînen wol ein triuten:
nie der morgen minne- diebe kunde büezen clagen.
er lêret ougen weinen trîben;
sinnen wil er wünne selten borgen.
swer mêret tougen reinen wîben
minnen spil, der künne schelten morgen.
(*verswînen* stv. verschwinden, unsichtbar werden.)

Ein solcher Text ist wohl kaum «poetischer Raserey» entsprungen, sondern er ist um des Reimes willen konstruiert, ist virtuoses Formkunstwerk und will als solches gewertet sein. Eine historisch adäquate Textanalyse muß diesen metrisch-formalen Aspekt berücksichtigen. Deshalb soll im folgenden die Metrik der älteren deutschen Dichtung in ihren Grundzügen nach der Konzeption Andreas Heuslers skizziert werden, auch wenn diese im einzelnen der Revision bedarf. Die Beispiele sind zumeist den Darstellungen von S. Beyschlag und W. Hoffmann entnommen.

5.7 Zur Metrik vor allem der mittelhochdeutsch-höfischen Dichtung

5.7.1 Gebundene Rede

Gegenstand der Metrik ist die rhythmisch geregelte «gebundene Rede» – im Unterschied zur eher ungebundenen Rede des «prosaischen Alltags». Es gibt auch eine Kunstprosa (in den päpstlichen Urkunden wurde z. B. zeitweilig der Satzschluß rhythmisch geregelt: *cursus*), aber eigentlich meint *Prosa* < lat. *prorsa* < *provorsa (oratio)* die «geradeaus gerichtete» Rede, während die an eine bestimmte Folge betonter Silben und an Reime gebundene Rede «Umwege» in Kauf nimmt.

Den Text eines Gedichtes nannte man im Mittelhochdeutschen *wort*, dessen Melodie die *wîse;* metrische Bauform und Melodie zusammen oder auch die Verbindung einer bestimmten Strophenform mit einer bestimmten Melodie bezeichnete man als *dôn*. Dem Erfinder eines *dônes* wurden im Spätmittelalter gewisse «Urheberrechte» zuerkannt. Bis gegen Ende des 15. Jahrhunderts dichtete man im Meistergesang hauptsächlich in den Tönen der «zwölf alten Meister» (darunter Walther von der Vogelweide, Konrad von Würzburg, Frauenlob, Regenboge und der Marner). Mhd. *rîm* kann zwar auch «Reim» bedeuten, aber die Bedeutung «Vers» dominiert. Die Einzelstrophe heißt *daz liet*, die Strophengruppe *diu liet*. In der Epik wird auch ein ganzes Epos *liet* genannt – *daz ist der Nibelunge liet*, so endet die Donaueschinger Handschrift.

Der Textdichter war oft zugleich Komponist und Sänger, so z. B. Oswald von Wolkenstein. Nicht nur Lied, Spruch und Leich, also die

Hauptgattungen der «Lyrik», konnten gesungen werden, auch für die strophische Epik, zumindest für die der nachklassischen Zeit, wird ein Nebeneinander von sanglichem und Sprechvortrag angenommen. Die Melodie ist mitbestimmend für die Form der Texte, wenngleich kaum inhaltlich gebunden. Darum sind Kontrafakturen möglich, die ja metrische und musikalische Gleichheit bei inhaltlicher Verschiedenheit bedeuten (vgl. z. B. die geistlichen Umdichtungen weltlicher Lieder). Die Überlieferung der Melodien zu mhd. Texten ist jedoch – gemessen an derjenigen zur Trobadorlyrik – äußerst schmal.

Die bedeutendsten Handschriften zum Minnesang (A: Kleine Heidelberger Liederhs., B: Weingartner oder Stuttgarter Liederhs., C: Große Heidelberger, Manessesche Hs.) enthalten keine Melodien. Die wichtigsten Handschriften mit Melodien sind die Jenaer Handschrift (J) aus dem 2. Viertel des 14. Jahrhunderts in römischer Quadratnotation (Choralnotation) und die Kolmarer Liederhandschrift aus der Mitte des 15. Jahrhunderts in gotischer Hufnagelschrift; beide Handschriften überliefern den späten Minnesang, die Spruchdichtung und den Meistersang in Notationen, die rhythmisch mehrdeutig sind. Außerdem zeigen die Neumen über oder neben dem Text wohl das An- und Absteigen der Melodie an, nicht aber die absolute Tonhöhe. Erst im 15. Jh. begegnet in Deutschland die Mensuralnotation.

5.7.2 Reim

Die altgermanische Dichtung ist Stabreim- oder Alliterations-Dichtung. In Stabreimen abgefaßt sind z. B. die altnordischen Götter- und Heldenlieder der *Edda*, das altenglische Epos *Beowulf*, die altsächsische Evangelienharmonie des *Heliand* und das *Hildebrandslied*.

Stabreim meint den Gleichklang des Worteinsatzes. Die Anlaute der Haupthebungen sind gleich: Aufeinander staben können anlautende Konsonanten: *Hiltibrant enti Ha̅ðubrant untar h̅eriun tuem* und alle Vokale, also auch / a / mit / e/, / u / mit / i / usw.

Beispiel einer Langzeile mit Stabreim aus dem *Hildebrandslied*:

[«Sie machten fertig ihre Kampfhemden, sie gürteten ihre Schwerter an»]

gárutun sè iro |	gu̇̀ðhàmun, ‖	gúrtun sih iro |	suért àna.‖
1. Langtakt,	2. Langtakt,	3. Langtakt,	4. Langtakt
1. Stab: a	2. Stab: a	3. Stab: a	stabreimlos: x
(«Stollen»)	(«Stollen»)	Hauptstab	

Anvers — Abvers

1 Kurzzeile — 1 Kurzzeile

1 Langzeile (aa–ax)

Der Stabreim ist der Mündlichkeit verhaftet; Buchepen im Stabreim wie der *Beowulf* und der *Heliand* sind die Ausnahme, späte Ausläufer der germanischen Formtradition. Im 9. Jahrhundert, bei zunehmender Ver-

5.7 Zur Metrik der mittelhochdeutsch-höfischen Dichtung

schriftlichung der Literatur, wird der Stabreim abgelöst durch die Endreim-Strophe. Otfried von Weißenburg wählt für seine Evangelienharmonie (863/71) diese neue Form, wohl eine Nachbildung spätantikchristlicher Muster.

Endreim heißt Gleichklang vom Vokal der letzten betonten Silbe an. Klanggleichheit begegnet im Ahd. als Stammsilbenreim *(hánt: lánt)*, als Stamm- und Endsilbenreim *(fúazè: grúazè)* oder allein als Endsilbenreim *(áfaròn : rédinòn)*. Häufiger als die Klanggleichheit reiner Reime ist jedoch im Alt- und Frühmittelhochdeutschen die Klangähnlichkeit *(Assonanz)*. Bei solchen unreinen Reimen sind nicht nur der Anlaut, sondern auch weitere Konsonanten und Vokale der reimenden Silben ungleich: *hant: kalt, hant: munt.*

Im mhd. Versbau nimmt im Laufe des 12. Jhs. die Tendenz zur metrischen Glättung und zur Reinheit des Reims zu. Am Anfang der neuen höfischen Formkunst steht Heinrich von Veldeke (ab 1170), dessen Leistung schon Gottfried von Straßburg im Literaturexkurs des *Tristan* (4738 f.) gewürdigt hat: *er inpfete daz êrste rîs in tiutscher zungen.*

Üblich ist zunächst die Unterscheidung zwischen männlichem und weiblichem Reim. Werden einsilbige Wörter gebunden, spricht man von *männlichem* Reim *(tôt: nôt)*. Folgt der betonten Silbe noch eine ebenfalls am Reim beteiligte unbetonte, liegt *weiblicher* Reim vor. Beim *rührenden* Reim stimmen auch die Konsonanten, die in der Tonsilbe vor dem letzten vollbetonten Vokal stehen, überein: *sîn : sîn*. Nach der Stellung werden v. a. folgende Arten des Endreims unterschieden (die Gleichklänge kennzeichnet man im Reimschema mit den kleinen Buchstaben des Alphabets): *Paarreim:* a a b b; *Kreuzreim:* a b a b; *umarmender Reim:* a b b a; *verschränkter Reim:* a b c a b c; *Schweifreim:* a a b c c b. Neben dem Endreim kann es den Binnenreim geben, wenn Wörter innerhalb eines Verses sich reimen. In der Handschrift C des Nibelungenliedes und im *Jüngeren Titurel* finden sich *Zäsurreime*, d. h. daß die Anverse in der Zäsur der Langzeile genau wie die Abverse untereinander reimen.

Das Verhältnis zwischen Reim und Satz läßt sich als Reimbindung oder als Reimbrechung bestimmen. Bei der *Reimbindung* bilden die Zeilen, die durch den Reim aufeinander bezogen werden, auch eine syntaktische Einheit. Bei der *Reimbrechung* sind die durch den Reim vereinigten Zeilen syntaktisch getrennt, und umgekehrt bilden die syntaktisch gebundenen Zeilen kein Reimpaar.

5.7.3 Takt und Versfüllung

Wenn in einer metrisch gebundenen Rede herausgehobene Sprechteile in annähernd gleichem Zeitabstand wiederkehren, stellt sich beim Hörer eine Vorauserwartung ein. Die mehr oder minder regelmäßige Abfolge betonter Silben evoziert den Eindruck eines *metrischen Grundschemas*, das also auf dem Prinzip der Wiederholung beruht. Dieses allgemeine metrische Grundschema steht in einem Spannungsverhältnis zum *Versrhythmus*, der die jeweils besondere Verwirklichung und Variation des metrischen Schemas meint. Rhythmische Festlegungen sind dementsprechend stark von der subjektiven Wahrnehmung des einzelnen Hörers und Sprechers abhängig. Darum werden im folgenden nur die Kriterien zur Beschreibung des metrischen Rahmens vorgestellt:

Wortgruppen unterliegen einem geregelten Wechsel von betonten und unbetonten oder schwachbetonten Silben. Betonte Silben heißen *Hebungen*, wobei zwischen Haupthebungen für hauptbetonte Silben und Nebenhebungen für schwachbetonte Silben unterschieden wird. Unbetonte Silben stehen in der *Senkung*. Hebung und Senkung bilden die Einheit des *Verstaktes*. Jeder Takt beginnt mit einer Hebung! Die Füllung des abstrakten Begriffs «Takt» mit konkreten Hebungs- und Senkungssilben heißt *Versfüllung*. Mehrere Takte ergeben eine metrisch geregelte *Verszeile*. Verse lassen sich nach der Taktzahl als 3-, 4-, 6taktige Verse usw. bestimmen. Grundformen sind die 8taktige Langzeile und die 4taktige Kurzzeile. Die *Langzeile* besteht aus zwei unselbständigen Halbzeilen, dem *Anvers* und dem *Abvers*, voneinander getrennt durch eine Zäsur. Diese erscheint im Vortrag als Pause, zugleich bezeichnet sie im deutschen Vers eine syntaktische Trennung. Das Verhältnis zwischen Vers und Satz kann sich darstellen einmal als *strenger Zeilenstil*, wenn metrische und syntaktische Periode zusammenfallen, zum anderen als *Haken*- oder *Bogenstil*, wenn sie auseinanderfallen, so daß der Satz inmitten des Verses endet und der Vers inmitten des Satzes. (Hierher gehört auch der – besonders in der Reimpaardichtung übliche – Terminus *Enjambement* oder Zeilensprung, wenn ein Satz ohne Einschnitt über das Versende in den nächsten Vers reicht.) Beim *freien Zeilenstil* schließlich fällt das Satzende nicht mit jedem Versende zusammen, sondern nur mit jedem zweiten, dritten usw.

Prinzipiell besteht ein Unterschied zwischen antiker, romanischer und germanisch-deutscher Metrik: Die antike Metrik rechnet mit langen und kurzen Silben – sie mißt quantitativ die Tondauer. Die romanische Metrik zählt die Silben, oft ohne Rücksicht auf den Wortton. Die germanisch-deutsche Metrik akzentuiert dagegen – sie wägt betonte und unbetonte Silben nach Tonhöhe (musikalischer Akzent) und nach Tonstärke (dynamischer Akzent). Tatsächlich ist es jedoch in der deutschen Versgeschichte immer wieder zur Vermischung dieser Systeme gekommen:

In der mittellateinischen Lyrik spiegelt sich z. B. der Übergang vom antiken silbenmessenden zum silbenzählenden und akzentuierenden Vers wider. Hier gibt es neben den nach Länge und Kürze quantitierenden

5.7 Zur Metrik der mittelhochdeutsch-höfischen Dichtung

versus die *rhythmi*, die rhythmisch gebaut sind, mit Hebungen und Senkungen nach dem Wortakzent (z. B. *gaúdeámus igitúr iúvenés dum súmus*). Da die antike Literatur bis weit in die Neuzeit den volkssprachlichen Literaturen als das große Vorbild gilt, bemühte man sich jahrhundertelang um die Adaptation der antiken Metrik. Der Länge im Griechischen und im Lateinischen entspricht im Deutschen die betonte Silbe, der Kürze die unbetonte Silbe. (*Jambus:* «geléhrt», *Trochäus:* «Róse», *Anapäst:* «Paradíes», *Daktylus:* «Kőnigin».) Seit dem 12. Jh. wird im deutschen Minnesang die romanische Silbenzählung nachgeahmt, doch so, daß in der Regel metrische und sprachliche Hebungen zusammenfallen. Im spätmittelalterlichen Meistergesang allerdings verstieß die genaue Einhaltung der Silbenzahl vielfach gegen den Wortakzent. Wenn sprachlich unbetonte Silben in die Hebung und sprachlich betonte Silben in die Senkung gestellt werden, spricht man von Tonbeugung. Erst Martin Opitz bewirkte die Abkehr von der mechanischen Silbenzählung zur Alternation betonter und unbetonter Silben, und damit war die Rückkehr zur natürlichen Wortbetonung eingeleitet.

Dem germanisch-deutschen Vers eignet eine große Flexibilität, die sog. *Füllungsfreiheit:* Je nach Art der Versfüllung unterscheidet man verschiedene Taktarten unter der Voraussetzung, daß die Zeitdauer von einer Hebung zur anderen innerhalb der Zeilen bzw. der Zeilengruppen gleich groß bleibt. Daraus erwächst die Vorstellung eines bestimmten relativen Zeitwerts der Taktteile. Als Grundwert gilt die *Mora*, der man den Zeitwert eines Viertels gibt. Bei einem regelmäßigen Zweivierteltakt hat jeder Takt ebenso viele Silben wie metrisch-musikalische Taktteile (Moren). Aber im germanisch-deutschen Vers deckt sich die Zahl der Silben nicht immer mit der der Taktteile. Um v. a. diese Füllungsfreiheit zu erfassen, hat Andreas Heusler eine an die Notenschrift angelehnte metrische Zeichensprache entwickelt:

⊔ vier Viertel | Taktstrich
∟ drei Viertel ‖ Versgrenze
— eine Halbe :‖ Wiederholung
× ein Viertel ´ Haupthebung
∪ ein Achtel ` Nebenhebung
∧ eine Viertel-Pause

Jede Verszeile hat drei *Versgegenden:* Verseingang – Versinneres – Versausgang (Kadenz).

1. Der *Verseingang* beginnt entweder mit einer Hebung, d. h. mit einem Takt, oder mit unbetonten Silben, d. h. mit einem *Auftakt*. Zu diesem gehören also alle unbetonten Silben, die vor der ersten Hebung stehen.

Der Auftakt spielt für das rhythmische Verhältnis der Verse untereinander eine Rolle. Schließt ein Vers mit einer Hebung, so liegt *Synaphie* vor, wenn der nächste mit einem Auftakt beginnt, z. B. | ×́ ∧ || ×. Verbindet sich Ausgang auf Hebung mit der Auftaktlosigkeit des nächsten Verses, so handelt es sich um *Asynaphie*, weil nun zwei Hebungen zusammentreffen und «ungefugt» den Rhythmus unterbrechen: | ×́ ∧ || ×́ × |.

2. Im *Versinneren* herrscht Füllungsfreiheit. Nicht jeder Takt ist einfach mit einer Hebungs- und mit einer Senkungssilbe ausgefüllt, sondern er kann z. B. auch aus einer betonten Hebungssilbe und zwei unbetonten Senkungssilben bestehen oder auch nur aus einer Hebungssilbe, die den ganzen Takt ausfüllt.

Bei einsilbigem Takt kann entweder die Senkungssilbe ausfallen und die Hebungssilbe über den ganzen Takt gedehnt werden oder die Hebungssilbe behält ihre normale Dauer und die Senkung wird pausiert. Den sprachlichen Ausfall der Senkung bezeichnet man als *Synkope der Senkung* | ×́ ∧ | :

ez / wǽre / mán / óder / wíp (*Iwein*)
× | ×́ × | ×́ ∧ | ×́ × | ×́ ∧ |

Die Dehnung der Hebungssilbe über den ganzen Takt wird als *beschwerte Hebung* bezeichnet | −́ | :

diz / vlíe- / gènde / bí- / spèl (*Parz.*)
× | −́ | ×́ × | −́ | ×́ ∧ |

Eine beschwerte Hebung ist möglich bei langen Tonsilben. Als solche gelten:
1. offene Silben, die auf langen Vokal oder Diphthong ausgehen (*sê, vüe-gen*);
2. geschlossene (d. h. mit einfacher oder mehrfacher Konsonanz auslautende) Silben mit kurzem oder langem Vokal oder Diphthong (*spil, waz-zer, hant, arm, guot*).

Die Tonsilben der Metrik unterscheiden sich von den etymologischen Wurzelsilben der historischen Grammatik: Hier ist eine Wurzelsilbe lang, wenn sie einen langen Vokal oder einen Diphthong enthält (*sê, huon*) oder wenn auf den kurzen Wurzelvokal Doppelkonsonanz folgt (*hant*). Eine Wurzelsilbe ist kurz, wenn auf einen kurzen Wurzelvokal nur eine einfache Konsonanz folgt (*tac*). Während eine Wurzelsilbe nach der Etymologie getrennt wird (*tag - es*), konstituiert sich die Tonsilbe einfach nach der Aussprache (*ta -ges*).

Beim dreisilbigen Takt sind Spaltung der Senkung und Spaltung der Hebung möglich. Eine kurze Stammsilbe mit darauffolgender Silbe kann einer langen Stammsilbe in der Hebung entsprechen. Das Hebungsviertel wird in zwei Achtel gespalten, die dem Viertel in der Senkung voranstehen – *Spaltung der Hebung* | Ú ∪ × | :

si / jéhet er / lébe noch / híu- / tè (*Iwein*)
× | Ú ∪ × | Ú ∪ × | −́ | ×́ ∧ |

Oder das Senkungsviertel spaltet sich in zwei Achtel – *Spaltung der Senkung* | ×́ ∪ ∪ | :

ich / méine den / wérden / Párzi- / vâl (*Parz.*)
× | ×́ ∪ ∪ | ×́ × | ×́ × | ×́ ∧ |

5.7 Zur Metrik der mittelhochdeutsch-höfischen Dichtung

3. Beim *Versausgang (Kadenz)* kann a) die Senkung des letzten Taktes pausiert sein oder b) die Senkung des letzten Taktes gefüllt werden oder c) der ganze letzte Takt ungefüllt bleiben.

a) Bleibt die Senkung des letzten Taktes pausiert, gibt es vier Möglichkeiten:
Ausgang auf lange oder kurze Stammsilbe in der letzten Hebung – *einsilbig voll* (v) | x́ ∧ | :

ein / rítter / dér ge- / léret / wás (*Iwein*)
x́ | x́ x | x́ x | x́ x | x́ ∧ |

Ausgang auf kurze Stammsilbe in der letzten Hebung mit einer darauffolgenden Silbe – *zweisilbig voll* (v) | ú ∪ ∧ | :

ir / múezet / ír ge- / vángen / wésen (*Iwein*)
x́ | x́ x | x́ x | x́ x | ú ∪ ∧ |

Ausgang auf lange Stammsilbe in der vorletzten – beschwerten – Hebung mit unmittelbar darauffolgender Endsilbe in der letzten Hebung – *zweisilbig klingend* (k) | –́ | x́ ∧ | :

der mit / stǽ- / tèn ge- / dán- / kèn (*Parz.*)
∪ ∪ | –́ | x́ x | –́ | x́ ∧ |

Ausgang auf kurze Stammsilbe in der vorletzten Hebung mit Senkungssilbe und mit Endsilbe in der letzten Hebung – *dreisilbig klingend* (k) | x́ x | x́ ∧ | :

dô / réit von / Trónege / Háge- / nè (*Nibelungenlied*)
x́ | x́ x | ú ∪ x | x́ x | x́ ∧ |

b) Die Senkung des letzten Taktes ist gefüllt – *weiblich voll* (wv) | x́ x | :

Múget ir / schóuwen / wáz dem / méien (*Walther*)
| ú ∪ x | x́ x | x́ x | x́ x |

c) Hebung und Senkung sind pausiert, so daß der ganze letzte Takt sprachlich ungefüllt bleibt – *stumpf* (s) | ∧́ ∧ | :

den / tróum / sì dô / ságe- / tè ir // múoter / Úo- / tèn (*Nibelungenlied*)
|| x́ x | –́ | x́ ∧ | ∧́ ∧ |

Die Zahl der Senkungssilben bei langen Innentakten und Auftakten läßt sich vermindern durch Tilgung des unbetonten Reduktionsvokals /e/. Beim Zusammentreffen zweier Vokale im Hiatus kann der Endvokal oder der Anfangsvokal fortfallen, was die Herausgeber durch Unterpunktung anzeigen /ę/. Fällt der auslautende Vokal weg, liegt *Elision* vor, z. B. *der miltę ein degen*. Das Gegenstück zur Elision ist die *Aphärese*. Der Fortfall des anlautenden Vokals führt zur Verschmelzung *(Synalöphe)* beider Wörter, z. B. *dô ich > dôch*.

Solche Verkürzungen sind auch außerhalb der metrisch geregelten Rede sprachüblich. Dann nennt man den Fortfall eines auslautenden Vokals *Apokope (ich vare ›ich var). Synkope* ist der Ausfall eines unbetonten Vokals im Wortinneren zwischen zwei Konsonanten *(er sihet >er siht)*. Wenn dabei das unbetonte Wort seine Eigenständigkeit verliert und sich bis zu völliger Verschmelzung an das folgende Wort anlehnt, so spricht man von *Proklise (daz ich >deich, ich ne >ine)*. *Enklise* ist dagegen Anlehnung an das vorangehende Wort *(bist du >bistu, in deme >ime)*.

5.7.4 Strophenformen

Bilden Verszeilen über das Reimpaar hinaus Einheiten von bestimmtem, in sich geschlossenem Bau, liegt eine *strophische* Form vor. Werden Verszeilen dagegen einfach fortlaufend aneinandergereiht, spricht man von unstrophischer oder *stichischer* Form. In der höfischen Epik (bes. im Artusroman) dominiert der paarweise gereimte Viertakter: *Ein rítter sô geléret was / dáz er án den búochen lás* ... In Minnesang und Spruchdichtung sowie überwiegend in der Heldenepik begegnen dagegen strophische Formen.

In der mhd. Lyrik ist die verbreitetste Form des weltlichen Liedes die *Kanzone*, deren Strophenform sich aus den Reimverhältnissen erschließt. Die Kanzone ist dreiteilig oder stollig gebaut. Sie besteht aus zwei metrisch und musikalisch gleichartigen Teilen und aus einem dritten, metrisch und musikalisch verschiedenen Teil. Die beiden gleichartigen und gleichwertigen Teile sind – nach einem Terminus des Meistergesangs – die *Stollen*. Sie bilden zusammen den *Aufgesang*, der ungleiche dritte Teil ist der *Abgesang*. Die Gleichheit der Stollen gründet sich auf die Melodie. Der zweite Stollen wiederholt den Melodieteil des ersten Stollens, während der Abgesang einen neuen Melodieteil bringt. Beide Stollen stimmen im metrischen Bau ebenfalls überein. Verszahl, Hebungszahl der Verse, Art und Stellung der Reime sind gleich. Seit Walther von der Vogelweide herrscht der stollige Strophenbau auch in der Spruchdichtung vor. Im Meistersang steht nurmehr der erste Teil des Abgesangs in kompositorischem Kontrast zum Aufgesang, während der zweite den Stollen wiederholt.

Eine Strophe in Kanzonenform von Walther von der Vogelweide (L.-K. 45, 37):

Sô die bluomen ûz dem grase dringent,	6 ka	} I	} A	(I. Stollen)
same si lachen gegen der spilden sunnen,	6 kb			
in einem meien an dem morgen fruo,	5 vc			(Aufgesang)
und diu kleinen vogellîn wol singent	6 ka	} II		(II. Stollen)
in ir besten wîse die si kunnen,	6 kb			
waz wünne mac sich dâ gelîchen zuo?	5 vc			
ez ist wol halb ein himelrîche.	5 kd		} B	(Abgesang)
suln wir sprechen waz sich deme gelîche,	6 kd			
sô sage ich waz mir dicke baz	4 ve			
in mînen ougen hât getân,	4 vx			
und tæte ouch noch, gesæhe ich daz.	4 ve			

5.7 Zur Metrik der mittelhochdeutsch-höfischen Dichtung

Eine Sonderform der mhd. Lyrik und zugleich ihr Prunkstück ist der *Leich* (< germ. **laikaz* Tanz, Spiel), formal verwandt mit der mlat.-kirchlichen Sequenz und mit dem prov.-frz. *lai* und der *estampie*. Die Entstehung des Leichs ist unklar. Konstitutiv für den Aufbau sind jedenfalls ungleiche Abschnitte, die *Versikel*, die einander paarig zugeordnet sind und einmal oder mehrfach metrisch und musikalisch wiederkehren. Dieses Prinzip der Responsion läßt sich am besten an der Sequenz verdeutlichen.

> Die Sequenz entstammt der Messe. Auf das *Graduale* folgte (lat. *sequi*) ein vom Chor gesungenes Halleluja, dessen einzelne Silben (bes. das / a / der Endsilbe) in vielen Tonvariationen ausgehalten wurden. Diesem *Melisma*, nämlich den Tönen, wurden dann Wörter unterlegt – auf jeden Ton kam in der Sequenz eine Silbe. Berühmt wurden im 10. Jh. die Sequenzen von Tuotilo und Notker Balbulus in St. Gallen. Der Gesamtchor sang ein eingliedriges Eingangsstück (A). Dann folgten paarige Stücke, deren erste Hälfte (a^1) vom ersten Halbchor, deren zweite Hälfte (a^2) vom zweiten Halbchor gesungen wurden: *niedere Responsion* (im Unterschied zur *höheren Responsion*, wenn eine ganze Folge von ungleichen paarigen Gruppen wiederholt wurde). Den Schlußteil (B) sang wieder der Gesamtchor.

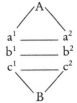

Nach diesem Grundmuster sind der Kreuzleich des Heinrich von Rugge, der Minneleich des Ulrich von Gutenburg und andere Leichdichtungen von Walther von der Vogelweide, Reinmar von Zweter, Konrad von Würzburg, Frauenlob, vom Tannhäuser usw. konzipiert.

In der frühen donauländischen Minnelyrik (um 1150/70) des Kürenbergers begegnet eine Strophenform, die weitgehend mit derjenigen des Nibelungenliedes in der Heldenepik übereinstimmt, das ebenfalls im passauisch-donauländischen Raum entstanden ist. Die Kürenberger-Strophe besteht aus 2 endreimenden Langzeilenpaaren. Die 4 Anverse enden klingend. Während in den ersten 3 Abversen nur 3 sprachlich realisierte Hebungen vorhanden sind und der vierte Takt pausiert ist (stumpfe Kadenz), füllt der vierte Abvers auch den vierten Takt. Außerdem findet sich im zweiten Takt des vierten Abverses eine beschwerte Hebung. Dadurch entsteht ein doppelt betonter Strophenschluß.

Zunächst die Akzentuierung von MF 8,33:

> Ich / zóch mir / eínen / vál- / kèn // mére / dánnę ein / jár. //
> dó ich / ín ge- / záme- / tè, // als / ích in / wólte / hán, //
> und / ích im /sín ge- / víde- / rè // mit / gólde / wól be- / wánt, //
> er / húop sich / úf vil / hó- / hè // und / vlóuc in / án- / dèriu / lánt. //

Dann das metrische Schema dieser Kürenberger-Strophe:

```
x | x̌ x | x̌ x | ⌣́ | x̌ ʌ || x̌ x | x̌ x | x̌ x | x̌ ʌ | ˊ ʌ ||        4 k/4 sa
| x̌ x | x̌ x | x̌ x | x̌ ʌ || x̌ x | x̌ x | x̌ x | x̌ ʌ | ˊ ʌ ||       4 k/4 sa
x | x̌ x | x̌ x | x̌ x | x̌ ʌ || x̌ x | x̌ x | x̌ x | x̌ ʌ | ˊ ʌ ||      4 k/4 sb
x | x̌ x | x̌ x | ⌣́ | x̌ ʌ || x̌ x | x̌ x | ⌣́ | x̌ x | x̌ ʌ ||         4 k/4 vb
```

Zum Vergleich das metrische Schema der 2. Strophe des Nibelungenliedes:

Ez / wúohs / ìn Bur- / gón- / dèn // ein vil / édel / máge- / dín
```
x | ⌣́ | x̌ x | ⌣́ | x̌ ʌ || x̌ x | x̌ x | x̌ x | x̌ ʌ | ˊ ʌ ||         4 k./4 s.a
```
/ dáz in / állen /lán- / dèn // niht / schóeners / móhte / sín
```
| x̌ x | x̌ x | ⌣́ | x̌ ʌ || x̌ | x̌ x | x̌ x | x̌ ʌ | ˊ ʌ ||           4 k./4 s.a
```
/ Kríem- / hìlt ge- / héi- / zèn // si / wárt ein / scóene / wíp
```
| ⌣́ | x̌ x | ⌣́ | x̌ ʌ || x̌ | x̌ x | x̌ x | x̌ ʌ | ˊ ʌ ||             4 k./4 s.b
```
dar / úmbe / múosen / dége- / nè // víl ver- / líe- / sèn den / líp
```
x | x̌ x | x̌ x | x̌ x | x̌ ʌ || x̌ x | ⌣́ | x̌ x | x̌ ʌ ||            4 k./4 v.b
```

Aus der Kürenberger- bzw. der Nibelungen-Strophe ist die *Kudrun*-Strophe hervorgegangen, deren Hauptmerkmal die Sechstaktigkeit des letzten Abverses ist. Außerdem haben die dritte und vierte Langzeile klingenden Ausgang. Die Dietrichepik ist teils in Reimpaarversen gehalten *(Biterolf, Laurin, Dietrichs Flucht)*, teils kombiniert sie wie in der *Rabenschlacht* die dritten und vierten Langzeilen von Nibelungenlied und Kudrun zu einer neuen sechszeiligen Strophe, teils wird wie im Bernerton *(Eckenlied, Goldemar, Sigenot, Virginal)* eine viertaktige 13zeilige Strophe durch Reimvariation erreicht: Schweifreim (aabccb) + Kreuzreim (dede) + Reimpaar mit Waise (fxf), mit abwechselnd vollen und klingenden Ausgängen und stumpfem Strophenschluß. Der sog. Hildebrandston *(Jüngeres Hildebrandslied, Ortnit, Wolfdietrich, Alpharts Tod, Rosengarten zu Worms)* unterscheidet sich von der Nibelungenstrophe dadurch, daß auch der letzte Abvers nur drei sprachlich realisierte Hebungen hat usw.

5.7.5 Der Übergang vom Reimvers zur Prosa

Heute dominiert in der Literatur eindeutig die Form der Prosa, auch dort, wo in der älteren deutschen Literatur der Reimvers regierte. Nicht daß es im Mittelalter keine Prosa gegeben hätte: die Urkunden, ein Großteil der kirchlichen Gebrauchsliteratur und überhaupt der Sachliteratur waren in Prosa abgefaßt. Aber auffällig ist doch, daß man im 15. Jahrhundert «auf breiter Front» beginnt, mhd. Versepen (wie den *Tristan*, den *Wigalois*, den *Willehalm*) in Prosa umzuschreiben und die Chanson de geste-Literatur von vornherein als Prosaromane zu übersetzen. Der voluminöse *Lancelot*-Prosaroman (um 1230) ist zunächst ein singulärer Versuch, der keineswegs eine allgemeine Wende zur Prosa ausgelöst hat.

5.7 Zur Metrik der mittelhochdeutsch-höfischen Dichtung

Dasselbe gilt für den *Lucidarius* in den frühen 90er Jahren des 12. Jhs., der auf Wunsch Heinrichs des Löwen um der Wahrheit willen in Prosa abgefaßt werden mußte.[25] Ganz anders ist die Situation in der französischen Literatur, wo bis um 1200 fast ausnahmslos der Reimvers vorherrscht und wo sich dann übergangslos die Prosa der Gattungen, besonders in der Historiographie und in der Romanliteratur, bemächtigt. Hermann Tiemann[26] hat vor allem drei Faktoren angeführt, die bei der Wende vom Reimvers zur Prosa eine Rolle gespielt haben könnten. Zum einen entspreche der Wandel des Geschmacks womöglich einem Wandel des Publikums. Neben dem Adel sei jetzt mit bürgerlichen Rezipienten zu rechnen. Zum anderen verändere sich die Form der Rezeption – man gehe immer mehr vom Hören zum Lesen über. Schließlich sei die Entstehung des Prosaromans als Anlehnung an die Prosageschichtsschreibung zu verstehen. Diesen Aspekt hat insbesondere Erich Köhler aufgegriffen. Er geht von der geistlichen Kritik am Reimvers der Artusepik aus, der zunehmend in den Verdacht der Lügenhaftigkeit geriet, während die Prosa – legitimiert durch die Prosa der Bibel einerseits, durch die der Historiographie andererseits – mit dem Anspruch auf Wahrheit verknüpft wurde:

> «Die ‹Wahrheit› der höfischen Dichtung war mehr und mehr eine rein ständische Wahrheit geworden. Das Postulat der Identität von Schön und Gut, Schön und Wahr, auf Grund deren sich die Schönheit des Kunstwerks aus der theologisch-historischen Wahrheit ableitete, bot der weltlichen Dichtung die [...] Möglichkeit, aus der Formalschönheit den Wahrheitsanspruch abzuleiten. [...] Mit den Maßstäben der geistlichen Kritik gemessen, die zwangsläufig vom Inhalt ausging und dessen Unwahrheit aufdeckte, mußte gerade die Form der weltlichen Dichtung als schöne Hülle der Lüge erscheinen.»

Köhler interpretiert nun aber die Wende zur Prosa in der altfranzösischen Epik nicht allein als Rechtfertigungsversuch gegenüber der geistlichen Kritik, sondern er bringt – seinem historisch-soziologischen Ansatz entsprechend – die Entstehung des Prosaromans in Verbindung mit Veränderungen in der realhistorisch-feudalen Wirklichkeit.

> «Der Vers ist [...] für die Dichter selbst zur schönen Lüge geworden, weil er eine Harmonie vorspiegelt, die eine – im Gehalt verdichtete – veränderte Wirklichkeit nicht mehr zuläßt. [...] Allein die Offenheit und Weiträumigkeit der Prosa erlaubt die Integration einer nach fremden Gesetzen undurchschaubar differenzierten Welt [...].»[27]

Wie nun ist die im späten Mittelalter zunehmende Ablehnung des Reimverses in der deutschen Literatur zu erklären? Werner Besch[28] nennt als mögliche Gründe:

- soziologische Gründe (Abkehr von der Standesdichtung der Feudalschicht etc.);
- Gründe unterschiedlicher Reproduktion (Hörer-, Leserpublikum);
- Schwierigkeiten sprachlandschaftlicher Art bei der Fixierung des Reims und beim Fehlen einer überregionalen Schriftsprache;
- Gründe schließlich der Adäquatheit von Ausdruck und Sache, sowie des Problems der Fiktionalität (Wahrheit-Lüge-Topos).

Abgesehen vom sprachlandschaftlichen Argument stimmen diese Überlegungen mit denjenigen der romanistischen Mediävistik überein. Damit ist jedoch noch nicht erklärt, warum man in der deutschen Literatur länger als in der französischen am Reimvers festhielt. Walter Haug[29] macht geltend, daß man nur die Artusromane Chrétiens, nicht aber die Chrétien-Fortsetzungen und Robert de Boron übernommen habe. Damit fehle die heilsgeschichtliche Rückbindung der fiktionalen arthurischen Welt, die eine neue Form der historisch-metaphysischen Wahrheit verlangt habe. Der Übergang vom Reimvers zur Prosa ist jedenfalls ein Symptom für tiefgreifende Veränderungen in Literatur und Gesellschaft. Der im Vergleich zu Frankreich verspätete Übergang in Deutschland zeigt, daß für die Literatur und Gesellschaft beider Länder mit unterschiedlichen Bedingungen zu rechnen ist.

6. Die Feudalgesellschaft

6.1 Ordogedanke und soziale Mobilität

Der Grundunterschied von Herrschaft und Dienst bestimmt die gesellschaftliche Ordnung im Mittelalter. Dienst ist verknüpft mit Unfreiheit, Herrschaft mit Freiheit. Herrschaft und Dienst, Freiheit und Unfreiheit implizieren ferner, daß es neben dem religiösen Postulat der Gleichheit aller Menschen vor Gott und neben der rechtlichen Gleichstellung innerhalb eines Standes auch Ungleichheit gibt. Solche Grundbegriffe der mittelalterlichen Verfassungsgeschichte lassen sich nicht ohne weiteres mit Begriffen des neueren Verfassungsrechts interpretieren, die schließlich den Zuständen des 19. Jahrhunderts verhaftet sind. Mit seinem bahnbrechenden Werk *Land und Herrschaft* ist es vor allem Otto Brunner gewesen, der deshalb von der mediävistischen Geschichtswissenschaft gefordert hat, daß «die Terminologie, die sie verwendet, soweit als möglich den Quellen selbst entnommen sei, so daß der Sinn dieser Quellen mit Hilfe dieser Begriffe richtig gedeutet werden kann »und« die so beschriebenen Verbände in ihrem tatsächlichen Handeln begriffen werden können.»[1] Was «Freiheit» meint, erfährt man, indem z.B. gefragt wird, «wovon» man jeweils frei war (Hans Fehr) oder «wozu» Freiheit jeweils berechtigte (Walter Schlesinger). Der Begriff *miles* (zunächst «Krieger», dann Äquivalent für «Ritter») bleibt leer, wenn man nicht der Funktion im konkreten Einzelfall nachgeht und fragt, was der *miles* jeweils tut, besitzt usw.

Die folgenden Textbeispiele sind zunächst Reflexe einer Theorie von Gesellschaft – sie wollen zeigen, wie die gesellschaftliche Grundordnung sein soll. Liest man sie jedoch «gegen den Strich», so verraten sie gleichwohl, daß die gesellschaftliche Wirklichkeit anders ist oder wird, als sie sein sollte.

Hugo von Trimberg, *Der Renner* (1300):

> Hugo von Trimberg (1230–1313), *rector scholarum* am Stift St. Gangolf in Bamberg, bietet in seinem *Renner* (der Titel wurde veranlaßt durch das Bild des Hin- und Herrennens für die um- und abschweifende Darstellungsweise des Werkes) eine populäre Summe weltlicher Wissensvermittlung. Darin behandelt er auch die Frage,
>
> > wâ von einer edel wêre,
> > der ander unedel, der ander frî,
> > der ander eigen. (V. 1338–40).

Die Antwort wird im Rahmen einer Erzählung erteilt, in der die Bauern fragen:

> Vil lieber herre, wie gefüeget sich daz,
> Daz iu herren ist vil baz
> Denne uns armen gebûren sî?
> Sint ein liute eigen, die andern frî? (V. 1323-26)

Die Rechtmäßigkeit der Leibeigenschaft ergibt sich aus der Heiligen Schrift:

> Von Adâm mêr denne tûsent jâr
> Vergangen wâren, daz ist wâr,
> Verre von der alten ê,
> Dô lebte ein man der hiez Nôê,
> Der gerne gotes willen tet.
> Sem, Cham und Japhet
> Hiezen sîne süne drî.
> Der wurden zwêne edel und frî,
> Des dritten geslehte verfluochet ist,
> Als man in den buochen list.
> Nu sült ir hœren wie daz kam:
> Der mittel sun was geheizen Cham,
> An zühten, an tugenden was er lam.
> Er sach eins tages sînes vater scham,
> Dô er was trunken unde slief.
> Sînen zwein brüedern er dô rief,
> Und liez sie schouwen wie er lac.
> Dô kêrten si beide dar den nac
> Und giengen rückelingen dar
> Dâ si des vater nâmen war,
> Und breiten über in ir gewant.
> Nôê erwachte sâ ze hant
> Und merkte waz sie hêten getân
> Und sprach: «Verfluocht sî Chanaân
> Und allez sîn geslehte
> Sol diener und eigen knehte
> Mîner zweier süne sîn!«
> Nû merket, lieben friunde mîn:
> Alsus sint edel liute kumen
> Und eigen, als ir habt vernumen. (V. 1353-82)[2]

Die biblische Episode von Noahs Fluch ist eines der häufigsten Argumente zur Rechtfertigung von Freiheit und Unfreiheit.[3] So stereotyp die Antwort hier auch ausfällt, so ungewöhnlich ist, daß ein Bauer überhaupt fragt, wie es sich füge, daß die einen *eigen*, die anderen *frî* seien. Eine Frage wird gestellt, die für einen Augenblick die gesellschaftliche Ordnung nicht mehr selbstverständlich hinnimmt, sondern in Frage stellt.

Eike von Repgow, *Sachsenspiegel:*

Daß im späteren Mittelalter ein Prozeß des Umdenkens einsetzt, belegt am eindrucksvollsten Eike von Repgow, der im *Sachsenspiegel*[4] (1220-35) in Form einer scholastischen *quaestio* die von den Autoritäten vertretene Lehre von der Unfreiheit

6.1 Ordogedanke und soziale Mobilität

entschieden verwirft: «Do men ok recht erst satte, do ne was nen denstman unde (do) waren alle de lude vri, do unse vorderen here to lande quamen. An minen sinnen ne kan ek is ok nicht op genemen na der warheit, dat ieman des anderen scole sin. Ok ne hebbe we is nen orekunde [...].»

Eike nennt die Argumente zur Rechtfertigung der Unfreiheit, um sie zu widerlegen – so auch Noahs Fluch: «Ok seggen sumleke lude, it queme egenscap van Cam, Noes sone; Noe segende twene sine sone, an deme dridden ne gewuch he nener egenscap; Cam besatte Affricam mit sime geslechte, Sem blef in Asia, Japhet, unse vordere, besatte Europam; sus ne blef er nen des anderen.»

Eike bestreitet also, daß Noah in bezug auf seinen dritten Sohn irgend etwas von Leibeigenschaft erwähnt habe. Die *conclusio* nach Widerlegung aller Einwände lautet: «Na rechter warheit so hevet egenscap begin von dwange unde van venknisse unde van unrechter gewalt, de men van aldere in unrechte gewonheit getogen hevet unde nu vor recht hebben wel.» (Nach rechter Wahrheit hat Leibeigenschaft ihren Anfang von Zwang und von Gefangenschaft und von unrechter Herrschaft genommen, die man von alter Zeit her in unrechte Gewohnheit verkehrt hat und nun für Recht haben will.)

Wernher der Gartenaere, *Helmbrecht:*[5]

Wernher der Gartenaere erzählt im *maere* vom Meier Helmbrecht (um 1250–80) die Geschichte vom Bauernsohn, der ungeachtet der Mahnungen des Vaters ein Ritter und Hofmann werden will und der am Ende für solchen Hochmut exemplarisch bestraft wird.

[Sohn:] ‹mîn wille mich hin ze hove treit›
[Vater:] ‹lieber sun, nu erwinde
hinz hove dîner verte.
diu hovewîse ist herte
den die ir von kindes lit
habent niht gevolget mit.
lieber sun, nû men dû mir
oder hab den phluoc, sô men ich dir,
und bûwe wir die huobe;
sô kumst du in dîne gruobe
mit guoten êren alsam ich:
zwâre des versihe ich mich.
ich bin getriuwe, gewaere,
niht ein verrâtaere;
darzuo gibe ich alliu jâr
ze rehte mînen zehenden gar:
ich hân gelebet mîne zît
âne haz und âne nît.› [...]
‹Lieber sun, belîp bî mir!
ich weiz wol, ez wil geben dir
der meier Ruopreht sîn kint,
vil schâfe, swîne und zehen rint,
alter unde junger.
ze hove hâstu hunger [...].
nû volge mîner lêre,
des hâstu frum und êre;

wan selten im gelinget,
der wider sînen orden ringet.
dîn ordenunge ist der phluoc.
dû vindest hoveliute genuoc,
swelhez ende dû kêrest.
dîn laster dû gemêrest,
sun, des swer ich dir bî got;
der rehten hoveliute spot
wirdestû, vil liebez kint.
dû solt mir volgen und erwint.› (V. 226, 242–98)

erwinden stv. zurückkehren, -treten, ablassen (m. Gen.). – *lit, -des* stnm. Glied, Gelenk (*von kindes lit* von Kindesbeinen an). – *menen, mennen* swv. vorwärts treiben u. führen (das Zugtier). – *huobe* stswf. Hufe: Stück Land von gewisser Größe, Bauernhof. – *versihe ich mich* weiß ich genau, Infin. *versehen* vorhersehen, vorherbestimmen, glauben; refl. hoffen, fürchten, erwarten. *gewaere, gewâr* wahr, wahrhaft, zuverlässig, tüchtig.

Hartmann von Aue, *Erec:*

Enite, die Tochter eines verarmten Grafen, ist die Frau Erecs, Sohn eines Königs, geworden. – In einem Kampf ist Erec so schwer verwundet worden, daß Enite ihn für tot hält. Ihr Schmerz äußert sich in einer verzweifelten Selbstanklage. Es sei *vil waenlich* gewesen, daß ihre Eltern sie *einem künege rîch* zur Gemahlin gaben; denn *swaz von gote geschaffen ist: da vür enhoeret kein list man enmüeze im sînen willen lân* (5980f. u. 5988–90):

[...] swer die linden von dem wege
naeme ûz unwerder pflege
und si in sînen garten sazte
und si mit bûwe ergazte
daz si in dürrer erde
stüende unz dar unwerde,
und daz dar ûf taete,
daz er gedâht haete,
daz er ir wolde warten
in sînem boumgarten
ze guotem obezboume,
dern möhte von einem troume
niht sêrer sîn betrogen,
wan dâ enwürde niht an erzogen,
swie vlîzic man ir waere
daz si bezzer obez baere
dan ouch ê nach ir art
ê daz si ûz gegraben wart,
ûz boeser erde von dem wege,
dâ si schein in swacher pflege.
swie schoen und edel ein boum si ist,
michel graben unde mist
mac man dar an verliesen.
des sol man bilde kiesen
an mir vil gotes armen. (V. 6008–6032)

6.1 Ordogedanke und soziale Mobilität 159

ûz unwerder phlege aus geringer Stellung, aus kärglicher Umgebung. – *mit bûwe ergetzen* durch sorgfältige Pflege dafür entschädigen. – *niht sêrer* nicht schlimmer. – *erziehen* stv. durch Ziehen etwas erreichen. – *swach* gering.

Die Aussage des Monologs wird dadurch relativiert, daß Erec am Leben bleibt und sich am Ende mit Enite aussöhnt. Zum *bilde* von der unaustreibbaren Natur vgl. Thomas von Aquino (*De regimine principum,* lib. IV, cap. VIII): *Si enim plantae transferuntur ad aliam regionem, ad eius naturam convertuntur; simile est de piscibus et animalibus. Sicut ergo de viventibus, ita et de hominibus.*

Freidank, *Bescheidenheit,* 27,1 (um 1230):

> Got hât driu leben geschaffen:
> gebûre, ritter unde pfaffen;
> daz vierde geschuof des tiuvels list,
> daz dirre drîer meister ist:
> daz leben ist wuocher genant,
> daz slindet liute unde lant.

Heinrich Frauenlob von Meißen (gest. 1318):[6]

> In driu geteilet wâren
> von êrst die liute, als ich las:
> bûman, ritter unt pfaffen.
> ieslich nâch sîner mâze was
> gelîch an adel und an art
> dem andern ie. wie stêt der pfaffen sin?
> Si lêrent wol gebâren,
> kunst, wîsheit, aller tugende kraft,
> vride, scham unt dar zuo vorhte.
> dem ritter lîchet ritterschaft.
> der bûman hât sich des bewart,
> daz er den zweien nar schüef mit gewin.
> Nu pfaffe, werder pfaffe,
> lâz ander orden under wegen.
> du stolzer ritter schaffe,
> daz ritterschaft dir lache,
> niht nim an dich ein ander leben.
> du bûman solt niht hôher streben,
> daz lêre ich dich durch werndes prîses sache.

bûman sonst *bûwaere, gebûre.* – *ieslîch* ‹iete(s)lîch› Indefinitpron. jeglich, jeder beliebige, jeder. – *lîchen* gleichen. – *sich des bewart* sich dazu aufbewahrt, entschieden. – *durch werndes prîses sache* aus dem Grunde beständigen Lobes.

Helmbrechts Sohn erhebt sich über seinen Stand *(orden)* und scheitert. Freidank nennt drei Stände, die von Gott eingesetzt sind, alles andere ist vom Teufel. «Stand» (mhd. *orden, leben, ambet, ê, name, reht;* lat. *status, gradus, ordo, conditio*) meint «ein Stehen in einem größeren Ganzen» (Otto Brunner). Stände können nach unterschiedlichen Ordnungskriterien gebildet werden, z. B. *man und wîp, pfaffen unde leien*. Freidanks Dreierschema *gebûre, ritter unde pfaffen* ist eine Abstraktion der theoretischen Literatur des Mittelalters (und der Antike), die der konkreten gesellschaftlichen Wirklichkeit nicht entspricht, auch wenn sie daraus abgeleitet ist: «Nähr-, Wehr- und Lehrstand» (vgl. Frauenlob) stehen mit ihren verschiedenen Tätigkeiten und Eigenschaften in einem funktionalen Zusammenhang. Die Gesellschaft wird als ein von Natur und Gott (vgl. Hartmann von Aue) gegebener Organismus begriffen. Alles Seiende ist zwar unterschieden, aber nicht geschieden – es erscheint als Ganzes geordneter Teile.[7] Die geordnete Welt des Seienden wird z. B. von Thomas von Aquin als ein Kosmos stufenweise emporsteigender Zuordnungen zum höchsten göttlichen Sein verstanden (Gradualismus).

Omnia in mensura et numero et pondere disposuisti – auf diesen Satz aus lib. sap. XI, 21, daß Gott alles nach Maß, Zahl und Gewicht geordnet habe, berufen sich Augustin, Albertus Magnus, Bonaventura und vor allem Thomas von Aquin bei der Auslegung des *ordo*-Begriffs. Dieser theologischen Ordokonzeption eignet ein statisches Moment, ein Heraustreten aus dem göttlichen Ordo wird als Sünde bewertet. Es gibt zwar die Gleichheit der Menschen vor Gott (vgl. die Memento mori-Literatur und besonders die Totentänze), aber in der Welt ist Gleichheit *(aequalitas)* ein «gruppeninterner Identifizierungsbegriff»,[8] der voraussetzt, daß die verglichenen Personen ihrem Sozial- und mehr noch ihrem Rechtsstatus nach gleichwertig sind: «*Gleich*» bedeutet im Mittelalter «standesgleich».

Stand meint dabei eine rechtlich geschlossene Gruppierung (v. a. zwischen «frei» und «unfrei»), während in dieser Korrelation *Klasse* eine sozial offene Gruppierung (zwischen «arm» und «reich») wäre.[9] In der realhistorischen Wirklichkeit nun können Personen einen gehobenen Rechtsstatus (adelig und frei) und gleichwohl einen geminderten Sozialstatus (arm, Enite ist die Tochter eines verarmten Grafen) besitzen oder umgekehrt, wie im Falle der Ministerialen. Die theoretische Literatur im Zeichen des Ordogedankens will diese Inkongruenz vielfach nicht wahrhaben, und doch verrät auch sie – sozusagen wider Willen – Widersprüche zwischen dem, was sein soll und dem, was ist:

Freidank muß ja ein viertes *leben* zur Kenntnis nehmen, nämlich den *wuocher*, auch wenn dieser als *des tiuvels list* verurteilt wird. Nicht zuletzt zeichnet sich seit der veränderten Ware-Geld-Beziehung (man verkauft nicht nur Waren, um sich dafür andere kaufen zu können, sondern man kauft Waren, um sie mit Gewinn weiter zu verkaufen) mit dem Aufblühen des Handels in den Städten eine erhöhte soziale Mobilität ab, die auch aufs Land übergreift: Helmbrechts Sohn versucht, aus der bäuerlichen Lebensordnung herauszutreten, obgleich doch *selten im gelinget, der wider sînen orden ringet. dîn ordenunge ist der phluoc*. Allein daß

6.2 Vom Personenverbandsstaat zum institutionellen Flächenstaat

ein solcher Gedanke *(mîn wille mich hinz hove treit,* sagt ein Bauernsohn) überhaupt als möglich gedacht wird, ist, gerade weil er so radikal durch Handlung und Lehre des *Helmbrecht* widerlegt werden muß, doch ein Indiz für ein verändertes Bewußtsein.

Die Literaturwissenschaft kann hier aus den Texten Fragen extrapolieren, auf die die Geschichtswissenschaft, und hier vor allem Karl Bosl,[10] mit dem Nachweis *sozialer Mobilität* geantwortet hat. Andererseits haben die gesellschaftstheoretischen Entwürfe der Kirche, eines Eike von Repgow usw. ohne Zweifel die gesellschaftliche Wirklichkeit entscheidend strukturiert. Die «faktische Kraft der Norm» und die «normative Kraft des Faktischen», Ordogedanke und soziale Mobilität, wirken wechselseitig aufeinander.

6.2 Vom Personenverbandsstaat zum institutionellen Flächenstaat

Eike von Repgow entwirft im *Sachsenspiegel* das Bild einer Heerschildordnung, die zugleich Abbild der Lehnspyramide ist:[11]

«Origenes wissagede hir bevoren, dat ses werlde scolen wesen, de werlt bi dusent jaren op genomen, unde in'me sevenden scolde siu togan. Nu is uns kundich van der hiligen scrift, dat an Adame diu erste werlt began, an Noe diu andere, an Abraham diu dridde, an Moyse diu virde, an David diu vifte, an Goddes geborde diu seste. An der sevenden sin we nu sunder gewisse tal.» (Ldr. I 3 § 1)

(Origenes [gemeint ist nicht der Kirchenvater Origenes, sondern ein Werk des Isidor von Sevilla mit dem Titel *Origines,* das für den Namen des Autors gehalten wird] weissagte einst, daß sechs Weltalter sein sollten, das Weltalter zu tausend Jahren angenommen, und in dem siebten werde sie [die Welt] zerfallen. Nun ist uns aus der Heiligen Schrift bekannt, daß mit Adam das erste Weltalter begann, mit Noah das zweite, mit Abraham das dritte, mit Moses das vierte, mit David das fünfte, mit Gottes Geburt das sechste. In dem siebenten, das ohne eine bestimmte Dauer ist, befinden wir uns.)

«To der selven wis sint de herescilde ut geleget, der de koning den ersten hevet; de biscope unde de ebbede unde ebbedischen den anderen, de leien vorsten den dridden, sint se der biscope man worden sint; de vrie herren den virden; de scepenbare lude unde de vrier herren man den viften; ere man vord den sesten. Alse diu kristenheit in der sevenden werlt stedicheit ne wet, wo lange siu stan scole, also ne wet men ok an dem sevenden scilde, of he lenrecht oder herescilt hebben moge. De leien vorsten hebbet aver den sesten scilt in den sevenden gebracht, sint se worden der biscope man, des er nicht ne was. Alse de herescilt in'me sevenden tosteit, also togeit diu sibbe in'me sevenden (kne).» (I 3 § 2)

(In derselben Weise sind die Heerschilde angeordnet, von denen der König den ersten hat; die Bischöfe, die Äbte und Äbtissinnen haben den zweiten, die Laienfürsten den dritten, weil [oder: seitdem] sie der Bischöfe Vasallen geworden sind, die freien Herren den vierten, die schöffenbaren Leute und die Vasallen der freien Herren den fünften, deren Vasallen sodann den sechsten. Wie die Christenheit im siebten Weltalter nicht mit Sicherheit weiß, wie lange es bestehen wird, so weiß man auch von dem siebten Schilde nicht, ob er das Lehn- oder Heerschildrecht beanspruchen kann. Die

Laienfürsten haben aber den sechsten Schild in den siebenten gedrückt, seit sie der Bischöfe Mannen geworden sind, was vorher nicht der Fall war. Wie der Heerschild mit dem siebten aufhört, so entfällt die Sippe in dem siebten Grad.)

Abb. 18: Die sieben Heerschilde in der Heidelberger Bilderhandschrift des Sachsenspiegels[12]

Rechts auf der Abb. der Lehrer des Lehnrechts mit Rute, der einen Junker im Lehnrecht unterweist. Links die sieben Heerschilde, beginnend rechts oben mit dem Adlerschild des Königs. Der siebte Schild ist leer und mit abgeschnittenem Fuß dargestellt; denn die Lehnsfähigkeit seines Trägers ist zweifelhaft.

Der *Sachsenspiegel* verweist schon vom Titel her auf die literarische Gattung des *speculum* und damit auf den moralisch-theologischen Bereich. Der «Spiegel» zielt nicht auf Widerspiegelung der Realität, sondern er soll ein Vor-Bild sein. Eike geht aus von den sieben Weltaltern, «in derselben Weise» sind die sieben Heerschilde angeordnet, und auch für die Sippe werden sieben Grade unterschieden. Diese Konstruktionen nach der Siebenzahl sind zunächst Theorie, obgleich das unvollständige Bild des siebten Heerschilds belegt, daß Veränderungen im Herrschaftsgefüge durchaus zur Kenntnis genommen werden. Das Recht der Ministerialen läßt sich Eikes Systementwurf noch nicht integrieren; *went it is so manichvolt, dat is neman to ende komen ne kan* (Ldr. III 42 § 2). Die Heerschild-Rangfolge entsteht auf Grund des Satzes, daß seinen Heerschild niedert, wer eines Genossen Mann wird (Ldr. III 65 § 2; Lnr. 21 § 1, 54). Sie führt auf das Verhältnis von Lehnsherren und Vasallen, das durch den vasallitischen Vertrag begründet wird:

6.2 Vom Personenverbandsstaat zum institutionellen Flächenstaat 163

Abb. 19: Mannschaft. Aus der Heidelberger Handschrift des Sachsenspiegels[13]

Zu Lnr. 20 § 5: Zwei Fürsten bieten einem Vasallen die Belehnung an. Er nimmt sie von demjenigen entgegen, der selber ein Fahnlehen hat. Der Vasall kniet vor dem sitzenden Lehnsherrn und leistet *Mannschaft (homagium)*. Er legt dabei seine gefalteten Hände *(immixtio manuum)* in die des Herrn.

Abb. 20: Huldeschwur. Aus der Heidelberger Handschrift des Sachsenspiegels

Zu Lnr. 3: Zur Begründung des Lehnsverhältnisses gehört auch der Huldeschwur des Lehnsmannes, den dieser hier mit Gelöbnisgebärde und unter Berühren der Reliquien ablegt.

Konstitutiv für das Lehnswesen ist ein Vertrag auf Gegenseitigkeit. Der Lehnsherr (lat. *senior*, afrz. *seignor*) verpflichtet sich zu Schutz und Schirm, der Lehnsmann (mhd. *man*, lat. *homo, vasallus, vassus;* afrz. *(h)ome, vassal*) zu Rat und Hilfe *(consilium et auxilium)*. Die Pflicht des Vasallen zur Hilfe ist der Dienst, insbesondere der Kriegsdienst zu Pferde; die Verpflichtung zum Rat heißt, daß der Lehnsmann seinen Herrn auf dessen Geheiß am Hofe *(curia, curtis)* aufsuchen muß (Hoffahrt), wo er z. B. bei der Rechtsprechung mitwirken kann. Der Lehnsherr schuldet seinem Vasallen Schutz bei äußerer Bedrohung und in Rechtsstreitigkeiten. Der Lehnsherr übt über die Person des Vasallen eine echte Herrschaft aus, doch bleibt dieser im Prinzip ein freier Mann – er untersteht dem öffentlichen Gericht. Die wechselseitige persönliche Bindung wird als Treue zusammengefaßt. Der Begriff ist im Kern negativ; denn er besagt, daß man gegen den, dem man treu sein will, nichts zu dessen Nachteil unternehmen darf. Anders als im deutschen Reich gab es in England und Frankreich einen grundsätzlichen Treuevorbehalt zugunsten des Königs *(ligesse)*.

Der vasallitische Vertrag wird durch förmliche Handlungen begründet: Der erste dieser Akte ist die Mannschaft (lat. *hominium, homagium;* frz. *(h)omage)*, die Selbstübergabe des Vasallen. Sie besteht aus zwei Elementen: einmal aus der *immixtio manuum* – der Vasall gibt seine zusammengelegten Hände in die Hände des Herrn, der sie mit seinen eigenen umschließt, zum anderen aus der Willenserklärung *(volo)*. Der zweite Akt ist der Treueid (lat. *fides*, mhd. *hulde, triuwe*, frz. *foi)*, der meist stehend geleistet wurde unter Auflegen der Hand auf eine *res sacra*, die Heilige Schrift oder eine Reliquie.

Von der persönlichen Bindung ist im Lehnswesen das dingliche Element zu unterscheiden: das für Dienst vergebene Lehen (lat. *beneficium, feudum;* frz. *fief*). Gegenstand der Belehnung sind meist Ländereien, aber auch Ämter, Rechte wie Markt- und Zollgebühren, Gerichtsbarkeiten usw. Die *Investitur* zur Begründung dinglicher Rechte wird ebenfalls handhaft-sinnbildlich vollzogen: durch Verleihung eines Szepters, einer Fahne, eines Handschuhs z. B. Bei Lehnsverzicht werden diese Zeichen zurückgegeben; denn unter Beachtung bestimmter Formen kann der Vasall die Lehensbindung lösen: Treuaufsagung (lat. *diffidentia, diffidatio;* frz. *défiance*). Sie begegnet auch bei Pflichtverletzungen des Vasallen. Auf dessen Treubruch *(Felonie)* folgen als erste Sanktion die Treuaufsage, als zweite die Einziehung der Lehen. So verlor Heinrich der Löwe 1180 seine Reichslehen in Sachsen und Bayern, weil er sich durch Ladungsungehorsam in einem landrechtlichen Verfahren der Treueverletzung gegenüber Kaiser Friedrich I. Barbarossa schuldig gemacht hatte.

Ursprünglich wurde die vasallitische Bindung durch den Tod des Vasallen («Mannfall») oder durch den Tod des Herren («Herrenfall») been-

6.2 Vom Personenverbandsstaat zum institutionellen Flächenstaat

det, aber de facto zeichnet sich schon seit Konrad II. im deutschen Reich die Tendenz zur Erblichkeit der Lehen ab. Diese werden zwar noch de jure jeweils neu bestätigt, aber sie können nicht mehr nach freiem Ermessen für Dienste neu verliehen werden. Die feudovasallitische Institution, konstituiert durch die Vasallität als persönliche Bindung zwischen Herrn und Mann und durch das Beneficium als sachenrechtliche Beziehung, zerbricht mit der fortschreitenden «Verdinglichung» in den Beziehungen zwischen Herrn und Mann. Der deutsche König, selbst Inhaber eines nicht-erblichen Amtes, büßt als oberster Lehnsherr zunehmend Ressourcen seiner Herrschaft ein, während die Partikulargewalten erstarken; denn die großen Landesherren schlagen ihre zu Lehen erhaltenen Grundherrschaften dem Familieneigentum *(Allod)* zu. Damit wandelt sich das Verhältnis von Herrschaft und Dienst.

Der frühmittelalterliche «Staat» beruht primär nicht auf der Herrschaft über ein Gebiet, sondern auf einem Verband von Personen mit Hoheitsfunktionen zu eigenem Rechte. Das Lehnrecht ist seiner Natur nach monistisch und zentralistisch, aber im deutschen Reich hat neben dem König als dem obersten Lehnsherrn der Adel mit eigenständigen Rechten an der Staatlichkeit teil. Diese Zweiheit des aristokratischen Personenverbandsstaates führt zu einer kaum zu entwirrenden Mannigfaltigkeit von persönlichen Bindungen, Herrschafts- und Abhängigkeitsverhältnissen. Im Laufe des 13. Jahrhunderts gelingt es Angehörigen des Hochadels, sich von der Oberhoheit des Königs mehr oder weniger zu lösen, ihre verstreuten Ländereien zu einem geschlossenen Herrschaftsbereich zu arrondieren und die Vielfalt überkommener Herrenrechte durch einheitliche landesherrliche Hoheitsrechte zu ersetzen, wobei auch der niedere Adel mediatisiert wird. Marksteine dieser Entwicklung: das *Privilegium minus* von 1156, in dem Friedrich I. Barbarossa dem Babenberger Heinrich Jasomirgott und seiner byzantinischen Gemahlin Theodora zugestand, daß das neue Herzogtum Österreich in männlicher und weiblicher Linie erblich sein solle; die *Confoederatio cum principibus ecclesiasticis* von 1220, in welcher Friedrich II. den geistlichen Fürsten die staatsrechtliche Selbständigkeit ihrer geistlichen Immunitäten und die Landeshoheit zubilligte; 1231 stellte Heinrich (VII.) das große *Statutum in favorem principum* aus (1232 von Friedrich II. bestätigt), das den Verzicht des Königs auf die Ausübung seiner Hoheitsrechte über Gericht, Geleit, Münze und Zoll, Burgen- und Städtebau im Gebiet der *domini terrae* verbriefte und auch die Rechte der Städte einzuschränken suchte; 1356 schließlich sanktionierte Karl IV. in der *Goldenen Bulle* die Rechte der 7 Kurfürsten (der Erzbischöfe von Mainz, Trier und Köln, des Königs von Böhmen, des Pfalzgrafen bei Rhein, des Herzogs von Sachsen-Wittenberg und des Markgrafen von Brandenburg) bei der Königswahl und als besonders privilegierte Landesherren.

In Deutschland hat sich der Durchbruch zum modernen Staat in den Territorien vollzogen: der «institutionelle Flächenstaat» bezeichnet den Beginn der bürokratischen Verwaltungsorganisation. Herrschaft wird am Ende rational und legal, d. h. an Gesetze gebunden. Das Territorium ist die durch ein bestimmtes Landesrecht geeinte Rechts- und Friedensgemeinschaft. Bezeichnend für den Übergang vom Personalitätsprinzip im Recht zum Territorialitätsprinzip ist, daß schon nach dem Landrecht des *Sachsenspiegels* (I, 30) in Sachsen auch der Fremde Erbe empfängt *na des landes rechte unde nicht na des mannes, he si Beier oder Swaf oder Vranke.*

6.3 Haus und Herrschaft

6.3.1 Grundherrschaft und Burg

Wie für die römische und germanische Verfassungsgeschichte, so beginnt auch für die deutsche die staatliche Entwicklung mit der Hausherrschaft (O. Brunner). Sie findet zwischen dem 9. und 12. Jh. ihre besondere Ausprägung in der königlichen, adeligen und geistlichen Grundherrschaft mit dem Herren-, Sal- oder Fronhof (lat. *curtis*) als Mittelpunkt. Grundherrschaft ist mehr als Grundbesitz, weil sie Herrschaft über die den Boden bebauenden Leute meint. Ihre öffentlich-rechtliche Qualität zeigt sich an der Immunitätsgerichtsbarkeit, die sich auch auf freie Leute erstreckt. Eigentum und Arbeit sind getrennt. Für den Grundherren arbeiten Hofhörige, die aus der Leibeigenschaft kommen, und freie Bauern (Grundholden), die sich freiwillig oder unfreiwillig in seinen Dienst und unter seinen Schutz begeben haben und die dafür Abgaben und Frondienste (< ahd. *frō* «Herr») leisten. Grundherrschaft als Ausfluß der Hausherrschaft umfaßt neben der Verfügung über den Besitz *(gewere)* den Schutz und Schirm *(munt)* insbesondere über die zur Hausgemeinschaft *(familia)* zählenden Personen. Unmittelbar zum Herrenhof gehört das Sal- oder Herrenland, das im Eigenbetrieb mit Hilfe der Unfreien und der zur Fron verpflichteten Hufenbauern bewirtschaftet wird, während das Hufen- oder Leiheland (mhd. *huobe* ist die bäuerliche Siedelstelle innerhalb eines grundherrschaftlichen Verbandes, oft auch ein bestimmtes Landmaß) an abhängige Bauern vergeben und gegen festgesetzte Leistungen bearbeitet wird. In größeren Grundherrschaften vertritt ein Verwalter, der Meier oder Vogt, die Herrschaft. Diese auf Naturalwirtschaft gegründete Villikationsverfassung (< lat. *villicus* «Meier») wurde im späteren Mittelalter durch ein Pacht- und Rentensystem abgelöst, das dem Bedürfnis der Grundherren nach einem gehobenen – nicht mehr bäuerlichen, sondern adeligen – Lebensstandard entgegenkam. Zum Inbegriff adeliger

6.3 Haus und Herrschaft

Repräsentation wurde in der Stauferzeit die Burg (lat. *castellum, castrum, oppidum, civitas, urbs;* mhd. *hûs, schastel/kastêl, veste, burc*). Seit dem 11. Jh. verließen Hochadelsgeschlechter ihre Gutshöfe und errichteten an schwer zugänglichen Stellen am Rande oder außerhalb der Dörfer, auf Bergrücken oder hinter Flußarmen und Wassergräben, ihre Burgen, nach denen sie sich oft auch benannten. Im 13. Jh. folgten ihnen darin der niedere Adel und die Ministerialen, denen jedoch zumeist die Burg nicht als freies Eigengut, sondern als königliches oder landesherrliches Lehen gehörte. Burgenbau, ursprünglich ein Vorrecht des Königs, und Burglehen wurden so ein wichtiges Instrument bei der Ausbildung der Landesherrschaft.

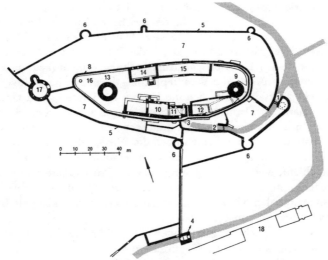

1 Erstes Tor
2 Zweites Tor
3 Drittes Tor
4 Torbau der mit der Burg verbundenen Stadtbefestigung
5 Äußere Ringmauer (Bering)
6 Flankentürme
7 Zwinger
8 Innere Ringmauer (Bering)
9 Bergfried (Wacht- und Wehrturm
10 Romanischer Palas (Wohn- und Repräsentationsgebäude)
11 Kapelle über dem Burgtor
12 Küchenbau
13 Zweiter Bergfried (später hinzugefügt)
14 Frühgotischer Palas
15 Wirtschaftsbauten
16 Brunnen
17 Bollwerk für Pulvergeschütze (um 1500)
18 Burgmannenhof (in die Stadtbefestigung einbezogen)

Abb. 21: Grundriß einer Burganlage (Münzenberg).[14]

Die Burg ist eine Wehr- und Wohnform, die als «festes Haus» den Steinbau voraussetzt. Selten sind Burgen so in einem Zuge geplant und erbaut worden wie das oktogonale Castel del Monte Friedrichs II. in

Apulien. In der Regel ist die Burg ein auf engstem Raum im Laufe der Jahrhunderte gewachsener Organismus, primär ein Zweck- und Nutzbau, zum «romantischen» Kunstwerk geworden erst im Stadium des Verfalls. Mauer, Tor, Turm und Haus sind ihre wesentlichen Architekturelemente.

Die Ringmauer war in der Stauferzeit oft mit Buckelquadern verkleidet und durch Gräben und Vorwerke gesichert. Manchmal wurde auch ein zweiter Mauerring davorgelegt; der Raum zwischen beiden hieß Zwinger. Die Ringmauer war gekrönt von (zunächst rechteckigen) Zinnen, über die sich das Dach eines Wehrgangs schob. In den Verlauf der Mauer waren oft Türme und Erker eingebunden. Der zentrale Bergfried diente als Wartturm und als letzter Zufluchtsort, er war kein Wohnturm wie in Frankreich *(donjon)* und England *(keep)*. Das besonders gefährdete Tor wurde durch Zugbrücke und Fallgitter geschützt. Zum Wohnteil gehörte der repräsentative *Palas*, ein rechteckiges Haus, mit einem Kellergeschoß und meist zwei Stockwerken. Der Palas war nächst der Kapelle der Raum, auf dessen künstlerische Ausgestaltung – mehrgliedrige Fenster und Arkaden, Fresken und Wandteppiche – die meiste Sorgfalt verwandt wurde. Hier versammelten sich die Herren zu Beratung und Umtrunk, huldigte man den Damen, feierte Feste. An den Saal grenzten die mit Kaminen (mlat. *camera caminata*, mhd. *kemenâte*) ausgestatteten Wohn- und Schlafräume. Hinzu kamen noch die Wirtschaftsgebäude aus Fachwerk. Auf dem Burghof wurden die Gäste empfangen, er war ein Ort der Öffentlichkeit, während der Baumgarten zur Privatsphäre gehörte. Burg Münzenberg in der Wetterau, die um 1170 von dem einflußreichen Reichsministerialen Kuno I. von Hagen erbaut wurde, kann als Beispiel einer typischen Burganlage gelten (s. o. Abb. 21).

Eine Burg hat mehrere Funktionen: Der frühmittelalterliche Burgenbau entwickelte sich mit der Organisation der Landesverteidigung gegen Normannen, Slawen und Ungarn. Diese militärische Wohn- und Schutzfunktion behielt die Burg bis zum Ende des Mittelalters, obgleich sie durch die Fortschritte in der Belagerungstechnik eigentlich überholt war. Weiter war die Burg ein Wirtschaftszentrum zur Sicherung der Zolleinnahmen an Straßen, Flüssen und Brücken, zur Nutzung der Wälder und Forsten etc. Vor allem aber war die Burg ein repräsentatives Verwaltungs- und Herrschaftszentrum. Der deutsche König des Mittelalters übte seine Herrschaft aus, indem er mit seinem Hof ständig von Pfalz zu Pfalz, von Stadt zu Stadt umherzog. Erst als sich die Landesherren feste Herrschaftsmittelpunkte wählten, konnte sich an ihren Residenzen ein größerer Verwaltungsapparat und eine Hofgesellschaft mit einer neuen adelig-höfischen Lebensform entfalten.

6.3.2 Der Hof und die höfische Lebensform

Der Hof – zuerst die Burg oder die Pfalz, später das Schloß – hat Züge der Hausherrschaft bewahrt: Wie in jedem Hause besteht eine enge persönliche und rechtliche Bindung zwischen dem Haus- und Hofherrn und seiner *familia*. Mhd. *massenîe* < frz. *maison* verweist noch unmittelbar auf diesen Zusammenhang von Haus und Herrschaft. (Mhd. *ingesinde* kann ebenfalls Äquivalent für *familia* sein, umfaßt aber nicht die Familie des Herrn, dessen Agnaten und Kognaten, sondern eher die Dienerschaft.) Zum engeren Kreis dieses Hausherrschaftsverbandes gehören die gehobenen Amts- und niederen Dienstleute, die ständig im Hause anwesend sind. Von solchen für die alltägliche Arbeit zuständigen *inferiores* abgehoben sind die *superiores*, die als Truchseß, Schenk, Marschall, Kämmerer die repräsentativen Hofämter wahrnehmen. Nicht zuletzt diese machen aus dem «Haus» *(domus)* den «Hof» *(curia)*. Je größer der Hof wird, desto mehr nimmt die Aufgliederung der Ämter und die Differenzierung der Amtsträger zu.

Mit dem Wandel vom aristokratischen Personenverbandsstaat des frühen zum institutionellen Flächenstaat des späteren Mittelalters formiert sich allmählich eine Hofgesellschaft, die im Ständestaat der frühen Neuzeit und schließlich im absolutistischen Staat zum Hofstaat wird. Dieser repräsentiert sich als strikt monokratisch organisiert mit einem komplizierten Geflecht von Interdependenzen, wie es Norbert Elias am Modell des Hofstaates des *ancien régime* beschrieben hat. Wenn auch die deutschen Höfe des 13. Jhs. von diesem Spätstadium noch weit entfernt sind, so vollzieht sich an ihnen doch ein bedeutsamer Integrationsprozeß: Die altfreien Adelsgeschlechter sind, wollen sie sich behaupten, gezwungen, zusammen mit der ursprünglich unfreien Ministerialität dem Landesherren bei der Verwaltung des Territoriums als Beamte zu dienen. Später treten noch die gelehrt-juristischen Räte als Konkurrenten hinzu. Geblütsadel und die durch ihre politisch-administrative Leistung unentbehrlich gewordene Ministerialität bilden eine neue Form des Hofadels. Hier liegen die Anfänge einer ständischen Korporation des Adels, die sich zusammen mit den Prälaten und mit den Städten als Stand mit Vertretungscharakter durchsetzt – der frühmoderne Staat besteht dann in der Zweiheit von Fürst und Ständen.

Was nun im Hoch- und vor allem im Spätmittelalter die an und für sich keineswegs homogenen Herrschafts- und Machtträgerschichten der *potentes* gegenüber den *pauperes*, den Gehorchenden, miteinander verbindet, ist die «adelige Lebensform und die Zugehörigkeit zur feudalen Gesellschaft.»[15] Mittelpunkt dieser neuen Gesellschaft gleicher Lebensformen und gleicher Ideale ist der Hof. Das Leben bei Hofe bedeutet für den einzelnen, daß er sich einem Regelsystem, in dem und mit dem Herrschaft ausgeübt wird, unterwirft, wenn er an ihr partizipieren will. Er kann und darf seine Interessen nicht mehr einfach mit Gewalt durchsetzen, auch wenn sich trotz aller Gottes-, Reichs- und Landfrieden immer wieder die am überkommenen Recht orientierte Fehde als archaischer Akt der Selbsthilfe Bahn bricht. Untereinander und gegenüber sich selbst üben die Angehörigen der Hofgesellschaft Kontrollen aus, um ihre Position zu halten und zu verbessern. Der einzelne lernt, seine Affekte zu beherrschen, Distanz zu wahren – im Kampf und Turnier ebenso wie im Umgang mit den Damen. Der Krieger wird zum Hofmann: Norbert Elias hat diese «Verhofung» des Kriegeradels als den entscheidenden Schritt im *Prozeß der Zivilisation* interpretiert. Die großen Leitbilder der folgenden Jahrhunderte, der *cortegiano* des 16., der *honnête homme* des 17., der *gentil'homme* des 18. Jhs. und noch der *gentleman* und der *Kavalier* haben in der höfisch-ritterlichen Lebensform ihre Wurzeln.[16]

Die höfisch-zivilisierte Lebensform dient zugleich der öffentlich-repräsentativen Selbstdarstellung der Herrschenden nach außen. Das Turnier,[17] das höfische Korrektiv zur ritterlichen Fehde, drängt über Kampf und Krieg hinaus: seit dem Ende des 12. Jhs. und im 13. Jh. wird aus dem ursprünglich rein militärischen Kampf auf Leben und Tod ein gesellschaftliches Kampfspiel, bei welchem es mehr auf Geschicklichkeit und Eleganz als auf Mut und Kraft ankommt. Die Erfindung des Steigbügels ermöglichte den Angriff mit der langen Stoßlanze im gestreckten Galopp. Wer diese Technik, die viel Übung erforderte, beherrschte, war ein Ritter. Seit dem späten Mittelalter hört das Turnier zunehmend auf, freie Konkurrenz zu sein, weil der Fürst ohnehin siegt – das Kampfspiel wird vollends zum Schauspiel. Ähnlich ritualisierte Vollzugsformen ritterlich-höfischen Lebens sind die Jagd, der Tanz, der Minnesang. Die höfische Literatur hat eine gesellschaftliche Funktion als «Hofliteratur» insofern, als ihr gesellschaftlicher Ort der Hof ist. Der Hof ist und bleibt primär das Zentrum der Herrschaft über Land und Leute, aber er kann von eben diesem Herrschaftsinteresse her zu einem literarischen Zentrum werden: Nicht von ungefähr sind es gerade die «weltlichen Fürsten, die damals bereits auf dem Wege zur Landesherrschaft waren und die ihre Höfe der modernen französischen Adelskultur öffneten. Persönliches Interesse an den höfischen Geselligkeitsformen und ein neuer Repräsentationsanspruch der neuen Territorialherren haben die Ausbildung eines Mäzenatentums befördert, das sich speziell der ritterlich-höfischen Dichtung nach französischem Vorbild annahm.»[18]

In Frankreich sind es die Höfe der Herzöge von Aquitanien und Burgund, der Grafen von Champagne und von Flandern, die zu Zentren der höfischen Kultur werden. Im deutschen Reich sind als Gönner und Auftraggeber bezeugt die Welfen in Braunschweig und Regensburg (Heinrich der Löwe), die Babenberger in Wien, die Markgrafen von Meißen;

Wolfger von Erla (gest. 1218), der Bischof von Passau und Patriarch von Aquileja, und vor allem der Landgraf Hermann I. (gest. 1217) von Thüringen. Manche dieser mächtigen Landesfürsten haben als literarische Mäzene sogar den Königs- und Kaiserhof in den Schatten gestellt, zumal jener ständig unterwegs war und selten über ausreichende materielle Mittel verfügte. Gleichwohl ist die Autorität und die ideelle Wirkung der Staufer als Repräsentanten von Kaisertum und Reich kaum zu überschätzen. Gerade auf den großen Hoftagen der Stauferzeit entfaltete die höfisch-feudale Gesellschaft ein Bewußtsein ihrer selbst, gerade im nichtalltäglichen Ausnahmezustand des höfischen Festes manifestierte sich ihr Macht- und Herrschaftsanspruch.

Das Mainzer Pfingstfest Friedrichs I. Barbarossa im Jahre 1184 galt schon den Zeitgenossen, z. B. Heinrich von Veldeke, als epochales Ereignis.[19] Damals leiteten die beiden Söhne Barbarossas, Heinrich VI. (seit 1169 König) und Friedrich (seit 1169 Herzog von Schwaben) das Schwert. Bei der Schwertleite wurde der junge Adelige mit dem Schwert umgürtet – der Ritterschlag ist erst später aufgekommen – und feierlich zum Ritter erklärt. Im Grunde handelt es sich um einen Initiationsritus. Als Institution des höchsten Adels ist das Fest der Schwertleite ein rein gesellschaftliches Ereignis ohne rechtliche Relevanz, das im Zeitalter der Kreuzzüge mit dem kirchlichen Weiheakt des Schwertsegens verknüpft wurde. Wie im dem Alltag enthobenen Fest, so stellt sich auch in der bildenden Kunst und Literatur die höfisch-feudale Gesellschaft nicht dar, wie sie realiter gewesen ist, sondern wie sie sich idealiter gesehen wissen wollte, nämlich als eine vorbildlich ritterlich-höfische. «Höfisch» ist hier ein ethisch-ästhetischer Qualitätsbegriff, für den als wirkungsmächtigstes Leitbild das des «Ritters» steht:

6.4 *ritter* und *vrouwe*

6.4.1 *Zum Ritterbegriff*

«Im höfischen Ritterideal sind verschiedene Wertvorstellungen zusammengekommen: traditionelle Herrenethik mit den zentralen Begriffen Gerechtigkeit und Freigebigkeit, spezifisch christliche Forderungen an den Adel (Schutz für Witwen und Waisen, Mitleid mit Besiegten usw.), allgemeine Tugendwerte, die sich für den Gebildeten dem System der Kardinaltugenden zuordnen ließen (Weisheit, Beständigkeit, Tapferkeit usw.). Alles zusammen wurde auf den neuen Wertbegriff der höfischen Liebe bezogen, der dem ganzen Entwurf den höfischen Charakter im eigentlichen Sinne verlieh.»[20]

Mhd. *ritter (rîter, rîtære)* ist als Nomen agentis abgeleitet von «reiten» und meint ursprünglich den (schwergepanzerten) Reiter zu Pferde (vgl. frz. *chevalier* < spätlat. *caballarius*). Wie komplex die Bedeutung dieses

Begriffs gegen Ende des 12. Jahrhunderts geworden ist, bezeugt Hartmann von Aue, der sich im Prolog zum *Armen Heinrich* sowohl *«ritter»* als auch *«dienstman»* nennt. Ein *dienstman* (vgl. lat. *ministerialis* < *ministerium* «Dienst») dient einem Herrn. Ein *herre* und *künec* ist z. B. Erec, der Protagonist in Hartmanns gleichnamigem Artusroman, und wie der *dienstman* Hartmann von Aue wird nun auch der *herre* Erec als *«ritter»* vorgestellt! Herrschaft und Dienst, die in der sozial- und rechtsgeschichtlichen Realität grundverschieden sind, schließen in der Fiktion also einander nicht aus: der Ritterbegriff scheint beide Momente zu einer neuen Einheit zu integrieren. Dies wird möglich über die Aufwertung des *«dienest»*, welcher – so die nicht unbestrittene These Bumkes – von vornherein für den Ritter konstitutiv gewesen ist. Wenn andere Quellen strikt zwischen *ritter, dienstman, kneht* auf der einen und *herre, adel, vrî* auf der anderen Seite unterscheiden,[21] so ist es hier offensichtlich noch nicht der Dienst, der Verdienst erwirbt und den Adel bestätigt; aber in der Regel heißen in der höfischen Literatur diejenigen, die Gott im Kreuzzug dienen, die einer Dame in der Minne dienen, die dem Nächsten in der Gefahrensituation einer *âventiure* dienen und helfen, «Ritter». Zusammenfassend erschließt Bumke aus dem deutschsprachigen Quellenmaterial folgende Merkmale des Ritterbegriffs:

> «Im militärischen Sinn hieß jeder schwergepanzerte Reiter so, gleich ob er ein Fürst oder ein Söldner war. Ritter waren zweitens alle, die zum Gefolge der Könige und der großen Herren gehörten; hier war der Dienst das einzige allen gemeinsame Element: je höher der Herr stand, um so mehr waren diejenigen ausgezeichnet, die sich in seinem Gefolge befanden. Drittens wurde dann der gesamte Adel zu den Rittern gezählt; in diesem Sinn bezeichnete das Wort eine Gesellschaft gleicher Lebensformen und gleicher Ideale. Schließlich stand das Wort auch noch für die unterste Schicht des Adels, die sich seit dem 13. Jahrhundert in den Territorien als Ritterstand nach unten abzugrenzen begann. Mindestens mit diesen vier Bedeutungen – dazu kommt fünftens der religiöse Sinn des ‹miles Christianus› – hat man es in den Quellen zu tun.»[22]

Die ritterliche Gesellschaft der Stauferzeit umfaßt den ganzen Adel, aber das Rittertum des hohen Mittelalters ist eine gesellschaftliche, keine ständerechtliche Erscheinung. Der Ritter im geburts- und herrschaftsständischen Sinne begegnet erst im Spätmittelalter. Der Ritter genannte Reiterkrieger ist im Hochmittelalter ein Erziehungs- und Bildungsideal, das nicht fraglos mit der Realität gleichgesetzt werden kann. Das romantische Ritterbild, wie es z. B. Ludwig Tieck und August Wilhelm Schlegel entwarfen, hat lange nachgewirkt. Die farbigen Darstellungen der Historiker vom «ritterlich-höfischen Leben» waren aus fiktiven Quellen erschlossen, die für bare Münze genommen wurden; die Germanisten wiederum stützten sich auf die vermeintlich gesicherten Ergebnisse der Historiker, kurzum: das Verhältnis von sozialer Realität und dichterischer Fiktion blieb ungeprüft. Diesen methodischen Zirkelschluß durchbrochen zu haben, ist das Verdienst Joachim Bumkes. Inzwischen gibt es eine Ritterforschung, an welcher die Philologie, die Archäologie und die Kunstgeschichte ebenso wie die eigentliche Geschichtswissenschaft beteiligt sind, mit dem Max Planck-Institut für Geschichte in Göttingen als Zentrum. Bumkes Untersuchungen zur Geschichte eines Wortes sind von historischer Seite (Duby, Reuter, Johrendt, Fleckenstein) ergänzt und relativiert worden; denn nicht allein die Wortinhalte, sondern auch die mit den Worten bezeichneten Sachverhalte ändern sich. Damit wurden in der romanistischen und germanistischen Mediävistik einer sozial- und funktionsgeschichtlichen Interpretation neue Wege gebahnt.

Wolfram von Eschenbach, *Parzival* (III, 123,3–11):

[Der *tumbe* Parzival begegnet im Walde vier Reitern, unter ihnen Karnahkarnanz. Er hält den Fürsten für «Gott», weil ihm seine Mutter Herzeloyde nur von Gott erzählt hat. Parzival wird jedoch von Karnahkarnanz belehrt, daß er und seine Begleiter «Ritter» seien:-]

>   der knappe frâgte fürbaz
>   ‹du nennest ritter:waz ist daz?
>   hâstu niht gotlîcher kraft,
>   sô sage mir, wer gît ritterschaft?›
>   [Darauf antwortet Karnahkarnanz:]
>   ‹daz tuot der künec Artûs.
>   junchêrre, komt ir in des hûs,
>   der bringet iuch an ritters namn,
>   daz irs iuch nimmer durfet schamn.
>   ir mugt wol sîn von ritters art.›

Nach der «Definition» im *Parzival* verleiht also König Artus den Titel eines Ritters demjenigen, der *von ritters art* ist: Man wird nicht von vornherein als Ritter geboren, aber man bringt die Disposition zum Ritter mit.
In der Fiktion legitimiert sich der Ritter nicht einfach durch adelige Geburt, sondern durch eigene Leistung; Verdienst ist an Dienst gebunden; Verdienst durch Dienst bringt die verdiente Anerkennung bei Hofe: êre. Diese Auffassung wird immer wieder im Artusroman, im *Tristan*, im Nibelungenlied usw. durch Wort und Tat demonstriert oder auch problematisiert. Darin ließe sich ein Postulat im fiktiven Gewande an die Wirklichkeit sehen: Für welche Gruppen könnte der Gedanke, daß Herrschaft und Adel sich nicht allein auf das Vorrecht der Geburt, sondern auf persönliche Tugend und Leistung gründen müssen, von Interesse gewesen sein?
Erich Köhler[23] – angeregt durch Marc Blochs Darstellung der Feudalgesellschaft – hat die Frage aufgeworfen, ob nicht gerade die großen Herren den höfisch-ritterlichen Dienstgedanken ihren Interessen ange-

paßt und zu einem Instrument der Disziplinierung des niederen Adels umgeformt haben könnten. Die Herrschaftsverhältnisse im mittelalterlichen Deutschland sind allerdings anders gelagert als in Frankreich. Gert Kaiser[24] hat am Beispiel der Artusromane Hartmanns plausibel zu machen versucht, wie dort, wo gesellschaftliche Deutungsdispositionen von Rezeptionsgemeinschaften und entsprechende Deutungsangebote höfischer Texte aufeinandertreffen, ein Prozeß der gesellschaftlichen Selbstinterpretation im Medium von Texten zustande gekommen sein könnte. Eine Schicht, die sich hier u. a. angesprochen sehen mochte, war die der Ministerialen; denn für sie sind kennzeichnend ein z. T. gehobener Sozialstatus (Reichtum und Macht) und nichtsdestoweniger ein geminderter Rechtsstatus (Unfreiheit). Ihren Bestrebungen, als Lohn für die den Landesherren und Königen geleisteten Dienste in den Adel aufzusteigen und gesellschaftlich voll anerkannt zu werden, mochte eine Dichtung, die den Vorrang der Geburt nicht als alleinige Vorbedingung für den Erwerb des Rittertitels gelten ließ, entgegenkommen. Ursula Peters argumentiert gerade umgekehrt, indem sie wie Bumke den Hof als zentralen Bezugspunkt betont:

«Nicht weil die Ministerialität die Integration in den Adel anstrebte, sondern insofern als sich Ministeriale durch ihre Stellung am Hof des Königs bzw. der großen Fürsten in ihrer Lebensweise und ihrem Verhalten nicht mehr vom hohen Adel unterscheiden und zu einer ‹Elite› gehören, sind sie in der zweiten Hälfte des 12. Jhs. an der Rezeption der französischen ‹Ritterdichtung›, an der Ausbildung der sog. höfischen Kultur beteiligt gewesen.»[25]

Von der Dienstthematik scheint ganz unmittelbar die Ministerialität betroffen, doch sie hat auch für den nicht dienenden Adel eine ideologische Funktion:

«Gerade die für den Adel fehlende Faktizität des ‹Dienstes› [ist] die Voraussetzung für die erzieherische bzw. ideologische, weil herrschaftslegitimierende Funktion des in der Militia Christi-Forderung und wohl auch im Ideal des höfischen Ritters angelegten Dienstgedankens.»[26]

Das Verhältnis von Herrschaft und Dienst, das die Realität der Feudalgesellschaft prägt, wird in der mhd. Literatur übertragen auf das Verhältnis des Ritters zu Gott und zur Frau. Kreuzzugs- und Minnedichtung scheinen einander auf einer unmittelbaren Wirkungsebene zu widersprechen: diese zielt ihrer Sozialfunktion nach auf «Pazifierung», jene auf Aktivierung, auf Motivierung zum Kampf. Mittelbar jedoch lassen sich der Gottesdienst im Kreuzzug und der Frauendienst in der Minne verstehen als Akte der Disziplinierung des kriegerischen Adels im Sinne der weltlichen und der geistlichen Feudalgewalten. Herrendienst, Gottesdienst und Frauendienst wären aus solcher Sicht Stufen im «Prozeß der Zivilisation» (N. Elias).

6.4.2 Der Ritter im Dienste Gottes und der Frauen

Der miles christianus

Am 27. März 1188 fand in Mainz abermals ein Hoftag statt, der nach dem Urteil der Zeitgenossen in seiner Demut gegenüber der stolzen *curia celebris* zu Pfingsten 1184 noch eine Steigerung bedeutete. Hatte diese die Verbindung von weltlicher Macht und höfischem Glanz, von Kaisertum und Rittertum eindrucksvoll demonstriert, so stand jener ganz unter religiösem Vorzeichen. Friedrich I. Barbarossa hatte ihn als *curia Jesu Christi* deklariert und nicht von ungefähr auf den Mittfasten-Sonntag *Laetare Jerusalem* angesetzt. Der Kaiser präsidierte dem Hoftag nicht *loco imperatoris*, weil sein eigentlicher Lenker Jesus Christus sein sollte. Die christliche Ritterschaft war 1187 bei Hattin vernichtend geschlagen worden, Jerusalem in die Hand des Sultans Saladin gefallen. Nach der Verlesung einer päpstlichen Bulle durch den Kardinallegaten Heinrich von Albano und der Kreuzzugspredigt des Bischofs Gottfried von Würzburg nahm der Kaiser feierlich das Kreuz, zahlreiche Adelige folgten seinem Beispiel. Es ist der Beginn des dritten Kreuzzuges (1189–1192).

«[...] einer aus denen, die mit Jesu waren, reckte die Hand aus und zog sein Schwert aus und schlug des Hohepriesters Knecht und hieb ihm ein Ohr ab. Da sprach Jesus zu ihm: ‹Stecke dein Schwert an seinen Ort. Alle nämlich, die das Schwert nehmen, sollen durchs Schwert umkommen›» (Matth. 26,52).

Das Evangelium wird gepredigt als Botschaft des Friedens, doch die Bibel insgesamt entbehrt nicht der Bilder, die vom Kriege genommen sind. *Militia est vita hominis super terram*, heißt es im alttestamentarischen Buche Hiob 7,1. Die Situation des Kampfes wird verstanden als Kampf des Guten gegen das Böse, aber wer jeweils als Vertreter des Guten gegen wen als Vertreter des Bösen kämpft, das unterliegt unterschiedlichen historischen Deutungen. Insbesondere bei Paulus und im Epheser-Brief (6,10–17) begegnet eine Metaphorik des Kampfes, die auf ganz verschiedene Situationen übertragen werden konnte:

«Ziehet an den Harnisch Gottes *(arma Dei, armatura Dei)* [...] So stehet nun, umgürtet an euren Lenden mit Wahrheit und angezogen mit dem Panzer der Gerechtigkeit *(state ergo succincti lumbos vestros in veritate et induti loricam iustitiae)* und an den Beinen gestiefelt. [...] Vor allen Dingen aber ergreifet den Schild des Glaubens *(scutum fidei)*, mit welchem ihr auslöschen könnt alle feurigen Pfeile des Bösewichtes; und nehmet den Helm des Heils *(galeam salutis)* und das Schwert des Geistes *(gladium spiritus)*, welches ist das Wort Gottes.»

Im frühen Christentum[27] stehen Apostel, Missionare, Priester und Asketen, die im geistlich-übertragenen Sinne gegen die «Mächte der Finsternis» kämpfen, zunächst in schroffem Gegensatz zur *militia saecularis*. So meint es auch die Benediktinerregel für die Mönche. Im 10./11. Jahrhundert bahnt sich jedoch mit den von Cluny, Gorze und Hirsau ausgehenden Reformbewegungen eine entscheidende Umdeutung an, die im Investiturstreit dazu führt, daß Papst Gregor VII. (1073–85) den Begriff der *militia christiana* und die paulinische Rede vom *bonus miles Christi Iesu* (2. Tim. 2,3–5) einengt auf die *militia s. Petri*: «Denn die *milites s. Petri*, ob nun päpstliche Lehnsleute oder nur fromme Anhänger, sind doch stets Laien und Krieger, wirkliche Ritter oder Fürsten, nicht geistliche Diener einer Idee, die nur mit dem Worte oder in der Seele kämpfen.»[28] Der Begriff des *miles* erhält seine konkrete, wörtlich-militärische Bedeutung zurück und meint auch den durchaus realen Kampf für das Papsttum. Zwischen geistlichem und weltlichem Kriegsdienst wird jetzt eine Brücke geschlagen, die es der Kirche ermöglicht, den Laienadel für ihre weltlich-politischen Ziele einzusetzen. Gleichzeitig erfährt Augustins Lehre vom gerechten Krieg *(bellum iustum)*, der nur der Verteidigung oder der Wiedererlangung geraubten Gutes dienen durfte, in der Kreuzzugspropaganda[29] eine extensive Auslegung.

Bereits in liturgischen Formelsammlungen des 10. Jahrhunderts sind Segensformeln für den Krieger, für Schwert und Fahne überliefert. Erfleht wird z. B. der Segen für das Schwert, «damit es Verteidigung und Schutz sei für Kirchen, Witwen und Waisen, für alle Diener Gottes gegen das Wüten der Heiden.»[30] Dieser kirchliche Weiheakt des Schwertsegens verschmilzt dann mit dem weltlichen der Schwertleite zu einem Ritual. Seine Institutionalisierung findet das *miles christianus*-Ideal in den geistlichen Ritterorden, die neben den neuen Mönchsorden wie den Zisterziensern (gegr. 1098) und den Laienbruderschaften der Spitalorden im 12. Jahrhundert zum bewaffneten Geleit der Pilger und zum Kampf gegen die Ungläubigen entstehen (um 1120 die Templer und die Johanniter, 1190/98 der Deutsche Orden). Die Militarisierung der Orden geht eindeutig auf das Beispiel der Templer zurück. Auf dem ersten Kreuzzug hatte sich eine Gruppe von Rittern entschlossen, zum Schutz der Pilger im Tempel von Jerusalem Quartier zu beziehen; über die Templer bleiben in der Folgezeit denn auch alle geistlichen Ritterorden miteinander verbunden. Bernhard von Clairvaux (1091–1153) vor allem ist es gewesen, der in seinem *De laude novae militiae ad milites Templi liber*[31] dieser Vereinigung von Kriegertum und Mönchtum zur Legitimation verholfen hat.

Daß sich solche Spiritualisierung des Krieges und des Kriegerstandes nicht unabhängig von den realen Bedingungen der Feudalgesellschaft vollzogen hat, verrät nicht zuletzt die Vasallitätsterminologie in der volkssprachlichen Dichtung mit Kreuzzugsthematik. Dort wird Gott als oberster Lehnsherr verstanden, dem z. B. im *Rolandslied* des Pfaffen Konrad die Ritter als *gotes dinistman* in der Hoffnung auf himmlischen *lôn*[32] dienen. In dieselbe Richtung führen Argumente der lateinisch-ge-

lehrten Kreuzzugswerbung: «Wir verdanken alles dem gütigen Gott, jetzt müssen wir ihm seine Gnade durch unseren Dienst vergelten.» – «Gott hat seinen Sohn für uns den Tod erleiden lassen, jetzt müssen wir ihm bis in den Tod getreu sein.»
Wenn der sterbende Roland seinen Handschuh Gottes Engel übergibt, so entspricht diese Geste der Investitur im Lehnswesen, wo sie z. B. durch Verleihung eines Handschuhs erfolgt. Bei Lehnsverzicht wird das Zeichen an den Lehnsherrn zurückgegeben, hier an Gott:

> ‹ich scol uerwandelen daz leben.
> in sine gnade wil ich ergeben,
> swaz ich sin uon im han,
> want ich sin nimen so wol gan.›
> den hantschůch er abe zoch.
> in gegen dem himel er in bot.
> den nam der urone bote uon siner hant. (RL 6885–90)

Abb. 22: Der sterbende Roland. Ms. 302, fol. 52ᵛ der Kantonsbibliothek St. Gallen[33]

Die St. Galler Handschrift von Strickers *Karl dem Großen,* einer Bearbeitung des Rolandsliedes, enthält eine Miniatur in zwei Zonen: 1. (links) Der sterbende Roland versucht, sein Schwert Durandal zu zerbrechen. 2. (rechts) Roland übergibt seinen Handschuh einem Engel.

Die vrouwe

Erich Köhler leitet seine soziologischen Betrachtungen zum Minnesang[34] mit einer «Übersetzung» ein:

> «Bei Wolfgang Mohr lesen wir über die typische Situation des Minneritters: ‹Schon als *dienestman* einer Dame anerkannt zu werden, bedeutete dem Ritter viel. Hatte er es erreicht, so mußte er treu, stet, ohne Wanken im Dienst verharren. Er mußte warten können und Enttäuschungen ertragen lernen; rascher Erfolg schließt Minne aus. Zwar richtete sich auch sein Minnewerben auf das letzte Ziel der Liebesgewährung, aber der Werbende hütete sich, seine Wünsche allzu laut werden zu lassen.›
> [...] Man verzeihe mir nun einen schockierenden Akt: den Versuch, diese Beschreibung konsequent in eine nicht von der Minne vergoldete banale Realität zu übersetzen, die sich zunächst nur durch ihre Strukturanalogie als mögliche Basis aufdrängt. Wir hätten dann zu lesen:
> ‹Schon als Dienstmann eines mächtigen Herrn anerkannt zu werden, bedeutete dem Ritter viel. Hatte er diese Absicht erreicht, so mußte er treu, stet, ohne Wanken im Dienst verharren. Er mußte warten können und Enttäuschungen ertragen lernen; physische, sittliche und geistige Anstrengung war notwendig, um im Herrendienst voranzukommen. Zwar richtete sich auch diese Anstrengung auf das letzte Ziel einer Aufnahme in den Stand der Herren, aber der Aspirant hütete sich, seine Wünsche allzu laut werden zu lassen.›»

Köhler will eine «Kongruenz der Struktur der Liebespsychologie und der gesellschaftlichen Struktur» demonstrieren, wobei er für beide Bereiche eine «Identität der Erlebnisstruktur» voraussetzt. Auch wenn die «Rückübersetzung» einseitig einen Zusammenhang mit den Aufstiegsbestrebungen der Ministerialität[35] suggeriert, sie veranschaulicht jedenfalls, wie das Minneverhältnis zwischen *ritter* und *vrouwe* durch das Muster des Lehnswesens geprägt ist. Kennzeichen solcher «Feudalisierung» sind Leitbegriffe der höfischen Lyrik und Epik wie *dienstman, eigenman, triuwe, hulde*. Das für den vasallitischen Vertrag konstitutive Verhältnis auf Gegenseitigkeit begegnet wieder in der *dienest/lôn*-Thematik. Andererseits sprengt die kultische Überhöhung der Dame, die gelegentlich geradezu als Göttin apostrophiert wird, diesen Rahmen; denn angesichts der für die Hohe Minne typischen Spannung zwischen Begehren und Erfüllung wird Gegenseitigkeit ja gerade verhindert.

Überhaupt bereitet die der höfischen Dichtung eigene Verehrung der Frau größte Verständnisschwierigkeiten, weil die Frau, die hier als Idee und abstraktes Idol den Mann beherrscht, doch sonst als Person in der praktischen Sozialordnung von Ehe und Familie und in den theoretischen Gesellschaftsmodellen von Theologie und Recht dem Manne untergeordnet erscheint. In der jungen Disziplin der historischen Frauenforschung gibt es inzwischen eine Reihe ernstzunehmender Darstellungen, in denen nicht mehr pauschal über „die Frau", sondern über *Frauen im Mittelalter* gehandelt wird. Denn mehr noch als in der Ritterforschung herrschte die Neigung zu Zirkelschlüssen, vorschnellen Verallgemeinerungen und zur

6.4 ritter und vrouwe

Vermischung der Ebenen vor, zumal historisch bedingte Rollenzuweisungen als anthropologische Konstanten des «Wesens» der Frau galten. In Dichtung, Kunst, Recht und Theologie werden (von Männern) Bilder der Frau entworfen, wie sie sein soll oder gerade nicht sein soll, aber wie Frauen tatsächlich gehandelt haben, läßt sich solchen – normativ bestimmten – Quellen so unmittelbar eben nicht entnehmen. Und die Wechselbeziehung zwischen Wunschbild und Realität ist erst recht schwer zu greifen.

Ungeachtet der Gefahr unzulässiger Verallgemeinerungen kann man wohl behaupten, daß in der Theologie der mittelalterlichen Kirche von Augustin bis Thomas von Aquino – sieht man von neben- und gegenkirchlichen Strömungen wie Katharern, Waldensern und den religiösen Frauenbewegungen ab[36] – die Einschätzung der Frau als *animal imperfectum*, als im Zustand der Unterwerfung unter den Mann *(status subiectionis hominis)* befindliches Wesen[37] dominiert. Daran ändert auch der Marienkult wenig. Die Exegeten berufen sich vornehmlich auf die paulinischen Briefe, aus welchen Zitate isoliert werden, die den Mann als «Haupt der Frau», die Frau als «Abbild und Abglanz des Mannes» hinstellen; denn «Adam wurde zuerst geschaffen, danach Eva. Und nicht Adam wurde verführt, sondern das Weib.» Immerhin wird die Frau «gerettet werden durch das Kindergebären.»

Daran knüpft u.a. Augustins maßgebliche Dreiteilung der Ehegüter in *fides, proles, sacramentum* an, die in der Betonung des Fortpflanzungszwecks einem personalen Verständnis des ehelichen Liebesbundes entgegenstand und dazu führte, daß Liebe und Ehe auf verschiedenen Ebenen angesiedelt wurden. Die Grundqualität der Person (Gewissen, Willensfreiheit) wird jedoch durch diese Einschränkungen nicht berührt, wie u.a. das Eintreten der Kirche für die Konsensehe zeigt.

So sehr auch die verschiedenen Traditionen des mittelalterlichen Rechts zwischen der Stellung der unverheirateten, der verheirateten und der verwitweten Frau differenzieren, in einem Punkt besteht zwischen dem Rechtsstatus einer Bauernmagd und dem einer hochadeligen Dame kein prinzipieller Unterschied: Die Frau steht zeitlebens – sieht man vom Augenblick der Eheschließung ab, wo vielfach die Zustimmung der Frau gefordert wird – unter der *munt*-Gewalt des Mannes, d.h. unter der Schutz gewährenden Vormundschaft zunächst ihrer männlichen Sippenangehörigen (Vater, Bruder), dann des Ehemannes.

Dieser Grundsatz gilt für die Verhältnisse in Deutschland. In Frankreich wird der adeligen Frau bereits im 11. und 12. Jh. die Erb- und Lehnsfähigkeit weitgehend zuerkannt. Sie kann Huldigung leisten oder empfangen, Bündnisse schließen, als Partei vor Gericht auftreten. Einige hochadelige Damen wie Richilde von Flandern, Eleonore von Poitou, Königin von Frankreich, dann von England, die Gräfin Marie von der

Champagne, Ermengarde von Narbonne haben denn auch eine bedeutende politische Rolle gespielt.[38]

Die Stellung der adeligen Frau in der Feudalgesellschaft darf nicht allein an ihrem grundsätzlich unveränderten Rechtsstatus gemessen werden, auch nicht an den ihr von der Kirche zugewiesenen Aufgabenbereichen (Kinder, Haushalt, Religionsausübung). Die höfische Dichtung ist ein Indiz dafür, daß die höfische Frau gleichsam zwischen den kirchlichen und rechtlichen Festlegungen einen Freiraum im Rahmen der höfischen Gesellschaft und Geselligkeit erlangt hat. Die höfische Lebensform ist Ausdruck einer veränderten Einschätzung der Frau, die zwar nicht tun und lassen kann, was sie will, mit welcher aber eben auch der Mann nicht nach Belieben verfahren kann. Das Verhalten bei Hofe gebietet Distanz, und darin liegt auch ein Moment von Freiheit. Dazu ein Beispiel höfischen Sprechens aus dem *Tristan* (hg. v. K. Marold, V. 731–789):

Nu daz der buhurt dô zergie
und sich diu ritterschaft zerlie
und iegelîcher kêrte,
dar in sîn muot gelêrte,
dô kam ez von âventiure alsô,
daz Riwalîn gekêrte dô,
dâ Blanschefûr diu schœne saz.
hie mite gesprancte er nâher baz
und als er under ir ougen sach,
vil minneclîche er zuo ir sprach:
«â, dê vus sal, bêle!»
«merzî» dît la puzêle
und sprach vil schemelîche:
«hêrre got der rîche,
der elliu herze rîche tuot,
der rîche iu herze unde muot!
und iu sî grôze genigen
und aber des rehtes unverzigen,
des ich an iuch ze redene hân.»
«ach, süeze, waz hân ich getân?»
sprach aber der höfsche Riwalîn.
si sprach: «an einem friunde mîn,
dem besten, den ich ie gewan,
dâ habet ir mich beswæret an.»
«jâ hêrre», dâhte er wider sich,
waz mære ist diz? oder waz hân ich
begangen wider ir hulden?
waz gît si mir ze schulden?»
und wânde, daz er eteswen
ir mâge disen oder den
unwizzende an der ritterschaft
gemachet hete schadehaft,
dâ von ir herze swære
und ime erbolgen wære.
nein, der friunt, des sî gewuoc,
daz was ir herze, in dem si truoc
von sînen schulden ungemach;
daz was der friunt, von dem si sprach;
iedoch enwester niht hie mite.
nach sînem ellîchen site
sprach er vil minneclîche zir:
«schœne, ine wil niht, daz ir mir
haz oder argen willen traget;
wan ist ez wâr, als ir mir saget,
sô rihtet selbe über mich:
swaz ir gebietet, daz tuon ich.»
diu süeze sprach: «durch dise geschiht
enhazze ich iuch ze sêre niht;
ine minne iuch ouch niht umbe daz.
ich wil iuch aber versuochen baz,
wie ir mir ze buoze wellet stân
umbe daz, daz ir mir habet getân.»
Sus neig er ir und wolte dan,
und sî, diu schœne, ersûfte in an
vil tougenlîchen unde sprach
ûz inneclîchem herzen: «ach,
friunt lieber, got segene dich!»
dô alrêrste huob ez sich
mit gedanken under in.

bûhurt stoßendes Losrennen im ritterlichen Kampfspiel, bei dem die Teilnehmer gruppenweise mit eingelegten Lanzen gegeneinander sprengten. – *zergân* aufhören. – *sich* zerlân sich zerstreuen. – »â, dê vus sal, bêle!» «Gott behüte Euch, schöne (Dame)». – «merzî» dît la puzêle «Danke», sagte das Mädchen. – rîche beglückt, froh. – rîchen swv., beglücken. – unverzigen unverzichtet (hier: ohne auf mein Recht verzichtet zu haben). – ritterschaft Ritterspiel. – erbelgen stv. m. dat., zornig werden über einen. – gewahenen stv. m. gen., erwähnen, gedenken. – ersiuften swv., aufseufzen.

In diesem Dialog vollzieht sich höfisches Sprechen auf zwei Ebenen: Blanscheflur will Riwalin ihre Liebe «signalisieren». Als höfische Dame darf sie ihre Gefühle nicht offen bekennen. Deshalb verhüllt sie das Gemeinte normgemäß so, daß dieses nicht von vornherein durchsichtig ist. Sie sagt etwas, das so, aber auch anders verstanden werden kann, nämlich metaphorisch. Die bewußt angestrebte Inkongruenz von Gemeintem und Gesagtem wahrt die Distanz und – zumindest bis zum geseufzten «Ach» – die Unverbindlichkeit: Der Angeredete kann die Rede so aufnehmen, wie sie auf der Ebene des uneigentlichen Sprechens eigentlich gemeint ist – oder er reagiert nicht. In keinem Falle hat sich die Frau etwas vergeben. Höfisch-höfliches Sprechen[39] schafft Abstand und wahrt zugleich Respekt vor dem anderen.

Das *Tristan*-Beispiel ist ein Indiz für die Bewertung der höfischen Dame zunächst in der Fiktion, aber diese hat dann eben doch – wie das Ritter-Ideal – auf die Realität eingewirkt. Einfacher als die Rekonstruktion solcher Wirkung und Wechselwirkung und methodisch verbindlich bleibt jedoch für die Textanalyse die Trennung zwischen realer und fiktionaler Ebene. Dazu das folgende Beispiel eines spätmittelalterlichen Eheschwanks, das verdeutlicht, daß gerade im Zusammenhang mit der Darstellung der Frau reale Details noch längst keine «realistische» Darstellung ausmachen:

Die böse Adelheid (Unbekannter Autor, Augsburg (?), Ende 13. Jh.):[40]

In einem dorfe saz ein man,
der nie guoten tac gewan.
daz geschach von sînem wîbe:
si swuor bî irem lîbe,
daz si nimmer wolte werden guot.
daz beswârt im sînen muot.
er was geheizen Markhart
– wê im, daz er geborn wart! –
und sî diu übel Adelheit.
si tet im jârlanc herzeleit.
Eins tages sâzens ob dem viure;
der imbiz was im tiure.
er sprach: «liebe Adelheit,
ist der imbiz iht bereit?
gip uns, daz dir got lône;
ez nâhet schier diu zît der nône.»

«und wær ez dîn grimmer tôt,
du enbîzest tâlanc kein gebrôt,
du muost noch hiute vasten,
biz dir dîn ougen glasten.»
guot Markhart het ein pfenninc,
dâmit schafft er sîniu dinc.
er wolt in daz dorf loufen
und im ein brôt koufen.
dô muost er sich ê roufen
mit dem übeln wîbe und boufen.
si sluoc in sêre unde stiez,
daz im nieman gehiez
sîn leben vür den grimmen tôt,
hæt er genomen dô daz brôt.
er gedâht in sînem sinne:
«wes sol ich beginnen,

daz ich die vâlentinne
ûz mînem wege bringe?»
Dô er sîn nôt überwant,
der guote Markhart gie zehant
hin under sînes selbes tür.
dâ gie manec man hin vür,
die gein Auspurc wolten gân.
daz merke vrouwe unde man:
der guote Markhart moht niht lân,
er huop von ezzen wider an.
er sprach: «liebe Adelheit
– daz dir geschehe nimmer leit! –
sich, dâ gât manec man hin,

mich entriege dann mîn sin,
belîb er heim, ez dûht mich guot.
er vertrinkt hiut mantel unde huot.»
si sprach: «du wirst es niht erlân,
du muost ouch ze markte gân.»
er sprach: «liebe Adelheit
– dir geschehe nimmer leit! –
daz best, daz ich dir râten sol:
belîp hie heim und hüete wol!»
si sprach: «habe dir den rât,
wan durch dich nieman enlât!
kanstu mich vil wol verstân?
ich wil ouch ze markte gân.» [...]

(Das Ehepaar geht nach Augsburg. Da die Frau immer das Gegenteil von dem tut, was der Mann will, erlangt er durch scheinbare Ablehnung genau das, was er will – einen kostbaren blauen Rock, Weizenbrot und Wein und schließlich den Tod der Widersetzlichen: Als er mit ihr am Lech nach Hause wandert, warnt er sie, nicht zu nahe am Strom zu gehen und rät ihr, einen Schritt zurückzutreten. Sie macht natürlich einen Schritt nach vorn und ertrinkt. Die Leiche sucht er folgerichtig nicht stromabwärts, sondern stromaufwärts. *Er liez si ligen, als si lac, und lebte hernâch manegen tac.*)

Figuren, Handlung und Schauplatz sind unhöfisch. Anders als in der höfischen Epik, wo der nicht-alltägliche Ausnahmezustand vorherrscht, begegnen in dieser Geschichte Elemente der alltäglich-banalen Wirklichkeit. Nicht nur zwischen *rockebrôt* und *weizbrôt* wird unterschieden, sondern auch zwischen *dorf* und *stat*. Die Stadt wird historisch-geographisch als *Auspurc* am *Lech* fixiert und mit Begriffen wie *markt, pfenning, koufen* als typische Handelsstadt gekennzeichnet. Adelheid ist gewiß keine höfische Dame, aber darum ist ihre Darstellung noch keine «realistische»: Sie verkörpert den Typus der bösen, zänkischen Ehefrau aus dem *übel wîp*-Genre in einem satirischen Zerrbild, dem als Norm das Bild der braven Ehefrau zugrundeliegt.

Aufschlußreicher als solch ein Schwank ist für die Sphäre der alltäglichen Wirklichkeit der Frau der *Sachsenspiegel*. Aufgezählt wird das bewegliche Gut, das im ehelichen Güterrecht und im Erbgang zum Sondervermögen rechnet, zur sog. Geraden (mhd. *geraete*, mnd. *gerēde* Ausrüstung, Vorrat, Hausrat; hier v. a. die persönliche Ausstattung):

«Unde allet dat to der rade hort, dat sint alle scap unde gense unde kesten mit opgehavenen leden, al garn, bedde, pole, kussene, linlakene, dischlakene, hantdwelen, badelakene, beckene, unde erne luchtere, lin, unde alle wifleke kledere, vingerne, unde armgolt, zapel, saltere unde alle buke, de to Goddes denste horet, de vrowen pleget to lesene, sedelen unde laden, teppede, ummehank unde ruckelaken, unde al gebende. Dit is dat to vrowen rade horet. Noch is maneger hande klenode, dat en horet, al ne nenne ek is nicht sunderleke, alse borst unde scere unde spegele.» (Landrecht I 24 § 3)
(Und alles was zur Geraden gehört, das sind alle Schafe und Gänse und Kästen mit gewölbten Deckeln, alles Garn, Betten, Pfühle, Kissen, Leinenlaken, Tischtücher,

Handtücher, Badelaken, Becken und erzene Leuchter, Leinen und alle weiblichen Kleider, Fingerringe und Armreife, Kopfputz, Psalter und alle Bücher, die zum Gottesdienst gehören, die Frauen zu lesen pflegen, Sessel und Kisten, Teppiche, Vorhänge und Wandteppiche und alles Bandzeug. Dies ist, was zur Geraden gehört. Außerdem gehören dazu mancherlei Kleinigkeiten, auch wenn ich es nicht alles besonders nenne, wie Bürste und Schere und Spiegel.)

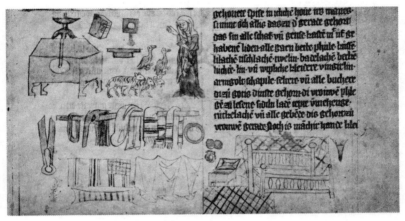

Abb. 23: Die Gerade. Aus der Dresdener Sachsenspiegel-Handschrift[41]

Auf den drei Feldern sind dargestellt: 1.) Schafe und Gänse, der Kasten mit dem aufragenden Deckel, darauf der Leuchter, daneben Becken, Gebetbuch und Handspiegel. 2.) Schere, über eine Stange gehängt: Garn, Kleid, Hemd, Badelaken, Handtuch; daneben das Schapel. Unterhalb der Stange: Kissen, Pfühl, Tischlaken mit Faltenwurf. 3.) Ring, darüber zwei goldene Kleinode, darunter Lade und Teppich; daneben Sessel, Rücklaken, Bürste, Schere.

Die Erwähnung des Psalters und anderer geistlicher Bücher, «die Frauen zu lesen pflegen», gibt Anlaß zu einem abschließenden Hinweis auf die noch nicht befriedigend geklärte Frage nach dem Anteil der Frauen an der Literatur: Die Fähigkeit des Schreibens und Lesens war wahrscheinlich bei den Frauen der Oberschicht insgesamt häufiger anzutreffen als bei den Männern, die Kleriker natürlich ausgenommen. J. Bumke geht davon aus, «daß die höfische Dichtung weitgehend dem Geschmack und dem Urteil adliger Damen unterworfen war und daß fürstliche Gönnerinnen eine größere Rolle gespielt haben als die direkten Zeugnisse erkennen lassen».[42]

6.5 Stadt und Land

Zwischen dem 11. und 13. Jh. zeichnen sich in der Wirtschafts- und Sozialgeschichte tiefgreifende Veränderungen ab, die von den Städten ausgehen und die für die Feudalgesellschaft nicht ohne Folgen bleiben. Im späteren Mittelalter hat sich neben der feudalhöfischen eine bürgerliche Gesellschaftsschicht etabliert.

Die feudale Produktionsweise des frühen Mittelalters beruht auf der autarken Produktion der einzelnen Grundherrschaften. Die Produkte werden fast ausschließlich als Gebrauchswerte hergestellt und konsumiert. Seit dem 11. Jh. werden Produkte zunehmend als Ware nicht allein für den direkten Verbrauch, sondern auch für den Tausch und Verkauf benutzt. Entweder wird im einfachen Austausch Ware gegen Ware genommen oder aber Ware wird verkauft, um mit dem Erlös andere Waren kaufen zu können. Umschlagplatz der Warenbewegung ist der Markt. Der Freiraum des Marktes eröffnet den Marktteilnehmern ökonomische Gleichheit und die Möglichkeit, frei verfügbaren Besitz (Geld) zu erwerben – eine Form der Erfahrung von Freiheit und Gleichheit, die über die «abgeschlossene» Welt der alten Grund- und Hausherrschaft hinausführt.

Neben der Form der einfachen Warenzirkulation (Ware – Geld – Ware) gibt es eine zweite, die entscheidend für das Aufkommen der Handelsstädte wird. Ihr treibendes Motiv ist nicht der Gebrauchswert, sondern der Tauschwert mit dem Zweck des Mehrwerts: Der Kaufmann kauft Ware, um sie mit Gewinn zu verkaufen. Der Hauptgewinn liegt also im Zwischenhandel. Im Frühkapitalismus dient dann das Kaufmannskapital der industriellen Produktion, und die Arbeitskraft selbst wird zur Ware. Im vorkapitalistischen Stadium ermöglicht die durch die Warenzirkulation mitgesetzte Geldzirkulation überdies die Nutzung des Geldes als Wucherkapital: das Geld wird zu überhöhten Zinsen verliehen, um es zu vermehren. Durch den Profit des Handels- und Wucherkapitals entsteht der Reichtum der Stadt. Damit gelingt es den Städten, das Land ökonomisch, wenn auch nicht politisch (wie in Oberitalien), zu beherrschen. Dabei waren das Gebot des gerechten Preises und das kanonistische Verbot des Wuchers, die an der scholastischen Vorstellung von der ausgleichenden Gerechtigkeit, des Gleichgewichts von Leistung und Gegenleistung, orientiert waren, trotz aller Verstöße und Umgehungen (Rentenkredite) durchaus für die geschäftliche Vertragspraxis maßgebend. Nur die Juden und – mit kirchlichem Privileg – die Lombarden konnten beim Pfandleihgeschäft überhöhte Zinsen verlangen.

Der Aufschwung der Geldwirtschaft führt für den niederen Adel, dem selbst Handel zu treiben oder ein Handwerk auszuüben nach seinem

Ehrenkodex versagt ist, vielfach zur Verarmung; denn er versucht um jeden Preis, seinen feudalen Lebensstandard (Aufwendungen für Luxuswaren wie Stoffe und Gewürze, für Rüstungen, für Feste und Turniere etc.) aufrechtzuerhalten. Er muß sich entweder in die Abhängigkeit des hohen Feudaladels begeben und mit der Ministerialität zu einer neuen Schicht von Dienenden verschmelzen oder ihm bleibt als Ausweg nur das Raubrittertum. Die hohen Feudalherren dagegen, die, wie z. B. die Bischöfe, auch die Stadt- und Marktherren sind, haben am Reichtum der Städte teil und können so ihre wirtschaftliche und militärische Macht im Rahmen des Territorialisierungsprozesses noch vergrößern.

Mit der Entwicklung der Städte geht die Arbeitsteilung zwischen agrarischer und handwerklicher Produktion einher. Es kommt zur Trennung von Stadt und Land. Dieser Gegensatz, der sich bereits im Hochmittelalter abzuzeichnen beginnt, ist für die Gesamtgesellschaft einschneidender als derjenige im Frühmittelalter zwischen Grundherrn und Bauer. Aber immer noch beruht die Entfaltung der Ware-Geld-Beziehung auf der feudalen Produktionsweise. Da es in der vorkapitalistischen Stadt nur eine partielle einfache Warenproduktion gibt, verbietet sich eine strikte Entgegensetzung zwischen feudaler und städtischer Wirtschaftsform.

Die Stadt ist ein Sonderfriedensbezirk eigenen Rechts innerhalb der feudalen Welt. Die Bürgergemeinde steht als Eidgenossenschaft freier Bürger eigentlich der Grund-, Stadt- und Landesherrschaft entgegen. Dennoch bleibt die Grenze zwischen der Unter- und Mittelschicht der feudalen und der Oberschicht der bürgerlichen Gesellschaft durchlässig. Manchenorts besitzen die Patrizier burgenartige Häuser mit festungsähnlichen Türmen und Kapellen. Das im Fernhandel und im Kreditgeschäft erworbene Vermögen wird z. T. auf dem Lande angelegt. Bürger verfügen über freies Eigen und rechte Lehen, Landgüter, Dörfer und Holden und sind dem rittermäßigen Adel rechtlich gleichgestellt. Diesem Hinausgreifen in die Sphäre der Grundherrschaft entspricht ein Lebensstil, der dem des Adels nahesteht. Adelige wiederum treten in die Bürgerschaft einzelner Städte ein.[43] Die gebildete städtische Oberschicht, in der sich die großen Handelsherren mit der Stadtritterschaft und den geistlichen Prälaten treffen, fühlt sich denn auch als Anwalt und Erbe der feudalhöfischen Kultur. Davon zeugt z. B. die Entstehungsgeschichte der Manesseschen Liederhandschrift.

Eine eigenständige «bürgerliche» Literatur gibt es im Hochmittelalter noch nicht, sondern erst, als sich im Spätmittelalter das Bürgertum seiner eigenen Rolle voll bewußt wird. Allgemein gilt als «bürgerlich» eine Literatur, deren sozialer Ort die Stadt ist, wobei mit dem Begriff des «Bürgers»[44] allerdings die soziale Differenzierung der Stadtbevölkerung (handels-patrizische Oberschicht, handwerklich-zünftlerische Mittelschicht, plebejische Unterschicht) verwischt wird. «Bürgerlich» meint darüber hinaus eine bestimmte Gesinnung, der zugeordnet werden etwa «gesunder Menschenverstand», Nüchternheit, Sparsamkeit, «Realismus», eine allgemeine überständische Sittenlehre u. a. m.

Die Literatur in der Stadt, die in den letzten Jahren zu einem Forschungsschwerpunkt der Mediävistik geworden ist,[45] muß hier ausgeklammert werden. Eine Literatur der Unterschichten gibt es ohnehin nicht. Das «Volk» bleibt stumm – der Bauer ist in aller Regel nur Objekt der Geschichte. In der Literatur wird der *dörper* oder *gebûre* mit den Augen der führenden Stände betrachtet und zumeist verachtet.[46] Die weltliche Führungsschicht der Feudalgesellschaft mit dem Hof als Zentrum hat zwischen 1170 und 1230/50 eine eigene Literatur hervorgebracht, deren Hauptgattungen – Artusroman und Heldenepik, Minnesang und Spruchdichtung – in den nächsten beiden Kapiteln vorgestellt werden sollen. Diese Auswahl ist einseitig: Sie läßt die geistliche Literatur, die vor, neben und nach der höfischen Literatur existiert, außer acht.

7. Die höfische Epik: Artusroman und Heldenepos

7.1 «Ritterlich-höfische Dichtung der Stauferzeit»

In der zweiten Hälfte des 12. Jhs. tritt mit der mhd. höfischen Dichtung zum ersten Male die volkssprachliche Literatur adeliger Laien gleichberechtigt neben die lateinische und volkssprachliche Literatur der Kleriker. Diese höfische Literatur zwischen 1170 und 1230/50 wird auch als «ritterlich-höfische» und «staufische» bezeichnet. So spricht Max Wehrli von der «ritterlich-höfischen Dichtung der Stauferzeit».[1] Für Helmut de Boor ist die «staufische Literaturepoche» gleichfalls die «Zeit der ritterlichen oder höfischen Dichtung».[2] Hugo Kuhn nennt sie die «Klassik des Rittertums in der Stauferzeit» und die «höfische Klassik».[3] Insoweit herrscht Übereinstimmung. Bei näherem Hinsehen erweist sich der Gebrauch der Begriffe «ritterlich» und «staufisch» allerdings als ebensowenig eindeutig wie der des «Höfischen», welcher nach P. Ganz «so vielfarbig wie Benzin in einer Regenpfütze» schillert.[4]

Man kann den Begriff Stauferzeit wie den der Karolinger-, Ottonen- und Salierzeit als eine chronologische Bestimmung auffassen, womit sich freilich die literarhistorische Periodisierung an der dynastischen Abfolge in der politischen Geschichte orientiert. Hier sieht H. Kuhn den «deutschen Originalbeitrag zur europäischen Blüte» des Jahrhunderts von 1150 bis 1250, das darum bei ihm «staufisch» heißt: «Gehört Italien das *sacerdotium:* Rom und die Kirche, besitzt Frankreich das *studium:* Blüte und Frucht aller Wissenschaften und Künste, so hat Deutschland das *imperium:* den politisch-religiösen Raum, das *sacrum imperium.*»[5] Dabei scheine ein «geheimer Gegenlauf die Konstellation von Reich und Ritterdichtung» zu regieren: «Der Scheitel des dichterischen Aufstiegs fällt genau mit der Katastrophe des staufischen zusammen: 1198, das Jahr nach Heinrichs VI. Tod, sieht den *Iwein,* den Beginn des *Parzival* und des *Nibelungenliedes,* Walthers Auszug von Wien ins Reich.»

Während also im Reich zwischen 1198 und 1215 die Partikulargewalten die Oberhand gewinnen und die Kaiserpolitik in Italien scheitert, erreicht die Dichtung eine Höhe, die als «staufische Klassik» beschrieben wird, obgleich die «Stauferzeit» seit 1198 eben keineswegs nur die Zeit der Staufer war. Wenn die klassische Periode der mhd. Dichtung die «staufische» genannt werde, so schränkt de Boor ein, dann sei dabei «nicht die praktische Teilnahme der staufischen Familie an der deutschen Dichtung [...] wesentlich.» Dennoch hänge «der ganze Aufschwung des Lebensgefühls, der aus einer neuen Wertung des menschlichen Daseins hervorging, eng mit dem Aufstieg und dem weltweiten Geltungsgefühl des Staufertums, mit der letzten, kraftvollen Behauptung des universalen Reichsgedankens zusammen.»[6] Das «Staufertum» ist damit den realpolitischen Konflikten dieser Jahre enthoben und zum idealisierenden Konstrukt der Literaturgeschichte geworden. Der «Reichsgedanke» und das Bild (scheinbarer) höfischer Harmonie in einem Teil der mhd. Literatur prägen das Gesamtbild «staufischer Dichtung». Die Krisensymptome in der Realität und in der Fiktion verblassen angesichts eines solchen Idealgemäldes von «Staufertum» – und «Rittertum»:

H. de Boor meinte 1953 mit dem Beiwort «ritterlich», daß «der Ritterstand der Träger der neuen Literatur» gewesen sei. Die Forschung der letzten Jahrzehnte hat diese Ansicht korrigiert. Einen Ritterstand, der sich vom Berufsstand des schwergepanzerten Reiters zum Geburtsstand gewandelt haben sollte, gab es in der Entstehungs- und Blütezeit der höfischen Dichtung überhaupt noch nicht; er formierte sich erst im späteren Mittelalter zu einer Gruppe innerhalb des niederen Adels. Der «Ritter» ist ein «Erziehungs- und Bildungsgedanke [...], ein Phänomen der Geistesgeschichte viel mehr als der Sozialgeschichte» (J. Bumke). Dementsprechend bezeichnet jetzt M. Wehrli «mit ‹ritterlich› [...] den allgemeineren, auch ideellen, mit ‹höfisch› den spezielleren gesellschaftlich-ästhetischen Aspekt» der mhd. Klassik.[7] Nicht der Ritterstand, sondern der Hof ist zum Träger der neuen Literatur geworden. Dabei hat das Ritterideal der literarischen Fiktion offensichtlich entscheidend zur Integration der neuen adelig-höfischen Gesellschaft beigetragen, gerade weil der Ritterbegriff so komplex war und «ritterlich» als standesunspezifischer Wertbegriff genommen werden konnte. Einen Ritterstand hat es in der Stauferzeit noch nicht gegeben, aber das «Rittertum» ist eine Realität, wenn auch eine – in ihrer Spannung zwischen Ideal und Wirklichkeit – schwer zu fassende.

Bei H. de Boor fungiert der Leitbegriff des «Höfischen» geradezu normativ in mehrfacher Abstufung als Einteilungskriterium seiner Geschichte der höfischen Literatur: vor-, früh-, hoch-, späthöfische Epik; früh-, hoch-, späthöfische Lyrik; lehrhafte Dichtung der früh-, hoch-, späthöfischen Zeit. So klar und in sich stringent diese Disposition auch wirkt, das «Höfische» ist nicht bloß ein «Qualitätsbegriff, [...] ein Bildungsbegriff, eine menschliche Stilform»:[8]

Mhd. *hövesch (höfsch, hübesch)* ist in seiner Bedeutungsgeschichte verflochten mit derjenigen von mlat. *curialis, urbanus, aulicus* und mit derjenigen von afrz. *cortois*. Das Adj. *hövesch* (im Sinne von «höfisch, höflich, hofgemäß, fein gebildet, gesittet», später auch «hübsch») und das Abstraktum *hövescheit* («höfisches Wesen, höfische Sitte, Höfischheit») sind Ableitungen von *hof,* so wie afrz. *cortois* («höfisch») und *corteisie* («Höfischheit») von *cort.*

7.1 Ritterlich-höfische Dichtung der Stauferzeit   189

Das Wort «höfisch» kommt erst sei der Mitte des 12. Jhs. vor. In der *Kaiserchronik* ist im Zusammenhang mit Hoffesten und Ritterspielen von «höfischen Damen» die Rede (V. 4351), die mit ihrer *minne* den kranken Mann gesund und *hovesc unde kuone* (4614) machen können. «Höfisch» bezieht sich hier schon auf eine Gesinnung und ein Verhalten, das mit Liebe und mit Tapferkeit im Kampf zusammenhängt. Als Gegenbegriffe zu *hövesch* und *hövescheit* begegnen seit dem Ende des 12. Jhs. *dörperlich* («bäurisch») und *dörperheit* («unhöfisch-bäurisches Wesen»), die von ndd. *dorp* abgeleitet sind. Wahrscheinlich handelt es sich um Lehnübersetzungen von afrz. *vilain* und *vilenie*. Wegen des unverschobenen /p/ schließt man, daß diese Wörter über das Niederdeutsche ins Mittelhochdeutsche gelangt sind.

Der Begriff des Höfischen verweist seiner Grundbedeutung nach auf die sozial- und rechtsgeschichtliche Institution des Hofes, sehr bald wird er aber auch für die Gesinnung einer Hof-Gesellschaft mit bestimmten Wertvorstellungen im Umfeld von Minne und Rittertum gebraucht. Für den heutigen Gebrauch in der Wissenschaftssprache unterscheidet J. Bumke drei Bedeutungsaspekte von «höfisch». Einmal bleibt «höfisch» «ein literarhistorischer Begriff, der auf den Hof als den gesellschaftlichen Ort der Literatur» hinweist. Höfische Literatur ist dann Hofliteratur von Hofdichtern für ein Hofpublikum. Insofern kann der Begriff für die ganze europäische Hofliteratur von 500–1200 gelten, wenn man ihn nicht doch der spezifisch historischen Erscheinung der «höfischen» Literatur zwischen der Mitte des 12. und dem Ende des 13. Jhs. vorbehalten will. Zum anderen kann «höfisch» «auf die verschiedenen Aspekte des neuen Gesellschaftsideals bezogen werden, also auf den ganzen Bereich der ‹höfischen› Kultur». Hier tritt demnach die soziologische Bedeutung hinter der ideologischen zurück. Schließlich behält «höfisch» auch «als literarischer Gattungsbegriff» einen eigenen Sinn; denn »‹höfische› Epik und ‹höfische› Lyrik waren die Hauptformen der Dichtung, die an den großen Höfen gefördert wurde».[9] «Höfisch» ist damit ein Stilbegriff der Literaturgeschichte.

Zusammengefaßt: Die «ritterlich-höfische Dichtung der Stauferzeit» ist sowohl unter einem gesellschaftlich-realen als auch unter einem ästhetisch-idealen Aspekt zu sehen. Die literarische Fiktion steht nicht unvermittelt neben der außerliterarischen «Welt der Tatsachen». Sie beschreibt ein Bewußtsein von (feudaler) Realität, nicht diese selbst, aber doch von dieser abgeleitet. Das Neue und Besondere der höfischen Literatur ergibt sich daraus, daß sie nicht mehr im Dienste der Kirche steht. Der christliche Glaube bleibt unangetastet, aber «erstmals tritt eine Schicht vornehmer Laien als Literatur-, ja Kulturträger auf, wobei sie eine autonome Ideologie entwickelt und in einer neuen dichterischen Bilder- und Gedankensprache zu ihrer eigenen Weltlichkeit steht, ja sich selber in festlichem Hochgefühl feiert.»[10]

7.2 Das französische Vorbild

7.2.1 Zur Rezeption und Adaptation der adligen Ritter- und Hofkultur Frankreichs im 12./13. Jahrhundert

Frankreich ist richtungweisend für die höfische Literatur und Kultur Deutschlands: wie die französischen Hohen Schulen auf die Studenten, so üben jetzt die französischen Höfe starke Anziehungskraft auf den Adel aus. Zusammen mit den neuen Formen höfischen Dichtens werden die Umgangsformen und Sitten des französischen Adels von den deutschen Fürstenhöfen aufgenommen. Zahlreiche französische Modewörter in deutschen Texten des 12. und 13. Jahrhunderts – wie z. B. im *Tristan* des Gottfried von Straßburg – bezeugen die Intensität dieses Einflusses, der sich an den Entlehnungen von Bezeichnungen der ritterlichen Kleidung, Bewaffnung, Kampftechnik, der Jagd, der höfischen Geselligkeit, des Minnedienstes und der Musik ablesen läßt.

Sprachgeschichtliche Vorgänge stehen für sozialgeschichtliche, Wörter sind nicht bloß Wörter. Man schätzt, daß in der zweiten Hälfte des 12. Jahrhunderts 350, im 13. Jahrhundert 700 Wörter aus dem Französischen entlehnt wurden; im 14. Jahrhundert sollen es insgesamt etwa 2000 gewesen sein. Im Nhd. hat sich davon nur ein kleiner Teil erhalten, z. B. *Abenteuer, Harnisch, Lanze, Turnier, pirschen, Tanz, Flöte, Posaune* usf. Die beiden Suffixe mhd. *- ie* (mhd. *prophezîe*; in erweiterter Form bei den Nomina agentis auf *-ære, -er* > mhd. *-erîe*, z. B. mhd. *jegerîe, vrezzerîe, dörperîe* – vgl. afrz. *vilanîe*) und mhd. *-ieren* (aus der afrz. Infinitivendung *-ier*) wurden und werden zur Ableitung neuer Wörter aus deutschen Wortstämmen verwandt. – Unter französischem Einfluß begegnet seit dem 12. Jahrhundert zunehmend die Anrede in der 2. Person Plural. Das *Du* signalisiert Intimität, kann aber auch gegenüber ständisch Untergeordneten gebraucht werden, während das *Ihr* Distanz, Affektverzicht, Autorität impliziert und unter Mitgliedern der feudal-höfischen Gesellschaft üblich wird.

Die Rezeptionswege führen zum einen von Lothringen an den Mittel- und Oberrhein, zum anderen von der Picardie über Flandern, Brabant und den Hennegau zum Niederrhein, also über jene Territorien, die im 15. Jahrhundert zum Herzogtum Burgund arrondiert wurden, dessen Hof unter Philipp dem Guten (1419–1467) und Karl dem Kühnen (1467–1477) noch einmal zum glänzenden Mittelpunkt ritterlicher Kultur werden sollte. Hier wurde 1430 der Ritterorden vom Goldenen Vlies gestiftet. Die burgundische Hofkultur, übrigens erst möglich durch den Reichtum der flandrischen Städte, war es auch, die Kaiser Maximilian I., den «letzten Ritter», zeitlebens geprägt hat.

Die Übernahme mittelniederländischer Wörter ins Mittelhochdeutsche weist auf diesen niederfränkischen Raum als Einzugsgebiet der höfisch-ritterlichen Mode und Moderne. Neidhart spricht geradezu vom *vlæmen mit der rede* (82,2) und meint damit die von flämischen Ausdrücken durchsetzte Rede. Wernher der Gartenære läßt den

7.2 Das französische Vorbild

jungen Helmbrecht, der so gern ein Ritter und Hofmann sein möchte, höfischen Sprachgebrauch imitieren, wenn er seine Schwester anredet: *Vil liebe soete kindekîn* (V. 717). Man versteht ihn kaum, der Knecht kommentiert: *entriuwen, [...] als ich von im vernomen hân, sô ist er ze Sahsen oder ze Brâbant gewahsen. er sprach ‹liebe soete kindekîn›, er mac wol ein Sahse sîn.*

Die französisch-deutschen Literaturbeziehungen in der zweiten Hälfte des 12. und in der ersten Hälfte des 13. Jhs. sind durchaus einseitig: die französische Literatur ist der gebende, die deutsche der nehmende Teil. Eine Abhängigkeit im Stofflichen war nach mittelalterlich-rhetorischem Verständnis kein Mangel an Originalität.

Thomasin von Zirklaere, *Der Welsche Gast* (V. 116–122):

> swer gevuoclîchen kan
> setzen in sîme getiht
> ein rede, die er machet niht,
> der hât alsô vil getân,
> – dâ zwîvelt nihtes niht an –
> als der, derz vor im êrste vant.
> der vunt ist worden sîn zehant.

Es kommt nicht auf die Erfindung neuer Stoffe an. Der Respekt vor der literarischen Tradition, vor der *auctoritas* alles Schriftlichen ist so groß, daß die Wahrheit des neu Erzählten geradezu der Legitimation und Beglaubigung durch Berufung auf vorgegebene Quellen bedarf. Dichterische Eigenleistung wird dennoch möglich durch Umdeutung des Vorgefundenen, durch sinngemäßes Einpassen *(gevuoclîchen)*, durch das Zusammenfügen (Chrétien: *conjointure*) des vorhandenen Materials zu einem anderen Sinnganzen. Die deutschen Bearbeitungen weichen aber meist nur in Nuancen von ihren Vorlagen ab: starke Affekte werden abgeschwächt, der Zug zur Typisierung und Idealisierung ins Höfisch-Vorbildliche wird verstärkt. Auch wenn es sich mehr um freie Paraphrasen als um wortwörtliche Übersetzungen handelt, angestrebt wird die enge Bindung an die Vorlagen. Das Verhältnis der deutschen Dichtung zur französischen ist «prinzipiell nicht im Sinne eines Gegensatzes, sondern einer gewollten Gleichartigkeit zu sehen» (J. Bumke).[11] Die französische Dichtung wurde von der deutschen hauptsächlich in den Bereichen adaptiert, die als Spiegelbild der adligen Ritter- und Hofkultur Frankreichs gelten konnten. Ziel war die möglichst authentische Vermittlung höfischer Modernität.

Gleichwohl wird man versuchen, im Vergleich mit den Vorlagen gerade in den Abweichungen das je Besondere der deutschen Texte zu erkennen. Die unterschiedliche Darstellung der Blutstropfenszene im *Perceval/Parzival* liefert dafür ein Beispiel: Bei Wolfram von Eschenbach wird Parzivals Versunkenheit vor den drei Blutstropfen im Schnee beendet, indem Gawein ein Tuch über die Blutstropfen wirft und sie so den

Blicken Parzivals entzieht, während bei Chrestien Gauvain wartet, bis die Sonne den Schnee schmilzt und die Tropfen verschwinden läßt. Beide Szenen demonstrieren höfischen Takt, aber welche Szene ist «poetischer»? Bei der Bewertung des jeweils Anderen ging es nicht immer ohne nationale Vorurteile ab: Der einen Seite galten die deutschen Texte als unselbständige Übersetzungen, die andere Seite hob deren innere Unabhängigkeit hervor und stellt der «heiter-eleganten Oberflächlichkeit» der Franzosen den «ahnungsvollen Tiefsinn» der Deutschen entgegen.

7.2.2 Zur Rezeption der «trois matières» der altfranzösischen Epik

Seit etwa 1170 werden in Deutschland – besonders am Rhein und in Thüringen – die Minnekanzone und der höfische Roman rezipiert und adaptiert. Zahlreiche Gattungen der Lyrik, ein Großteil der Heldenepik, die epischen Kleinformen und das Drama werden jedoch nicht übernommen. Die spezifisch höfische Auswahl in der Epik wird deutlich, wenn man von den drei großen epischen Gattungen ausgeht, die Jean Bodel (Ende des 12. Jhs.) in seinem Lied von den Sachsen *(Chanson de Saisnes)* nach den Stoffbereichen *(materes)* benennt und nach dem Realitätsgrad einstuft und bewertet:

> N'en sont que trois materes à nul home entendant:
> De France et de Bretaigne et de Romme la grant;
> Ne de ces trois materes n'i a nule samblant.
> Li conte de Bretaigne s'il sont vain et plaisant
> Et cil de Romme sage et de sens aprendant,
> Cil de France sont voir chascun jour aparant.
>
> (Es gibt nur drei Sagenkreise für den, der sich darauf versteht:
> Von Frankreich, von der Bretagne und vom großen Rom;
> Und diese drei Sagenkreise unterscheiden sich ganz und gar.
> Die Erzählungen der Bretagne sind nichtig und bloß unterhaltsam,
> Die von Rom lehrreich und voller Sinn,
> Die von Frankreich sind wahr, wie jeden Tag offenkundig wird.)[12]

Auf der *matière de Bretagne*, d. h. auf keltischem Erzählgut, beruht der Artusroman *(roman courtois)*, während der antikisierende Roman *(roman d'antiquité)* Stoffe aus der Antike (von Alexander, Theben, Troja, Aeneas) zum Gegenstand hat; das Heldenepos *(chanson de geste)* schließlich fußt auf Begebenheiten aus der fränkisch-französischen Geschichte mit Karl dem Großen im Mittelpunkt.

Es fällt auf, daß die *chanson de geste*-Stoffe in größerem Umfang eigentlich erst im 15. Jh. übernommen werden, und zwar in den frühneuhochdeutschen Prosaromanen, u. a. der Gräfin Elisabeth von Nassau-Saarbrücken. Die assonierenden Zehnsilblerverse und die blockartige Fügung der Laissen ließen sich womöglich leichter in Prosa als in Reimpaarverse umsetzen. Sicherlich bot die *chanson de geste* dem höfischen Geschmack zu wenig Anreize; denn die Quintessenz des Höfischen, die

Minne, spielt gegenüber dem Kampfgeschehen nur eine untergeordnete Rolle. Auch die einheimische Heldenepik mußte wohl erst höfische Züge annehmen, um «hof-fähig» zu werden. War es die Tendenz des höfischen Romans zur märchenhaften Harmonisierung gesellschaftlicher Konflikte, die an der frz. Epik mehr interessierte als die Schilderung rauher Kämpfe aus national-französischer Sicht? Jedenfalls bilden der Pfaffe Konrad und Wolfram von Eschenbach die Ausnahme: Jener bearbeitete in seinem – frühmittelhochdeutschen – *Rolandslied* um 1170 die *Chanson de Roland*, dieser greift in der höfischen «Blütezeit» (vor 1217) auf die *Bataille d'Aliscans* zurück. In beiden Epen dominiert die Glaubenskrieg-Thematik.

Früher als der *roman courtois* fand der *roman d'antiquité* Interesse. Landgraf Hermann I. von Thüringen (gest. 1217) war es, der Heinrich von Veldeke den Abschluß der *Eneide* ermöglichte, der Wolfram von Eschenbach die frz. Version des *Willehalm*-Stoffes und Herbort von Fritzlar ein Exemplar des *Roman de Troie* von Benoît de Sainte-Maure beschaffte. Doch nicht der Trojaroman, sondern die Romane von Alexander dem Großen und von Aeneas haben dem neuen höfischen Stil den Weg bereitet:

Mit der Übersetzung des *Alexanderliedes* durch den Pfaffen Lamprecht (vor 1170) beginnt die Rezeption der frz. antikisierenden Romane. Schon der sog. Straßburger Fassung (S) des Alexanderliedes eignen Merkmale der frühhöfischen Erzählkunst.[13] Der Alexanderroman des Pseudokallisthenes (um 200 v. Chr.) wurde im Mittelalter bekannt durch die beiden lateinischen Versionen des Julius Valerius (nach 300) und des Archipresbyters Leo (Mitte 10. Jh.). Sie bilden die Grundlage der volkssprachlichen Bearbeitungen, in denen der Protagonist durchaus unterschiedlich bewertet und gedeutet wird: als Heros, als mustergültiger Ritter, als *exemplum* menschlicher *vanitas, superbia* und *curiositas*. Diese «Multifunktionalität» erklärt die große Beliebtheit des Alexander-Stoffes im Mittelalter.

Die eigentliche Schlüsselstellung im Entstehungsprozeß der höfischen Epik kommt jedoch der *Eneide* des Heinrich von Veldeke zu. Der Dichter entstammt einer Ministerialenfamilie aus dem maasländisch-limburgischen Raum. Sein Aeneasroman hat zur Vorlage eine um 1155/60 im Umkreis des anglonormannischen Königshofes entstandene Adaptation von Vergils *Aeneis*, den anonymen *Roman d'Eneas*. Vielleicht hat Veldeke daneben auch unmittelbar auf Vergil zurückgegriffen. Er begann mit der Arbeit um 1170 im Auftrage der Gräfin Agnes von Loon, aber 1174 wurde ihm das unvollendete Manuskript gestohlen, das er erst gegen 1190 unter dem Patronat Hermanns von Thüringen zum Abschluß bringen konnte. Darum sind die ältesten Abschriften thüringisch-mitteldeutsch, der Versuch einer Rückübersetzung der *Eneide* ins Limburgische durch Theodor Frings und Gabriele Schieb ist umstritten.[14]

Bei Veldeke wie im antikisierenden Roman überhaupt agieren die antiken Helden in Ritterrüstungen: «Der deutsche Dichter des Mittelalters vermag die Kultur der Antike, insbesondere ihre Dichtung, nicht in ihrer Eigenart zu erkennen. Deshalb kann die Anverwandlung eines antiken Stoffes immer nur eine Neugestaltung nach dem Geist und im Geschmack der zeitgenössischen Literatur sein».[15] Überdies meinte man, so im Prolog des *Moriz von Craûn*, daß das Rittertum bei den Griechen vor Troja begonnen habe und dann über die Römer und Franken, die ja ihre Herkunft von den Trojanern ableiteten, bis in die Gegenwart tradiert worden sei. In den Mittelpunkt rückt Heinrich von Veldeke jetzt die elementare Macht der Minne. In den Klagen der von Aeneas verlassenen Dido, in den Monologen Lavinias und im Dialog mit ihrer Mutter zeigt sich die Verschmelzung der *Aeneis* Vergils mit der Liebespsychologie und -kasuistik Ovids. Als Meister der Beschreibung und der reflektierenden Selbstbetrachtung wurde Veldeke zum Vorbild der höfischen Klassiker.

Epochemachend wirkte dann jedoch die Adaptation des französischen Artusromans durch Hartmann von Aue um 1180/85. «Artusepik» ist der Oberbegriff für jene großen Verserzählungen des hohen und für die ihnen nachfolgenden Prosaromane des späten Mittelalters, die ihren Stoff aus der keltischen Fabelwelt um den König Arthur und die Ritter seiner Tafelrunde entlehnen.

Die Arthursage enthält historische Reminiszenzen. Vermutlich gab es in der ersten Hälfte des 6. Jhs. in den Abwehrkämpfen der keltischen Briten gegen die vom Festland her eindringenden Angeln und Sachsen einen hervorragenden britischen Heerführer und Häuptling Artorius. Gegen 1136 begründete jedenfalls Geoffrey von Monmouth in seiner zum größten Teil frei erfundenen *Historia regum Britanniae* den Ruhm dieses keltischen Lokalhelden, der bis dahin nur in der mündlichen Überlieferung weiterexistiert hatte. Auf die kontinentale Artustradition wirkte nicht allein diese lateinische Chronik, sondern auch die anglo-normannische Versbearbeitung von Wace, der den Stoff um 1155 mit seinem *Roman de Brut* ins Höfisch-Ritterliche umformte.[16] Die Ausbreitung der Arthursage wurde durch das Interesse Heinrichs II. von Anjou-Plantagenet (1154–89) und Eleonores von Aquitanien († 1204) begünstigt, weil darin das normannische Herrscherhaus als Nachfolger des ruhmreichen keltischen Herrschergeschlechts dargestellt wurde. Typisch für die *matière de Bretagne* ist jedoch die Märchenhaftigkeit, die sich an die historische Arthursage knüpft: Wunderbares wird wie selbstverständlich hingenommen; dem Helden begegnen freundliche Helfer und bösartige Gegner wie Riesen, Zwerge und Feen; er besteht Tugend- und Tapferkeitsproben; das Befreiungsmotiv spielt eine zentrale Rolle; auch die Gabe und die Suche *(queste)* entstammen dem Repertoire der international verbreiteten *Folk-Literature*.

Zum eigentlichen Begründer der Artusdichtung wurde Chrétien de Troyes (ca. 1135–1188) mit seinen Romanen *Erec et Enide* (ca. 1165/70), *Cligès* (1170–76), *Yvain* (1177–81), *Lancelot* oder *Le Chevalier de la Charrette* (1177–81) und *Perceval* oder *Le Conte du Graal* (1181–90).[17] Für die Verbreitung des Arthurstoffes in der europäischen Literatur hat dann der große *Lancelot-Graal*-Prosazyklus erhebliche Bedeutung gewonnen. Diese sog. Vulgata-Version ist vermutlich zwischen 1215 und 1230 entstanden. Sie enthält neben der *Estoire del saint Graal* und der Geschichte vom Zauberer *Merlin* vor allem den *Lancelot en prose*, bestehend aus drei Teilen. Der *Lancelot propre* berichtet von der Abstammung und der Jugend Lancelots. Die *Queste del saint Graal* hat Galaads (Lancelots Sohn) Suche nach dem Gral zum Gegenstand. Der letzte Teil, *La mort le roi Artu*, verbindet die Liebesgeschichte von Lancelot und Königin Guinevere mit der Schilderung vom Untergang Arthurs durch Mordreds Verrat. Der deutsche Prosa-*Lancelot* ist eine Übersetzung von Teilen des *Lancelot-Graal*-Zyklus. Zur *matière de Bretagne*, wenn auch nicht zur Artusepik im engeren Sinne, rechnet schließlich der Tristanstoff. In Fragmenten erhalten sind der Tristanroman des Anglonormannen Thomas (um 1175), auf den sich Gottfried von Straßburg in seinem *Tristan* (um 1210) als Quelle beruft, und der *Roman de Tristan* von Berol (um 1160/70). Mit dieser Version ist die deutsche Fassung von *Tristrant und Isalde* von Eilhart von Oberg verwandt (um 1170 oder um 1190); Eilhart und Berol stützen sich wohl auf dieselbe Vorlage.

Der von Chrétien de Troyes geschaffene Typ des Artusromans wird durch Hartmanns Übersetzungen des *Erec* (um 1180/85) und des *Yvain* (um 1200) auch in Deutschland zum Muster. Die folgende Skizze zum Artusroman muß sich auf diesen Prototyp der Gattung beschränken.

7.3 Der deutsche Artusroman

7.3.1 Zur Rolle des Protagonisten im Artusroman

Der einzelne und die Gesellschaft
Der Artushof im Zustand der Harmonie und Festesfreude – zu Ostern oder Pfingsten, mit Jagd oder Turnier – ist Ausgangs- und Zielort der *âventiure*. Die Romanhandlung beginnt mit einer Störung der Ordnung der höfischen Welt.

Im *Erec* ergibt sich die Aufbruchsmotivierung aus der Begegnung zwischen der Königin, der Jungfrau und Erec auf der einen und dem fremden Ritter, seiner Dame und dem Zwerg auf der anderen Seite. Der Zwerg schlägt zuerst die Hofdame der Königin, dann den Ritter Erec mit der Geißel. Der unhöfischen Handlungsweise des Zwergs entspricht seine unhöfische Sprache. Durch die Geißelhiebe des Zwergs sind nicht nur

196   7. Die höfische Epik: Artusroman und Heldenepos

eine höfische Dame und ein Ritter in ihrer persönlichen Ehre beleidigt, sondern die Gesellschaft des Artushofes insgesamt, dessen Repräsentanten Erec und vor allem die Königin sind, ist durch diesen «normverletzenden Einbruch eines unhöfischen Außen» in Frage gestellt. Am Schluß erfolgt die Wiederherstellung und Bestätigung der höfischen Norm durch die Tat des auserwählten Ritters.

Erec entfernt sich vom Hof und von der Königin, um seine Ehre und die der Artusgesellschaft zu rehabilitieren. Die *âventiure* des Ritters unterwegs ist «Isolierung im Dienste der Gesellschaft» und zugleich individuelle Bewährung; als Vereinzelung des Ritters, die doch auf die Gemeinschaft bezogen bleibt, ist die *âventiure* ihrem Wesen nach paradox. Der Sieg Erecs über den für den Zwerg verantwortlichen Ritter Iders ist eine «Ordnungstat»: der Geltungsanspruch der Artuswelt gegenüber der «Gegenwelt» wird durch ritterlichen Zweikampf erwiesen. Zugleich bringt dieser Sieg die individuelle Bewährung Erecs, der nicht nur Ehre und Ruhm als Ritter erlangt, sondern der beim Sperberkampf auch Enite gewinnt und damit persönliches Glück in der Liebe (R. R. Bezzola: *conquête du bonheur individuel*). Der Sperberkampf ist so angelegt, daß der Waffengang zugleich über die Schönheit von Frauen entscheidet:

> swes vriundinne den strît
> behielte ze sîner hôchzît
> daz si diu schœniste wære,
> diu næme den sparwære. (V. 200–203)

Erec braucht für den Kampf gegen Iders eine Dame; Minne- und Kampfhandlung sind miteinander verzahnt. Erec kehrt an den Artushof zurück, wo seine «Reintegration» (E. Köhler) erfolgt: Beschluß der Hirschjagd, Schönheitspreis für Enite, Hochzeit, Turnier – der Artushof fungiert als Instanz der Bestätigung des Einzelritters.

Das Strukturschema zum 1. Teil des *Erec* zeigt einen Kreisverlauf:

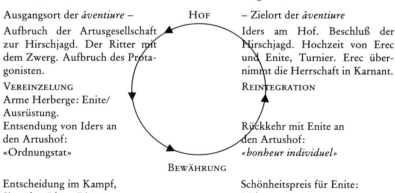

Ausgangsort der *âventiure* –   Hof   – Zielort der *âventiure*
Aufbruch der Artusgesellschaft zur Hirschjagd. Der Ritter mit dem Zwerg. Aufbruch des Protagonisten.

Iders am Hof. Beschluß der Hirschjagd. Hochzeit von Erec und Enite, Turnier. Erec übernimmt die Herrschaft in Karnant.

Vereinzelung
Arme Herberge: Enite/ Ausrüstung.
Entsendung von Iders an den Artushof: «Ordnungstat»

Reintegration
Rückkehr mit Enite an den Artushof: *bonheur individuel*

Bewährung
Entscheidung im Kampf, Sieg über Iders: Rittertum

Schönheitspreis für Enite: Liebe

Zusammengefaßt: Die *âventiure* geht vom Artushof aus und führt dorthin wieder zurück. Demonstriert wird die wechselseitige Bezogenheit von einzelnem und Gemeinschaft, die *âventiure* fungiert als Modell der Regelung des Verhältnisses beider. Gesellschaftsstabilisierende und individuelle Ziele gelangen zur Deckung: Der Dienst für die Gemeinschaft bietet zugleich die Möglichkeit des individuellen Aufstiegs. Die Waffentat als Mittel der Konfliktregelung leistet die Integration des einzelnen und erweist den einzelnen Ritter als gesellschaftliche Ordnungsmacht.

Der höfischen Dichtung im allgemeinen und dem Artusroman im besonderen ist «eine wechselseitige Zuordnung von Individuum und Gesellschaft eigentümlich, aber eine Zuordnung, in der beide einander noch vollständig erfassen und bedingen, so daß von einem Individuum im modernen Sinne noch nicht die Rede sein kann: das, was als solches erscheint, ist zugleich Träger des gesellschaftlichen Ideals und als solcher exemplarisch» (Ilse Nolting-Hauff).[18]

Diese wechselseitige Zuordnung wird nicht nur an der äußeren Handlung des Aventiureweges demonstriert, sondern auch an der inneren der höfischen Liebe. Sie ist als «Liebe» zwar individueller Affekt, aber als «höfische» Liebe zugleich normgemäßes gesellschaftliches Verhalten, die Verbindung beider Komponenten ist also eigentlich eine Paradoxie. Insofern sind Liebe und Abenteuer ihrer Struktur nach miteinander verwandt. Beide sind bezogen auf den Hof, beide sind Entfaltungen des Grundverhältnisses von einzelnem und Gemeinschaft. Weder diese Zuordnung noch die zwischen Minne und Ritterschaft sind selbstverständlich und von vornherein im Gleichgewicht. Sie erscheinen zunächst als bedroht und müssen von neuem gewonnen und bestätigt werden.

Episodische Struktur und doppelter Cursus
Der strukturelle Sinn der Artusromanhandlung erfüllt sich erst in der Wiederholung:

«Der Held, ausgezogen, um sich ‹einen Namen zu machen›, erobert sich mit der Gewinnung der Frau und in ritterlicher Tat die *êre* und den Glanz der Welt. Artus nimmt ihn unter die Seinen auf; er erfüllt den Anspruch, den die Institution stellt. Blitzartig brechen Schuld, Schulderkenntnis oder Beschuldigung über den Erhobenen herab, und auf einem zweiten Weg ‹*des longues études*›, sinnerfüllter *âventiure* und tiefgreifenden Selbstverständnisses muß das Verlorene – Frau, Herrschaft und Heil – noch einmal erworben werden, nun zu immerwährendem Besitz.»[19]

Die Geschichte von Erec und Enite endet noch nicht mit der Hochzeit, sondern damit beginnt erst die Entfaltung des eigentlichen Kasus:

> Erec wente sînen lîp
> grôzes gemaches durch sîn wîp.
> die minnete er sô sêre
> daz er aller êre
> durch si einen verphlac,
> unz daz er sich sô gar verlac
> daz niemen dehein ahte
> ûf in gehaben mahte. (V. 2966–73)

Erec, der sein *bonheur individuel* im Dienste der Gemeinschaft durch ritterlichen Kampf erstritten hatte, verfällt der Bequemlichkeit *(gemach)* und widmet sich nur der «privaten» Liebe. Das *triuten* führt in den Augen der *werlt* zum *verligen;* alle meinen, er sei dadurch *verdorben*. Diese *wandelunge* löst eine Krise aus, weil Erec in der Isoliertheit des Eheglücks mit Enite seine ritterlichen und gesellschaftlichen Pflichten vernachlässigt:

> in schalt diu werlt gar.
> sîn hof wart aller vreuden bar
> unde stuont nâch schanden. (V. 2988–90)

Die Defizienz solchen Verhaltens wird unterstrichen mit der *Joie de la curt*-Episode gegen Ende des Romans, wo ein Paar in ähnlicher Selbstisolation begegnet. Aber indem Erec den Mabonagrin besiegt, wird erwiesen, daß er und Enite jetzt ihre frühere Verfehlung abgebüßt haben – die «Freude des Hofes» kehrt wieder ein.

Die Defizienz von «Liebe in der Ehe» liefert also die «problematische Grundsituation, für die der Held ein höfisch vorbildliches Verhalten gleichsam erst erfinden muß».[20] Liebe in der Ehe, wie sie bei Hartmann von Aue, Wolfram von Eschenbach und vor allem bei Chrétien begegnet, ist für die höfische Dichtung nicht selbstverständlich. Am französischen Hofe konnte ein Andreas Capellanus (um 1185/87) geradezu die These von der Unvereinbarkeit von Liebe und Ehe verkünden.[21] Auf der anderen Seite stand die Ehebruchminne von Tristan und Isolt, die das Paar in Konflikt mit den gesellschaftlichen Normen geraten ließ und mit Isolation und Tod endete. Zwischen diesen Extremen sucht Chrétien nach dem Mittelweg. Es bedarf der Rechtfertigung von Liebe in der Ehe vor der Gesellschaft, des Ausgleichs zwischen Minne und Ritterschaft.

Darum folgt auf den relativ unproblematischen ersten Teil des Romans nun ein zweiter mit dem erneuten Aufbruch zur Aventiurefahrt, die *ungemach* und *arebeit* mit sich bringt. Innerhalb dieses Doppelwegs oder «doppelten Cursus» mit seinen spiegelbildlichen Korrespondenzen und Kontrasten, wobei die Wiederholung meist einer Steigerung gleichkommt, gewinnt die einzelne *âventiure* erst ihren eigentlichen Stellenwert:

> Nû reit der ritter Erec
> als in bewîste der wec,
> er enweste selbe war [...]

7.3 Der deutsche Artusroman

Der Ritter macht sich auf den Weg ins Ungewisse und sucht *âventiure* < mlat. *adventura:* das, was auf ihn zukommt – er setzt sich dem Zufall einer Begegnung aus, die als unvorhergesehene von vornherein ein Gefahrenmoment enthält. Dem Artusroman eignet prinzipiell eine episodische Struktur: Erec ist unterwegs – in seiner Begleitung Enite, welche jedoch nicht mit ihm reden, essen und schlafen darf: Zeichen für die Aufhebung der Ehegemeinschaft, die neu errungen werden muß. Erec begegnet drei Räubern; er besiegt und tötet sie, die nichts als Räuber ohne Vor- und Nachgeschichte sind. Er reitet weiter und begegnet fünf Räubern, er besiegt und tötet sie usf. Solche Episoden unterwegs sind räumlich und zeitlich völlig auf einen Punkt fixiert, sie sind im Prinzip ungeschichtlich und spielen im weiteren Verlauf der Erzählung keine Rolle mehr. Ein namenloser Hirte, der dem Ritter den Weg zu einem wunderbaren Schloß weist, ist nur ein Wegweiser, eine bloße «Funktionsfigur» (C. Lugowski). Andererseits kann eine Episode ihren Episodencharakter verlieren, wenn Figuren wie z. B. Guivreiz wiederholt auftreten oder wenn Besiegte versprechen müssen, am Artushofe über ihre Niederlage Bericht zu erstatten. Grundsätzlich jedoch stellt sich eine Folge zufälliger Begebenheiten dar als eine bloße «Addition» von Episoden, von Stationen eines Weges, geeint zunächst nur durch die Wegstruktur.[22]

Innere Einheit und Sinnzusammenhang gewinnt das Geschehen erst durch den Bezug auf die Person des Helden, *durch den diu rede erhaben ist* (V. 4) : Erec hört unterwegs zufällig eine Frau um Hilfe rufen – er setzt sein Leben aufs Spiel, um ihren Mann aus der Hand von Riesen zu befreien. Diese *âventiure* ist als Dienst und Hilfe am Nächsten auf den Ausgangskonflikt bezogen und eine Stufe seiner Bewältigung. Erec löst sich von seinem selbstgenügsamen, ichbezogenen Handeln und vollbringt soziale Taten; als vorbildlicher Ritter schützt er die Schwachen und Bedrängten. Vom Ende des Romans her erweist sich der Zufall der einzelnen Aventiure-Begegnung als gelenkt, als notwendig und sinnvoll für den Läuterungsweg des Helden.

Dabei gilt das Prinzip der Doppelung nicht nur für den Gesamtaufbau des Romans, sondern auch die Aventiuren des zweiten Teils sind wiederum gedoppelt: zweimal verlockt Enites Schönheit einen Grafen zu blinder Liebe, zweimal kämpft Erec mit Guivreiz, zweimal kehren Erec und Enite am Artushofe ein usf. Die erste Aventiurereihe zeigt das Paar «in bewußt anti-höfischen Situationen», die zweite Reihe «bewährt eine neuerworbene höfische Lebensform in den gleichen Abenteuern, nun aber mit umgekehrtem Vorzeichen».[23]

Strukturverschiebungen innerhalb der frühen Artusepik
Als in Hartmanns *Iwein* der Held Frau und Land gewonnen hat, wird er von Gawein ermahnt, sich nicht wie Erec zu verhalten, welcher sich

durch vrouwen Enîten minne verlac (V. 2794) und *minnete ze sêre* (2798). Er zitiert als Zerrbild eines echten Ritters den «Krautjunker», der vor lauter alltäglichen Sorgen um den Haushalt *(daz hûs muoz harte kosten vil) êre* und *rîterschaft* hintansetze. Insgeheim sei auch dessen Ehefrau bekümmert über *sîn unwirde und sîn verlegenheit,* über seine Würdelosigkeit und sein «Verliegen» (V. 2870). Wenn Iwein auf solche Weise verkomme, so scheine ihm, Gawein, *daz noch rîcher sî âne huobe ein werder man* (V. 2882 f.). Iwein erbittet und erhält von Laudine für ein Jahr *urloup* und zieht abermals auf ritterliche Fahrt. Doch er versäumt Laudines Frist. Deren Dienerin Lunete verflucht ihn in aller Öffentlichkeit und bezichtigt ihn der *untriuwe.* Die große Krise ist da: Iwein wird wahnsinnig – der Ichverlust demonstriert die Tiefe seines Falls, die Schwere seiner Verfehlung.

> Er verlôs sîn selbes hulde:
> wan ern mohte die schulde
> ûf niemen anders gesagen:
> in hete sîn selbes swert erslagen. (V. 3221–24)

Davon kann sich Iwein nicht aus eigener Kraft erholen, eine wunderbare Heilung ist vonnöten. In höherem Maße als Erec muß der «Löwenritter» ganz von vorn anfangen.

Wie im *Erec* geht es im *Iwein* um das Problem, wie das Verhältnis zwischen einzelnem und Gemeinschaft zu regeln sei. Das ideale Gleichgewicht beider muß erst nach einem extremen Fall von Fehlverhalten – Erec *verliget,* Iwein *«verrîtet»* sich – auf einer Bewährungs- und Läuterungsfahrt errungen werden. Doch die Kasus, für die eine vorbildliche Lösung gesucht und gefunden werden muß, liegen nur scheinbar auf einer Ebene. Eine Gleichung mit bloßer Umkehrung der Verfehlungen, etwa nach dem Schema: «zu viel Minne und zu wenig Ritterschaft hier, zu viel Ritterschaft und zu wenig Minne dort», ginge nicht völlig auf. Aus zwei eng miteinander verknüpften Gründen ist der *Iwein* mehr als das bloße Gegenstück zum *Erec,* nämlich eher eine Weiterentwicklung dieses «Prototyps» der Gattung.

Zum einen ist Laudine nicht nur in ihrer Ehre als Minneherrin und Frau gekränkt, sondern auch in ihrer Eigenschaft als Landesherrin. Der Vorwurf der *untriuwe* meint nicht etwa Treulosigkeit in der *minne,* sondern den Bruch eines auf *triuwe* gegründeten Ehevertrags durch den Mann, der sich als Ritter und Herrscher nicht so verhalten hat, wie er sollte. Iwein, zum Herrn des Zauberbrunnens geworden, wäre zum Schutz von Ehefrau und Land verpflichtet gewesen, und dies um so mehr, weil die Eheschließung mit der Witwe des von ihm gerade getöteten Askalon gegenüber den Vertretern des Landes als Akt der Friedenssicherung gerechtfertigt worden war. Offensichtlich ist der Termin mehr als eine Äußerlichkeit, er ist Zeichen dafür, daß Iwein zwei Instanzen verbunden ist: auf der einen Seite macht die Artusgesellschaft ihren Anspruch auf ihn geltend, auf der anderen Laudine. Die Terminversäumnis zeigt, daß er als Artusritter seine Verpflichtung gegenüber Laudine und damit diese selbst mißachtet hat.

Zum anderen wird Iweins anfänglicher Begriff von Ritterschaft von den *âventiuren* des zweiten Teils her als ein unzulänglicher korrigiert: Die *âventiure*, so wie sie im ersten Teil Kalogrenant gegenüber dem unhöfischen *gebûre* und *walttôren* «definierte», hatte den Kampf um des Kampfes und um der persönlichen Ehre willen verabsolutiert. Eben dies tut zunächst auch Iwein.

Kalogrenant suchte *wâge* und *ungemach* und *anders nihte*; er fand die Brunnen*âventiure* und scheiterte – ein Anlaß für Iwein, solche Schmach eines Artusritters und Verwandten zu rächen. Aber die Aufbruchsmotivierung im *Iwein* ist komplizierter angelegt als im *Erec*. Durch Keies Spott verletzt, will der Protagonist vor allem seine eigenen ritterlichen Qualitäten beweisen, er will auch dem Artushof an der Quelle zuvorkommen. Individuelle und gesellschaftliche Betroffenheit sind nicht mehr so nahtlos identisch wie im *Erec*. Iwein besiegt dann den Herrn des Brunnens, Askalon; er jagt ihn *âne zuht* (V. 1056) der Burg zu und tötet ihn.[24] Dieses im Kampf erlaubte, wenn auch unhöfische Verhalten steht im spiegelbildlichen Kontrast zu einer späteren Episode, wo Iwein den Grafen von Aliers gleichfalls bis zum Burgtor verfolgt, aber den Besiegten gegen *sicherheit* am Leben läßt. Das geschieht jedoch erst nach der großen Krise. Jetzt sind seine Abenteuer sämtlich Befreiungstaten. Daß er diese Verpflichtung gegenüber den anderen vorher nicht wahrnahm, vielmehr bloß *âventiuren* im Sinne Kalogrenants nachjagte, läßt sich im nachhinein schließen; demzufolge wäre die Versäumnis von Laudines Frist Symptom eines mangelhaften Verständnisses von Ritterschaft.

Aber diese Defizienz Iweins wirft auch einen Schatten auf die Artusritterschaft überhaupt. Schließlich war es der höfische Musterritter Gawein, der Iwein den verhängnisvollen Rat gab. Der Artushof selbst scheint nicht mehr über jeden Zweifel erhaben. Die Entführung der Königin (V. 4530ff.) beschäftigt den Hof derart, daß er sich fremden Hilfegesuchen versagen muß. Gawein vertritt im gerichtlichen Zweikampf die ältere Gräfin vom Schwarzen Dorn, die gegenüber dem rechtmäßigen Anspruch ihrer jüngeren Schwester, für die Iwein eintritt, im Unrecht ist. In dieser Situation repräsentiert der Protagonist nicht einfach exemplarisch die Qualität der ganzen Gemeinschaft, sondern er selbst verkörpert das Recht. Der Artushof ist nicht mehr die verbindliche Instanz in ungebrochener Idealität wie im *Erec;* im *Iwein* zeichnet sich trotz nachträglicher Harmonisierung bereits eine größere Dissoziierung von gesellschaftlichen und individuellen Aspekten ab: Der Bereich der Dame, eben Laudines, hat sich gegenüber demjenigen des Artushofes verselbständigt. Das belegen nicht nur die Eingangs*âventiure*, sondern auch der doppelte Schluß des zweiten Teils. Vgl. dazu das an Erich Köhlers Entwurf[25] angelehnte Strukturschema:

ARTUSHOF
Erzählung Kalogrenants

→

Das Brunnenabenteuer
Iweins Sieg über Askalon
LAUDINE
Iwein erringt Frau und Land.
Hochzeit mit Askalons Witwe Laudine.
Die Artusgesellschaft im Reich Laudines,
Iweins Sieg über Keie.
Gawein überredet Iwein, mit ihm auf Turnier und Ritterschaft zu ziehen. Befristete Beurlaubung Iweins durch Laudine.

←

ARTUSHOF
Iweins Fristversäumnis: Iweins Verdammung durch Laudines Botin Lunete

Iweins Wahnsinn und Heilung
Befreiung der Dame von Narison
Befreiung des Löwen
    (Hilfsversprechen an Lunete)

———→ Iwein unerkannt im Reich der Laudine: Befreiung der Lunete im gerichtlichen
←——— Zweikampf

(Hilfsversprechen an die jüngere Gräfin vom Schwarzen Dorn)
Befreiung der 300 Geiseln in der Burg zum *Schlimmen Abenteuer*

ARTUSHOF
Befreiung der jüngeren Gräfin vom Schwarzen Dorn im gerichtlichen Zweikampf mit Gawein

———→ Versöhnung mit LAUDINE

Die zunehmende Relativierung der Idealität des Artushofes in der späteren Artusepik hat schon Chrétien de Troyes vorbereitet. Im *Lancelot* deutet sich die Verengung der gesellschaftlich-idealen Sphäre auf die höfische Liebe und damit auf die Dame an, im *Perceval/Parzival* begegnet als andere Möglichkeit die Ausweitung in die religiöse Sphäre des Grals.

Im *Lancelot* nimmt der Held auf Wunsch seiner Geliebten die für einen Ritter unerhörte Schande der Fahrt auf einem Henkerskarren auf sich. Ehe er den Karren besteigt, zögert Lancelot einen Augenblick; Grund genug für die Königin, den Geliebten nach ihrer Befreiung zunächst sehr ungnädig zu behandeln. In manchen spanischen Ritterromanen (nach 1500) ist schließlich die Macht der Dame absolut geworden, ihr launischer Wille ist dem Ritter einziges Gesetz. Hier ist die Liebe zum letzten Orientierungspunkt der ritterlichen Welt geworden, während sie im frühen Artusroman dieser noch gleich- oder untergeordnet bleibt. Mit der großen Ausnahme des *Tristan* allerdings, wo die für den Artusroman typische Verbindung von Liebe und Abenteuer aufgehoben ist, wo die durch den Minnetrank übermächtige Liebe keine Integration in die Gesellschaft mehr zuläßt.

Im *Parzival* gibt es wie im *Erec* und *Iwein* drei Artusszenen (Buch III, VI, XIII–XV), und wie im Artusroman begegnet die Krise des Helden mit dem doppelten Cursus. Aber jetzt wird die ritterliche Artushandlung von einer religiösen Gralhandlung (Buch III, V, IX, XVI) durchkreuzt und überhöht.

Weder beginnt noch endet die Handlung am Artushof. Auf Munsalvaesche geht es nicht um die ritterliche Bewährung des Helden. Parzival, der auf der Gralsburg nicht die von ihm erwartete Frage gestellt hat, begibt sich nach dem Auftritt Cundrîes auf eine religiöse Läuterungsfahrt. Er sucht den Gral und findet ihn schließlich, weil er durch Gott zum Gralkönigtum berufen wird. An dem Punkt, wo im *Erec* und *Iwein* die zweite Abenteuerreihe einsetzt, wechselt im *Parzival* der Held. Gawein übernimmt im strukturellen Sinn über weite Strecken die Rolle Parzivals. Damit entsteht ein Doppelroman: Gawein ist der typische Vertreter des Artusrittertums, dem in Parzival das neue Gralsrittertum gegenübergestellt wird.

In dem Maße, in dem der Artushof seine Verbindlichkeit verliert, kommt es also schon innerhalb der frühen Artusepik zu Strukturverschiebungen. Vor allem der Romanist Erich Köhler hat versucht, diese aus Veränderungen im Gefüge der französischen Feudalgesellschaft zu erklären. Dazu nur ein Beispiel, nämlich die Rolle des Rechtsbrauchs.

7.3.2 König Artus und die Tafelrunde. Zur Rolle des Rechtsbrauchs

Der *Iwein*-Prolog (V. 1–20) setzt sentenzenhaft ein: Das Streben nach *rehter güete* (nach dem wahrhaft Guten und Passenden im Sinne der ritterlich-höfischen Tugendlehre) führt zum Gewinn von *saelde* (Glück

7. Die höfische Epik: Artusroman und Heldenepos

und Segen) und *êre* (Achtung der Welt). Das zeigt das Beispiel des Königs Artus, der das Muster eines Ritters war und so vorbildlich *(schône)* höfisch lebte, daß er *der êren krône* trug und sie auch jetzt noch in der Erinnerung seiner Landsleute trägt:

> Swer an rehte güete
> wendet sîn gemüete,
> dem volget sælde und êre.
> des gît gewisse lêre
> künec Artus der guote,
> der mit rîters muote
> nâch lobe kunde strîten.
> er hât bî sînen zîten
> gelebet alsô schône,
> daz er der êren krône
> dô truoc und noch sîn name treit.
> des habent die wârheit
> sîne lantliute:
> si jehent, er lebe noch hiute.
> er hât den lop erworben:
> ist im der lîp erstorben,
> sô lebt doch iemer sîn name.
> er ist lasterlîcher schame
> iemer vil gar erwert,
> der noch nâch sînem site vert.

Artus ist der Repräsentant vollendet höfischen Rittertums. Er, dessen Waffentaten vorausgesetzt, aber nicht eigens erzählt werden, ist wie Etzel im *Nibelungenlied* zum Typus des ruhenden Herrschers geworden. Anders als Charlemagne in der *chanson de geste*, der das epische Geschick noch selbst handelnd entscheidet, verharrt Artus in tatenloser Idealität. Er setzt nicht sich selbst, sondern andere in Bewegung. Er gibt den Rittern seiner Tafelrunde Gelegenheit zur *âventiure* und inszeniert nach glücklicher Rückkehr prächtige Hoffeste. Letztlich verkörpert Artus das Idealbild einer statischen Ordnung der höfischen Welt.

Das Leben am Artushofe besteht im ständigen Wechsel von *âventiuren* und *hôchgezîten*. Die *âventiure*-Handlung wiederum ist verknüpft mit der *minne*-Handlung, die mit einer Hochzeit zu enden pflegt. Die entscheidende Leistung des Königs Artus beruht in der immer wieder unter Beweis gestellten Fähigkeit, durch kluge Wahrnehmung der überkommenen Rechte des einzelnen und durch seine Freigebigkeit (afrz. *largesce*, mhd. *milte*) die besten Ritter an seinen Hof zu ziehen. Der Artushof ist ein geordneter Kosmos, der auf der Einhaltung überkommener Rechtsbräuche beruht, die den einzelnen vor Willkür schützt.

Chrétien de Troyes, *Erec et Enide*, V. 1749–70:[26]

«Ich bin König, darum darf ich nicht lügen [wortbrüchig werden] und keiner Sache zustimmen, die zu tadeln oder falsch oder maßlos ist; ich muß Recht und Gerechtigkeit wahren, denn es gehört sich für einen rechtmäßigen König, daß er Gesetz, Wahrheit, Glauben und Gerechtigkeit erhält. Auf gar keine Weise möchte ich etwas Ungerechtes oder Falsches tun, dem Schwachen nicht eher als dem Starken; niemand soll Grund haben, sich über mich zu beklagen. Und ich wünsche nicht, daß die Sitten und Gebräuche untergehen, die mein Geschlecht zu wahren pflegt. Das müßte Euch nämlich Kummer bereiten, wenn ich unter Euch andere Sitten und Gesetze aufrichten wollte, als sie mein Vater, der König, hatte. Die Gebräuche Pendragons, meines Vaters, der Kaiser und König war, will ich bewahren und erhalten, was mir auch immer deshalb widerfahren mag.»

Ein Rechtsbrauch (afrz. *costume, coutume*, lat. *consuetudo*, mhd. *reht nâch der gewonheit*), auf dessen Einhaltung Artus bedacht ist, ist z. B. die Hirschjagd im *Erec*. Artus ordnet sie an, obwohl das damit für den erfolgreichen Jäger verbundene Recht, die Schönste des Hofes küssen zu dürfen, Zwistigkeiten auslösen könnte. Durch Erecs Sperberkampf und durch den Gewinn Enites, deren Schönheit einzigartig ist, wird der bereits gefährdete Friede gesichert.

Rechtsbräuche können aber auch zu Rechtsmißbräuchen werden. Sie sind es, die vielfach *âventiure* in Gang setzen. Außerhalb des Artushofes gibt es z. B. im *Iwein* den Gewitterbrunnen, gegen dessen Mißbrauch der Landesherr einzuschreiten hat oder im *Erec* die Verpflichtung des Mabonagrin gegenüber seiner Dame, die von Erec als eine von vornherein schlechte *costume* beseitigt wird. Ein besonders markantes Instrument der Handlungsmotivierung ist am Artushofe selbst die *costume* des *don* – die Gewährung eines Geschenks, bevor der Schenkende überhaupt weiß, um welche Gabe er gebeten wird. Sie demonstriert, wie das Festhalten am Rechtsbrauch zugleich die Ordnung des Hofes gefährden kann.

Als im *Lancelot* Meleagant vor dem Artushof mit der Herausforderung erscheint, die Königin Ginevra gegen die Freiheit der in Gorre gefangenen Ritter und Damen als Preis für einen Zweikampf mit ihm zu setzen, verlangt der Truchseß Key von Artus die Gewährung eines Versprechens. *Da gelobt der konig mit synen truwen im zu geben was er im hiesch*:[27] Alle sind entsetzt, als Key den Zweikampf mit Meleagant übernehmen will; denn alle wissen, daß er ihn verlieren wird und damit die Königin. Gleichwohl hält sich Artus an seine Zusage. Durch Lancelot wird schließlich die entführte Königin wieder befreit. (Auch in Hartmanns *Iwein* spielt die Geschichte dieser Entführung, sehr verschachtelt dargeboten, eine Rolle.)

Eine ähnliche Episode findet sich im *Tristan:* An Markes Hof kommt der irische Baron Gandin. Mit sich führt er eine Rotte (Harfenzither), die er auch bei der Tafel nicht ablegt. Marke bittet ihn, sein Spiel hören zu lassen. Der Gast willigt ein, nachdem Marke versprochen hat, ihm jede Forderung zu gewähren – *ich gip iu, swaz iu liep ist* (V. 13 200 ff.). Gandin spielt und verlangt die Königin Isolt. Der König muß sein Versprechen halten. Durch Tristan wird dann Isolde wieder befreit.

Dem gleichen Zwang beim *don* unterliegen auch einzelne Ritter: Im *Erec* erklärt Mabonagrin sein Verhalten damit, daß er seiner Dame versprochen habe, *ze leisten swes si baete* (V. 9496).

Die Gabe ist ein Hauptrequisit des Märchens.[28] Und in der Tat wirkt ja die Welt des Artusromans wie eine eigens für die Bewährung des Ritters geschaffene Wunderwelt. (Die Parodie des Cervantes gründet dann darauf, daß Don Quijote eben nicht mehr auf diese – nach der Lektüre der Ritterromane zu erwartende – märchenhafte Aventiurewelt stößt, sondern auf die alltägliche Wirklichkeit.) Das verzauberte Reich des Artusromans mutet wie eine Flucht aus der harten Wirklichkeit an. Doch zugleich gibt es so viele Bezüge zur feudalen Wirklichkeit, daß die Annahme E. Köhlers naheliegt, hier biete gerade die «potentielle Allverbundenheit» des Märchens (Max Lüthi[29]) den idealen Freiraum zur Artikulation und «Projektion» durchaus realer Konflikte der Feudalgesellschaft.

Die Gefährdung der Artusordnung durch die Gegenwelt der Drachen, Riesen, Feen und Zauberer wäre demnach eine verbildlichende Umsetzung von Widersprüchen innerhalb der Feudalgesellschaft, deren Bewältigung durch den einzelnen Aventiureritter wenigstens im Wunschbild der Fiktion noch gelingt.

Das Motiv der Gabe, das im Märchen seine Funktion hat, begegnet im Artusroman als zur Tugend der Freigebigkeit verklärte Geste des Herrschers, die durchaus ihre reale Entsprechung im Sachstatut des Lehnswesens hat, eben in der Vergabe von Lehen. Der *costume* des *don* in der Fiktion ist nun aber eigentümlich, daß die Verpflichtung zur Freigebigkeit institutionalisiert und zum gefährlichen Mechanismus erstarrt ist, der eigennützig mißbraucht werden kann. «Das zum starren Automatismus gewordene Prinzip der Freigebigkeit kehrt sich gegen die Ordnung, die es garantieren soll.»[30]

Diese Antinomie, die zu einem wesentlichen Strukturelement des Artusromans geworden ist, könnte auf eine Aporie innerhalb der Gesellschaft verweisen, die ihn trägt: Das Lehnswesen gerät in eine Krise, weil der König als oberster Lehnsherr Lehen vergeben muß. Dabei gelingt es ihm aber immer weniger, das Verliehene zurückzuerhalten. Die Lehen werden erblich, die großen Vasallen werden dem König ebenbürtige, mächtige Landesherren.

Selbst das vornehmste Symbol der Artusepik, die Tafelrunde, bekäme in sozialgeschichtlicher Sicht seinen Stellenwert: Der runde Tisch läßt kein Oben und Unten, mithin keine Rangordnung zu. Auch der König ist nur *primus inter pares*. Doch der Tisch ist keineswegs eine Vorwegnahme «demokratischer Gleichheit»; denn untereinander gleich sind nur die Angehörigen einer Elite. In diese Tisch- und Speisegemeinschaft wird aufgenommen, wer sich durch besonderes Verdienst ausgezeichnet hat, wobei *êre* eben durch Dienst und persönliche Leistung erworben wird. Eine Analogie zwischen der Artus-*familia* und der realhistorischen Hofgesellschaft liegt nahe. Womöglich – diese Interpretation hat G. Kaiser versucht – läßt sich das Bild der runden Tafel als Deutungsangebot für unterschiedliche Rezipientengruppen verstehen. Die Aufwertung des *dienest* kam den Aufstiegsbestrebungen der kleinen Vasallen und Ministerialen entgegen. Da jedoch im Artusroman die hervorragendsten Ritter am Ende immer von vornehmer Herkunft sind, entsprach eine fiktive Konstellation, welche die Ritter dem König nahezu gleichstellte, zugleich dem Selbstverständnis der großen Landesherren. Das Bild der Tafelrunde, so vieldeutig es auch sein mag, stimmt zu dem schwachen Königtum und den starken Partikulargewalten im deutschen Reich.

7.3.3 der âventiure meine

Isidor von Sevilla (um 560–636) trifft in seinen *Etymologiarum sive originum libri XX* eine für den mittelalterlichen Literaturbegriff wichtige Unterscheidung nach der Modalität des Geschehens: *Nam historiae sunt res verae quae factae sunt; argumenta sunt quae etsi facta non sunt, fieri tamen possunt; fabulae vero sunt quae nec factae sunt nec fieri possunt, quia contra naturam sunt.* (I, 44,5) (Denn Gegenstand der Geschichtsschreibung *[historia]* sind wahre Ereignisse, die wirklich geschehen sind; Gegenstand der Erzählungen *[argumenta]* sind Dinge, die zwar nicht wirklich geschehen sind, aber doch hätten geschehen können; Gegenstand fabulöser Geschichten aber sind Dinge, die weder wirklich geschehen sind, noch geschehen können, weil sie der Natur zuwiderlaufen.)

Zuerst wird also gefragt, ob etwas geschehen oder nicht geschehen ist. Ist etwas nicht geschehen, so kann es gleichwohl möglich sein oder es ist schlechterdings unmöglich. Als nicht möglich und darum verwerflich gilt vielen Kritikern die märchenhafte Artuswelt, als nicht möglich und doch in einem höheren Sinne wahr gilt sie ihren Verteidigern. Jean Bodel bewertete die *matière de Bretagne* als *vain et plaisant,* als eitel und bloß unterhaltsam. Die Verfasser der Artusromane trifft in besonderem Maße der Vorwurf geistlicher Rigoristen, daß ihre Dichtung – und um deren Fiktionalitätsstatus geht es letztlich – frei erfundene Lüge sei. Kriterien sind einmal die geschichtliche, zum anderen die metaphysische Wahrheit.

Dementsprechend versuchen die Romanautoren, sich auf zweierlei Weise zu rechtfertigen. Erstens bieten sie eine historische Beglaubigung ihrer Geschichten an, indem sie sich auf die Autorität tatsächlich vorhandener oder fingierter Quellen berufen.

>   Elberīch von Bisenzun
>   der brâte uns diz liet zū,
>   der hetiz in walischen getihtit.
>   ih hān is uns in dūtischen berihtet.
>   nieman ne schuldige mih.
>   alse daz būch saget, sō sagen ouh ih.

Mit diesen Worten schiebt der Pfaffe Lamprecht zu Beginn des *Alexanderliedes* (S)³¹ die Verantwortung seinem Vorgänger zu, in der Vorauer Handschrift (V) sogar noch deutlicher: *louc er so leüge ich*. Der Schluß des *Yvain* gibt sich ähnlich korrekt: «So beendet Chrestien seinen Roman vom Löwenritter; denn mehr hörte ich nicht davon erzählen, und auch ihr werdet nicht mehr davon erzählen hören, wenn man keine Lüge hinzufügen will.»³²

Zweitens behaupten die Verfasser des Artusromans, zwar keine geschichtliche Wahrheit, wohl aber eine wahre Geschichte zu erzählen, indem sie beanspruchen, daß der fabulöse Stoff (afrz. *matiere*) einen tieferen Sinn (afrz. *san(s), sen(s)*) enthalte. Diese Unterscheidung trifft z. B. Chrétien de Troyes im Prolog zum *Lancelot*:

> Del *Chevalier de la Charrete*
> Comance Crestiiens son livre;
> Matiere et san l'an done et livre
> La contesse, et il s'antremet
> De panser si que rien n'i met
> Fors sa painne et s'antancion;
> Des or comance sa raison.

(Chrestien beginnt sein Buch über den KARRENRITTER. Die Gräfin [von Champagne] gibt und liefert ihm hierzu Stoff und Sinn, und er macht sich ans Werk, wobei er nur seine Arbeit und seinen Fleiß daransetzt. Nun beginnt seine Erzählung.)³³

San(s)/sen(s) meint, das legen weitere Prologstellen nahe, zugleich den *sen(s)*, über welchen – als göttliche Gabe – der Dichter verfügt, und den *sen(s)*, den er in der *matière* findet und an ihr darstellt. *Matière* bezeichnet dabei den bereits im Hinblick auf den *sen(s)* ausgewählten Stoff, aus welchem ein «sehr schönes Gefüge» herausgeholt wird. «Einem *conte d'avanture* oder einem *livre* entnimmt der Dichter den Stoff und fügt ihn kraft seines *sen(s)* zu einer den *sen(s)* des Stoffes enthüllenden *conjointure* beziehungsweise zu einem *romanz*», schließt E. Köhler³⁴ aus den vieldiskutierten Versen 9–18 in Chrétiens *Erec*-Prolog:

> Por ce dist Crestiens de Troies
> que reisons est que totevoies
> doit chascuns panser et antandre
> a bien dire et a bien aprandre;
> et tret d'un conte d'avanture
> une molt bele conjointure
> par qu'an puet prover et savoir
> que cil ne fet mie savoir
> qui s'escience n'abandone
> tant con Dex la grasce l'an done.

(Deshalb sagt Chrétien de Troyes, es sei richtig, daß jeder daran denke und darauf achte, gut zu reden und gut darzustellen, so holt er aus einer *avanture*-Geschichte eine sehr schöne *conjointure* heraus, wodurch zu beweisen und zu erkennen ist, daß der nicht klug handelt, der sein Wissen nicht weitergibt, solange Gott es ihm in seiner Gnade gewährt.)[35]

Wesentlich für die mhd. Dichtung ist die Unterscheidung von *matiere* und *san*. Sie wurzelt in der theologischen Textexegese, nur daß jetzt die Texte keine geistlichen, sondern weltliche sind, ihre Wahrheit keine transzendente, sondern eine weltlich-immanente, nämlich höfische, ist. Die «höhere Wahrheit» des Artusromans manifestiert sich im vorbildlich höfischen Handeln seiner Protagonisten. Die Leistung der Dichter wird darin gesehen, daß sie den Stoff in diesem Sinne zu deuten verstehen. Gottfried von Straßburg rühmt im Literaturexkurs des *Tristan* (V. 4621–30) u. a. an Hartmann von Aue, *wie er mit rede figieret der âventiure meine:*

Hartmann der Ouwaere,
âhî, wie der diu maere
beide ûzen unde innen
mit worten und mit sinnen
durchverwet und durchzieret!
wie er mit rede figieret
der âventiure meine!
wie lûter und wie reine
sîniu cristallînen wortelîn
beidiu sint und iemer müezen sîn!

Mit den «kristallenen Worten» wird die vorbildliche Klarheit von Hartmanns Sprache gerühmt, der es versteht, Wort und Sinn ins rechte Verhältnis zu setzen. Er ist ein Meister der *elocutio*, der seine Geschichten mit Hilfe der *colores rhetorici* «koloriert» *(durchverwet)* und «dekoriert» *(durchzieret)*. Der Opposition von *ûzen* und *innen* entsprechen die Gegensatzpaare von *worten* und *sinnen, rede* und *meine,* die bei Hartmann zur idealen Ausgewogenheit gelangen. Mit seinen *worten* und *sinnen* erfaßt der Dichter in ziel- und treffsicherer *rede* (mhd. *figieren* kann sowohl von lat. *figere* «treffen, fixieren» als auch von lat. *fingere* «formen, bilden» abgeleitet werden) *der âventiure meine,* die Bedeutung, den Sinn (vgl. Chrétiens *san* und Gottfrieds Gebrauch im Sinne von lat. *significatio* bei der Minnegrottenallegorese) der Erzählung.[36]

Thomasin von Zirklaere gesteht in seinem großen Lehrgedicht, dem *Welschen Gast* (V. 1087–1134), sowohl den gelehrt-geistlichen Kritikern als auch den ungelehrten Lesern des Artusromans ihr Recht zu. Sein Kompromiß:

ich enschilte deheinen man
der âventiure tihten kan:
die âventiure die sint guot,
wan si bereitent kindes muot.
swer niht vürbaz kan vernemen,
der sol dâ bî ouch bilde nemen.
swer schrîben kan, der sol schrîben;
swer mâlen kan, der sol belîben
ouch dâ mit; ein ieglîcher sol
tuon daz er kan tuon wol.
von dem gemâlten bilde sint
der gebûre und daz kint
gevreuwet oft: swer niht enkan
verstên swaz ein biderb man
an der schrift verstên sol,
dem sî mit den bilden wol.
der pfaffe sehe die schrift an,
sô sol der ungelêrte man
diu bilde sehen, sît im niht
diu schrift zerkennen geschiht.
daz selbe sol tuon ein man
der tiefe sinne niht verstên kan,
der sol die âventiure lesen
und lâz im wol dermite wesen,

wan er vindet ouch dâ inne
daz im bezzert sîne sinne,
swenner vürbaz verstên mac,
sô verlies niht sînen tac
an der âventiure mære.
er sol volgen der zuht lêre
und sinne unde wârheit.
die âventiure sint gekleit
dicke mit lüge harte schône:
diu lüge ist ir gezierde krône.
ich schilt die âventiure niht,
swie uns ze liegen geschiht
von der âventiure rât,
wan si bezeichenunge hât
der zuht unde der wârheit:
daz wâr man mit lüge kleit.
ein hülzîn bilde ist niht ein man:
swer ave iht verstên kan,
der mac daz verstên wol
daz ez einen man bezeichen sol.
sint die âventiur niht wâr,
si bezeichent doch vil gar
waz ein ieglîch man tuon sol
der nâch vrümkeit wil leben wol.

(Ich tadele keinen, der höfische Epen verfassen kann. Diese haben ihren Wert, denn sie bilden den Geist und die Seele der Jungen. Wessen Verstand nicht weiter reicht, der soll sich daran gleichfalls ein Beispiel nehmen. Wer schreiben kann, soll schreiben; wer malen kann, soll ebenfalls dabei bleiben. Jedermann soll das tun, worauf er sich gut versteht. Einfache Leute und Kinder erfreuen sich oft an Bildern. Wer nicht wie ein erfahrener Mensch Geschriebenes verstehen kann, soll sich mit Bildern vergnügen. Der Geistliche halte sich an die Schrift, der Illiterate soll Bilder betrachten, da er Schriftliches nicht verstehen kann. In der gleichen Weise soll sich derjenige verhalten, der tiefe, umfassende Gedanken nicht begreifen kann. Er soll höfische Epik lesen und sich damit vergnügen, denn er findet auch darin Dinge, die seinen Geist fördern. Sollten seine Fähigkeiten aber weiter reichen, dann soll er seine Zeit nicht mit dem Inhalt höfischer Epen vergeuden. Er soll (vielmehr) nach Bildung, Verstand und Wahrheit streben. Höfische Epen sind oft sehr ansprechend in Lügen gehüllt. Die Lüge (d. h. Fiktion) ist ihr schönster Schmuck. Obwohl wir unter dem Einfluß der höfischen Epik lügen müssen, tadele ich sie nicht, denn sie verweist zeichenhaft auf Bildung und Wahrheit. Das Wahre ist in Lüge gehüllt. Eine Holzfigur ist kein Mensch: wer nur ein bißchen Verstand hat, begreift durchaus, daß sie einen Menschen zeichenhaft darstellt. Wenn die höfischen Epen auch nicht wahr sind, so stellen sie doch sehr umfassend zeichenhaft dar, wie sich jeder verhalten soll, der ein gutes und vorbildliches Leben führen will.)[37]

Thomasin, der die *âventiuren* der höfischen Epik für *niht wâr* hält, billigt sie als Lektüre für Illiterate, weil sie eine *bezeichenunge* (lat. *significatio*) der *wârheit* haben: *si bezeichent doch vil gar waz ein ieglîch man tuon sol.* Sie vermitteln Lebenslehre, nämlich ein Verhalten, welches durch *zuht und hüfscheit, staete, mâze, reht, milte* usw. geprägt ist, wie aus dem Kontext hervorgeht. Eigentlich aber wünscht sich Thomasin, die Dichter hätten *getihtet daz daz vil gar ân lüge waere* (1140f.). Die Gesinnung werde *mit der wârheit michels baz denn mit der lüge* gefördert. Wer sich auf das Dichten verstehe, der gewinne *immer gnuoc materje an der wârheit: diu lüge sî von im gescheit* (1150–52). Ein *hüfsch man der sich tihten nimet an* solle nicht zum *lügenaere* werden. Das ist Thomasins eigener Weg, der in seinem *buoch von der hüfscheit* die direkte Belehrung vorzieht. Im übertragenen Sinne gesteht er den *âventiuren* also zwar «Wahrheit» zu, aber dem sensus litteralis und historicus nach sind sie *gekleit dicke mit lüge harte schône*.

Daß Dichtung Lüge sei, wird seit der Antike immer wieder von der philosophischen und theologischen Fiktionskritik behauptet, die damit insbesondere die Anerkennung des Romans verhindert hat. Erst die *doctrine classique*, die die Wahrscheinlichkeit zum zwischen Wahrheit und Lüge vermittelnden Kriterium der ästhetischen Kritik erhob, hat den Roman als eigenständige Gattung legitimiert. Jetzt darf der Romanschreiber gegen die geschichtliche Wahrheit verstoßen, wenn es die ästhetische Wahrscheinlichkeit *(vraisemblance)* und die Schicklichkeit *(bienséance)* erfordern.[38]

Bei Thomasin erhält nun der Gegensatz von «Wahrheit» und «Lüge» seine besondere Wendung durch die Verbindung von *Lüge* und *Schönheit;* denn die Wahrheit der *âventiuren* begegnet im schönen Kleid der Lüge. Die Barockpoetik umschreibt dasselbe mit der Arzt- und Pillenmetaphorik: daß nämlich der kluge Arzt den bittern Kern der heilsamen Pille mit einer süßen Hülle versehe. Die horazische Formel einer Vermittlung des *delectare* mit dem *prodesse* wird so ausgelegt, daß die Unterhaltung, die angenehme Einkleidung, nicht um ihrer selbst willen zu gebrauchen sei, vielmehr habe sie der Belehrung, dem moralischen Endzweck zu dienen. Diese bloß instrumentale Funktion der «schönen Einkleidung» wird gleichwohl von den Rigoristen immer wieder in Zweifel gezogen, zur Zeit der frühen Artusroman-Rezeption ebenso wie noch 1698 vom Calvinisten Gotthard Heidegger. Indessen habe gerade damit, so die These Erich Köhlers, die geistliche Kritik die Befreiung der Dichtungstheorie aus der Vormundschaft der theologischen Ethik nur beschleunigt: «Der Vorwurf, daß weltliche Dichtung hinter der Schönheit der Form die Lüge verstecke, fordert mit dem zweckgerichteten Zweifel an der Schön-Gut-Identität [...] die Verselbständigung der Dichtung auf eine eigene Kunstwahrheit heraus, die sich aus der Kunstschönheit ableitet.»[39]

Die von der Scholastik behauptete Identität des Schönen und des Guten wird notwendig dann zum Problem, wenn das Formal-Schöne – wie

7. Die höfische Epik: Artusroman und Heldenepos

z. B. der Reim (s. o. 5.75) – isoliert bewertet oder wenn das Sittlich-Gute nicht mehr ausschließlich religiös verstanden wird. Mit dem Vorwurf der «schönen Lüge» hebt also die geistliche Kritik die These von der Schön-Gut-Identität – und das heißt: die Lehre von der Gottgeschaffenheit und -bezogenheit des Schönen als einer Schönheit des Maßes – selbst aus den Angeln und ebnet damit wider Willen der Begründung einer eigenen Kunstschönheit den Weg.

Der Artusroman hat Anstoß erregt und ist damit zum Anstoß einer Reflexion über Wahrheit und Wahrscheinlichkeit geworden. Theoretisch mochten Kritiker und Verteidiger sogar darin übereinstimmen, daß der Artusroman mehr als bloße Unterhaltung zu sein habe, die Romanpraxis und erst recht die Lesererwartungen konnten von der postulierten Wirkungsabsicht abweichen. Dazu eine Anekdote aus dem *Dialogus Miraculorum* des Caesarius von Heisterbach (um 1220):

«Als an einem Festtag Abt Geward [...] ein Wort der Ermahnung an uns richtete und mehrere Mönche, besonders die Laienbrüder, schlafen sah, rief er: ‹Hört zu, Brüder, hört zu! Ich will Euch eine neue, großartige Geschichte vortragen. Es war einmal ein König, der hieß Artus.› [...] ‹Seht, Brüder, Euren bejammernswerten Zustand. Als ich von Gott sprach, seid Ihr eingeschlafen. Sobald ich aber einige leichtgewichtige Worte einflocht, da wachtet Ihr auf und habt begonnen, mit gespitzten Ohren zuzuhören›.»[40]

«Es war einmal ein König, der hieß Artus» – damit ist das Interesse selbst von Klerikern «geweckt». Und dasselbe gilt für die Heldendichtung: *Quid Hinieldus cum Christo?* Was denn Ingjald, ein dänisch-hadubardischer Sagenheld, mit Christus zu schaffen habe, fragt schon 797 Alkuin den Bischof Hygbald von Lindisfarne in einem Brief und mahnt, daß die Mönche beim gemeinsamen Mahl *sermones patrum, non carmina gentilium* hören möchten.[41] Ganz ähnlich beklagt sich der Bamberger Domschulmeister Meinhard über seinen Bischof Gunther († 1065), welcher niemals von Augustin und Gregor dem Großen, sondern immer nur von Attila und dem Amelungen (das ist Dietrich von Bern) u. a. etwas hören wolle: *Numquam ille Augustinum, numquam ille Gregorium recolit, semper ille Attalam, semper Amalungum et cetera id genus portare tractat.*[42]

Die Entgegensetzung von geistlichem und weltlichem Schrifttum, die noch die Auseinandersetzung um den Roman in der frühen Neuzeit begleitet, gewinnt Toposcharakter. Sie macht nichtsdestoweniger deutlich, wie mühsam und langwierig der Prozeß einer Verselbständigung der volkssprachlich-weltlichen Dichtung angesichts der Vorherrschaft der Klerikerkultur war.

7.4 Mittelhochdeutsche Heldenepik

7.4.1 Germanische Heldensage

Zur germanischen Tradition: Germanische Heldensage und Gefolgschaft
Heldensage meint das stoffliche Substrat von Formen der Literatur (und bildenden Kunst), die Taten von Helden zum Gegenstand haben. Unter *Heldendichtung* wird – mit Andreas Heusler – der Teil von Heldensage verstanden, der in einer einmaligen künstlerischen Formung durch einen Dichter Gestalt bekommen hat (das *Nibelungenlied* ist z. B. nur eine bestimmte Fassung im Gesamtkomplex der *Nibelungensage*). Ein anderer Teil der Heldensage war jedoch – so Hans Kuhn gegen Andreas Heusler – «vor und außerhalb der Heldendichtung» als loser geformte *Sage* präsent.[43]

Der Begriff der Sage ist seinem Umfang und Inhalt nach diffus, er gewinnt erst im Kontrast zu Heldensage und Märchen deutlichere Konturen: Die Sage «sagt», gibt wie die Heldensage Kunde von außergewöhnlichen Begebenheiten, die als wirkliche geglaubt werden sollen, obgleich sie sich von der Wirklichkeit entfernt haben. Steht im Mittelpunkt der Heldensage eine das Maß des Alltäglichen überragende, aber durchaus irdische Gestalt, so kreist die Sage im engeren Sinne um das Geheimnisvoll-Numinose, um Wesen wie Geister, Riesen, Zwerge, Hexen, Teufel usw., die etwas Jenseitiges an sich haben. Während jedoch im Märchen der Erzähler und die Märchenfigur dem Wunderbaren wie etwas Selbstverständlichem begegnen, stellt die Sage die numinose und die profane Welt als zwei deutlich voneinander geschiedene Dimensionen dar. Insofern ist die Sage «historischer» als das Märchen (J. Grimm). Sie ist oft an das Interesse eines engeren Personenkreises einer bestimmten Region gebunden (Lokalsagen) oder auch fixiert auf die Entstehung und die Eigentümlichkeit eines Sachverhalts, der erklärt werden soll (aitiologische Sagen).[44]

Als *Held* gilt in der Heldensage der hervorragende Mann, der sich einer Herausforderung, in welcher es um Leben und Tod geht, gestellt, und der dabei außergewöhnliche Kraft, Standfestigkeit und bewundernswerten Mut bewiesen hat. Konfliktsituationen, in welchen Treue und Verrat, Beleidigung und Rache die Hauptrolle spielen, führen zum Kampf, der mit Sieg oder Untergang endet. Der Held muß keineswegs immer siegreich sein, aber freiwillig unterwirft er sich keiner stärkeren Macht – ein geschlagener Held überlebt nicht. Der Held verkörpert vorbildlich die Möglichkeit der Selbstbehauptung im Angesicht des Todes. Ein Held, der im Tode seine persönliche Ehre – und die seiner Gemeinschaft – gewahrt hat, lebt fort im Gedächtnis, gewinnt Ruhm bei den anderen.[45] So bildet sich bei der Nachwelt die Vorstellung eines vergangenen Heroenzeitalters, eines *heroic age*, heraus, während die mit der Heldendichtung verwandte Preisdichtung (vgl. z. B. das ahd. *Ludwigslied*) eine Führergestalt der unmittelbaren Gegenwart preist. Insgesamt gesehen gehört

7. Die höfische Epik: Artusroman und Heldenepos

die Heldensage einer Gesittungsstufe und Vorstellungswelt an, in welcher sich noch «die Welt als Familie aufbaut, in der sie in ihrer Ganzheit nach dem Begriff des Stammes, des Stammbaums, der Blutsverwandtschaft gedeutet wird.»[46]

Soweit einige Züge des Heroischen, wie sie sich aus der germanischen Heldensage ableiten lassen. Heldensage ist jedoch ein globales Phänomen:

> In seiner vergleichenden Betrachtung der Heldendichtung «aller Völker und Zeiten» schlägt Cecil Maurice Bowra[47] einen Bogen u. a. vom *Gilgamesch* und von Homer über die mittelalterliche Epik (*Beowulf, Edda, Chanson de Roland, Nibelungenlied, Cid*) bis zu Lönnrots *Kalevala*. Auf die unterschiedliche Sozialstruktur und Lebensform der Trägergruppen von Heldensage führt er drei «Arten heldischer Geisteshaltung» zurück: Die *primitive* Heldendichtung noch sehr homogener primitiver Gemeinschaften, deren Weltbild noch stark dem Übernatürlichen verhaftet und noch nicht anthropozentrisch-individualistisch orientiert gewesen sei, habe bei zunehmender sozialer Differenzierung sich in eine *aristokratische* Heldendichtung der Oberschichten (wie im Falle der germanischen Heldendichtung) und in eine *proletarische* der Unterschichten aufgespalten.

Solche Suche nach dem gemeinsamen Nenner bleibt freilich problematisch, weil jede idealtypische Deutung des Heroischen Gefahr läuft, das Besondere, nämlich das, was jeweils unter «Kraft», «Mut», «Ehre», «Welt» in einem bestimmten gesellschaftlichen Kontext verstanden wird, zu anthropologisch-ahistorischen Konstanten «heldischer Wesensart» zu verallgemeinern. Befunde etwa zur griechischen Heldensage können nicht ohne weiteres auf die germanische übertragen werden. Die historisch-vergleichende Betrachtungsweise kann jedoch aufzeigen, welch vielfältige Möglichkeiten der Entfaltung von Heldendichtung es gegeben hat, ohne daß sie sämtlich zu jeder Zeit und an jedem Ort realisiert worden sein müßten.

Im mittelalterlichen Europa ist Heldensage nicht nur in den germanischen Literaturen, sondern auch in der französischen und spanischen, daneben auch in der inselkeltischen und in der großrussischen Literatur überliefert. Germanische Heldensage hat ihren «Sitz im Leben» der germanischen Stämme der sog. Völkerwanderungszeit, die man auf die Zeit von etwa 375 n. Chr. (Einfall der Hunnen) bis 568 (Eroberung Oberitaliens durch die Langobarden) einzugrenzen pflegt, obgleich eigentlich die germanische Ausdehnungsbewegung schon in der älteren Bronzezeit einsetzt.

Die Germanen begegnen bei ihrem Eintritt in die Geschichte der antiken Welt nicht als Einheit, sondern in einer Vielheit von Stämmen. Legt man das Kriterium der Sprache zugrunde, so stellen sich die Germanen als eine Gruppe innerhalb der indogermanischen Völker dar, aber das Germanentum bleibt eine schwer zu fassende ethnische Größe.[48] Dominant ist die Einheit des einzelnen Stammes, der jedoch keine natürlich

7.4.1 Heldenepik: Germanische Heldensage

gegebene, sondern eine historisch gewordene Einheit ist. Während der Wanderzeit wechselten die Stämme ja nicht nur ihre Siedlungsräume, sondern es kam auch häufig zur Auflösung alter und zur Bildung neuer Verbände. Gleichwohl gibt es Zeugnisse für ein Stammesbewußtsein, wobei jedoch das Bewußtsein von Gemeinsamkeit innerhalb einer Gruppe und das von Distanz gegenüber anderen Gruppen nicht allein aus der Erfahrung einer gemeinsamen Sprache resultiert. Für die Bildung einer ethnischen Existenz ist vielmehr die Entwicklung einer eigenen historisch-ethnischen Tradition entscheidend,[49] und daran hat neben der Stammes- die Heldensage maßgeblichen Anteil. Für ihre Entstehung, Verbreitung und Rezeption spielt nun ein Element der germanischen Verfassungsgeschichte eine zentrale Rolle, und das ist die *Gefolgschaft:*

Gefolgschaft (urgerm. **druhtiz* – Kriegszug > Schar auf Kriegszug) ist ein Verhältnis zwischen Gefolgsherrn (lat. *princeps, dux;* urgerm. **druhtīn,* ahd. *truhtīn*) und freien Männern, das freiwillig für eine Zeitlang oder auf Dauer eingegangen wird, auf gegenseitige Treue gegründet ist und die Gefolgsmannen zu Rat und kriegerischer Hilfe, den Gefolgsherrn zu Schutz und Freigebigkeit (Ausrüstung mit Waffen, Roß und Kleidern, Gaben wie goldene Reife usw.) verpflichtet. Gefolgsherr und Gefolgsmann sind einander nicht gleichgeordnet, aber der Gefolgsherrschaft wohnt auch noch nicht – wie dem heutigen Herrschaftsbegriff – die Beziehung von Befehl und Gehorsam inne. Die Treue vertritt in der Frühzeit den Gehorsam; Führung und freiwilliges Folgen machen die «Folgeordnung»[50] des Gefolgschaftsverbandes aus. Wie die Sippe bilden die Angehörigen der Gefolgschaft untereinander eine Friedensgemeinschaft; sie sind Herd-, Tisch- und Bankgenossen – sie treten gleichsam in das Haus der Gefolgsherrn ein. Hier feiern sie in Friedenszeiten ihre Gelage in der Halle, hier trägt der Gefolgschaftssänger (westgerm. *scop*) seine Helden- und Preislieder vor. Die Mittel für den Unterhalt liefern die Beute- und Eroberungszüge außerhalb des Landes: der Krieg ist der eigentliche Zweck der Gefolgschaft. Sie vereint durchaus Angehörige verschiedener Völkerschaften; landflüchtige Männer, «Recken» und Berufskrieger gehören zu dieser verschworenen Gemeinschaft, nach dem Bilde der altnordischen Quellen sind es aber wohl zumeist junge Erbbauernsöhne gewesen, die sich einige Jahre draußen umtun, ehe sie heiraten und ein eigenes Gut bewirtschaften.

Die altgermanische Heldendichtung ist Gefolgschaftsdichtung, Selbstdarstellung einer kriegerischen Elite von Adeligen und Freien mit einem besonderen Ethos von Ehre und Treue. Stilisiert wird in der Heldendichtung der Glanz des großen Augenblicks: der Annahme einer Herausforderung zum Kampf in der Halle, der Schlacht, des Ringeschleuderns. Die gefolgschaftliche Mentalität weicht ab von der bäuerlichen mit ihren festgefügten Bindungen an Hof und Land. Hier gilt nicht «des Toten Tatenruhm» als Höchstes, sondern man hält sich pragmatisch an Lebensweisheiten wie: «Nichts taugt mehr, wer tot. – Besser geht es dem Lebenden als es dem Leblosen geht: immer noch erlangt der Lebende die Kuh.»[51] Die Heldensage ist nur ein Teil der germanischen Dichtung.

Wenn die germanische Heldensage der Völkerwanderungszeit im Kern Jahrhunderte überdauern konnte und sie zum Teil ihre Fortsetzung in der deutschen gefunden hat, so mag ein Grund für diese erstaunliche Kontinuität in dem seiner Struktur nach ähnlichen sozialen Kontext liegen: die mittelalterlich-deutsche Heldendichtung ist wie die germanische Standes- und Adelsdichtung. Das mittelalterliche Lehnswesen ist wie das germanische Gefolgschaftswesen gekennzeichnet durch ein Treueverhältnis auf Gegenseitigkeit zwischen Lehnsherrn und Lehnsmann. Dies – ursprünglich gefolgschaftliche – Band hält Adel und Königtum im mittelalterlichen Personenverbandsstaat zusammen.

Die Übereinstimmung gilt jedoch nur für das persönliche Element im Lehnswesen, der Unterschied resultiert aus dem dinglichen Element: Der Hort, rasch erworben und ebenso rasch verschleudert, ist ein typisch gefolgschaftsmäßiges Bild. Die Landnahme, sicherlich der große Impetus der germanischen Wanderzeit, spielt dagegen zumindest in der heroischen Dichtung eine eher untergeordnete Rolle – dem Gefolgschaftsdenken gilt der Akt der kriegerischen Besitznahme mehr als der Zustand des friedlichen Verharrens auf dem einmal Erworbenen. Mit der zunehmenden Verdinglichung des Lehnswesens tritt sozusagen an die Stelle des Horts das (erblich gewordene) Lehen – die «private» Grundherrschaft und vor allem die «öffentliche» Landsherrschaft und Landeshoheit entstehen; Herrschaft über Land und Leute etabliert sich als planmäßig verwalteter institutioneller Flächenstaat mit dem Hof als Herrschaftszentrum. Die «Verhofung» des altfreien Kriegeradels und dessen Integration mit anderen, ehemals unfreien, Schichten zu einer Hofgesellschaft bewirken am Ende auch für die Heldendichtung eine einschneidende Veränderung: die mittelalterlich-deutsche Heldenepik ist zu einer höfischen geworden – insofern ist die begriffliche Koppelung «germanisch-deutsche» Heldensage nicht ganz unproblematisch.

Zum Ursprung der germanischen Heldensage
Die Frage nach dem Ursprung der germanischen Heldensage, nicht zu verwechseln mit derjenigen nach der Entstehung und Entwicklung der Überlieferungsformen, kreist vornehmlich um die Herkunft ihrer Stoffe aus *Geschichte* und *Mythos*. Daß die germanischen Heldensagen überwiegend an Ereignisse der Völkerwanderungszeit anknüpfen und erinnern, liegt auf der Hand und ist unbestritten; ungleich schwerer greifbar sind die Bezüge zum Mythos, zumal dieser selbst nach der Christianisierung nicht mehr ungebrochen und nur in Relikten überliefert ist.

7.4.1 Heldenepik: Germanische Heldensage 217

Andreas Heusler nahm als Kern der Heldensagenstoffe die Geschichte an, während er die kollektiv-kultische Vorstellungswelt des Mythos und das unterliterarische, volkstümliche Erzählgut (Märchen) nur am Rande gelten ließ.[52] Das Ursprungsproblem scheint sich jedoch nicht einfach mit einem Entweder – Oder, sondern eher mit einem Sowohl – Als auch lösen zu lassen: Mythos und Heldensage könnten einander in der Heldensage in der Weise begegnet sein, daß ursprünglich Mythisches ins Geschichtliche herabgezogen oder auch Geschichtliches nachträglich ins Mythisch-Kultische überhöht wurde.

Insbesondere der Vergleich mit anderen indogermanischen Literaturen, in welchen vielfach Göttlich-Mythisches und Menschlich-Heroisches ineinanderfließen,[53] hat zur Wiederaufnahme älterer Auffassungen vom mythisch-mythologischen Gehalt auch der germanischen Heldensage und zur Kritik an der Position der Heusler-Richtung durch Franz Rolf Schröder, Jan de Vries, Otto Höfler und Karl Hauck geführt. So verschieden deren Wege im einzelnen auch sind, zwei Hypothesen schälen sich doch aus dem oft recht spekulativen Gemisch von bloßer Behauptung und triftiger Begründung als plausibel heraus: Zum einen kann ein Göttermythos zum Heroenmythos und zur Heldensage werden, indem ein «sakraler Brauch [...], namentlich, wenn er mit der Zeit außer Geltung kommt, [...] in säkularisierter Gestalt zu einem einmaligen Ereignis, zum ‹Einmal› der Sage [...], zu einer bloß geschichtlichen Begebenheit» werden kann.[54]

Zum anderen ist der umgekehrte Weg von der Geschichte zum Heroenmythos und zur Heldensage denkbar: «Aus einem geschichtlichen Ereignis entsteht [...] eine Heldensage, wenn in seinem Träger ein Archetypus wiedererkannt worden ist, [wenn man] das historische Geschehen als eine Wiederholung mythischer und zugleich archetypischer Urereignisse» verstand.[55] Hier wird also «Archetypisierung» als stilisierende Angleichung eines historischen Ereignisses an ein mythisches Schema gleichgesetzt mit «Heroisierung», die im ersten Fall gleichbedeutend mit «Entmythisierung» war. Beide Tendenzen laufen auf eine Art Säkularisation hinaus.

Unter dem methodologischen Einfluß des Indogermanisten Georges Dumézil wird dabei mit festen Strukturen gerechnet, die geringem Wandel unterliegen, weil ihre einzelnen Elemente eng aufeinander bezogen bleiben. C. G. Jung liefert für die in Kult und Mythos verwurzelten Urformen den Begriff des «Archetypus». Der Religionswissenschaftler Mircea Eliade hat den Fest-Charakter des Kults betont: Wesentlich seien die «heiligen Zeiten» gewesen, in welchen Göttliches im menschlichen Leben erschien. Das religiöse Fest feiere die *repraesentatio* eines kosmologischen Geschehens, aus dem die Welt gereinigt und erneuert hervorgehen sollte. Man hat versucht, diese Interpretationsansätze auf den germanischen Mythos und auf die hinter dem Mythos stehende kultische Wirklichkeit zu übertragen.

O. Höfler z. B. bestimmt die Funktion der Heldensage als kultische Heldenverehrung. Theoderich d. Gr. bzw. Dietrich von Bern gilt ihm als Wodanshypostase; Arminius der Cherusker sei zum ins Mythische überhöhten Siegfried geworden.[56] Überhaupt ist es in der Nibelungenforschung immer wieder Siegfried gewesen, der – anders als der allzusehr der Geschichte verhaftete Burgundenuntergang – als Kronzeuge naturmythischer Deutungen herhalten mußte. Siegfrieds Lebenslauf entspricht in dieser Sicht dem Mythos vom strahlenden Göttersohn, der auf die Erde kommt, um das Chaos zu bändigen, am Ende jedoch von einem dunklen Dämon getötet wird. Als Grundlage gilt der Naturmythos vom immerwährenden Kampf zwischen Licht und Finsternis, Siegfrieds Tod wird als Tod des Sonnen- und Frühlingsgottes durch den Winterdämon verstanden usf.

So fragwürdig die Berufung auf Namensetymologien, Bilddenkmäler[57] u. ä. auch sein mag, einzelne Elemente der Heldensage sind zweifellos mythischen Ursprungs, doch die Genese ganzer Handlungsstrukturen aus dem Mythos bleibt umstritten. Mythos und Heldensage könnten auch von Anfang an nebeneinander existiert und einander wechselseitig beeinflußt haben, ohne daß auf eine genetische Verwandtschaft mit der Priorität des Mythos geschlossen zu werden brauchte, der übrigens keineswegs immer «uralt» sein muß.

Motivverwandtschaften zwischen Heldensage und Märchen veranlaßten W. Wundt, die Sage aus dem *Märchen* zu erklären. Durch das Eindringen des Geschichtlichen habe sich das Märchen zur Sage gewandelt. Für die Priorität des Märchens hat v. a. Friedrich Panzer[58] plädiert.

Panzer deutet den Drachenkampf als «Glied in der Kette von Taten, die das Märchen vom Starken Hans erzählte». Die Vorgänge um Siegfrieds Schatzerwerbung folgen der sog. «Erbteilerformel»; die Tarnkappe und die Unverletzbarkeit, Siegfrieds und Brünhilds übermenschliche Stärke muten ebenfalls märchenhaft an. Die Werbung um Brünhild weist verblüffende Parallelen mit dem Brautwerbermärchen auf, das in über 30 Varianten in Rußland, Skandinavien, Deutschland und Irland verbreitet ist.

Dagegen steht die These u. a. von Max Lüthi, daß die Motive selbst frei verfügbar sind, daß sie ihren märchenhaften, mythischen oder sagenhaften Charakter erst durch die besonderen Stilisationsprinzipien der Gattungen erhalten, denen sie einverleibt werden. Für die Heldensage bedeutet dies, daß sie dort, wo sie auf Geschichtliches zurückgeht, dieses auf eine spezifische Weise «enthistorisiert».

Für den Burgundenuntergang läßt sich z. B. folgende historische Folie rekonstruieren: In der vor 516 verfaßten *Lex Burgundionum* nennt König Gundobad unter den Vorgängern seines Vaters Gundowech die vier Könige Gibica, Godomar, Gislahari und Gundahari, die in der nordischen Sagenüberlieferung als Gjuki, Guþorm und Gunnar wiederbegegnen, Gislahari entspricht dem Giselher in der deutschen Nibelungendichtung. Bei dem Versuch, sein linksrheinisches Reich weiter nach Gallien/Belgien auszudehnen, wurde Gundahari 435/436 von Aetius aufgehalten und dann 437 von einem hunnischen Hilfsheer vernichtend geschlagen. 20000 Burgunden, dazu der König und seine ganze Sippe *(cum populo suo ab stirpe)* sollen in dieser Schlacht nach dem Bericht der Chronisten Hydatius und Prosper Aquitanus den Tod gefunden haben. Attila, der

7.4.1 Heldenepik: Germanische Heldensage

anscheinend an diesem Ereignis nicht beteiligt war, beherrschte die Hunnen seit 433 zusammen mit seinem Bruder Bleda, den er 445 ermordete. Er selbst starb nach dem berühmten Zeugnis von Jordanes 453 in der Hochzeitsnacht an der Seite einer germanischen Nebenfrau namens (H)ildico an einem Blutsturz. 454 befreiten sich germanische Stämme unter Führung des Gepiden Aladarius in der Schlacht am Nedao von der hunnischen Vorherrschaft. Einer der Attilasöhne, Ellak, fand dabei den Tod.[59]

In der Erinnerung der germanischen Stämme werden nun diese beiden voneinander unabhängigen Ereignisse der Jahre 437 und 453 ursächlich miteinander verknüpft und nach dem Muster der heroischen Dichtung bzw. nach tatsächlichen Verhaltensmustern der Völkerwanderungszeit als Sippenrache gedeutet: Überliefert sind altnordische Heldenlieder, in denen die Frau den Hunnenkönig Atli tötet, weil dieser ihre burgundischen Brüder aus Hortgier umbringen ließ. Später wird die Fabel vom Burgundenuntergang mit derjenigen von Siegfrieds Tod[60] verknüpft: Jetzt rächt die Frau die Ermordung ihres Ehemannes Siegfried an dessen Mördern, ihren eigenen Brüdern. Die Bruderrache ist zur Gattenrache geworden; damit wird der Hunnenkönig, den Siegfrieds Witwe geheiratet hat, entlastet; er dient nurmehr als Werkzeug ihrer Rache. Auf einer jüngeren Stufe kommt schließlich auch noch Dietrich von Bern (Theoderich d. Gr.) hinzu, um den sich im späteren Mittelalter eine eigene Tradition entfaltet.

Theoderich (um 451/56-526), aus der ostgotischen Amelungen-Sippe, wurde 459 als Geisel nach Byzanz entsandt, wo er 10 Jahre blieb. Nach der Rückkehr kämpfte er als Führer seines Volkes jahrelang auf dem Balkan auf der Suche nach neuem Siedlungsraum, bis ihm Kaiser Zeno das vom Skiren Odoaker 476 usurpierte Oberitalien als Ziel wies. Zunächst vertrieb er 489 Odoaker aus Verona («Bern»), nach mehrjähriger Belagerung gelang ihm schließlich 493 die Einnahme Ravennas («Raben»), wo er Odoaker alsbald ermordete. Danach herrschte er über 30 Jahre in Frieden über Goten und Römer.[61]

Die der schriftlich-lateinischen Klerikerkultur verhaftete christliche Geschichtsdeutung bemächtigt sich solcher Gestalten und Vorgänge, um an ihnen exemplarisch das Handeln Gottes in dieser Welt zu verdeutlichen. Theoderich wird von der Kirche als Arianer verketzert und in die Hölle verdammt (s. Abb. 24).

In der Heldensage der Germanen gibt es keinen Gott und keine Götter, die das Geschehen lenkten, sondern höchstens ein undurchdringliches Schicksal.[62] Sie stellt innerweltliche Konflikte dar, mit Freunden und Feinden, mit Treue und Verrat, aber sie wertet nicht nach den christlich-moralischen Kategorien von Gut und Böse. Heldensage ist Teil der mündlich-volkssprachlichen Laienkultur.

In der mündlichen Überlieferung verändert sich Geschichtliches zur *Fama*, die dann zur *Fabula* wird. Wenn die Autorität schriftlicher Überlieferung fehlt, kann die sagenhafte Fabula selbst für die lateinisch-gelehrte Chronistik (z. B. für Widukind von Korvei) historischen Zeugniswert

7. Die höfische Epik: Artusroman und Heldenepos

Abb. 24: *Der Höllenritt Theoderichs auf der linken Relieftafel am Westportal von San Zeno Maggiore in Verona (um 1138).*

Die linke Relieftafel von San Zeno stellt einen Reiter auf galoppierendem Roß mit wehendem Umhang, Horn und Köcher dar. Oben eine Inschrift: O REGEM STVLTV[M] PETIT INFERNALE TRIBVT[V]M MOXQ [VE] PARATVR EQVVS QVEM MISIT DEMON INIQVVS EXIT AQVA [M] NVDVS PETIT INFERNA NON REDITVRVS. Auf der hier nicht abgebildeten rechten Relieftafel ein Hirsch, gejagt von zwei Hunden. Daneben rechts ein Portal mit Flamme und Teufel. Inschrift: NISVS EQVVS CERVVS CANIS HVIC DATVR HOS DAT AUERNVS. (vgl. dazu z. B. die Version von König Thidreks Ende in der Thidrekssaga, Slg. Thule 22, 1967, S. 459–563).

gewinnen. Auch die Heldensage ist Geschichtsdeutung und das heißt: Sinndeutung. Sie wählt aus und fügt die Bausteine der Geschichte zu einem neuen Gebäude zusammen. Sie erzählt, wie und warum es z. B. zum Untergang eines Herrschers oder eines Volkes kam und kommen mußte.

Auch das Interesse der Heldensage richtet sich nicht auf die bloße Faktizität der Ereignisse. Die Friedensherrschaft Theoderichs in Italien als solche ist für die Heldensage uninteressant. Im Nibelungenlied begegnet Dietrich von Bern als Exulant am Hofe des Hunnenkönigs Etzel; andernorts wird deutlich, daß Dietrich zum Verlassen seines Landes gezwungen wurde, weil Ermenrich sonst sieben Mannen Dietrichs aufzuhängen drohte, die in seine Gewalt geraten waren. Durch tragische Umstände wird Dietrich daran gehindert, sein Reich zurückzuerobern. Er-

7.4.1 Heldenepik: Germanische Heldensage

menrich ist Ermanarich, jener Herrscher eines großen Gotenreiches am Schwarzen Meer, der sich im Jahre 375 unter dem Eindruck der von Osten heranstürmenden Hunnen nach einem Bericht des Ammianus Marcellinus selbst das Leben genommen haben soll – eine für einen germanischen König sehr ungewöhnliche Handlungsweise, die wie der Tod Attilas in der Heldensage zu Deutungen herausforderte.[63]

In der Dietrichsage wird nun das historisch überlieferte Verhältnis zwischen Odoaker und Theoderich mit der Konstellation Ermanarich/Theoderich vertauscht. Beide, obwohl Generationen voneinander getrennt, werden miteinander genealogisch verknüpft: Ermenrich wird zum Oheim Dietrichs. Aus der historischen Usurpation Oberitaliens ist der vergebliche Versuch einer legitimen Rückgewinnung geworden. Herrschaft als politisch-staatlicher Zustand wird ausgeblendet, es zählt allein der Akt des Gewinns oder des Verlusts von Herrschaft. Das Politisch-Historische tritt gegenüber dem «Privat-Menschlichen» zurück. Großräumige Aktionen vieler werden auf Taten und Konflikte weniger verengt. Die persönlichen Bindungen im überschaubaren Rahmen von Sippe und Gefolgschaft und die Haltung des einzelnen stehen im Mittelpunkt des Interesses.

Es scheint schwierig, diese offenkundigen Tendenzen der Heldensage auf einen historisch adäquaten Begriff zu bringen. Andreas Heusler spricht von der «Privatisierung» der Geschichte, doch den vor Stamm, Sippe und Gefolgschaft getroffenen Entscheidungen angesichts einer Herausforderung kann durchaus ein auf die Gemeinschaft bezogenes, öffentliches Moment innewohnen. Diffus bleibt auch der in diesem Zusammenhang verwandte Begriff der «Entpolitisierung», weil die Heldensagenforschung ihre Vorstellung des «Politischen», die ja nicht aus der Antike, sondern aus der Verfassung der frühmittelalterlichen *gentes* abzuleiten wäre, nicht zu erläutern pflegt. Im Prozeß der Literarisierung wird durch die Heldensage Geschichtliches «enthistorisiert» und mit Hilfe naheliegender Deutungsschemata zu einer Geschichte um- und neugeformt, die Unverständliches verständlich machte und Zufälliges als notwendig erscheinen ließ.

«Grundsituationen, die sich öfters wiederholen, schaffen Handlungsmuster. Dabei wird die Besetzung mit Motiven in einem bestimmten Spielraum fest. Die Darstellung wird nicht nur immer wieder entlang ähnlicher Leitlinien vor sich gehen, sondern auch in dem Maße, in dem die Schematik sich festigt, das Sehen und Verstehen: die Wirklichkeit wird vom literarischen Muster her rezipiert; schließlich: die literarischen Schemata werden zu Verhaltensmustern.»[64]

Im altertümlichen Lied von der *Hunnenschlacht* wird z. B. ein Völkerkampf als Auseinandersetzung zwischen einem echtbürtigen Sohn und seinem Bastardbruder interpretiert. Diese Grundsituation des Verwandtenkampfes mit Erbschaftsstreit findet sich natürlich in der realhistorischen Wirklichkeit der Völkerwanderungszeit, und wenn es sie in diesem konkreten Fall nicht gegeben haben sollte, so besaß eben die Heldensage das Muster, das auf die Fakten übertragen wurde, um sie in einem sinnvollen Zusammenhang verstehen zu können. Heldensage und geschichtliche Wirklichkeit wirken wechselseitig aufeinander.

Überlieferungsformen der germanisch-deutschen Heldensage

Da die frühmittelalterliche Heldensage zunächst mündlich tradiert wurde, ist ein nicht geringer Teil verloren gegangen und kann nur mittelbar aus *Zeugnissen*[65] erschlossen werden, aus Paraphrasen in mittellateinischen Chroniken, aus Anspielungen in anderen Text- und Bilddenkmälern, aus Eigennamen in Urkunden usw.

Die erhaltenen *Denkmäler* der Heldensage sind schon durch den Prozeß ihrer Verschriftlichung nicht unbeeinflußt von Antike und Christentum. Sie sind nicht mehr rein germanisch, auch wenn sie in der germanischen Tradition stehen; sie gehören eben der deutschen, englischen, dänischen, isländisch-norwegischen und schwedischen Literatur zumeist des Hoch- und Spätmittelalters an und sind von den Bedingungen ihrer Zeit her zu interpretieren. Da jedoch die Denkmäler und Zeugnisse vielfach auf verlorene Vorlagen und Vorstufen verweisen, hat sich die Heldensagenforschung nach Andreas Heusler (1865–1940) zeitweilig recht einseitig auf die Rekonstruktion des Verlorenen, des Ursprünglichen, des genuin Germanischen geworfen und darüber die Interpretation des Erhaltenen vernachlässigt.

An deutscher Heldendichtung überliefert sind vor allem das *Nibelungenlied* (um 1200) mit der *Nibelungenklage* (um 1220), die *Kudrun* (um 1230/40) und die umfangreiche Epik um *Dietrich von Bern* (v. a. aus der 2. Hälfte des 13. Jhs.). Letztere wird gewöhnlich gegliedert in die historische Dietrichepik (*Alpharts Tod, Dietrichs Flucht* und *Rabenschlacht* – ein Doppelepos, auch *Buch von Bern* genannt), in die âventiurehafte Dietrichepik *(Eckenlied, Goldemar, Laurin, Sigenot, Virginal, Wunderer)* und in die Dichtungen vom *Rosengarten zu Worms* und von *Biterolf und Dietleip*. Hinzu kommen noch der *Ortnit* und die *Wolfdietrich*-Versionen sowie das althochdeutsche *Hildebrandslied* (Anfang 9. Jh.), das einzige Denkmal deutschsprachiger Heldendichtung vor der Aufzeichnung des *Nibelungenliedes.*

Der Vergleich der deutschen mit der altenglischen und vor allem mit der breiten altnordischen Überlieferung ist nicht nur vom stoff-, sondern auch vom formgeschichtlichen Standpunkt her aufschlußreich. Er zeigt, daß die germanisch-deutsche Heldensage in vielfältiger Form existiert hat, und zwar vor allem als – ursprünglich mündliches – Heldenlied und dann als – von vornherein schriftliches – Heldenepos.

7.4.1 Heldenepik: Germanische Heldensage

Die an. Lieder-*Edda*, die in den vierziger Jahren des 13. Jahrhunderts auf Island zusammengestellt wurde und die in der berühmten Abschrift des *Codex Regius* (um 1270) erhalten ist, überliefert nordische Weiterbildungen altgermanischer Heldenlieder: das Wielandlied *(Vǫlundarkviða),* das Bruchstück des Alten Sigurdliedes *(Brot af Sigurðarkviðu),* das Alte Atlilied *(Atlakviða),* das Jüngere Sigurdlied *(Sigurðarkviða en skamma),* das Grönländische Atlilied *(Atlamál en groenlenzku),* das Alte Hamdirlied *(Hamðismál en fornu)* u. a.; die *Hervararsaga* gibt teils in Prosa, teils in Versen das Lied von der Hunnenschlacht wieder. Dazu kommt noch das ahd. *Hildebrandslied*. Der im germanisch-deutschen Bereich jüngeren Gattung des Heldenepos sind der ae. *Beowulf* (aus dem 8. Jh., erhalten in einer Handschrift aus dem 10. Jh. der Cottonian Library), der mlat. *Waltharius* (10. Jh., St. Gallen) und im Mhd. das *Nibelungenlied*, die *Kudrun* und die Dietrichepik zuzurechnen.

Die Sagas sind nicht gemeingermanisch, sondern eine nordische Sonderform von Prosaerzählungen. Von dem harten Realismus der isländischen Bauerngeschichten heben sich die Nacherzählungen altnordischer Heldensage ab. Zu diesen «Heldenromanen» *(Fornaldarsǫgur)* zählt u. a. die *Vǫlsungasaga*. Eine Sonderstellung nimmt die vor 1300 in Norwegen entstandene *Saga þiðreks af Bern* ein, die nicht nur skandinavische, sondern auch kontinentale (deutsche) Heldensagenstoffe nacherzählt und sie zu einem großen Zyklus um die Gestalt Dietrichs von Bern vereinigt.

Eine Form der Ballade sind die dänischen *Folkeviser,* die auch auf den Färöern begegnen. Im Hochdeutschen ist das *Jüngere Hildebrandslied* ein Vertreter dieser Gattung, im Niederdeutschen das Lied von *Koninc Ermenrikes Dot.*

Hinzu kommen die mlat. Paraphrasen germanischer Heldensagen in Chroniken (z. B. in den 1202/16 verfaßten *Gesta Danorum* des Saxo Grammaticus) und die bildlichen Darstellungen (z. B. auf dem Kästchen von Auzon, die skandinavischen Steinritzungen, die Schnitzwerke auf den Portalplanken südnorwegischer Stabkirchen).

Vor und neben diesen Überlieferungsformen ist als stofflicher Hintergrund und als konkrete Darbietungsform die ungebundene mündliche Rede, die «Sage», zu denken.

Epochemachend hat in der Geschichte der Heldensagenforschung die These Andreas Heuslers gewirkt, daß Heldensage Heldendichtung und als solche nur aus ihrer literarischen Eigengesetzlichkeit zu verstehen sei. In entschiedener Wendung gegen die romantische Auffassung von der mehr oder minder ungeformten Sage als Ausdruck der Kollektivpoesie des Volkes (vgl. Jacob Grimm: «Jedes Epos muß sich selbst dichten, von keinem Dichter geschrieben werden.») verläuft für Heusler die Entwicklung über feste Formen, Veränderung bedeutet individuelle Umformulierung, die Geschichte der Heldenepik erscheint als eine Stufenfolge von schöpferischen Neukonzeptionen vom Heldenlied der Völkerwanderungszeit bis zum Großepos des Mittelalters. Ausgangspunkt war ein knapper Aufsatz von 1905 über *Lied und Epos in germanischer Sagendichtung:*

Zunächst widerlegt Heusler die «Sammeltheorie» Karl Lachmanns: Friedrich August Wolf hatte 1795 in den *Prolegomena ad Homerum* die Ansicht vertreten, daß *Ilias* und *Odyssee* nicht das Werk eines Dichters seien, vielmehr hätten Rhapsoden anfangs kurze Stücke mündlich überliefert und weitergedichtet, die dann durch die Diaskeuasten geordnet und verbunden wurden zu Großepen. Diesen methodischen Ansatz der Homerphilologie übertrug Lachmann 1816 auf das *Nibelungenlied*.[66] Gestützt auf «Nahtstellen», dachte er sich das Epos aus 20 «episodischen» Liedern zusammengesetzt. Das Epos entsteht durch Summierung von Liedinhalten. Die Verbindung der Lieder geschieht in der Hauptsache mechanisch durch einen «Sammler» oder «Ordner». Die Erzählweise des Epos ist grundsätzlich dieselbe wie die der Lieder. Der Epenordner verwirklicht lediglich einen Zusammenhang, der schon den Dichtern der einzelnen Lieder vor Augen stand. Die Lieder waren unselbständig-episodisch; kein Lied erzählte die ganze Geschichte.

Dagegen erzählt nach Heusler ein Heldenlied nicht eine Episode, sondern eine ganze Fabel. Der Liedinhalt etwa der *Atlakviða* mit rund 175 Langzeilen und die epische Fabel des Burgundenuntergangs im *Nibelungenlied* mit nahezu 5000 Langzeilen decken sich weitgehend dem Umriß nach. Der Unterschied zwischen Heldenlied und Heldenepos liegt in der Erzählweise: Dem Lied eignet ein gedrungener, andeutender, springender Stil – die «liedhafte Knappheit», dem Epos ein gemächlicher, verweilender, ausmalender Stil – die «epische Breite». Der Weg vom Heldenlied zum Heldenepos heißt «Anschwellung»: «Nach der Sammeltheorie verhält sich das Epos zum Liede wie eine Menschenreihe zum einzelnen Menschen [...] wir sagen: das Epos verhält sich zum Liede wie der erwachsene Mensch zum Embryo.»[67] Der Gattungsunterschied hängt damit zusammen, daß das Lied mündliche Dichtung in Stabreimen ist, während das Epos Buchliteratur ist und in der Tradition Vergils und der spätantiken Bibelepik steht.

Das Verhältnis von Rede und Erzählung ist in den an. Heldenliedern unterschiedlich. Im «doppelseitigen Ereignislied» bilden die Reden einen Teil der ausdrücklich erzählten Handlung. Im «einseitigen Ereignislied» ist die ganze Handlung in Reden aufgelöst. Während die doppelseitigen Ereignislieder gemeingermanisch sind, manche reichen wohl bis in die Völkerwanderungszeit zurück, sind die «Situations- und Rückblickslieder» nordisch-isländisches Sondergut des 11. und 12. Jhs.: Sie lassen von einer einzelnen Szene her die Handlung im Rückblick als Klagemonolog oder in Gesprächsform sich noch einmal entrollen.

Heuslers grundlegende Unterscheidung der beiden Hauptgattungen der germanisch-deutschen Heldendichtung ist im Hinblick auf das Heldenlied vor allem in zwei Punkten modifiziert worden: Heldensage braucht nicht allein in der festen Form einzelner Lieder entstanden und verbreitet gedacht zu werden. Gegenüber einer derart verfestigten Überlieferungsform hat die *oral poetry*-Forschung eine größere Variabilität innerhalb der mündlich-improvisierenden Erzähltradition glaubhaft machen können. Der «mündliche» Dichter reproduziert keine mechanisch auswendig gelernten Texte, sondern er schafft sie mit jedem Vortrag neu aufgrund eines vorgegebenen Grundgerüsts der Fabel und mit Hilfe eines Vorrats von Formeln und Erzählschablonen. Deshalb u. a. wird heute für

das germanische Heldenlied an die Stelle weniger Neukonzeptionen ein breiteres Nebeneinander und die gegenseitige Durchdringung einer Vielzahl von Varianten gesetzt.
Zum anderen sind die Lieder keine Kompendien ihrer Sage, sondern sie wählen aus dieser Schwerpunkte aus. Gegenüber der Priorität der Heldendichtung vor der Heldensage plädiert Hans Kuhn für «Heldensage vor und außerhalb der Dichtung»: «Die ältesten bewahrten Heldenlieder fordern Bekanntschaft mit ihren Helden und großen Teilen der Sage. Stoff, den sie nicht brauchen, lassen sie draußen. Das Lied setzt die Sage voraus, nicht umgekehrt, und so können die Sagen nicht in Liedern dieses Typs entstanden sein.»[68] Das *Hildebrandslied* z. B. ist in seiner zweiseitigen Verteilung von sparsamem Bericht und dramatischem Dialog ein typisches germanisches Heldenlied, jedoch nur eine Episode im Verhältnis zur Dietrichsage. Der Hintergrund der großen Szene wird nur angedeutet.

7.4.2 Das Nibelungenlied

Nibelungensage und Nibelungenlied

Uns ist in alten maeren wunders vil geseit – mit der Eingangszeile des Nibelungenliedes werden bereits Kontinuität und Abstand zwischen der Gegenwart des *Uns* von Erzähler und Publikum und der Vergangenheit der *alten maeren* angedeutet: das mittelhochdeutsche *Nibelungenlied* um 1200 ist nur eine Form der *Nibelungensage*, eines Stoffes, der im Kern in die Völkerwanderungszeit zurückreicht. Die Nibelungensage handelt von den Völsungen Sigmund und Sinfjötli, von Siegfrieds/Sigurds Jugend, Drachenkampf und Tod, von Brünhild, vom Untergang der Burgunden und vom Hunnenkönig Etzel/Atli.

Die Autorität des vorgegebenen Stoffes hat auch noch die Gestalt des Nibelungenliedes entscheidend geprägt. Entsprechend hatte sich Andreas Heusler in seiner Darstellung der Stoffgeschichte des Nibelungenliedes zum Ziele gesetzt, «die vorliegende Dichtung als Gewordenes nachzuerleben.»[69] Er vergleicht den Motiv- und Szenenbestand des mhd. Nibelungenliedes mit dem der an. Versionen zur Nibelungensage. Heusler erschließt dabei verlorene Fassungen und sucht sie als eine in sich stringente und notwendige Stufenfolge weniger Neukonzeptionen bis hin zum Nibelungenlied plausibel zu machen. Er postuliert zwei zunächst voneinander getrennte Sagenstränge, nämlich die Fabel von Brünhild und Siegfried, gipfelnd in Siegfrieds Tod, und die vom Burgundenuntergang. Auf einer jüngeren Stufe wurden beide Traditionen miteinander verknüpft und vollends verzahnt begegnen sie im Nibelungenlied mit der Geschichte von Kriemhilds erster und zweiter Ehe als tragender Achse. (Vgl. Heuslers Stammbaum, S. 226.)

7. Die höfische Epik: Artusroman und Heldenepos

Der Stammbaum des Nibelungenliedes nach Andreas Heusler:

BRÜNHILDSAGE [Siegfrieds Tod]
1. Stufe:
* fränkisches Brünhildenlied des 5./6. Jahrhunderts in Stabreimen
[Fabel von der betrogenen und sich rächenden Frau: Zu Worms herrschen die Gibichungen Gunther, Giselher u. Gotmar, deren Schwester Grimhild mit Sigfrid vermählt ist. – Bei der Werbung Gunthers um Brünhild Ritt Sigfrids durch den Flammenwall mit Gestaltentausch und keuschem Beilager. Auslösung des Konflikts durch die Frauen beim Baden: Grimhild enthüllt den Werbungsbetrug, und Brünhild rächt sich mit der Lüge, daß Sigfrid auf dem Brautlager die Treue gebrochen habe. Sigfrid wird im Walde ermordet, Brünhild begeht Selbstmord.

Heusler erschließt dieses Brünhildenlied aus jüngeren altnordischen Weiterdichtungen, v. a. aus dem Bruchstück des *Alten Sigurdliedes* u. aus dem *Jüngeren Sigurdlied* der Edda sowie aus der *Vǫlsungasaga* (**Sigurðarkviða en meiri*).]

2. Stufe:
* Jüngeres Brünhildenlied, Ende des 12. Jahrhunderts, rhein. Spielmannslied
[Umarbeitung, weil der Motivkomplex ‹Flammenritt mit Gestaltentausch› nicht mehr akzeptiert wurde. Die Einführung der Freierprobe hatte zur Folge, daß man einen Ersatz für das Beilager brauchte, mit dem der Konflikt verknüpft war. So führte man die zweite Überwindung Brünhilds im Bett ein, bei der es nichts mehr zu lügen gab. Deshalb begegnet als neues inkriminierendes Moment der Verrat des Geheimnisses durch Sigfrid: an die Stelle der privaten Beleidigung im Bade tritt der Frauenstreit in der Öffentlichkeit als Streit um den Ehrensitz in der Halle.

Die 2. Stufe findet ihren Niederschlag in der *Thidrekssaga* um 1250; sie wirkt auch nach im sog. ‹Traumlied›, das sich aus der *Vǫlsungasaga* (Kap. 26 bis 27) rekonstruieren läßt, sowie im russ. Brautwerbermärchen.]

3. Stufe:

NIBELUNGENLIED I: Kriemhilds erste Ehe
 Mhd. NIBELUNGENLIED

BURGUNDENSAGE
1. Stufe:
* fränkisches Burgundenlied des 5. Jahrhunderts in Stabreimen
[Die Gibichunge haben ihre Schwester Grimhild, die Witwe Sigfrids, an den Hunnenkönig Etzel vermählt. Dieser lädt seine Schwäger heimtückisch zu sich ein, um ihnen den Nibelungenhort zu rauben. Trotz der Warnung Hagens wird die Einladung angenommen. Riemen u. Pflöcke bersten beim Rudern über den Rhein, Hagen stößt das Boot in den Strom hinaus. Da Gunther das Versteck des Horts nicht vor Hagens Tod preisgeben will, läßt Etzel Hagen das Herz herausschneiden; Gunther spielt bis zu seinem Tode die Harfe im Schlangenhof. Grimhild rächt den Tod ihrer Brüder: sie setzt Etzel die gebratenen Herzen ihrer Kinder als Speise vor, tötet den Hunnen und steckt die Halle in Brand. Tod aller.

Heusler erschließt dieses Burgundenlied aus dem *Alten Atliliede* und aus dem *Jüngeren (Grönländischen) Atliliede* der *Edda*.]

2. Stufe:
* Baiwarisches Burgundenlied des 8. Jahrhunderts in Stabreimen
[Auf dieser Stufe wird der Burgundenstoff zum ersten Male mit dem Sigfridstoff verbunden. Da sich der goldgierig-machtbesessene Hunnenkönig nicht mit dem positiven Etzelbild ostgotischer Tradition verträgt, werden die Rollen ausgetauscht: Grimhild lockt jetzt die Brüder ins Verderben u. übt Rache an ihnen für Sigfrids Ermordung. Hagen tritt gegenüber Gunther in den Vordergrund; Dietrich von Bern tötet Grimhild als Rächer der Burgunden.]

3. Stufe:
* Österreichisches Burgundenepos (*Ältere Not*) um 1160/70
[Übergang vom mündlich tradierten Heldenlied zum schriftlichen Epos, von liedhafter Knappheit zu epischer Breite u. Aufschwellung. Neue Szenen und Figuren, z. B. Rüdiger u. Hildebrand, aber noch unhöfisch.
Vgl. dazu die norweg. *Thidrekssaga* u. Balladen wie die färing. *Högna-táttur* u. die dän. Folkevise von *Grimhilds Haevn*.]

4. Stufe:

NIBELUNGENLIED II: Kriemhilds zweite Ehe
österreichisch, 1200–1205

7.4.2 Mittelhochdeutsche Heldenepik: Das Nibelungenlied

Heusler faßt die Neuerungen des Nibelungenlied-Dichters in sechs knappen Sätzen zusammen: Er hat 1. die beiden Sagen vom Burgundenuntergang und von Sigfrid-Brünhild zu einem Dichtwerk verkettet. Darum hat er 2. eine einheitliche Form durchgeführt, und zwar übernahm er aus der *Älteren Not* die Vierlangzeilenstrophe, die Kürnbergsweise. 3. hat er die beiden Teile innerlich einander angeglichen (Kriemhild als durchgehende Heldin) und 4. das Ganze höfisch verfeinert (Minne und Rittertum). Er hat 5. Sprache und Vers den Ansprüchen der Zeit gerecht gemacht. 6. endlich hat er ausgeweitet, bereichert, und zwar gab er den beiden Teilen ungefähr gleiches Maß (durch Einführung von episodenhaften Zwischenspielen wie Sachsenkrieg, Kampf der burgundischen Nachhut mit Gelphrats Bayern, Kampf der Dietrichmannen usw.).

Damit sind Ansatzpunkte zur Interpretation des Nibelungenliedes gewonnen, die sich als ergiebig erwiesen haben. Heuslers Vorliebe für das ‹Germanisch-Ursprüngliche›, seine Ablehnung des ‹Romanisch-Christlichen› und seine Distanz gegenüber dem ‹Verfeinert-Höfischen› braucht man nicht zu teilen, aber seine stoff- und formgeschichtliche Betrachtungsweise erklärt zum einen mancherlei Widersprüche und Doppelungen des Nibelungenlieds, zum anderen macht sie im Vergleich mit den Vorstufen deutlich, wie alte Motive beibehalten und zugleich mit neuer Funktion versehen werden.

Zum Beispiel ist die Strophe 1912 (s. o. 2.3) im Kontext des Nibelungenliedes nicht mehr voll verständlich. Sie bezieht den Etzelsohn in den Racheplan Kriemhilds ein, aber Ortlieb wird erst von Hagen erschlagen, als Dankwart blutbespritzt bei der Tafel auftaucht – der Überfall Blödels auf die Knappen hatte ja bereits den Ausbruch der Kämpfe herbeigeführt. In der *Thidrekssaga* entfachte noch allein der Tod des Attilasohnes den Kampf:

«Die Königin [Grimhild] sprach: ‹Mein lieber Sohn, [...] hast du Mut genug, dann geh' zu Högni, wenn er sich über den Tisch beugt und Speise aus der Schüssel nimmt, recke deine Faust auf, und schlag' ihn auf die Wange, so stark du vermagst. Wenn du das wagst, bist du ein braver Bursch.› Der Knabe lief sofort zu Högni hinüber, und als er sich über den Tisch beugte, schlug das Kind ihn mit der Faust auf die Wange. [...] Mit seiner linken packte Högni den Knaben bei den Haaren und sprach: ‹Das hast du nicht aus dir selbst getan [...], dazu reizte dich deine Mutter. [...]› Und Högni umspannte mit seiner Rechten den Griff seines Schwertes, haute dem Knaben den Kopf ab und schleuderte ihn Grimhild an die Brust, und sprach: ‹Guten Wein trinken wir in diesem Garten, den haben wir teuer zu bezahlen, die erste Schuld entricht' ich hiermit der Schwester Grimhild.› [...] Da sprang Attila auf und rief: ‹Steht auf, ihr Hunen, alle meine Mannen, wappnet euch und erschlagt die Niflungen!›»[70]

Der Vergleich mit der *Thidrekssaga* läßt den Grund für die Varianten gerade dieser Strophe des Nibelungenliedes erkennen: die Opferung des eigenen Sohnes widersprach offensichtlich dem höfischen Geschmack und verlangte nach Abschwächung, ohne daß das Motiv selbst getilgt wurde, denn es gehörte zum «Urgestein» der Sage vom Burgundenuntergang. Schon in den Atliliedern tötete Gudrun ihre Söhne, aber um den Tod ihrer Brüder an Atli zu rächen. Auf der jüngeren Stufe setzt Siegfrieds Witwe dann ihren Sohn als Werkzeug gegen Hagen ein.

Zum Kernbestand der Nibelungensage rechnet der Frauenzank (an. senna), der als ein «Fels in der Brandung» (H. Schneider) allen Transformationen standgehalten hat. Eigentlich sollte die Szene den an Brünhild begangenen Betrug ans Licht bringen – aber welchen? Einmal geht es um die Hochzeitsnacht, dann um den Werbungsbetrug, dann wieder um beide Vorgänge. Der Betrug ist verknüpft mit Statusfragen (Vorrang der Männer – Vorrang der Frauen). Die Kulisse wechselt vom archaisch anmutenden Baden im Fluß *(Vǫlsungasaga)* über den Streit in der Gefolgschaftshalle mit dem Hochsitz *(Thidrekssaga)* zum großen höfisch-theatralischen Auftritt vor dem Münster *(Nibelungenlied)*. J. Bumke (1960) hat gerade die Doppelungen beim Betrug Brünhilds und bei Siegfrieds Tod zur Basis seines Fassungsvergleichs gemacht, um der Eigenleistung des Nibelungenlieddichters auf die Spur zu kommen.

Daß der *historisch-typologische* Vergleich (V. Schirmunski) zur wechselseitigen Erhellung der verschiedenen Ausformungen eines Stoffes beiträgt, liegt auf der Hand. Problematisch wird der Vergleich erst, wenn die Übereinstimmungen auf ein *historisch-genetisches* Verhältnis nach Art eines Stammbaums zurückgeführt werden, bei dem mit unbekannten Größen zu rechnen ist. Nicht zuletzt damit besitzt die Nibelungenforschung im Zeichen Andreas Heuslers ein allgemeines methodisches Interesse; denn – so Siegfried Beyschlag – «durch sie wird die Frage beispielhaft erörtert, ob und inwieweit es möglich ist, verlorene Entwicklungsstufen auch von Literaturdenkmälern mit Sicherheit zu rekonstruieren. [...] Solche Versuche zur Erhellung der Vorgeschichte bedingen aber zugleich eine literarhistorische Deutung der erhaltenen Dichtungen selbst als Zeitdenkmäler und Kunstwerke; doch diese hinwiederum erscheint erst lösbar nach Klärung der unmittelbar verlorenen Stufen – ein [...] circulus vitiosus.»[71]

Für die Beurteilung des letzten Nibelungenlied-Dichters mag es irrelevant sein, in welchen Etappen sich die Nibelungensage im einzelnen ausgebildet hat, nicht gleichgültig ist jedoch die Frage, welche unmittelbaren Vorlagen der Dichter benutzt hat, weil erst im Vergleich mit diesen sich seine Absichten und sein Können ermessen lassen. Die Nibelungenforschung nach Heusler, die versucht, das Nibelungenlied in seinem «Sosein» zu verstehen, es «aus seiner bisherigen literarhistorischen Vereinsamung als ‹erratischen Block› inmitten höfisch-staufischer Dichtung herauszulösen und als Werk eben dieser Zeit zu begreifen», hat es leider mit demselben «circulus vitiosus» wie die Vorstufen-Forschung zu tun,

7.4.2 Mittelhochdeutsche Heldenepik: Das Nibelungenlied

«daß das noch Ungeklärte: hier Vorstufe und Originaltext, Voraussetzung für das hic et nunc zu Klärende bilden.»[72]

Diese «Quadratur des Zirkels» wollte Gottfried Weber (1963) lösen, indem er «ohne jeden Seitenblick» auf die Nibelungensage das Nibelungenlied «einzig aus sich selbst und aus nichts anderem» begreiflich zu machen suchte. Als Prämisse bei der Betrachtung mittelalterlicher Dichtung gilt ihm «daß es im menschlichen Seinsbereich Erfahrungen und Erlebnisse gibt, die zu allen Zeiten die gleichen, die also überzeitlich und allgemeinmenschlich ihrer Struktur nach sind.»[73] Die im Kern «unveränderlichen Seinsinhalte» des Nibelungenliedes rechtfertigen denn auch eine (scheinbare) Unmittelbarkeit des Zugangs, der in seiner radikalen Ahistorizität geradezu als Schulbeispiel einer Interpretation gelten kann, die sich über die Eigenart eines mittelalterlichen Textes hinwegsetzt. Die Figuren mißt Weber an seinen strengen Maßstäben von wahrem Christentum und echter höfischer Kultur. Die psychologisch ansetzende Deutung hat zur Folge, daß ständig «zwischen den Zeilen» gelesen werden muß. Forschungsgeschichtlich ist dieser Versuch zu verstehen als schier zwangsläufige Reaktion auf die Übermacht der Heusler-Richtung.

Die synchronische Interpretation des Nibelungenliedes in seiner Zeit bleibt nach wie vor ein Desiderat. Notwendig ist jedoch auch die Beachtung der sagengeschichtlichen Voraussetzungen, denn:

«Damit, daß man nach einer Periode der einseitigen Konzentration auf die diachronische Rekonstruktion von Vorstufen nur einfach eine Wendung macht, in die entgegengesetzte Richtung blickt und nur noch synchronische Betrachtung gelten läßt, wird man dem Nibelungenlied nicht gerecht. Denn nur durch die Einbeziehung der diachronischen Perspektive kann man die sozial bedingten Entwicklungsgesetze und den – auch und besonders gesellschaftlichen – Sinn von Veränderungen eines immer auch historisch bedingten Materials feststellen» (H. Brackert).[74]

Heroische Tradition und höfische Modernität im Nibelungenlied

Zum Stellenwert des Höfischen

Das *Nibelungenlied* beginnt mit einer doppelten Exposition. In der 1. Aventiure wird der Wormser Hof der Burgunden als ein hierarchisch abgestuftes politisches Gebilde vorgestellt: mit König Gunther und seinen beiden Brüdern, mit Hagen, mit zwei Markgrafen, mit Marschall, Truchseß, Mundschenk, Kämmerer und Küchenmeister; in ihrer Mitte Kriemhild, die künftige Protagonistin.

> Ez wuohs in Burgonden ein vil edel magedîn,
> daz in allen landen niht schoeners mohte sîn,
> Kriemhilt geheizen (2,1–3a)

Ihr zugeordnet wird in der 2. Aventiure Siegfried:

> Dô wuohs in Niderlanden   eins edelen küneges kint,
> des vater der hiez Sigemunt,   sîn muoter Sigelint,
> in einer rîchen bürge,   wîten wol bekant,
> nidene bî dem Rîne: diu was ze Santen genant.
>
> Sîvrit was geheizen   der snelle degen guot. (20–21,1)

Die Figuren werden idealtypisch als *edel* stilisiert: *die herren wâren milte, von arde hôh erborn, mit kraft unmâzen küene;* Kriemhild ist «schöner als die anderen», Siegfried ist – für ein Publikum, dem die rauhen Jugendgeschichten vertraut waren, nicht selbstverständlich – ein vorbildlicher höfischer Ritter, der in der 3. Aventiure auf Brautwerbung auszieht: *Do gedâht ûf hôhe minne daz Siglinde kint* (47,1). Wenn er Kriemhild nicht *friwentlîche* erhält, will er sie und zugleich *liut unde lant* mit Gewalt erzwingen (55). Bei der Ankunft in Worms ist jedoch von Kriemhild keine Rede, vielmehr fordert er Gunther zum Kampf um die Herrschaft heraus:

> «Ich bin ouch ein recke   und solde krône tragen.
> ich wil daz gerne füegen   daz si von mir sagen
> daz ich habe von rehte   liute unde lant.
> darumbe sol mîn êre   und ouch mîn houbet wesen pfant. [...]
>
> ich wil an iu ertwingen   swaz ir muget hân:
> lant unde bürge,   daz sol mir werden undertân.» (109–110,4)
>
> «Wie het ich daz verdienet»,   sprach Gunther der degen,
> «des mîn vater lange   mit êren hât gepflegen,
> daz wir daz solden vliesen   von iemannes kraft?
> wir liezen übele schînen   daz wir ouch pflegen ritterschaft.»
>
> «Ine wil es niht erwinden»,   sprach aber der küene man.
> «ez enmüge von dînen ellen   dîn lant den fride hân,
> ich wil es alles walten.   und ouch diu erbe mîn,
> erwirbest dus mit sterke,   diu sulen dir undertaenec sîn». (112–113)

Gernot fügt hinzu: *wir haben rîchiu lant, diu dienent uns von rehte* (115,3b–4a). Für Siegfried ist Legitimität von Herrschaft auf persönliche Stärke und Leistung gegründet, Gunther beruft sich auf die rechtmäßig ererbte und ausgeübte Herrschaft – eine «traditionale» Herrschaft, die im Unterschied zur archaisch-«charismatischen» Siegfrieds keines besonderen Idoneitätserweises bedarf, jedenfalls nicht vor Gunthers Werbung um Brünhild. Diese allerdings sucht den Stärksten, der Gunther eben nicht ist, sondern Siegfried. Daraus resultiert der Werbungsbetrug, auf den sich Siegfried aus Liebe zu Kriemhild einläßt. Bereits die Ankunftsszene zeigt, daß Minne und Herrschaft miteinander verzahnt sind: Gunther und Gernot gehen auf Siegfrieds *übermüeten* nicht ein. Sie bleiben höflich, nur Ortwin von Metz kann seine Affekte kaum kontrollieren.

7.4.2 Mittelhochdeutsche Heldenepik: Das Nibelungenlied

Das Provokationsmotiv wird hier also anders als zu Beginn des Artusromans gehandhabt; man läßt sich und die höfische Welt einfach nicht in Frage stellen, sei es aus Überlegenheit, sei es aus Schwäche. Am Ende bietet Gunther Gastfreundschaft: *allez daz wir hân, geruochet irs nâch êren, daz sî iu undertân* (127,1b–2; vgl. 110!). Dazu W. Haug, der Siegfrieds Auftritt als bewußtes Handlungszitat aus dem heroischen Bereich auffaßt: «Die höfische Form bewältigt den heroischen Ansatz, Siegfrieds Anspruch auf das Burgundenreich wird durch Gunthers Begrüßungsformel zugleich akzeptiert und aufgehoben.»[75]

Zur «Sozialisation» im höfischen Sinne gehört immer auch die Minne, und in der Tat läßt sich gleichzeitig Siegfried durch den unausgesprochenen Gedanken an Kriemhild besänftigen: *dô gedâhte ouch Sîvrit an die hêrlîchen meit* (123,4). Der heroische Recke wird zum höfischen Minnediener, aber sein Minnedienst ist zugleich Dienst dem Wormser Hof gegenüber: *Ich sol in* [den Königen] *immer dienen, [...] daz ist nâch iuwern hulden, mîn frou Kriemhilt, getân* (304,1a u. 4). Um der Minne willen kämpft Siegfried für seine Freunde gegen die Sachsen und Dänen. Dieser Krieg hat die Funktion, Kriemhild und Siegfried einander näher zu bringen. Ein «Minneroman» nach allen höfischen Regeln entspinnt sich, nur daß hier auch die Dame ihre Liebe zu erkennen gibt, das Ziel die Ehe ist. Endlich kann der Held sein «Anliegen» dem Vormund Gunther vorbringen, als dieser um Brünhild freien will und dazu Siegfrieds Hilfe benötigt: *gistu mir dîne swester, sô wil ich ez tuon* (333,2).

Und jetzt wird der Minne- und Hof*dienest* ambivalent; denn der Begriff umschreibt nicht mehr allein eine höfische Verhaltensform, sondern wird Ausdruck eines Herrschafts- bzw. Abhängigkeitsverhältnisses, wenn auch eines fingierten. Um Kriemhilds willen läßt sich Siegfried zu einer Standeslüge herbei: *sô sult ir, helde maere, wan einer rede jehen, Gunther sî mîn herre, und ich sî sîn man* (386). Die Dienstmannenfiktion wird notwendig, weil bei Gunther persönliche Qualität und sozialer Rang divergieren, Impetus für den Betrug ist sowohl bei Gunther als auch bei Siegfried die Quintessenz des Höfischen – die *minne*! Auf den Betrug beim Freierwettkampf folgt ein zweiter in der Hochzeitsnacht usf. Der Konflikt bricht aus, als Brünhild – aus welchen Gründen auch immer – Siegfrieds *dienest* wortwörtlich, und das heißt: als Macht- und Statusfrage, nimmt: Kriemhilds Mann sei nicht Gunthers *genôz*, vielmehr des *küneges man*, ja sogar ein *eigen man*, ein Leibeigener, und Kriemhild, die sich für *adelvrî* hält, entsprechend eine *eigen diu*, eine Magd.

Die Figuren im *Nibelungenlied* sind höfisch gezeichnet, selbst Etzel und die Hunnen sind Ritter, sogar die Kampfmaid Brünhild ist eine Königin und höfische Dame. Das Geschehen bei Hofe gliedert sich in eine Folge von Festen mit Turnier, Empfang, Abschied, Jagd, Minne und Hochzeit – allesamt ritualisierte Vollzugsformen ritterlich-höfischen

Handelns, die die Handelnden in exemplarischen Situationen zeigen; ausführliche Beschreibungen von Kleidern (in den sog. Schneiderstrophen) und Edelsteinen unterstreichen den Eindruck von Schönheit, Reichtum und Macht und verschärfen den Kontrast zwischen Licht und Schatten. Noch unmittelbar vor seinem Tode bietet Siegfried ein Musterbeispiel höfischen Benehmens:

> Die Sîfrides tugende wâren harte grôz.
> den schilt er leite nider aldâ der brunne vlôz.
> swie harte sô in durste, der helt doch niene tranc
> ê daz der künec getrunke; des sagt' er im vil boesen danc. (978)

Mit dieser Geste höfischer *zuht* und *mâze* ermöglicht er gerade seinem Mörder die Ausführung seines Plans. *Do engalt er sîner zühte* (980,1a): Hagen, der voraussieht, daß sich sein Opfer an die höfischen Normen halten wird, setzt sich über solche Regeln hinweg – oder, um K. H. Ihlenburgs etwas pathetische Formulierung zu zitieren: «Der Speer, der Siegfrieds Schultern durchbohrt, sticht auch symbolisch in das Wesen der ritterlichen *hövescheit*.»[76] Offensichtlich ist der Ort des Höfischen, der Hof, kein intaktes Gefüge mehr, weil Form und Inhalt, Herrschaftsanspruch und reale Macht nicht deckungsgleich sind. Ein Vasall wie Hagen, ein Fremder wie Siegfried sind stärker als der König; gerade die Schwäche Gunthers erfordert den Betrug bei der Brautwerbung und letztlich die Ermordung des stärkeren Siegfried.

Im Artusroman kann die prästabilierte Harmonie des Hofes zwar durch den Einbruch eines unhöfischen Außen vorübergehend aus dem Gleichgewicht geraten, am Ende aber behauptet sich die Verbindlichkeit der höfischen Norm durch die die Ordnung wiederherstellende Tat eines einzelnen Ritters – stets gibt es ein «happy end». Im *Nibelungenlied* brechen die Spannungen am Hofe selbst aus und erweisen sich als irreparabel; die Kollision von Minne und Macht, von persönlicher Leistung und formalem Rang führt zu Verstrickungen, die sich nur mit dem Tode aller Beteiligten lösen lassen. Vorausdeutungen relativieren den Zustand der Freude und Harmonie als etwas Vorläufiges, getreu dem Leitsatz des Epos, daß *ie diu liebe leide z' aller jungeste gît* (2378,4 und ähnlich schon 17,3). Ist darum das Höfische nur «schöner Schein», hinter dem am Ende der alte heroische Kern mit Kampf, Verrat und Untergang als das «wahre Sein», hervorbricht? «Wird hier der alte, unhöfische Stoff in Verbindung mit einer kritischen Darstellung feudaler Verhältnisse und ihrer Konsequenzen im Hinblick auf neue geschichtliche Möglichkeiten ausgespielt? Oder liegt umgekehrt der – in vielen Punkten notwendigerweise mißlungene – Versuch vor, einen traditionsmächtigen Stoff für die höfischritterliche Zeit zu aktualisieren?» Mit diesen Fragen hat Helmut Brakkert[77] das zentrale Interpretationsproblem der Nibelungenliedforschung

7.4.2 Mittelhochdeutsche Heldenepik: Das Nibelungenlied

präzise umrissen. Die oben zitierten Beispiele legen den Schluß nahe, daß die Verbindlichkeit des Höfischen fragwürdig geworden ist, und zwar durch die Wirkung des Politischen: die Struktur, welche die Herrschaftsverhältnisse dieser höfisch-adeligen Gesellschaft bestimmt, erweist sich als die stärkere. Die Ursache für solche Veränderungen läßt sich freilich nicht nur aus dem Nibelungenlied extrapolieren.

Zum Stellenwert des Heroischen

Wie das höfische äußert sich auch das heroische Verhalten in großen sinnfälligen Gesten. «Heroisches Urgestein» ist z. B. das Zerschlagen des Bootes auf der Fahrt zu den Hunnen. *Hagene ez sluoc ze stucken und warf ez an die fluot* (1581,3); denn er weiß und will, daß es kein Zurück mehr gibt.

Eine andere Szene zeigt Hagen und Volker auf einer Bank vor dem Palast sitzend, als sich ihnen Kriemhild mit einer gewaffneten Schar nähert:

«Nu stê wir von dem sedele», sprach der spilman:
«si ist ein küneginne; und lât si sî für gân.
bieten ir die êre: si ist ein edel wîp.
dâ mit ist ouch getiuret unser ietweders lîp.»

«Nein durch mîne liebe», sprach aber Hagene:
«sô wolden sich versinnen diese degene
daz ihz durch vorhte taete, und sold' ich hin gên.
ich enwil durch ir deheinen nimmer von dem sedele stên.» (1780–81)

Zu allem Überfluß *der übermüete Hagene leit' über sîniu bein ein vil liehtez wâfen*, nämlich Siegfrieds Schwert, und bekennt sich endlich gegenüber Kriemhild: *ich binz aber Hagene, der Sîfriden sluoc* (1790). Indem *er niht gên ir ûf stuont,* hat Hagen bewußt die selbstverständlichste Geste der Höflichkeit gegenüber einer Dame verletzt, weil solche Ehrerbietung als Zeichen von Furcht ausgelegt werden könnte. Hier ist gerade das unhöfische Verhalten das heroische; Hagen weiß, daß er nichts mehr zu verlieren hat, es sei denn die Ehre. Schon als die Burgunden an den Etzelhof geladen wurden, hatte Hagen Kriemhilds Rachepläne geahnt, aber seine Warnungen trugen ihm den Vorwurf der Feigheit ein. Wider besseres Wissen willigt er in die Fahrt ein. «Damit läßt er sich – objektiv gesehen – erstmals von einem anderen Motiv als der Fürsorge für König und Land leiten». Obwohl er während der Fahrt noch sichtbarer als bisher als der wahre *trôst* der Burgunden hervortritt, «reißt sein unabdingbares Ehrverlangen faktisch alle ihm Anvertrauten in den Tod».[78] Hagen erachtet es auch im Augenblick der Gefahr unter seiner Würde, den nichtsahnenden Etzel in Kriemhilds Pläne einzuweihen. Im heroischen Kontext meint *êre* die «Selbstbehauptung der sittlichen Persönlichkeit» (H. de Boor) in einer Lage, die nicht «schicksalhaft-unausweich-

lich» sein müßte, die es aber wird infolge einer Verhaltensmechanik, die in einer Kriegerethik verwurzelt ist, für die sich êre erst im Angesicht des Todes recht eigentlich bewährt. Die höfische êre mit ihrer ganzen Pracht und Herrlichkeit vermag sich gegenüber dieser heroischen nicht zu behaupten: *Diu vil michel êre was dâ gelegen tôt* (2378,3).
Die Ermordung Siegfrieds stellt einen Akt der *untriuwe* (915 u. passim) gegenüber dem Freund und Verwandten und zugleich einen der *triuwe* gegenüber dem in seiner Ehre beleidigten Herrscherhaus dar. Aus dem Leid Kriemhilds und aus der Beleidigung des Hortraubs erwächst eine jedes Maß überschreitende Rachehandlung:

> Z'einen sunewenden der grôze mort geschach,
> daz diu vrouwe Kriemhilt ir herzen leit errach
> an ir naehsten mâgen und ander manigem man ... (2086,1-3)

Die Rache (genauer: die Blutrache) gilt als legitimer Akt der Selbsthilfe und als Sippenpflicht. Wenn Gudrun in der *Atlakviða* ihre Söhne tötet, um die Ermordung ihrer Brüder an Atli zu rächen, so ist dafür eine subjektive Einstellung wie Haß unmaßgeblich, sie genügt damit auf dieser Gesittungsstufe einer objektiven Verhaltensnorm, auch wenn sie als Frau nicht unbedingt zur Rache verpflichtet ist. Im *Nibelungenlied* jedoch wird die Rache schon deshalb problematisch, weil sie sich gegen Angehörige der eigenen Sippe richtet. Hier wird die Rache subjektiv begründet als Vergeltung für das Leid einer Frau um den geliebten Ehemann, die sich damit über alle Normen hinwegsetzt und zur *vâlandinne* wird – ein christlicher Ausdruck für ein unmenschliches und unverständliches Verhalten. Kriemhilds Racheverlangen bekommt bei aller in sich logischen Folgerichtigkeit zunehmend etwas Irrationales, so wie auf der anderen Seite Hagens Ehrverlangen auch. Ihren Höhe- und Endpunkt erreicht die Verkettung von *leit* und Rache, *êre* und Macht in der Horterfragungsszene:

> Dô gie diu küneginne dâ sie Hagenen sach.
> wie rehte fientlîche si zuo dem helde sprach!
> «welt ir mir geben widere daz ir mir habt genomen,
> sô muget ir noch wol lebende heim zen Burgonden komen.»
>
> Dô sprach der grimme Hagene: «diu rede ist gar verlorn,
> vil edeliu küneginne. jâ hân ich des gesworn,
> daz ich den hort iht zeige die wîle daz si leben,
> deheiner mîner herren, sô sol ich in niemene geben.» (2367–68)

Kriemhild läßt Gunther enthaupten und tritt mit dem toten Haupt vor Hagen, der daraufhin die Trutzworte spricht, die im *Alten Atlilied* Gunnar dem Atli zurief:

7.4.2 Mittelhochdeutsche Heldenepik: Das Nibelungenlied

«Nu ist von Burgonden   der edel künec tôt,
Gîselher der junge,   und ouch her Gêrnôt.
den schaz den weiz nu niemen   wan got unde mîn:
der sol dich, vâlandinne,   immer wol verholn sîn.»
Si sprach: «sô habt ir übele   geltes mich gewert.
sô wil ich doch behalten   daz Sîfrides swert.
daz truoc mîn holder vriedel,   dô ich in jungest sach,
an dem mir herzeleide   von iuwern schulden geschach.» (2371–72)

Sie zieht Siegfrieds Schwert aus der Scheide und schlägt Hagen eigenhändig den Kopf ab. Hildebrand springt entsetzt auf und tötet Kriemhild – *ze stücken was gehouwen dô daz edele wîp:* der würdelose Tod einer höfischen Dame und Königin für eine ungeheuerliche Tat, begangen an Hagen, dessen heroisches Verhalten noch einmal begriffen und bewundert wird – *der aller beste degen.*

«In welchem Maße auch immer die heroische Verhaltensschematik noch wirklich verstanden und nicht nur als etwas Fremdartig-Archaisches bestaunt wurde, es ist ihr dezidiert jede Verbindlichkeit genommen»,[79] so die These Walter Haugs. Dafür spricht grundsätzlich der Ausgang des Epos, wo diese Welt sich selbst zerstört, dafür spricht weiter der Gewissenskonflikt Rüdigers, dafür spricht schließlich Dietrichs von Bern Streben nach Ausgleich. Nach der Erschlagung seiner Mannen ist er bereit, Sühne über Vergeltung zu stellen. Die Finalität der Handlung schiebt das Ungewöhnliche dieses Angebots beiseite, aber «hier versucht einer der Helden trotz seines tiefen Leides Schluß zu machen mit dem todeswütigen Mechanismus des *wie du mir – so ich dir».*[80] Das Höfische wird in der von Kampf, Verrat und Machtstreben gekennzeichneten epischen Wirklichkeit desillusioniert, ohne darum schon vollends entwertet zu sein – Dietrich von Bern verkörpert für einen Augenblick die Möglichkeit einer Alternative: höfische Humanität.[81]

So begegnen im Nibelungenlied eine ältere heroische und eine jüngere höfische Schicht, doch diese Entgegensetzung ist nur eine stoffgeschichtliche. Die «heroische Tradition» entbehrte gewiß ebensowenig wie die «höfische Modernität» der Aktualität. Schließlich gehörten für den Adel zu den Tugenden eines christlich-höfischen Ritters selbstverständlich auch die eines heroischen Kämpfers, und die Rache behauptete sich jahrhundertelang neben dem christlichen Postulat der Versöhnung.

Anderseits verraten die Umdeutungen des Nibelungenliedes in der Donaueschinger C-Redaktion und in der *Klage* nach dem christlichen Schema von Schuld und Sühne schon um 1220 eine deutliche Distanz gegenüber dem Geschehen. Hagens *untriuwe* wird gebrandmarkt, Kriemhilds Verhalten als Akt der *triuwe* respektiert. Der Verfasser der *Klage* urteilt, daß Kriemhild von Hildebrand *âne nôt* getötet worden sei (V. 751).

Swer ditze maere merken kan,
der sagt unschuldic gar ir lîp,
wan daz daz vil edel werde wîp
taete nâch ir triuwe
ir râche in grôzer riuwe (V. 154–58).

Die *vâlandinne* des Nibelungenliedes wird die ewige Seligkeit erlangen *(got hât uns allen daz gegeben, / swes lîp mit triuwen ende nimt, / daz der zem himelrîche zimt,* V. 574–76). Wer hingegen behaupte, *daz got unser herre / ir sêle niht enwolde* (V. 562f.), *der müese zuo der helle varn* (V. 565). Der Burgundenuntergang wird als Strafe Gottes verstanden – *dô muosen si den gotes slac / lîden durch ir übermuot* (V. 1276f.).

Die *Kudrun* wirkt geradezu wie der «Antityp» (Hugo Kuhn) des *Nibelungenliedes*. Nicht nur die Strophenform ist aus der Nibelungenstrophe abgeleitet. Wie Kriemhild steht Kudruns Mutter Hilde zwischen Sippenbindung und persönlicher Liebesbindung, der Hof Hetels erinnert an den zu Worms, Wate spielt die Rolle Hagens (und Hildebrands), Horand diejenige Volkers, vor allem aber ist Kudrun das Gegenbild Kriemhilds. Jene ist wider Willen – denn sie wurde bereits Herwig versprochen – von Hartmut entführt worden, ihr Vater Hetel kam bei einem Befreiungsversuch ums Leben. Standhaft weigert sich Kudrun in der Gefangenschaft, Hartmuts Werbung zu erhören, dessen Mutter Gerlind sie jahrelang zu erniedrigenden Diensten zwingt – täglich muß die Königstochter am Strand die Kleider waschen. Obgleich also Kudrun nach ihrer Befreiung allen Grund zur Vergeltung hätte, ist sie imstande zur Vergebung, sie stiftet Frieden zwischen den Parteien. Am Ende findet eine vierfache Hochzeit statt; nur Wate, ein Vertreter der alten Generation, übt Rache und tötet Gerlind. Allerdings ist die *Kudrun* ihrem Kern nach auch keine Rachefabel wie die Burgundensage, sondern sie variiert das Brautwerbungsschema. Deshalb kann hier das christliche Element der Verzeihung und Versöhnung auch leichter Eingang finden als im Nibelungenlied, ohne die Fabel in der Substanz zu verändern.

Gleichwohl bleibt im Falle des *Nibelungenliedes* die Frage nach dem «Rezeptionsinteresse» offen, zumal explizite Zeugnisse zu Autor, Auftraggeber und Publikum fehlen. Die ältere Forschung hat gern der Idealität des Artusromans die «Tragik» des Nibelungenliedes gegenübergestellt und das Tragische bar jeder Geschichtlichkeit als Merkmal «menschlicher Existenz» schlechthin begriffen. Anders setzt die neuere sozialgeschichtlich orientierte Forschung an. K. H. Ihlenburg sieht eine direkte Analogie zwischen der Schwäche des Königs und der Stärke eines Vasallen wie Hagen im Nibelungenlied und den Verhältnissen im Reich, die durch das Erstarken der Partikulargewalten und den Niedergang der königlichen Zentralgewalt gekennzeichnet sind. J.-D. Müller und G. Kaiser betonen, daß der Dienst nicht wie im Artusroman und im Minnesang als ein gesellschaftliches Ideal akzeptiert werde, das ständische Gemeinsamkeit sichere, vielmehr werde – endgültig im Frauenzank – der Dienst zum ständischen Unterscheidungsmerkmal erhoben. Diese Tendenz mochte im Interesse des alt- und edelfreien Adels liegen, der sich im Zuge des Territorialisierungsprozesses mit seiner Formierung einer neuen Hofgesellschaft durch die Mediatisierungsbestrebungen der Landesherren und durch die Konkurrenz der ursprünglich unfreien Ministerialität bedroht sah. Die Brüchigkeit der *triuwe*-Bindungen wäre in dieser Sicht mit der Auflösung des auf *triuwe* gegründeten Personenverbandsstaates in Zusammenhang zu bringen. Die Apotheose der Treuebindung zwischen König und Vasall ließe sich dann als rückwärtsgewandte Utopie einer idealisierten Gefolgschaft im alten Personenverband deuten.

Die Frage nach dem Verhältnis von «heroischer Tradition» und «höfischer Modernität» fordert also den Blick über den Text hinaus auf den realhistorischen Kontext. Zum anderen gilt sie der Stellung des mhd. Nibelungenliedes zur Dichtung seiner Zeit, und das heißt vor allem: dem Artusroman. Sie führt drittens auf die Frage nach dem Verhältnis von Epos und Roman: H. de Boor nennt das Nibelungenlied einen «höfischen Heldenroman», M. Wehrli beharrt dagegen auf der Bezeichnung «Heldenepos».

7.5 Zum Verhältnis von Epos und Roman

«Höfische Epik» ist der Oberbegriff sowohl für das Heldenepos als auch für den Artusroman; denn bei der Verschriftlichung der deutschen Heldendichtung kommt es zu einem tiefgreifenden Prozeß der Gattungsmischung von seiten der Artusepik: aus heroischen Begebenheiten werden *âventiuren*, aus Helden *Ritter*, vor allem aber wird das Kampfgeschehen mit *Minne*-Handlungen verknüpft.

Ob dabei das Höfisch-Romanhafte Akzidens bleibt oder an die heroische Substanz geht, diese Frage läßt sich nur von Text zu Text beantworten. Am weitesten fortgeschritten ist die Assimilation sicherlich in der aventiurehaften Dietrichepik, am wenigsten wohl im *Nibelungenlied*, während die *Kudrun* eine Mittelstellung einnimmt. In Zitaten der bildenden Kunst beggnen Figuren aus der Helden- und Artusepik häufig im friedlichen Nebeneinander, z. B. auf den Wandteppichen in Basel und den Runkelsteiner Fresken. In einer Sammelhandschrift wie dem Ambraser Heldenbuch[82] stehen sie im «Überlieferungsverbund». In ihrer erzählerischen Struktur aber unterscheiden sich beide den Gattungsunterschieden entsprechend, die man mit der idealtypischen Gegenüberstellung von *Epos* und *Roman* auf den Begriff zu bringen pflegt.[83]

Kennzeichnend ist schon der formale Gegensatz: Die *chanson de geste* ist durch die Versform der assonierenden Laisse vom paarweise gereimten Achtsilber des *roman courtois* geschieden. Die mhd. Heldenepen sind in der Regel strophisch (nur die *Klage*, das *Buch von Bern*, *Biterolf und Dietleip* sowie der *Laurin* sind in Reimpaaren abgefaßt), der mhd. Artusroman ist von Anfang an (viertaktige) Reimpaardichtung (Ausnahmen: Wolframs *Titurel* und der *Jüngere Titurel* des Albrecht von Scharfenberg). Dahinter steht der folgenreiche Wechsel von der Mündlichkeit zur Schriftlichkeit: Das altgermanische Heldenlied setzt den mündlichen Vortrag voraus. Dagegen sind sowohl das mhd. Heldenepos als auch der Artusroman schriftlich konzipiert. Die Texte sind zum Lesen oder Vorlesen bestimmt; die Dichter können, aber müssen ihr Publikum nicht unbedingt vor Augen haben. Der Artusroman beruht in Deutschland von vornherein auf schriftlicher Tradierung, ein Heldenepos wie das *Nibelungenlied* ist zwar in der vorliegenden Form ein Buchepos, aber es hat mündliche Vorstufen und wohl auch eine mündliche Parallelüberlieferung.

Anonymität des Autors ist für die gesamte germanische und deutsche Heldendichtung (übrigens auch für die Spielmannsepik) die Regel, während sich die Verfasser der Artusromane (ebenso die des Minnesangs und der an. Skaldendichtung) mit Namen nennen. Ein Hartmann von Aue, ein Wolfram von Eschenbach dürfen künstlerisches Selbstbewußtsein zeigen. Sie nennen sich oder sie werden von einem Publikum, das ihnen dichterische Eigenleistung zubilligt, genannt.

Mit dem Namen tritt der einzelne hervor. Namenlosigkeit verweist auf ein «überindividuelles» Bewußtsein. Die Geschichten von Siegfrieds Tod und vom Untergang der Burgunden waren seit Jahrhunderten im Umlauf; der Dichter des *Nibelungenliedes* sieht sich als Erben dieser Tradition, wenn er die *alten maeren* neu erzählt. Kollektives Traditionsbewußtsein gilt mehr als individuelles Kunstbewußtsein.

Diese Einstellung mag zurückgehen auf eine Epoche, in welcher der einzelne noch völlig Glied einer großen Gemeinschaft war, in welcher sich der einzelne Heldendichter als Wahrer des Geschichtsbewußtseins eben seiner Gemeinschaft verstand.[84] Aus dieser grenzt sich seit der hochmittelalterlich-höfischen Zeit eine elitäre Hofgesellschaft aus, mit eigenen Normen, mit stärkerem Geltungsbedürfnis des einzelnen. Aber immer noch tritt im Bereich der Heldendichtung und bei «Welterzählstoffen», die als Allgemeinbesitz geltendes Wissen verbreiteten, der Autor als Vermittler hinter der Sache zurück.

Doch als Erzähler tritt er sowohl im Heldenepos als auch im Artusroman hervor. Hier dienen die Kommentare und Digressionen der Ausle-

7.5 Zum Verhältnis von Epos und Roman

gung des Erzählten, so daß *matière* und *sen(s)* sich auf zwei Verstehensebenen verteilen. Eine Zwiesprache mit dem Publikum wird fingiert. Bei Wolfram geht die subjektiv-spielerische Aktualisierung so weit, daß der Erzähler sich geradezu als Erzähler im Akt des Erzählens darstellt. Das Heldenepos hat demgegenüber eine einschichtige Erzählweise. Im *Nibelungenlied* bleiben auch die zahlreichen Vorausdeutungen des Erzählers auf eine leidvolle Zukunft, v. a. auf Siegfrieds Tod und auf den Burgundenuntergang, inmitten der Schilderung einer schönen höfischen Gegenwart immer ganz faktisch: «Es handelt sich im NL nicht um Selbsterkenntnis, Schuldbewußtsein, Einsicht in Notwendigkeit und Sinn des Geschehenden oder gar um Streben nach religiöser Wahrheit. Es handelt sich lediglich darum, zu erkennen, was geschehen wird.»[85] Aus der epischen Distanz erscheint das Geschehen als ein vollkommen Vergangenes mit klarem Ausgang. Die Vorausdeutungen ermöglichen das Pathos der Wie-Spannung. Zwar wird auch im Artusroman im Präteritum erzählt, aber die Märchenhaftigkeit des Erzählten mit seiner zeitlichen und räumlichen Ferne und gleichzeitigen Nähe im Höfischen läßt den Zeitabstand verschwimmen. Eine Ob-überhaupt-Spannung dominiert, allerdings im Erzählverlauf zunehmend ausgewogen durch die sichere Erwartung des guten Ausgangs.

Im Roman trägt der *Protagonist* das Geschehen, im Epos die *Handlung* die Figuren – Widerspiegelung eines unterschiedlichen Verhältnisses zwischen «Ich» und «Welt», zwischen einzelnem und Gemeinschaft: Das Epos hat eine *historisch-verknüpfende*, der Artusroman eine *episodenhafte* Technik. Dieser besteht aus einer Reihe inhaltlich voneinander unabhängiger Episoden, die sich prinzipiell beliebig fortsetzen lassen. Daraus kann eine «offene Form» entstehen, wie sie dem späten Artusroman eignet.

Das Heldenepos stellt dagegen einen geschlossenen Geschehenszusammenhang dar, ist Ereignisdichtung: Am Anfang steht ein Ereignis, das die Handlung in Gang setzt, die dann beinahe selbständig und unaufhaltsam zur Katastrophe anwächst. Die Dichtung schließt erst, wenn die Ereigniskette, die von der Initialhandlung ausging, zu Ende ist. Jede Einzelhandlung hat ihren festen Platz im Handlungsganzen, kann infolge solcher Ereignisverknüpfung nicht beliebig herausgelöst und umgestellt werden. Die künstlerische Einheit liegt in der Folgerichtigkeit und Abgeschlossenheit der Handlungsfolge.

Siegfried hört von der schönen Kriemhild in Worms und verliebt sich in sie. Um der Minne zu Kriemhild willen dient er ihren Brüdern im Sachsenkrieg, hilft er Gunther bei der Werbung um Brünhild und inszeniert die Dienstmannenfiktion. Daraus entwickelt sich zwischen Kriemhild und Brünhild ein Streit über den Rang ihrer Männer und über ihren eigenen Status. Brünhild wird in ihrer Ehre gekränkt; daraus folgt die Ermordung Siegfrieds. Um die Ermordung rächen zu können, heiratet Kriemhild den Hunnenkönig Etzel. Der Burgundenuntergang ist die Rache für Siegfrieds Tod.

Im Roman scheint das Geschehen von Zufall und Beliebigkeit regiert. Seine künstlerische Einheit ist nicht vom äußeren Geschehen her zu begreifen, sondern vom Helden, dessen Selbstwerdung sich im Bestehen der Aventiurefolge vollzieht – deren Stationen wären für sich genommen sinnlos und zufällig. «Das romanhafte Geschehen, der Aventüre als Struktur der Sinnerfüllung entspringend, hat seine Einheit in der singularen Person des beispielhaften Helden.» Der heroische Held bedarf solcher Selbstwerdung nicht. Die epische Handlung «hat ihre Einheit in einer objektiven, den Weltzustand umgreifenden Begebenheit; ihr Held ist Repräsentant des Schicksals seiner Gemeinschaft». Kellermann vergleicht die *Chanson de Roland* mit den Romanen Chrétiens: «Von der Chanson de geste zum höfischen Roman ändert sich der Handlungsträger der Erzählung: dort die im Dienste einer heroischen Idee in Gang gesetzte nationale und religiöse Gemeinschaft, deren Ethos in den Hauptfiguren gipfelt [der Held kämpft für die *douce France* oder für die *chrestienté*, nicht für den eigenen Ritterruhm oder für die Dame], hier ein Geschehen, dessen Bewältigung dem Einzelhelden aufgegeben ist.»[86] Vom Anfang bis zum Schluß dominiert im Artusroman der Held, *durch den diu rede erhaben ist.* Im Epos kann der Held im Verlauf der Erzählung wechseln. Weder mit Rolands noch mit Siegfrieds Tod ist die Handlung zu Ende, eben weil der Held, auch wenn er eine noch so überragende Rolle spielt, immer im Dienste» der Handlung steht, die er trägt. Heuslers «Die Rolle prägt den Kopf»[87] meint gerade die Rolle der Figur in der Handlung. Diese Figuren sind keine «Charaktere» im individualpsychologischen Sinne. Sie handeln situationsbedingt, dominant ist die Finalität der Handlungsführung. Im *Nibelungenlied* (2353 ff.) übergibt Dietrich von Bern, Inbegriff höfischer Humanität, Gunther und Hagen als Gefangene deren Todfeindin Kriemhild und geht weinend von dannen, wohl wissend, daß er die beiden damit dem sicheren Tode überantwortet. Dietrich ist kein «Mensch in seinem Widerspruch», sondern er muß so handeln, weil die Handlung es so will, das blutige Ende feststeht – situatives Handeln eines Rollenträgers also auch hier.

Der Artusroman ist die Geschichte des Protagonisten, daraus erklärt sich die *biographische Tendenz* des Romans. Der *Tristan* beginnt sogar mit der Geburt und endet mit dem Tode des Helden. Der äußeren Aventiurenfolge entspricht der innere «Läuterungsweg» des Helden. Die *minne*-Problematik spielt eine entscheidende Rolle bei der psychologischen Differenzierung, die mit dieser inneren Handlung einhergeht. «Der höfische Roman baut auf der Voraussetzung, daß der Held nicht mehr in derselben Weise wie in der chanson auf überpersönliche Gemeinschaftsideale hingeordnet ist. Zwar sind auch die Ideale des *roman*-Helden (*minne, êre* usw.) überpersönlich, ‹objektiv›, aber sie werden nicht mehr nur vom Helden getragen und vertreten, sondern verwirklichen sich in

7.5 Zum Verhältnis von Epos und Roman

ihm selbst.»[88] «Der Mensch ist nicht mehr ausschließlich als Glied einer Kollektivität dem Schicksal verbunden, sondern als Einzelner, an dem sich das Geschick der Gemeinschaft entscheidet.»[89] Der Romanheld auf der Aventiurefahrt erscheint als Suchender, dem der Sinn der Welt und seiner selbst in ihr zu finden aufgegeben ist.

Die Opposition zwischen Epos und Roman ist in der mittelhochdeutschen höfischen Epik nicht so deutlich ausgeprägt wie in der altfranzösischen Literatur. Hier ist das Heldenepos schon weitaus stärker dem höfischen Roman angenähert.

In der Überlieferung des *Nibelungenliedes* schließen die Hohenems-Münchner und die St. Galler Handschrift mit dem Satz: *daz ist der Nibelunge nôt*, und die Donaueschinger Handschrift endet mit der Variante: *daz ist der Nibelunge liet*. Das stimmt zu jener Auffassung von Ereignisdichtung, die nicht nur den einen Protagonisten kennt. Dagegen begegnet im Ambraser Heldenbuch die Überschrift: *Ditz Puech Heysset Chrimhilt*, und ähnlich lautet diejenige der Prünn-Münchner Handschrift. Beide Schreiber heben also die Tendenz zu einem «Kriemhilden-Roman» hervor, und in der Tat ist ja Kriemhild neben Hagen die Hauptfigur, deren Geschichte sich durch das ganze Werk zieht. Am Ende ist aus der *minneclîchen meide* eine *vâlandinne* geworden, während ihr Gegenspieler Hagen vom Mörder Siegfrieds zum *trôst der Nibelunge* wird.

Von einem «Minneroman» zwischen Siegfried und Kriemhild spricht Bert Nagel. Er räumt jedoch ein, daß neben der modernen biographischen Konzeption noch der ältere Typus der Ereignisdichtung wirksam bleibe.[90] W. Schröder erklärt Kriemhild zur wahren Heldin des Nibelungenliedes: «die Tragödie einer Frau, die eine große Liebende war und ist, die aus Liebe zur Hassenden wurde und zur Rächerin wird und an der Maßlosigkeit ihres Hasses und ihrer Rache innerlich verbrennt [...]. Alles, was geschieht, entspringt ganz wesentlich ihrem Willen.»[91] Hier wird also die Einheit des Epos in derjenigen seiner «Charaktere» gesucht. Ein solcher Ansatz wird fragwürdig, wenn den Figuren Motive wie «Ehrgeiz» bei Rüdiger oder «Eifersucht» bei Brünhild unterstellt werden, für die der Wortlaut des Textes keine rechte Handhabe bietet, wenn offensichtliche Brüche in der Darstellung der Vorstellung eines in sich konsistenten Charakters zuwiderlaufen (z. B. Siegfrieds Verhalten bei der Ankunft in Worms). Da man auf eine sagengeschichtliche Erklärung verzichten, gleichwohl die Identität der Figuren sichern will, bagatellisiert man, oder man postuliert einfach «zwei Kriemhilden» u. ä. Unbestreitbar ist, daß sich im Nibelungenlied eine biographische Tendenz abzeichnet, doch sie wird noch nicht konsequent durchgehalten. Die Figuren können nicht aus ihren objektiven Bindungen heraus, auch wenn Rüdiger und Dietrich von Bern dies versuchen. Ihre Motivierung bleibt eine partielle, weil ihr Verhalten durch die Handlung bestimmt wird.

Womöglich hilft hier Wachingers Beobachtung weiter, daß der Erzähler «auf die Handlung als ein Geschehen zwischen den Gestalten» sehe:[92] Aus dem «äußeren» Geschehen ergeben sich Verhältnisse zwischen den einzelnen Figuren, Konstellationen und Veränderungen eines «inneren» Geschehens. Diesem Interpretationsansatz zufolge müßte die Handlung «nicht als Ergebnis individueller Verhaltensweisen betrachtet, sondern auf die in ihr sich abzeichnenden Interaktionsmuster hin untersucht werden» (J. D. Müller).[93] Man fragt, wie es um die Bindungen von Verwandtschaft, Freundschaft, Herrschaft und Vasallität bestellt ist. Begriffe wie *triuwe, êre, dienest* werden ja offensichtlich ambivalent gebraucht. So fortgeschritten auch die Gattungsmischung in der mhd. Heldenepik sein mag, ein Gegensatz der beiden Großformen Epos und Roman bleibt nichtsdestoweniger bestehen. Er beruht letztlich auf der Verschiedenartigkeit zweier «poetischer Sagweisen» der einfachen Formen Sage und Märchen, wie sie schon (vor A. Jolles) Jacob Grimm bestimmt hat:

«Das märchen ist poetischer, die sage historischer; jenes stehet beinahe nur in sich selber fest, in seiner angeborenen blüte und vollendung; die sage, von einer geringern mannigfaltigkeit der farbe, hat noch das besondere, daß sie an etwas bekanntem und bewustem hafte, an einem ort oder einem durch die geschichte gesicherten namen.[94]

Nicht von ungefähr lassen sich Schauplätze und Reiserouten des Nibelungenliedes – im Unterschied zur imaginären Welt des Artusromans – auf einer historisch-geographischen Karte fixieren. Handlung und Figuren des Heldenepos sind Umdeutungen realhistorischer Begebenheiten und Personen, das Geschehen des Artusromans entbehrt – zumindest für das deutsche Publikum – einer solchen Bezugsmöglichkeit. Die Heldensage will geglaubt und für ein wahres Ereignis genommen werden. Das wunderbare Geschehen im Märchen «stehet [...] in sich selber fest» und wird ganz selbstverständlich genommen. Die Artus-Aventiuren sind märchenhaft-wunderbar, einzig der Hof bleibt als Fixpunkt der vertrauten höfischen Welt sichtbar. Damit setzt jener Prozeß der Fiktionalisierung ein, in dem aus der nicht mehr geglaubten Wahrheit dieser Fabeln die in sich selbst ruhende Wahrheit der Fiktion abgeleitet wurde.

Der Gegensatz von Epos und Roman jedoch ist so alt wie die abendländische Literatur. Er trat «schon im Schritt von der *Ilias* zur *Odyssee* zutage und kehrte in epochaler Abwandlung mit jeder großen Zeitenwende der literarischen Tradition wieder, wie etwa im *Don Quijote* des Cervantes, dessen Romanform der ausdrücklichen Kritik an den alten, epischen Ritterbüchern entsprungen ist. Die mittelalterlichen Vorbilder und Quellen dieser spanischen Ritterbücher waren zu ihrer Zeit für ihr Publikum keine Epen, sondern Versromane höfischen Charakters. Die höfischen Romane schließlich standen selbst wieder in formalem Gegensatz» zur älteren Gattung des Heldenepos.[95]

8. Minnesang und Spruchdichtung

8.1 Minnesang

8.1.1 Zu den Anfängen weltlicher Lyrik in der Volkssprache

Die höfische Liebeslyrik ist neben der höfischen Epik die zweite große Schöpfung der volkssprachlichen Literatur im letzten Viertel des 12. Jhs. Im frühen Mittelalter wurde weltlich-erotische Lyrik von der Kirche unterdrückt, gleichwohl zeugen die häufigen Erwähnungen der *saeculares cantilenae, psalmi plebeii, psalmi vulgares* von ihrer Existenz. Otfried von Weißenburg will mit seinem Evangelienbuch den *cantus obscenus laicorum* bekämpfen. Karl d. Gr. untersagt im Kapitular vom 23. 2. 789 vornehmen Frauen, die, ohne in klösterlicher Gemeinschaft zu leben, die Gelübde abgelegt haben, *uuinileodos scribere vel mittere*.[1] Hier wird offensichtlich eine ahd. Gattungsbezeichnung zitiert, die sich nicht ohne weiteres lateinisch ausdrücken ließ. Das Simplex ahd. *wini, wine* st. M. bedeutet «Freund», «Geliebter», «Gatte»; im Mhd. ist es auch als Femininum belegt (NL 554,1). Das Kompositum, erst wieder in der «dörperlichen» Tanzdichtung Neidharts *(wineliedel)* bezeugt, könnte sowohl ein Liebeslied als auch ein geselliges Lied unter Freunden meinen, doch nach dem Kontext handelt es sich wahrscheinlich um eine Dichtform erotischen Inhalts, im karolingischen Kapitular anzusiedeln in einer adelig-gelehrten Sphäre, bei Neidhart womöglich abgesunken in eine dörflich-illiterate.

Die Verben *scribere* und *mittere* weisen anscheinend auf schriftliche Liebesgrüße, wie sie als volkssprachliche Einsprengsel in zwei mittellateinischen Handschriften aus dem Kloster Tegernsee erhalten sind. Der *Ruodlieb*-Roman (Clm. 19486, M. 11. Jh.) bewahrt vier frmhd. Reimwörter in dem (scheinheiligen) Liebesgruß des von Ruodlieb umworbenen Mädchens.

> Dixit: «dic illi nunc de me corde fideli
> Tantundem *liebes*, ueniat quantum modo *loub[es,*
> Et uolucrum *vvunna* quot sint, tot dic sibi *m[inna,*
> Graminis et florum quantum sit, dic et honor[um.»

(Sie sprach: «Nun wünsch ihm von mir aus treuem Herzen soviel ‹Liebes› wie ‹Laub› (wächst), und versicher ihm so viel ‹Minne› wie ‹Wonnen› (Freuden) der Vögel sind, und der Ehren soviel wie Gräser und Blumen sind»)[2]

Der Clm. 19411 vom ausgehenden 12. Jh. enthält eine Mustersammlung von Briefen und Urkunden, u. a. den lateinischen Liebesbrief einer geistlichen Dame an einen Kleriker mit sechs deutschen Versen als Fazit (MF 3,1):[3]

> Dû bist mîn, ich bin dîn.
> des solt dû gewis sîn.
> dû bist beslozzen
> in mînem herzen,
> verlorn ist daz sluzzelîn:
> dû muost ouch immêr darinne sîn.

Wer hier zu wem bei welcher Gelegenheit spricht, bleibt offen und hängt vom Kontext ab, der sowohl ein weltlicher als auch ein geistlicher sein kann. Die chiastische Eingangsformel wird nicht nur für die wechselseitige Zuordnung von Mann und Frau, sondern auch für die «zweieinige Identität» (F. Ohly) von Mensch und Gott gebraucht. Die Metaphorik vom Eingeschlossensein im Herzen und vom Schlüssel wurzelt in der geistlich-gelehrten Literatur. Die Strophe ist keineswegs so naiv-«volkstümlich», wie sie heute wirken mag; das Gedicht ist erwachsen aus der Symbiose von Laien- und Klerikerkultur. Kennzeichnend für den historischen Stellenwert ist jedoch vor allem, daß hier ein Ich zum Du spricht – im Unterschied zum erotischen Gemeinschaftslied des Brauchtums:

> Swaz hie gât úmbè,
> daz sint alle mégedè,
> díe wéllent án mán
> allen disen sumer gân. (CB 167ª /MF I.2.VI)

Die Strophe, die in der Benediktbeurer Handschrift einem lat. Liebeslied angehängt ist, setzt den gemeinschaftlichen Vorgang des Reigens voraus. «Die Jahreszeit *(sumer)* ist die Bedingung des Festes, die Erotik *(megede – an man)* seine Erfüllung.» Das Lied «gibt nichts wieder als bloßes Geschehen, und es will weiter nichts als zur Partnerwahl auffordern. Ihm fehlt, was den Minnesang begründet: die Subjektivität, die Beseelung der Sprache durch das Ich».[4] Während das illiterate *Brauchtumslied* und das literate *Vagantenlied Gruppenlied* bleiben, entwickelt sich das *Minnelied* zum *«Sololied»*. Eine Zwischenstufe repräsentiert das mlat.-mhd. Mischgedicht Nr. 149 in den *Carmina Burana:*

I.
Floret silva nobilis
floribus et foliis.
ubi est antiquus
meus amicus?
hinc equitavit!
eia! quis me amabit?
Refl. Floret silva undique;
nah mime gesellen ist mir we!

(In der Übersetzung von Max Wehrli:)
‹Es blüht der Wald herrlich
in Blumen und Blättern.
Wo ist mein
früherer Freund?
Von hinnen ist er geritten!
Ach, wer wird mich lieben?
Überall blüht der Wald,
Nach meinem Gesellen ist mir weh!›

II.
Grünet der walt allenthalben.
wa ist min geselle also lange?
der ist geriten hinnen.
owi! wer sol mich minnen?

‹Es grünt der Wald allenthalben.
Wo ist mein Geselle so lange?
Der ist von hinnen geritten.
O weh! Wer wird mich lieben?›

Das Lied teilt mit dem frühen Minnesang den Natureingang (Frühling als Zeit der Freude und Erotik) und das Motiv der Trennung. Eine Frau klagt, daß ihr Freund *(amicus, geselle)* vom letzten Jahr fortgeritten sei (ein Mann höheren Standes also wohl), und nun sucht sie einen neuen: *eia! quis me amabit? – owî! wer sol mich minnen?* Für die Sprecherin ist der Partner austauschbar, während im frühen Minnesang die Frau ihrem Geliebten, der sie verlassen hat, nachtrauert. «Die Rolle der Verlassenen wird als Attrappe vorgeschoben und entpuppt sich dadurch kapriziös als ihr Gegenteil: wer so spricht, bietet sich an.»[5] Die Strophen sind sicher aus der Situation eines gemeinschaftlichen Tanzliedes zu verstehen: Die handschriftliche Notiz *«Refl.»* (afrz. *refloit*) signalisiert einen Refrain. Die Frau spielt die Vorsängerin, welcher ein Chor antwortet: *nah mime gesellen ist mir we.* Das klingt allerdings nicht mehr neckisch, sondern in diesem Wunsch aller kommt gerade eine Sehnsucht nach dem fernen Geliebten zum Ausdruck, wie sie dem frühen Minnesang eigentümlich ist. Obgleich das Lied prinzipiell ein Gruppenlied ist, setzt es die Bekanntschaft mit dem frühen Minnesang voraus.

Heinrich von Melk, *Von des tôdes gehugde*[6] (V. 143–184):

Nû ginc dar, wîp wolgetân,
unt schowe dînen lieben man
unt nim vil vlîzchlîchen war,
wie sîn antlutze si gevar,
wie sîn schäitel sî gerichtet,
wie sîn hâr sî geslichtet;
schowe vil ernstlîche,
ob er gebâr icht vrœlîchen,
als er offenlîchen unt tougen
gegen dir spilte mit den ougen.
nû sich, wâ sint sîniu mûzige wart,
dâ mit er der frowen hôhvart
lobet und säite?
nû sich, in wie getâner häite
diu zunge lige in sînem munde,
dâ mit er diu troutliet chunde
behagenlîchen singen;
nûne mac si nicht fur bringen
daz wort noch die stimme.
nû sich, wâ ist daz chinne
mit dem niwen barthâre?

nû sich, wie recht undâre
ligen die arme mit den henden,
dâ mit er dich in allen enden
trout unt umbevie!
wâ sint die füze, dâ mit er gie
höfslîchen mit den frowen?
dem mûse dû diche nâch schowen,
wie die hosen stûnden an dem bäine;
die brouchent sich nû läider chläine!
er ist dir nû vil fremde,
dem dû ê die sîden in daz hemde
mûse in manigen enden witten.
nû schowe in an: al enmitten
dâ ist er geblæt als ein segel.
der bœse smach unt der nebel
der vert ûz dem uberdonen
unt læt in unlange wonen
mit samt dir ûf der erde.
owê, dirre chlägliche sterbe
unt der wirsist aller tôde
der mant dich, mensch, dîner brœde.

gevar gefärbt. – *ob er gebâr icht vrœlîchen* ob er irgendwie eine frohe Miene macht. – *gegen dir spilte mit den ougen* dir gegenüber die Augen lebhaft hin und her bewegte, dir mit den Augen zuzwinkerte. – *mûzige* müßige, *wart* Worte. – *haite* ahd. mhd. *heit* stf. m. persönliche Art, Wesen, Beschaffenheit, Rang (*-heit* wird dann zum Kompositionssuffix bei der Bildung von Abstrakta). – *undâre* unansehnlich. – *brouchent sich* biegen sich. – *witten* flechten, schnüren. – *der boese dône* der üble Geruch. – *uberdone* Bahrtuch. – *broede* Hinfälligkeit.

Der Minnesang, die ständisch gebundene, ritterlich-höfische Liebeslyrik begegnet zuerst im Spiegel der *Memento mori-* und *Contemptus mundi*-Literatur, nämlich in der radikal-asketischen Bußpredigt des sog. Heinrich von Melk um 1160: «Bedenke, daß du sterben mußt», so lautet die ständig wiederkehrende Mahnung an die Lebenden. Mit dem Hinweis auf die Zukunft wird die Gegenwart in Frage gestellt, die Zeitlichkeit der Ewigkeit entgegengesetzt. In der «Erinnerung an den Tod» wird eine Rittersfrau an die Bahre ihres verstorbenen Mannes geführt. Das Bild des einst weltfrohen Hofmannes wird zitiert, um es drastisch mit dem des jetzt verwesenden Leichnams zu konfrontieren. Die *descriptio* fungiert dabei als rhetorisch-paränetisches Mittel zur Demonstration irdischer Vergänglichkeit.

In diesem Zusammenhang begegnen als Beispiel der neuen höfischen Mode die vom Ritter für seine Dame gesungenen Liebeslieder: *troutliet (trûtliet)* < mhd. Adj. *trût* «traut, lieb, geliebt» (davon sind auch *triuten* «lieben, liebkosen», ein Verbum mit stark sinnlicher Konnotation, und *triutinne* «Geliebte, Gattin» abgeleitet). Heinrich von Melk meint mit den *trout-liet* bereits ohne Zweifel den Minnesang.

Mhd. *minne* (ahd. *minna*) heißt «Liebe», zunächst eigentlich «liebendes Gedenken»; denn zugrunde liegt die idg. Wurzel **men–* mit der Grundbedeutung «denken, im Sinn haben» (vgl. lat. *memini, reminiscor, monere;* got. *gaminþi,* an. *minni,* engl. *mind*). Der Begriff *minne* ist nach Umfang und Inhalt sehr komplex. Er meint einmal die unbegründet schenkende, erbarmende, helfende Liebe wie griech. *Agape* und lat. *caritas* – die Nächstenliebe und die Liebe Gottes zu den Menschen. Zum anderen ist *minne* wie lat. *fraternitas* die Brüderlichkeit, nämlich «Eintracht, Verbundenheit, gütliches Übereinkommen». Schließlich und vor allem aber bedeutet *minne* die verlangende, begehrende Liebe (griech. *Eros,* lat. *amor*) des Menschen zu Gott und die zwischen den Geschlechtern. Die Bedeutungsskala reicht von der rein geistigen bis zur rein sinnlichen Liebe. Die Bedeutungsverengung aufs Sexuelle in der frühen Neuzeit ist Folge, nicht Ursache der Verdrängung von *minne* durch das im Osten und Südosten vorherrschende Wort *liebe.* Doch für den Adel des Mittelalters ist *minne* der Leitbegriff für die höfische Liebe; *hôhe minne* meint die dienende und werbende Verehrung einer Dame *(vrouwe)* durch den Mann *(ritter).* Der donauländische Minnesang, in dessen zeitlicher und räumlicher Nachbarschaft das Zeugnis des Heinrich von Melk anzusiedeln ist, repräsentiert dabei die Frühstufe des Hohen Minnesangs.

8.1.2 Der frühe donauländische Minnesang

Zwischen 1150/60 und 1175 entsteht im Donauraum, also gerade nicht in den traditionellen Einzugsgebieten des französischen Kultureinflusses, eine Liebeslyrik, die, weil sie zugleich ritterliche Standesdichtung ist, bereits dem Minnesang zugeordnet werden kann. Der Kürenberger, Dietmar von Eist und der Burggraf von Regensburg gelten in den großen Sammelhandschriften als die Autoren jener altertümlichen Strophen, die sich in ihrer Minneauffassung und Form zum Teil noch vom hohen Minnesang unterscheiden.

Der von Kürenberg (MF 10,17)

> Wîp unde vederspil   diu werdent lîhte zam.
> swer sî ze rehte lucket,   sô suochent sî den man.
> als warb ein schoene ritter   umbe eine vrouwen guot.
> als ich dar an gedenke,   sô stêt wol hôhe mîn muot.

Die Gedichte des Kürenbergers sind als Einzelstrophen überliefert, deren metrischer Rahmen mit dem der Nibelungenstrophe übereinstimmt (s. o. 5.7.4). Jede Strophe bildet in der Regel eine in sich geschlossene Sinneinheit. MF 10,17 beginnt mit einem einfachen Erfahrungssatz, der (zumal ein männliches Publikum) von vornherein überzeugt: «Weiber und Jagdvögel werden leicht zahm (kirre). Wenn man sie richtig anlockt, dann fliegen sie auf den Mann.» Der allgemeinen Sentenz folgt der erzählende Satz mit der Anwendung auf die Werbung eines *ritters* um eine *vrouwe*. Die ständisch-typische Eingrenzung bleibt noch im Unpersönlichen, und erst im Schlußsatz spricht ein Ich von seinem *hôhen muot* in der Erinnerung an eine Liebe, die – anders als in der hohen Minne – ihre Erfüllung fand. Mehr noch als eine solche «Männerstrophe» ist dem frühen Minnesang die «Frauenstrophe» eigentümlich, in welcher eine Frau sich leidend zu ihrer Liebe bekennt.

Der von Kürenberg (MF 8,17)

> ‹Swenne ich stân aleine   in mînem hemede,
> unde ich gedenke an dich,   ritter edele,
>   sô erblüet sich mîn varwe,   als der rôse an dem dorne tuot,
> und gewinnet daz herze   vil manigen trûrigen muot›.

In dieser – in einen einzigen Satz gekleideten – Frauenklage erinnert sich eine liebende Frau an den abwesenden Mann, der, ständisch als *ritter* mit dem Prädikat *edele* gekennzeichnet, ganz im Typischen verharrt. Die Situation wird mit dem *Swenne ich stân aleine in mînem hemede* in zeichenhafter Abbreviatur angedeutet. Das Ich scheut sich vor dem unmittelbaren Ausdruck des Gefühls und sucht den mittelbar-bildlichen. So wie die *rôse* dem Erröten der Wangen, so entspricht der *dorn* dem *trûrigen muot,* dem Stachel im *herze(n),* für den keine konkrete Ursache genannt wird. Die Einsamkeit des Ich artikuliert sich im Monolog – gedichtet von einem Mann, doch gesprochen in der Rolle einer Frau. Schon deshalb ist der Minnesang keine Erlebnis-, sondern Rollenlyrik. Die Frauenstrophe ermöglicht, «daß hier nicht ein Minnediener von sich zu seiner Dame spricht oder zu sprechen wagt, sondern daß ein Liebender seine Liebe objektiviert, d. h. der Frau insinuiert, indem er diese zu ihm oder über ihn reden läßt und sich sogar die Möglichkeit wahrt, sich selbst zu verweigern».[7]

Der von Kürenberg (MF 8,1 u. 9,29)

‹Ich stuont mir nehtint spâte an einer zinne,
dô hôrt ich einen rîter vil wol singen
in Kürenberges wîse al ûz der menigîn.
er muoz mir diu lant rûmen, alder ich geniete mich sîn.›

Nu brinc mir her vil balde mîn ros, mîn îsengewant,
wan ich muoz einer vrouwen rûmen diu lant,
diu wil mich des betwingen, daz ich ir holt sî.
si muoz der mîner minne iemer dârbènde sîn.

nehtint gestern abend. – *menigîn* Menge, Schar (ritterliche Gesellschaft in der Burg). – *alder ich geniete mich sîn* oder er muß mein werden. – *betwingen* c. g. zu etwas zwingen.

Das *nehtint spâte* setzt den zeitlichen, das *an einer zinne* den räumlichen Orientierungspunkt. Das weibliche Ich in der ersten Strophe spricht von einem *rîter,* das männliche Ich in der zweiten von einer *vrouwen;* als ritterliche Attribute begegnen *ros* und *îsengewant.* Die Frau bekennt, durch den Gesang *in Kürenberges wîse* in den Bann des Ritters gezogen worden zu sein. Herrisch verlangt sie: «Er muß mir die Länder räumen, oder ich will ihn für mich haben.» Der zweite Monolog beginnt dort, wo der erste endet. Der Ritter zieht es jedoch vor, zu *rûmen diu lant.* Er versagt sich stolz dem Minnewerben der Dame und läßt sich nicht *betwingen,* ihr *holt* zu sein. Darin mag eine implizite Kritik am neuen Ideal der Minne liegen; denn im hohen Minnesang ist es ja gerade der Mann, der um die *hulde* seiner Minneherrin wirbt. Ungeachtet der realen Privilegierung des Mannes können sich in der Fiktion beide Geschlechter in freier, gleichberechtigter Forderung gegenübertreten. Insofern kommt die frühe Minne dem neuzeitlichen Verständnis von Liebe näher als deren einseitig stilisierte Deutung in der Hohen Minne.

Die beiden Kürenberger-Strophen (MF 8,1 u. 9,29) korrespondieren einander; denn durch das *rûmen* wird explizit für das Publikum eine

Verbindung zwischen den Reden von Mann und Frau hergestellt. Hier liegt die dem frühen Minnesang eigentümliche Gattung des *Wechsels* vor: «Wechsel sind Monologe zwischen Mann und Frau, die durch den Bezug zwischen beiden bestimmt und verändert werden können.»[8] Zwei Menschen sprechen zueinander und doch nicht miteinander; stets wird über einen oder zu einem abwesenden Partner gesprochen. Auch Kaiser Heinrichs *Wol hôher danne rîche* (MF 4,17 – s. o. 2.2.2) läßt sich als Wechsel verstehen. Das schönste Beispiel stammt wohl von Dietmar von Eist. In MF 34,3 und 34,11 erinnern sich zuerst der Mann, dann die Frau an ihr Beisammensein in einer pastourellenhaften Situation. Die Strophen enthalten wörtliche Anklänge an Dietmars Tagelied (s. u. MF 39,18); Walther von der Vogelweide scheint sie in seinem *Under der linden*-Gedicht (s. u. L.-K. 39,22) zu zitieren:

> Ûf der linden obene   dâ sanc ein kleinez vogellîn.
> vor dem walde wart ez lût.   dô huop sich aber daz herze mîn
> an eine stat, dâ ez ê dâ was.   ich sach dâ rôsebluomen stân,
> die manent mich der gedanke vil,   die ich hin zeiner vrouwen hân.
>
> ‹Ez dunket mich wol tûsent jâr,   daz ich an liebes arme lac.
> sunder âne mîne schulde   vremedet er mich menegen tac.
> sît ich bluomen niht ensach   noch enhôrte der vogel sanc,
> sît was mir mîn vröide kurz   und ouch der jâmer alzelanc.›

manen erinnern. – *liep* Geliebter.

Die Natur stimmt zu den Empfindungen der Liebenden: *vor dem walde wart ez lût. dô huop sich aber daz herze mîn ... / sît ich bluomen niht ensach ...sît was mir mîn vröide kurz.* Häufig leitet der sog. *Natureingang* ein Minnelied ein:

Dietmar von Eist (MF 33,15)

> Ahî, nu kumt uns diu zît,   der kleinen vogellîne sanc.
> ez grüenet wol diu linde breit,   zergangen ist der winter lanc.
> nu siht man bluomen wol getân,   an der heide üebent sî ir schîn.
> des wirt vil manic herze vrô,   des selben troestet sich daz mîn.

Mit wenigen Requisiten wird das Nahen des Frühlings angedeutet, der die Liebesfreude widerspiegelt: *des wirt vil manic herze vrô, des selben troestet sich daz mîn*. Ebenso kann die winterlich-trübe Jahreszeit als Gegenstück zum Minneleid zitiert werden. Zur einfachen Parallelisierung gesellt sich die Kontrastierung: trotz der Sommerwonne muß der Minnende im *trûren* verharren; draußen herrscht Winter, aber die Liebeserfüllung macht *hôchgemuot*.

Als *locus amoenus* spielt der Natureingang auch eine Rolle in der rhetorisch strukturierten mlat. Vagantenlyrik, zugleich bestimmt die schöne Jahreszeit die Lieder des Brauchtums. Aber in diesen beiden Traditionen ist die Liebe sozusagen «saisonbedingt» (R. Grimminger); der Partner kann durch eine neue, kurzfristige Bindung ersetzt werden. Im frühen und hohen Minnesang geht es dagegen um Treue *(staete)* oder um Leid in der Liebe für den Partner, der treu geblieben ist. Das berühmte «Falkenlied» des Kürenbergers ist dafür ein Beispiel.

Der *Falke* ist ein internationales Wandermotiv, ein beliebtes Bild vor allem in der adeligen Literatur; denn schließlich war die Falkenbeize exklusives Jagdvergnügen gerade der adeligen Gesellschaft. An der Verwendung des Falkenmotivs in den Texten des Kürenbergers und des Dietmar von Eist wird deutlich, wie den frühen Minnesang äußerste Stoffreduktion kennzeichnet, wie das Sinngefüge nur angedeutet wird. Zum Kontrast der Falkentraum aus dem *Nibelungenlied* und zwei Strophen des Burkhart von Hohenfels, der dem späten Minnesang zugeordnet wird:

Der von Kürenberg (MF 8,33)

‹Ich zôch mir einen valken   mêre danne ein jâr.
dô ich in gezamete,   als ich in wolte hân,
    und ich im sîn gevidere   mit golde wol bewant,
    er huop sich ûf vil hôhe   und vlouc in ándèriu lant.

Sît sach ich den valken   schône vliegen,
er vuorte an sînem vuoze   sîdîne riemen,
    und was im sîn gevidere   alrôt guldîn.
    got sende sî zesamene,   die gelíeb wéllen gerne sîn!›

und vlouc in anderiu lant entflog (in der Falknersprache ein Ausbruch gegen den Willen des Hegenden). – *riemen* Geschüh, Wurffessel des Falken.

Dietmar von Eist zugeschrieben (MF 37,4)

Ez stuont ein vrouwe alleine
und warte über heide
unde warte ir liebes,
sô gesách si valken vliegen.
‹sô wol dir, valke, daz du bist!
du vliugest, swar dir liep ist,
du erkíusest dir in dem walde
einen bóum, der dir gevalle.
alsô hân ouch ich getân:
ich erkós mir selbe einen man,
den erwélten mîniu ougen.
daz nîdent schoene vrouwen.
owê, wan lânt si mir mîn liep?
joch engérte ich ir dekeines trûtes niet!›

warten swv. genau beobachten, ausschauen; erwarten, warten auf. – *wan < wande ne* warum nicht. – *trût* Geliebter, *engerte* + Gen. *dekeines trûtes,* davon abhängig der Gen. Pl. *ir* (der anderen Frauen).

Kriemhilds Falkentraum im *Nibelungenlied* (13–14)

In diesen hôhen êren   tróumte Kríemhíldè,
wie si züge einen valken,   stárc scœn' und wíldè,
den ir zwênę arn erkrummen.   daz si daz muoste sehen:
ir enkúnde in dirre werlde   leider nimmér geschehen.

Den troum si dô sagete   ir muoter Úotèn.
sine kúndes niht besceiden   baz der gúotèn:
«der valke den du ziuhest,   daz ist ein edel man.
in welle got behüeten,   du muost in sciere vloren hân.»

êren bezieht sich auf die höfische Umgebung Kriemhilds. – *ar, are* swm., Adler, *erkrimmen* stv., zerfleischen. – *leider* Komparativ zu *leit*. – *kundes* < *kunde es* Gen., bezogen auf den Traum. – *besc(h)eiden* stv., auslegen.

Burkhart von Hohenfels (KLD 6. X, 2–3)

   Dô mîn wilder muot vil tougen
streich nâch fröide in elliu lant,
dô lûhtèn ir liehten ougen:
er fuor dar; dâ von sin bant
mit ir stæten wîbes zuht.
ich viel mit im in den stric.
wir hân von ir keine fluht,
wir hân aber den gedingen,
daz ir spilnden ougen swingen
unde uns werfen einen blic.
   Dô mîn muot sît wolde fliegen
alse ein valke in fröiden gir,
sô moht er si niht betriegen:
er muos aber wider zir,
von der er verstolne flouc:
er vorhtè, si næme es war,
obe er sî mit wandel trouc
unde er anders wolde denken.
dô dûht in, si solde wenken:
alsô swanc er wider dar.

(Übersetzung von W. Höver u. E. Kiepe: Als mein unbändiger Sinn insgeheim in allen Ländern nach Glück suchte, da leuchteten ihre strahlenden Augen. Er eilte dorthin; dadurch fesselte sie ihn mit dem Adel echter Weiblichkeit. Ich geriet mit ihm in diesen Fallstrick. Es gibt kein Entrinnen vor ihr; aber wir haben die Hoffnung, daß ihre glänzenden Augen herüberschauen und uns einen Blick zuwerfen werden.
Wenn mein Sinn seitdem [wieder einmal], nach Vergnügen begierig, wie ein Falke auffliegen wollte, konnte er sie nicht überlisten; er mußte wieder zu der zurück, von der er sich heimlich fortgestohlen hatte. Er fürchtete, sie würde es merken, wenn er sie mit Seitensprüngen betrügen und sich ein anderes Ziel wählen würde. Dann kam es ihm vor, als würde sie sich abwenden, und so kehrte er dorthin zurück.)

Im *Nibelungenlied* nimmt Kriemhilds Falkentraum die Minnehandlung und Siegfrieds Tod vorweg. Die Frau zieht einen Falken auf, der ihr von zwei Adlern zerfleischt wird. Die Deutung des Traums ist nicht vieldeutig, sondern setzt den Falken einfach dem geliebten Mann gleich. Durch den anfänglichen Besitz und den folgenden Verlust des Falken wird das Bild zum Vorgang. Das entspricht den Frauenstrophen des frühen Minnesangs, wo das Falkenbild ebenfalls mit der Erinnerung an frühere Liebeserfüllung und dem gegenwärtigen Trennungsleid verknüpft wird.

Im Falkenlied des Kürenbergers, das unterschiedliche Deutungen zuläßt,[9] spricht in der ersten Strophe ein Ich über das Aufziehen eines Falken, das in V. 2 den Sinn von Zähmung und Unterwerfung gewinnt, der Schmuck in V. 3 ist ein Zeichen solchen Besitzerstolzes. Der Falke jedoch bricht aus und entfliegt (V. 4). In Strophe 2 sieht das Ich den verlorenen Falken wieder, aber es bleibt bei der Trennung, deren Ursache nicht konkretisiert wird. Das Gedicht endet mit dem sehnsüchtigen Wunsch, daß Gott die zusammenführen möge, «die einander gerne liebhaben wollen». Die Rede kreist um den Gegensatz von Zähmen und Entfliegen, von Besitz und Verlust, aber die Schlußzeile zeigt, daß der Falke nicht nur ein Falke, sondern zugleich ein Sinnbild für den Geliebten ist. Darum ist die Rede wohl als Monolog einer einsamen Frau zu verstehen, die verloren hat, was sie einst liebend besaß. Der Falke verhält sich wie der Mann, der die Frau verläßt; er hat die Möglichkeit von Freiheit, ihr bleibt nur der Wunsch nach einer Liebe ohne Trennung.

Ausdruck weiblicher Freiheits- und Erfüllungssehnsucht ist der Falke im Falkenlied Pseudo-Dietmars (MF 37,4). Eine Frau steht allein und schaut über die Heide aus nach ihrem Geliebten. Sie sieht den Falken und vergleicht ihn mit ihrer Rolle in der Vergangenheit: Wie der Falke sich den Baum als Ruheplatz wählt, so hatte sie sich ihren Geliebten frei erwählt. Der Falke ist hier Symbol der Freiheit, der Freiheit der Entscheidung für einen Mann, den die Frau jetzt durch die Rivalität anderer Frauen verloren hat.

Bei Burkhart von Hohenfels illustriert der Falkenvergleich mehr die Unfreiheit als die Freiheit des Mannes gegenüber der Frau. «Sie» hat mit ihren strahlenden Augen den umherschweifenden *wilden muot* angelockt, und mit ihm geriet auch das Ich des Minnenden in diese Verstrickung. Im frühen Minnesang entfliegt der Falke der liebenden Frau, im späten ist es der liebende Mann, der *alse ein valke* davonfliegen möchte, aber er kann es nicht mehr. Die Dame könnte ja seinen *wandel* merken und *wenken*. Er mußte immer wieder zu ihr zurück. Der *wilde muot* ist zahm geworden. Das Falkenbild hat seine Mehrdeutigkeit verloren, es wird ganz rational auf einen Vergleich festgelegt und bezeichnet rein formal die Gesinnung des Minnenden.

Den Gegensatz von weiblichem und männlichem Liebeserleben spiegelt das erste vollständig überlieferte mhd. Tagelied des Dietmar von Eist (MF 39,18) wider:

‹Slâfest du, vriedel ziere?
wan wecket uns leider schiere;
  ein vogellîn sô wol getân
  daz ist der linden an daz zwî gegân.›
‹Ich was vil sanfte entslâfen,
nu rüefestû, kint, wâfen.
  liep âne léit mác niht sîn.
  swaz dû gebiutest, daz leiste ich, vriundîn mîn.›
Diu vrouwe begunde weinen:
‹du rîtest hínnen und lâst mich eine.
  wenne wílt du wider her zuo mir?
  owê, du vüerest mîne vröide sant dir!›

wan Nf. zu *man. eine* allein.

Das Tagelied Dietmars ist wie das ihm zugeschriebene Falkenlied in paargereimten, vierhebigen Kurzzeilen abgefaßt. Die drei Strophen entfalten in ihrer Motivfolge die epische Grundsituation der Tagelied-Gattung: Abschied und Trennung zweier Liebender im Morgengrauen. In der ersten Strophe spricht eine Frau ihren «schönen Geliebten» an. Die Relation von *slâfen* und *wecken* verrät, daß sie die Nacht gemeinsam verbracht haben. Wenn die handschriftliche Lesart *wan* als alemannische Nebenform von *man* verstanden wird, ist an den Weckruf des Wächters zu denken, wie er der provenzalischen *alba* und dem späteren mhd. höfischen *tageliet* geläufig ist. Andernfalls wäre zu lesen: «Denn es weckt uns leider bald ein wunderschönes Vöglein...», oder adversativ: «Bald jedoch wird uns ... wecken.» Das «Vöglein auf der Linde» und das im höfischen Wortschatz unübliche *vriedel*[10] erinnern vielleicht nicht von ungefähr ans Volkslied: hier könnten Spuren einer einheimischen Lyrik vorliegen.

In der zweiten Strophe erwidert der Mann: «Nun rufst Du, (Edel-)Kind, ‹zu den Waffen›!» Mhd. *kint* ist als zärtliche Anrede gemeint, *wâfen* entspricht frz. *alarme;* denn der Anbruch des Tages bedeutet Leid und Gefahr für die Liebenden. Der Mann akzeptiert sentenzenhaft – *liep âne leit mac niht sîn* – die Notwendigkeit der Trennung und erkennt damit die gesellschaftlichen Notwendigkeiten an, die das *leit* verursachen. Die letzte Zeile, *swaz dû gebiutest, daz leiste ich,* setzt bereits die für den hohen Minnesang konstitutive Unterordnung des Mannes unter die Frau voraus. Anscheinend sind in diesem frühen Tagelied zwei Überlieferungsstränge miteinander verbunden, eine ältere «volkstümliche» und die neuere höfische Tradition. In der dritten Strophe wird die Trennung vollzogen: Der Mann reitet davon. Für ihn als Ritter gibt es noch eine andere Dimension, während die Situation der *vrouwe* auf das Warten festgelegt wird; ihr bleibt nur die Klage über die Trennung vom Geliebten. Aus dieser Spannung zwischen vergangener *vröide* und gegenwärtigem *leit* lebt das Tagelied. Es schildert nicht den Liebesvollzug, sondern den Augenblick, in dem die Trennung notwendig wird.

8.1.3 Hohe Minne

Zum Begriff der höfischen Liebe im Minnesang und in der Troubadourlyrik
Dem frühen wie dem hohen Minnesang gemeinsam und neu ist die Auffassung von Liebe als einer personalen Beziehung. Allerdings erkennen und erleben sich hier noch nicht einmalige Personen in der Liebe, sondern das Ich und Du repräsentieren als *ritter* und *vrouwe* das Selbstbewußtsein eines Standes. Subjektives ist objektiv, Individuelles typisch. Das Ich existiert nur als Rolle, als öffentliches Leitbild einer aristokratisch-höfischen Gesellschaft.

Den frühen Minnesang unterscheidet vom hohen, daß anfangs nicht nur der Mann, sondern auch und öfter noch die Frau ganz unbefangen über ihre Liebe sprechen. In der folgenden Strophe des Burggrafen von Regensburg (MF 16,1) bekennt die liebende Frau:

<Ich bin mit rehter staete einem gúoten rîter undertân.
wie sanfte daz mînem herzen tuot, swenne ich in umbevangen hân!
der sich mit manegen tugenden guot
gemachet al der welte liep, der mac wol hôhe tragen den muot.›

Die nächsten Verse aus einem Lied des Friedrich von Hausen (MF 46,29) verkehren das Verhältnis ins Gegenteil. In der Hohen Minne ist die Dame unnahbar geworden, weder hält sie ihren Ritter *umbevangen* noch ist sie ihm *undertân*, vielmehr sagt jetzt ein Ritter (vor dem Aufbruch zum Kreuzzug, V. 10) von sich im Rückblick:

Mîner vrowen was ich undertân,
diu âne lôn mînen dienst nan.
von der sprich ich niht wan allez guot,
wan daz ir muot
wider mich ze unmilte ist gewesen.
vor aller nôt dô wânde ich sîn genesen,
dô sich verlie
mîn herze ûf genâde an sie,
der ich dâ leider vunden niene hân.
nu wil ich dienen dem, der lônen kan.

Mîner vrouwen was ich undertân, diu âne lôn mînen dienst nan. Damit ist die Grundsituation der Hohen Minne auf den Begriff gebracht: *Ritter* und *vrouwe* sind Mitglieder der höfischen Gesellschaft. Sie unterliegen deren Normen, verkörpert durch die Aufpasser, die *huote, merkaere.* Ihre Liebe ist darum eine heimliche *(tougen, -lîch),* obgleich sie im Lied öffentlich vorgetragen wird. Die Frau, im Recht und in der realhistori-

8.1 Minnesang

schen Wirklichkeit unter der *munt* des Mannes, ist in der provenzalischen Troubadourlyrik und im deutschen Minnesang die überaus schöne und vollkommene Dame und die dem Manne übergeordnete Herrin.

Der beharrliche Minnedienst des Mannes wird als Dienst des Vasallen gegenüber seiner Lehnsherrin dargestellt. Der Minnende versteht sich als *dienestman, eigenman, man*. Bei Burkhart von Hohenfels beginnt ein Lied (KLD 6.XVII,1): *Ich wil die vil guoten flêhen [...] daz si lîhe mir ze lêhen*. «Wenn sie will, tue ich, was ein Lehnsmann tun muß: Ich lege meine gefalteten Hände in die ihren; wenn sie es gestattet, werde ich eilen und es mit einem Kuß empfangen, sie soll es mir selbst verleihen, indem sie mich ihren Rocksaum ergreifen läßt» –

> wils, ich tuon ir mannes reht:
> mîne hende valde ich ir;
> ruochet sîs, sô sol ich gâhen
> und sol ez mit kusse enphâhen:
> mit ir gêren sol siz selbe lîhen mir. (KLD 6.XVII,3,6–10)

Das ist exakt das Angebot eines vasallitischen Vertrags, wenngleich der damit verbundene Kuß natürlich nicht rein unerotisch-rechtlich gemeint ist. Wie der Vasall im Lehnswesen beteuert der Minnende seine *triuwe* und *staete*. Er möchte sich seiner Herrin als würdig erweisen und bemüht sich um *zuht* und *mâze*, weil er für seinen *dienest* auf *lôn* hofft.

Die Frau wird zur Erzieherin des Mannes. Albrecht von Johansdorf (MF 94,9) hat in einem Dialoglied diese Grundmaxime des Minnesangs so formuliert:

> ‹Sol mich dan mîn singen
> und mîn dienst gegen iu niht vervân?›
> ‹iu sol wol gelingen,
> âne lôn sô sult ir niht bestân.›
> ‹wie meinent ir daz, frouwe guot?›
> ‹daz ir dest werder sint und dâ bî hôchgemuot.›

vervân fangen, fassen, fördern, frommen, helfen. – *werder* < *wert* herrlich, ehrenvoll, teuer, vornehm. – *hôchgemuot* – Subst. *hôchgemüete* die hochdenkende, edle Gesinnung und das freudige Selbstgefühl.

Der Mann fleht um *hulde, milte, trôst* und *genâde*, wobei der Begriff *genâde* von vornherein impliziert, daß ein Entgelt für den Dienst keinen Anspruch, keine Regel, sondern eine Ausnahme bedeuten würde. Burkhart von Hohenfels: *für reht ich genâden ger* (KLD XVII, 5,3). Die Erfüllung der erotischen Wünsche des Mannes wäre *vröide, gelücke, saelde, wunne*, die Nicht-Erfüllung macht den Wunsch zur Illusion, zum *(tumben) wân*. Aus dieser Situation von «Dienst auf Gnade ohne Lohn»[11] resultiert jener unsichere Schwebezustand, wie ihn Rudolf von Fenis in eindrucksvolle Bilder gefaßt hat (MF 80,1 und 83,11):

> Gewan ich ze mínnen ie guoten wân,
> nu hân ich von ir weder trôst noch gedingen,
> wan ich enweiz, wie mir süle gelingen,
> sît ich si mac weder lâzen noch hân.
> Mir ist alse dem, der ûf den boum dâ stîget
> und niht hôher mac und dâ mitten belîbet
> unde ouch mit nihte wider komen kan
> und alsô die zît mit sorgen hine vertrîbet.
>
> Mir ist alse deme, der dâ hât gewant
> sînen muot an ein spil und er dâ mite verliuset
> und erz verswert; ze spâte erz doch verkiuset.
> alsô hân ich mich ze spâte erkant
> Der grôzen liste, die diu minne wider mich hâte.
> mit schoenen gebaerden si mich ze ir brâhte
> und leitet mich als der boese geltaere tuot,
> der wol geheizet und geltes nie gedâhte.

verswern abschwören. – *verkiesen* aufgeben. – *sich erkennen* sich bewußt werden. – *geltaere* Schuldner. – *geheizen* versprechen.

Rudolf von Fenis (MF 83,11)

> Ich hân mir sélber gemachet die swaere,
> daz ich der ger, diu sich mir wil entsagen.
> diu mir zerwerbenne vil lîhte waere,
> diu vliuhe ich, wan si mir niht kan behagen.
> Ich minne die, diu mirs niht wil vertragen.
> mich minnent ouch, die mir sint doch bormaere.
> sus kan ich wohl beide, vliehen und jagen.
>
> Owê, daz ich niht erkande die minne,
> ê ich mich hete an si verlân!
> sô hete ich von ir gewendet die sinne,
> wan ich ir nâch mînen willen niht hân.
> Sus strebe ich ûf vil tumben wân.
> des vürhte ich grôze nôt gewinne.
> den kumber hân ich mir selber getân.

vertragen gestatten. – *ouch* andererseits. – *bormaere* gleichgültig. – *sich verlân an* sich jem. anvertrauen.

Die Verunsicherung des Minnenden wird mit Begriffen des Leidens umschrieben: *leit, kumber, sorge, nôt, ungemach, swaere*. Im Zentrum steht die Reflexion über das *leit*, das *trûren*. Reinmar von Hagenau, der den ungelohnten Minnedienst am deutlichsten zu einer ästhetischen Lebensform stilisiert hat, wünscht sich für seine Kunst die Anerkennung, *daz nieman sîn leit alsô schône kan getragen* (MF 163,9). Dabei gehört zur Paradoxie der Hohen Minne, daß das *leit* als Ich-Auftritt des Sängers ja gerade zur Freude und Unterhaltung der höfischen Gesellschaft vorgetragen wird.

8.1 Minnesang

Das folgende Gedicht Heinrichs von Morungen (MF 138,17) ist ein Lied der Hohen Minne, wie schon die Leitbegriffe *kumber, klage, trûren, swaere* signalisieren. Die Dame wird ins Überirdische erhöht. Sie ist mehr als eine Lehnsherrin, sie wird zur Göttin Venus, wenn nicht gar – wie manche Bilder es suggerieren – zur Jungfrau Maria erhoben. Der Liebende ist in seinem Denken völlig an die Geliebte verloren (mhd. *verdâht*, frz. *pansis*). Sie ist eine Venus mit magischer Macht *(wan si kan sô vil)*. In visionärer Schau tritt sie zu ihm durch die festen Mauern. Sie kommt einher als Sonnenstrahl, der durch das Fenster eindringt – ein Bild, das an die Unbefleckte Empfängnis erinnert. Ihre *spilnden ougen*, ihr Lachen, ihre innere *güete* und der *liehte schîn* ihrer äußeren Schönheit versetzten sein Herz in ein *hôchgemüete*. Doch auf die Erinnerung an die Liebe folgt die *revocatio*, die Ernüchterung: *Wê, waz rede ich? ... ez was ê mîn spot.* Erfüllung ist ihm versagt, deshalb stellt sich der Gedanke ans Sterben ein. Ihm bleibt nur der Trost, daß sein Schwanengesang dem Minneleid Dauer verleihen könnte. Durch die Kunst werden *kumber* und *swaere* ins Vorbildlich-Typische erhöht.

Heinrich von Morungen (MF 138, 17)[12]

> Ich waene, nieman lebe, der mînen kumber weine,
>   den ich eine trage,
> ez entuo diu guote, die ich mit triuwen meine,
>   vernimt si mîne klage.
>   Wê, wie tuon ich sô, daz ich sô herzeclîche
>   bin an sî verdâht, daz ich ein künicrîche
>   vür ir minne niht ennemen wolde,
>   ob ich teilen unde wéln sólde?
>
> Swer mir des verban, obe ich si minne tougen,
>   seht, der sündet sich.
> swen ich eine bin, si schînt mir vor den ougen.
>   sô bedunket mich,
>   Wie si gê dort her ze mir aldur die mûren.
>   ir rede und ir trôst enlâzent mich niht trûren.
>   swenne si wil, sô vüeret sî mich hinnen
>   zeinem venster hôh al über die zinnen.
>
> Ich waene, si ist ein Vênus hêre, die ich dâ minne,
>   wan si kan sô vil.
> sî benimt mir beide vröide und al die sinne.
>   swenne sô si wil,
>   Sô gêt sî dort her zuo einem vensterlîne
>   unde siht mich an reht als der sunnen schîne.
>   swánne ich sî danne gerne wolde schouwen,
>   ach, sô gêt si dort zuo andern vrouwen.
>
> Dô si mir alrêrst ein hôchgemüete sande
>   in daz herze mîn,

> des was bote ir güete, die ich wol erkande,
> und ir liehter schîn
> Sach mich güetlîch an mit ir spilnden ougen,
> lachen sî began ûz rôtem munde tougen.
> sâ zehant enzunte sich mîn wunne,
> daz mîn muot stêt hôhe sam diu sunne.
> Wê, waz rede ich? jâ ist mîn geloube boese
> und ist wider got.
> wan bite ich in des, daz er mich hinnen loese?
> ez was ê mîn spot.
> Ich tuon sam der swan, der singet, swenne er stirbet.
> waz ob mir mîn sanc daz lîhte noch erwirbet,
> swâ man mînen kumber sagt ze maere.
> daz man mir erbunne mîner swaere?

verdâht sîn an in Gedanken an etw. verloren sein. 8 auch wenn ich (es mir) zuteilen und auswählen dürfte. – *verbunnen* mißgönnen. – *ir liehter schîn* ihre strahlende Erscheinung. – *spiln* leuchten, funkeln. – *ez was ê mîn spot* Was ich vorher gesagt habe, war nicht mein Ernst. – *ze maere sagen* berichten. – *erbunnen* beneiden, mißgönnen.

Das Ideal der «Hohen Minne» haben die deutschen Minnesänger seit etwa 1170 zusammen mit der musikalisch-metrischen Form der Kanzone im wesentlichen unverändert aus der provenzalischen Troubadourlyrik übernommen. Der bedeutendste Vermittler war Friedrich von Hausen, der für eine ganze Gruppe von Lyrikern am Mittel- und Oberrhein zwischen 1170 und 1190 tonangebend wurde. In den sog. mhd. «Daktylen», die den romanischen Zehn- und Zwölfsilblerversen nachgebildet sind, und in den Kontrafakturen provenzalisch-französischer Strophenschemata (und wohl auch ihrer Melodien) durch Hausen, Rudolf von Fenis, Bernger von Horheim u. a. spiegelt sich die Abhängigkeit der mhd. Lyrik von der Troubadourdichtung (ca. 1100–1300) am unmittelbarsten. Entscheidend jedoch wurde die Rezeption der höfischen Minneidee.

Gaston Paris eröffnete 1883 in der Romanistik die Diskussion über das Phänomen der höfischen Liebe, deren Merkmale er an Lancelot und Ginover als dem idealtypischen Liebespaar bestimmte. Er stützte seine Thesen auf Chrétiens *Lancelot* und auf den Traktat *De amore* von Andreas Capellanus. Die spezifische Liebeskonzeption der Troubadours wurde dann von Jean Frappier, Leo Spitzer, Alexander Denomy und Erich Köhler untersucht.[13]

Die höfische Liebe (frz. *amour courtois* oder *fin' amor*) ist einerseits als liebendes Begehren individueller Affekt, andererseits als Anerkennung gesellschaftlicher Restriktionen normgemäßer höfischer Verzicht. Daß die Verbindung beider Komponenten demnach eigentlich eine Paradoxie sei, wurde schon für die höfische Liebe im Artusroman betont, wo sie in Bezug gesetzt wird zu der gleichfalls paradoxen Struktur der *âventiure* als einer «Vereinzelung im Dienste der Gesellschaft» (s. o. 7.3.1).

Spitzers These lautete, daß nur die sexuell unerfüllte Liebe nach Ansicht der Troubadours veredelnd wirken könne, ihre Liebeskonzeption deshalb bestimmt werde durch das «paradoxe amoureux» einer permanenten, unerlösten Spannung zwischen Begehren und Entbehren. Der *fin' amor* ist ein «Bildungs- und Erziehungserlebnis [...], ein prinzipiell unvollendbarer Prozeß der Selbstveredelung, der eines unaufhörlichen Höherstrebens bedarf. Dieses Streben setzt sich ein Ziel: die volle Gunst der Herrin, die Erfüllung der Liebe. Ein apriorischer Verzicht auf die Erreichung dieses Zieles ließe eine Anstrengung gar nicht erst entstehen, das Erreichen selbst aber ließe die Anstrengung erlahmen und den Liebenden wieder auf den Ausgangspunkt zurücksinken» (E. Köhler).[14]

Die höfische Liebe ist also durchaus keine rein «platonische» (wie später zum Teil in der Lyrik des Petrarkismus), weil die sexuelle Erfüllung als Möglichkeit präsent bleibt. Nun ließe sich diese ja auch innerhalb der Ehe verwirklichen – und in der Tat haben sich Chrétien de Troyes, Hartmann von Aue und Wolfram von Eschenbach mit dem Problem einer «Liebe in der Ehe» auseinandergesetzt –, aber Liebe und Ehe werden in der höfischen und in der kirchlichen Theorie gerade auf verschiedenen Ebenen angesiedelt (s. o. 6.4.2). Liebe scheint nur außerhalb der eigenen Ehe möglich, darum ist der *fin' amor* notwendig illegitim und heimlich. Eigentlich ist aber der Familienstand der Dame nicht entscheidend. Wenn sie als verheiratet (mit einem anderen Mann) dargestellt wurde, dann nicht etwa deshalb, weil der Ehebruch verherrlicht werden sollte, sondern weil die Ehe die Erfüllung der Liebe besonders wirkungsvoll behinderte.

So eindeutig die *Entstehung* des deutschen Minnesangs mit der südfranzösischen Troubadourlyrik verknüpft ist, die *Herkunft* des *amour courtois* läßt sich nicht monokausal bestimmen. Innerliterarisch gibt es Zusammenhänge zwischen dem Frauendienst und dem Marienkult (Eduard Wechssler). Die eigentümliche Lichtmetaphorik eines Heinrich von Morungen etwa erinnert an die Bildlichkeit der mlat. liturgischen Hymnik. Sicherlich haben auch die mlat. klerikale Brieferotik und die sog. Vagantenlyrik die volkssprachliche Liebeslyrik beeinflußt, wobei die mlat. Erotik ihrerseits im Zeichen Ovids steht (Julius Schwietering). Schließlich bleibt partiell präsent eine gemeinsame Grundschicht «volkstümlicher» Lyrik in den verschiedenen Ländern. Alfred Jeanroy rechnet mit einer vorhöfischen Lyrik für Frankreich, de Boor sieht einheimische Wurzeln im donauländischen Minnesang. Interessant sind die altspanischen Mädchenstrophen, die *khardjas mozarabes,* denn in Spanien lag eine Beeinflussung durch die arabische Liebeslyrik nahe (Konrad Burdach, Lawrence Ecker). Auch in dieser wird die Frau als Herrin über den Mann erhöht, doch er ist eher ihr «Sklave» als ihr Vasall. Damit ist der entscheidende Bezug des Frauendienstes zum außerliterarischen Lehensdienst angesprochen. Die Vasallitätsterminologie, die die französische Minnelyrik sogar noch stärker prägt als die deutsche, zeigt zur Genüge, daß im ästhetisch-fiktiven Konstrukt des Minnedienstes Herrschaft-Dienst-Verhältnisse aus der Realität der Feudalgesellschaft interpretiert werden. Letztlich kann deshalb eine Sozialgeschichte des Minnesangs nur im Rahmen einer Soziologie der höfischen Gesellschaft geschrieben werden. So das Ergebnis von Ursula Liebertz-Grün, die in ihrem Forschungsbericht die verschiedenen historisch-soziologischen Interpretationsentwürfe zur altprovenzalischen und zur mittelhochdeutschen Minnelyrik (E. Wechssler, P. Kluckhohn, K. Vossler, E. Köhler) referiert.

Lange hat man den Dienstgedanken im mhd. Minnesang einseitig auf die Mentalität bestimmter Gruppen zurückführen wollen und in der Ministerialität (mit Kluckhohn) die entscheidende Trägerschicht gesehen. J. Bumke hat nun noch einmal die Standesverhältnisse der Minnesänger überprüft und unter ihnen nur zehn bis fünfzehn Prozent Ministeriale entdecken können – der Minnesang ist besser aus der Existenzweise des gesamten Adels zu begreifen. Er ist sogar vornehmlich eine Sache der großen Herren. Und neben diesen adeligen Dilettanten spielen seit Walther von der Vogelweide die Berufsdichter eine Rolle. Ergiebiger als eine Gliederung der Dichter, Gönner und Auftraggeber nach Ständegruppen scheint die Zuordnung zu den großen Höfen, an denen der Minnesang gesellschaftlich in Erscheinung getreten ist. Das Wort *minnesanc* bringt ja schon unzweideutig zum Ausdruck, daß sich diese Kunstübung im Gesang verwirklicht. Minnesang ist seiner Darbietung nach ein Vorgang in der Öffentlichkeit des Hofes, ein Stück «höfischen Zeremonialhandelns» (Erich Kleinschmidt), ein gesellschaftliches Spiel mit der Fiktion im Rahmen des höfischen Festes.

Minnesang und Tagelied
Die Spannung zwischen dem letztlich vergeblichen Begehren und der gleichwohl stets erhofften Erfüllung, die für die Hohe Minne konstitutiv ist, scheint in der Erfüllungssituation des Tagelieds (und der provenzalischen *alba*) ihre positive Lösung zu finden. Die Pastourelle bleibt außer acht, weil sie nur die punktuelle Beziehung mit einer *vilana* zum Gegenstand hat (s. o. 5.2.1).

Das Tagelied setzt die erfüllte partnerschaftliche Liebe voraus, mit freier Wahl, gleicher Situation und Gefährdung. Ist die Gattung als Gegenentwurf oder als Teil der Hohen Minne zu verstehen? – Helmut de Boor begreift das Tagelied als den «erste(n) Einbruch des objektiven Genre in den Hohen Minnesang, der es gestattete, die naturgegebene Wechselseitigkeit und die naturhafte Sinnenseite der Liebe wenigstens in einem fiktiven Erlebnis auszuleben. Das Tagelied ist ein Ventil, das die höfische Konvention als gültig anerkannt hat»,[15] ein Ventil «für die hinter aller Sublimierung drängende Forderung der Sinne».[16] Diese Ventilthese scheint mit jener psychogenetischen Erklärung des Minnesangs übereinzustimmen, die ihn aus «Triebunterdrückung und Askese» herleitet und dabei stillschweigend voraussetzt, daß ein literarischer Text eine psychische Realität abbilde.[17]

De Boor macht jedoch eine entscheidende Einschränkung: das Tagelied ist ihm ein Ventil, «freilich nur als Fiktion, nicht als unmittelbarer Durchbruch zur Erotik als Lebenswirklichkeit. Das wird vor allem in der außer aller Realität stehenden Figur des Wächters und des inhaltlich auf die Situation bezogenen Wächterrufs deutlich [...]. Nicht als Erlebnisdichtung, sondern als Illusionsdichtung wurde das Tagelied ein typisiertes literarisches Genre».[18]

Der Wächter spricht im Tagelied nicht nur völlig unrealistisch in höfischen Begriffen, sein laut herausgerufenes Einvernehmen mit den Liebenden macht vielmehr ihn und die ganze Tageliedsituation zur Fiktion. Diese Fiktivität lizenzierte überhaupt erst die Gattung für das höfische Publikum des Minnesangs! Zum anderen fungiert der Wächter als das personifizierte gesellschaftliche Gewissen der Liebenden, er verkörpert geradezu die Notwendigkeit der Trennung. Im Tagelied wird der permanente Anspruch auf Erfüllung eingelöst, zugleich jedoch der alte Spannungszustand zwischen Begehren und Erfüllung durch den neuen zwischen der *vröide* des nächtlichen Beisammenseins und dem *leit* des morgendlichen Abschieds substituiert. Im Lied der Hohen Minne wird *vröide* gesucht, im Tagelied gefunden – aber nur bis zum Anbruch des Tages. Jedes höfische Tagelied ist ein Dialog in der Trennungssituation, seine Klage mündet beim *trûren* des Hohen Minneliedes. Mit diesem teilt es den Widerspruch von Persönlichem und Öffentlichem.

Minnelied und Tagelied gehen von einer «seltsam widersprüchlichen Fiktion» aus: «in der Gesellschaft trägt der Sänger eine heimliche [...] Liebesbindung [...] öffentlich vor. In diesem Widerspruch aber steckt der ganze Minnesang [...]. Denn die Heimlichkeit der Minne, die freie erotische Anziehung, eröffnet dem Ritter, dem Laien jenen Konflikt zwischen Selbstbestimmung und Ordnung, der jeder mittelalterlichen Deutung der Liebe zugrunde liegt. Die Öffentlichkeit aber, d.h. die höfische Gesellschaft, sei sie bloße ‹Idee› oder reale Institution, gibt ihm Raum und Grenze, Antrieb und Zügel zugleich [...]. Sie bindet die ‹Minne› der Ritter – im Gegensatz etwa zur bindungslosen ovidianischen *voluptas* der Vaganten – an eine Ordnung und nimmt umgekehrt die mittelalterliche, weltlich-göttliche Rechtsordnung zum erstenmal ins Persönliche, in Selbstwahl und Selbstgestaltung hinein» (Hugo Kuhn).[19]

A. T. Hatto hat in der Sammlung *Eos* zum Thema «Lovers' Meetings and Partings at Dawn» Tagelieder aus 50 Literaturen der Welt herausgegeben. Die Beispiele reichen von Ägypten bis China, vom 13.Jh. v.Chr. bis in die Gegenwart zu Pound, Beckett, Enzensberger, Krolow und Celan. Es gibt wohl keine literarische Gattung mit so wenigen Konstituenten, die eine solche Fülle von Varianten hervorgebracht hat. In der Geschichte des mhd. höfischen Tageliedes hat Wolfram von Eschenbach im Grunde schon die wichtigsten Variationen des Typs vorweggenommen, u. a. in der Verteilung der Sprecherrollen: einmal spricht nur die Frau, einmal nur der Wächter, dann wieder sprechen Wächter und Frau, Ritter und Wächter oder Frau und Ritter. In einem Lied (Wapnewski, Nr. 5) spricht der Dichter zum Wächter und fordert ihn zum Schweigen auf. Er preist die Vorzüge der Ehefrau, die eine Liebe ohne Heimlichkeit, Gefahr und Abschiedsschmerz am Morgen gewähren könne – eine «Absage ans Tagelied», halb im Ernst, halb im Scherz vielleicht. Das berühmteste und neben Wolframs *Sîne klâwen* wohl schönste Tagelied ist eigentlich keines, sondern ein «Tagelied-Wechsel in der Retrospektive».[20] Heinrich von Morungen bedient sich in MF 143, 22 der alten Form des Wechsels und verlegt die Tagelied-Situation in die Erinnerung der Getrennten:

1 Owê, –
  Sol aber mir iemer mê
  geliuhten dur die naht
  noch wîzer danne ein snê
  ir lîp vil wol geslaht?
  Der trouc diu ougen mîn.
  ich wânde, ez solde sîn
  des liehten mânen schîn.
  Dô tagte ez.

2 ‹Owê, –
  Sol aber er iemer mê
  den morgen hie betagen?
  als uns diu naht engê,
  daz wir niht durfen klagen:
  ‹Owê, nu ist ez tac,›
  als er mit klage pflac,
  dô er jüngest bî mir lac.
  Dô tagte ez.›

3 Owê, –
  Si kuste âne zal
  in dem slâfe mich.
  dô vielen hin ze tal
  ir trehene nider sich.
  Iedoch getrôste ich sie,
  daz sî ir weinen lie
  und mich al umbevie.
  Dô tagte ez.

4 ‹Owê, –
  Daz er sô dicke sich
  bî mir ersehen hât!
  als er endahte mich,
  sô wolt er sunder wât
  Mîn arme schouwen blôz.
  ez was ein wunder grôz,
  daz in des nie verdrôz.
  Dô tagte ez.›

1, 2 wird mir denn jemals künftig ... 5 *geslaht* geartet, schön. – 2, 1–3 Oh weh, wird er denn jemals den Morgen über bleiben? Die Nacht möge uns so vergehen, daß ... – 3, 5 *nider sich* hernieder. – 4, 3 in meinen Anblick verloren hat. 4 *endecken* aufdecken. 5 *wât* Kleidung.

Wie fest die Tagelied-Gattung in der Hör- und Leseerfahrung verankert gewesen sein muß, zeigt am besten die Parodie, die ja die Erwartungen des Publikums nur durchkreuzen kann, wenn diesem die parodierte Vorlage präsent ist. Steinmar verlagert in seiner Tagelied-Parodie die Trennungssituation vom höfischen ins bäuerliche Milieu. Aus Ritter und Dame sind Knecht und Magd geworden. An die Stelle des Wächters rückt der Hirte, der zur Arbeit ruft. Darüber erschrecken *diu reine* und *ir geselle wert*, doch alsbald herrscht wieder Freude. Die Trennung schließt wie bei Wolframs *urloup* «Abschied» und «Hingabe» ein, aber ohne *leit;* denn nach getaner Arbeit wird schließlich das *bettespil* weitergehen. Die dem höfischen Tagelied eigene Freude-Leid-Spannung ist aufgehoben.

Steinmar (SMS XIX, 8)

>Ein kneht der lac verborgen,
>bî einer dirne er slief
>unz ûf den liehten morgen:
>der hirte lûte rief
>‹wol ûf, lâz ûz die hert!›
>des erschrac diu dirne und ir geselle wert.
>   Daz strou daz muost er rûmen
>und von der lieben varn.
>er torste sich niht sûmen,
>er nam si an den arn.
>daz höi daz ob im lac
>daz ersach diu reine ûf fliegen in den tac.
>   Dâ von si muoste erlachen,
>ir sigen diu ougen zuo.
>sô suoze kunde er machen
>in deme morgen fruo
>mit ir daz bettespil;
>wer sach ân geræte ie fröiden mê sô vil!

sigen sanken. – *ân geraete* ohne Aufwand.

Minnesang mit Kreuzzugsthematik
Minnedienst ohne den Lohn einer wechselseitigen, erfüllten Liebe kann zur Aufkündigung des Dienstes führen, entsprechend der *diffidentia (diffiducatio)* im Lehnswesen. Alternativen sind dann entweder der Gottesdienst im Kreuzzug oder eine Liebe, die wechselseitig ist. Beide Möglichkeiten finden sich bei Hartmann von Aue:

Hartmann von Aue, «Unmutslied» (MF 216, 29)

>Maniger grüezet mich alsô
>– der gruoz tuot mich ze mâze vrô –:
>«Hartmann, gên wir schouwen
>ritterlîche vrouwen.»
>   mac er mich mit gemache lân
>und île er zuo den vrowen gân!
>bî vrowen triuwe ich niht vervân,
>wan daz ich müede vor in stân.

> Ze vrowen habe ich einen sin:
> als sî mir sint, als bin ich in;
> wand ich mac baz vertrîben
> die zît mit armen wîben.
> swar ich kum, dâ ist ir vil,
> dâ vinde ich die, diu mich dâ wil;
> diu ist ouch mînes herzen spil.
> waz touc mir ein ze hôhez zil?
>
> In mîner tôrheit mir beschach,
> daz ich zuo zeiner vrowen gesprach:
> «vrowe, ích hân mîne sinne
> gewant an iuwer minne.»
> dô wart ich twerhes an gesehen.
> des wil ich, des sî iu bejehen,
> mir wîp in solher mâze spehen,
> diu mir des niht enlât beschehen.

schouwen hier: aufsuchen. – *mit gemache lân* in Ruhe lassen. – *îlen* sich beeilen. – *triuwen* sich getrauen. – *vervân* zuwege bringen. – *twerhes* von der Seite, schief. – *mâze* Art, Beschaffenheit. – *spehen* auswählen. – *beschehen* widerfahren.

Der Sänger – in 1,3 mit dem Autornamen angesprochen – verzichtet auf die höfische Aufwartung bei vornehmen Damen und kündigt den Minnedienst auf, für den er doch nur scheel angesehen wurde. Stattdessen will er sich einfachen Frauen *(armen wîben)* zuwenden. Hier findet er Gegenliebe – *dâ vinde ich die, diu mich dâ wil* – und *mînes herzen spil*, eine Herzensfreude, die ihm mehr bedeutet als *ein ze hôhes zil*. Das Ziel einer erfüllten Liebe in der Hohen Minne ist zu hoch gesteckt, unerreichbar. Das «Unmutslied» ist sicherlich kein Scherz und wohl auch mehr als eine «Drohgebärde» intensiver Werbung, es ist ein bewußter Bruch mit der höfischen Konvention und Norm. Dieses Gedicht kann als Vorläufer von Walthers Kritik an der Hohen Minne in den Mädchenliedern gelten.

Das Lied MF 218, 5 ist nicht nur wegen seiner Datierung bemerkenswert, sondern auch für Hartmanns Wendung von der weltlichen *wân*-Minne zur Gottesminne:

Hartmann von Aue, Drittes Kreuzzugslied (MF 218,5)

> Ich var mit iuweren hulden, herren unde mâge.
>   liut unde lant die müezen saelic sîn!
> ez ist unnôt, daz ieman mîner verte vrâge,
>   ich sage wol vür wâr die reise ⟨mîn⟩.
>   Mich vienc diu minne und lie mich varn ûf mîne sicherheit.
>   nu hât si mir enboten bî ir liebe, daz ich var.
>   ez ist unwendic, ich muoz endelîchen dar.
>   wie küme ich braeche mîne triuwe und mînen eit!

8.1 Minnesang 265

Sich rüemet maniger, waz er dur die minne taete.
wâ sint diu werc? die rede hoere ich wol.
doch saehe ich gern, daz sî ir eteslîchen baete,
daz er ir diente, als ich ir dienen sol.
Ez ist geminnet, der sich durch die minne ellenden muoz.
nu séht, wie sí mich ûz mîner zungen ziuhet über mer.
und lebte mîn her Salatîn und al sîn her
dien braehten mich von Vranken niemer einen vuoz.

Ir minnesinger, iu muoz ofte misselingen,
daz iu den schaden tuot, daz ist der wân.
ich wil mich rüemen, ich mac wol von minnen singen,
sît mich diu minne hât und ich si hân.
Daz ich dâ wil, seht, daz wil alse gerne haben mich.
sô müest aber ir verliesen underwîlent wânes vil:
ir ringent umbe liep, daz iuwer niht enwil.
wan müget ir armen minnen solhe minne als ich?

mit iuweren hulden mit eurer Erlaubnis. – *mâc* Verwandter, Freund. – *ûf mîne sicherheit* auf die Versicherung meiner Dienstwilligkeit hin. – *wie kûme ich braeche* Es ist unmöglich, daß ich ... breche. – *ir eteslîchen* den einen oder anderen von ihnen. – *ûz mîner zunge* aus meinem Land. – *und lebte mîn her Salatin ...* Und lebte Herr Saladin, er und sein ganzes Heer. – *sô* dagegen, aber.

Für die Chronologie von Hartmanns Werk und Leben wird zwei Zeilen dieses Liedes eine zentrale Bedeutung zugemessen. Sie lauten in der einzigen Handschrift C:

und lebte mîn her Salatîn und al sîn her
dien braehten mich von Vranken niemer einen fuoz

Übersetzungsmöglichkeiten:
1. «Und selbst, wenn mein Herr [vgl. ‹Monsieur›] Saladin noch lebte [konditionaler Irrealis], er und sein Heer [Apokoinu], sie vermöchten mich aus Franken nicht um Fußesbreite fortzulocken.» D. h. Saladin, Sultan von Syrien und Ägypten, Eroberer Jerusalems 1187, lebt nicht mehr. Da der Text Saladins Tod im Jahre 1193 voraussetzt, bereitet sich Hartmann auf den Kreuzzug Heinrichs VI. von 1197/98 vor.
2. «Lebte jedoch mein [Dienst-]Herr noch, dann brächten Saladin und sein ganzes Heer mich keinen Fußbreit aus dem Lande der Franken fort.» Hier kommt es auf die Interpunktion an. Liest man mit Hermann Paul: *und lebt' mîn herre, – Salatin ...*, so bezieht sich der konditionale Irrealis auf Hartmanns geliebten Dienstherrn (vgl. MF 210, 23 f. u. 206,14) und Saladin lebt noch. Also bereitet sich Hartmann auf den Kreuzzug Barbarossas von 1189/90 vor.
Auch diese Fassung läßt jedoch die Möglichkeit zu, daß Saladin bereits verstorben ist: «Lebte mein Herr noch, dann könnte mich auch Saladin (lebte er noch) ...» Die Datierungsfrage läßt sich also gar nicht eindeutig beantworten. Sie ist ohnehin ein Scheinproblem verglichen mit der grundsätzlichen Frage nach dem «Entwicklungsprozeß» eines mittelalterlichen Dichters und dem seines Dichtens: Hartmanns «Krise» nach dem Tode des Dienstherrn fußt auf einer individualpsychologischen Prämisse der Neuzeit, die nicht selbstverständlich auf mittelalterliche Verhältnisse übertragen werden kann.

8. Minnesang und Spruchdichtung

Die erste Strophe beginnt mit einem Abschiedstopos. Der Sänger kündigt dann eine *reise* an, ohne deren Ziel zu nennen. Er gibt jedoch das Motiv des Aufbruchs an: die Minne (1,5). Wenn er von seiner Minnegefangenschaft spricht und von der *sicherheit*, die er ihr vor seiner Freilassung leisten mußte, so erwartet man bei dieser Personifikation die *minne* des Minnesangs. Erst in der zweiten Strophe wird deutlich, daß hier mit der Ambivalenz von Frauen- und Gottesminne gespielt wird. Dieser Minne zuliebe zieht er in die Fremde *über mer*. Es geht um eine Fahrt aus dem fränkischen Abendland in den Orient Saladins. Die dritte Strophe enthüllt vollends, daß mit denjenigen, die ihrer *rede* nicht die *werc* (2, 1–2) folgen lassen, die Minnesänger mit ihrer *wân*-Minne (3,2) gemeint sind. Bei ihm dagegen entspricht dem *rüemen* das *werc* als wechselseitiges Geben und Nehmen: *sît mich diu minne hât und ich si hân*. Diese Gegenseitigkeit eignet dem *amor Dei* des Kreuzfahrer-Sängers, während die *armen* Minnesänger immer wieder viele Hoffnungen begraben müssen *(verliesen underwîlen wânes vil)*. Hier ist eine Minne, die reich macht, die Ziel und Lohn kennt: *Daz ich dâ wil, seht, daz wil alse gerne haben mich*.

Anders als in der kirchlich-politischen Kreuzzugswerbung steht Hartmanns Kreuzzugsappell zwischen den Zeilen. Ein Laie bedient sich der Vorstellungswelt von Laien und greift in seiner Argumentation zurück auf genuine Erfahrungs- und Deutungsmuster der höfischen Gesellschaft. Im «Unmutslied» setzte Hartmann der Hohen Minne die wechselseitige Minne entgegen. Hier wird die Bejahung der wahren Gottesminne begründet aus der Ablehnung der falschen Frauenminne. «Aus der reinen Dialektik des Minneliedes entsteht im Kreuzlied das ritterlich religiöse Gedicht, unabhängig von geistlicher Tradition.»[21]

Schwankt in der mlat. Vagantenlyrik der Kleriker zwischen der Liebe und dem Dienst an der Wissenschaft,[22] so in der mhd. Minnelyrik mit Kreuzzugsthematik der Ritter zwischen Frauendienst und Gottesdienst. Bei Albrecht von Johansdorf[23] wird die Kreuzzugsverpflichtung der Minnebindung nicht so eindeutig wie bei Hartmann übergeordnet, sondern höchstens zeitweilig nebengeordnet. Beide Ansprüche werden miteinander in Einklang gebracht, auch auf der Kreuzfahrt fühlt sich der Ritter mit der Geliebten weiter verbunden (bes. MF 89, 21). Johansdorf sucht nach einem Ausgleich in diesem Konflikt, den Friedrich von Hausen in seinem Lied *Mîn herze und mîn liep diu wellent scheiden* (MF 47,9) auf die Spitze getrieben, aber mit der Entscheidung für Gott zumindest formal gelöst hat:[24]

1 Mîn herze und mîn lîp diu wellent scheiden,
   diu mit ein ander wâren nu manige zît.
  der lîp wil gerne vehten an die heiden,
   sô hât jedoch daz herze erwelt ein wîp
   Vor al der welt, daz müet mich iemer sît.

daz siu ein ándèr niht volgent beide.
mir habent diu ougen vil getân ze leide.
got eine müese scheiden noch den strît.

2   Sît ich dich, herze, niht wol mac erwenden,
    du wellest mich vil trûreclîchen lân,
    sô bite ich got, daz er dich geruoche senden
    an eine stât, dâ man dich *welle* enpfân.
    Owê! wie sol ez armen dir ergân?
    wie getórstest du eine an solhe nôt ernenden?
    wer sol dir dîne sorge helfen enden
    mít tríuwen, als ich hân getân.

3   Ich wânde ledic sîn von solicher swaere,
    dô ich daz kriuze in gotes êre nan.
    †ez waere ouch reht, daz ez alsô waere,
    wan daz mîn staetekeit mir sîn verban.†
    Ich solte sîn ze rehte ein lebendic man,
    ob ez den tumben willen sîn verbaere.
    nu sihe ich wol, daz im ist gar unmaere,
    wie ez mir súle án dem ende ergân.

4   Niemen darf mir wenden daz zunstaete,
    ob ich die hazze, die ich dâ minnet ê.
    swie vil ich sî gevlêhte oder gebaete,
    sô tuot si rehte, als sis niht verstê.
    Mich dunket [], wie ir wort gelîche gê,
    rehte als ez der sumer von triere taete.
    ich waer ein gouch, ob ich ir tumpheit haete
    vür guot. ez engeschiht mir niemer mê.

daz siu ein ander niht volgent beide daß keiner dem anderen nachgeben will, daß sie so auseinanderstreben, daß sie nicht einig sind. – ... *niht wol mac erwenden, du wellest mich vil trûreclîchen lân* ... nicht davon abbringen kann, mich, der ich sehr betroffen bin, zu entlassen. – *ernenden* Mut fassen. – *in gotes êre* zu Gottes Ehre. – *sîn verban* das mißgönnte. – *Ich solte sîn ze rehte ein lebendic man* daß ich das ewige Leben (?) erlangen könnte. – *ez = daz herze, verbern* aufgeben. – *unmaere* gleichgültig. – *wie* daß. – *gouch* Narr, *tumpheit* Verständnislosigkeit. [Zum «*sumer von triere*» vgl. die bei G. Schweikle, Frühe Minnelyrik, 1977, S. 494 f. aufgeführten Deutungsversuche.]

Hatte Hausen im thematisch verwandten Lied *Sî darf mich des zîhen niet* (MF 45, 37) «den Konflikt diachron gelöst, indem er den vergeblichen Minnedienst abbricht und den Gottesdienst aufnimmt, so läßt er sich jetzt eine in der Persönlichkeitsspaltung *herze – lîp* metaphorisierte synchrone Konfliktlösung einfallen.»[25] Vorbild ist das Lied *Ahi! Amors, com dure departie* («O Liebe, wie schwer wird mir diese Trennung») des Trouvères Conon de Béthune mit den Versen: «Wenn mein Leib unserem Herrn dienen wird, so bleibt doch mein Herz völlig in der Gewalt meiner Dame».[26] Der *lîp*, das Organ tätigen Wirkens, strebt nach ritterlichem Kampf gegen die Heiden, das *herze*, das Organ des liebenden Gefühls mit den *ougen* als Medium, hält an der von ihm erwählten Frau fest:

ein Zwiespalt, der das Ich immerfort belastet *(müet)* und den nur Gott allein noch zu schlichten vermöchte.

Beider Trennung wird jedoch nicht aufgehoben, vielmehr bittet das Ich Gott, das *arme* Herz an einen Ort zu senden, wo man es freundlich empfange. Dieser Weg erscheint als Wagnis *(torstest ... genenden)*, als unsicheres Unterfangen, verbunden mit *nôt* und *sorge*. Von der *swaere* des Minnedienstes glaubte das Ich (also nicht nur der Leib) mit dem Heilsgewißheit verheißenden Akt der Kreuznahme befreit zu sein, aber die *staetekeit*, die Bindung eben nicht nur an Gott, sondern auch an die Dame, erweist sich als Hindernis. Wenn das Herz seinen *tumben willen* aufgäbe, könnte das Ich ein wirklich *lebendic man* sein, nämlich ein Mensch, der wahrhaft *(ze rehte)* im Hinblick auf das wahre ewige Leben zu leben und zu sterben bereit ist. Doch das verstockte Herz kümmert sich nicht darum, wie es dem Ich *süle an dem ende ergân*. («Ich» meint also die nicht übertragbare personale Existenz im christlichen Sinne.)

Damit ist die Wendung gegen die Dame vorbereitet, die in der letzten Scheltstrophe erfolgt. Die Aufkündigung des Minnedienstes kann nicht als *unstaete* ausgelegt werden, weil die Dame sich gleichgültig und unbeständig verhält (was immer mit der Anspielung auf den *sumer von triere* gemeint sein mag). Darin liegt eine Kritik an der Hohen Minne, am «Dienst auf Gnade ohne Lohn». Aber offensichtlich stellt sich die Dame nicht nur taub gegenüber dem Minnewerben, sondern *ir tumpheit* muß zugleich das Unverständnis im religiösen Sinne meinen, nicht an das *ende* denken zu wollen. Mit dieser eindeutigen Priorität scheint der Widerspruch zwischen den Forderungen von Minne und Kreuzzug immer noch auflösbar, gleichwohl verrät die Verselbständigung von *herze* und *lîp*, daß die Entscheidung für die Kreuznahme nicht mehr ganz selbstverständlich ist.

Damit würde bei aller fiktionalen Eigengesetzlichkeit des Minnesangs und trotz der hohen Abstraktionsebene gerade dieses Lieds die realhistorische Situation zur Zeit des Mainzer Hoftags von 1188 (s. o. 6.4.2) interpretiert, als die Begeisterung der frühen Kreuzzüge schon weitgehend der Ernüchterung gewichen war. Wahrscheinlich ist der Minnesänger Friedrich von Hausen mit jenem Reichsministerialen und *miles egregius* identisch, der 1190 auf der Kreuzfahrt Barbarossas in einem Gefecht gegen die Türken fiel.[27] In seinen Kreuzzugsliedern hat Hausen versucht, eine in der persönlichen Erfahrungssituation der Kreuzfahrer begründete Indifferenz gegenüber der Kreuznahme abzubauen, indem er die Minne – Inbegriff weltlich-höfischen Rittertums – als Wert zunächst ernst nimmt und dann doch exemplarisch hintansetzt. Das bedeutet einen eigenständigen Weg der Kreuzzugswerbung in den Bahnen der höfischen Ritterideologie, eine neue Selbstvergewisserung der weltlichen Führungsschicht neben den altbekannten Mahnreden der Kirche.

Walthers von der Vogelweide Mädchenlieder und die Lieder der Neuen Hohen Minne

> Minne entouc nicht eine,
> si sol sîn gemeine,
> sô gemeine daz si gê
> dur zwei herze und dur dekeinez mê. (L.-K. 51, 9–12)

Die «einseitige Liebe», nämlich die der Hohen Minne, «kann nicht gedeihen, sie muß gemeinsam sein», nämlich so ganz und gar gegenseitig, «daß sie zwei Herzen durchdringt und sonst keines». So hat Walther von der Vogelweide prägnant seine neue Auffassung von Minne formuliert, wie sie sich – vertraut man den Periodisierungsentwürfen der Walther-Forschung – nach dem Abschied vom Wiener Hof (1198) herausgebildet hat.

Die frühen Lieder und die der sog. ersten Reinmar-Fehde bewegen sich durchaus noch in den Bahnen der Hohen Minne. Während der Wanderzeit bis zur Rückkehr nach Wien (um 1203) sind neben der Spruchdichtung die Preislieder, die Lieder der zweiten Reinmar-Fehde und vor allem die Mädchenlieder entstanden, die den Bruch mit der Konzeption des Hohen Minnesangs vollziehen. In einer – von der zweiten schwer abzugrenzenden – dritten Phase unternimmt Walther den Versuch einer Erneuerung mit den Liedern der Neuen Hohen Minne. In diese Spätzeit gehören im übrigen auch die Lieder der Weltabsage, die sog. Alterslieder.

Zu den «Mädchenliedern» Walthers zählen vor allem *Under der linden* (L.-K. 39, 11) und ‹*Nemt, frowe, disen kranz*› (L.-K. 74, 20), die beide die Pastourellensituation der Begegnung mit einem Mädchen im Freien zum Gegenstand haben, sowie *Bin ich dir unmaere* (L.-K. 50, 19) und *Herzeliebez frouwelîn* (L.-K. 49, 25). Insbesondere die beiden erstgenannten Lieder wirken unbefangener und natürlicher als der Hohe Minnesang. Sie erinnern an den frühen donauländischen Minnesang und an die Vagantenlyrik. Zunächst das *Under der linden*-Gedicht im Vergleich mit einem lateinisch-deutschen Mischgedicht aus den *Carmina Burana:*[28]

Ich was ein chint so wolgetan,	Hoy und oe!
virgo dum florebam,	Verflucht sollen die Linden sein,
do brist mich div werlt al,	die am Wege stehn.]
omnibus placebam.	*Ia wolde ih an die wisen gan,*
Refl. Hoy et oe!	flores adunare,
maledicantur tilie	*do wolde mich ein ungetan*
iuxta viam posite!	ibi deflorare.
	Refl. Hoy et oe ...
[*Ich war ein Kind, hübsch anzusehn,*	
als ich eine schön erblühte Jungfrau war,	*Er nam mich bi der wizen hant,*
da lobte mich alle Welt,	sed non indecenter,
allen gefiel ich.	*er wist mich div wise lanch*
	valde fraudulenter.

Refl. Hoy et oe . . .
Er graif mir an daz wize gewant
  valde indecenter,
er fůrte mih bi der hant
  multum violenter.
Refl. Hoy et oe . . .
Er sprach: «vrowe, gewir baz!
  nemus est remotum.»
dirre wech, der habe haz!
  planxi et hoc totum.
Refl. Hoy et oe . . .
«Iz stat ein linde wolgetan
  non procul a via,
da hab ich mine herphe lan,
  tympanum zum lyra.»
Refl. Hoy et oe . . .
Do er zů der linden chom,
  dixit: «sedeamus,»

  – *div minne twanch sêre den man* –
  «ludum faciamus!»
Refl. Hoy et oe . . .
Er graif mir an den wizen lip,
  non absque timore,
er sprah: «ich mache dich ein wip,
  dulcis es cum ore!»
Refl. Hoy et oe . . .
Er warf mir ůf daz hemdelin,
  corpore detecta,
er rante mir in daz purgelin
  cuspide erecta.
Refl. Hoy et oe . . .
Er nam den chocher unde den bogen,
  bene venabatur!
der selbe hete mich betrogen.
  «ludus compleatur!»
Refl. Hoy et oe . . .

Walther von der Vogelweide, *Under der linden* (L.-K. 39, 11)

‹Under der linden
an der heide,
dâ unser zweier bette was,
dâ mugt ir vinden
schône beide
gebrochen bluomen unde gras.
vor dem walde in einem tal,
  tandaradei,
  schône sanc diu nahtegal.

Ich kam gegangen
zuo der ouwe:
dô was min friedel komen ê.
dâ wart ich enpfangen,
hêre frouwe,
daz ich bin sælic iemer mê.
kuster mich? wol tûsentstunt:
  tandaradei,
  seht wie rôt mir ist der munt.

Dô het er gemachet
alsô rîche
von bluomen eine bettestat.
des wirt noch gelachet
innecliche,
kumt iemen an daz selbe pfat.
bî den rôsen er wol mac,
  tandaradei,
  merken wâ mirz houbet lac.

> Daz er bî mir læge,
> wessez iemen
> (nu enwelle got!), sô schamt ich mich.
> wes er mit mir pflæge,
> niemer niemen
> bevinde daz, wan er unt ich,
> und ein kleinez vogellîn:
> tandaradei,
>   daz mac wol getriuwe sin.›

hêre frouwe kann verstanden werden 1. als elliptischer Vergleich: «wie eine vornehme Dame», 2. als Zitat der Anrede: wurde ich begrüßt als «Gnädige Frau» und 3. als emphatische Interjektion: «Madonna», «Heilige Jungfrau!»

Das Carmen Buranum 185 weist Gemeinsamkeiten mit Walthers *Under der linden* auf. Hier wie dort gehört die *linde* zu den Requisiten des *locus amoenus*, spricht ein Ich in der Rolle der Frau, wird ein *chint* von dem Mann als *vrowe* angeredet, gibt es einen Refrain.

Aber das Carmen Buranum erzählt von einer gewalttätigen Verführung: *diu minne twanch sêre den man*, der sich *multum violenter* und *valde fraudulenter* verhält. Am Ende ist das *chint* zum *wîp* gemacht und *betrogen*. Das Spiel ist aus – *ludus compleatur*. Der Vorgang wird direkt und eindeutig auch in der sexuellen Metaphorik dargestellt. Dagegen liegt der Reiz von *Under der linden* gerade in der Art, wie etwas gesagt und doch nicht gesagt wird. Das Beilager *(daz er bî mir laege)* wird benannt, aber das Glück der beidseitigen Liebeserfüllung bleibt unausgesprochen. Dafür steht das *tandaradei* der Nachtigall, des einzigen Zeugen: ein «Lied ohne Worte».[29] «In der Mädchenrede ist das männliche Ich gegenwärtig; was der Mann ersehnt, erzählt das Mädchen als erlebtes Glück. Gegenseitigkeit und Ausgewogenheit von ‹Er› und ‹Ich› in Str. II–IV in fast regelmäßiger Alternation *(Ich – mîn friedel – ich –* sein Ausruf: ‹*hêre frouwe!*› *– ich – er mich*, usw.).»[30] Die vergegenwärtigende Erinnerung an den Augenblick wird eins mit zukünftiger Erwartung *(ich bin saelic iemer mê)*, entgrenzt auch durch die Einbettung in die Zeitlosigkeit des *locus amoenus*.

Die Frau, die in diesem Gedicht von einem Rendezvous am Waldesrand mit ihrem *friedel* erzählt, ist offensichtlich nicht die unnahbare Dame der Hohen Minne, gerade wenn sie als *hêre frouwe* empfangen oder angeredet worden sein sollte. Der Ton naiver Arglosigkeit, Schamhaftigkeit und Innigkeit, das Schweben zwischen verhaltenem Zögern und freudig erregtem Sagen entspricht den Erwartungen, die mit der Rolle des «Mädchens» verknüpft wurden. Daß es sich um ein einfaches Landmädchen handele, legt der Kontext (Pastourelle und das *nidere* in L.-K. 49, 32) nahe, aber der ständische Unterschied wird gerade nirgends explizit gemacht: Er ist unerheblich für eine erfüllte Ich-Du-Beziehung! Das würde einen entscheidenden Schritt der Distanzierung sowohl gegenüber der mlat./afrz. Pastourelle als auch gegenüber der abstrakten Standesdichtung des Hohen Minnesangs bedeuten.

Walther von der Vogelweide, ‹Nemt, frowe, disen kranz› (L.-K. 74, 20)

74, 20 ‹Nemt, frowe, disen kranz:›
       alsô sprach ich zeiner wol getânen maget:
       ‹sô zieret ir den tanz,
       mit den schoenen bluomen, als irs ûffe traget.
       het ich vil edele gesteine,
25   daz müest ûf iur houbet,
       obe ir mirs geloubet.
       sêt mîne triuwe, daz ichz meine.›

74, 28 Si nam daz ich ir bôt,
       einem kinde vil gelîch daz êre hât.
30   ir wangen wurden rôt,
       same diu rôse, dâ si bî der liljen stât.
       do erschampten sich ir liehten ougen:
       dô neic si mir schône.
       daz wart mir ze lône:
35   wirt mirs iht mêr, daz trage ich tougen.

75, 9 ‹Ir sît sô wol getân,
10   daz ich iu mîn schapel gerne geben wil,
       so ichz aller beste hân.
       wîzer unde rôter bluomen weiz ich vil:
       die stênt sô verre in jener heide.
       dâ si schône entspringent
15   und die vogele singent,
       dâ suln wir si brechen beide.›

       Mich dûhte daz mir nie
       lieber wurde, danne mir ze muote was.
       die bluomen vielen ie
20   von dem boume bî uns nider an daz gras.
       seht, dô muost ich von fröiden lachen.
       do ich sô wünneclîche
       was in troume rîche,
       dô taget ez und muos ich wachen.

75, 1 Mir ist von ir geschehen,
       daz ich disen sumer allen meiden muoz
       vast under dougen sehen:
       lîhte wirt mir einiu: so ist mir sorgen buoz.
5   waz obe si gêt an disem tanze?
       frowe, dur iur güete
       rucket ûf die hüete.
       owê gesæhe ichs under kranze!

8.1 Minnesang 273

* 20 = 134 *A*, 262 [280] *C*, 51 *E*.   Frauwe nement *E*.   21 getaner *C*.   23 die ir *E*. 24 vil edel *C*, golt und edeles *E*.   25 muest *C*, muoz *A*, fuer *E*.   uf iuwer *A*, uf ir *CE*. 26 gehoubet *A*.   27 Set *E*, Sent *AC*.
28 = 136 *A*, 264 [282] *C*, 53 *E*.   31 Als die – so sie *E*.   bi den *C*.   32 Des *AC*. schemten *E*.   sich liehtú ougen *A*.   33 Doch (!) *A*.   mir vil *AC*.   Doch neic ich ir vil schone *E*.   35 Wart mir *E*.
9 = 135 *A*, 263 [281] *C*, 52 *E*.   Frowe ir *alle*.   10 schappel *A*, tschapel *C*.   11 So iz *E*. Daz aller beste daz ich han *AC*.   *bei dieser lesart dürfte man* aller *tilgen, mit Benecke*. 12 Wiz gruene unde roter bluomen vil *E*.   13 Niht verre an iener gruenen heide *E*. 14 schone entsprungen *AC*, vil schone springent *E*.   15 Und die kleine (cleinen *A*) vogele sungen *AC*, Und dü vogelin singent *E*.   sülle *E*.
17 = 138 *A*, 373 [389] *C*.   ie *AC*.   20 den böimen *A*.   21 müeste *C*.   24 muoz *C*, muoze *A*.
1 = 137 *A*, 372 [388] *C*, 54 *E*.   2 allen megden disen sumer *E*. miden *A*.   3 diu ougen *AC*, augen *E*.
4 einú *C*, eine *A*.   Vinde ich mine.   so ist mir aller sorgen buoz *E*.   5 in disem *A*. Owe geschehe ez under crantze *E*.   6 ür *E*, uwer *AC*.   7 Ir rücket *E*.   8 ich ez *A*. Waz ob sie get an disme tanze *E*.

74, 23. *üffe* auf (dem Kopf). – 26. wie Ihr mir glauben werdet, ganz gewiß. – 27. seht doch (nehmt meine Versicherung), daß das meine Absicht ist, ich meine es ehrlich. – 29. *kint* junges Mädchen. – 30. wird mir davon noch mehr zuteil, werde ich das heimlich für mich behalten. – 75, 10. *schapel* Kranz von Blumen. – 19. *bluomen* hier: Blüten. – 75, 4. *mir ist buoz* (m. Gen.) ich werde von etwas befreit. – 5. *waz obe* wie, wenn. – 6. *frowe* stf. Pl.

Auch in ‹Nemt, frowe, disen kranz!› (L.-K. 74, 20) ist diejenige, die als Herrin *(frowe)* angeredet wird, ein schönes Mädchen *(maget)*. In diesen beiden ersten Verszeilen steckt schon die ganze Provokation, so wie in *Herzeliebez frowelîn* (L.-K. 49, 25) die diminutive Form der Anrede mit dem Attribut bereits Programm ist. Offen bleibt, ob mit der Wendung *einem kinde vil gelîch daz êre hat* (74, 29) die *frowe* und *maget* wie die *puella* der Pastourelle und wie das nur einen gläsernen Ring besitzende *frowelîn* (50, 12) durch den Vergleich mit einem «edlen Fräulein» vom ständisch-höfischen Bereich abgehoben oder ob sie einfach als «wohlerzogen», «von natürlichem, inneren Adel» gepriesen werden soll.

Die Situation des Tanzes erinnert an die Tanzlieder des Brauchtums und an diejenigen eines Neidhart. Wenn Walther hier zugleich die Pastourellensituation adaptiert, so interpretiert er sie um, indem er die rein sinnliche Verführung zur Liebe auf Gegenseitigkeit vertieft und mit verschiedenen Wirklichkeitsebenen spielt. Die vierte Strophe hebt mit der Traumlösung die sich in den vorangehenden Strophen abzeichnende Liebeserfüllung auf, und die fünfte Strophe führt dann aus der Erzählvergangenheit in die Aufführungsgegenwart zurück. Weitreichende interpretatorische Vorentscheidungen implizieren die Strophenfolge und die Zuordnung als Männer- oder Frauenstrophe.

Nur A bringt das Gedicht ganz, in der Folge: *Nemt – Ir sît – Si nam – Mir ist – Mich dûhte*. C reißt es auseinander, gibt nur die ersten drei Strophen als Block und die beiden letzten an ganz anderer Stelle als separaten Nachtrag. E stimmt mit der Strophenfolge von A überein, läßt jedoch die Traumstrophe aus. Die Überlieferung, die womöglich eine variable Aufführungspraxis widerspiegelt, ist also nur für den Zusammenhang der ersten drei Strophen stabil. Die Herausgeber haben nun obendrein vielfach die zweite mit der dritten und gegenüber AC die vierte mit der fünften Strophe vertauscht, so daß am Ende nur noch die erste Strophe ihre Eingangsstellung behauptet.

Dadurch ergeben sich die verschiedensten Kombinationsmöglichkeiten, deren jede sich als sinnvoll rechtfertigen läßt: nur Str. I–III oder (I–III) + (IV–V) oder (I–III) + IV oder (I–III) + V usf., wobei auch noch die Reihenfolge II–III fraglich ist.

Umstritten ist zudem, ob *Ir sît* als Frauen- oder als Männerstrophe zu verstehen sei. Dabei überliefern alle drei Handschriften die Anrede *Frowe ir!* P. Wapnewski[31] hält sich in seiner Interpretation an die von Carl von Kraus vorgeschlagene Strophenfolge und faßt Str. III *(Ir sît)* als Frauenstrophe auf. Für ihn ergibt sich folgender Geschehensablauf: I. Traumanrede des Ritters, II. Traumhandlung mit der Gabe des Kranzes, III. Traumgegenrede des Mädchens, das den Kranz zurückschenkt. IV. Traumhandlung und pointierter Übergang – *dô muost ich von fröiden lachen* – in die «Wachwelt»: «Die ganze Begegnung im Zauber von Frühling, Tanz, Blumen und Liebe – sie war nur Traum.» V. Auf der «Wachebene» jagt der Dichter immer noch seinem Traumglück nach; er sucht die Geliebte den ganzen Sommer lang. «Vielleicht trifft er sie unter den Mädchen, die vor ihm tanzen? [...] Wie, wenn er sie (und damit mündet das Gedicht in der Endzeile wörtlich wie bildlich wieder in die Traumwelt der ersten Strophe ein) unter dem Kranzschmuck fände! [...] Der Traum, nicht Wahn, sondern Möglichkeit, potentielle Wirklichkeit.»

Den Liedern der Neuen Hohen Minne ist ein programmatischer Grundzug eigen. *Die verzagten aller guoten dinge* (L.-K. 63, 8) beginnt im Stil der Hohen Minne. Das männliche Ich hat seinen *kumber geklaget* und findet *trôst* in der Hoffnung auf künftige *fröide*, auf Liebeserfüllung. Neu aber ist die Vorstellung, daß die umworbene Frau *friundîn und frouwen in einer waete* sein soll, also Geliebte und Herrin in einer Person. ‹*Friundinne*› ist ein süezez wort, ein Wort unmittelbaren Liebesempfindens, das schon in dem Tagelied des Dietmar von Eist begegnete, während die *frouwe* des Minnesangs die Geliebte zu höchstem Wert erhebt. Wenn sie ihm *friundîn* und *frouwe* sein soll und er ihr *friunt* und *geselle* (nicht *man*, Vasall) sein will, so kann das nur heißen, daß Hohe Minne und Mädchenliebe eins werden sollen in einer ‹Neuen Hohen Minne› (L.-K. 63, 8):

8.1 Minnesang

Die verzagten aller guoten dinge
wænent daz ich mit in sî verzaget.
Ich hân trôst daz mir noch frôide bringe
der ich mînen kumber hân geklaget.
Obe mir liep von der geschiht,
sô enruoche ich wes ein bœser giht.

Nît den wil ich iemer gerne lîden.
frouwe, dâ solt dû mir helfen zuo,
Daz si mich von schulden müezen nîden,
sô mîn liep in herzeleide tuo.
Schaffe daz ich frô gestê:
so ist mir wol, und ist in iemer wê.

Friundîn unde frouwen in einer wæte
wolte ich an dir einer gerne sehen,
Ob ez mir sô rehte sanfte tæte
alse mir mîn herze hât verjehen.
‹Friundinne› ist ein süezez wort:
doch sô tiuret ‹frouwe› unz an daz ort.

Frouwe, ich wil mit hôhen liuten schallen,
werdent diu zwei wort mit willen mir:
Sô lâz ouch dir zwei von mir gevallen,
dazs ein keiser kûme gæbe dir.
‹Friunt› und ‹geselle› diu sint dîn:
sô sî ‹friundîn› unde ‹frouwe› mîn.

Die den Glauben an das Gute verloren haben,
bilden sich ein, ich sei kleingläubig wie sie.
Ich hingegen hege die Zuversicht, daß mich noch froh machen werde,
der ich mein Leid geklagt habe.
Wenn sie mich mit ihrer Liebe glücklich macht,
läßt mich kalt was die Bösen reden.

Neid zu tragen wird mir immer ein Vergnügen sein.
Herrin, dazu mußt du mir verhelfen,
daß sie mich mit Grund beneiden,
wenn mein Liebesglück sie in der Seele schmerzt.
Mach doch, daß ich froh bin:
dann geht's mir gut – hingegen ihnen immer schlecht.

Geliebte und Herrin zugleich in einer Erscheinung
wünschte ich in dir zu erleben –
ob mich das wohl so glücklich machen würde
wie mein Herz mir eingeredet hat?
‹Geliebte› ist ein Wort, das im Herzen beglückt,
‹Herrin› andererseits ehrt und erhebt.

Herrin, einen Jubelsang will ich anstimmen,
wenn du diese beiden Anreden mir erlaubst.
Nimm von mir dagegen auch zwei für mich an,
wie sie dir kein Kaiser schöner geben könnte.
‹Geliebter› und ‹Vertrauter›, die sind dein:
so seien ‹Geliebte› und ‹Herrin› mein.
(Mhd. Text und nhd. Übersetzung von Peter Wapnewski.[32])

Ungleich schwerer erschließt sich *Aller werdekeit ein füegerinne* (L.-K. 46, 32) dem Verständnis. Angestrebt wird, als ideales Verhalten in der Minne, die *mâze*. Sie könnte den Mann *ebene werben*[33] lehren. Dieser hat bislang entweder *ze nidere* oder *ze hôhe* geworben. Beides machte ihn krank und bedeutete *unmâze*. *Nideriu minne* scheint sich weniger auf eine Frau niederen Standes als vielmehr auf Sexuelles zu beziehen – *lîp* (so BC gegen *muot* A) ist negativ besetzt. Obgleich *hôhiu minne* bewirkt, daß sich der Sinn zu höchsten Werten aufschwingt, läßt auch hier die *frouwe Mâze* auf sich warten. Ein Drittes kommt dazwischen: die *herzeliebe* (vgl. 49, 25: *herzeliebez frowelîn*, «Kleine Herrin der Herzeliebe»[34]), die ihn doch wieder verführt, auch wenn es ihm zum Nachteil gereicht. Er möchte der *mâze* gemäß *ebene werben*, doch er kann nicht widerstehen, sobald die wahre Herzensneigung erwacht. Walther gebraucht hier *herzeliebe* als Gegenbegriff zur Hohen Minne und greift damit auf den Frühen Minnesang zurück, wo Dietmar von Eist schon ganz ähnlich dichtete: *Ich hân der vrowen vil verlân, daz* [weil] *ich niht herzeliep vinden kunde* (MF 35, 5–6).

>   Aller werdekeit ein füegerinne,
>   daz sît ir zewâre, frowe Mâze.
>   er sælic man, der iuwer lêre hât!
>   der endarf sich iuwer niender inne
>   weder ze hove schamen noch an der strâze
>   dur daz sô suoche ich, frouwe, iuwern rât,
>   daz ir mich ebene werben lêret.
>   wirbe ich nidere, wirbe ich hôhe, ich bin versêret.
>   ich was vil nâch ze nidere tôt,
>   nû bin ich aber ze hôhe siech:
>   unmâze enlât mich âne nôt.
>
>   Nideriu minne heizet diu sô swachet
>   daz der lîp nâch kranker liebe ringet:
>   diu minne tuot unlobelîche wê.
>   hôhiu minne reizet unde machet
>   daz der muot nâch hôher wirde ûf swinget:
>   diu winket mir nû, daz ich mit ir gê.
>   mich wundert wes diu mâze beitet.
>   kumet diu herzeliebe, ich bin jedoch verleitet:
>   mîn ougen hânt ein wîp ersehen,
>   swie minneclich ir rede sî,
>   mir mac wol schade von ir geschehen. (L.-K. 46, 32–47, 15)

(Übersetzung von W. Höver und E. Kiepe, 1978: Alles, was wertvoll ist, bewirken wahrlich Sie, erhabene Einsicht in das rechte Maß. Glücklich der Mann, der Ihrer Lehre folgt! Der braucht sich Ihrer nirgendwo, weder am Hof noch draußen im Land, zu schämen. Deshalb bitte ich um Ihren Beistand. Herrin, daß Sie mich werben lehren, wie es sich für mich schickt. Werbe ich zu tief [unter meinem Stand], werbe ich zu hoch [über ihm], ist es mein Schaden. Ich bin beinahe zugrunde gegangen, weil ich zu tief herunterging, nun bin ich wiederum krank, weil ich zu hoch gestiegen bin; Maßlosigkeit läßt mich nicht ohne Qual. Niedrige Liebe heißt die, die so demoralisiert, daß der Sinn nach unstandesgemäßer Liebschaft verlangt; diese Art von Liebe fügt unrühmlichen Schmerz zu. Hohe Liebe stachelt an und bewirkt, daß sich der Sinn auf ein hohes Ziel richtet; diese winkt mir nun zu, mit ihr zu gehen. Ich frage mich, warum die

Einsicht in das rechte Maß [dennoch] zaudert. Wenn die Herzensneigung erwacht, bin ich doch wieder verführt. Meine Augen haben eine Frau erblickt, durch die mir, mögen ihre Worte auch noch so liebenswürdig sein, dennoch Unglück erwachsen kann.)

Walther von der Vogelweide hat sich in seinen Mädchenliedern und den Liedern der Neuen Hohen Minne mit dem ihm eigenen Selbstbewußtsein mit der konventionellen Minneauffassung auseinandergesetzt. Dem Minnesang als Standes- und Gesellschaftsdichtung tat solche Kritik keinen Abbruch. Walther selbst hat vorher und später durchaus noch Lieder im Stil der Hohen Minne verfaßt. Die Minnelyrik nach Walther teilt sich in eine konventionelle Richtung, die die vorgegebenen Muster mit formaler Virtuosität immer wieder variierte, und in die parodistische eines Neidhart.

8.2 Zur Spruchdichtung

8.2.1 Minnesang und Spruchdichtung: Lied – Sangspruch – Sprechspruch

Die mittelhochdeutsche «Lyrik» im weiteren Sinne zwischen etwa 1170 und 1250 wird seit Karl Simrock (1833) eingeteilt in Minnesang und Spruchdichtung. Alles, was nicht Minnesang (die Kreuzzugslyrik eingeschlossen) ist, gehört zur «Spruchdichtung», lautet die herkömmliche Definition.

Die Gattungsbezeichnung *Spruch* beruht jedoch auf einem Forschungsirrtum. Denn die Vortragsform eines Spruches – auf die sich der Begriff ja etymologisch bezieht – hat sich nicht von der eines Liedes unterschieden: Sprüche wurden keineswegs nur gesprochen, sondern wie Minnelieder gesungen. Das belegen die in der Jenaer und in der Kolmarer Handschrift überlieferten Melodien zur Genüge.

Die Frage, ob ein bestimmtes Gedicht ein «Lied» oder ein «Spruch» sei, läßt sich von der mhd. Terminologie her nicht eindeutig beantworten. Im Mittelhochdeutschen kann *spruch* ebenso Vers und schöne Rede wie Sentenz, Sprichwort, Lied meinen; *daz liet* ist die einzelne Strophe, *diu liet* sind mehrere Strophen eines Tons, ohne Rücksicht auf innere Zusammenhänge. Reinmar der Fiedler (KLD 45, III, 1) persifliert z. B. die Sangeslust seines Konkurrenten Leuthold von Seven: Ob Gott wolle oder nicht, der von Seven singe auf Biegen und Brechen *liet* jeglicher Art, und unter diesen Begriff fallen sowohl «Lieder» als auch «Sprüche»:

> Got welle sône welle, doch sô singet der von Seven
> noch baz dan ieman in der werlte. fråget niftelen unde neven,
> geswîen swâger swiger sweher: si jehent ez sî wâr.
> tageliet klageliet hügeliet zügeliet tanzliet leich er kan.

er singet kriuzliet twingliet schimpfliet lobeliet rüegeliet alse ein man
der mit werder kunst den liuten kürzet langez jâr.
wir mugen wol alle stille swîgen dâ hêr Liutolt sprechen will:
ez darf mit sange nieman giuden wider in.
er swinget alsô hô ob allen meistern hin,
ern werde noch, die nû dâ leben, den brichet er daz zil.

(Übersetzung von Werner Höver u. Eva Kiepe: Ob Gott will oder nicht, der von Seven singt doch, [und zwar] noch besser als irgend jemand auf der Welt; fragt Nichten und Neffen, Schwägerinnen, Schwiegermutter, Schwiegervater, Schwager, ob das nicht stimmt. Er kann Tagelieder, Klagelieder, Freudenlieder, zügeliet [elegische Lieder?], Tanzlieder, Leiche; er singt Kreuzlieder, Bettellieder, Scherzlieder, Loblieder, Schmählieder recht wie einer, der mit hoher Kunst den Leuten die lange Zeit verkürzt. Wir müssen wohl alle still sein, wenn Herr Leuthold seinen Vortrag halten will. Niemand darf neben ihm mit seinem Gesang prahlen. Er singt so viele Klassen besser als alle Meister; wenn nicht noch ein [neuer] kommt, ist er allen, die jetzt leben, überlegen.)

Metrisch-musikalisch unterscheidet sich das Lied also nicht vom *Sangspruch* oder *Liedspruch* (Hauptvertreter: Walther von der Vogelweide), wohl aber vom *Sprechspruch* (Hauptvertreter: Freidank). Die Bauform eines Sangspruches wirkt zwar im allgemeinen «breiter, schwerer, prächtiger» als die eines Liedes (H. de Boor), doch das ist kein sicheres Kriterium.

Eine weitere Grenzziehung wurde versucht, indem man der Mehrstrophigkeit des Liedes die Einstrophigkeit des Spruches entgegensetzte, doch auch diese Regel bleibt nicht ohne Ausnahmen. Immerhin umfaßt das Lied eine fest komponierte Folge von Teilen; es ist seinem Verwendungszweck nach eine nur in dieser Form bestehende Einheit von Text und Melodie. Ein Spruch konnte dagegen durchaus als Einzelspruch existieren. Zugleich wurden Spruch-Strophen unterschiedlichsten Inhalts auf die gleiche Melodie gesungen: sie sind nach einem *dôn* gebaut. – Einzelne Spruch-Strophen können sich formal und inhaltlich zu Spruch-Reihen zusammenschließen, aber die einzelnen Strophen sind nicht immer so fest miteinander verzahnt wie z. B. die Reichssprüche Walthers von der Vogelweide. Die Folge der Sprüche, die einem Spruchton zugeordnet werden, ist weitaus unsicherer als die der Strophen bei einem Lied.

Daß ein Autor wie Walther von der Vogelweide Minnesang und Spruchdichtung gleichermaßen pflegt, ist eher die Ausnahme. Während die Minnelyrik im 13. Jahrhundert weitgehend Adelskunst blieb, scheint der «Nicht-Minnesang» in der Regel von Sängern niedriger Herkunft getragen worden zu sein, deren Existenzbedingungen schwierig gewesen sein müssen. Die für den Spruchdichter typische Präzeptorenrolle ist sicherlich ein Reflex seines Kampfes um gesellschaftliche Anerkennung.

8.2.2 Gnomische Thematik

Die Spruchdichtung läßt sich auf keinen thematischen Nenner bringen. Die Gnomik, die Spruchdichtung im eigentlichen Sinne, umfaßt nach einem Wort Herders[35] «das ganze Resultat des beobachtenden Menschenverstandes». Die Richtung geht aufs Praktische, auf Lebensklugheit, ohne darum schon lehrhaft zu sein. Lehrhaftes gilt von vornherein dem zukünftigen Verhalten, das aus Erfahrung und aus Reflexion gewonnene Wissen des Spruchs ist zunächst ein abschließendes Resümee.

Die Welt wird begriffen in einer Mannigfaltigkeit von Einzelwahrnehmungen, die zu einer Erfahrung zusammengefaßt werden, aber «auch die Summe dieser Erfahrungen bleibt eine Mannigfaltigkeit von Einzelheiten. Jede Erfahrung wird jedesmal selbständig begriffen, ein Erfahrungsschluß ist in dieser Weise und in dieser Welt nur in sich selbst und aus sich selbst bindend und wertbar. Es ist eine zeitlose Welt» (André Jolles).[36] Es geht um das Verhältnis von Mann und Frau, Eltern und Kindern, Gast und Gastgeber, um wahre und falsche Freunde, um die Arbeit, um Jugend, Alter und Tod.

Die Gnomik ist eine übernationale Erscheinung. In der germanisch-deutschen Literatur könnte man mit A. Heusler schon Zwillingsformeln wie «Freund und Feind», «Liebe und Leid» als Urzellen spruchhaften Dichtens nehmen. Auf der nächsten Stufe steht das Sprichwort: *mit geru scal man geba infahan* (Hildebrandslied). Bildhaftigkeit, Antithese, Parallelismus, logisch-syntaktische Fügungen wie *wer... der, wo... da, wie ... so, wenn ... dann* und ein Zug zum Objektiv-Unpersönlichen kennzeichnen den gnomischen Stil. Ein großartiges Beispiel sind die im *Lióðaháttr*-Spruchton abgefaßten Sprüche und Spruchreihen der eddischen *Hávamál* wie etwa Nr. 50:

> Hrørnar þǫll,   sú er stendr þorpi á,
>   hlýra henni bǫrcr né barr;
> svá er maðr,   sá er mangi ann,
>   hvat scal hann lengi lifa?

> (Die Kiefer geht ein, die auf kahlem Hügel steht,
>   weder Rinde noch Nadeln schützen sie;
> so geht es dem Manne, den niemand liebt:
>   wozu soll er lange leben?)

Das erste umfangreichere Corpus von 28 gleichgebauten Strophen in der mhd. Spruchdichtung ist unter dem Namen *Spervogel* überliefert. Für den «älteren» oder «anonymen» Spervogel (vielleicht um 1170) setzt man auch den Namen *Herger* (MF 26, 21). Manche seiner Sprüche sind verkürzte Fabelzitate (MF 28, 6):

8. Minnesang und Spruchdichtung

> Zwêne húnde striten umbe ein bein
> dô stunt der boeser unde grein.
> waz half *in* al sîn grînen?
> er muostez bein vermîden.
> Dér ánder truoc ez
> von dem tische hin ze der tür.
> er stuont zuo sîner angesiht und gnuoc ez.

boese hier: schwach. – *grînen* knurren. – *(g)nuoc* nagte.

Denselben Vorgang komprimiert Freidank zu folgender Sentenz (138, 13 f.):

> Daz zwêne hunde ein bein nagen
> ân grînen, 'z hoere ich selten sagen

Das könnte auf die Kontinuität mündlicher Überlieferung deuten, aber Bezzenberger belegt das Sprichwort auch in der lateinisch-schriftlichen Tradition: *Dum canis os rodit, socium, quem diligit, odit.* Freidank formt seine Sprüche aus volkssprachig-illiteraten ebenso wie aus lateinisch-gelehrten Quellen (Bibel, Physiologus-Tradition, antik-mittellateinische Lehrspruchsammlungen). Sie gelten als Gemeinbesitz einer Literatur, die primär als Gebrauchskunst verstanden wird.

Ob *Freidank* der sprechende Name eines Fahrenden war («Freiheit des Gedankens» angesichts des Zwangs äußerer Lebensumstände) oder mit jenem *magister Fridancus* identisch ist, dessen Tod die Kaisheimer Klosterannalen 1233 verzeichnen, bleibt ungewiß. Seine *Bescheidenheit* (d. h. Unterscheidungsvermögen wie lat. *discretio*) genannte Sammlung epigrammatischer Erfahrungssprüche in Reimpaaren, die sich häufig zu größeren Gruppen durch ein gemeinsames Stichwort verbinden, stellt jedenfalls eine wahre Fundgrube von Sprüchen, Sentenzen, Sprichwörtern dar, die noch Sebastian Brant zu schätzen gewußt hat. Freidank beschreibt die Wirklichkeit illusionslos. Er sieht die Welt, wie sie ist, weniger, wie sie sein sollte. Er insistiert geradezu auf der Wahrheit seines Erfahrungswissens, seiner alltäglichen Lebensbeobachtung:

> Swaz mîn ouge reht ersiht,
> daz weiz ich unde waene es niht;
> ich waene maneges, daz man seit,
> unz ich ervar die wârheit. (115, 22–25)

Freidank nimmt mit seiner Kritik an Rom und vor allem mit seinen Akkon-Sprüchen (154, 18–164, 2), die sich auf den Kreuzzug Friedrichs II. 1228/29 beziehen, aber auch zu aktuellen Ereignissen Stellung. Er sieht die Misere der Kreuzzugswirklichkeit und hält gleichwohl an der mit der Kreuzzugsidee verbundenen Hoffnung auf Vergebung der Sünden fest:

> Akers ist des lîbes rôst
> und doch dâ bî der sêle trôst;
> des sult ir âne zwîvel wesen,
> swer dâ rehte stirbet, derst genesen. (163, 25–164, 2)

Die hochmittelalterliche deutsche Spruchdichtung «im weiteren Sinne» beschränkt sich nicht nur auf die gnomisch-«zeitlose» Thematik. Ihr Radius reicht (nach H. Moser) von der Kritik an politischen Zuständen in Kirche und Reich, über Fürstenpreis und -schelte, Lehr-, Mahn- und Warnstrophen, Gebete, Bitten um Unterstützung bis hin zu allgemeinen Weltklagen einerseits und zu persönlichen Auseinandersetzungen mit Konkurrenten anderseits. Neben der Gnomik schält sich als zweiter Schwerpunkt der Spruchdichtung die Lob- und Tadeldichtung heraus.

8.2.3 Lob und Tadel in den Sprüchen Walthers von der Vogelweide

Insbesondere Walther von der Vogelweide hat versucht, den Spruch in politischen und in persönlichen Auseinandersetzungen als Waffe zu benutzen. Die Anlässe sind häufig ganz okkasionelle, die Bezüge häufig ganz aktuelle. Er will mit seiner Rhetorik wirken, und von der Wirkungsabsicht her lassen sich seine Sprüche interpretieren.

Anscheinend verfehlten seine Sprüche die beabsichtigte politische Wirkung nicht. Der Domherr Thomasin von Zirklaere aus Friaul – wie Walther in Verbindung mit Wolfger, dem Bischof von Passau und Patriarchen von Aquileja, – kritisiert ihn als Verleumder des Papstes. Dennoch räumt er widerwillig ein, daß Walther, der sonst *wîse man*, von *maniger rede guot*, jetzt selbst *toerisch*, wohl *tûsent man betoeret* habe (*Welscher Gast*, V. 11191–11250).

Walther bedient sich in seinen «politischen» Sprüchen, die um die Ordnung des öffentlich-menschlichen Zusammenlebens und um Herrschaftsverhältnisse kreisen, rhetorischer Mittel, deren Wirkung erhöht wird durch den ungewöhnlichen Einsatz der Sprecher-Rolle: ein *Ich*, das sich unverwechselbar selbstbewußt gibt, selbst wenn es um Freigebigkeit «betteln» muß. Im Spruch an den «König von Apulien», gehalten im «König Friedrichston» (L.-K. 28, 1), appelliert der Sprecher an die *milte* Friedrichs II., mit dem er sich auf eine Ebene stellt. Erlöse ihn der König aus der *nôt*, so werde auch er dazu beitragen, *daz iuwer nôt zergê*. Dieser *do ut des*-Bitte korrespondiert Spruch L.-K. 28, 31, welcher die Erfüllung der Bitte, nämlich das langersehnte Lehen, zum Gegenstande hat. Beide Sprüche hängen nicht nur formal zusammen, sondern auch inhaltlich und biographisch:

> Von Rôme vogt, von Pülle künec, lât iuch erbarmen
> daz man mich bî sô rîcher kunst lât alsus armen.
> gerne wolde ich, möhte ez sîn, bî eigenem fiure erwarmen.
> zâhiu wiech danne sunge von den vogelînen,

8. Minnesang und Spruchdichtung

> von der heide und von den bluomen, als ich wîlent sanc!
> swelch schoene wîp mir denne gaebe ir habedanc,
> der liez ich liljen unde rôsen ûz ir wengel schînen.
> sus kume ich spâte und rîte fruo, ‹gast, wê dir, wê!›
> sô mac der wirt baz singen von dem grüenen klê.
> die nôt bedenkent, milter künec, daz iuwer nôt zergê.

Von Rôme vogt Schirmherr Roms, *Pülle* Apulien. – *armen* arm sein. – *zâhiu* Interjektion wie *ahî, hei.*

> Ich hân min lêhen, al die werlt, ich hân mîn lêhen.
> nû enfürhte ich niht den hornunc an die zêhen,
> und wil alle boese hêrren dester minre flêhen.
> der edel künec, der milte künec hât mich berâten,
> daz ich den sumer luft und in dem winter hitze hân.
> mîn nâhgebûren dunke ich verre baz getân:
> si sehent mich niht mêr an in butzen wîs als sî wîlent tâten.
> ich bin ze lange arm gewesen ân mînen danc.
> ich was sô voller scheltens daz mîn âten stanc:
> daz hât der künec gemachet reine, und dar zuo mînen sanc.

al die werlt Akk., in die ganze Welt (rufe ich es hinaus). – *hornunc* Februar. – *berâten* ausrüsten (vgl. Vor-rat). – *in butzen wîs* wie ein Schreckgespenst (vgl. «Butzemann»).

Bemerkenswert ist, wie zwischen den armseligen Existenzbedingungen und dem Reichtum der Kunst ein Gegensatz aufgebaut wird, wie jene zwar den Anstoß zu einem Spruch geben können, aber den Minnesang behindern. Der Unterschied zwischen Minnesang und «Nicht-Minnesang» ist Walther bewußt.

Maurer hat die These vertreten, daß Spruchstrophen des gleichen Tons, d. h. gleicher Bauart und Melodie, sich jeweils zu einer Einheit, einem Lied, zusammenfügten und daß sie sich jeweils auf einen einheitlichen Sachverhalt bezögen. Maurer hebt – sicherlich überspitzt – den Unterschied zwischen «Lied» und «Spruch» im Prinzip auf, weil sich für ihn die einstrophigen Sprüche zu mehrstrophigen Liedern vereinen lassen. Die beiden «Sangsprüche» L.-K. 28, 1 und 28, 31 verhalten sich jedenfalls wie Frage und Antwort zueinander. Sie sind im *König Friedrichston* abgefaßt, dessen Bauschema Maurer so beschreibt:

> «Die Strophe ist deutlich dreigeteilt. Der erste und der letzte Teil entsprechen sich: es sind je drei durch den Reim gebundene Zeilen; sie sind jeweils alle drei ineinander gefügt, am Anfang der Strophe durch weiblich volle Kadenz mit folgender Auftaktlosigkeit, am Ende der Strophe durch volle Kadenz mit folgendem Auftakt. Je die ersten beiden Zeilen dieser Dreiergruppen sind als Sechsheber, die dritten Zeilen jeweils als Achtheber aufzufassen, im Vorderteil als klingende, im Schlußteil als stumpfe.»[37]

Ein Großteil der Sprüche Walthers kreist um den Herrendienst. Er ist ein fahrender Berufsdichter ohne festen Wohnsitz, der sich so gerne *bî eigenem fiure erwarmen* gewollt hätte (28, 3). Die Schelte über die Ungastlichkeit des Abts zu Tegernsee (L.-K. 104, 23), die Sprüche im «Atzeton» über den Streit mit Gerhard Atze, einem Ritter am Hofe Hermanns von Thüringen, der Walther ein Pferd erschossen hatte, sind Partikel aus der Realität einer Dichterexistenz, die auf Laune und Wohlwollen hochadeliger Gönner angewiesen ist. Von solcher Kasualdichtung aus geringfügigen Anlässen spannt sich jedoch ein Bogen bis zur hohen Reichsdichtung. *Mich hât daz rîche und ouch diu krône an sich genomen* (19, 36), so charakterisiert Walther sein neues Patronatsverhältnis nach 1198.

Als leidenschaftlicher Verfechter der Reichsidee wendet sich Walther mit seiner Kritik nicht bloß gegen die *pfaffen* im allgemeinen, sondern auch direkt gegen den *herren bâbest* (Innozenz III. und Gregor IX.). Steigerte sich das Lob Philipps im Magdeburger Weihnachtsspruch bis in die Höhe der Trinität, so verzerrt er in seiner Rom-Schelte den Papst bis zur Karikatur.

Im Spruch L.-K. 34, 4 wird die Machtpolitik von Innozenz III. auf pure Geldgier reduziert. Stein des Anstoßes war ein Erlaß von 1213 zur Aufstellung von Opferstöcken, mit deren Einnahmen (zur freien Verfügung der Kurie) ein Kreuzzug finanziert werden sollte. Mit einem satirischen Kunstgriff tritt der Papst – sich selbst entlarvend – als Sprecher auf. Mit der demagogischen Entgegensetzung von Welschen und Deutschen werden nationale Vorurteile als Mittel zur Rechtfertigung der eigenen Partei verwandt, an Schärfe einem Ulrich von Hutten in nichts nachstehend (L.-K. 34, 4):

> Ahî wie kristenlîche nû der bâbest lachet,
> swenne er sînen Walhen seit ‹ich hânz alsô gemachet›!
> daz er dâ seit, des solt er niemer hân gedâht.
> er giht: ‹ich hân zwên Allamân undr eine krône brâht,
> daz siz rîche sulen stoeren unde wasten:
> ie dar under füllen wir die kasten:
> ich hâns an mînen stoc gement, ir guot ist allez mîn:
> ir tiuschez silber vert in mînen welschen schrîn.
> ir pfaffen, ezzent hüenr und trinkent wîn,
> unde lânt die tiutschen leien magern unde vasten.›

Als positives Gegenbild zur korrupten kirchlichen Institution fungiert dann im Reichsspruch L.-K. 9, 16 der einfache Klausner. Die drei Reichssprüche bilden den Anfang und zugleich den Höhepunkt von Walthers politischer Spruchdichtung (wohl zwischen 1198 und 1201). Jede Strophe im «Reichston» ist dreigeteilt in 8+8+8 Verse und besteht aus 12 vierhebigen Reimpaaren mit abwechselnd klingender und voller Kadenz, die letzte Zeile ist durch die eingefügte vierhebige Waise verdoppelt. Wenn die Strophe insgesamt 100 Takte (Hebungen) zählt, so mag in solcher Zahlenkomposition ein Streben nach Ordnung zum Ausdruck kommen wie es der inhaltlichen Tendenz der Sprüche entspräche. Sie alle drei beginnen mit einem *Ich*, dem von Walther auffällig häufig gebrauchten Wort: *Ich hôrte ..., Ich saz ..., Ich sach ...* Ebenso kulminiert jede Strophe in dem schon metrisch deutlich markierten Strophenende in einem beschwörenden Anruf, der nach der vorangehenden allgemeinen Situationsanalyse die konkrete Schlußfolgerung vorträgt.

Gestört sind die drei großen Rechtsordnungen der mittelalterlichen Welt: «die ethische Ordnung im menschlichen Leben; die Ordnung des Reiches; die Ordnung der Kirche.»[38] In Spruch L.-K. 8, 4 stellt sich der Sprecher vor in der Pose des Denkers und Propheten, der – auf einem Felsen sitzend, den Kopf in die Hand gestützt – die Situation des Reiches in chaotischer Zeit (nach der Doppelwahl von 1198) überdenkt und sich fragt, *wie man zer welte solte leben.* Die Antwort: man müßte drei Dinge ohne Beeinträchtigung des einen oder des anderen erlangen können – *guot, weltlîch êre* und *gotes hulde.* Walther zitiert hier eine antike (den mittelalterlichen Verhältnissen angepaßte) Wertfolge, die man zur Grundlage eines «ritterlichen Tugendsystems»[39] hat erheben wollen: *(varndez) guot* (lat. *utile*) meint den materiellen Besitz, *(weltlîch) êre* (lat. *honestum*) die Geltung in der Gesellschaft, *gotes hulde* (lat. *summum bonum*) die den beiden weltlichen Werten übergeordnete Gnade Gottes. «Im harmonischen Zusammenwirken dieser drei Kräfte offenbart sich Gottes Ordnungswille»[40] – im anderen Reichsspruch wird ausdrücklich die gestörte *ordenunge* (9, 9) beklagt.

In der Frage, wie man «Gott und der (höfischen) Welt gefallen» könne, hat u. a. Helmut de Boor das große Problem der höfischen Dichtung nach der jahrhundertelangen Vorherrschaft der geistlichen Literatur gesehen und dafür neben Walther Wolfram von Eschenbach als Kronzeugen zitiert:

> swes leben sich sô verendet,
> daz got niht wirt gepfendet
> der sêle durch des lîbes schulde,
> und der doch der werlde hulde
> behalten kan mit werdekeit,
> daz ist ein nütziu arbeit. (Pz. 827, 19–24)

Walther sieht jedoch nicht nur Gott und die Welt in einem Spannungszustand, sondern auch die innerweltlichen Güter von Ehre und Besitz. Daran läßt sich ein ganz konkreter Widerspruch innerhalb der Feudalgesellschaft zwischen ständischem Anspruch und materiellem Gut erkennen:[41] dieses scheint jenes zu gefährden, nicht etwa – wie von altersher gewarnt – das Seelenheil. Das entscheidende Hindernis für eine vollkommene Lebensführung ist jedoch das Fehlen von *fride unde reht.* Kennzeichen rechter Herrschaft sind *pax et iustitia,* ohne sie herrschen *untriuwe* und *gewalt* – Anarchie. Die Wiederherstellung von *fride unde reht* schafft die Voraussetzung dafür, wie man eigentlich *zer welte solte leben.*

Mit der Formel von *fride unde reht* wird die Brücke zum Spruch L.-K. 8, 28 geschlagen: In der Natur gibt es Kampf, aber selbst im Naturreich gebot die Vernunft *(sin)* eine Recht setzende und Frieden stiftende Macht, nur die *tiutsche zunge* verkennt die Notwendigkeit einer *ordenunge*. Philipp von Schwaben soll sie schaffen!

Im dritten Spruch L.-K. 9, 16 wird die gestörte kirchliche Ordnung, der Streit zwischen *pfaffen unde leien* in geradezu visionärer Weise beklagt. Am Ende steht das Bild des Klausners, er vertritt die urchristlich reine Kirche, das christliche Gewissen schlechthin. Statt Polemik gegen den Papst, nur noch die schlichte Feststellung: *owê der bâbest ist ze junc* und die Bitte an Gott um Hilfe. «Alle drei Gedichte werden verklammert durch den Geist der Trauer über eine von Gottes *ordo* abgefallene Welt, den Hieb der Anklage gegen menschliche Willkür und Unzulänglichkeit.»[42]

9. Die deutschsprachige Literatur des Mittelalters in der Literaturgeschichtsschreibung: Probleme und Möglichkeiten der Darstellung

«Die didaktische Darstellung faßt das Erforschte in dem Gedanken der großen geschichtlichen Kontinuität, nach seiner für die Gegenwart lehrhaften Bedeutung. Lehrhaft ist die Geschichte nicht, weil sie Muster zur Nachahmung oder Regeln für die Wiederanwendung gibt, sondern dadurch, daß man sie im Geiste durchlebt und nachlebt [...]. Die durchgemachte geistige Übung ist Bildung», so umschreibt J. G. Droysen ein mögliches Ziel historischer Darstellung.[1]

Dasselbe gilt für die Literaturgeschichtsschreibung, nur daß sie sich heute pragmatisch gibt und nicht mehr «Bildung», sondern «Wissen» vermitteln will. «Der Student soll und will zuerst Wissen erwerben», weil «man verantwortlich nur beurteilen kann, was man weiß», schrieb H. de Boor 1949 im Vorwort seiner Literaturgeschichte, und er fügte hinzu, daß der Student aber danach auch lernen möge, «daß Wissenschaft bedeutet: Probleme zu sehen und ihre Lösungen zu versuchen.» Das geschieht in untersuchenden Darstellungen, während eine Literaturgeschichte eher die Summe aus dem jeweils erreichten Forschungsstand zieht. Sie kann problemorientiert sein, aber zahlreiche Literaturgeschichten und -lexika, Literaturgeschichten «in Tabellen», «Daten deutscher Dichtung» beschränken sich auf «Tatsachen»-Informationen ohne Darlegung der Begründungszusammenhänge. Interesse wecken sie wohl kaum; denn sie können und wollen nicht erzählerisch faszinieren.

Große Geschichtsschreibung und Literaturgeschichtsschreibung vermag dagegen belehrend zu unterhalten und unterhaltend zu belehren. Die Historiographie und die klassische Altertumswissenschaft vor allem, aber auch die Kunstgeschichte und neuerdings die germanistische Mediävistik (mit H. de Boor und M. Wehrli) haben mustergültige Darstellungen vorzuweisen, die «Kunst und Methode» vereinigen, die im Nach- und Umerzählen und im Strukturieren von Geschichte selbst sprachliche Kunstwerke sind. Zum Wesen solcher Kunst gehört es, um noch einmal Droysen zu zitieren, «daß sie in ihren Hervorbringungen die Mängel, die durch ihre Mittel bedingt sind, vergessen macht; und sie kann es in dem Maße, als die Idee, der sie in diesen Formen, an diesen Stoffen, mit dieser Technik Ausdruck geben will, diese belebt und durchleuchtet. Das so Geschaffene ist eine Totalität, eine Welt in sich.»[2]

9. Deutsche Literatur des MAs. in der Literaturgeschichtsschreibung

Der Verfasser einer Literaturgeschichte versucht, eine Vielheit von zunächst disparat erscheinenden Texten der Vergangenheit aus gegenwärtiger Sicht als Einheit und Ganzheit darzustellen. Der Zug zur Synthese und zum übergreifenden System unterscheidet die Literaturgeschichte zumindest graduell von einer literaturgeschichtlichen Monographie, die primär auf die Analyse des einzelnen Gegenstandes ausgerichtet ist. Indem die Literaturgeschichtsschreibung das einzelne Werk in einen Zusammenhang rückt, gewinnt jenes einen Stellenwert, der nicht der Bedeutung kongruent sein muß, die dem für sich betrachteten Einzeltext zuerkannt wird oder würde: «Jede literaturhistorische Betrachtung gerät schließlich in den Zwiespalt zwischen der individuellen Qualität eines literarischen Werks und seinem historischen Stellenwert; daß ästhetisches Urteil und historische Sicht letztlich identisch seien, ist zwar ein Ziel und Postulat jeder literaturwissenschaftlichen Arbeit, konkret aber immer nur von Fall zu Fall zu verwirklichen. Oder anders gesagt: die Kategorien eines mittelalterlichen Verstehens und eines modernen Verstehens sind nur in einem dialektischen Prozeß zur Deckung zu bringen.»[3]

Die Literaturgeschichtsschreibung bietet wie die Geschichtsschreibung überhaupt *Verstehensentwürfe*, die implizit oder explizit eine bestimmte Geschichtsauffassung voraussetzen. Wenn z. B. vom «Frühling» des Minnesangs, vom «Herbst» des Mittelalters, von «Blüte» und «Zerfall» die Rede ist, so impliziert bereits die Metaphorik solcher Buchtitel ein organisch-zyklisches Geschichtsbild mit entsprechender Wertung. In Wilhelm Scherers *Geschichte der deutschen Literatur* (1880–83) verläuft die literarische Entwicklung nahezu in gesetzmäßigen Bahnen. Scherer setzt für die germanische Dichtung um 600 einen ersten Höhepunkt an, zwei weitere Gipfel folgen mit der mittelhochdeutschen und mit der Weimarer Klassik um 1200 bzw. 1800. Zwischen diesen «Wellenbergen» gibt es «Wellentäler», in welchen die «dichterische Bildung» gering ist. Ganze Epochen laufen so Gefahr, als «lutherische Pause» usw. abgewertet zu werden. Jede Literaturgeschichte wählt aus, sie ordnet und bewertet das Ausgewählte nach bestimmten Kriterien, die allerdings nur zum Teil offengelegt und begründet zu werden pflegen. Um so mehr wird sich der Benutzer einer Literaturgeschichte bewußt machen müssen, von welchen Prämissen her ihm jeweils Befunde und Deutungen angeboten werden.

In einer Literaturgeschichte soll eine Vielzahl von Texten als Sinneinheit überschaubar gemacht werden. Dabei ist die *Zeit* die nächstliegende Kategorie für eine Ordnung der Texte im Nebeneinander (Synchronie) und im Nacheinander (Diachronie). Man versucht, die geschichtliche Zeit in Perioden zu gliedern; man fragt nach dem Besonderen einer Epoche, nach den jeweils vorherrschenden Erscheinungsformen und ihren Wandlungen. Die geschichtliche Zeit und die Epochensetzungen sind jedoch keine wertneutralen Größen.

In den von H. O. Burger herausgegebenen *Annalen der deutschen Literatur* (1952) wurde quasi der nach Dezennien gegliederte Kalender zum heuristischen Prinzip erhoben, in der Annahme, daß sich dann die «mechanische Zeit» schon von selbst als geschichtliche, «schicksalhafte» Zeit offenbaren werde. Zusammenhänge werden konstruiert, indem das Todesjahr des einen zum Geburtsjahr des anderen Dichters in Bezug gesetzt wird, und diese beiden Daten werden wiederum mit den Erscheinungsjahren von Werken verbunden usw. Zum Vorteil des Unternehmens haben die meisten Mitarbeiter das allzu rigide Annalenprinzip zu modifizieren verstanden.

Die chronologische Gliederung wird verknüpft mit einer räumlichen, wobei mit *Raum* der historisch-politische gemeint ist, nämlich die Welt, Europa, ein Nationalstaat, ein Territorium, eine Stadt, ein Dorf, ein Haus (Hof, Kirche, Schule). Zu den Koordinaten von Raum und Zeit tritt in der Literaturgeschichtsschreibung als drittes Kriterium die *Sprache*, die sich natürlich weiter spezifizieren läßt (zeitlich, regional, schichtmäßig usw.).

Danach kann man versuchen, die Literaturen «von Australien bis Island», «von den Anfängen bis zur Gegenwart» zu einer Geschichte der *«Weltliteratur»* zusammenzufassen – ein utopisches Unterfangen für den einzelnen Literaturhistoriker, bestenfalls durch äußere Addition in Form einer «Buchbindersynthese» zu verwirklichen.

Kindlers neues Literatur Lexikon ist kein in sich geschlossener Entwurf einer Literaturgeschichte. Es reiht jetzt zwar nicht mehr Werktitel, sondern Autoren alphabetisch aneinander. Doch den Eindruck des Punktuellen und der Disparatheit, der solchen Nachschlagewerken nun einmal anhaftet, vermögen auch übergreifende Artikel nicht auszugleichen. Ungleich ergiebiger ist die universalhistorische Perspektive, wenn sie sich auf die Geschichte bestimmter Themen, Formen und Gattungen beschränkt. In dem von Arthur Thomas Hatto herausgegebenen Sammelband *Eos* (1965) z. B. sind Beiträge aus über 50 Literaturen zum Thema «Lovers' Meetings and Partings at Dawn» vereint, dazu gehören auch die afrz. *alba* und das mhd. Tagelied.

Im Bereich des Möglichen liegt dagegen die Literaturgeschichte eines bestimmten Kulturkreises, hier also eine Geschichte der europäischen Literatur. Europa als Einheit nimmt z. B. Ernst Robert Curtius, dessen *Europäische Literatur und lateinisches Mittelalter* (1948) von der gemeinsamen antiken und mittelalterlichen Tradition ausgeht. Erich Auerbachs *Mimesis* (1946) liefert an Hand exemplarischer Stilanalysen eine Geschichte des Realismus von Homer bis Joyce. In der germanistischen Mediävistik hat Karl Bertau versucht, «ein Bild von der deutschen Literatur im universalhistorischen Zusammenhang des europäischen Mittelalters» zu rekonstruieren.

Vorherrschend ist nach wie vor die Einteilung nach *Nationalliteraturen,* die sich zwar weitgehend mit der Gliederung nach Nationalsprachen deckt, doch können Literaturen gleicher Sprache durchaus verschiedenen Nationalliteraturen angehören. Die heutige österreichische und die

9. Deutsche Literatur des MAs. in der Literaturgeschichtsschreibung

schweizerische Literatur sind Beispiele dafür. «Nation» ist ein politischer Begriff, nicht nur die Bezeichnung einer Kulturgemeinschaft. Am entschiedensten hat in diesem Sinne der Historiker G. G. Gervinus die *Geschichte der poetischen Nationallitteratur der Deutschen* (1835–42) im Zusammenhang mit der allgemeinen geschichtlich-politischen Entwicklung dargestellt. Heute ist der Begriff der «Nation» problematisch geworden. Dem entspricht die Tendenz, die eigene Nationalliteratur mit anderen Nationalliteraturen zu vergleichen. Die Nationalliteraturen können in manchen Bereichen genetisch miteinander verwandt sein (der mhd. Minnesang ist ohne die prov. Troubadourlyrik nicht zu denken, der Artusroman ist eine übernationale Erscheinung usw.), sie können einander wechselseitig beeinflußt haben oder auch unabhängig voneinander Ähnlichkeiten aufweisen, etwa auf Grund ähnlicher sozialer Bedingungen. Durch den komparatistischen Ansatz ergeben sich andere Bewertungen als in einer Literaturgeschichtsschreibung, die nur auf die eigene Nationalliteratur fixiert ist.

Die Literaturgeschichten der germanistischen Mediävistik behandeln die deutsche Literatur innerhalb der Grenzen des mittelalterlichen deutschen Reiches, mit unterschiedlicher Berücksichtigung der französischen, englischen, nordischen und der mittellateinischen Literatur. H. de Boor, das Autorenkollektiv der DDR, M. Wehrli schreiben jedoch grundsätzlich die Frühgeschichte einer Nationalliteratur, s. den Reihentitel *Geschichte der deutschen Literatur von den Anfängen bis zur Gegenwart*.

Obgleich in der Geschichtswissenschaft die Landesgeschichte längst ihren gleichberechtigten Platz neben der Reichsgeschichte erobert hat, bleiben die Möglichkeiten, die in der Begrenzung auf eine kleinere Region liegen, von der Literaturgeschichtsschreibung noch weitgehend ungenutzt. Die *territorialgeschichtlich* orientierte Literaturgeschichtsschreibung ist ein Desiderat germanistischer Forschung.

Abschreckend mag hier die *Literaturgeschichte der deutschen Stämme und Landschaften* (1912–18, 4. Aufl. 1938) von Josef Nadler gewirkt haben. Der Verfasser dieser materialreichen Darstellung arbeitet konsequent mit der Kategorie des Raumes, doch geht er nicht von der historisch gewordenen Einheit des Territoriums aus, sondern von «Landschaft» und «Stammesart». Dahinter steht eine letztlich ahistorische Prämisse vom Landschaftlich-Stammesmäßigen als wirkender Kraft, nicht ohne Affinität zur völkischen Blut- und Boden-Ideologie – es geht z. B. mehr um bayerische Wesensart als um Literatur in Bayern. (Im 19. Jahrhundert zumindest hat zudem der konfessionelle Standpunkt die Auswahl und Wertung beeinflußt. So ist z. B. die oberdeutsch-katholische Literatur der frühen Neuzeit von den preußisch-protestantischen Literarhistorikern in ihrem Eigengewicht verkannt worden.)

Neben den Einteilungskriterien von Zeit, Raum und Sprache gibt es die Gliederung nach *Autoren* und *Rezipientengruppen*. Gegenstand der Literaturgeschichte sind jedoch nicht die Personen um ihrer selbst willen, sondern sie setzt sie in Bezug zu den Texten und versteht sie als Träger von Literatur. Sie fragt nach dem «Sitz im Leben», nach der Funktion und Gebrauchssituation der Texte.

Vor allem aber ordnet die Literaturgeschichte den einzelnen Text übergreifenden Reihen und Typen zu: Die literarische *Gattung* ist eine wirklich literaturimmanente Kategorie. Sie wird durch eine Reihe von Regelkonstanten definiert, die als überindividuelles Bezugssystem für die Produktion und Rezeption des Einzeltextes fungieren. Synchron setzen die Regeln die Gattung, die sich in jedem Text neu verwirklicht und verändert, in Opposition zu anderen Gattungen, diachron sind sie nur in einer beständigen Evolution zwischen Bestätigung und Veränderung beschreibbar.[4] Gerade in der Gattungsgeschichte liegt die Chance einer Literaturgeschichte, weil sie im vergleichenden Überblick ein Gesamtsystem der Literatur im Quer- und Längsschnitt entwirft, in dem die einzelne Gattung und in dieser wiederum der einzelne Text erst ihren historischen Stellenwert erhalten.

In der Praxis sind es wohl vor allem vier grundsätzliche Vorentscheidungen, die der Verfasser einer Geschichte der deutschsprachigen Literatur im Mittelalter zu treffen hat:

1. Eine «Geschichte der Literatur» wird als «besondere» Geschichte mehr oder weniger gegenüber der «allgemeinen» Geschichte abgegrenzt.

2. Eine Geschichte der Literatur «deutscher Sprache» wird als die einer bestimmten Sprachgemeinschaft mehr oder weniger gegenüber der lateinischen Universalsprache und -literatur des Mittelalters abgegrenzt.

3. Eine Geschichte der Literatur deutscher Sprache «im Mittelalter» wird als die einer Epoche mehr oder weniger gegenüber derjenigen des germanischen und des klassischen Altertums und gegenüber derjenigen der Neuzeit abgegrenzt.

4. Eine Geschichte der «Literatur» kann unterscheiden zwischen der Literatur «im engeren Sinne» (Dichtung) und der Literatur «im weiteren Sinne».

Jede Entscheidung «mehr» für die eine, «weniger» für die andere Richtung nimmt Defizite in Kauf und bleibt notwendig problematisch.

ad 1) die Vermittlung von Text und Kontext ist als literarhistorisches Postulat allgemein anerkannt, obgleich in der Praxis bestenfalls ein unvermitteltes Nebeneinander von Text und Kontext begegnet. Die Berücksichtigung des letzteren läuft in der Regel auf eine Skizze des «historischen Hintergrunds», wenn nicht gar auf Zeittafeln im Anhang, hinaus.

Repräsentativ für die Literaturgeschichtsschreibung in der germanistischen Mediävistik sind die Darstellungen von Helmut de Boor und Max Wehrli – ein persönlicher Rückblick und zugleich eine Bilanz mediävistischer Forschung um 1950 und um 1980, der eine noch zupackend-«naiv», der andere eher reflektiert im Vorgehen. Im Grunde verfahren beide Autoren literarimmanent, obgleich sie ihre Einteilungskriterien keines-

9. Deutsche Literatur des MAs. in der Literaturgeschichtsschreibung 291

wegs allein aus der Literaturgeschichte gewinnen. Kapitelüberschriften wie «Vorkarlische, karlische, nachkarlische Literatur», «Karolingische Endreimdichtung», «Von der Völkerwanderung bis zum Ende der Ottonen», «Salische und frühe staufische Zeit» sind der politisch-dynastischen Geschichte entlehnt. Weiter dienen Vorgänge der Kirchengeschichte als Orientierungshilfe: «Die cluniazensische Frühzeit, die zweite cluniazensische Generation, cluniazensische Spätzeit»; die «Reformation» hat sich ohnehin als Literaturepoche eingebürgert. Kunstgeschichtliche Stilbegriffe wie «Romanik» und «Gotik» (Wehrli: «literarische Hochgotik») werden dagegen in den Literaturgeschichten kaum noch verwandt, während sich «Renaissance» und «Barock» trotz ihrer Vieldeutigkeit als Literaturbegriffe behauptet haben.[5]

Die im Kollektiv verfaßte Literaturgeschichte der DDR folgt um 1961/64 noch starr dem Schema von «sozio-ökonomischer Basis» und «Überbau». Die Befunde «bürgerlicher» Literaturgeschichtsschreibung werden größtenteils übernommen, aber unter anderem Vorzeichen bewertet. Besondere Beachtung finden die progressiv-kritischen Tendenzen im historischen Prozeß und die Literatur der unterdrückten Schichten.

1972/73 hat Bertau versucht, literarische und historische Ereignisse im «universalhistorischen Zusammenhang» zu erfassen. So anregend sich seine Darstellung auch liest, Literatur als «Sozialgeste», als gesellschaftliches Handeln im Medium des Wortes, wird nicht recht greifbar. 1984 setzt sich die von J. Heinzle herausgegebene Reihe zum Ziel, die Formen volkssprachiger Schriftlichkeit in Verbindung mit der «Lebenspraxis» ihrer Trägergruppen vorzustellen. Heinzle sieht z.B. Wandlungen und Neuansätze in der «literarischen Interessenbildung» zwischen 1220/30 und 1280/90 im Zusammenhang mit der «neuen Staatlichkeit» (Territorialstaat) und einer «neuen Frömmigkeit». Umfassender und differenzierter noch stellt W. Haubrichs die Einbettung der Literatur bis 1050/60 in die frühmittelalterliche Welt von Adel und Kirche dar. Den sozial- und funktionsgeschichtlichen Aspekt berücksichtigen auch D. Kartschoke, J. Bumke und Th. Cramer (1990), aber er dominiert nicht. Diese jüngsten Unternehmen lassen einen pragmatischen Konsens in den Grundannahmen mediävistischer Literaturgeschichtsschreibung erkennen.

ad 2) Ganz selbstverständlich bestimmen vielfach Epochen der Sprachgeschichte diejenigen der mittelalterlich-frühneuzeitlichen Literaturgeschichte, wenn nach «althochdeutscher, frühmittelhochdeutscher, mittelhochdeutscher, mittelniederdeutscher, frühneuhochdeutscher» Literatur klassifiziert wird. Dabei besteht z.B. über den Begriff des Frühneuhochdeutschen kein klarer Konsens. Das eigentliche Problem ist die Zweisprachigkeit der Literatur auf deutschem Sprachgebiet: ein Großteil der volkssprachlichen Literatur ist der mittellateinischen Tradition verhaftet, die eben nicht nur Vorstufe, sondern auch zeitliche Komplementärerscheinung ist.

H. de Boor klammert die lateinisch-mittellateinische Literatur in seiner Darstellung der alt- und mittelhochdeutschen Literatur dezidiert aus, weil jene auf eigenen Voraussetzungen ruhe und ihre eigenen Methoden verlange. In derselben Reihe bezieht jedoch Hans Rupprich für die frühe Neuzeit die neulateinische Literatur mit ein. Wehrli unternimmt sporadische Ausflüge in den mittellateinischen Bereich (Waltharius, Ruodlieb z.B.), während Bertau ausgiebig mittellateinische und altfranzösische Literatur zum Vergleich heranzieht (schon im Titel knüpft er ja an das Konzept von Curtius an).

ad 3) Auf das Periodisierungsproblem, mit welchem sich jede Literaturgeschichte auseinanderzusetzen hat, wurde schon in der Einleitung hingewiesen. Wie jedenfalls die Verfasser ihre Grenzbegriffe definieren und begründen, verdient stets besondere Aufmerksamkeit. So läßt z. B. H. de Boor die hochmittelalterlich-höfische Literatur um 1250 enden, H. Kuhn plädiert für 1220/30. Es ist eine Ausnahme, wenn Burgers Annalen der «deutschen» Literatur mit der Bronzezeit beginnen. In der Regel wird in der Ära nach Andreas Heusler eine strikte Trennungslinie zwischen altgermanischer und mittelalterlich-deutscher Literatur gezogen. Die Übergangszone zwischen Mittelalter und Neuzeit hat noch keine angemessene Darstellung gefunden. Hans Rupprich liefert eine sehr umfangreiche Bestandsaufnahme von Namen, Werktiteln und Daten, aber immer noch unter allzu pauschaler Etikettierung und Anordnung.

ad 4) Der Literaturbegriff der germanistischen Mediävistik ist traditionell weit gefaßt – eine Tugend, die aus der Not geboren wurde: Angesichts der spärlichen Überlieferung in den Anfängen wird jeder erhaltene Text gewürdigt, sei es eine Glosse, eine Predigt, ein Zauberspruch oder die Hammelburger Markbeschreibung, sei es Dichtung «im eigentlichen Sinne». Bei zunehmender Überlieferung im späten Mittelalter und in der frühen Neuzeit muß notwendig ausgewählt werden. Widersprüche ergeben sich, wenn bei der Inventarisierung des Materials zwar noch von «Literatur im weiteren Sinne» ausgegangen wird, es dann aber doch die Dichtung ist, die zählt. Diese Wertungsproblematik resultiert aus dem Gegensatz zwischen ästhetischen Auffassungen des 19. und des frühen 20. Jhs. von der zweckfreien Autonomie der Kunst und der Zweckgerichtetheit eines Großteils der mittelalterlich-frühneuzeitlichen Literatur.

H. de Boor rechtfertigt die Bedeutung der höfischen Literatur z. B. so: «Zum erstenmal wird deutsches Schreiben und Dichten autonom, gelöst von Zwecken und Aufgaben, die ihnen von außen her gestellt werden; d. h. zum erstenmal wird deutsche Dichtung Kunst.»[6] Dagegen habe seine Darstellung der alt- und frühmittelhochdeutschen Literatur «von nichts anderem» gehandelt als «von der Erziehung der deutschen Sprache zu einer abendländischen Kultursprache». Jetzt «wird die deutsche Sprache mündig gesprochen [. . .] Und alsbald findet sie die großen Meister, die sie beherrschen und die tiefsten Anliegen des Menschen in vollendeter Form zu gestalten und auszusagen wissen». Obgleich für de Boor höfische Dichtung «recht eigentlich Gesellschaftsdichtung» ist, löst sich die Kunst der großen Meister von solch externen Zwecken und zeitlichen Bedingtheiten.

Große Kunstwerke erlangen das Siegel des «Klassischen», des «Überzeitlich-Ewigen». Die Folgen solcher Wertungen liegen auf der Hand: Gerade die Literaturgeschichtsschreibung leistet einer literarischen Kanonbildung Vorschub, die der Historizität ihres Ansatzes widerspricht. Ganze Epochen sind so unter das Verdikt des «Zerfalls», des «Epigonentums», der «Spätzeitlichkeit» geraten, weil sie an den klassischen Perioden gemessen wurden, sich zum Teil ja auch selbst daran gemessen haben. Die Werke der mittelhochdeutschen «Blütezeit» gelten als «klassisch», aber Klassizität ist kein Zustand, den die Werke schon bei ihrem Erscheinen ein- für allemal haben, sondern ein solcher, in den sie im Laufe der Rezeption einrücken, den sie auch wieder verlassen können.

Ein literarischer Kanon kann umgewertet und revidiert werden[7] – oder er erstarrt, weil die zum Kanon erhobenen Werke gar nicht mehr gelesen werden und weil wir statt ihrer zum Beispiel Literaturgeschichten lesen: «Wir sind Eisenbahnbeamte, die ihr Kursbuch kennen und über alle Anschlüsse Bescheid wissen müssen, ohne selber auf allen Stationen [...] aussteigen zu können» (Robert Minder).[8]

10. Anmerkungen und Literaturhinweise

10.1 Abkürzungen

AAWG Abhandlungen der Akademie der Wissenschaften in Göttingen, Philologisch-historische Klasse
ABäG Amsterdamer Beiträge zur älteren Germanistik
ABAW Abhandlungen der Bayerischen Akademie der Wissenschaften, Philologisch-historische Klasse
AfdA Anzeiger für deutsches Altertum
AfK Archiv für Kulturgeschichte
ATB Altdeutsche Textbibliothek
DTM Deutsche Texte des Mittelalters
DU Der Deutschunterricht. Beiträge zu seiner Praxis und wissenschaftlichen Grundlegung
DVjs Deutsche Vierteljahresschrift für Literaturwissenschaft und Geistesgeschichte
DWb Deutsches Wörterbuch. Begr. v. Jacob Grimm u. Wilhelm Grimm
EdF Erträge der Forschung (Wissenschaftl. Buchgesellschaft Darmstadt)
FMSt Frühmittelalterliche Studien
FS Festschrift für
FSGA Freiherr-vom Stein-Gedächtnisausgabe. A. Ausgewählte Quellen zur deutschen Geschichte des Mittelalters (Wissenschaftl. Buchgesellschaft Darmstadt)
GAG Göppinger Arbeiten zur Germanistik
GRM Germanisch-romanische Monatsschrift
HZ Historische Zeitschrift
IASL Internationales Archiv für Sozialgeschichte der Literatur
KLD Deutsche Liederdichter des 13. Jahrhunderts, Bd. 1: Text, hg. v. Carl von Kraus, Tübingen 1952
LThK Lexikon für Theologie und Kirche, 2. Aufl. 1957–65
MGH Monumenta Germaniae historica
    AA Auctores antiquissimi
    Const. Constitutiones et acta publica imperatorum et regum
    DD Diplomata
    Epp. Epistolae
    SS Scriptores

MF	Des Minnesangs Frühling [Die Quellen werden zitiert nach der 36. Aufl. v. H. Moser u. H. Tervooren, 1977, aber unter Beibehaltung der alten Zählung.]
MIÖG	Mitteilungen des Instituts für österreichische Geschichtsforschung
MMS	Münstersche Mittelalter-Schriften
MPL	Patrologiae cursus completus, Series Latina, hg. v. J. P. Migne
MTU	Münchener Texte und Untersuchungen zur deutschen Literatur des Mittelalters
N. F.	Neue Folge
PBB	Beiträge zur Geschichte der deutschen Sprache und Literatur
PBB(O)	Beiträge zur Geschichte der deutschen Sprache und Literatur, Halle/Saale
RAC	Reallexikon für Antike und Christentum
RDK	Reallexikon zur deutschen Kunstgeschichte
RE	Pauly/Wissowa, Realenzyklopädie der klassischen Altertumswissenschaft
RUB	Reclams Universal-Bibliothek
SbBAW	Sitzungsberichte der Bayerischen Akademie der Wissenschaften, Philosophisch-historische Klasse
SbÖAW	Sitzungsberichte der Österreichischen Akademie der Wissenschaften, Philosophisch-historische Klasse
SM	Sammlung Metzler
VL	Die deutsche Literatur des Mittelalters. Verfasserlexikon, 2. Aufl.
WdF	Wege der Forschung (Wissenschaftl. Buchgesellschaft Darmstadt)
ZfdA	Zeitschrift für deutsches Altertum und deutsche Literatur
ZfdPh	Zeitschrift für deutsche Philologie
ZfGO	Zeitschrift für die Geschichte des Oberrheins
ZfrPh	Zeitschrift für romanische Philologie
ZRG GA	Zeitschrift der Savigny-Stiftung für Rechtsgeschichte. Germanistische Abteilung

10.2 Anmerkungen

1. «Germanistische Mediävistik»

1 Zu dieser Kategorie vgl. Historische Prozesse. Hg. v. K.-G. Faber u. C. Meier, 1978 (Theorie der Geschichte 2).
2 A. Borst, Lebensformen im Mittelalter, 1973, 660–76; E. Gössmann, Antiqui und Moderni im Mittelalter. Eine geschichtliche Standortbestimmung, 1974, bes. S. 15, 126–33; J. Huizinga, Zur Geschichte des Begriffs Mittelalter (1921), in: J. H., Geschichte und Kultur, hg. v. K. Köster, 1954.

3 M. Riedel, Epoche, Epochenbewußtsein, in: Hist. Wb. d. Philos., hg. v. J. Ritter, 2, 596–99; H. P. H. Teesing, Das Problem der Perioden in der Literaturgeschichte, 1948/49; H. Heimpel, Über die Epochen der mittelalterlichen Geschichte. Die Sammlung 2 (1947) 245–62; P. E. Hübinger (Hg.), Zur Frage der Periodengrenze zwischen Altertum und Mittelalter, 1969 (WdF 51); Epochenschwelle und Epochenbewußtsein. Hg. v. R. Herzog u. R. Koselleck, 1987 (Poetik u. Hermeneutik 12), s. bes. W. Barner, W. Haug u. K. Schreiner.
4 H. R. Jauß, Literaturgeschichte als Provokation, 1970, S. 150f.
5 Vgl. die Diskussion «Institute für Mittelalterkunde?», Euphorion 60 (1966) 355 f.; 61 (1967) 130–37, 337–41; 62 (1968) 301–310.
6 H. Kuhn, Aspekte des 13. Jahrhunderts in der deutschen Literatur, SbBAW 1967, H. 5, S. 6f.
7 H. Kuhn, Thesen zur Wissenschaftstheorie der Germanistik (1971), in: H. K., Liebe und Gesellschaft, hg. v. W. Walliczek, 1980, S. 169f.
8 U. von Wilamowitz-Moellendorff, Geschichte der Philologie, (³1927) 1959; A. Boeckh, Encyklopädie und Methodenlehre der philologischen Wissenschaften, hg. v. E. Bratuscheck, 1886.
9 Verhandlungen der Germanisten zu Frankfurt am Main am 24., 25. und 26. Sept. 1846, Frankfurt a. M. 1847, S. 5.
10 Verhandlungen, S. 11.
11 DWb 1, S. VII.
12 L. Denecke, Jacob Grimm und sein Bruder Wilhelm, 1971.
13 Dazu aus der Sicht von 1966: Germanistik – eine deutsche Wissenschaft. Beiträge v. E. Lämmert, W. Killy, K. O. Conrady u. P. von Polenz, 1967 (ed. suhrkamp 204).
14 U. Ricklefs, Hermeneutik, in: Literatur II/1, hg. v. W.–H. Friedrich u. W. Killy, 1965, S. 280.
15 Aufschlußreich für die verschiedenen Richtungen vor dem Zweiten Weltkriege: J. Petersen, Die Wissenschaft von der Dichtung, Bd. 1, 1939.
16 H. Fromm, Germanistische Forschung in der Bundesrepublik Deutschland. Eine Umschau 1981. In: Forschung in der Bundesrepublik Deutschland. Hg. v. C. Schneider, 1983, S. 116.
17 Vgl. z. B. I. Strohschneider-Kohrs, Literarische Struktur und geschichtlicher Wandel. Aufriß wissenschaftsgeschichtlicher und methodologischer Probleme, 1971.
18 Vgl. die Vorträge in dem Anm. 13 genannten Band.
19 So der Titel eines vielbeachteten Sammelbandes, hg. v. J. Kolbe, 1969 (Reihe Hanser 29). Im übrigen gibt es zu den diversen Standortbestimmungen zwischen 1966 und 1971 eine Bibliographie: G. Herfurth, J. Hennig, L. Huth, Topographie der Germanistik, 1971.
20 Symptomatisch wohl die zum Berliner Germanistentag verkündete Parole: «Schlagt die Germanistik tot, macht die blaue Blume rot.»
21 Vgl. z. B. R. Schulmeisters Zusammenfassung in: Kritische Germanistik, hg. v. d. Bundesassistentenkonferenz, 1971, S. 6–14.
22 W. Dittmann, FAZ v. 24. 9. 1973, S. 24 – Erwiderung v. H. de Boor, Altgermanistik marxistisch? FAZ v. 4. 10. 1973; W. Dittmann [u. a.], Der mühsame Weg der Altgermanistik zur Reform, Tagesspiegel v. 27. 6. 1972.
23 In dieser Auseinandersetzung hat besonders provokativ gewirkt: W. Dittmann u. a., Reformierte Altgermanistik. Bericht über ein Grundstudienmodell am Germanischen Seminar der Freien Universität Berlin (1973), wiederholt nachgedruckt, u. a. in: Jb. f. Int. Germ. 4 (1972) H. 1, 108–157.

24 Vgl. die «kleine Forscher-Fibel» von K. M. Michel, in: Stichworte zur ‹Geistigen Situation der Zeit›, hg. v. J. Habermas, Bd. 2, 1979, 817–841.
25 E. Lämmert [Anm. 13], S. 35.
26 H. Fromm [Anm. 16], S. 117. Bezeichnend für diese Tendenz das Thema der Stuttgarter Germanistentagung 1971: Historizität in Sprach- und Literaturwissenschaft.
27 R. Minder, Wie wird man Literarhistoriker und wozu? Rede zur Verleihung des Hansischen Goethepreises. Universitas 24 (1969) 261–276.
28 H. R. Jauß, Alterität und Modernität der mittelalterlichen Literatur. Gesammelte Aufsätze 1956–1976, 1977, S. 9–26.
29 Mittelalterliche Texte im Unterricht, hg. v. H. Brackert u. a., T. 2, 1976, S. 9–36.
30 Richard Alewyn (1902–1979). Studium in Frankfurt a. M., Marburg, München, Heidelberg. Habilitation in Berlin 1931, ao. Prof. Heidelberg 1932, entlassen 1933, Gastprof. Sorbonne 1933–35, stellungslos in Alt-Aussee, Wien, Ascona 1935–39, Prof. Queens College, New York 1939–49, Prof. Köln 1948–56, FU. Berlin 1956–59, Bonn 1959–67. Zwischen 1952 und 71 Gastprofessuren in Cornell, Harvard, Los Angeles, New York, Davis, Kansas. – Publikationen: Vorbarocker Klassizismus, 1926. Johann Beer, 1932. Über Hugo von Hofmannsthal, 1958. Das Große Welttheater, 1959. Aufsätze u. a. über Barockliteratur, Casanova, Goethe, Brentano, Eichendorff, Detektivroman.
31 Wie, warum und zu welchem Ende wurde ich Literarhistoriker? Hg. v. S. Unseld, 1972, S. 18–20 (suhrkamp tb. 60).

2. Zur Überlieferung der deutschen Literatur des Mittelalters

1 B. Bischoff, Paläographie des römischen Altertums und des abendländischen Mittelalters, ²1987, S. 79, 93, 153, 175.
2 W. Braune, Die Handschriftenverhältnisse des Nibelungenliedes, PBB 25 (1900) 1–222. Stemma v. Verf. modifiziert n.: H. Brackert, Beiträge zur Handschriftenkritik des Nibelungenliedes, 1963, S. 174.   3 H. Brackert, S. 170.
4 Das Nibelungenlied. Paralleldruck der Handschriften A, B und C nebst Lesarten der übrigen Handschriften, hg. v. M. Batts, 1971.   5 H. Brackert, S. 131f.
6 J. Heinzle, Mittelhochdeutsche Dietrichepik, 1978.
7 Vgl. die Literaturhinweise zu Kap. 3.
8 E. Lämmert, Reimsprecherkunst im Spätmittelalter, 1970.
9 H. Kuhn, Versuch über das 15. Jahrhundert in der deutschen Literatur, in: H. K., Liebe und Gesellschaft, hg. v. W. Walliczek, 1980, S. 138–140.

3. Zum mittelalterlichen Bildungswesen: Mündlich volkssprachliche Laienkultur und schriftlich lateinische Klerikerkultur

1 K. Strecker, Einführung in das Mittellateinische, ³1939; K. Langosch, Lateinisches Mittelalter. Einleitung in Sprache und Literatur, ⁴1983.
2 Abb. aus: Handbuch der deutschen Wirtschafts- und Sozialgeschichte. Hg. v. H. Aubin u. W. Zorn, 1, 1971, S. 100. Zum Klosterplan: P. Riché, Die Welt der Karolinger, 1981; W. Horn u. E. Born. The Plan of St. Gall, 3 Bde., Berkeley, Los Angeles, London 1979; Studien zum St. Galler Klosterplan, hg. v. J. Duft, 1962; K. Hecht, Der St. Galler Klosterplan, 1983. G. Meier, Geschichte der Schule von St. Gallen im Mittelalter, Jb. f. Schweiz. Gesch. 10 (1884) 33–127.

3 Benedicti Regula, rec. R. Hanslik, 1960 (CSEL 75); Die Benediktsregel. Eine Anleitung zu christlichem Leben, übers. u. erkl. v. G. Holzherr, 1980.
4 Admonitio generalis, MGH Capit. I, 1881, S. 52–62.
5 Abb. aus S. Sonderegger, Althochdeutsche Sprache und Literatur. Eine Einführung in das älteste Deutsche. Darstellung und Grammatik, 1974, S. 50 (Göschen 8005).
6 Ekkehard IV., St. Galler Klostergeschichten. Übers. v. H. F. Haefele, ³1991.
7 Hartmann von Aue, Gregorius. Hg. v. H. Paul, 13. Aufl. v. B. Wachinger, 1984 (ATB 2).
8 Abb. aus: H. Kinder, W. Hilgemann, Atlas zur Weltgeschichte, ²1982, S. 180.
9 Vgl. bes. E. Trunz, Der deutsche Späthumanismus um 1600 als Standeskultur (1931), in: Deutsche Barockforschung, hg. v. R. Alewyn, 1965, S. 147–181.
10 F. W. Oediger, Über die Bildung der Geistlichen im späten Mittelalter, 1953.
11 Zu dem hier nur pauschal skizzierten Sachverhalt vgl. neben den Artikeln im LThK u. Ritters Hist. Wb. d. Philos. v. a.: M. Grabmann, Die Geschichte der scholastischen Methode, 2 Bde., 1909/11. Zur Einführung: E. Gilson u. P. Boehner, Christliche Philosophie, ³1954; K. Vorländer, Philosophie des Mittelalters, bearb. v. E. Metzke, 1964 (rde 193); J. Hirschberger, Geschichte der Philosophie, Bd. 1: Altertum und Mittelalter, ²1953.
12 G. Eis, Mittelalterliche Fachliteratur, ²1967 (SM 14); P. Assion, Altdeutsche Fachliteratur, 1973 (Grundlagen d. Germ. 13).
13 Vgl. H. Grundmann, Literatus – illitteratus. Der Wandel einer Bildungsnorm vom Altertum bis zum Mittelalter, AfK 40 (1958) 1–65; ergänzend: G. Steer, Der Begriff ‹Laie› in deutscher Dichtung und Prosa des Mittelalters, in: Literatur und Laienbildung im Spätmittelalter. Symposion Wolfenbüttel 1981, hg. v. L. Grenzmann u. K. Stackmann, 1984, S. 764–768.

4. Mittelalterlich-christliche Bedeutungskunde (Hermeneutik)

1 Stahlstich aus K. Miller, Mappae mundi, H. 3, 1895, Taf. III. Die Karte ist vollständig reproduziert a. a. O., H. 2, Taf. 1 sowie in: A.-D. van den Brinken, «... ut describeretur universus orbis». Zur Universalkartographie des Mittelalters, Miscellanea Mediaevalia 7 (1970), S. 273. J.-G. Arentzen, Imago mundi cartographica. Studien zur Bildlichkeit mittelalterlicher Welt- und Ökumenekarten unter besonderer Berücksichtigung von Text und Bild, 1984 (MMS 53); H. Kugler, Die Ebstorfer Weltkarte, ZfdA 116 (1987) 1–29; R. Simek, Erde und Kosmos im Mittelalter, 1992.
2 Vgl. S. Mähl, Jerusalem in mittelalterlicher Sicht, Die Welt als Geschichte 22 (1962) 11–26.
3 In mal. Lehrbüchern und Karten wird die Erde z. T. als Scheibe vorgestellt, aber seit der Antike herrscht doch die Meinung von der Kugelgestalt vor (vgl. den Reichsapfel), wobei z. B. nach dem Kommentar des Macrobius (um 400 n. Chr.) zum *Somnium Scipionis* zwei Ozeane wie Ringe die Erdkugel umschlingen.
4 Lucidarius aus der Berliner Handschrift, hg. v. F. Heidlauf, 1915, S. 8 f. (DTM 28).
5 Dazu H. Blumenberg, Der Prozeß der theoretischen Neugierde, 1973, S. 110 ff.
6 Sebastian Brant, Das Narrenschiff, hg. v. M. Lemmer, ³1986, Kap. 66, V. 131 f.; 111–125, mit Abb., S. 165 (Neudr. 5).
7 Petrarca. Dichtungen, Briefe, Schriften. Ausw. u. Einl. v. H. W. Eppelsheimer, 1956, S. 87. Der Brief an Francesco Dionigi von Borgo San Sepolcro im originalen

4. Mittelalterlich-christliche Bedeutungskunde 299

Wortlaut in: F. Petrarca, Le Familiari, hg. v. V. Rossi u. U. Bosco, Bd. 1, 1933, S. 153–161.
8 Adam von Bremen, Gesta Hammaburgensis ecclesiae pontificum, IV, 39–41, in: Quellen des 9. und 10. Jahrhunderts zur Geschichte der hamburgischen Kirche und des Reiches, übertr. v. W. Trillmich, ⁵1978, S. 488–493.
9 Hugo von St. Victor, Didascalicon, Lib. VII, cap. 3, MPL 176, 814 B. Übers.: H. Kolb, Der Hirsch, der Schlangen frißt. In: Mediaevalia litteraria, FS H. de Boor z. 80. Geb., hg. v. U. Hennig u. H. Kolb, 1971, S. 592f.
10 Berthold von Regensburg, Vollst. Ausg. seiner Predigten v. F. Pfeiffer, Bd. 1, 1862, S. 48f., 158.
11 Grimmelshausen, Der Abentheurliche Simplicissimus Teutsch und Continuatio des abentheurlichen Simplicissimi, hg. v. R. Tarot, 1967, S. 568.
12 F. Ohly, Vom geistigen Sinn des Wortes im Mittelalter (1958/59). Nachdr. in: F. O., Schriften zur mittelalterlichen Bedeutungsforschung, 1977, S. 15.
13 MPL 210, 53 A.
14 Fridankes Bescheidenheit, hg. v. H. E. Bezzenberger, 1872, S. 78, Nr. 12, 9–12; Thomasin von Zirclaria, Der Wälsche Gast. Hg. v. H. Rückert, 1852, Nachdr. 1965.
15 MPL 177, 205 B.
16 F. Ohly, Vom geistigen Sinn, wie Anm. 12, S. 5.
17 Abb. angelehnt an: Chr. Meier, Das Problem der Qualitätenallegorese, FMSt. 8 (1974), S. 391.
18 Der Physiologus, (aus dem Griech.) übertr. u. erl. v. O. Seel, 1960, S. 3f.
19 F. Ohly, wie Anm. 12, S. 5. Wo die bedeutungskundliche Tradition für die eine Seite schon Bedeutungen bereithält, können diese per oppositionem auch für den Gegensatz genutzt werden. Die Nennung von «lebendig» impliziert nach dieser Oppositionsregel den Gegenbegriff «tot», ebenso «arm»: «reich», «süß»: «bitter» etc.
20 H. v. St. Victor, De scripturis et scriptoribus sacris, cap. 14, MPL 175, 20 D–21 A.
21 Dazu C. Meier, wie Anm. 17, FMSt. 8 (1974) 385–435.
22 W. Harms, Homo viator in bivio. Studien zur Bildlichkeit des Weges, 1970.
23 Der altdeutsche Physiologus, hg. v. F. Maurer, 1967, S. 10–14. J. W. Einhorn, Spiritualis unicornis. Das Einhorn als Bedeutungsträger in Literatur und darstellender Kunst des Mittelalters, 1976 (MMS 13); ders., Das Einhorn als Sinnzeichen des Todes: Die Parabel vom Mann im Abgrund, FMSt. 6 (1972) 381–417.
24 Der Stricker, Tierbispel, hg. v. U. Schwab, ³1983, Nr. XX, S. 84f. (ATB 54). Vgl. zur Abgrenzung der unter dem Rahmenterminus Fabel begegnenden Typen K. Grubmüller, Meister Esopus, 1977, S. 9–47.
25 Der Marner, hg. v. P. Strauch, 1876. Mit Nachw., Reg., Litverz. v. H. Brackert, 1965, S. 126 (Dt. Neudrr.).
26 A. Augustinus, Enarrationes in Psalmos, hg. v. E. Dekkers u. J. Fraipont, Bd. 3, 1962 (Corpus Christianorum, Ser. Lat. 40).
27 Augustinus, wie Anm. 26.
28 C. Meier, Gemma spiritalis. Methode und Gebrauch der Edelsteinallegorese vom frühen Christentum bis ins 18. Jahrhundert, T. 1, 1977, S. 31–33. Vgl. auch D. Schmidtke, Geistliche Tierinterpretation in der deutschsprachigen Literatur des Mittelalters (1100–1500), Phil. Diss. FU Berlin 1968, S. 124f., 138f.
29 D. Schmidtke, wie Anm. 28, S. 165; K. Grubmüller, Überlegungen zum Wahrheitsanspruch des Physiologus im Mittelalter, FMSt. 12 (1978) 166–177.
30 Konrad von Megenberg, Das Buch der Natur, hg. v. F. Pfeiffer, 1861, S. 142–145.

31 Vgl. H. Blumenberg, wie Anm. 5; H. M. Nobis, Die Umwandlung der mittelalterlichen Naturvorstellung. Ihre Ursachen und ihre wissenschaftsgeschichtlichen Folgen, Arch. f. Begriffsgesch. 13 (1969) 34–57; M. Boas, Die Renaissance der Naturwissenschaften 1450–1630, 1965; L. Thorndike, History of Magic and Experimental Science, 8 Bde., 1923–58.
32 Kaiser Friedrich II., De arte venandi cum avibus. Vollst. Faks.-Ausg., m. Komm. v. C. A. Willemsen, 1969 (Codices selecti 16/17); ders., Über die Kunst mit Vögeln zu jagen, übertr. u. hg. v. C. A. Willemsen, 2 Bde., 1964.
33 Matthias Holtzwart, Emblematum Tyrocinia, hg. v. P. von Düffel u. K. Schmidt, 1968, S. 207–35 (Recl. UB., 8555–57); W. S. Heckscher u. K.-A. Wirth, Emblem/Emblembuch, RDK 5 (1967) 85–228.
34 M. Schilling, Imagines Mundi. Metaphorische Darstellung der Welt in der Emblematik, 1979, S. 211–20 (Mikrokosmos 4); G. R. Hocke, Die Welt als Labyrinth. Manier und Manie in der europäischen Kunst von 1520 bis 1650 und in der Gegenwart, 1957, S. 93–143 (rde 50/51).
35 Gabriel Rollenhagen, Sinn-Bilder. Ein Tugendspiegel, hg. v. C. P. Warncke, 1983, S. 252 f. (Biblioph. Tbb. 378).
36 Emblemata. Handbuch zur Sinnbildkunst des XVI. und XVII. Jahrhunderts, hg. v. A. Henkel u. A. Schöne, 1967, Sp. 399f. – Reiche Materialien zur Emblematik: Deutsche Illustrierte Flugblätter des 16. und 17. Jahrhunderts, hg. v. W. Harms u. a., 1980 ff.
37 E. Auerbach, Figura, Archivum Romanicum 22 (1938), S. 468. Im übrigen vgl. F. Ohly, wie Anm. 12, passim.
38 Kleinere deutsche Gedichte des 11. und 12. Jahrhunderts, n. d. Ausw. v. A. Waag neu hg. v. W. Schröder, T. 2, 1972, S. 235–38 (ATB 72). Dazu: H. Kolb, Das Melker Marienlied, in: Interpretationen mittelhochdeutscher Lyrik, hg. v. G. Jungbluth, 1969, S. 47–82. A. Salzer, Die Sinnbilder und Beiwörter Mariens in der deutschen Literatur und lateinischen Hymnenpoesie des Mittelalters, 1886–94.
39 H. Buschhausen, Der Verduner Altar. Das Emailwerk des Nikolaus von Verdun im Stift Klosterneuburg, 1980.
40 F. Ohly, Synagoge und Ecclesia, wie Anm. 12, S. 330.
41 F. Ohly, wie Anm. 40, S. 325 f.
42 W. Schröder, Zum Typologie-Begriff und Typologie-Verständnis in der mediävistischen Literaturwissenschaft, in: The Epic in Medieval Society. Aesthetic and Moral Values, hg. v. H. Scholler, 1977, S. 64–85.
43 J. Habermas, Strukturwandel der Öffentlichkeit, ⁵1971, 17–25.
44 Abb. aus: P. E. Schramm, Die Kaiser aus dem sächsischen Hause im Lichte der Staatssymbolik, MIÖG, Erg. bd. 20, H. 1, 1962, S. 31–52, hier: S. 41. Die Insignien sind abgebildet u. kommentiert in: P. E. Schramm u. F. Mütherich, Denkmale der deutschen Könige und Kaiser, ²1981.
45 H. Decker-Hauff, Die «Reichskrone», angefertigt für Otto I., in: P. E. Schramm u. a., Herrschaftszeichen und Staatssymbolik, Bd. 2, 1955, S. 560–637. R. Staats, Theologie der Reichskrone. Ottonische ‹Renovatio imperii› im Spiegel einer Insignie, 1976. E. Nellmann, ‹Philippe setze en weisen ûf›. Zur Parteinahme Walthers für Philipp von Schwaben, in: Stauferzeit. Geschichte, Literatur, Kunst. Hg. v. R. Krohn u. a., 1979, S. 87–104.
46 Zit. n.: Das Rolandslied des Pfaffen Konrad. Hg. u. übers. v. D. Kartschoke, 1970 (Fischer 6004). Zur Typologie im RL.: H. Richter, Kommentar zum Rolandslied des Pfaffen Konrad, T. 1, 1972; ders., Das Hoflager Kaiser Karls, ZfdA 102 (1973)

4. Mittelalterlich-christliche Bedeutungskunde 301

81–101; E. Nellmann, Karl der Große und König David im Epilog des deutschen Rolandsliedes, ZfdA 94 (1965) 268–279; E. F. Ohly, Zum Reichsgedanken des deutschen Rolandsliedes, ZfdA 77 (1940) 189–217; K.–E. Geith, Rolands Tod. Zum Verhältnis von ‹Chanson de Roland› und deutschem ‹Rolandslied›, ABäG 10 (1976) 1–14. – Zum Davidvergleich allgemein: H. Steger, David Rex et Propheta. König David als vorbildliche Verkörperung des Herrschers und Dichters im Mittelalter, nach Bilddarstellungen des achten bis zwölften Jahrhunderts, 1961.
47 Vgl. Abb. 32 in K. Bertau, Deutsche Literatur im europäischen Mittelalter, Bd. 2, 1973; U. Mende, Die Bronzetüren des Mittelalters 800–1200, 1983.
48 F. Ohly, Synagoge und Ecclesia, wie Anm. 12, hier bes. S. 315; Die Zeit der Staufer. Geschichte – Kunst – Kultur. Kat. d. Ausstellung Stuttgart 1977, Bd. 1, hg. v. R. Hausherr, 321–23 (dazu Abb. 245 f.); P. Bloch, Typologische Kunst, in: Lex et Sacramentum im Mittelalter, hg. v. P. Wilpert, 1969, S. 127–42, bes. 130f.
49 1000 Jahre Babenberger in Österreich. Kat. d. Ausstellung Stift Lilienfeld 1976, hg. v. Niederösterr. Landesmuseum, Abb. 4, dazu die Beschreibung, S. 600, Nr. 1102.
50 Otto Bischof von Freising, Chronik oder Die Geschichte zweier Staaten (Chronica sive Historia de duabus civitatibus), hg. v. W. Lammers, übers. v. A. Schmidt, ⁴1980, III, 6, S. 222–25 (FSGA); die beiden folgenden Zitate S. 10f. u. 582–85.
51 Dieses Schema der biblischen Weltalter wird vielfach als makrokosmisches Geschehen dem mikrokosmischen der sechs Menschenalter gegenübergestellt: 1. Kindheit *(infantia)*, bis zum 7. Lebensjahr; 2. Knabenalter *(pueritia)*, bis zum 14. Jahr; 3. Jünglingsalter *(adolescentia)*, bis zum 28. Jahr; 4. Mannesalter *(iuventus)*, bis zum 50. Jahr; 5. Gesetztes Mannesalter *(gravitas)*, 6. Greisenalter *(senectus)*.
52 W. Goetz, Translatio imperii, 1958.
53 Otto von Freising, wie Anm. 50, I, Vorw., S. 12f.
54 Otto von Freising, wie Anm. 50, IV, 28, S. 360f.
55 Das Annolied. Hg., übers. u. komment. v. E. Nellmann, 1975 (Reclams UB. 1416). Vgl. dazu den Kat.: Monumenta Annonis. Köln und Siegburg. Weltbild und Kunst im hohen Mittelalter, hg. v. A. Legner, 1975.
56 A. Hirsch, Bürgertum und Barock im deutschen Roman, 2. Aufl. bes. v. H. Singer, 1957, S. 29f.; G. Rohrbach, Figur und Charakter. Strukturuntersuchungen zu Grimmelshausens Simplicissimus, 1959; G. Mayer, Die Personalität des Simplicius Simplicissimus, ZfdPh 88 (1969) 497–521.
57 Abb. aus: Otfrid von Weißenburg, Evangelienharmonie (Cod. Vindob. 2687), 1970 (Codices Selecti 30). Ahd. zit. n.: Otfrids Evangelienbuch, hg. v. O. Erdmann, 5. Aufl. bes. v. L. Wolff, 1965 (ATB 49); Übers.: Althochdeutsche Literatur. Mit Proben aus dem Altniederdeutschen. Hg. u. übers. v. H. D. Schlosser, 1970, S. 106–115. Dazu: R. Hartmann, Allegorisches Wörterbuch zu Otfrids von Weißenburg Evangeliendichtung, 1975 (MMS 26); X. von Ertzdorff, Die Hochzeit zu Kana. Zur Bildauslegung Otfrids von Weißenburg, PBB 86 (1964) 62–82; K. Lange, Geistliche Speise. Untersuchungen zur Metaphorik der Bibelhermeneutik, ZfdA 95 (1965) 81–122, bes. 112–114.
58 Tatian, hg. v. E. Sievers, ²1892, 45, 1–8; Heliand und Genesis. Hg. v. O. Behaghel, 9. Aufl. bearb. v. B. Taeger, 1984, V. 1994–2087 (ATB 4).
59 D. Martin Luther, Biblia. Das ist die gantze Heilige Schrifft Deudsch auffs new zugericht, Wittenberg 1545. Hg. v. H. Volz, Bd. 3, 1974, S. 2140.
60 Altdeutsche Predigten, hg. v. A. E. Schönbach, Bd. 2, S. 154f., Nr. 56. Zur Exegese des Samariter-Gleichnisses vgl. H. Kolb, Der wuocher der riuwe. Studien zu Hartmanns Gregorius, Litwiss. Jb. d. Görres-Ges. 23 (1982) bes. S. 50–55.

61 A. Augustinus, De doctrina christiana, hg. v. G. M. Green, 1963, I, II, 2 (CSEL 80). Zur Zeichenlehre: C. P. Mayer, Die Zeichen in der geistigen Entwicklung und in der Theologie des jungen Augustinus, 2 Tle., 1969/74 (Cassiacum 24, 1–2); ders., Res per signa. Grundgedanke des Prologs in Augustins Schrift De doctrina christiana und das Problem seiner Datierung, Revue des Études Augustiennes 20 (1974) 100–112; K. Kuypers, Der Zeichen- und Wortbegriff im Denken Augustins, 1934; C. Huber, Wort sint der dinge zeichen, 1977, S. 5–21 (MTU 64).
62 G. Ebeling, Hermeneutik, RGG 3, 249.
63 H.-J. Sieben, Die «res» der Bibel. Eine Analyse von Augustinus, De doctr. chr. I–III, Revue des Études Augustiennes 21 (1975) 72–90, bes. S. 90.
64 G. Gloege, Zur Geschichte des Schriftverständnisses. In: Das Neue Testament, hg. v. E. Käsemann, 1970, S. 13–40.
65 H. de Lubac, Der geistige Sinn der Schrift, 1952, S. 21.
66 Vgl. z. B. Durandus' Rationale in spätmittelhochdeutscher Übersetzung. Das vierte Buch nach Hs. CVP 2765, hg. v. G. H. Buijssen, 1966, S. 12 f.
67 Vgl. dazu die präzise Skizze von G. Gloege, wie Anm. 64, S. 23–30.
68 U. Ernst, Gottfried von Straßburg in komparatistischer Sicht. Form und Funktion der Allegorese im Tristanepos, Euphorion 70 (1976) 1–72, hier: S. 19; F. Ranke, Die Allegorie der Minnegrotte in Gottfrieds Tristan (1925), in: Gottfried von Straßburg, hg. v. A. Wolf, 1973, S. 1–24 (WdF 320); J. Schwietering, Der Tristan Gottfrieds von Straßburg und die Bernhardinische Mystik (1943), in: J. S., Mystik und höfische Dichtung im Hochmittelalter, 1962; H. Kolb, Der minnen hus. Zur Allegorie der Minnegrotte, Euphorion 56 (1962) 221–247; G. Weber, Gottfrieds von Straßburg Tristan und die Krise des hochmittelalterlichen Weltbildes um 1200, Bd. 1, 1953, S. 179 ff.; R. Gruenter, Bauformen der Waldleben-Episode in Gotfrids Tristan und Isold, in: Gestaltprobleme der Dichtung, FS G. Müller, 1957, 21–48. Zur Minneallegorie allgemein: C. S. Lewis, The Allegory of Love. A Study in Medieval Tradition, [8]1965; W. Blank, Die deutsche Minneallegorie, 1970.
69 Gottfried von Straßburg, Tristan. Nach dem Text v. F. Ranke neu hg., ins Nhd. übers. v. R. Krohn, Bd. 2, [2]1981, S. 408 ff.
70 J. W. v. Goethe, Maximen und Reflexionen, Goethes Werke, Hamburg. Ausg., Bd. 12, [3]1958, S. 470 f., Nr. 749 f. – Zum Verhältnis von Allegorie und Symbol in der Ästhetik vgl. H.-G. Gadamer, Wahrheit und Methode, [3]1972, S. 66 ff.

5. Rhetorik und Metrik

1 G. W. F. Hegel, Ästhetik, hg. v. F. Bassenge, Bd. 2, [2]1965, S. 357 f.
2 Aristoteles, Rhetorik, übers. v. F. G. Sieveke, 1980, S. 20 (1358 a/b).
3 Marcus Fabius Quintilianus, Ausbildung des Redners. Zwölf Bücher. Hg. u. übers. v. H. Rahn, 1. T., Buch I–VI, 1972, S. 260 f.
4 I. Kant, Kritik der Urteilskraft. Text der Ausgabe 1790 (A), hg. v. R. Schmidt, 1945, § 53.
5 Isidor von Sevilla, Etymologiarum sive Originum libri XX, ed. W. M. Lindsay, T. I, 1957, I, 1.2: *ars vero dicta est, quod artis praeceptis regulisque consistat*.
6 Martin Opitz, Buch von der deutschen Poeterey. Abdr. d. 1. Ausg. (1624). Neu hg. v. R. Alewyn, 1963, Kap. 5 (Neudrr., N. F. 8).
7 E. R. Curtius, Europäische Literatur und lateinisches Mittelalter, [3]1961, S. 202.
8 R. Gruenter, Das «wunnecliche tal», Euphorion 55 (1961) 341.
9 Als Beispiel dafür, wie ein Gedicht zu einer bestimmten Gelegenheit «gemacht»

wird, vgl. J. F. Reimanns Beschreibung seines Verfahrens, als er «solte einem wohlgerathenen Studioso Theologiae ein Carmen funebre zu Ehren machen» (1703) – zit. b. M. Windfuhr, Barocke Bildlichkeit, 1966, S. 119–23. Zur «technischen Produzierbarkeit» des Gelegenheitsgedichts und zur Geschichte seiner Bewertung: W. Segebrecht, Das Gelegenheitsgedicht, 1977.
10 Quintilianus, wie Anm. 3, Inst. orat. III, 7, 10–24, S. 352–57. Vgl. die Übersicht bei H. Lausberg, Handbuch der literarischen Rhetorik, Bd. 1, 1960, S. 130–35, §§ 240–247.
11 H. Brinkmann, Der Prolog im Mittelalter als literarische Erscheinung, WW 14 (1964) 1–21.
12 J. H. Scholte, Gottfrieds von Straßburg Initialenspiel, PBB 65 (1942) 280–302; J. Fourquet, Das Kryptogramm des ‹Tristan› und der Aufbau des Epos. In: Gottfried von Straßburg, hg. v. A. Wolf, 1973, S. 362–70 (WdF 320); B. Schirok, Zu den Akrosticha in Gottfrieds «Tristan». Versuch einer kritischen und weiterführenden Bestandsaufnahme, ZfdA 113 (1984) 188–213.
13 Heinrich Wittenwilers «Ring». Nach der Meininger Handschrift hg. v. W. Wießner, 1931, V 40f. (DLE IV, 3).
14 Die Dresdener Bilderhandschrift des Sachsenspiegels, hg. v. K. von Amira, Bd. 1, 1902, T. 181.
15 E. R. Curtius, wie Anm. 7, S. 238; Les arts poétiques du XIIe et du XIIIe siècle. Recherches et documents sur la technique littéraire du moyen âge par E. Faral, 1958, S. 86–89.
16 Vgl. J. Nieraad, «Bildgesegnet und bildverflucht». Forschungen zur sprachlichen Metaphorik, 1977 (Erträge der Forschung, 63); H. Weinrich, Sprache in Texten, 1976; D. Peil, Untersuchungen zur Staats- und Herrschaftsmetaphorik in literarischen Zeugnissen von der Antike bis zur Gegenwart, 1984 (MMS 50); U. Krewitt, Metapher und tropische Rede in der Auffassung des Mittelalters, Ratingen, Kastellaun, Wuppertal 1971 (Beih. 7 z. Mlat. Jb.).
17 H. F. Plett, Einführung in die rhetorische Textanalyse, ²1973, S. 28ff.
18 Gedichte von den Anfängen bis 1300. Nach den Handschriften in zeitlicher Folge hg. v. W. Höver u. E. Kiepe, 1978, S. 266–69 (Epochen d. deutschen Lyrik, hg. v. W. Killy, 1).
19 Übersetzung und Nachahmung im europäischen Petrarkismus. Studien und Texte. Hg. v. L. Keller, 1974, S. 348f.
20 Johannes von Saaz, Der Ackermann aus Böhmen, hg. v. G. Jungbluth, Bd. 1, 1969, S. 142f.; K. J. Heilig, Die lateinische Widmung des Ackermanns aus Böhmen (1933). In: Der Ackermann aus Böhmen des Johannes von Tepl und seine Zeit, hg. v. E. Schwarz, 1968, S. 139–141; A. Blaschka, Ackermann-Epilog (1935). In: Der Ackermann aus Böhmen, 1968, S. 349–51. G. Hahn, Die Einheit des Ackermann aus Böhmen. Studien zur Komposition, 1963 (MTU 5).
21 Augustinus, Confessiones – Bekenntnisse. Lat. u. Deu., eingel., übers. u. erl. v. J. Bernhart, ³1955, S. 414–17.
22 S. o. Kap. 4, Anm. 7. Zur Interpretation: G. Billanovich, Petrarca Letterato, Bd. 1, Rom 1947; B. König, Petrarcas Landschaften, Romanische Forschungen 92 (1980) 251–282; K. Stierle, Petrarcas Landschaften, 1979; H. Blumenberg, Der Prozeß der theoretischen Neugierde, ²1980, S. 142ff.
23 M. Opitz, wie Anm. 6, S. 7.
24 M. Opitz, a. a. O., S. 12. Dazu vgl. bes.: L. Fischer, Gebundene Rede. Dichtung und Rhetorik in der literarischen Theorie des Barock in Deutschland, 1968.

25 Text, Übers. u. Interpretation bei W. Haug, Literaturtheorie im deutschen Mittelalter von den Anfängen bis zum Ende des 13. Jahrhunderts, 1985, S. 235–249.
26 H. Tiemann, Zur Geschichte des altfranzösischen Prosaromans, Romanische Forschungen 63 (1951) 306–328.
27 E. Köhler, Zur Entstehung des altfranzösischen Prosaromans. In: E. K., Trobadorlyrik und höfischer Roman, 1962, S. 213–223. Vgl. auch: H.-G. Jantzen, Untersuchungen zur Entstehung des altfranzösischen Prosaromans, Phil. Diss. Heidelb. 1965.
28 W. Besch, Vers oder Prosa? Zur Kritik am Reimvers im Spätmittelalter, PBB 94 (1972), Sonderh. FS H. Eggers, 745–766. – W. Liepe, Die Entstehung des Prosaromans in Deutschland. In: W. L., Beiträge zur Literatur- und Geistesgeschichte, 1963, S. 9–28; A. Brandstetter, Prosaauflösung. Studien zur Rezeption der höfischen Epik im frühneuhochdeutschen Prosaroman, 1971.
29 W. Haug, wie Anm. 25, bes. S. 249.

6. Die Feudalgesellschaft

1 O. Brunner, Land und Herrschaft, ⁵1965, S. 163.
2 Hugo von Trimberg, Der Renner. Hg. v. G. Ehrismann, Bd. 1, 1908 (StLV 247).
3 H. Kolb, Über den Ursprung der Unfreiheit. Eine Quaestio im Sachsenspiegel, ZfdA 103 (1974) 289–311; K. Grubmüller, Noês Fluch. Zur Begründung von Herrschaft und Unfreiheit in mittelalterlicher Literatur. In: Medium Aevum deutsch. FS K. Ruh, hg. v. D. Huschenbett u. a., 1979, S. 99–119.
4 Sachsenspiegel. Landrecht. Hg. v. K. A. Eckhardt, 1955, S. 223–228 (Germanenrechte, N. F.; Land- u. Lehnrechtsbücher 1).
5 Wernher der Gartenaere, Die Märe vom Helmbrecht, hg. v. F. Panzer, 6. Aufl. bes. v. K. Ruh, 1960, S. 10–12 (ATB 11).
6 Fridankes Bescheidenheit, hg. v. H. E. Bezzenberger, 1872, S. 91; Heinrichs von Meißen des Frauenlobes Leiche, Sprüche, Streitgedichte und Lieder, hg. v. L. Ettmüller, 1843, Nr. 244.
7 Dazu: Hermann Krings, Das Sein und die Ordnung. Eine Skizze zur Ontologie des Mittelalters, DVjs. 18 (1940) 233–249.
8 Art. «Gleichheit». In: Geschichtl. Grundbegriffe, Bd. 2, 1975, S. 1003.
9 So – in Anlehnung an K. Bosl – J. M. van Winter, Rittertum. Ideal und Wirklichkeit, 1969, S. 80–88.
10 K. Bosl, Frühformen der Gesellschaft im mittelalterlichen Europa. Ausgewählte Beiträge zu einer Strukturanalyse der mittelalterlichen Welt, 1964, S. 135 ff.; ders., in: Handbuch der deutschen Wirtschafts- und Sozialgeschichte, hg. v. H. Aubin u. W. Zorn, Bd. 1, 1971, S. 226 ff.
11 J. Bumke, Studien zum Ritterbegriff im 12. und 13. Jahrhundert, ²1977, S. 47 f.; J. Ficker, Vom Heerschilde. Ein Beitrag zur deutschen Reichs- und Rechtsgeschichte, 1862.
12 Der Sachsenspiegel in Bildern. Aus der Heidelberger Bilderhandschrift ausgew. u. erl. v. W. Koschorreck, 1977, S. 39 (it 218).
13 Der Sachsenspiegel, wie Anm. 12, S. 41.
14 Abb. aus: R. Günter, Kunsthistorischer Wanderführer Rheinland, 1979, S. 446. W. Hotz, Kleine Kunstgeschichte der deutschen Burg, ⁴1979.
15 J. Bumke, Ministerialität und Ritterdichtung, 1976, S. 65.
16 O. Brunner, Adeliges Landleben und europäischer Geist. Leben und Werk Wolf Helmhards von Hohberg 1612–1688, 1959, bes. S. 61–138.

6. Die Feudalgesellschaft

17 Das ritterliche Turnier im Mittelalter. Beiträge zu einer vergleichenden Formen- und Verhaltensgeschichte des Rittertums, hg. v. J. Fleckenstein, 1985.
18 J. Bumke, Mäzene im Mittelalter. Die Gönner und Auftraggeber der höfischen Literatur in Deutschland 1150–1300, 1979, S. 10f.
19 Vgl. die sog. erste Stauferpartie in: Henric van Veldeken, Eneide. hg. v. G. Schieb u. T. Frings, Bd. 1, 1964, v. 13221–252 (DTM 58) u. v. a. Giselbert von Mons, Chronicon Hanoniense, hg. v. L. Vanderkindere, 1904, S. 154–162, 206. Dazu: J. Fleckenstein, Friedrich Barbarossa und das Rittertum. Zur Bedeutung der großen Mainzer Hoftage von 1184 und 1188. In: FS H. Heimpel, Bd. 2, 1972, S. 1023–41; W. Mohr, Mittelalterliche Feste und ihre Dichtung, FS K. Ziegler, hg. v. E. Catholy u. a., 1968, bes. S. 42f.
20 J. Bumke, wie Anm. 11, S. 181f.
21 J. Bumke, wie Anm. 11, S. 67f. zitiert dazu den Spruch 56, 1–12 des Reinmar von Zweter. Vgl. v. a. den Frauenzank im Nibelungenlied, wo Brünhild den Dienst zum ständischen Unterscheidungskriterium machen will: «dô jach des selbe Sîfrit, er waere 'sküneges man. des hân ich in für eigen» (Str. 812, 2–3 a). Dagegen Kriemhild: «er ist wol Gunthers genôz» (814, 4b), «ich bin adelvrî» (828, 1b).
22 J. Bumke, wie Anm. 11, S. 181.
23 E. Köhler, Ideal und Wirklichkeit in der höfischen Epik. Studien zur Form der frühen Artus- und Graldichtung, ²1970 (Beih. 97 d. ZfrPh).
24 G. Kaiser, Textauslegung und gesellschaftliche Selbstdeutung, ²1978.
25 U. Peters, Artusroman und Fürstenhof. Darstellung und Kritik neuerer sozialgeschichtlicher Untersuchungen zu Hartmanns Erec, Euphorion 69 (1975), S. 196.
26 U. Peters, a. a. O., S. 187.
27 A. von Harnack, Militia Christi. Die christliche Religion und der Soldatenstand in den ersten drei Jahrhunderten (1938), Nachdr. 1963.
28 C. Erdmann, Die Entstehung des Kreuzzugsgedankens (1935), Nachdr. 1955, S. 192.
29 A. Noth, Heiliger Krieg und heiliger Kampf in Islam und Christentum, 1966; K.-G. Cram, Judicium belli. Zum Rechtscharakter des Krieges im deutschen Mittelalter, 1955; G. Wolfram, Kreuzpredigt und Kreuzlied, ZfdA 30 (1886) 89–132.
30 C. Erdmann, wie Anm. 28, S. 75–77, 326–335.
31 Bernhard von Clairvaux, Opera omnia, edd. J. Leclercq et H. M. Rochais, Bd. 3, 1963, S. 214ff.
32 Durch die Kreuznahme erhielt man einen Nachlaß der Sündenstrafen, nicht nur der Bußstrafen. Die populäre Kreuzzugswerbung versprach mehr als die streng kirchliche Lehre halten konnte, und selbst diese schwankte, vgl. H. E. Mayer, Geschichte der Kreuzzüge, ⁴1976, S. 31–46.
33 Das Rolandslied des Pfaffen Konrad. Hg. u. übers. v. D. Kartschoke, 1970 (Fischer-Bücherei 6004). Abb.: R. Lejeune et J. Stiennon, Die Rolandssage in der mittelalterlichen Kunst, Bd. 1, Brüssel 1966, S. 255, Abb. XXV.
34 E. Köhler, Vergleichende soziologische Betrachtungen zum romanischen und zum deutschen Minnesang. In: Der Berliner Germanistentag 1968. Vorträge und Berichte. Hg. v. K. H. Borck u. R. Henss, 1970, S. 61.
35 U. Peters, Niederes Rittertum oder hoher Adel? Zu Erich Köhlers historisch-soziologischer Deutung der altprovenzalischen und mittelhochdeutschen Minnelyrik, Euphorion 67 (1973) 244–260.
36 H. Grundmann, Religiöse Bewegungen im Mittelalter. Untersuchungen über die geschichtlichen Zusammenhänge zwischen der Ketzerei, den Bettelorden und den

religiösen Frauenbewegungen im 12. und 13. Jahrhundert und über die geschichtlichen Grundlagen der deutschen Mystik (1935), Nachdr. ⁴1977. Zu den besonderen Verhältnissen eines Ketzerdorfes vgl. die vorbildliche Fallstudie von E. Le Roy Ladurie, Montaillou. Ein Dorf vor dem Inquisitor 1294 bis 1324, 1983, S. 180–225.
37 Vgl. z. B. Thomas von Aquin, Summa Theologica. Erschaffung und Urzustand des Menschen I, 90–102, 1941, S. 35–39 (Dt. Thomasausg., Bd. 7).
38 A. Ermolaef, Die Sonderstellung der Frau im französischen Lehnrecht, Diss. Bern, Ostermundingen, 1930; A. Lehmann, Le rôle de la femme dans l'histoire de France au moyen âge, 1952; A. Higounet, La femme du moyen âge en France dans la vie politique, économique et sociale. In: Histoire mondiale de la femme, ed. P. Grimal, Bd. 2, 1966, S. 135–184; J. Bumke, wie Anm. 18, S. 234–36.
39 I. Nolting-Hauff, Die Stellung der Liebeskasuistik im höfischen Roman, 1959, 91.
40 Mittelalter. Texte und Zeugnisse, hg. v. H. de Boor, 2. Teilbd., 1965, S. 1426–28. F. Frosch-Freiberg, Schwankmären und Fabliaux. Ein Stoff- und Motivvergleich, 1971, S. 137 ff. (GAG 49).
41 Die Dresdener Bilderhandschrift des Sachsenspiegels, hg. v. K. von Amira, Bd. 1, 1902, T. 21.
42 J. Bumke, wie Anm. 18, S. 247; H. Grundmann, Die Frauen und die Literatur im Mittelalter, AfK 26 (1936) 129–61.
43 Zu den Verhältnissen in Österreich im 14./15. Jh. vgl. z. B. O. Brunner, Zwei Studien zum Verhältnis von Bürgertum und Adel. In: O. B., Neue Wege der Verfassungs- und Sozialgeschichte, ²1968, S. 242–280.
44 Vgl. zur ersten Orientierung zwei ausgezeichnete Lexikon-Artikel: K. Kroeschell, Art. «Bürger», in: Handwb. z. dt. Rechtsgesch. 1, 1971 u. M. Riedel, Art. «Bürger», in: Geschichtl. Grundbegriffe 1, 1972. F. Borkenau, Der Übergang vom feudalen zum bürgerlichen Weltbild. Studien zur Geschichte der Philosophie der Manufakturperiode (1943), Nachdr. 1971; L. Kofler, Zur Geschichte der bürgerlichen Gesellschaft. Versuch einer verstehenden Deutung der Neuzeit, ⁴1971.
45 Vgl. z. B.: U. Peters, Literatur in der Stadt. Studien zu den sozialen Voraussetzungen und kulturellen Organisationsformen städtischer Literatur im 13. und 14. Jahrhundert, 1983; E. Kleinschmidt, Stadt und Literatur in der frühen Neuzeit, 1983.
46 Vgl. z. B. Neidhart und Wittenwiler. – F. Martini, Das Bauerntum im deutschen Schrifttum von den Anfängen bis zum 16. Jahrhundert, 1944; H. Brackert, Bauernkrieg und Literatur, 1975 (ed. suhrk. 782). Hist.: G. Franz, Geschichte des Bauernstandes vom frühen Mittelalter bis zum 19. Jahrhundert, 1970; Wort und Begriff «Bauer», hg. v. R. Wenskus u. a., 1975 (AAWG 3, F. 89); W. Rösener, Bauern im Mittelalter, ⁴1987.

7. Die höfische Epik: Artusroman und Heldenepos

1 M. Wehrli, Geschichte der deutschen Literatur vom frühen Mittelalter bis zum Ende des 16. Jahrhunderts, 1980, S. 237 ff.
2 H. de Boor, Die höfische Literatur. Vorbereitung, Blüte, Ausklang. 1170–1250, ²1955, Einl.
3 H. Kuhn, Die Klassik des Rittertums in der Stauferzeit 1170–1230. In: Annalen der deutschen Literatur, hg. v. H. O. Burger, ²1970, S. 99 ff.
4 P. Ganz, Der Begriff des ‹Höfischen› bei den Germanisten, in: Wolfram-Studien 4

7. Die höfische Epik 307

(1977), S. 17; ders., curialis/hövesch, in: Höfische Literatur, Hofgesellschaft, Höfische Lebensformen um 1200, hg. v. G. Kaiser u. J.-D. Müller, 1986, S. 39–55.
5 H. Kuhn, wie Anm. 3, S. 100.
6 H. de Boor, wie Anm. 2, S. 1.
7 M. Wehrli, wie Anm. 1, S. 237.
8 H. de Boor, wie Anm. 2, S. 7.
9 J. Bumke, Höfische Kultur, 1986, S. 81 f.
10 M. Wehrli, wie Anm. 1, S. 237.
11 J. Bumke, Die romanisch-deutschen Literaturbeziehungen im Mittelalter. Ein Überblick, 1967, S. 19.
12 Zit. n.: H. R. Jauß, Alterität und Modernität der mittelalterlichen Literatur. Gesammelte Aufsätze 1956–1976, 1977, S. 314.
13 Das Alexanderlied des Pfaffen Lamprecht. Text, Nacherzählung, Erklärung der wichtigsten Begriffe. Hg., dargest. u. erl. v. I. Ruttmann, 1974. Dazu: K. Ruh, Höfische Epik des deutschen Mittelalters, T. 1, 1967, S. 33–42.
14 Henric van Veldeken, Eneide. I: Einleitung, Text. Hg. v. G. Schieb u. Th. Frings, 1964 (DTM 58). Dazu: G. Schieb, Heinrich von Veldeke, 1965 (SM 42).
15 K. Stackmann, Ovid im deutschen Mittelalter, arcadia 1 (1966), S. 245. Zur Applikation antiker Stoffe im Mittelalter: G. Kaiser, Textauslegung und gesellschaftliche Selbstdeutung. Die Artusromane Hartmanns von Aue, ²1978, S. 20–29.
16 Geoffrey und Wace sind z.T. übersetzt in: König Artus und seine Tafelrunde. Europäische Dichtung des Mittelalters. Nhd. hg. v. K. Langosch, 1980 (RUB 9945).
17 Chrétien de Troyes, Arthurian Romances. Transl. by W. W. Comfort, 1914 u.ö. (Everyman's Library 698).
18 I. Nolting-Hauff, Die Stellung der Liebeskasuistik im höfischen Roman, 1959, S. 15.
19 H. Fromm, Doppelweg. In: Werk – Typ – Situation. Studien zu poetologischen Bedingungen in der älteren deutschen Literatur. Hg. v. I. Glier u.a., 1969, S. 65.
20 I. Nolting-Hauff, wie Anm. 18, S. 15.
21 Andreas Capellanus, De amore libri tres, hg. v. E. Trojel, 1892; The Art of Courtly Love by Andreas Capellanus, transl. by J. J. Parry, 1941. – F. Schlösser, Andreas Capellanus. Seine Minnelehre und das christliche Weltbild um 1200, 1960; ders., Die Minneauffassung des Andreas Capellanus und die zeitgenössische Ehelehre, ZfdPh 79 (1960) 266–84; U. Liebertz-Grün, Zur Soziologie des «amour courtois». Umrisse der Forschung, 1977; R. Schnell, Causa amoris. Liebeskonzeption und Liebesdarstellung in der mittelalterlichen Literatur, 1985.
22 Diese liegt auch dem spanischen Picaroroman zugrunde. In der Ich-Form erzählt der Held seine Lebensgeschichte, die aus einer Reihung von Episoden besteht. Das einsträngige Nacheinander wird nur durch die Figur des Picaro zusammengehalten.
23 H. Kuhn, Erec. In: Hartmann von Aue, hg. v. H. K. u. C. Cormeau, 1973, S. 32.
24 Vgl. Wolfram von Eschenbach, Pz. 171, 25–30, wo Gurnemanz dem Parzival empfiehlt: «lât die erbärme bî der vrävel (Kühnheit) sîn.» Er solle *sicherheit* vom besiegten Gegner nehmen, falls dieser ihm kein Herzeleid zugefügt habe. Dagegen geben die *templeisen* von Munsalvaesche keinen Pardon (Pz. 492, 8). Das *sicherheit nemen* ist eine freie Entscheidung für die höfisch disziplinierte Geste.
25 E. Köhler, Ideal und Wirklichkeit in der höfischen Epik, 1956, S. 260.
26 Chrétien de Troyes, Erec und Enide, übers. v. A. Gier, in: König Artus und seine

Tafelrunde, wie Anm. 16, S. 193. Vgl. auch E. Köhler, Mittelalter I, hg. v. H. Krauß, 1985, S. 120f.
27 Lancelot. Nach der Heidelberger Pergamenthandschrift Pal. Germ. 147, hg. v. R. Kluge, Bd. 1, 1948, S. 601 (DTM 42).
28 Solche Motive sind katalogisiert von Stith Thompson: Motif-Index of Folk-Literature, 6 Bde., ²1955–58. Vgl. auch die Enzyklopädie des Märchens, hg. v. K. Ranke, 1976ff. (speziell über Zaubergaben: Antti Aarne, 1911).
29 M. Lüthi, Das europäische Volksmärchen. Form und Wesen, ⁵1975 (Dalp-Tb. 351).
30 E. Köhler, Die Rolle des «Rechtsbrauchs» (costume) in den Romanen des Chrétien de Troyes. In: E. K., Trobadorlyrik und höfischer Roman, 1962, S. 208. Vgl. auch: E. K., Ideal u. Wirklichkeit, wie Anm. 25, S. 21–35.
31 Das Alexanderlied des Pfaffen Lamprecht, wie Anm. 13, V. 13–18.
32 Chrestien de Troyes, Yvain, übers. v. I. Nolting-Hauff, 1962, V. 6814–18.
33 Chrestien de Troyes, Lancelot, übers. u. eingel. v. H. Jauß-Meyer, 1974, V. 24–30.
34 E. Köhler, Zur Selbstauffassung des höfischen Dichters. In: E. K., Trobadorlyrik, wie Anm. 30, S. 9–20, hier: S. 16.
35 Zit. n.: W. Haug, Literaturtheorie im deutschen Mittelalter, 1985, S. 101.
36 Gottfried von Straßburg, Tristan. Nach dem Text v. F. Ranke neu hg., ins Nhd. übers., mit e. Stellenkommentar u. e. Nachw. v. R. Krohn, Bd. 1: Text, ²1981, S. 284f.; dazu Bd. 3: Kommentar, S. 60f. (mit weiteren Literaturhinweisen).
37 Thomasin von Zirclaria, Der Wälsche Gast, hg. v. H. Rückert, 1852. Übers.: Deutsche Dichtung des Mittelalters, hg. v. M. Curschmann u. I. Glier, Bd. 2, 1981, S. 72–75. Dazu W. Haug, wie Anm. 25, S. 222–234.
38 Vgl. W. Voßkamp, Romantheorie in Deutschland. Von Martin Opitz bis Blanckenburg, 1973; H. R. Jauß, Zur historischen Genese der Scheidung von Fiktion und Realität, in: Funktionen des Fiktiven, hg. v. D. Henrich u. W. Iser, 1983, S. 423–31 (Poetik u. Hermeneutik 10); H. U. Gumbrecht, Wie fiktional war der höfische Roman, a. a. O., S. 433–440; F. P. Knapp, Historische Wahrheit und poetische Lüge. Die Gattung weltlicher Epik und ihre Rechtfertigung im Hochmittelalter, DVjs 54 (1960) 581–635; J. Knape, «Historie» in Mittelalter und früher Neuzeit. Begriffs- und gattungsgeschichtliche Untersuchungen im interdisziplinären Kontext, 1984.
39 E. Köhler, Zur Selbstauffassung, wie Anm. 34, S. 17f. Zur scholastischen Ästhetik vgl. z. B. Thomas von Aquin, Summa theologica I, quaestio 5, art. 4 u. quaestio 39, art. 8 (Dt. Thomas-Ausg., Bd. 1, 1933, S. 102–105 u. Bd. 3, 1939, S. 232–37).
40 Caesarius von Heisterbach, Dialogus Miraculorum, hg. v. J. Strange, 1851, S. 205.
41 MGH Epp. 5, Nr. 124, S. 183.
42 Briefsammlungen aus der Zeit Heinrichs IV., bearb. v. C. Erdmann u. N. Fickermann, 1950, S. 121, Nr. 73 (MGH, Briefe der deutschen Kaiserzeit. 5). C. Erdmann, Fabulae curiales. Neues zum Spielmannsgesang und zum Ezzoliede, ZfdA 73 (1936) 87–98.
43 H. Kuhn, Heldensage vor und außerhalb der Dichtung (1952), in: Zur germanisch-deutschen Heldensage, hg. v. K. Hauck, 1961, S. 173–94; H. Schneider, Germanische Heldensage, Bd. 1: Deutsche Heldensage, ²1962, S. 451.
44 M. Lüthi, Märchen, 1962, S. 8 (SM 16).
45 Vgl. den vielzitierten (oft mißbrauchten) Spruch aus den eddischen Hávamál: «Besitz stirbt, Sippen sterben,/Du selbst stirbst wie sie;/Eins weiß ich, das ewig lebt:/Des Toten Tatenruhm.» (Edda. Die Lieder des Codex Regius nebst verwandten Denkmälern. Hg. v. G. Neckel, 4., umgearb. Aufl. v. H. Kuhn, 1962, S. 29, Nr. 70.

7. Die höfische Epik

Die Übers. v. F. Genzmer in der Slg. Thule ist keine wörtliche; statt «Des Toten Tatenruhm» heißt es nur: «Das Urteil über jeden Toten.»)
46 A. Jolles, Einfache Formen, 2. Aufl. hg. v. A. Schossig, 1956, S. 60.
47 C. M. Bowra, Heldendichtung. Eine vergleichende Phänomenologie der heroischen Poesie aller Völker und Zeiten. Aus d. Engl., 1964.
48 A. Heusler, Germanentum. Vom Lebens- und Formgefühl der alten Germanen, 1934; Germanenprobleme in heutiger Sicht, hg. v. H. Beck, 1986. – Nicht selten wurden Befunde der Archäologie, Geschichts-, Sprach-, Literatur- und Religionswissenschaft zu diffus-ahistorischen Deutungen «germanischer Wesensart» vermengt, die die Germanische Altertumskunde zeitweilig diskreditiert haben. Vgl. K. von See, Deutsche Germanen-Ideologie vom Humanismus bis zur Gegenwart, 1970. Im Hinblick auf die literarischen Quellen ist die Unterscheidung zwischen alt-, ur- und gemeingermanisch wesentlich (nach A. Heusler, Altgerm. Dichtung, ²1941, S. 8): «Altgermanisch ist uns ein Kulturbegriff ohne Jahresgrenzen: das von Kirche und antiker Bildung nicht greifbar bestimmte Germanentum.» Urgermanisch schließt eine zeitliche Grenze in sich, es meint den Zeitraum, als das Germanentum nach Sprache und Glauben noch eine verhältnismäßige Einheit bildete. Gemeingermanisch schließt keine Altersvorstellung in sich und ist das, was sich über alle Germanenstämme ausgebreitet hat, es muß keineswegs urgermanisch sein.
49 R. Wenskus, Stammesbildung und Verfassung. Das Werden der frühmittelalterlichen gentes, 1961.
50 R. Wenskus, a. a. O., S. 340f.; W. Schlesinger, Herrschaft und Gefolgschaft in der germanisch-deutschen Verfassungsgeschichte, HZ 176 (1953) 225–75; ders., Randbemerkungen zu drei Aufsätzen über Sippe, Gefolgschaft und Treue, in: Alteuropa und die moderne Gesellschaft, FS O. Brunner, 1963, S. 11–59.
51 Hávamál: *«nytr mangi nás»*, (in: Edda, wie Anm. 45, S. 28, Nr. 71). *«Betra er lifðom oc sællifðom, ey getr qvicr kú»* (a. a. O., Nr. 70).
52 «Die Heldendichter schöpfen aus der Geschichte, dem Privatleben, eigenem Erleben und noch anderem Erzählgut» (A. Heusler, In: Hoops, RL d. germ. Altertumskde., Bd. 2, 493).
53 Die kultische Verehrung griechischer Heroen (z. B. von Achill) ist schon in vorhomerischer Zeit wahrscheinlich. Die Ilias (12, 23) spricht von den Heroen als dem «Stamm halbgöttlicher Männer». Vgl. K. Kerényi, Die Heroen der Griechen, 1958; U. von Wilamowitz-Moellendorff, Der Glaube der Hellenen, 2 Bde., ²1955.
54 F. R. Schröder, Die Sage von Hetel und Hilde, DVjs 32 (1958), S. 50. Vgl. im übrigen die Aufsätze von O. Höfler, J. de Vries, F. R. Schröder u. K. Hauck in: Zur germ.-deu. Heldensage, wie Anm. 43. Zur Kritik: K. von See, Germanische Heldensage. Ein Forschungsbericht, GGA 218 (1966) 52–98; ders., Germanische Heldensage. Stoffe, Probleme, Methoden. Eine Einführung, 1971, S. 31–60.
55 J. de Vries, Betrachtungen zum Märchen, besonders in seinem Verhältnis zu Heldensage und Mythos, 1954, S. 162 (FFC 150). Dazu K. v. See, Germ. Heldensage, wie Anm. 54, 1971, S. 38f.
56 O. Höfler, Siegfried, Arminius und die Symbolik. Mit einem historischen Anhang über die Varusschlacht, 1961.
57 K. Hauck, Germanische Bilddenkmäler des früheren Mittelalters. DVjs 31 (1957) 349–379; ders., Goldbrakteaten aus Sievern, 1970 (MMS 1).
58 F. Panzer, Das Nibelungenlied. Entstehung und Gestalt, 1955; ders., Das russische Brautwerbermärchen im Nibelungenlied, in: Zur germ.-deu. Heldensage, wie

Anm. 43, S. 138–169; V. Schirmunski, Vergleichende Epenforschung, 1961, S. 45–61. Dazu: K. von See, Germ. Heldensage, wie Anm. 54, 1971, S. 23–30.
59 Hydatius, MGH AA XI, 1894, S. 22f.; Prosper Aquitanus, MGH AA IX, 1892, S. 475; Jordanes, MGH AA V/1, 1892, S. 123 f. – Vgl. dazu den Art. «Burgunden», RL d. Germ. Altertumskde., 2. Aufl., Bd. 4, S. 224–271.
60 Für den ersten Teil des NL finden sich historische Bezugspunkte u. a. in der merowingischen Geschichte. Gregor von Tours erzählt von Machtkämpfen innerhalb des merowing. Königshauses, in deren Verlauf Sigibert, der Engel Chlodwigs und Gemahl der westgot. Königstochter Brunichildis, 575 heimtückisch im Walde ermordet wurde. Auch von einem Streit zweier Königinnen (Brunichildis und Fredegunde) ist die Rede. Dazu: H. Kuhn, Brunhild und das Kriemhild-Lied. In: K. Wais, Frühe Epik Westeuropas und die Vorgeschichte des Nibelungenliedes, Bd. 1, 1953, S. 9–21; W. Hoffmann, Das Siegfried-Bild in der Forschung, 1979.

Für die Verknüpfung der beiden Fabeln gibt es ein wichtiges Zeugnis bei Saxo Grammaticus (ca. 1150–1219), wonach im Jahre 1131 ein sächsischer Sänger das «herrliche Lied von der weithin bekannten Treulosigkeit der Grimild gegenüber ihren Brüdern» als Exempel eines berühmt-berüchtigten Verrats zitiert haben soll (Saxo Grammaticus, Gesta Danorum, hg. v. A. Holder, 1886, S. 427).
61 W. Ensslin, Theoderich der Große, ²1959; H. Wolfram, Geschichte der Goten. Von den Anfängen bis zur Mitte des sechsten Jahrhunderts. Entwurf einer historischen Ethnographie, 1979.
62 So z. B. W. Betz, Die deutsche Heldensage, in: Dt. Phil. im Aufriß, hg. v. W. Stammler, Bd. 3, ²1962, Sp. 1469f. – K. H. Ihlenburg (Das Nibelungenlied, Problem und Gehalt, 1969, S. 135–147, 181–184) kritisiert vom marxistischen Standpunkt, daß von der Germanistik Tragik häufig als eine schicksalhaft gegebene Verhängnistragik aufgefaßt worden sei. Indem das Sein «an sich» als tragisch angesehen werde, übersehe man, daß es aus konkret-gesellschaftlichen Widersprüchen resultiere.
63 Ammianus Marcellinus, Das römische Weltreich vor dem Untergang. Übers. v. O. Veh, 1974, S. 715 (31, 3, 1). Schon um die Mitte des 6. Jhs. wird der Selbstmord zu einer Ermordung aus Rache umgedeutet: zwei Brüder rächen Sonilda, die Ermanarich hatte hinrichten lassen. Daraus entwickeln sich die Svanhild- und die Harlungensage.
64 W. Haug, Die historische Dietrichsage. Zum Problem der Literarisierung geschichtlicher Fakten, ZfdA 100 (1971), S. 58.
65 Veraltet, aber immer noch nicht überholt ist die Sammlung mittelbarer Quellen und Zeugnisse von Wilhelm Grimm: Die deutsche Heldensage, 4. Aufl., Nachdr. 1957. G. T. Gillespie, A Catalogue of Persons Named in Germanic Heroic Literature (700–1600), 1973.
66 K. Lachmann, Über die ursprüngliche Gestalt des Gedichts von der Nibelunge Noth (1816), in: Das deutsche Versepos, hg. v. W. J. Schröder, 1969, S. 1–82 (WdF 109).
67 A. Heusler, Lied und Epos in germanischer Sagendichtung (1905), 1956, S. 30.
68 H. Kuhn, Heldensage vor und außerhalb der Dichtung, wie Anm. 43, S. 182.
69 A. Heusler, Nibelungensage und Nibelungenlied. Die Stoffgeschichte des deutschen Heldenepos (1921), ⁵1921, S. 121.
70 Die Geschichte Thidreks von Bern, übertr. v. F. Erichsen, 1942, S. 402 (Thule 22).
71 S. Beyschlag, Das Nibelungenlied in gegenwärtiger Sicht, in: Zur germ.-deu. Heldensage, wie Anm. 43, S. 214.

7. Die höfische Epik

72 S. Beyschlag, a. a. O., S. 231 u. 234.
73 G. Weber, Das Nibelungenlied. Problem und Idee, 1963, S. 3.
74 H. Brackert, Nachw. zu: Das Nibelungenlied, 2. T., 1971, S. 272 (Fischer, BdW 6039).
75 W. Haug, Höfische Idealität und heroische Tradition im Nibelungenlied. In: Colloquio italo-germanico sul tema: I Nibelunghi, Rom 1974, S. 42.
76 K. H. Ihlenburg, wie Anm. 62, S. 73.
77 H. Brackert, wie Anm. 74, S. 271 f.
78 K. H. Ihlenburg, wie Anm. 62, S. 98.
79 W. Haug, wie Anm. 75, S. 45.
80 H. Brackert, wie Anm. 74, S. 298.
81 Dies ist die These von Ihlenburg, S. 130–146 und von B. Nagel, Das Dietrichbild des Nibelungenliedes, ZfdPh 78 (1959) 258–268 u. 79 (1960) 28–57. Dagegen: B. Horaček, Der Charakter Dietrichs von Bern im Nibelungenlied, in: Fg. f.O. Höfler, hg. v. H. Birkhan, 1976, S. 297–336.
82 Das Ambraser Heldenbuch (Faksimile u. Kommentar v. F. Unterkircher, 2 Bde., 1973) ist für die Überlieferungsgeschichte der mhd. Epik von unschätzbarem Wert; denn nicht weniger als 17 der 25 Texte sind nur hier überliefert: 1. Der Stricker, *Frauenlob*; 2. *Moriz von Craûn*; 3. Hartmann von Aue, *Iwein*; 4. Hartmann von Aue, «*Erstes Büchlein*» («*Klage*»); 5. «*Zweites Büchlein*»; 6. Heinrich von dem Türlin, *Der Mantel* (auf dieses Fragment folgt ohne Absatz, wobei der Anfang fehlt:) 7. Hartmann von Aue, *Erec*; 8. *Dietrichs Flucht*; 9. *Die Rabenschlacht*; 10. *Nibelungenlied*; 11. *Nibelungenklage*; 12. *Kudrun*; 13. *Biterolf*; 14. *Ortnit*; 15. *Wolfdietrich*, Hs. A; 16. *Das puech von dem übeln weibe*; 17.–20. Herrand von Wildonie, *Die getrew kone; Der verkerte wirt; Von dem plossen kayser; Von der katzen*; 21. Ulrich von Lichtenstein, *Frauendienst*; 22. Wernher der Gartenaere, *Von dem Mayr Helmprechte*; 23. Der Stricker, *Pfaffe Amis*; 24. Wolfram von Eschenbach, *Titurel*-Fragment; 25. Der *Priester Johannes*, Fragment.
83 Die folgende Gegenüberstellung stützt sich v. a. auf H. R. Jauß, Epos und Roman – eine vergleichende Betrachtung von Texten des XII. Jahrhunderts (1962) u. Theorie der Gattungen und Literatur des Mittelalters (1972), in: H. R. J., Alterität und Modernität in der mittelalterlichen Literatur, 1977, S. 310–356. Daneben: J. Bumke, Wolframs Willehalm. Studien zur Epenstruktur und zum Heiligkeitsbegriff der ausgehenden Blütezeit, 1959, S. 56–59.
84 Vgl. G. F. W. Hegel, Ästhetik, hg. v. F. Bassenge, Bd. 1, ²1965, S. 188; G. Lukács, Theorie des Romans, ²1963, S. 22 ff.
85 B. Wachinger, Studien zum Nibelungenlied. Vorausdeutungen, Aufbau, Motivierung, 1960, S. 51.
86 H. R. Jauß, Theorie der Gattungen, wie Anm. 83, S. 336. W. Kellermann, Aufbaustil und Weltbild Chrestiens von Troyes im Percevalroman, 1936, S. 34.
87 A. Heusler, wie Anm. 69, S. 69.
88 J. Bumke, wie Anm. 83, S. 59.
89 E. Köhler, wie Anm. 25, S. 67.
90 B. Nagel, Das Nibelungenlied. Stoff – Form – Ethos, ²1970, S. 182 ff.
91 W. Schröder, Nibelungenlied-Studien, 1968, S. 13.
92 B. Wachinger, wie Anm. 85, S. 126.
93 J.-D. Müller, Sivrit: künec – man – eigenholt. Zur sozialen Problematik des Nibelungenliedes, ABäG 7 (1974), S. 87.

94 Zit. n.: H. R. Jauß, Epos und Roman, wie Anm. 83, S. 312f.
95 H. R. Jauß, Epos und Roman, wie Anm. 83, S. 310.

8. Minnesang und Spruchdichtung

1 H. de Boor, Art. «winileod», RL, Bd. 3, 1928/29, S. 503; G. Baesecke, Vorgeschichte des deutschen Schrifttums, 1940, S. 340–353.
2 K. Langosch, Waltharius. Ruodlieb. Märchenepen. Lateinische Epik des Mittelalters mit deutschen Versen, 1956, S. 206 (XVII, V. 11–14); Übers. in: Deutsche Dichtung des Mittelalters, hg. v. M. Curschmann u. I. Glier, Bd. 1, 1980, S. 445.
3 Dû bist mîn. ih bin dîn. Die lateinischen Liebes- (und Freundschafts-) Briefe des clm. 19411. Abb., Text u. Übers. v. J. Kühnel, 1977 (Litterae 52). – F. Ohly, Du bist mein, ich bin Dein. Du in mir, ich in Dir. In: Kritische Bewahrung, FS W. Schröder, 1974, S. 371–415.
4 R. Grimminger, Poetik des frühen Minnesangs, 1969, S. 48 (MTU 27).
5 R. Grimminger, a. a. O., S. 32.
6 Heinrich von Melk, in: Mittelalter. Texte und Zeugnisse, hg. v. H. de Boor, I/1, 1965, S. 526. – P. E. Neuser, Zum sogenannten «Heinrich von Melk», 1973.
7 M. Wehrli, Geschichte der deutschen Literatur, 1980, S. 336.
8 R. Grimminger, wie Anm. 4, S. 11.
9 Vgl. die Zusammenstellung bei G. Schweikle, Die mittelhochdeutsche Minnelyrik, I. Die frühe Minnelyrik, 1977, S. 369f. – Zur Interpretation: P. Wapnewski, Des Kürenbergers Falkenlied, Euphorion 53 (1959) 1–19; G. Agler-Beck, Der von Kürenberg: Edition, Notes, and Commentary, 1978 sowie R. Grimminger.
10 Zu vriedel (Geliebter, geliebter Ehemann) vgl. NL 847, 3; 855, 4; 1103, 1 u. bes. 2372, 3. Hartmann, Gottfried und Wolfram vermeiden das Wort, das jedoch weiter im Wortschatz der Mystik begegnet. Im Recht gibt es die «Friedelehe», das auf freier Vereinbarung zwischen Mann und Frau beruhende Zusammenleben in aller Öffentlichkeit, im Unterschied zum reinen Kebsverhältnis.
11 H. Kuhn, Minnesangs Wende, ²1967, S. 154.
12 Vgl. H. de Boor, in: Die deutsche Lyrik. Form und Geschichte. Interpretationen, hg. v. B. von Wiese, Bd. 1, 1956, S. 43–47.
13 Vgl. U. Liebertz-Grün, Zur Soziologie des «amour courtois». Umrisse der Forschung, 1977, S. 1–68.
14 E. Köhler, Die Rolle des niederen Rittertums bei der Entstehung der Trobadorlyrik. In: E. K., Esprit und arkadische Freiheit, 1966, S. 15.
15 H. de Boor, Die höfische Literatur, ²1955, S. 330.
16 H. de Boor, Die deutsche Literatur im späten Mittelalter. Zerfall und Neubeginn. T. 1: 1250–1350, 1962, S. 345.
17 Vgl. z. B. N. Elias, Über den Prozeß der Zivilisation, oder H. Brackert im Nachwort zu seiner Ausgabe des Minnesangs, 1983, S. 272–74. Gegenargumentation: M. Wünsch, Zur Kritik der psychoanalytischen Textanalyse, in: Methoden der Textanalyse, hg. v. W. Klein, 1977, S. 45–60 (medium literatur 3).
18 H. de Boor, wie Anm. 16, S. 345.
19 H. Kuhn, wie Anm. 11, S. 153f.
20 Eos. An Enquiry into the Theme of Lovers' Meetings and Partings at Dawn, hg. v. A. T. Hatto, 1965, S. 447. Zur Interpretation dieses Liedes, das in den Anthologien von M. Wehrli, M. Curschmann/I. Glier, W. Höver/E. Kiepe, H. Brackert und B. Wachinger (RUB 9797) übersetzt ist, vgl. den für die geistesgeschichtliche Rich-

tung der Germanistik typischen Aufsatz von K. Ruh, Trivium 2 (1944) 173–177. Neben der im 2. Apparat von MF zit. Lit.: P. Wapnewski, Morungens Tagelied (1961). In: P. W., Waz ist minne. Studien zur mittelhochdeutschen Lyrik, 1975, S. 65–73.
21 M. Wehrli, wie Anm. 7, S. 357.
22 In der Arundelsammlung (hg. v. W. Meyer, AAWG 11, 1909, Nr. 14) findet sich z. B. das mlat. Klagelied eines Studierenden: «Daß ich mich dem Studium widme, will der Verstand. Doch will indessen die Liebe eine andere Beschäftigung. So werde ich zwischen Gegensätzlichem hin und her gezerrt...». Der Refrain «Oh ich verschmachte» endet mit einem «sehend und wissend gehe ich zugrunde.»
23 R. Bergmann, Untersuchungen zu den Liedern Albrechts von Johansdorf, Phil. Diss. Freiburg 1963; U. Fülleborn, Die Motive Kreuzzug und Minne und das Gestaltungsprinzip in den Liedern Albrechts von Johansdorf, Euphorion 58 (1964) 337–74; K. H. Schirmer, Rhetorisches im Kreuzlied Albrechts von Johansdorf «Die hinnen varn, die sagen durch got» (MF 89, 21), Mediaevalia litteraria, FS H. de Boor, hg. v. U. Hennig u. H. Kolb, 1971, S. 229–253.
24 H. Ingebrand, Interpretationen zur Kreuzzugslyrik Friedrichs von Hausen..., Phil. Diss. Frankfurt a. M. 1966, S. 7–74; U. Theiss, Die Kreuzlieder Albrechts von Johansdorf und die anderen Kreuzlieder aus «Des Minnesangs Frühling», Phil. Diss. Freiburg 1974, S. 20–58; W. Raitz, Über die gesellschaftliche Funktion von Kreuzzugslyrik und Minnesang zur Zeit der Kreuzzüge Friedrichs I. und Heinrichs VI., in: Mittelalterliche Texte im Unterricht, 2. T., hg. v. H. Brackert u. a., 1976, S. 170–215; H. H. Räkel, Drei Lieder zum dritten Kreuzzug, DVjs 47 (1973) 508–550; O. Ludwig, Die Rolle des Sprechers in MF 47, 9, ZfdA 93 (1963) 123–132.
25 P. Hölzle, Die Kreuzzüge in der okzitanischen und deutschen Lyrik des 12. Jahrhunderts (Das Gattungsproblem «Kreuzlied» im historischen Kontext), Bd. 1, 1980, S. 191.
26 Text in: Trouvères et Minnesänger, recueil des textes par I. Frank, 1952, S. 28–33, Nr. 6a/b. Dt. Übers.: Kreuzzugsdichtung, hg. v. U. Müller, 1969, S. 33–35.
27 Quellen in MF Anmerkungen. – H. J. Rieckenberg, Leben und Stand des Minnesängers Friedrich von Hausen, AfK 43 (1961) 163–176.
28 Text u. Übers. in: M. Curschmann/I. Glier, wie Anm. 2, Bd. 1, 450–455.
29 H. Kuhn, Liebe und Gesellschaft, hg. v. W. Walliczek, 1980, S. 62.
30 J. Schaefer, Walther von der Vogelweide, Werke, 1972, S. 439.
31 P. Wapnewski, Walthers Lied von der Traumliebe (74, 20) und die deutschsprachige Pastourelle, Euphorion 51 (1957), S. 113–150, bes. 125–27. – G. Hahn, Walther von der Vogelweide, ‹Nemt, frowe, disen kranz›, in: Interpretationen mittelhochdeutscher Lyrik, hg. v. G. Jungbluth, 1969, S. 205–226.
32 Walther von der Vogelweide, Gedichte. Mhd. u. Übertr., ausgew. u. übers. v. P. Wapnewski, 1962, Nr. 29.
33 C. Ortmann, Die Kunst «ebene» zu werben. Zu Walthers «Aller werdekeit ein füegerinne» (L. 46, 32), PBB 103 (1981) 238–263.
34 H. Kuhn, «Herzeliebez frowelîn» (Walther 49, 25). In: H. K., Liebe u. Gesellschaft, wie Anm. 29, S. 69.
35 Zit. n. H. Moser, Die hochmittelalterliche deutsche «Spruchdichtung» als übernationale und nationale Erscheinung, in: Mittelhochdeutsche Spruchdichtung, hg. v. H. Moser, 1972, S. 419 (WdF 154).
36 A. Jolles, Einfache Formen, 2. Aufl. v. A. Schossig, 1956, S. 130f.
37 F. Maurer, Die politischen Lieder Walthers von der Vogelweide, 1954, S. 70f.

314   Literaturhinweise

38 F. Maurer, a. a. O., S. 14.
39 Zu diesem Forschungsstreit (E. R. Curtius gegen G. Ehrismann) vgl.: Ritterliches Tugendsystem, hg. v. G. Eifler, 1970 (WdF 56).
40 P. Wapnewski, wie Anm. 32, S. 249.
41 G. Kaiser setzt *guot* und *êre* zum Territorialisierungsprozeß in Bezug: G. K., Die Reichssprüche Walthers von der Vogelweide, DU 28 (1976) 5–24. Vom Ordogedanken her deutet u. a. R. Zitzmann die Reichssprüche, DVjs 25 (1951) 40–53.
42 P. Wapnewski, wie Anm. 32, S. 250.

9. Die deutschsprachige Literatur des Mittelalters in der Literaturgeschichtsschreibung: Probleme und Möglichkeiten der Darstellung

1 J. G. Droysen, Historik. Vorlesungen über Enzyklopädie und Methodologie der Geschichte, hg. v. R. Hübner, ³1958, S. 362.
2 J. G. Droysen, a. a. O., S. 419 f.
3 M. Wehrli, Geschichte der deutschen Literatur, 1980, S. 5 f.
4 C. Cormeau, «Wigalois» und «Diu Crône». Zwei Kapitel zur Gattungsgeschichte des nachklassischen Aventiureromans, 1977, Einl.; H. R. Jauß, Theorie der Gattungen und Literatur des Mittelalters (1972). Nachdr. in: H. R. J., Alterität und Modernität der mittelalterlichen Literatur, 1977, S. 327–358.
5 Zeitweilig ging es mehr um den «gotischen Menschen» (Inbegriff war der Bamberger Reiter) als um die Interpretation von Texten. Einflußreich waren dabei O. Walzels These von der «wechselseitigen Erhellung der Künste» (1929) und Heinrich Wölfflin. Dieser behauptete erst im Einzelfall (*Renaissance und Barock*, 1888), dann als überzeitliches Gesetz (*Kunstgeschichtliche Grundbegriffe*, 1915) den periodischen Wechsel klassischer und unklassischer Kunststile. Noch E. R. Curtius faßt Klassik und Manierismus als Komplementärerscheinungen aller Epochen auf. Solche bipolaren Modelle (Romanik – Gotik, Renaissance – Barock, Klassik – Romantik, Klassik – Manierismus; vgl. auch «apollinisch» – «dionysisch») haben in der Literatur- und Kunstgeschichte eine nicht geringe Rolle gespielt.
6 H. de Boor, Die höfische Literatur, Einleitung.
7 H. Brackert, Literarischer Kanon und Kanon-Revision. In: Reform des Literaturunterrichts. Eine Zwischenbilanz. Hg. v. H. B. u. a., 1974, S. 134–64 (ed. suhrk. 672).
8 R. Minder, Wie wird man Literarhistoriker und wozu? Rede zur Verleihung des Hansischen Goethepreises, Universitas 24 (1969), S. 264.

10.3 Literaturhinweise

10.3.1 Allgemeine Literaturhinweise und Empfehlungen zur Anlage und schriftlichen Form germanistischer Arbeiten

Seminararbeiten, Zulassungsarbeiten zum Staatsexamen, Magisterarbeiten und Dissertationen sind, wenn auch abgestuft nach Umfang und Schwierigkeitsgrad, ihrer Zielsetzung nach prinzipiell wissenschaftliche Arbeiten. Sie erfordern eine sachliche Sprache, eine klare Disposition und genaue Aussagen.

Literaturhinweise

In der Magisterarbeit soll der Kandidat zeigen, daß er sich über ein Problem seines Faches ein *selbständiges, wissenschaftlich begründetes Urteil* bilden und dieses klar entwickeln kann. Mit der Dissertation soll der Doktorand nicht nur seine Fähigkeit zu selbständiger, sondern auch zu *weiterführender* wissenschaftlicher Arbeit demonstrieren.

Von diesem Fernziel her ergibt sich für die Seminararbeit als Nahziel, daß es auf *Argumentation* ankommt, nicht auf bloße Behauptung und schon gar nicht auf ein Prunken mit «Gelehrsamkeit», das sich im Nennen von möglichst vielen Titeln erschöpft. Man sollte stets zuerst die Quellen lesen, die es zu beschreiben, erklären und verstehen gilt. Wer bei wiederholter Lektüre selbst Fragen an den Text gestellt hat, dem wird die Auseinandersetzung mit der «Sekundärliteratur» desto leichter fallen, vielleicht sogar spannend werden. Der Eindruck, daß «eigentlich alles schon geschrieben worden ist», was man sich überlegt hatte, ist kein Anlaß zur «Frustration», sondern eher die Bestätigung des eigenen Weges. Die Auseinandersetzung mit der Forschung bedeutet keineswegs, daß man diese gleich «überholen» müßte, wohl aber sollte man die Forschungspositionen in ihrem Neben- und Gegeneinander *angemessen darstellen* und vor allem *zusammenfassen* können. Die Verarbeitung der Forschung darf nicht zum Selbstzweck werden, aber die eigene Interpretation kann ebensowenig wie jede andere beanspruchen, die «einzig wahre und richtige» zu sein. Die verschiedenen Interpretationen müssen sich in Frage stellen lassen und sich sozusagen aneinander abarbeiten. Im übrigen bleibt der zu interpretierende Text Korrektiv jeder Interpretation – darum sollte man stets versuchen, von den Quellen her zu argumentieren.

Entscheidend kann bereits die Formulierung des Themas sein: Das Thema enthält ja nicht nur die wissenschaftliche Frage, auf welche die Arbeit eine Antwort geben soll, sondern es stellt die Arbeit auch unter einen Anspruch, an welchem sie gemessen wird. Die Einleitung ist der geeignete Ort für die Präzisierung des Themas, also für dessen Eingrenzung, nicht für eine Ausweitung in «globale Zusammenhänge». Sie informiert knapp über den Stand der Forschung und benennt die offenen Probleme. Daraus läßt sich eine Rechtfertigung des eigenen Arbeitsvorhabens ableiten. Es empfiehlt sich auch, über das methodische Vorgehen Rechenschaft abzulegen, aber nur im Hinblick auf die Darbietung des Materials, nicht etwa als «Erlebnisbericht» über den meist ganz anders strukturierten Einarbeitungsprozeß. Der Schluß ist demgegenüber der Ort für eine knappe Zusammenfassung der Ergebnisse. Der Schluß kann durchaus richtungsweisend für die Anlage und Durchführung der Endfassung der Arbeit sein, weil das Ergebnis die Auswahl und Anordnung des Materials bestimmt.

Jede wissenschaftliche Arbeit erfordert eine Reihe systematischer Vorarbeiten. Hat man sich seines Themas vergewissert und sich einen ersten Lektüreeindruck von den zu interpretierenden Quellen verschafft, beginnt der Prozeß des Sammelns, Sichtens und Ordnens. (Daß das Sammeln ein Mehrfaches desjenigen ergeben wird, was am Ende nach einer straffenden Überarbeitung der Rohfassung stehen bleibt, versteht sich von selbst.) Die Anlage einer Titelkartei, möglichst auch einer Sachkartei, ist zu empfehlen. Wer sich z.B. Titel, Bibliothekssignaturen und Zitate beim ersten Mal genau notiert, erspart sich später umständliches Suchen. Für Fragen der Rechtschreibung und Interpunktion sollte der *Duden* (Bd. 1) zur Hand sein. Auch bei etwaigen Korrekturen hält man sich strikt an dessen Korrekturvorschriften und -zeichen.

Das Sammeln beginnt mit dem Bibliographieren. Eine Einführung in die Technik des Bibliographierens und einen Überblick über die wichtigsten Hilfsmittel und Nachschlagewerke geben z.B.:

Raabe, P.: Einführung in die Bücherkunde zur deutschen Literaturwissenschaft, Stuttgart ¹⁰1984, (SM 1)
Hansel, J.: Bücherkunde für Germanisten. Wie sammelt man das Schrifttum nach dem neuesten Forschungsstand? Berlin 1959 [als gekürzte, aber aktualisierte Studienausgabe in 9. Aufl. bearb. v. L. Tschakert, 1991]
Blin, H.: Informationshandbuch Deutsche Literaturwissenschaft, Frankfurt a.M. ³1994 (Fischer Tb. 12588) [Nützlich als Bücherkunde und zugleich als kommentiertes Adreßbuch von Institutionen, mit Hinweisen auf die Spezialsammlungen von Archiven und Bibliotheken.]

Bei jedem germanistischen Arbeitsvorhaben sollte man sich zunächst über den neueren Forschungsstand orientieren an Hand der nach Sachgebieten geordneten Zeitschrift:

Germanistik. Internationales Referatenorgan mit bibliographischen Hinweisen 1 (1960)ff.

Zur Ermittlung älterer Literatur konsultiert man dann folgende Werke:

Jahresbericht über die Erscheinungen auf dem Gebiete der germanischen Philologie 1–42 (1880–1923) [für 1879–1920]; N. F., 1–16/19 (1924–1954) [für 1921–1939]
Jahresbericht für deutsche Sprache und Literatur 1 (1960)ff. [für 1940–1945]
Bibliographie der deutschen Literaturwissenschaft. Hg. v. H. W. Eppelsheimer, Bd. 1 (1957)ff.: I. 1945–1953, bearb. v. H. W. Eppelsheimer; II. 1954–1956, III. 1957–1958 u. IV. 1959–1960 bearb. v. C. Köttelwesch

Neben der *Germanistik* benutzt man die von H. W. Eppelsheimer begründete und von C. Köttelwesch fortgeführte *Bibliographie der deutschen* [ab Bd. 9 (1969): *Sprach- und*] *Literaturwissenschaft*. Dem Orientierungsbedürfnis des Lesers kommt die *Germanistik* eher entgegen, weil neue Bücher nicht – wie die unselbständige Literatur – nur verzeichnet, sondern auch in kritischen Referaten knapp vorgestellt werden. Dabei kann es freilich zu Ausfällen und Verzögerungen in der Berichterstattung kommen.

Buchbestellungen über den Fernleihverkehr erfordern genaue Titelangaben. Bei Dissertationen verweist man auf die betr. Nummer im *Jahresverzeichnis der deutschen Hochschulschriften* 1 (1887)ff. Im übrigen lassen sich unklare Titel am zuverlässigsten verifizieren mit Hilfe des *General Catalogue of Printed Books* (British Museum, London) und des *National Union Catalog* (Library of Congress, Washington).

Bei der eigentlichen Arbeit am Text müssen neben der Spezialliteratur zum jeweiligen Thema die großen Nachschlagewerke der Mediävistik und Germanistik präsent sein.
a) Für die philologische Erschließung eines mittelhochdeutschen Textes reicht das Taschenwörterbuch von Lexer nicht aus, sondern man muß schon wegen der Belegstellen gelegentlich auch folgende Wörterbücher zur Geschichte der deutschen Sprache konsultieren:

Schützeichel, R.: Althochdeutsches Wörterbuch, Tübingen ⁵1995
[Lexer, Hwb.:] Lexer, M. (Hg.): Mittelhochdeutsches Handwörterbuch, 3 Bde., Leipzig 1872–1878, Nachdr. Stuttgart 1979 [Zu den abgekürzt zitierten Titeln der Belegstellen gibt es vorn ein Abkürzungsverzeichnis. Die Zahlenangaben in runden Klammern unmittelbar hinter dem jeweiligen Lexem beziehen sich auf Band und Seiten im «BMZ»; denn der «Große Lexer» ist zugleich als alphabetischer Index zu dem nach Wortstämmen geordneten Wörterbuch von Benecke/Müller/Zarncke konzipiert:]

[BMZ:] Benecke, G. F.; W. Müller, F. Zarncke (Hg.): Mittelhochdeutsches Wörterbuch, 3 Tle. in 4 Bdn., Leipzig 1854–1866, Nachdr. Stuttgart 1990 (dazu: Alphabetischer Index v. E. Koller, W. Wegstein, N. R. Wolf). [Das grundlegende und umfangreichste Werk der mhd. Lexikographie.]
K. Gärtner u. a.: Findebuch zum mittelhochdeutschen Wortschatz. Mit einem rückläufigen Index. Stuttgart 1992 [kein Wörterbuch, sondern ein Wegweiser zu dem in Einzelglossaren verzeichneten Wortschatz]
Götze, A. (Hg.): Frühneuhochdeutsches Glossar, Berlin [7]1967 [Noch in den Anfängen steckt: Frühneuhochdeutsches Wörterbuch, hg. v. R. A. Anderson, U. Goebel, O. Reichmann, 1986 ff.]
[DWb.:] Deutsches Wörterbuch, begr. v. Jacob Grimm u. Wilhelm Grimm, 16 (=32) Bde., Leipzig 1854–1961, Nachdr. München: dtv 1984; Neubearb. 1965 ff.
Kluge, F.: Etymologisches Wörterbuch der deutschen Sprache. 23. Aufl. bearb. v. E. Seebold, Berlin 1995

Zum Übersetzen vgl. z. B.: F. Saran, Das Übersetzen aus dem Mittelhochdeutschen, neubearb. v. B. Nagel, Tübingen [6]1975; H. Weddige, Mittelhochdeutsch. Eine Einführung, München 1996.

b) Zur weiteren Klärung der Begriffe und Sachen gibt es Fachenzyklopädien, u. a.:

[RL:] Reallexikon der deutschen Literaturgeschichte. Begr. v. P. Merker u. W. Stammler, 2. Aufl. neu bearb. v. W. Kohlschmidt u. W. Mohr, ab Bd. 4 hg. v. K. Kanzog u. A. Masser, 5 Bde., Berlin, New York 1958–1988
[RE:] Pauly/Wissowa, Real-Encyclopädie der classischen Alterthumswissenschaft, 84 Bde., Stuttgart 1894 ff. – Daneben jetzt: Der Neue Pauly. Enzyklopädie der Antike, hg. v. H. Cancik u. H. Schneider, Stuttgart 1994 ff.; Der kleine Pauly. Lexikon der Antike. Hg. v. K. Ziegler, W. Sontheimer u. H. Gärtner, 5 Bde., Stuttgart 1964–1975
[LThK:] Lexikon für Theologie und Kirche. Begr. v. M. Buchberger, 2. Aufl. hg. v. J. Höfer u. K. Rahner, Freiburg i. Br. 1957–69; Nachdr. 1986
[RGG:] Die Religion in Geschichte und Gegenwart. Handwörterbuch für Theologie und Religionswissenschaft. 3. Aufl. hg. v. K. Galling, Tübingen 1957–65
[TRE:] Theologische Realenzyklopädie, Berlin, New York 1976/77
[RAC:] Reallexikon für Antike und Christentum. Sachwörterbuch zur Auseinandersetzung des Christentums mit der antiken Welt, hg. v. T. Klauser, Stuttgart 1950 ff.
[GGB:] Geschichtliche Grundbegriffe. Historisches Lexikon zur politisch-sozialen Sprache in Deutschland. Hg. v. O. Brunner, W. Conze u. R. Koselleck, Stuttg. 1972 ff.
[RDK:] Reallexikon zur Deutschen Kunstgeschichte. Begr. v. O. Schmitt, ab Bd. 6 hg. v. Zentralinst. f. Kunstgesch. München, Stuttgart 1937 ff.
[MGG:] Die Musik in Geschichte und Gegenwart. Allgemeine Enzyklopädie der Musik, hg. v. F. Blume, 14 Bde. u. Suppl., Kassel 1949–68, 1973 ff.; Neubearb. in 20 Bden., hg. v. L. Finscher, Kassel, Stuttgart 1994 ff.
Reallexikon der Germanischen Altertumskunde. Begr. v. J. Hoops, 2. Aufl. hg. v. H. Beck, u. a., Berlin, New York 1973 ff.
Enzyklopädie des Märchens. Handwörterbuch zur historischen und vergleichenden Erzählforschung. Hg. v. K. Ranke, Berlin, New York 1976 ff.
Lexikon des Mittelalters. Hg. v. R. Anty u. a., München, Zürich 1977 ff.
Historisches Wörterbuch der Philosophie. Hg. v. J. Ritter, Basel, Darmstadt 1971 ff.

c) Nachschlagewerke zur Geschichte der deutschen Literatur des Mittelalters:
[VL:] Die deutsche Literatur des Mittelalters. Verfasserlexikon. Begr. v. W. Stammler, fortgef. v. K. Langosch, 5 Bde., 1933–55. 2. Aufl. hg. v. K. Ruh, Bln., NY 1978ff. Neben einer Literaturgeschichte (s. Kap. 9 u. S. 354f.) sollte ein Sachwörterbuch der Literatur zur Hand sein, z.B.: Metzler Literatur Lexikon. Begriffe und Definitionen. Hg. v. G. u. I. Schweikle, Stuttgart ²1990.

d) Germanistisch-mediävistische Zeitschriften
Die älteste Zeitschrift der germanistischen Mediävistik ist die 1841 von Moriz Haupt begründete *Zeitschrift für deutsches Altertum* (ZfdA), seit 1876 erweitert um den *Anzeiger für deutsches Altertum und deutsche Literatur* (AfdA), der Rezensionen enthält. Das *Archiv für das Studium der neueren Sprachen* (Archiv) bringt seit 1846 Beiträge zur deutschen, englischen und romanischen Sprache und Literatur. Neben der ZfdA ist die renommierteste mediävistische Zeitschrift *Beiträge zur Geschichte der deutschen Sprache und Literatur,* nach den Begründern Hermann Paul und Wilhelm Braune (1874) meist als „*Paul und Braunes Beiträge*" (PBB) zitiert.

Die *Germanisch-romanische Monatsschrift* (GRM) vereint germanistische und romanistische Forschungsbeiträge. Nicht zuletzt wegen ihrer großen Forschungsberichte ist die *Deutsche Vierteljahrsschrift für Literaturwissenschaft und Geistesgeschichte* (DVjs) bemerkenswert. Der Literatur der frühen Neuzeit gelten die Zeitschriften *Argenis. Internationale Zeitschrift für Mittlere Deutsche Literatur* und *Daphnis. Zeitschrift für mittlere deutsche Literatur*. Aufsätze und Forschungsberichte zur Sozialgeschichte bringt das *Internationale Archiv für Sozialgeschichte der deutschen Literatur* (IASL). Beiträge zur älteren und zur neueren Literaturwissenschaft bieten der *Euphorion. Zeitschrift für Literaturgeschichte* (1934–44 unter dem Titel *Dichtung und Volkstum*) und die *Zeitschrift für deutsche Philologie* (ZfdPh). Ausführliche Rezensionen zum Gesamtbereich der deutschen Literaturwissenschaft enthält *Arbitrium. Zeitschrift für Rezensionen zur germanistischen Literaturwissenschaft* seit 1983.

Man sollte sich an das laufende Studium der wichtigsten Zeitschriften gewöhnen, weil sie am ehesten Einblick in die gegenwärtigen Forschungsprobleme vermitteln.

Zur Anlage und schriftlichen Form germanistischer Arbeiten

> Grundbestandteile jeder schriftlichen Arbeit sind 1. ein Titelblatt, 2. ein Inhaltsverzeichnis, 3. die Darstellung, 4. die Anmerkungen und 5. ein Literaturverzeichnis. Dem Inhaltsverzeichnis voran- oder nachgestellt werden kann ggf. ein Vorwort. Dem Haupttext kann ggf. ein Anhang mit Exkursen, Abbildungen oder Textauszügen beigefügt werden. Ein Abkürzungsverzeichnis kann entweder nach dem Inhalts- oder vor dem Literaturverzeichnis stehen.

1. Das Titelblatt gibt wie der Briefkopf Auskunft über Empfänger, Absender, «Betreff», Ort und Datum: Universität – Institut – Seminarleiter – Seminarthema – Semester; Verfasser der Seminararbeit (Vorname, Name, Anschrift, Studienfächer, Semesterzahl) – Thema der Seminararbeit.

2. Beim Inhaltsverzeichnis genügt es nicht, in Erinnerung an Schulaufsätze einfach mit «Einleitung – Hauptteil – Schluß» die selbstverständliche formale Dreiteilung zu benennen. Vielmehr sollte die Disposition durch Stichworte soweit gekennzeichnet sein, daß Anlage und Inhalt der Arbeit in den Grundzügen deutlich werden.

Die Kennzeichnung der Sachgruppen, der Haupt- und Unterabschnitte, erfolgt am besten durch Dezimalklassifikation. Man kann aber auch mit Groß- und Kleinbuchstaben, mit römischen und arabischen Ziffern arbeiten. Das Inhaltsverzeichnis muß die Seitenzahlen der Kapitel- und Abschnittsanfänge enthalten. Der Haupttext wird optisch gegliedert, indem auch hier die Überschriften der Hauptabschnitte und die Klassifikationsziffern des Inhaltsverzeichnisses eingetragen werden.

3. Haupttext und 4. Anmerkungen: Der Haupttext dient der Argumentation, die Anmerkungen dienen der Dokumentation. Das heißt: die Interpretation gehört in den Haupttext, nicht in die Anmerkungen. Der Haupttext sollte im übrigen so abgefaßt sein, daß er auch ohne Anmerkungen gelesen werden kann, was nicht heißt, daß diese nun als Rumpelkammer für überflüssige und unverarbeitete Materialien herzuhalten hätten.

Die Belege, die die Interpretation stützen und plausibel machen sollen, müssen jeweils mit Angabe von Seite/Strophe/Verszahl usw. in den Anmerkungen nachgewiesen werden. Es genügt z. B. bei einer Untersuchung zum Nibelungenlied nicht, daß man nur im Literaturverzeichnis ganz allgemein auf die benutzte Edition verweist. Dasselbe gilt für die Forschungsliteratur: Diejenigen Stellen des Haupttextes, die anderen Werken dem Wortlaut oder dem Sinne nach entlehnt sind, müssen in jedem einzelnen Falle unter Angabe der jeweiligen Quelle als Entlehnung kenntlich gemacht werden.

Zitate und fremdsprachliche (auch alt- und mittelhochdeutsche) Wörter stehen in Anführungszeichen. Auslassungen in Zitaten werden durch drei Punkte in eckigen Klammern [...] angezeigt. Wird ein Text, der nicht eingesehen werden konnte, aus zweiter Hand zitiert, so schreibt man: «zit. n. ...»

Die Anmerkungen stehen entweder als Fußnoten am Fuße der Seite oder gesammelt am Ende der Arbeit vor dem Literaturverzeichnis. Sie sollten in beiden Fällen im gesamten Manuskript durchnumeriert werden, wenn sie nicht zu zahlreich sind. Im Haupttext wird auf die Anmerkungen durch hochgestellte arabische Ziffern verwiesen. Die Erfindung eigener Zeichen erübrigt sich.

Bei der ersten Nennung eines Titels in den Anmerkungen macht man eine vollständige bibliographische Notiz, ungeachtet der Tatsache, daß der Titel im Literaturverzeichnis am Ende wiederholt wird. Wird auf eine Veröffentlichung häufiger verwiesen, so genügen vom zweiten Verweis an der abgekürzte Vorname und der Nachname des Verfassers, z. B.: *F. Ohly, a. a. O., S. 15* oder *F. Ohly, wie Anm. 4, S. 15*. Bei unselbständigen Veröffentlichungen in Zeitschriften v. a. müssen der abgekürzte Zeitschriftentitel sowie Band und Jahrgang mitnotiert werden, z. B.: *F. Ohly, a. a. O., in: ZfdA 89 (1958/59), S. 15*. Bei mehreren Veröffentlichungen eines Autors wird der Eindeutigkeit wegen der Kurztitel beigefügt, also z. B.: *F. Ohly, Vom geistigen Sinn. In: ZfdA 89 (1958/59), S. 15*.

Grundsätzlich sollten Titelangaben in den Anmerkungen so kurz wie möglich, aber so genau wie nötig gehalten sein, während sie im Literaturverzeichnis vollständig und genau, z. B. mit Untertitel, aufgeführt werden müssen.

5. Das Literaturverzeichnis gibt vollständige Auskunft über die für die Arbeit benutzte Literatur. Man sollte also nicht mehr und nicht weniger Titel angeben, als tatsächlich benutzt wurden. (Eine «Bibliographie» erhöbe dagegen Anspruch auf vollständige Erfassung der Literatur zu einem Thema.)

Das Literaturverzeichnis wird gegliedert in I. Quellen («Primärliteratur») und II. Darstellungen («Sekundärliteratur»). Die Reihenfolge der Titel ist eine alphabetische nach dem Namen der Verfasser. Bei mehreren Titeln eines Verfassers ordnet man chronologisch nach dem Erscheinungsjahr. Bei umfangreicheren Arbeiten kann sich natürlich auch eine differenziertere Anordnung nach Sachgruppen anbieten.

In der Germanistik gibt es verschiedene Zitiergewohnheiten. Die neuen *Regeln für die alphabetische Katalogisierung (RAK)* gelten für wissenschaftliche Bibliotheken, nicht für Seminararbeiten. In jedem Falle muß die Zitierweise klar, verläßlich, zweckmäßig und bis in die Interpunktion hinein einheitlich sein. (Man kann im übrigen in germanistischen Arbeiten durchaus die im englischsprachigen Schrifttum und in der Linguistik übliche Zitierweise anwenden.)

Schema der Titelaufnahme einer selbständigen Einzelveröffentlichung:

Name, Vorname: Ober- und Untertitel, Auflage, Erscheinungsort und -jahr (= Reihe).

Der Verfassername wird ohne Titel angegeben. Handelt es sich um den Herausgeber einer Quelle oder einer Darstellung, gibt es zwei Möglichkeiten: entweder folgt auf den Namen des Herausgebers in Klammern der Zusatz *(Hrsg.)*: oder der Name des Herausgebers folgt erst auf den Titel mit dem Zusatz, *hrsg. v.* Es empfiehlt sich, im Literaturverzeichnis den Vornamen des Verfassers oder Herausgebers auszuschreiben und den Nachnamen voranzustellen, z.B.: *Ohly, Friedrich: ...* In den Anmerkungen dagegen einfach: *F. Ohly, ...* Bei mehreren Auflagen eines Buches wird die benutzte Auflage angegeben. Wird ein unveränderter Nachdruck benutzt, so vermerkt man in Klammern das Erscheinungsjahr derjenigen Auflage, auf die sich der Nachdruck stützt, z.B.: *(1884), Nachdr. Darmstadt 1987.* Wenn der Verlag, z.B. bei Neuerscheinungen, genannt werden soll, dann nach dem Erscheinungsort: *München: C. H. Beck 1987.*

Schema der Titelaufnahme einer nicht-selbständigen Veröffentlichung in Sammelwerken wie Zeitschriften, Festschriften usw.:

Name, Vorname: Ober- und Untertitel des Aufsatzes. *In:* Titel der Zeitschrift, Band (Jahrgang), Seiten.

Nicht-selbständige Veröffentlichungen werden durch ein *In:* vor dem Titel der Zeitschrift, der Festschrift usw. gekennzeichnet. Die Buchreihe dagegen, in der eine selbständige Veröffentlichung evtl. erschienen ist, wird in runden Klammern mit einem Gleichheitszeichen notiert: *(= ...)* Beispiele:
[Buch]
De Boor, Helmut: Die deutsche Literatur von Karl dem Großen bis zum Beginn der höfischen Dichtung. 770–1170. 9. Aufl. bearb. v. Herbert Kolb. München 1979 (= Geschichte der deutschen Literatur von den Anfängen bis zur Gegenwart, hrsg. v. Helmut de Boor u. Richard Newald, Bd. 1)
[Aufsatz]
Ohly, Friedrich: Vom geistigen Sinn des Wortes im Mittelalter. In: Zeitschrift für deutsches Altertum und deutsche Literatur 89 (1958/59), S. 1–23

Für weitere Detailfragen vgl. z.B.:
Bangen, Georg: Die schriftliche Form germanistischer Arbeiten. Empfehlungen für die Anlage und die äußere Gestaltung wissenschaftlicher Manuskripte unter besonderer Berücksichtigung der Titelangaben von Schrifttum. Mit einem Geleitwort von Hans-Egon Hass. 9. Aufl. Stuttgart 1990 (= Sammlung Metzler, Bd. 13)

10.3.2 Literaturhinweise zu den einzelnen Kapiteln

1. «Germanistische Mediävistik»

Eine überzeugende Gesamtdarstellung zur Geschichte der Germanistik und Mediävistik gibt es nicht. Zu unkritisch ist der Abriß von J. Dünninger: Geschichte der deutschen Philologie, in: Deutsche Philologie im Aufriß, hg. v. W. Stammler, Bd. 1, Berlin ²1957, 83–222. Zur Frühzeit der Germanistik sind immer noch grundlegend:
Raumer, R. von: Geschichte der Germanischen Philologie vorzugsweise in Deutschland, (1870) Nachdr. New York, London 1965
Lempicki, S. von: Geschichte der deutschen Literaturwissenschaft bis zum Ende des 18. Jahrhunderts, Göttingen 1920

Zur Schulgermanistik
Frank, H. J.: Dichtung, Sprache, Menschenbildung. Geschichte des Deutschunterrichts von den Anfängen bis 1945. 2 Bde., München 1976 (dtv, WR 4271/72).

Zur Mittelalter-Rezeption
Mittelalter-Rezeption. Ein Symposion, 1985 (Germanist. Symposien, hg. v. A. Schöne, 6); Mittelalter-Rezeption. Gesammelte Vorträge des Salzburger Symposions «Die Rezeption mittelalterlicher Dichter und ihrer Werke in Literatur, Bildender Kunst und Musik des 19. und 20. Jahrhunderts», hg. v. J. Kühnel, Göppingen 1979 (GAG 286); C. Schmid, Die Mittelalterrezeption des 18. Jahrhunderts zwischen Aufklärung und Romantik, Frankfurt, Bern, Las Vegas 1979; J. Körner, Nibelungenforschung der deutschen Romantik, Leipzig 1911; W. Harms, Das Interesse an mittelalterlicher deutscher Literatur zwischen der Reformationszeit und der Frühromantik, Akten des VI. Int. Germanisten-Kongresses Basel 1980, Jb. f. Int. Germ., R. A, Bd. 8, 1 (1981) 60–84.

Zur Hermeneutik
Ricklefs, U.: Hermeneutik, in: Literatur II/1, hg. v. W.-H. Friedrich u. W. Killy, Frankfurt a. M. 1965, S. 277–292 (FL 35/1)
Rusterholz, P.: Hermeneutik, in: Literaturwissenschaft, hg. v. H. L. Arnold u. V. Sinemus, München 1973, S. 85–105 (dtv, WR 4226)
Ebeling, G.: Hermeneutik, in: RGG 3, ³1959, Sp. 242–262
Gadamer, H.-G.: Hermeneutik, in: Hist. Wb. d. Philos., hg. v. J. Ritter, Bd. 3, 1974, Sp. 1062–73
Gadamer, H.-G.: Wahrheit und Methode. Grundzüge einer philosophischen Hermeneutik, Tübingen ³1972
Habermas, J.: Erkenntnis und Interesse, Frankfurt a. M. 1968
Habermas, J.: Zur Logik der Sozialwissenschaften. Materialien, Frankfurt a. M. 1970, S. 251–285
Hermeneutik und Ideologiekritik. Mit Beiträgen v. K. O. Apel u. a., Frankfurt a. M. 1971
Szondi, P.: Einführung in die literarische Hermeneutik. Hg. v. J. Bollack u. H. Stierlin, Frankfurt a. M. 1975 (Studienausg. d. Vorl. 5; stw 124)

2. Zur Überlieferung der deutschen Literatur des Mittelalters

Handschriftenkunde
Kirchner, J.: Germanistische Handschriftenpraxis. Ein Lehrbuch für die Studierenden der deutschen Philologie, München 1950
Bischoff, B.: Paläographie des römischen Altertums und des abendländischen Mittelalters, Berlin ²1987 (Grundlagen d. Germanistik 24)
Mazal, O.: Lehrbuch der Handschriftenkunde, Wiesbaden 1986
Petzet, E. u. O. Glauning: Deutsche Schrifttafeln des 9. bis 16. Jahrhunderts aus Handschriften der Kgl. Hof- und Staatsbibliothek in München, Bd. 1–3, München 1910–12; 4–5, Leipzig 1924–30 [vorzügliche Anleitung zum Lesen von Hss.]
Schrifttafeln zum althochdeutschen Lesebuch. Hg. u. erl. v. H. Fischer, Tübingen 1966
Capelli, A.: Lexicon abbreviaturarum. Wörterbuch lateinischer und italienischer Abkürzungen, Leipzig ²1928, Nachdr. 1954 [unentbehrliches Hilfsmittel der Paläographie]
Schneider, K.: Gotische Schriften in deutscher Sprache. 1. Vom späten 12. Jahrhundert bis um 1300. Wiesbaden 1987 [Standardwerk]

Reproduktionen deutscher Handschriften des Mittelalters finden sich v. a. in folgenden Serien:
Litterae. Göppinger Beiträge zur Textgeschichte, Göppingen 1971 ff. (s. z. B. Nr. 7: Walther)
Codices Selecti, Graz (z. B. vol. 43: Ambraser Heldenbuch)

Zu illustrierten Handschriften
Katalog der deutschsprachigen illustrierten Handschriften des Mittelalters. Beg. v. H. Frühmorgen-Voss, fortgef. v. N. H. Ott, München 1987 ff.
Frühmorgen-Voss, H.: Text und Illustration im Mittelalter. Aufsätze zu den Wechselbeziehungen zwischen Literatur und bildender Kunst im Mittelalter. Hg. u. eingel. v. N. H. Ott, München 1975 (MTU 50)
Ott, N. H.: Epische Stoffe in mittelalterlichen Bildzeugnissen, in: Epische Stoffe des Mittelalters, hg. v. V. Mertens u. U. Müller, Stuttgart 1984, S. 449–74 (Kröner 483)

Inkunabelkunde
Haebler, K.: Handbuch der Inkunabelkunde, Leipzig 1925
Zur Titelbeschreibung von Inkunabeln vgl. den Gesamtkatalog der Wiegendrucke, Bd. 1–8, Leipzig 1925–40

Textkritik
Maas, P.: Textkritik, Leipzig ³1957
Seiffert, H. W.: Untersuchungen zur Methode der Herausgabe deutscher Texte, Berlin (Ost) ²1969
Texte und Varianten. Probleme ihrer Edition und Interpretation. Hg. v. G. Martens u. H. Zeller, München 1971
Stackmann, K.: Mittelalterliche Texte als Aufgabe. FS J. Trier z. 70. Geb., hg. v. W. Foerste u. K. H. Borck, Köln, Graz 1964, S. 240–67
Kolloquium über Probleme altgermanistischer Editionen. Hg. v. H. Kuhn u. a., Wiesbaden 1968
editio. Internationales Jahrbuch für Editionswissenschaft, 1 (1987)

2. Zur Überlieferung der deutschen Literatur des Mittelalters 323

Große Editionsreihen der Mediävistik

Theologie
[MPG:] Migne, J. P. (Hg.): Patrologiae cursus completus, Series I: Ecclesia graeca, 1–167, 1857–1912 [Literatur der griech.-orthod. Kirche mit lat. Übers.]
[MPL:] Migne, J. P. (Hg.): Patrologiae cursus completus, Series II: Ecclesia latina, 1–221 (218–221 Indices), 1841–64 [Der Migne ist wegen seiner einzigartigen Materialfülle unentbehrlich und zugleich wegen seiner Fehlerhaftigkeit unzulänglich. Den Migne nach und nach ersetzen sollen das Corpus scriptorum ecclesiasticorum latinorum (zit.: CSEL), hg. v. d. Wiener Akad. d. Wiss., 1866 ff. u. das von der Benediktinerabtei Steenbrugge betreute Corpus Christianorum, Series Latina (zit.: CCSL), 1953 ff. Diese Quellen sind fast sämtlich übersetzt in der Bibliothek der Kirchenväter.]

Geschichte
[MGH:] Monumenta Germaniae historica, 1826 ff. [Die bedeutendste Quellensammlung zur deutschen Geschichte von 500 bis 1500 besteht aus drei Serien in folio, in quart u. in octav. Die Abt. Scriptores (zit.: MGH SS) enthält erzählende Quellen; die Diplomata-Bände (zit.: MGH DD) bringen die Urkunden der fränkischen u. deutschen Könige u. Kaiser, die Leges-Bände (zit.: MGH LL) die Stammesrechte u. karolingischen Kapitularien.]
[FSGA:] Freiherr vom Stein-Gedächtnisausgabe. Ausgewählte Quellen zur deutschen Geschichte des Mittelalters und der Neuzeit, begr. v. R. Buchner, Darmstadt: WBG [zweisprachige Ausgaben v. a. der erzählenden Quellen, z. B. Gregor von Tours, Einhard, Widukind von Korvey, Otto von Freising.]

Germanistik
[DTM:] Deutsche Texte des Mittelalters, Berlin: Akademie-Vlg. [mustergültige Ausgaben]
[ATB:] Altdeutsche Textbibliothek, begr. v. H. Paul, Tübingen (vormals Halle): Niemeyer [Die ATB enthält einen Großteil der ahd. u. mhd. Literatur, die im akademischen Unterricht gelesen wird. Wegen der Übersetzungen am meisten benutzt werden freilich die Fischer-Bücherei u. die textkritisch oft vorzüglichen Ausgaben in Reclams Universal-Bibliothek.]
[StLV:] Bibliothek des Literarischen Vereins in Stuttgart, Stuttgart 1843 ff. [ca. 300 Bde., bes. zur Literatur des 15.–17. Jhs.]
[Neudrr.:] Neudrucke deutscher Literaturwerke des 16. und 17. Jahrhunderts, begr. v. W. Braune, Nr. 1–321, Halle 1876–1943; N. F. Tübingen 1961 ff.
[DNL:] Deutsche National-Literatur, hg. v. J. Kürschner, 164 Bde., Berlin, Stuttgart 1882–99 [veraltet]
[DLE:] Deutsche Literatur. Sammlung literarischer Kunst- und Kulturdenkmäler in Entwicklungsreihen, hg. v. H. Kindermann, 110 Bde., Leipzig 1928–50

Romanistik
[CFMA:] Les classiques français du moyen-âge. Collection fondée par M. Roques publiée sous la direction de F. Lecoy, Paris
Klassische Texte des romanischen Mittelalters in zweisprachigen Ausgaben. Hg. v. H. R. Jauß u. E. Köhler, München: Fink [z. B.: La Chanson de Roland; Berol; Le Roman d'Eneas; Chrestien de Troyes, Yvain, Lancelot]

Literaturhinweise

Überlieferungsgeschichte und Literaturgeschichte
Geschichte der Textüberlieferung der antiken und mittelalterlichen Literatur. Red.: M. Meier, F. Hindermann, A. Schindler, 2 Bde., Zürich 1961/62
Kuhn, H.: Entwürfe zu einer Literatursystematik des Spätmittelalters, 1980; ders., Liebe und Gesellschaft, hg. v. W. Walliczek, Stuttgart 1980, bes. S. 80–105, 138–140
Ruh, K. (Hg.): Überlieferungsgeschichtliche Prosaforschung. Beiträge der Würzburger Forschergruppe zur Methode und Auswertung, Tübingen 1985
Fischer, H.: Studien zur deutschen Märendichtung, Tübingen ²1983
Lämmert, E.: Reimsprecherkunst im Spätmittelalter. Eine Untersuchung der Teichnerreden, Stuttgart 1968
Grubmüller, K.: Meister Esopus. Untersuchungen zur Geschichte und Funktion der Fabel im Mittelalter, Zürich, München 1977 (MTU 56)
Heinzle, J.: Mittelhochdeutsche Dietrichepik. Untersuchungen zur Tradierungsweise und Gattungsgeschichte später Heldendichtung, Zürich, München 1978 (MTU 62)
Williams-Krapp, W.: Die deutschen und niederländischen Legendare des Mittelalters, Tübingen 1986

3. Zum mittelalterlichen Bildungswesen: Mündlich volkssprachliche Laienkultur und schriftlich lateinische Klerikerkultur

Zur Geschichte des Bildungs- und Unterrichtswesens im Mittelalter
Lesne, E.: Les écoles de la fin du VIIIe siècle à la fin du XIIe siècle, Lille 1940
Entretiens sur la renaissance du XIIe siècle, hg. v. M. de Gandillac u. E. Jeauneau, Paris 1968
Haskins, C. H.: The Renaissance of the Twelfth Century, Cambridge, Mass. 1927 [klassische Darstellg.]
Illmer, D.: Formen der Erziehung und Wissensvermittlung im frühen Mittelalter. Quellenstudien zur Frage der Kontinuität des abendländischen Bildungswesens, München 1971
Fried, J. (Hg.): Schulen und Studium im sozialen Wandel des hohen und späten Mittelalters, Sigmaringen 1986 (Vorträge u. Forschungen 30)
Dolch, J.: Lehrplan des Abendlandes. Zweieinhalb Jahrtausend seiner Geschichte, Ratingen 1965
Koch, J. (Hg.): Artes liberales. Von der antiken Bildung zur Wissenschaft des Mittelalters, Leiden, Köln 1959
Illmer, D.: Artes liberales, TRE 4 (1979), 157–171
Paulsen, F.: Geschichte des gelehrten Unterrichts auf den deutschen Schulen und Universitäten vom Ausgang des Mittelalters bis zur Gegenwart, 2 Bde., Berlin, Leipzig ³1919/21

Universitätsgeschichte und Gelehrtenstand
Rashdall, H.: The Universities of Europe in the Middle Ages, 3 Bde., London ²1936
Kaufmann, G.: Geschichte der deutschen Universitäten, 2 Bde., Graz 1968
Grundmann, H.: Vom Ursprung der Universität im Mittelalter, Darmstadt ²1960
Rückbrod, K.: Universität und Kollegium. Baugeschichte und Bautyp, Darmstadt 1977
Classen, P.: Die ältesten Universitätsreformen und Universitätsgründungen des Mittelalters, Heidelberg. Jbb. 12 (1968) 72–92

Ritter, G.: Die Heidelberger Universität, Bd. 1, Heidelberg 1936
Boehm, L.: Libertas Scholastica und Negotium Scholare, in: Universität und Gelehrtenstand, hg. v. H. Rössler u. G. Franz, Bd. 4, Limburg 1970, S. 15–61
Trunz, E.: Der deutsche Späthumanismus um 1600 als Standeskultur (1931), in: Deutsche Barockforschung, hg. v. R. Alewyn, Köln 1965, S. 147–181
Kühlmann, W.: Gelehrtenrepublik und Fürstenstaat. Entwicklung und Kritik des deutschen Späthumanismus in der Literatur des Barockzeitalters, Tübingen 1982

Klerikerkultur und Laienkultur: Literarizität und Illiterarizität, Latein und Volkssprache, Schriftlichkeit und Mündlichkeit

Laienbildung
Grundmann, H.: Litteratus – illitteratus. Der Wandel einer Bildungsnorm vom Altertum bis zum Mittelalter. AfK 40 (1958) 1–65 [grundlegend]
Thompson, J. W.: The Literacy of the Laity in the Middle Ages, Berkeley 1939
Literatur und Laienbildung im Spätmittelalter. Symposion Wolfenbüttel 1981. Hg. v. L. Grenzmann u. K. Stackmann, Stuttgart 1984

Latein und Deutsch
Kuhn, H.: Entwürfe zu einer Literatursystematik des Spätmittelalters, Tübingen 1980
Wehrli, M.: Literatur im deutschen Mittelalter, Stuttgart 1984, bes. S. 29–46
Ponert, D. J.: Deutsch und Latein in deutscher Literatur und Geschichtsschreibung des Mittelalters, Stuttgart 1975 (Studien z. Poetik u. Gesch. d. Lit. 43)
Fischer, H.: Deutsche Literatur und lateinisches Mittelalter, in: Werk – Typ – Situation, hg. v. I. Glier u. a., 1969, S. 1–19
Hess, G.: Deutsch-lateinische Narrenzunft. Studien zum Verhältnis von Volkssprache und Latinität in der satirischen Literatur des 16. Jahrhunderts, München 1971

Mündlichkeit und Schriftlichkeit
Wehrli, M.: Literatur im deutschen Mittelalter, 1984, S. 47–67
Bumke, J.: Höfische Kultur, Bd. 2, München 1986, S. 596 ff.
Curschmann, M.: Nibelungenlied und Nibelungenklage. Über Mündlichkeit und Schriftlichkeit im Prozeß der Episierung, in: Deutsche Literatur im Mittelalter. Kontakte und Perspektiven, hg. v. C. Cormeau, Stuttgart 1979, S. 85–119
Curschmann, M.: Hören – Lesen – Sehen. Buch und Schriftlichkeit im Selbstverständnis der volkssprachlichen literarischen Kultur, PBB 106 (1984) 218–57
Wenzel, H.: Hören und Sehen, Schrift und Bild. Kultur und Gedächtnis im Mittelalter, München 1995
Goody, J. (Hg.): Literacy in traditional societies, Cambridge 1968
Erzgräber, W. u. S. Volk (Hg.): Mündlichkeit und Schriftlichkeit im englischen Mittelalter, Tübingen 1988

Zur Oral Poetry-Forschung
Lord, A. B.: Der Sänger erzählt. Wie ein Epos entsteht, dt. Stuttgart 1965
Oral Poetry. Das Problem der Mündlichkeit mittelalterlicher epischer Dichtung. Hg. v. N. Voorwinden u. M. de Haan, Darmstadt 1979 (WdF 555)
Haymes, E. R.: Das mündliche Epos. Eine Einführung in die ‹Oral Poetry›-Forschung, Stuttgart 1977 (SM 151)
Curschmann, M.: Oral Poetry in Medieval English, French, and German Literature. Some Notes on Recent Research, Speculum 42 (1967) 36–52

4. Mittelalterlich-christliche Bedeutungskunde (Hermeneutik) und mediävistische Bedeutungsforschung

Zur Bedeutungskunde im allgemeinen und zur Geschichte der Schriftauslegung im besonderen

Ohly, F.: Schriften zur mittelalterlichen Bedeutungsforschung, Darmstadt 1977 [grundlegend für die Bedeutungsforschung in der germanistischen Mediävistik. Vgl. bes. die Einl., S. IX–XXXIV u. den epochemachenden Aufsatz: Vom geistigen Sinn des Wortes im Mittelalter (1958), S. 1–31.]

Ohly, F.: Ausgewählte und neue Schriften zur Literaturgeschichte und Bedeutungsforschung. Hg. v. U. Ruberg u. D. Peil, Stuttgart/Leipzig 1995

Repräsentativ für den Stand der mediävistischen Bedeutungsforschung sind v. a. die Veröffentlichungen des Münsteraner Sonderforschungsbereichs im Jahrbuch *Frühmittelalterliche Studien* und in der Buchreihe *Münstersche Mittelalter-Schriften* sowie die FS für F. Ohly: Verbum et Signum, hg. v. H. Fromm, W. Harms u. U. Ruhberg, 2 Bde., München 1975. Vgl. weiter die Vorträge des Sammelbandes: Formen und Funktionen der Allegorie. Symposion Wolfenbüttel 1978, hg. v. W. Haug, Stuttgart 1979.

Ebeling, G.: Hermeneutik, ³RGG 3 (1959) 242–262 [knapper u. klarer Überblick]

Hesse, F. u. a.: Art. «Schriftauslegung», ³RGG 5, 1513–37

Schreckenberg, H. u. a.: Art. «Exegese», RAC 6 (1966) 1174–1229

Brinkmann, H.: Mittelalterliche Hermeneutik, Tübingen 1980

Brinkmann, H.: Die «zweite Sprache» und die Dichtung des Mittelalters, Miscellanea Mediaevalia 7 (1970) 155–171

Brinkmann, H.: Die Zeichenhaftigkeit der Sprache, des Schrifttums und der Welt im Mittelalter, ZfdPh 93 (1974) 1–11

Brinkmann, H.: Verhüllung («integumentum») als literarische Darstellungsform im Mittelalter, Miscellanea Mediaevalia 8 (1971), 314–339

Chenu, M. D.: La théologie au douzième siècle, Paris 1957

De Bruyne, E.: Études d'esthétique médiévale, 3 Bde., Brugge 1946

Freytag, H.: Die Theorie der allegorischen Schriftdeutung und die Allegorie in deutschen Texten besonders des 11. und 12. Jahrhunderts, Bern, München 1982

Gloege, G.: Zur Geschichte des Schriftverständnisses, in: Das Neue Testament, hg. v. E. Käsemann, Göttingen, 1970, S. 13–40 [ausgezeichneter Überblick]

Jeauneau, E.: ‹Lectio philosophorum›. Recherches sur l'Ecole de Chartres, Amsterdam 1973

Lubac, H. de: Exégèse médiévale. Les quatre sens de l'écriture, Bd. I, 1/2, Paris 1959; Bd. II, 1961 [grundlegend]

Lubac, H. de: Der geistige Sinn der Schrift, Einsiedeln 1952 (Christ heute, 2. R., Bd. 5)

Meier, C.: Das Problem der Qualitätenallegorese, FMSt 8 (1974) 385–435

Meier, C.: Überlegungen zum gegenwärtigen Stand der Allegorie-Forschung, FMSt 10 (1976) 1–69

Smalley, B.: The Study of the Bible in the Middle Ages, Oxford ²1952

Spicq, P. C.: Esquisse d'une histoire de l'exégèse latine du moyen âge, Paris 1944

Spitz, H.-J.: Die Metaphorik des geistigen Schriftsinns. Ein Beitrag zur allegorischen Bibelauslegung des ersten christlichen Jahrhunderts, München 1972 (MMS 12)

Jauss, H. R.: Entstehung und Strukturwandel der allegorischen Dichtung. In: Grundr. d. roman. Literaturen d. MAs., hg. v. H. R. Jauß u. E. Köhler, Bd. 6, Heidelberg, 1968, S. 146–244

4. Mittelalterlich-christliche Bedeutungskunde

Blank, W.: Die deutsche Minneallegorie. Gestaltung und Funktion einer spätmittelalterlichen Dichtungsform, Stuttgart, 1970 [zur Einführung bes. S. 7–44]
Grubmüller, K. u. a. (Hg.): Geistliche Denkformen in der Literatur des Mittelalters, München 1984 (MMS 51)
Wehrli, M.: Literatur im deutschen Mittelalter. Eine poetologische Einführung, 1984, S. 214–270

Tierallegorese
Perry, B. E.: Physiologus, RE 20 (1941) 1074–1129
Schmidtke, D.: Geistliche Tierinterpretation in der deutschsprachigen Literatur des Mittelalters (1100–1500), Phil. Diss. FU Berlin 1968 [grundlegend]
Henkel, N.: Studien zum Physiologus im Mittelalter, Tübingen 1976 (Hermaea, N. F. 38)
Kolb, H.: Der Hirsch, der Schlangen frißt. Bemerkungen zum Verhältnis von Naturkunde und Theologie in der mittelalterlichen Literatur. In: Mediaevalia litteraria. FS H. de Boor, hg. v. H. Kolb u. U. Hennig, München 1971, 583–610
Ohly, F.: Diamant und Bocksblut. Zur Traditions- und Auslegungsgeschichte eines Naturvorgangs von der Antike bis in die Moderne, Berlin 1976
Nischik, T.-M.: Das volkssprachliche Naturbuch im späten Mittelalter. Sachkunde und Dinginterpretation bei Jacob von Maerlant und Konrad von Megenberg, Tübingen 1986 (Hermaea, N. F. 48)

Edelsteinallegorese
Meier, C.: Gemma spiritalis. Methode und Gebrauch der Edelsteinallegorese vom frühen Christentum bis ins 18. Jahrhundert, 1. T., München 1976 (MMS 34) [Einführung, S. 27–55]
Engelen, U.: Die Edelsteine in der deutschen Literatur des Mittelalters, München 1977 (MMS 27)

Architekturallegorese
Bandmann, G.: Mittelalterliche Architektur als Bedeutungsträger, Darmstadt [8]1985
Boblitz, H.: Die Allegorese der Arche Noah in der frühen Bibelauslegung, FMSt 6 (1972) 159–170
Ohly, F.: Die Kathedrale als Zeitenraum. Zum Dom von Siena (1972), Nachdr. in: F. O., Schriften z. mal. Bedeutungsforschung, 1977, S. 171–273
Reudenbach, B.: Säule und Apostel. Überlegungen zum Verhältnis von Architektur und architekturexegetischer Literatur im Mittelalter, FMSt 14 (1980) 310–351
Sauer, J.: Symbolik des Kirchengebäudes und seiner Ausstattung in der Auffassung des Mittelalters. Mit besonderer Berücksichtigung des Honorius Augustodunensis, Sicardus und Durandus, Freiburg [2]1924
Schmidtke, D.: Studien zur dingallegorischen Erbauungsliteratur des Spätmittelalters. Am Beispiel der Gartenallegorie, Tübingen 1982 (Hermaea 43)

Zahlenallegorese
Haubrichs, W.: Ordo als Form. Strukturstudien zur Zahlenkomposition bei Otfrid von Weißenburg und in karolingischer Literatur, Tübingen 1969 (Hermaea 27)
Hellgardt, E.: Zum Problem symbolbestimmter und formalästhetischer Zahlenkomposition in mittelalterlicher Literatur. Mit Studien zum Quadrivium und zur Vorgeschichte des mittelalterlichen Zahlendenkens, München 1973 (MTU 45)

Meyer, H.: Die Zahlenallegorese im Mittelalter. Methode und Gebrauch, München 1975 (MMS 25)
Meyer, H. u. R. Suntrup: Zum Lexikon der Zahlenbedeutungen im Mittelalter. Einführung in die Methode und Probeartikel: die Zahl Sieben, FMSt 11 (1977) 1–72
Meyer, H. u. R. Suntrup: Lexikon der mittelalterlichen Zahlenbedeutung, München 1986 (MMS 56)
Taeger, B.: Zahlensymbolik bei Hraban, bei Hincmar – und im Heliand? Studien zur Zahlensymbolik im Frühmittelalter, München 1970 (MTU 30)

Sprachdeutung (Etymologie)
Borst, A.: Der Turmbau zu Babel. Geschichte der Meinungen über Ursprung und Vielfalt der Sprachen und Völker, 6 Bde., Stuttgart 1957–63
Grubmüller, K.: Etymologie als Schlüssel zur Welt? Bemerkungen zur Sprachtheorie des Mittelalters. In: Verbum et signum, Bd. 1, 1975, 209–230
Klinck, R.: Die lateinische Etymologie des Mittelalters, München 1970 (Medium Aevum 17)
Opelt, I.: Etymologie, RAC 6, 797–844
Pinborg, J.: Die Entwicklung der Sprachtheorie im Mittelalter. Beiträge zur Geschichte der Philosophie und Theologie des Mittelalters, Münster ²1985
Ruberg, U.: Verfahren und Funktionen des Etymologisierens in der mittelhochdeutschen Literatur. In: Verbum et signum, Bd. 1, 1975, 295–330
Sanders, W.: Die Anfänge wortkundlichen Denkens im deutschen Mittelalter, ZfdPh 88 (1969) 57–78
Sanders, W.: Grundzüge und Wandlungen der Etymologie, WW 17 (1967) 361–384
Schleusener-Eichholz, G.: Biblische Namen und ihre Etymologien in ihrer Beziehung zur Allegorese in lateinischen und mittelhochdeutschen Texten. In: Verbum et signum, Bd. 1, 1975, 267–294
Huber, C.: Wort sint der dinge zeichen. Untersuchungen zum Sprachdenken der mittelhochdeutschen Spruchdichtung bis Frauenlob, München 1977 (MTU 64)

Typologie und Geschichtsdeutung
Auerbach, E.: Figura (1938). In: E. A., Gesammelte Aufsätze zur romanischen Philologie, Bern, München 1967, S. 55–92
Auerbach, E.: Typologische Motive in der mittelalterlichen Literatur, Krefeld ²1964
Daniélou, J.: Sacramentum futuri. Études sur les origines de la typologie biblique, Paris 1950
Goppelt, L.: Typos. Die typologische Deutung des Alten Testaments im Neuen, Gütersloh 1939, Nachdr. Darmstadt 1969
Hesse, F. u. a.: Typologie, RGG 6, 1094–98
Hoefer, H.: Typologie im Mittelalter. Zur Übertragbarkeit typologischer Interpretation auf weltliche Dichtung, Göppingen 1971 (GAG 54)
Jantsch, H. G.: Studien zum Symbolischen in frühmittelhochdeutscher Literatur, Tübingen 1959
Jentzmik, P.: Zu Möglichkeiten und Grenzen typologischer Exegese in mittelalterlicher Predigt und Dichtung, Göppingen 1973 (GAG 112)
Lubac, H. de: ‹Typologie› et ‹allégorisme›, Recherches de science religieuse 47 (1959) 5–43
Ohly, F.: Schriften zur mittelalterlichen Bedeutungsforschung, 1977, bes. S. 312–400

4. Mittelalterlich-christliche Bedeutungskunde

Ohly, F.: Typologische Figuren aus Natur und Mythus. In: Formen und Funktionen der Allegorie, hg. v. W. Haug, 1979, S. 126–166
Ohly, F.: Skizzen zur Typologie im späteren Mittelalter. In: Medium Aevum deutsch, FS K. Ruh, hg. v. D. Huschenbett u. a., Tübingen 1979, S. 251–310
Ohly, F.: Typologie als Denkform der Geschichtsbetrachtung, Universitätsvorträge Münster 1982/83, S. 68–102
Schröder, W.: Zum Typologie-Begriff und Typologie-Verständnis in der mediävistischen Literaturwissenschaft. In: The Epic in Medieval Society. Aesthetic and Moral Values, hg. v. H. Scholler, Tübingen, 1977, S. 64–85
Wolf, A.: diu wâre wirtinne – der wâre Elicôn. Zur Frage des typologischen Denkens in volkssprachlicher Dichtung des Hochmittelalters, ABäG 6 (1974) 93–131
Wirth, K.-A.: Biblia pauperum, ²VL 1, 843–852
Zimmermann, H.: Armenbibel, RDK 1, 1072–84
Bloch, P.: Typologische Kunst. In: Lex et Sacramentum im Mittelalter, hg. v. P. Wilpert, Berlin 1969, S. 127–142 (Miscellanea Mediaevalia 6)
Geschichtsbewußtsein in der deutschen Literatur des Mittelalters. Tübinger Colloquium 1983. Hg. v. C. Gerhardt, N. F. Palmer u. B. Wachinger, Tübingen 1985
Spörl, J.: Grundformen hochmittelalterlicher Geschichtsanschauung, München 1935
Geschichtsdenken und Geschichtsbild im Mittelalter. Ausgewählte Aufsätze und Arbeiten aus den Jahren 1933 bis 1959. Hg. u. eingel. v. W. Lammers, Darmstadt 1965 (WdF 21)
Scholtz, G.: Geschichte, Hist. Wb. d. Philos. 3 (1974) 345–352
Dempf, A.: Sacrum Imperium. Geschichts- und Staatsphilosophie des Mittelalters und der politischen Renaissance, München ²1954
Brincken, A. D. von den: Studien zur lateinischen Weltchronistik bis in das Zeitalter Ottos von Freising, Düsseldorf 1957
Goez, W.: Translatio imperii. Ein Beitrag zur Geschichte des Geschichtsdenkens und der politischen Theorien im Mittelalter und in der frühen Neuzeit, Tübingen 1958
Goetz, H.-W.: Das Geschichtsbild Ottos von Freising. Ein Beitrag zur historischen Vorstellungswelt des 12. Jahrhunderts, Köln, Wien 1984 (Beih. 19 z. AfK).
Gurjewitsch, A. J.: Das Weltbild des mittelalterlichen Menschen, München ³1986

Emblematik
Heckscher, W. S. u. K.-A. Wirth: Emblem, Emblembuch, RDK 5 (1967) 85–228 [grundlegend]
Daly, P. M.: Emblem Theory. Recent German Contributions to the Characterization of the Emblem Genre, Nendeln 1979
Harms, W.: Emblem, Emblematik, Theolog. Realenzyklopädie 9 (1982) 552–558
Peil, D.: Zur Diskussion über «angewandte Emblematik», GRM 60 (1979) 200–207
Schilling, M.: Emblematik außerhalb des Buches, IASL 11 (1986) 149–174
Henkel, A. u. A. Schöne (Hg.): Emblemata. Handbuch zur Sinnbildkunst des XVI. und XVII. Jahrhunderts, Stuttgart 1967; Supplementbd. 1976 [Standardwerk]
Schöne, A.: Emblematik und Drama im Zeitalter des Barock, München ²1968
Daly, P. M. Literature in the Light of the Emblem, Toronto, Buffalo, London 1979
Kirchner, G.: Fortuna in Dichtung und Emblematik des Barock, Stuttgart 1970
Schilling, M.: Imagines mundi. Metaphorische Darstellung der Welt in der Emblematik, Frankfurt, Bern, Cirencester 1979 (Mikrokosmos 4)
Jöns, D. W.: Das ‹Sinnen-Bild›. Studien zur allegorischen Bildlichkeit bei Andreas Gryphius, Stuttgart 1966

5. Rhetorik und Metrik

Bibliographien zur Rhetorik
Jamison, R. u. J. Dyck: Rhetorik – Topik – Argumentation: Bibliographie zur Redelehre und Rhetorikforschung im deutschsprachigen Raum 1945–1979/80, Stuttgart, Bad Cannstatt 1983
Breuer, D. u. G. Kopsch: Rhetoriklehrbücher des 16. bis 20. Jahrhunderts. Eine Bibliographie. In: Rhetorik. Beiträge zu ihrer Geschichte in Deutschland vom 16.–20. Jahrhundert, hg. v. H. Schanze, Frankfurt 1974, S. 217–355
Fortlaufende Bibliographie der Rhetorikforschung im internationalen Jahrbuch: Rhetorik 5 (1986) ff.

Allgemeine und einführende Darstellungen zur Rhetorik
Lausberg, H.: Handbuch der literarischen Rhetorik. Eine Grundlegung der Literaturwissenschaft, 2 Bde. Stuttgart ³1989 [unentbehrliches Nachschlagewerk]
Lausberg, H.: Elemente der literarischen Rhetorik, München ⁵1976
Fischer, L.: Art. «Rhetorik». In: Grundzüge der Literatur- und Sprachwissenschaft. Hg. v. H. L. Arnold u. V. Sinemus, Bd. 1: Literaturwissenschaft, München ²1974, S. 134–156
Plett, H. F.: Einführung in die rhetorische Textanalyse, Hamburg ⁸1991 [sehr empfehlenswert]
Schlüter, H.: Grundkurs der Rhetorik. Mit einer Textsammlung, München ³1976 (dtv, WR 4149)
Ueding, G.: Einführung in die Rhetorik. Geschichte, Technik, Methode, Stuttgart 1976
Arbusow, L.: Colores Rhetorici, Eine Auswahl rhetorischer Figuren und Gemeinplätze als Hilfsmittel für akademische Übungen an mittelalterlichen Texten, Göttingen ²1963
Dockhorn, K.: Macht und Wirkung der Rhetorik. Vier Aufsätze zur Ideengeschichte der Vormoderne, Bad Homburg v. d. H., Berlin, Zürich 1969
Kopperschmidt, J.: Allgemeine Rhetorik. Einführung in die Theorie der persuasiven Kommunikation, Stuttgart, Berlin, Köln, Mainz ²1976
Ueding, G. (Hg.): Historisches Wörterbuch der Rhetorik [Bd. 1, Tübingen 1992; geplant sind 8 Bde.]

Rhetorik und Poetik in Antike und Mittelalter
Curtius, E. R.: Europäische Literatur und lateinisches Mittelalter, Bern, München ¹¹1993 [ein für die Mediävistik epochemachendes Werk, das freilich die Kontinuität zwischen antiker und mittelalterlicher Literatur so einseitig betont, daß darüber das Eigene und Andersartige der germanisch-romanischen Literaturen aus dem Blick gerät.]
Baeumer, M. L. (Hg.): Toposforschung, Darmstadt 1973 (WdF 395)
Jehn, P. (Hg.): Toposforschung. Eine Dokumentation, Frankfurt 1972
Beumann, H.: Topos und Gedankengefüge bei Einhard, AfK 33 (1951) 339–350
Beumann, H.: Widukind von Korvei. Untersuchungen zur Geschichtsschreibung und Ideengeschichte des 10. Jahrhunderts, Weimar 1950
Borinski, K.: Die Antike in Poetik und Kunsttheorie. Vom Ausgang des klassischen Altertums bis auf Goethe und Wilhelm von Humboldt, 2 Bde., 1914–24, Nachdr. Darmstadt 1965

5. Rhetorik und Metrik

Eisenhut, W.: Einführung in die antike Rhetorik und ihre Geschichte, Darmstadt ⁵1994
Fuhrmann, M.: Die Dichtungstheorie der Antike, Darmstadt ²1992
Crocker, L. u. P. A. Carmack (Hg.): Readings in Rhetoric, Springfield 1965
Quadlbauer, F.: Die antike Theorie der genera dicendi im lateinischen Mittelalter, Wien 1962 (SbÖAW 241/2)
Buchheit, V.: Untersuchungen zur Theorie des Genos Epideiktikon von Gorgias bis Aristoteles, München 1960
Faral, E.: Les arts poétiques du XIIe et du XIIIe siècle. Recherches et documents sur la technique littéraire du moyen âge, Paris 1958 [grundlegend]
Klopsch, P.: Einführung in die Dichtungslehren des lateinischen Mittelalters, Darmstadt 1980
Wehrli, M.: Literatur im deutschen Mittelalter, a. a. O., S. 114–42
Brinkmann, H.: Zu Wesen und Form mittelalterlicher Dichtung, Tübingen ²1979 [grundlegend]
Boesch, B.: Die Kunstanschauung in der mittelhochdeutschen Dichtung von der Blütezeit bis zum Meistergesang, Bern, Leipzig 1936, Nachdr. 1976
Haug, W.: Literaturtheorie im deutschen Mittelalter von den Anfängen bis zum Ende des 13. Jahrhunderts. Eine Einführung, Darmstadt ²1992
Sawicki, S.: Gottfried von Straßburg und die Poetik des Mittelalters, Berlin 1932
Christ, W.: Rhetorik und Roman. Untersuchungen zu Gottfrieds von Straßburg ‹Tristan und Isold›, Meisenheim a. Gl. 1977 (Dt. Studien 31)
Auerbach, E.: Literatursprache und Publikum in der lateinischen Spätantike und im Mittelalter, Bern 1958

Rhetorik und Poetik in der frühen Neuzeit
Borinski, K.: Die Poetik der Renaissance und die Anfänge der literarischen Kritik in Deutschland, 1886, Nachdr. Hildesheim 1967
Fischer, L.: Gebundene Rede. Dichtung und Rhetorik in der literarischen Theorie des Barock in Deutschland, Tübingen 1968
Dyck, J.: Ticht-Kunst. Deutsche Barockpoetik und rhetorische Tradition, Tübingen ³1990
Dyck, J.: Rhetorische Argumentation und poetische Legitimation. Zur Genese und Funktion zweier Argumente in der Literaturtheorie des 17. Jahrhunderts. In: Rhetorik. Beiträge zu ihrer Geschichte in Deutschland, hg. v. H. Schanze, Frankfurt 1974, S. 69–86
Barner, W.: Barockrhetorik. Untersuchungen zu ihren geschichtlichen Grundlagen, Tübingen 1970
Sinemus, V.: Poetik und Rhetorik im frühmodernen deutschen Staat. Sozialgeschichtliche Bedingungen des Normenwandels im 17. Jahrhundert, Göttingen 1978 (Palaestra 269)

Rhetorische Sonderformen

Prolog und Widmungsbrief
Stoessl, F.: Art. «Prologos», RE 45 (1957) 632–641, 56 (1959) 2311–2440
Brinkmann, H.: Der Prolog im Mittelalter als literarische Erscheinung, Wirkendes Wort 14 (1964) 1–21
Hirdt, W.: Untersuchungen zum Eingang in den erzählenden Dichtungen des Mittelalters und der Renaissance. Literaturbericht, Arcadia 7 (1972) 47–64

Kobbe, P.: Funktion und Gestalt des Prologs in der mittelhochdeutschen nachklassischen Epik des 13. Jahrhunderts, DVjs 43 (1969) 405–457
Lutz, E.: Rhetorica divina. Mittelhochdeutsche Prologgebete und die rhetorische Kultur des Mittelalters, Berlin, New York 1984
Vollmann-Profe, G.: Kommentar zu Otfrids Evangelienbuch, T.I: Widmungen, Buch I, 1–11, Bonn 1976
Naumann, B.: Vorstudien zu einer Darstellung des Prologs in der deutschen Dichtung des 12. und 13. Jahrhunderts. In: Formen mittelalterlicher Literatur. FS Siegfried Beyschlag, hg. v. O. Werner u. B. N., Göppingen 1970, S. 23–37
Sayce, O.: Prolog, Epilog und das Problem des Erzählers. In: Probleme mittelhochdeutscher Erzählformen. Marburger Colloquium, hg. v. P. F. Ganz u. W. Schröder, Berlin 1971, S. 63–72
Schwietering, J.: Die Demutsformel mittelhochdeutscher Dichter, AAWG, N. F., Bd. 17, 3 (1921)
Ehrismann, G.: Studien über Rudolf von Ems. Beiträge zur Geschichte der Rhetorik und Ethik im Mittelalter, SbHAW 1919, H. 8
Simon, G.: Untersuchungen zur Topik der Widmungsbriefe mittelalterlicher Geschichtsschreiber bis zum Ende des 12. Jahrhunderts, Arch. f. Diplomatik, Schriftgeschichte, Wappen- u. Siegelkde. 4 (1958) 52–119, 5/6 (1959/60) 73–153
Haug, W.: Literaturtheorie im deutschen Mittelalter, Darmstadt ²1992

Urkunde und Brief
Breßlau, H.: Handbuch der Urkundenlehre für Deutschland und Italien, 2 Bde., Berlin, Leipzig ²1912–31
Steinhausen, G.: Geschichte des deutschen Briefes, 2 Bde., Berlin 1889–91
Rockinger, L.: Briefsteller und Formelbücher des elften bis vierzehnten Jahrhunderts, München 1863/64, Nachdr. Aalen 1969
Erdmann, C.: Studien zur Briefliteratur Deutschlands im 11. Jahrhundert, Hannover 1938
Schaller, H. M.: Dichtungslehren und Briefsteller. In: Die Renaissance der Wissenschaften im 12. Jahrhundert, hg. v. P. Weimar, Zürich, München 1981, S. 249–271
Worstbrock, F. J., M. Klaes u. J. Lütten: Repertorium der Artes Dictandi des Mittelalters. T. 1: Von den Anfängen bis um 1200, München 1992 (MMS 66)

Homiletik/Predigt
Caplan, H.: Classical Rhetoric and the Mediaeval Theory of Preaching, Classical Philology 28 (1933) 73–96
Caplan, H.: Mediaeval Artes Praedicandi, a Hand-List, Ithaca, New York 1934/36
Charland, T.-M.: Artes praedicandi, Contribution à l'histoire de la rhétorique au moyen âge, Paris, Ottawa 1936 (Publications de l'Institut d'Études médiévales d'Ottawa 7)
Cruel, R.: Geschichte der deutschen Predigt im Mittelalter, Detmold 1879
Keppler, P. von: Zur Entwicklungsgeschichte der Predigtanlage, Theolog. Quartalschr. 74 (1892) 52–120
Lämmert, E.: Reimsprecherkunst im Spätmittelalter. Eine Untersuchung der Teichnerreden, Stuttgart 1970
Roth, D.: Die mittelalterliche Predigttheorie und das Manuale Curatorum des Johann Ulrich Surgant, Basel 1956
Jens, W. (Hg.): Rhetorik und Theologie, Rhetorik 5 (1986) [mit Bibliographie: Predigt und Homiletik in der deutschsprachigen Forschungsliteratur 1975–1985]

Morvay, K. u. D. Grube, Bibliographie der deutschen Predigt des Mittelalters. Veröffentlichte Predigten, München 1974 (MTU 47)

Metrik
Heusler, A.: Deutsche Versgeschichte mit Einschluß des altenglischen und altnordischen Stabreimverses, 3 Bde., 1925–29, Nachdr. Berlin 1956 [grundlegend für die Geschichte des germanischen und des mittelalterlichen (nicht des neueren!) Verses]
Beyschlag, S.: Die Metrik der mittelhochdeutschen Blütezeit in Grundzügen, Nürnberg ^{5}1963
Hoffmann, W.: Altdeutsche Metrik, Stuttgart ^{2}1981 (SM 64)
Paul, O. u. I. Glier: Deutsche Metrik, München ^{9}1974, Nachdr. 1989
Klopsch, P.: Einführung in die mittellateinische Verslehre, Darmstadt 1972
Kayser, W.: Kleine deutsche Versschule, Bern ^{23}1987 (Dalp-Tbb. 306) [vorzügliche Einführung in die nhd. Metrik]
Wagenknecht, C.: Deutsche Metrik. Eine historische Einführung, München ^{3}1993
Die Musik in Geschichte und Gegenwart. Allgemeine Enzyklopädie der Musik, hg. v. F. Blume, Kassel, Basel 1949 ff. [für die Metrik grundlegend bei Fragen zur Musikgeschichte]

6. Die Feudalgesellschaft

Einführungen und Handbücher zur mittelalterlichen Geschichte allgemein
Borst, A.: Lebensformen im Mittelalter, Frankfurt, Berlin 1973 [Übersetzt und interpretiert hundert ausgewählte Quellen aus allen Bereichen der mittelalterlichen Geschichte; eine vorzügliche Einführung, gerade auch für Nicht-Historiker.]
Goetz, H.-W.: Leben im Mittelalter. Vom 7. bis zum 13. Jahrhundert, München ^{5}1994
Fuhrmann, H.: Einladung ins Mittelalter, München ^{4}1989
Quirin, H.: Einführung in das Studium der mittelalterlichen Geschichte, Stuttgart ^{5}1991 [z. Zt. die beste Einführung in die mediävistische Geschichtswissenschaft.]
Boockmann, H.: Einführung in die Geschichte des Mittelalters, München ^{4}1988 [nützlich nicht zuletzt wegen der kommentierten Literaturhinweise]
Van Caenegem, R. C. u. F. L. Ganshof: Kurze Quellenkunde des Westeuropäischen Mittelalters. Eine typologische, historische und bibliographische Einführung, Göttingen 1962
Hinrichs, E.: Einführung in die Geschichte der Frühen Neuzeit, München 1981
Gebhardt, B.: Handbuch der Deutschen Geschichte, 9. Aufl. hg. v. H. Grundmann, 4 Bde., Stuttgart 1970 ff. (Nachdr.: dtv 4201 ff.) [«Der» Gebhardt ist das unentbehrliche Handbuch zur deutschen Geschichte, wenngleich unter der Fülle der Informationen die Lesbarkeit leidet. Als Bibliographie benutzt man daneben «den» Dahlmann-Waitz: Quellenkunde der deutschen Geschichte, 9. Aufl. 1931 f. u. 10. Aufl. 1969 ff. Die Urkunden und v. a. die erzählenden Quellen zur mittelalterlichen Geschichte werden durch kommentierende Quellenkunden erschlossen: W. Wattenbach, R. Holtzmann, F. J. Schmale, H. Löwe, O. Lorenz und – mustergültig für Österreich – A. Lhotsky (vgl. dazu im einzelnen Quirin und Gebhardt).]
Schieder, T. (Hg.): Handbuch der Europäischen Geschichte, Bd. 1, Stuttgart 1976
Ploetz, K.: Auszug aus der Geschichte, 29. Aufl. Würzburg 1981 [für erste Informationen zur Weltgeschichte; im Kern eine Daten- und Faktenreihe]
Putzger, F. W.; Historischer Weltatlas, Bielefeld, Berlin ^{100}1981

Westermanns Atlas zur Weltgeschichte, hg. v. H.-E. Stier u. a., Braunschweig 1956 u. ö.
Großer Historischer Weltatlas, hg. v. Bayer. Schulbuchverlag, 1970 [Von den historischen Atlanten, die für das Studium der mittelalterlichen Geschichte u. Literaturgeschichte unumgänglich sind, ist dieser Atlas der reichhaltigste. Die lateinischen Ortsnamen des Mittelalters sind gesammelt im: Orbis latinus. Lexikon lateinischer geographischer Namen des Mittelalters und der Neuzeit. Hg. v. J. G. T. Graesse, F. Benedict u. H. Plechl, Nachdr. 1972. Zu den deutschen Ortsnamen vgl.: Historischgeographisches Wörterbuch des deutschen Mittelalters, hg. v. H. Oesterley, 1883.]
Rößler, H. u. G. Franz: Sachwörterbuch zur deutschen Geschichte, München 1958
Vgl. ferner die bei den allgemeinen Literaturhinweisen genannten Fachenzyklopädien: Geschichtliche Grundbegriffe, Reallexikon der germanischen Altertumskunde, Lexikon des Mittelalters, Lexikon für Theologie und Kirche usw.

Handbücher zur Kirchen-, Rechts-, Wirtschafts- und Sozialgeschichte
Hauck, A.: Kirchengeschichte Deutschlands, 5 Tle., ^{9}1914–20, Nachdr. Berlin (Ost) 1958 [ein materialreiches Handbuch und Meisterwerk der Geschichtsschreibung]
Heussi, K.: Kompendium der Kirchengeschichte, Berlin ^{11}1957
Haller, J.: Das Papsttum. Idee und Wirklichkeit, 5 Bde., Reinbek 1950–65 (rde. 221–230)
Handwörterbuch zur deutschen Rechtsgeschichte. Hg. v. A. Erler u. E. Kaufmann, Berlin 1971 ff.
Deutsches Rechtswörterbuch. Wörterbuch der älteren deutschen Rechtssprache, Weimar 1914 ff.
Amira, K. von: Germanisches Recht I: Rechtsdenkmäler, 4. Aufl. bearb. v. K. A. Eckhardt, Berlin 1960
Schröder, R.: Deutsche Rechtsgeschichte, 7. Aufl. bearb. v. E. von Künßberg, Berlin, Leipzig 1932
Mitteis, H.: Deutsche Rechtsgeschichte. Ein Studienbuch. Neubearb. v. H. Lieberich, München ^{12}1971
Conrad, H.: Deutsche Rechtsgeschichte, Bd. 1: Frühzeit und Mittelalter, Karlsruhe 1954
Kroeschell, K.: Deutsche Rechtsgeschichte, 1 (bis 1250), Reinbek ^{10}1992, 2 (1250–1650), Reinbek ^{7}1989 (rororo studium 8/9) [keine «juristische», sondern eine wirklich rechtsgeschichtliche und vorbildlich problemorientierte Darstellung]
Aubin, H. u. W. Zorn (Hg.): Handbuch der deutschen Wirtschafts- und Sozialgeschichte, Bd. 1, Stuttgart 1971
Kulischer, J.: Allgemeine Wirtschaftsgeschichte des Mittelalters und der Neuzeit, Bd. 1, München ^{5}1971

Zur Stauferzeit
Die Zeit der Staufer. Geschichte – Kunst – Kultur. Katalog der Ausstellung des Württemberg. Landesmuseums Stuttgart 1977, hg. v. R. Haussherr u. a., 4 Bde., Stuttgart 1977
Stauferzeit. Geschichte – Literatur – Kunst. Hg. v. R. Krohn u. a., Stuttgart 1979
Le Goff, J.: Das Hochmittelalter, Frankfurt 1965 (Fischer Weltgeschichte, Bd. 11)
Engels, O.: Die Staufer, Stuttgart ^{2}1977
Heinrich der Löwe und seine Zeit. Herrschaft und Repräsentation der Welfen 1125–1235. Katalog der Ausstellung Braunschweig 1995. Hg. v. J. Luckhardt u. F. Niehoff, 3 Bde., München 1995

6. Die Feudalgesellschaft

Giesebrecht, W.: Geschichte der deutschen Kaiserzeit, 6 Bde., Leipzig, Braunschweig 1881–95 [bes. für die Geschichte Friedrichs I.]
Hampe, K.: Deutsche Kaisergeschichte im Zeitalter der Salier und Staufer, Darmstadt ¹⁰1949
Hampe, K.: Herrschergestalten des deutschen Mittelalters, Darmstadt ⁶1984
Hampe K.: Das Hochmittelalter. Geschichte des Abendlandes von 900 bis 1250, Darmstadt ⁶1977
Goez, W.: Gestalten des Hochmittelalters. Personengeschichtliche Essays im allgemeinhistorischen Kontext, Darmstadt 1983
Wolf, G. (Hg.): Friedrich Barbarossa, Darmstadt 1975 (WdF 390)
Mohrmann, W.-D. (Hg.): Heinrich der Löwe, Göttingen 1980
Stupor mundi. Zur Geschichte Kaiser Friedrichs II. von Hohenstaufen. Hg. v. G. Wolf, Darmstadt ²1982 (WdF 101)
Kantorowicz, E.: Kaiser Friedrich der Zweite, 2 Bde., 1927–31, Nachdr. Düsseldorf, München 1963

Zur höfischen Kultur
Bumke, J.: Höfische Kultur. Literatur und Gesellschaft im hohen Mittelalter, 2 Bde., München 1986 (dtv 4442) [umfassende Darstellung der gesellschaftlichen Voraussetzungen und Bedingungen der höfischen Literatur]
Schultz, A.: Das höfische Leben zur Zeit der Minnesinger, 2 Bde., Leipzig ²1889 [grundlegend für die Sachkultur der höfischen Zeit, aber jetzt überholt durch J. Bumke]
Elias, N.: Über den Prozeß der Zivilisation. Soziogenetische und psychogenetische Untersuchungen, 2 Bde., Bern, München ²1969
Elias, N.: Die höfische Gesellschaft. Untersuchungen zur Soziologie des Königtums und der höfischen Aristokratie, Neuwied ³1978 (Soziolog. Texte 54)
Höfische Literatur, Hofgesellschaft, höfische Lebensformen um 1200. Kolloquium am Zentrum für Interdisziplinäre Forschung der Universität Bielefeld 1983. Hg. v. G. Kaiser u. J.-D. Müller, Düsseldorf 1986 (Studia humaniora 6)
Bumke, J.: Mäzene im Mittelalter. Die Gönner und Auftraggeber der höfischen Literatur in Deutschland. 1150–1300, München 1979
Huizinga, J.: Herbst des Mittelalters. Studien über Lebens- und Geistesformen des 14. und 15. Jahrhunderts in Frankreich und in den Niederlanden, hg. v. K. Köster, Stuttgart ¹⁰1969 (Kröners Taschenausg. 204) [klassische Darstellung der späten burgundischen Hofkultur]
Burckhardt, J.: Die Kultur der Renaissance in Italien. Ein Versuch, ²1869 u. ö. [Ein epochemachendes Werk der Kulturgeschichtsschreibung, das Gemeinsamkeiten und Unterschiede zwischen der höfischen Kultur der italienischen Renaissance und des deutschen Mittelalters verdeutlichen kann.]

Zum Lehnswesen und zum Territorialisierungsprozeß
Ganshof, F. L.: Was ist das Lehnswesen? 6. deu. Aufl. Darmstadt 1983 [die beste Einführung, mit präziser Erläuterung der Grundbegriffe des Lehnswesens]
Mitteis, H.: Lehnrecht und Staatsgewalt. Untersuchungen zur mittelalterlichen Verfassungsgeschichte (1933), Nachdr. Weimar, Darmstadt 1974
Mitteis, H.: Der Staat des hohen Mittelalters. Grundlinien einer vergleichenden Verfassungsgeschichte des Lehnszeitalters, Weimar, Darmstadt ¹⁰1980
Bloch, M.: Die Feudalgesellschaft (1939), Berlin 1982 [v. a. zur frz. Geschichte]

Bosl, K.: Frühformen der Gesellschaft im mittelalterlichen Europa. Ausgewählte Beiträge zu einer Strukturanalyse der mittelalterlichen Welt, München, Wien 1964
Bosl, K.: Die Grundlagen der modernen Gesellschaft im Mittelalter. Eine deutsche Verfassungsgeschichte des Mittelalters, 2 Tle., Stuttgart 1972
Brunner, O.: Neue Wege der Verfassungs- und Sozialgeschichte, Göttingen ²1968 [bes. VII: «Feudalismus»]
Wunder, H. (Hg.): Feudalismus. Zehn Aufsätze, München 1974
Droege, G.: Landrecht und Lehnrecht im hohen Mittelalter, Bonn 1969
Köbler, G.: Land und Landrecht im Frühmittelalter, ZRG.GA 86 (1969) 1–40
Mayer, Th.: Die Ausbildung der Grundlagen des modernen deutschen Staates im hohen Mittelalter (1939). In: Herrschaft und Staat im Mittelalter, hg. v. H. Kämpf, Darmstadt 1956, S. 284–331 (WdF 2) [zum Unterschied von Personenverbandsstaat und institutionellem Flächenstaat]
Brunner, O.: Land und Herrschaft. Grundfragen der territorialen Verfassungsgeschichte Österreichs im Mittelalter, ⁵1965, Nachdr. Darmstadt 1984 [Standardwerk]
Reichert, F.: Landesherrschaft, Adel und Vogtei: Zur Vorgeschichte des spätmittelalterlichen Ständestaats im Herzogtum Österreich, Köln, Wien 1985 (Beih. 23 z. AfK)
Schlesinger, W.: Die Entstehung der Landesherrschaft. Untersuchungen vorwiegend nach mitteldeutschen Quellen, Darmstadt ⁵1976

Zum Ordogedanken
Krings, H.: Ordo. Philosophisch-historische Grundlegung einer abendländischen Idee, Halle 1941
Krings, H.: Das Sein und die Ordnung. Eine Skizze zur Ontologie des Mittelalters, DVjs 18 (1940) 233–249
Oexle, O. G.: Deutungsschemata der sozialen Wirklichkeit im frühen und hohen Mittelalter. In: Mentalitäten im Mittelalter. Methodische und inhaltliche Probleme. Hg. v. F. Graus, Sigmaringen 1987, S. 65–117
Heinemann, W.: Zur Ständedidaxe in der deutschen Literatur des 13.–15. Jahrhunderts, PBB (O) 88 (1967) 1–90, 89 (1967) 290–403, 92 (1970) 388–437
Ideologie und Herrschaft im Mittelalter, hg. v. M. Kerner, Darmstadt 1982 (WdF 530) [bes. die Beiträge von J. Le Goff u. O. G. Oexle]
Duby, G.: Die drei Ordnungen. Das Weltbild des Feudalismus, Frankfurt 1986 (st W 596)

Zum Ritterbegriff und zum Adel
Das Rittertum im Mittelalter. Hg. v. A. Borst, Darmstadt 1976 (WdF 349) [mit ausführlicher Bibliographie]
Bumke, J.: Studien zum Ritterbegriff im 12. und 13. Jahrhundert, 2. Aufl. mit einem Anhang: Zum Stand der Ritterforschung, Heidelberg 1977 [grundlegend für die germ. Mediävistik]
Bumke, J.: Ministerialität und Ritterdichtung. Umrisse der Forschung, München 1976 [über die Standesverhältnisse der Minnesänger in der Manesseschen Handschrift]
Reuter, H. G.: Die Lehre vom Ritterstand. Zum Ritterbegriff in Historiographie und Dichtung vom 11. bis zum 13. Jahrhundert, Köln, Wien ²1975
Johrendt, J.: ‹Milites› und ‹Militia› im 11. Jahrhundert. Untersuchungen zur Frühgeschichte des Rittertums in Frankreich und Deutschland, Phil. Diss. Erlangen/Nürnberg 1971

6. Die Feudalgesellschaft

Institutionen, Kultur und Gesellschaft im Mittelalter. FS J. Fleckenstein, hg. v. L. Fenske u. a., Sigmaringen 1984
Fleckenstein, J. (Hg.): Das ritterliche Turnier im Mittelalter. Beiträge zu einer vergleichenden Formen- und Verhaltensgeschichte des Rittertums, Göttingen 1985
Fleckenstein, J. (Hg.): Herrschaft und Stand. Untersuchungen zur Sozialgeschichte des 13. Jahrhunderts, Göttingen ²1979 (Veröffentl. d. Max-Planck-Inst. f. Gesch. 51)
Fleckenstein, J.: Rittertum und ständische Ordnung, Mitt. d. Max-Planck-Gesellsch. 3 (1972) 157–170
Fleckenstein, J.: Zum Problem der Abschließung des Ritterstandes. In: Historische Forschungen. FS W. Schlesinger, hg. v. H. Beumann, Köln, Wien 1974, S. 252–271
Patze, H. (Hg.): Die Burgen im deutschen Sprachraum. Ihre rechts- und verfassungsgeschichtliche Bedeutung, 2 Bde., Sigmaringen 1976 (Vorträge u. Forschungen 19)
Bosl, K.: Die Reichsministerialität der Salier und Staufer. Ein Beitrag zur Geschichte des hochmittelalterlichen deutschen Volkes, Staates und Reiches, 2 Bde., Stuttgart 1950/51 (Schriften der MGH 10) [Standardwerk]
Sablonier, R.: Adel im Wandel. Eine Untersuchung zur sozialen Situation des ostschweizerischen Adels um 1300, Göttingen 1979 (Veröffentl. d. Max-Planck-Inst. f. Gesch. 66)
Schmid, K.: Zur Problematik von Familie, Sippe und Geschlecht, Haus und Dynastie beim mittelalterlichen Adel, ZfGO 105 (1957) 1–62
Althoff, G.: Verwandte, Freunde und Getreue. Zum politischen Stellenwert der Gruppenbindungen im frühen Mittelalter, Darmstadt 1990
Winter, J. M. van: Rittertum. Ideal und Wirklichkeit, München 1969
Eifler, G. (Hg.): Ritterliches Tugendsystem, Darmstadt 1970 (WdF 56)
Störmer, W.: Adel und Ministerialität zur Zeit Hartmanns von Aue. In: C. Cormeau u. W. St., Hartmann von Aue. Epoche – Werk – Wirkung, München 1985, S. 40–79 [mit ausgezeichneten Literaturhinweisen]
Das Ritterbild in Mittelalter und Renaissance. Hg. v. Forschungsinstitut f. Mittelalter u. Renaissance, Düsseldorf 1985 (Studia humaniora 1)

Zum miles christianus, zur Geschichte der Kreuzzüge und der geistlichen Ritterorden
Harnack, A. von: Militia Christi. Die christliche Religion und der Soldatenstand in den ersten drei Jahrhunderten (1905). Im Anhang: H. Edmonds, Geistlicher Kriegsdienst. Der Topos der militia spiritualis in der antiken Philosophie (1938), Nachdr. Darmstadt 1963
Wenzel, H.: Frauendienst und Gottesdienst. Studien zur Minne-Ideologie, Berlin 1974, 32–58 (Philolog. Studien u. Quellen 74)
Wang, A.: Der ‹Miles Christianus› im 16. und 17. Jahrhundert und seine mittelalterliche Tradition. Ein Beitrag zum Verhältnis von sprachlicher und graphischer Bildlichkeit, Bern 1975 (Mikrokosmos 1)
Prutz, H.: Die geistlichen Ritterorden. Ihre Stellung zur kirchlichen, politischen, gesellschaftlichen und wirtschaftlichen Entwicklung des Mittelalters, Berlin 1908
Fleckenstein, J. u. M. Hellmann (Hg.): Die geistlichen Ritterorden Europas, Sigmaringen 1980
Prutz, H.: Kulturgeschichte der Kreuzzüge, Berlin 1883, Nachdr. 1964
Runciman, St.: Geschichte der Kreuzzüge. Aus dem Engl., 3 Bde., München 1957–60
Mayer, H. E.: Geschichte der Kreuzzüge, Stuttgart, Berlin, Köln, Mainz ⁴1976 (Urban-Tbb. 86)
Setton, K. M. (Hg.): A History of the Crusades, 2 Bde., Philadelphia 1955–62

Zur Rolle der Frau in der mittelalterlichen Gesellschaft

Bumke, J.: Höfische Kultur, a. a. O., S. 451–582 [Literaturhinweise, S. 832–38]
Shahar, S.: Die Frau im Mittelalter, Frankfurt 1981
Ennen, E.: Frauen im Mittelalter, München ⁴1991 [ausführliches Literaturverz.]
Duby, G. u. u. M. Perrot (Hg.): Geschichte der Frauen. Bd. 2: Mittelalter, hg. v. C. Klappisch-Zuber, Frankfurt, New York, Paris 1993
Goetz, H.-W.: Frauen im frühen Mittelalter. Frauenbild und Frauenleben im Frankenreich, Weimar, Köln, Wien 1995 [vgl. bes. S. 13–68, 395 ff. über Stand und Perspektiven der historischen Frauenforschung]

7. Die höfische Epik: Artusroman und Heldenepos

Artusroman

Bibliographie
[BBSIA:] Bulletin Bibliographique de la Société Internationale Arthurienne, Bd. 1, Paris 1949 ff. [mit knapp kommentierten Literaturhinweisen. Für die Jahre 1922–55 vgl. die Bibliography of Critical Arthurian Literature, hg. v. J. J. Parry.]

Quellen zur keltischen und anglonormannisch-französischen Artustradition
König Artus und seine Tafelrunde. Europäische Dichtung des Mittelalters. Mit W.-D. Lange nhd. hg. v. K. Langosch, Stuttgart 1980 (RUB 9945) [Übersetzungen und Inhaltsangaben zu Geoffrey von Monmouth, Wace, Chrétien de Troyes, Wirnt von Grafenberg, Prosa-Lancelot.]
Faral, E.: La légende arthurienne. Études et documents, 3 Bde., Paris 1929 [Unentbehrlich wegen des kommentierten Neudrucks aller frühen Zeugnisse der Artuslegende.]
The Mabinogion. Transl., Introd. by G. and T. Jones, London, New York 1963 (Everyman's Library 97)
Geoffrey of Monmouth, Histories of the Kings of Britain. Transl. by S. Evans, Introd. by G. Jones, London, New York ²1963 (Everyman's Library 577)
Arthurian Chronicles Represented by Wace and Layamon. Transl. by. L. A. Paton, London, New York 1962 (Everyman's Library 578)
Christian von Troyes. Sämtliche erhaltene Werke nach allen bekannten Handschriften, hg. v. W. Foerster, 4 Bde., Halle 1884–99
Chrétien de Troyes, Arthurian Romances. Transl. with Introd. by W. W. Comfort, London, New York 1965 (Everyman's Library 698)
Chrétien de Troyes, Erec und Enide, übers. u. eingel. v. I. Kasten, München 1979 (Klass. Texte d. roman. MAs., 17)
Chrestien de Troyes, Yvain, übers. u. eingel. v. I. Nolting-Hauff, München 1962 (Klass. Texte d. roman. MAs. in zweisprachig. Ausg., Bd. 2)
Chrestien de Troyes, Lancelot, übers. u. eingel. v. H. Jauß-Meyer, München 1974 (Klass. Texte d. roman. MAs., Bd. 13)
Berol, Tristan und Isolde, übers. v. U. Mölk, München 1962 (Klass. Texte d. rom. MAs., Bd. 1)
Thomas, Tristan-Fragmente, in: Gottfried von Straßburg, Tristan. With the surviving fragments of the Tristan of Thomas, transl. by A. T. Hatto, Harmondsworth 1972 (Penguin Classics)

7. Die höfische Epik 339

Darstellungen zur Artustradition im allgemeinen und zu Chrétien de Troyes im besonderen

[A. L. M. A.:] Loomis, R. S. (Hg.): Arthurian Literature in the Middle Ages, Oxford 1959 [Standardwerk v. a. zur Stoffgeschichte, wenn auch mit Überbewertung des keltischen Anteils. Vgl. bes. J. Frappier, Chrétien de Troyes, S. 157–191.]

Bruce, J. D.: The Evolution of Arthurian Romance from the Beginnings down to the Year 1300, 2 Bde., Göttingen, Baltimore 1923/24, Neudr. 1958 [Sehr nützlich auch wegen der Inhaltsangaben zum Vulgata-Zyklus und zur späteren Artusepik.]

Köhler, E.: Vorlesungen zur Geschichte der französischen Literatur. Mittelalter. I. Hg. v. H. Krauß, Stuttgart, Berlin, Köln, Mainz 1985 [Ausgezeichnete Einführung in die afrz. Epik.]

Brogsitter, K. O.: Artusepik, Stuttgart ²1971 (SM 38) [Überblick mit ausführlichen Literaturhinweisen.]

Wais, K. (Hg.): Der arthurische Roman, Darmstadt 1970 (WdF 157)

Bezzola, R. R.: Les origines et la formation de la littérature courtoise en occident 500–1200, 5 Bde., Paris 1944–63 [zur Artusepik Bd. 2 u. bes. Bd. 3]

Nolting-Hauff, I.: Die Stellung der Liebeskasuistik im höfischen Roman, Heidelberg 1959

Frappier, J.: Chrétien de Troyes. L'homme et l'oeuvre, Paris ²1968 [beste Einführung]

Frappier, J.: Amour Courtois et Table Ronde, Genf 1973 (Public. romanes et françaises 126)

Kellermann, W.: Aufbaustil und Weltbild Chrestiens von Troyes im Percevalroman, Halle 1936 (88. Beih. d. ZfrPh)

Auerbach, E.: Mimesis. Dargestellte Wirklichkeit in der abendländischen Literatur, Bern ⁹1994 (Slg. Dalp)

Bezzola, R. R.: Liebe und Abenteuer im höfischen Roman (Chrétien de Troyes), Reinbek 1961 (rde 117/118)

Köhler, E.: Ideal und Wirklichkeit in der höfischen Epik. Studien zur Form der frühen Artus- und Graldichtung, Tübingen ²1970 (97. Beih. z. ZfrPh) [grundlegend]

Köhler, E.: Trobadorlyrik und höfischer Roman. Aufsätze zur französischen und provenzalischen Literatur des Mittelalters, Berlin (Ost) 1962 (Neue Beitrr. z. Litwiss. 15)

Zum Erec *und* Iwein Hartmanns von Aue, *zum* Parzival Wolframs von Eschenbach *und zum* Tristan Gottfrieds von Straßburg

Bibliographien

Neubuhr, E.: Bibliographie zu Hartmann von Aue, Berlin 1977 (Bibliographien z. dt. Lit. d. MAs., 6)

Pretzel, U. u. W. Bachofer: Bibliographie zu Wolfram von Eschenbach, Berlin ²1968 (Bibliographien z. dt. Lit. d. MAs., 2)

Bumke, Joachim: Die Wolfram von Eschenbach-Forschung seit 1945. Bericht und Bibliographie, München 1970 [ein ebenso umfassender wie gründlicher und sachlicher Forschungsbericht]

Steinhoff, H.-H.: Bibliographie zu Gottfried von Straßburg, Berlin 1971; II. Berichtszeitraum 1970–1983, Berlin 1987 (Bibliographien z. dt. Lit. d. MAs., 5 u. 9)

Quellen
Hartmann von Aue, Erec. 6. Aufl. bes. v. C. Cormeau u. K. Gärtner, Tübingen 1985 (ATB 39) [mit Berücksichtigung der neu gefundenen Handschriftenfragmente]
Hartmann von Aue, Erec. Mhd. Text u. Übertr. v. T. Cramer, Frankfurt 1972 u. ö. (Fischer 6017)
Hartmann von Aue, Erec, Übers. u. erl. v. W. Mohr, Göppingen 1980 (GAG 291) [Nachdichtung in Versen, nützlich wegen der Hinweise auf Übereinstimmungen mit Chrétien.]
Benecke, G. F. u. K. Lachmann (Hg.): Iwein. Eine Erzählung von Hartmann von Aue, 7. Aufl. neu bearb. v. L. Wolff, 2 Bde., Berlin 1968
Hartmann von Aue, Iwein. Text der 7. Ausg. v. G. F. Benecke, K. Lachmann u. L. Wolff. Übers. u. Anm. v. T. Cramer, Berlin ³1981
Hartmann von Aue, Iwein. Aus dem Mhd. übertr., m. Anm. u. e. Nachw. v. M. Wehrli, Zweispr. Ausg., Zürich 1988
Wolfram von Eschenbach, Parzival, 6. Ausg. v. K. Lachmann, bearb. v. E. Hartl, Berlin 1926 [Die 7. Ausg. v. 1952 enthält ein Handschriftenverzeichnis u. ein Namenregister.]
Wolfram von Eschenbach, Parzival und Titurel. Hg. u. erkl. v. K. Bartsch, 4. Aufl. bearb. v. M. Marti, 3 Bde., Leipzig 1927–32 (Dt. Klassiker d. MAs., 9–11) [mit Worterläuterungen]
Wolfram von Eschenbach, Parzival und Titurel. Hg. u. erkl. v. E. Martin, T. 2: Kommentar, Halle 1903 [Einziger Kommentar zum Pz., veraltet, aber immer noch unentbehrlich.]
Wolfram von Eschenbach, Parzival. Mhd. Texte nach der Ausg. v. K. Lachmann. Übers. u. Nachw. v. W. Spiewok, 2 Bde., Stuttgart 1981 (RUB. 3681–82)
Wolfram von Eschenbach, Parzival. In Prosa übertr. v. W. Stapel, München, Wien 1980
Wolfram von Eschenbach, Parzival, übers. v. W. Mohr, Göppingen 1977 (GAG 200) [Metr. Übers.]
Wolfram von Eschenbach, Parzival. Text, Nacherzählung, Worterklärungen, hg. v. G. Weber, Darmstadt ⁴1981 [Nützlich wegen der Worterläuterungen von W. Hoffmann, die Nacherzählung ist der Interpretation Webers verhaftet.]
Gottfried von Straßburg, Tristan und Isold. Hg. v. F. Ranke, Dublin, Zürich ¹⁴1969
Gottfried von Straßburg, Tristan, T. 1: Text, hg. v. K. Marold, 3. Abdr. mit e. durch F. Rankes Kollationen erw. u. verb. Apparat bes. u. mit e. Nachw. vers. v. W. Schröder, Berlin 1969
Gottfried von Straßburg, Tristan. Nach der Ausg. v. R. Bechstein hg. v. P. Ganz, 2 Tle., Wiesbaden 1978 (Dt. Klassiker d. MAs., NF, 4) [Kommentierte Ausgabe mit Worterläuterungen, Vorwort, Anmerkungen und Wortregister.]
Gottfried von Straßburg, Tristan. Übers. v. X. von Ertzdorff u. a., München 1979 (UTB 858)
Gottfried von Straßburg, Tristan. Nach dem Text v. F. Ranke neu hg., ins Ndh. übers., mit e. Stellenkommentar u. e. Nachw. v. R. Krohn, 3 Bde., Stuttgart 1980 (RUB 4471–73)

Einführende Darstellungen
Ruh, K.: Höfische Epik des deutschen Mittelalters. T. 1: Von den Anfängen bis zu Hartmann von Aue, Berlin ²1977 (Grundlagen der Germanistik 7)
Ruh, K.: Höfische Epik des deutschen Mittelalters, T. 2: ‹Reinhart Fuchs›, ‹Lanzelet›,

7. Die höfische Epik

Wolfram von Eschenbach, Gottfried von Straßburg, Berlin 1980 (Grundlagen d. Germ. 25)
Mertens, V. u. U. Müller (Hg.): Epische Stoffe des Mittelalters, Stuttgart 1984
Brunner, H. (Hg.): Interpretationen. Mittelhochdeutsche Romane und Heldenepen, Stuttgart 1993 (RUB 8914)
Wapnewski, P.: Hartmann von Aue, Stuttgart ^{7}1979 (SM 17)
Kuhn, H. u. C. Cormeau (Hg.): Hartmann von Aue, Darmstadt 1973 (WdF 359)
Cormeau, C. u. W. Störmer: Hartmann von Aue. Epoche – Werk – Wirkung, München ^{2}1993 (Beck'sche Elementarbücher/Arbeitsbücher zur Literaturgeschichte)
Bumke, J.: Wolfram von Eschenbach, Stuttgart ^{6}1991 (SM 36)
Rupp, H. (Hg.): Wolfram von Eschenbach, Darmstadt 1966 (WdF 57)
Haug, W.: Strukturen als Schlüssel zur Welt. Kleine Schriften zur Erzählliteratur des Mittelalters, Tübingen 1989
Weber, G. u. W. Hoffmann: Gottfried von Straßburg, Stuttgart ^{5}1981 (SM 15)
Wolf, A. (Hg.): Gottfried von Straßburg, Darmstadt 1973 (WdF 320)

Angesichts der o. g. Spezialbibliographien und dieser vorzüglichen Einführungen erübrigen sich weitere Literaturhinweise zu Hartmann, Wolfram und Gottfried. Zur sozialgeschichtlichen Interpretation des Artusromans sollen neben E. Köhler noch genannt werden:
Kaiser, G.: Textauslegung und gesellschaftliche Selbstdeutung. Die Artusromane Hartmanns von Aue, Wiesbaden ^{2}1978 [Rez. v. H. Ragotzky, IASL 1 (1976) 280–85]
Mertens, V.: Laudine. Soziale Problematik im ‹Iwein› Hartmanns von Aue, Berlin 1978 (ZfdPh, Beih. 3) [Rez. v. G. Kaiser, ZfdPh 99 (1980) 20–28]
Cramer, T.: Soziale Motivation in der Schuld-Sühne-Problematik von Hartmanns Erec, Euphorion 66 (1972) 97–112
Peters, U.: Artusroman und Fürstenhof. Darstellung und Kritik neuerer sozialgeschichtlicher Untersuchungen zu Hartmanns Erec, Euphorion 69 (1975) 175–196
Brall, H.: ‹Daniel vom blühenden Tal›. Zur politischen Funktion späthöfischer Artusepik im Territorialisierungsprozeß, Euphorion 70 (1976) 222–257
Langer, O.: Der «Künstlerroman» Gottfrieds – Protest bürgerlicher «Empfindsamkeit» gegen höfisches «Tugendsystem»? Euphorion 68 (1974) 1–41
Müller, J.-D.: Funktionswandel ritterlicher Epik am Ausgang des Mittelalters, in: Gesellschaftliche Sinnangebote mittelalterlicher Literatur. Mediävistisches Symposion an der Universität Düsseldorf, hg. v. G. Kaiser, München 1980, S. 11–75

Zur Motivgeschichte und zur Märchenforschung
Frenzel, E.: Stoffe der Weltliteratur. Ein Lexikon dichtungsgeschichtlicher Längsschnitte, Stuttgart ^{7}1988 (Kröner TA 300)
Frenzel, E.: Motive der Weltliteratur. Ein Lexikon dichtungsgeschichtlicher Längsschnitte, Stuttgart ^{3}1988 (Kröner TA 301)
Enzyklopädie des Märchens, hg. v. K. Ranke u. a., Bd. 1 ff., Berlin, New York 1977 ff.
Thompson, Stith: Motif-Index of Folk-Literature. A Classification of Narrative Elements in Folktales, Ballads, Myths, Fables, Mediaeval Romances, Exempla, Fabliaux, Jest Books and Local Legends, 6 Bde., Kopenhagen ^{2}1955–58
Aarne, A. u. St. Thompson: The Types of Folktale. A Classification and Bibliography, Helsinki ^{2}1961 (FFC 184)

Jolles, A.: Einfache Formen. Legende/Sage/Mythe/Rätsel/Spruch/Kasus/Memorabile/ Märchen/Witz. 2. Aufl., durchges. v. A. Schossig, Halle 1956
Lüthi, M.: Märchen, Stuttgart [8]1990 (SM 16)
Lüthi, M.: Das europäische Volksmärchen. Form und Wesen, Bern [5]1975 (Dalp Tb. 351)
Propp, V. J.: Morphologie des Märchens, Frankfurt 1976 (stw 131)
Karlinger, F.: Wege der Märchenforschung, Darmstadt 1973 (WdF 255)
Nolting-Hauff, I.: Märchen und Märchenroman. Zur Beziehung zwischen einfacher Form und narrativer Großform in der Literatur, Poetica 6 (1974) 129–179, 417–455

Mittelhochdeutsche Heldenepik

Zur Geschichte der germanischen Stämme
Reallexikon der Germanischen Altertumskunde, begr. v. J. Hoops, 1911–18; 2., neu bearb. u. erw. Aufl. hg. v. H. Beck u. a., Berlin, New York 1968 ff.
Germanische Altertumskunde. Hg. v. H. Schneider, 1938. Nachdr. München 1951
Wahle, E.: Deutsche Vorzeit, Darmstadt [3]1952
Die Germania des Tacitus, erl. v. R. Much, 2. Aufl. durchges. v. R. Kienast, Darmstadt 1959
Schmidt, L.: Geschichte der deutschen Stämme bis zum Ausgang der Völkerwanderung. Die Westgermanen, 2. Aufl. 1. T., München 1938; 2. T., 1940. Die Ostgermanen, München [2]1941
Zöllner, E.: Geschichte der Franken bis zur Mitte des sechsten Jahrhunderts. Auf der Grundlage des Werkes von Ludwig Schmidt neu bearb., München 1970
Wenskus, R.: Stammesbildung und Verfassung. Das Werden der frühmittelalterlichen gentes, Köln, Graz 1961 [Eine Darstellung, die mit der Anwendung von Methoden und Ergebnissen der neueren Ethnologie auf die germ. Stammesbildung richtungweisend ist.]
Wolfram, H.: Geschichte der Goten. Von den Anfängen bis zur Mitte des sechsten Jahrhunderts. Entwurf einer historischen Ethnographie, München [3]1990 [sehr anregend]
Almgren, B. (Hg.): Die Wikinger, Essen 1974
Jones, G.: A History of the Vikings, London 1968
Kuhn, E.: Das alte Island, Düsseldorf, Köln 1971

Quellen zur germanisch-deutschen Heldensage
Edda, Die Lieder des Codex Regius nebst verwandten Denkmälern. Hg. v. G. Neckel, I. Text, 4., umgearb. Aufl. v. H. Kuhn, Heidelberg 1962; II. Kurzes Wörterbuch v. H. Kuhn, [3]1968
Thule, Altnordische Dichtung und Prosa, 24 Bde. 1911–30, 2. Aufl. Düsseldorf 1963–67 [Zur an. Heldensage vgl. bes. Bd. 1: Heldenlieder der Edda, 21: Isländische Heldenromane, 22: Geschichte Thidreks von Bern, 20: Die Jüngere Edda.]
Beowulf and the Fight at Finnsburgh, hg. v. F. Klaeber, Boston [4]1950
Beowulf und das Finnsburg-Bruchstück. Aus dem Ags. übertr. v. F. Genzmer, Stuttgart 1953 (RUB 430)
Das Hildebrandslied, in: Althochdeutsches Lesebuch, zusammengest. u. m. e. Wb. vers. v. W. Braune, fortgef. v. K. Helm, 16. Aufl. v. E. A. Ebbinghaus, Tübingen 1979, Nr. XXVIII [Vgl. dazu das Faksimile u. die diplomatische Transkription v. G. Baesecke, 1945.]

7. Die höfische Epik 343

Das Nibelungenlied. Paralleldruck der Handschriften A, B und C nebst Lesarten der übrigen Handschriften, hg. v. M. S. Batts, Tübingen 1971
Das Nibelungenlied. Nach der Ausg. v. K. Bartsch hg. v. H. de Boor, Wiesbaden ²¹1979 (Dt. Klassiker des MAs.) [mit Worterläuterungen]
Das Nibelungenlied. Mittelhochdeutscher Text und Übertragung. Hg., übers. u. m. e. Nachw. vers. v. H. Brackert, 2 Bde., Frankfurt ⁴1976 (Fischer, BdW 6038–39)
Das Nibelungenlied. Nach der Handschrift C hg. v. U. Hennig, Tübingen 1977 (ATB 83)
Das Nibelungenlied und die Klage. Handschrift C der F. F. Hofbibliothek Donaueschingen. Faksimile u. Kommentar [mit diplomatischer Transkription] v. H. Engels, Stuttgart 1968
Diu Klage. Mit den Lesarten sämtlicher Handschriften hg. v. K. Bartsch (1875), Darmstadt 1964
Kudrun. Hg. v. K. Bartsch, 5. Aufl. überarb. u. neu eingel. v. K. Stackmann, Wiesbaden 1965 (Dt. Klassiker des MAs.) [Die Einleitung ist die z. Zt. beste Einführung in die Ku.]
[DHB:] Deutsches Heldenbuch, 5 Tle., hg. v. O. Jänicke u. E. Martin, Berlin 1866–70 [Die Ausgabe ist textkritisch überholt, aber für die Dietrichepik immer noch unentbehrlich; s. bes. T. 1: Biterolf und Dietleib. Laurin und Walberan; T. 2: Alpharts Tod. Dietrichs Flucht und Rabenschlacht.]
Grimm, W.: Die deutsche Heldensage, 4. Aufl. unter Hinzufügung der Nachträge v. K. Müllenhoff u. O. Jänicke aus der ZfdA, Darmstadt 1957 [Grundlegende Sammlung von Zeugnissen zur germanisch-deutschen Heldensage.]

Darstellungen zur germanisch-deutschen Heldensage allgemein
See, K. von: Germanische Heldensage. Stoffe, Probleme, Methoden. Eine Einführung, Wiesbaden ²1981 [sehr empfehlenswert]
Betz, W.: Die deutsche Heldensage. In: Deutsche Philologie im Aufriß, hg. v. W. Stammler, Bd. 3, Berlin ²1962, Sp. 1871–1970 [klar und informativ]
Hauck, K. (Hg.): Zur germanisch-deutschen Heldensage. Sechzehn Aufsätze zum neuen Forschungsstand, Darmstadt 1965 (WdF 14)
Heusler, A.: Lied und Epos in germanischer Sagendichtung (1905), Darmstadt 1956
Heusler, A.: Die altgermanische Dichtung, Potsdam ²1941
Heusler, A.: Kleine Schriften. Bd. 1, hg. v. H. Reuschel, Berlin ²1969; Bd. 2, hg. v. St. Sonderegger, Berlin 1969
Haug, W.: Andreas Heuslers Heldensagenmodell. Prämissen, Kritik und Gegenentwurf, ZfdA 104 (1975) 273–292
Gillespie, G. T.: A Catalogue of Persons Named in German Heroic Literature (700–1600). Including Named Animals and Objects and Ethnic Names, Oxford 1973
Schneider, H.: Germanische Heldensage. Buch I: Deutsche Heldensage, 2., durch einen Anhang [R. Wisniewski, Bibliographie zur deutschen Heldensage 1928–1960, S. 458–541] erw. Aufl., Berlin 1962; Buch II/1: Nordgermanische Heldensage, Berlin, Leipzig 1933; Buch II/2 u. III; Englische Heldensage – Festländische Heldensage in nordgermanischer und englischer Überlieferung – Verlorene Heldensage, Berlin, Leipzig 1934 [Umfassende Darstellung, aber mit einseitiger Tendenz zur Rekonstruktion nicht erhaltener Vorstufen.]
Beck, H. (Hg.): Heldensage und Heldendichtung im Germanischen, Berlin, New York 1988 (RL d. germ. Altertumskde., Erg.-bd. 2) [m. Bibliogr.]

De Vries, J.: Altnordische Literaturgeschichte, 2 Bde., Berlin 1964–67 (Grundr. d. germ. Philologie, Bd. 15–16) [wichtigste neuere Darstellung]
De Vries, J.: Altgermanische Religionsgeschichte, 1935–37, Berlin ³1970 (Grundr. d. germ. Philologie, Bd. 12, 1–2) [unentbehrliches Handbuch]
Uecker, H.: Germanische Heldensage, Stuttgart 1972 (SM 106)
De Boor, H.: Das Attilabild in Geschichte, Legende und heroischer Dichtung (1932), Darmstadt ²1963
Krauss, H. (Hg.): Altfranzösische Epik, Darmstadt 1978 (WdF 354) [Chanson de geste-Forschung]
See, K. von (Hg.): Europäische Heldendichtung, Darmstadt 1978 (WdF 500)
Hoffmann, W.: Mittelhochdeutsche Heldendichtung, Berlin 1974
Weddige, H.: Heldensage und Stammessage. Iring und der Untergang des Thüringerreiches in Historiographie und heroischer Dichtung, Tübg. 1989 (Hermaea 61)

Darstellungen zum Nibelungenlied, zur Kudrun und zur Dietrichepik

Bibliographie
Krogmann, W. u. U. Pretzel: Bibliographie zum Nibelungenlied und zur Klage, Berlin ⁴1966

Zum Nibelungenlied
Hoffmann, W.: Nibelungenlied, Stuttgart ⁶1992 (SM 7) [gründl. Einführung u. Bibliogr.]
Heusler, A.: Nibelungensage und Nibelungenlied. Die Stoffgeschichte des deutschen Heldenepos, 5. Ausg. Darmstadt 1955 [epochemachend zur Stoffgeschichte]
Brackert, H.: Beiträge zur Handschriftenkritik des Nibelungenliedes, Berlin 1963
Bumke, J.: Die Quellen der Brünhildfabel im Nibelungenlied, Euphorion 54 (1960) 1–38
Haug, W.: Höfische Idealität und heroische Tradition im Nibelungenlied. Accademia Nazionale dei Lincei. Atti dei convegni Lincei. 1. Colloquio Italo-Germanico sul tema: I Nibelunghi, Roma 1974, S. 35–50
Heinzle, J.: Das Nibelungenlied, München, Zürich 1987 (Artemis Einführungen 35)
Hoffmann, W.: Das Siegfried-Bild in der Forschung, Berlin 1979 (EdF 127)
Ihlenburg, K. H.: Das Nibelungenlied. Problem und Gehalt, Berlin (Ost) 1969
Knapp, F. P. (Hg.): Nibelungenlied und Klage. Sage und Geschichte, Struktur und Gattung. Passauer Nibelungengespräche 1985, Heidelberg 1987
Kuhn, H.: Tristan, Nibelungenlied, Artusstruktur, München 1973 (SbBAW)
Maurer, F.: Leid. Studien zur Bedeutungs- und Problemgeschichte besonders in den großen Epen der staufischen Zeit, Bern ⁴1969
Müller, J.-D.: Sivrit: ‹künec – man – eigenholt.› Zur sozialen Problematik des Nibelungenliedes, ABäG 7 (1974) 85–124
Nagel, B.: Das Nibelungenlied. Stoff – Form – Ethos, Frankfurt ²1970
Ehrismann, O.: Das Nibelungenlied. Epoche – Werk – Wirkung, München 1987
Neumann, F.: Das Nibelungenlied in seiner Zeit, Göttingen 1967 (Kl. Vandenhoeck-Reihe 253 S)
Panzer, F.: Das Nibelungenlied. Entstehung und Gestalt, Stuttgart 1955
Schröder, W.: Nibelungenlied-Studien, Stuttgart 1968
Splett, J.: Rüdiger von Bechelaren, Heidelberg 1968
Wachinger, B.: Studien zum Nibelungenlied. Vorausdeutungen, Aufbau, Motivierung, Tübingen 1960

8. Minnesang und Spruchdichtung

Weber, G.: Das Nibelungenlied. Problem und Idee, Stuttgart 1963
Wehrli, M.: Die ‹Klage› und der Untergang der Nibelungen, In: Zeiten und Formen in Sprache und Dichtung, FS F. Tschirch, hg. v. K. H. Schirmer u.a., Köln 1972, S. 96–112

Zur Kudrun
Beck, A.: Die Rache als Motiv und Problem in der ‹Kudrun›, GRM 37 (1956) 305–338
Hoffmann, W.: Kudrun. Ein Beitrag zur Deutung der nachnibelungischen Heldendichtung, Stuttgart 1967
Schulze, U.: Nibelungen und Kudrun. In: Epische Stoffe des Mittelalters, hg. v. V. Mertens u. U. Müller, Stuttgart 1984, S. 111–140 (Kröner 483)
Siefken, H.: Überindividuelle Formen und der Aufbau des Kudrun-Epos, München 1967 (Medium Aevum 11)
Stackmann, K.: Art. «Kudrun», ²VL 5 (1985), Sp. 410–426
Wisniewski, R.: Kudrun. Heldendichtung III, Stuttgart ²1969 (SM 32)

Zur Dietrichepik
Benedikt, E.: Die Überlieferungen vom Ende Dietrichs von Bern, FS D. Kralik, Horn 1954, S. 99–111
Curschmann, M.: Zur Struktur und Thematik des Buchs von Bern, PBB 98 (1976) 357–383
Haug, W.: Theoderichs Ende und ein tibetanisches Märchen. In: Märchen, Mythos, Dichtung, FS F. von der Leyen, München 1963, S. 83–115
Haug, W.: Die historische Dietrichsage. Zum Problem der Literarisierung geschichtlicher Fakten, ZfdA 100 (1971) 43–62
Heinzle, J.: Mittelhochdeutsche Dietrichepik. Untersuchungen zur Tradierungsweise, Überlieferungskritik und Gattungsgeschichte später Heldendichtung, München 1978 (MTU 62)
Kühebacher, E. (Hg.): Deutsche Heldenepik in Tirol. König Laurin und Dietrich von Bern in der Dichtung des Mittelalters. Beiträge der Neustifter Tagung 1977 des Südtiroler Kulturinstituts, Bozen 1979 (Schriftenreihe d. Südtir. Kulturinst., Bd. 7)
Mohr, W.: Dietrich von Bern, ZfdA 80 (1944) 117–155
Stammler, W.: Theoderich der Große (Dietrich von Bern) und die Kunst. In: W. St., Wort und Bild, Berlin 1962, S. 45–70
Weddige, H.: Koninc Ermenrîkes Dôt. Die niederdeutsche Flugschrift ‹Van Dirick van dem Berne› und ‹Van Juncker Baltzer›, Tübingen 1995 (Hermaea 76)
Wisniewski, R.: Mittelalterliche Dietrich-Dichtung, Stuttgart 1986 (SM 205)
Zimmermann, H. J.: Theoderich der Große – Dietrich von Bern. Die geschichtlichen und sagenhaften Quellen des Mittelalters, Phil. Diss. Bonn 1972

8. Minnesang und Spruchdichtung

Bibliographien
[P.-C.:] Pillet, A.: Bibliographie der Troubadours. Erg., weitergef. u. hg. v. H. Carstens, Halle 1933 (erg.: A. Cavaliere, Archivum Romanicum 19, S. 451–87)
Tervooren, H.: Bibliographie zum Minnesang und zu den Dichtern aus «Des Minnesangs Frühling», Berlin 1969 (Bibliographien z. dt. Lit. d. MAs. 3)

Scholz, M. G.: Bibliographie zu Walther von der Vogelweide, Berlin 1969 (Bibl. z. dt. Lit. d. MAs. 4)
Brunner, H. u. B. Wachinger (Hg.): Repertorium der Sangsprüche und Meisterlieder des 12. bis 18. Jahrhunderts. 16 Bde., Tübingen 1986 ff. [Das Werk erschließt die Sangspruch- und Lieddichtung der «Meister» seit dem 12. Jh. u. die Lieder des v. a. durch Hans Sachs geprägten städtischen Meistergesangs des 15.–18. Jhs.]

Quellen

Faksimilierte Ausgaben und diplomatische Abdrucke der großen Sammelhandschriften
[A:] Die Kleine Heidelberger Liederhandschrift Cod. Pal. Germ 357 der Universitätsbibliothek Heidelberg, Bd. 1: Faksimile, Bd. 2: Einführung v. W. Blank, Wiesbaden 1972 (Facsimilia Heidelbergensia 2)
Die alte Heidelberger Liederhandschrift, hg. v. F. Pfeiffer, Stuttgart 1844 (StLV 9/3)
[B:] Die Weingartner Liederhandschrift, 2 Bde. (Faksimile; Textbd. mit Beiträgen v. W. Irtenkauf u. a., Transkription v. O. Ehrismann), Stuttgart 1969
Die Weingartner Liederhandschrift, hg. v. F. Pfeiffer u. F. Fellner, Stuttgart 1843 (StLV 5/1)
[C:] Die Manessesche Liederhandschrift. Faksimile-Ausgabe. Textband mit Einleitungen. Hg. v. R. Sillib, F. Panzer, A. Haseloff, Leipzig 1929
Die Große Heidelberger «Manessische» Liederhandschrift. In Abb. [schwarz-weiß] hg. v. U. Müller, Göppingen 1971 (Litterae 1)
Die große Heidelberger Liederhandschrift (Codex Manesse). In getreuem Textabdr. hg. v. F. Pfaff, 1. T., Heidelberg 1909; 2., verb. u. erg. Aufl. bearb. v. H. Salowsky, 1984
[E:] Die Lieder Reinmars und Walthers von der Vogelweide aus der Würzburger Handschrift 2° Cod. Ms. 731 der Universitätsbibliothek München. I: Faksimile mit einer Einf. v. G. Kornrumpf, Wiesbaden 1972
[J:] Die Jenaer Liederhandschrift in Abbildungen. Mit einem Anhang: Die Basler und Wolfenbütteler Fragmente. Hg. v. H. Tervooren u. U. Müller, Göppingen 1972 (Litterae 10)
Carmina Burana. Faksimile der Benediktbeurer Liederhandschrift. Bd. 1: Text, Bd. 2: Einführung zur Faksimile-Ausgabe durch B. Bischoff, München, Brooklyn 1967
Walther von der Vogelweide. Die gesamte Überlieferung der Texte und Melodien. Abbildungen, Materialien, Melodietranskriptionen. Hg. v. H. Brunner, U. Müller, F. V. Spechtler, Göppingen 1977 (Litterae 7)
[Zur Überlieferung von Heinrich von Morungen, Neidhart, vom Tannhäuser, Oswald von Wolkenstein usw. vgl. ebenfalls die Reihe ‹Litterae›.]

Editionen und Kommentare zu Minnesang und Spruchdichtung

Minnesang und Spruchdichtung vor Walther von der Vogelweide: ca. 1170–1200
[MF:] Des Minnesangs Frühling. Unter Benutzung der Ausgaben von Karl Lachmann und Moriz Haupt, Friedrich Vogt und Carl von Kraus bearb. v. H. Moser u. H. Tervooren, Bd. I: Texte, 38., revid. Aufl., Stuttgart 1988; Bd. II: Editionsprinzipien, Melodien, Handschriften, Erläuterungen, 36. Aufl. Stuttgart 1977; Bd. III: Kommentare, T. 1: C. von Kraus, Des Minnesangs Frühling. Untersuchungen (1939), hg. v. H. Moser u. H. Tervooren, Stuttgart 1981 (abgekürzt als MFU zitiert); T. 2: Des Minnesangs Frühling. Anmerkungen. Nach K. Lachmann, M. Haupt u. F. Vogt neu bearb. v. C. von Kraus (1950), hg. v. H. Moser u. H. Tervooren, Stuttgart 1981

8. Minnesang und Spruchdichtung 347

Heffner, R.-M. S. u. K. Petersen: A Word-Index to ‹Des Minnesangs Frühling›, Wisconsin 1942

Schweikle, G.: Die mittelhochdeutsche Minnelyrik. I: Die frühe Minnelyrik. Texte und Übertragungen. Einführung und Kommentar, Darmstadt 1977 [Die Edition enthält die Minnelyrik des 12. Jhs. vom Kürenberger bis Johansdorf, sie entspricht etwa dem ersten Teil von MF unter Ausklammerung der anonymen Lieder und der Spruchdichtung. Als Leithandschrift gilt zumeist die Hs. C. Im synoptischen Abdruck wird dem mhd. Text eine nhd. Übersetzung zur Seite gestellt. Einleitung und Kommentar bieten eine gute Einführung in die Probleme der Minnesangforschung. Bei der Beschäftigung mit der frühen Minnelyrik muß man die MF-Neubearbeitung von Moser/Tervooren und Schweikle nebeneinander benutzen.]

Friedrich von Hausen, Lieder. Text, Übers. u. Komment. v. G. Schweikle, Stuttgart 1984 (RUB 8023)

Heinrich von Morungen, Lieder. Text, Übers. u. Komment. v. H. Tervooren, Stuttgart 1975 (RUB 9797)

Hartmann von Aue, Lieder. Hg., übers. u. komment. v. E. von Reusner, Stuttgart 1985 (RUB 8082)

Reinmar, Lieder. Nach der Weingartner Liederhandschrift (B). Mittelhochdeutsch/Neuhochdeutsch. Hg., übers. u. komment. v. G. Schweikle, Stuttgart 1986 (RUB 8318)

Walther von der Vogelweide
Die Gedichte Walthers von der Vogelweide. Hg. v. K. Lachmann, 14., neubearb. Aufl. hg. v. Chr. Cormeau, Berlin 1996 [maßgebliche Edition]

Die Lieder Walthers von der Vogelweide. Unter Beifügung erhaltener und erschlossener Melodien neu hg. v. F. Maurer, Bd. 1: Die religiösen und die politischen Lieder, ⁴1974 (ATB 43); Bd. 2: Die Liebeslieder, Tübingen ³1969 (ATB 47)

Walther von der Vogelweide, Die Lieder. Mittelhochdeutsch und in neuhochdeutscher Prosa. Mit einer Einführung in die Liedkunst Walthers hg. u. übertr. v. F. Maurer, München 1972 (UTB 167)

Walther von der Vogelweide, Bd. 1: Spruchlyrik. Bd. 2: Minnelyrik. Mittelhochdeutsch/Neuhochdeutsch. Hg., übers. u. komment. v. G. Schweikle, Stuttg. 1994/95

Walther von der Vogelweide. Hg. v. F. Pfeiffer u. K. Bartsch, 7. Aufl. bearb. v. H. Michel, Leipzig 1911, Nachdr. 1929 (Dt. Klassiker d. MAs.) [mit Worterläuterungen]

Walther von der Vogelweide, Werke. Text und Prosaübersetzung, Erläuterung der Gedichte, Erklärung der wichtigsten Begriffe v. J. Schaefer, Darmstadt ²1987

Walther von der Vogelweide, Gedichte. Mittelhochdeutscher Text und Übertragung. Ausgew. u. übers. v. P. Wapnewski, Frankfurt ⁶1968 (Fischer 732) [Auswahl, Übersetzung u. Kommentar sind gleichermaßen vorzüglich.]

Wilmanns, W.: Walther von der Vogelweide herausgegeben und erklärt, 4., vollst. umgearb. Aufl. bes. v. V. Michels, Bd. 2: Lieder und Sprüche Walthers von der Vogelweide mit erklärenden Anmerkungen, Halle 1924 [veraltet, aber immer noch sehr informativ]

Kraus, C. von: Walther von der Vogelweide, Untersuchungen, Berlin, Leipzig 1935

Minnesang und Spruchdichtung neben und vor allem nach Walther
[SMS:] Die Schweizer Minnesänger. N. d. Ausg. v. K. Bartsch [1886] neu bearb. u. hg. v. M. Schiendorfer, Bd. I: Texte, Tübingen 1990 [Kommentarbd. in Vorber.]

Janssen, O.: Lemmatisierte Konkordanz zu den Schweizer Minnesängern, Tübingen 1984

[KLD:] Deutsche Liederdichter des 13. Jahrhunderts. Hg. v. C. von Kraus, Bd. 1: Text, Bd. 2: Kommentar, bes. v. H. Kuhn, 2. Aufl., durchges. v. G. Kornrumpf, Tübingen 1978 [Diese große kommentierte Sammelausgabe jüngerer Liederdichter nach Walther und neben den «Schweizer Minnesängern» ist ein Standardwerk für den nachklassischen Minnesang, zumal C. von Kraus hier näher an der Überlieferung geblieben ist als in seinen Bearbeitungen von MF und Walther. Das Textcorpus umfaßt v. a. kleinere und mittlere Oeuvres; für Neidhart, den Marner, Konrad von Würzburg und für die Carmina Burana liegen gesonderte Editionen vor.]
[CB:] Carmina Burana. Mit Benutzung der Vorarbeiten W. Meyers krit. hg. v. A. Hilka u. O. Schumann. Bd. 1: Text, T. 1: Die moralisch-satirischen Dichtungen, Heidelberg 1930; T. 2: Die Liebeslieder, Heidelberg 1941; T. 3: Die Trink- und Spielerlieder. Die geistlichen Dramen. Nachträge. Bes. v. B. Bischoff, Heidelberg 1970. Bd. 2: Kommentar, T. 1: Einleitung (Die Handschrift der Carmina Burana). Die moralisch-satirischen Dichtungen, Heidelberg 1930 ·
Carmina Burana. Die Lieder der Benediktbeurer Handschrift. Zweisprachige Ausgabe. Vollst. Ausg. d. Originaltexte nach d. v. B. Bischoff abgeschl. krit. Ausg. v. A. Hilka u. O. Schumann, 1930–70. Übers. d. lat. Texte v. C. Fischer, d. mhd. Texte v. H. Kuhn, Anm. u. Nachw. v. G. Bernt, München ³1985 (dtv)
«Owe do tagte ez». Tagelieder und motivverwandte Texte des Mittelalters und der frühen Neuzeit, hg. v. R. Hausner, Bd. 1, Göppingen ²1987 (GAG 204)
Tagelieder des deutschen Mittelalters. Mittelhochdeutsch/Neuhochdeutsch. Ausgew., übers. u. komment. v. M. Backes, Einl. v. A. Wolf, Stuttgart 1992 (RUB 8831)
Die Lieder Neidharts, hg. v. E. Wießner, 4. Aufl. rev. v. P. Sappler, Tübingen 1984 (ATB 44). Dazu: Wießner, E.: Kommentar zu Neidharts Liedern, Leipzig 1954; ders., Vollständiges Wörterbuch zu Neidharts Liedern, Leipzig 1954
Beyschlag, S. (Hg.): Die Lieder Neidharts. Der Textbestand der Pergament-Handschriften und die Melodien. Text u. Übertr., Einf. u. Worterkl., Konkordanz. Edition der Melodien v. H. Brunner, Darmstadt 1975
Neidhart von Reuental, Lieder. Hg. u. übers. v. H. Lomnitzer, Stuttgart 1966 (RUB 6927)
Der Marner. Hg. v. Ph. Strauch. Mit e. Nachw., e. Reg. u. e. Litverz. v. H. Brackert, Berlin 1965 (Dt. Neudrr., Reihe: Texte d. MAs.)
Konrad von Würzburg, Kleinere Dichtungen, hg. v. E. Schröder. Mit e. Nachw. v. L. Wolff, Bd. 3, Berlin ²1959
Fridankes Bescheidenheit, hg. v. H. E. Bezzenberger (1872), Neudr. Aalen 1962
Frauenlob (Heinrich von Meißen), Leichs, Sangsprüche, Lieder. 1. T.: Einleitungen, Texte; 2. T.: Apparate, Erläuterungen. Auf Grund der Vorarbeiten v. H. Thomas hg. v. K. Stackmann u. K. Bertau, Göttingen 1981 (AAWG, 3. F., Nr. 119/20)
Die kleineren Liederdichter des 14. und 15. Jahrhunderts. Hg. v. T. Cramer. 4 Bde., München 1977–85 [enthält die strophische Lyrik von Autoren, deren Oeuvre nicht mehr als 20 Lieder umfaßt.]
Die Lieder Oswalds von Wolkenstein. Unter Mitwirkung v. W. Weiß u. N. Wolf hg. v. K. K. Klein. Musikanhang. v. W. Salmen, 3., neubearb. u. erw. Aufl. v. H. Moser, N. R. Wolf u. N. Wolf, Tübingen 1987 (ATB 55)
Oswald von Wolkenstein, Lieder. Mittelhochdeutsch und Neuhochdeutsch. Auswahl, hg. v. B. Wachinger, Stuttgart 1964 (RUB 2839/40)
Oswald von Wolkenstein, Sämtliche Lieder und Gedichte. Ins Nhd. übers. v. W. Hofmeister, Göppingen 1989 (GAG 511)

8. Minnesang und Spruchdichtung

Ausgewählte Melodien des Minnesangs. Einf., Erl. u. Übertr. v. E. Jammers, Tübingen 1963 (ATB, Ergänzungsreihe 1)
Deutsche Lieder des Mittelalters. Von Walther von der Vogelweide bis zum Lochamer Liederbuch. Texte und Melodien. Hg. v. H. Moser u. J. Müller-Blattau, Stuttgart 1968

Anthologien zum provenzalischen und deutschen Minnesang mit Übersetzungen
Mittelalterliche Lyrik Frankreichs I. Lieder der Trobadors, II. Lieder der Trouvères. Ausgew., übers. u. komment. v. D. Rieger, Stuttgart 1980 u. 1983 (RUB 7620 u. 7943)
Hatto, A. T. (Hg.): Eos. An Enquiry into the Theme of Lovers' Meetings and Partings at Dawn in Poetry, London, The Hague, Paris 1965 [Tagelieder]
Deutsche Lyrik des Mittelalters. Ausw. u. Übers. v. M. Wehrli, Zürich ^{6}1984 (Manesse)
Gedichte von den Anfängen bis 1300. Nach den Handschriften in zeitlicher Folge hg. v. W. Höver u. E. Kiepe, München 1978 (Epochen d. dt. Lyrik, hg. v. W. Killy, Bd. 1; dtv, WR 4015) [Die Editionen halten sich strikt an die Überlieferung der jeweiligen Leiths.]
Gedichte 1300–1500. Nach Handschriften und Frühdrucken in zeitlicher Folge hg. v. E. u. H. Kiepe, München 1972 (Epochen d. dt. Lyrik, hg. v. W. Killy, Bd. 2; dtv, WR 4016)
Minnesang. Mittelhochdeutsche Texte mit Übertragungen und Anmerkungen. Hg., übers. u. m. e. Anhang vers. v. H. Brackert, Frankfurt 1983 (Fischer 6485)
Deutsche Dichtung des Mittelalters, hg. v. M. Curschmann u. I. Glier, Bd. 1: Von den Anfängen bis zum hohen Mittelalter, München 1980, S. 444–702; Bd. 2: Hochmittelalter, 1981, S. 9–65, 674–769; Bd. 3: Spätmittelalter, 1981, S. 8–37, 142–200; Nachdr. Frankfurt a. M.: Fischer 1987

Darstellungen zu Minnesang und Spruchdichtung
Jeanroy, A.: La poésie lyrique des troubadours. Bd. 1: Histoire externe. Diffusion à l'étranger. Liste des Troubadours classés par régions. Notices bio-bibliographiques. Bd. 2: Histoire interne. Les genres: leur évolution et leurs plus notables représentants, Toulouse, Paris 1934 [Standardwerk]

«Die» große Gesamtdarstellung zum deutschen Minnesang gibt es nicht. Zur Einführung vgl. O. Sayce, Schweikles Einleitung sowie die Literaturgeschichten von H. de Boor, M. Wehrli und K. Bertau. Für die einzelnen Autoren ist unentbehrlich das ‹Verfasserlexikon›, zur musikgeschichtlichen Seite vgl. ‹Musik in Geschichte und Gegenwart›. Ein Teil der Spruchdichtung wird behandelt im 3. Band der Literaturgeschichte von H. de Boor. Forschungsgeschichtlich wichtige Aufsätze, die hier nicht gesondert zitiert werden, sind in der Reihe ‹Wege der Forschung› ausgewählt:
Baehr, R. (Hg.): Der provenzalische Minnesang. Ein Querschnitt durch die neuere Forschungsdiskussion, Darmstadt 1967 (WdF 6)
Fromm, H. (Hg.): Der deutsche Minnesang. Aufsätze zu seiner Erforschung, Bd. 1, Darmstadt ^{5}1972 (WdF 15); Bd. 2, 1985 (WdF 608)
Beyschlag, S. (Hg.): Walther von der Vogelweide, Darmstadt 1971 (WdF 112)
Brunner, H. (Hg.): Neidhart, Darmstadt 1986 (WdF 556)
Moser, H. (Hg.): Mittelhochdeutsche Spruchdichtung, Darmstadt 1972 (WdF 154)
Müller, U. (Hg.): Oswald von Wolkenstein, Darmstadt 1980 (WdF 526)

Literaturhinweise

Boesch, B.: Die Kunstanschauung in der mittelhochdeutschen Dichtung von der Blütezeit bis zum Meistergesang, Bern, Leipzig 1936
Brinkmann, H.: Entstehungsgeschichte des Minnesangs, Halle 1926 (DVjs, Buchreihe 8)
Brunner, H.: ‹Die alten Meister›. Studien zur Überlieferung und Rezeption der mittelhochdeutschen Sangspruchdichter im Spätmittelalter und in der frühen Neuzeit, München 1975 (MTU 54)
Brunner, H., G. Hahn, U. Müller, F.-V. Spechtler: Walther von der Vogelweide. Epoche – Werk – Wirkung, München 1996
Bumke, J.: Ministerialität und Ritterdichtung. Umrisse der Forschung, München 1976
Bumke, J.: Mäzene im Mittelalter. Die Gönner und Auftraggeber der höfischen Literatur in Deutschland 1150–1300, München 1979
Bumke, J.: Höfische Kultur. Literatur und Gesellschaft im hohen Mittelalter, 2 Bde., München 1986 (dtv 4442)
Dronke, P.: Die Lyrik des Mittelalters. Eine Einführung, München 1977 (dtv 4287)
Eifler, G.: Die ethischen Anschauungen in Freidanks Bescheidenheit, Tübingen 1969
Eikelmann, M.: Denkformen im Minnesang, Tübingen 1988 (Hermaea 54)
Elias, N.: Über den Prozeß der Zivilisation. Soziogenetische und psychogenetische Untersuchungen, 2 Bde., Bern, München 1969
Frings, Th.: Die Anfänge der europäischen Liebesdichtung im 11. und 12. Jahrhundert (1960), Nachdr. PBB (O) 91 (1969/71) 473–96
Furstner, H.: Studium zur Wesensbestimmung der höfischen Minne, Phil. Diss. Groningen/Djakarta 1956
Grimminger, R.: Poetik des frühen Minnesangs, München 1969 (MTU 27)
Hahn, G.: Walther von der Vogelweide. Eine Einführung, München/Zürich ²1989
Hahn, G. u. H. Ragotzky (Hg.): Grundlagen des Verstehens mittelalterlicher Literatur. Literarische Texte und ihr historischer Erkenntniswert. Suttgart 1992
Hölzle, P.: Die Kreuzzüge in der okzitanischen und deutschen Lyrik des 12. Jahrhunderts. (Das Gattungsproblem ‹Kreuzlied› im historischen Kontext.) Bd. 1: Untersuchungen, Bd. 2: Materialien, Göppingen 1980 (GAG 278 I/II)
Huber, Chr.: Wort sint der dinge zeichen. Untersuchungen zum Sprachdenken der mittelhochdeutschen Spruchdichtung bis Frauenlob, München 1977 (MTU 64)
Jungbluth, G. (Hg.): Interpretationen mittelhochdeutscher Lyrik, Bad Homburg, Berlin, Zürich 1969
Kasten, I.: Frauendienst bei Trobadors und Minnesängern im 12. Jahrhundert. Zur Entwicklung und Adaption eines literarischen Konzepts, Heidelberg 1986
Kesting, P.: Maria – Frouwe. Über den Einfluß der Marienverehrung auf den Minnesang bis Walther von der Vogelweide, München 1965 (Medium Aevum 5)
Kleinschmidt, E.: Minnesang als höfisches Zeremonialhandeln, AfK 58 (1976) 35–76
Köhler, E.: Trobadorlyrik und höfischer Roman. Aufsätze zur französischen und provenzalischen Literatur des Mittelalters, Berlin 1962
Köhler, E.: Vergleichende soziologische Betrachtungen zum romanischen und deutschen Minnesang. In: Der Berliner Germanistentag 1968. Vorträge und Berichte, hg. v. K. H. Borck u. R. Henß, Heidelberg 1970, S. 61–76
Köhler, E.: Vorlesungen zur Geschichte der Französischen Literatur. Mittelalter II, hg. v. H. Krauß u. D. Rieger, Stuttgart 1985
Kolb, H.: Der Begriff der Minne und das Entstehen der höfischen Lyrik, Tübingen 1958 (Hermaea, NF 4)
Kühebacher, E. (Hg.): Oswald von Wolkenstein. Beiträge der philologisch-musikwissenschaftlichen Tagung in Neustift bei Brixen 1973, Innsbruck 1974

8. Minnesang und Spruchdichtung

Kühn, D.: Ich Wolkenstein. Eine Biographie, Frankfurt 1977
Kuhn, H.: Dichtung und Welt im Mittelalter, Stuttgart 1959
Kuhn, H.: Minnesangs Wende, Tübingen ²1967
Kuhn, H.: Text und Theorie, Stuttgart 1969
Kuhn, H.: Liebe und Gesellschaft. Hg. v. W. Walliczek, Stuttgart 1980
Lämmert, E.: Reimsprecherkunst im Spätmittelalter. Eine Untersuchung der Teichnerreden, Stuttgart 1970
Liebertz-Grün, U.: Zur Soziologie des «amour courtois». Umrisse der Forschung, Heidelberg 1977 (Euphorion, 10. Beih.)
Lieres und Wilkau, M. von: Sprachformeln in der mittelhochdeutschen Lyrik bis zu Walther von der Vogelweide, München 1965 (MTU 9)
Mölk, U.: Trobadorlyrik. Eine Einführung, München, Zürich 1982
Mück, H.-D. u. U. Müller (Hg.): Gesammelte Vorträge der 600-Jahrfeier Oswalds von Wolkenstein, Göppingen 1978 (GAG 206)
Müller, J.-D. u. F. J. Worstbrock (Hg.): Walther von der Vogelweide. Hamburger Kolloquium 1988 zum 65. Geb. v. K.-H. Borck, Stuttgart 1989
Müller, U.: Untersuchungen zur politischen Lyrik des deutschen Mittelalters, Göppingen 1974 (GAG 55/56) [Rez.: K. Grubmüller, IASL 1,1976, 285–291]
Peters, U.: Cour d'amour – Minnehof. Ein Beitrag zum Verständnis der französischen und deutschen Minnedichtung und zu den Unterhaltungsformen ihres Publikums, ZfdA 101 (1972) 117–133
Räkel, H.-H. S.: Der deutsche Minnesang. Eine Einführung mit Texten und Materialien, München 1986 (Beck'sche Elementarbücher)
Rieger, D.: Zur Stellung des Tagelieds in der Trobadorlyrik, ZfrPh 87 (1971) 223–32
Rieger, D.: Gattungen und Gattungsbezeichnungen der Trobadorlyrik. Untersuchungen zum altprovenzalischen Sirventes, Tübingen 1976
Salmen, W.: Der fahrende Musiker im europäischen Mittelalter, Kassel 1960
Sayce, O.: The Medieval German Lyric 1150–1300. The development of its themes and forms in their European context. Oxford 1982
Schweikle, G.: Neidhart. Stuttgart 1990 (SM 244)
Schwietering, J.: Einwürkung der Antike auf die Entstehung des frühen deutschen Minnesangs, ZfdA 61 (1924) 61–82
Stackmann, K.: Der Spruchdichter Heinrich von Mügeln. Vorstudien zur Erkenntnis seiner Individualität, Heidelberg 1958 (Probleme der Dichtung 3)
Tervooren, H.: Sangspruchdichtung. Stuttgart 1995 (SM 293)
Wachinger, B.: Sängerkrieg. Untersuchungen zur Spruchdichtung des 13. Jahrhunderts, München 1973 (MTU 42)
Wapnewski, P.: Die Lieder Wolframs von Eschenbach. Edition, Kommentar, Interpretation, München 1972
Wapnewski, P.: Waz ist minne. Studien zur mittelhochdeutschen Lyrik, München 1975
Wenzel, H.: Frauendienst und Gottesdienst. Studien zur Minne-Ideologie, Berlin 1974 (Philolog. Studien u. Quellen 74)
Wisniewski, R.: ‹werdekeit› und Hierarchie. Zur soziologischen Interpretation des Minnesangs. In: Strukturen und Interpretationen. Studien zur deutschen Philologie. Hg. v. A. Ebenbauer u.a., Wien, Stuttgart 1974, S. 340–79
Wolf, A.: Variation und Integration. Beobachtungen zu hochmittelalterlichen Tageliedern, Darmstadt 1979 (Impulse der Forschung 29)

9. *Probleme der Darstellung und Wertung der deutschsprachigen Literatur des Mittelalters in der Literaturgeschichtsschreibung*

Zur Literaturgeschichtsschreibung
Cramer, Th. (Hg.): Literatur und Sprache im historischen Prozeß. Vorträge des Deutschen Germanistentages Aachen 1982, Bd. 1: Literatur, Tübingen 1983
Haubrichs, W. (Hg.): Probleme der Literaturgeschichtsschreibung, Göttingen 1979 (LiLi, Beih. 10)
Jauß, H. R.: Literaturgeschichte als Provokation, Frankfurt 1970, bes. S. 144–207 (ed. suhrkamp 418)
Koselleck, R. u. W.-D. Stempel (Hg.): Geschichte – Ereignis und Erzählung, München 1973 (Poetik u. Hermeneutik 5)
Kuhn, H.: Entwürfe zu einer Literatursystematik des Spätmittelalters, Tübingen 1980
Müller, J.-D.: Literaturgeschichte/Literaturgeschichtsschreibung. In: Erkenntnis der Literatur, hg. v. D. Harth u. P. Gebhardt, Stuttgart 1982, S. 195–227
Probleme der Literaturgeschichtsschreibung, Jb. f. Intern. Germ. II/1 (1970) 5–121
Voßkamp, W. u. E. Lämmert (Hg.): Historische und aktuelle Konzepte der Literaturgeschichtsschreibung. /Zwei Königskinder? Zum Verhältnis von Literatur und Literaturwissenschaft, Göttingen 1986 (Kontroversen, alte und neue. Akten des VII. Kongresses f. germ. Sprach- u. Litwiss., hg. v. A. Schöne, Bd. 11)
Wehrli, M.: Deutsche Literaturgeschichte im Mittelalter? In: M. W., Formen mittelalterlicher Erzählung. Aufsätze, Zürich 1969, S. 7–23
Wehrli, M.: Literatur als Geschichte, Jb. d. Univ. Zürich 1969/70, 3–13
Wehrli, M.: Literaturgeschichtsschreibung heute. Einige Reflexionen. In: Medium Aevum deutsch, FS K. Ruh, hg. v. D. Huschenbett u. a., Tübingen 1979, S. 413–428

Zur Weltliteratur und zur Literatur der Antike
Kindlers neues Literatur Lexikon. Hg. v. W. Jens, 21 Bde., München 1988–1992 (Nachdr. 1997)
Lesky, A.: Geschichte der griechischen Literatur, Bern, München ³1971
Schmid, W. u. O. Stählin: Geschichte der griechischen Literatur, neubearb. v. W. von Christ, 7 Bde., München 1929–48 (HdA 7)
Norden, E.: Die römische Literatur. Mit Anhang: Die lateinische Literatur im Übergang vom Altertum zum Mittelalter, Leipzig ⁶1961
Schanz, M.; C. Hosius, G. Krüger: Geschichte der römischen Literatur bis zum Gesetzgebungswerk des Kaisers Justinian, 5 Bde., München 1914–48 (HdA 8)
Fuhrmann, M. (Hg.): Römische Literatur, Frankfurt 1974 (Neues Hdb. d. Litwiss., Bd. 3)

Literaturgeschichten und -lexika der Mediävistik

Zur mittellateinischen Literatur
Manitius, M.: Geschichte der lateinischen Dichtung des Mittelalters, 3 Bde., München 1911–1931, Nachdr. 1959
Ebert, A.: Geschichte der christlich-lateinischen Literatur von ihren Anfängen bis zum Zeitalter Karls des Großen, Leipzig ²1889
Brunhölzl, F.: Geschichte der lateinischen Literatur des Mittelalters, München 1970

9. Deutsche Literatur des MAs. in der Literaturgeschichtsschreibung

De Ghellinck, J.: Littérature latine au moyen âge depuis les origines jusqu' à Sainte Anselme, 2 Bde., Paris 1939, Nachdr. 1969
Raby, F. J. E.: A History of Christian-Latin Poetry from the Beginnings to the Close of the Middle Ages, Oxford ²1953
Raby, F. J. E.: A History of Secular Latin Poetry in the Middle Ages, 2 Bde., Oxford ²1957
Langosch, K.: Lateinisches Mittelalter. Einleitung in Sprache und Literatur, Darmstadt ⁵1988
Tusculum-Lexikon griechischer und lateinischer Autoren des Altertums und des Mittelalters, bearb. v. W. Buchwald, A. Hohlweg, O. Prinz, München ³1982

Zur altfranzösischen Literatur
[GRLMA:] Grundriß der romanischen Literaturen des Mittelalters, hg. v. H. R. Jauß u. E. Köhler, Heidelberg 1968 ff.
Engelhardt, K. u. V. Roloff: Daten der französischen Literatur, Bd. 1: Von den Anfängen bis 1800, München 1979 (dtv 3192)
Jan, E. von: Französische Literaturgeschichte in Grundzügen, Heidelberg ⁶1967
Köhler, E.: Vorlesungen zur Geschichte der Französischen Literatur. Mittelalter I, hg. v. H. Krauß, Stuttgart 1985; Mittelalter II, hg. v. H. Krauß u. D. Rieger, 1985 [auch für Nicht-Romanisten sehr empfehlenswert]
Pichois, C. u. a.: Litérature française, Paris 1968 ff.
Payen, J. C.: Le Moyen Âge. I: Des Origines à 1300, Paris 1970
Poiron, D.: Le Moyen Âge, II: 1300-1480, Paris 1971
Dictionnaire des lettres françaises, Le Moyen Âge, hg. v. G. Grente, Paris 1951

Zur altgermanischen, altnordischen und altenglischen Literatur
Heusler, A.: Die altgermanische Dichtung, Potsdam ²1941 [v. a. gattungsgeschichtlich]
De Vries, J.: Altnordische Literaturgeschichte, 2 Bde., Berlin 1964–67 (Grundr. d. germ. Philologie 15–16)
Helgason, J.: Norges og Islands digtning. In: Litteraturhistorie. B. Norge og Island, Stockholm 1953 (Nordisk kultur VIII/B) [bes. zur eddischen u. skaldischen Dichtung.]
Jónsson, F.: Den oldnorske og oldislandske litteraturs historie, 2 Bde., Kopenhagen ²1920–24
Anderson, G. K.: The Literature of the Anglo-Saxons, Princeton 1949
Schirmer, W. F.: Geschichte der englischen und amerikanischen Literatur von den Anfängen bis zur Gegenwart, Tübingen 1968
Ward, A. W. u. A. R. Waller: The Cambridge History of English Literature, Bd. 1, Cambridge 1960

Zur deutschen Literatur des Mittelalters und der frühen Neuzeit
[VL:] Die deutsche Literatur des Mittelalters. Verfasserlexikon. Begr. v. W. Stammler, fortgef. v. K. Langosch, 5 Bde., Berlin 1933–55. – 2., völlig neu bearb. Aufl. hg. v. K. Ruh u. a., Bd. 1 ff., Berlin 1978 ff. [Das VL. erfaßt Autoren u. anonyme Werke bis 1500 in alphabetischer Folge, ein grundlegendes Nachschlagewerk, das viel Neuland erschließt.]
Die deutsche Literatur. Biographisches und bibliographisches Lexikon in sechs Reihen. Hg. v. H.-G. Roloff. Reihe II: Die deutsche Literatur zwischen 1450 und 1620. Bern, Frankfurt, Las Vegas 1979 ff. [Ein solches Großunternehmen, das in 6 Reihen

über die dt. Literatur von den Anfängen bis 1990 und über die Forschung unterrichten soll, braucht Zeit. Für die nicht vom VL² erfaßte Literatur nach 1500 kann man zur ersten Information ausweichen auf:]
Literatur Lexikon. Autoren und Werke deutscher Sprache. Hg. v. W. Killy, Gütersloh, München 1988 ff.
[RL:] Reallexikon der deutschen Literaturgeschichte, hg. v. P. Merker u. W. Stammler, 4 Bde., Berlin 1925–31; 2. Aufl. neu bearb. v. W. Kohlschmidt, W. Mohr, K. Kanzog u. A. Masser, 5 Bde., Berlin 1955–88 [für sach- und formgeschichtliche Begriffe]
Deutsche Philologie im Aufriß. Hg. v. W. Stammler, 3 Bde., Berlin ²1955–62 [In Quer- und Längsschnitten werden alle Gegenstandsbereiche der deutschen Philologie behandelt. Die einzelnen Beiträge sind – wie bei jedem Sammelunternehmen – von unterschiedlicher Qualität und häufig überholt. Das Kompendium behält seinen Wert eher wegen der Behandlung der Randgebiete des Faches.]
Ehrismann, G.: Geschichte der deutschen Literatur bis zum Ausgang des Mittelalters. 1. T.: Die althochdeutsche Literatur; 2. T.: Die mittelhochdeutsche Literatur, 1. Abschn.: Frühmittelhochdeutsche Zeit, 2. Abschn., 1. H.: Blütezeit, Schlußbd., 4 Bde., München ²1932–35, Nachdr. 1954 [Die grundlegende Literaturgeschichte vor dem zweiten Weltkrieg; eine umfassende Bestandsaufnahme mit vorzüglicher Bibliographie, nützlich auch wegen der Inhaltsangaben.]
De Boor, H.: Die deutsche Literatur von Karl dem Großen bis zum Beginn der höfischen Dichtung. 770–1170, 9. Aufl. bearb. v. H. Kolb, München 1979 (Gesch. d. dt. Lit. v. d. Anfängen b. z. Gegenwart, hg. v. H. de Boor u. R. Newald, Bd. 1)
De Boor, H.: Die höfische Literatur. Vorbereitung, Blüte, Ausklang. 1170–1250. 11. Aufl. bearb. v. U. Hennig, München 1991 (Gesch. d. dt. Lit., Bd. 2)
De Boor, H.: Die deutsche Literatur im späten Mittelalter. Zerfall und Neubeginn, 1. T.: 1250–1350, München ⁴1973 (Gesch. d. dt. Lit., Bd. 3/1) [Die Bände 1–3/1 sind zum Standardwerk geworden.]
Glier, J. (Hg.): Die deutsche Literatur im späten Mittelalter (1250–1370), Reimpaardichte, Drama, Prosa. München 1987 (Gesch. d. dt. Lit., hg. v. H. de Boor u. R. Newald, Bd. 3/2)
Wehrli, M.: Geschichte der deutschen Literatur vom frühen Mittelalter bis zum Ende des 16. Jahrhunderts, Stuttgart ²1984 (Gesch. d. dt. Lit. v. d. Anfängen b. z. Gegenw., Bd. 1; RUB 10294) [Neben de Boor das zweite Meisterwerk mediävistischer Literaturgeschichtsschreibung; vgl. die Rez. v. K. Ruh, ZfdA 111 (1982) 227–243.]
Bertau, K.: Deutsche Literatur im europäischen Mittelalter, Bd. 1: 800–1197, Bd. 2: 1197–1220, München 1972/73 [Kein Nachschlagewerk, aber äußerst anregend; vgl. die Rez. v. H. de Boor, PBB 96 (1974) 303–335.]
Baesecke, G.: Vor- und Frühgeschichte des Deutschen Schrifttums, Bd. 1, Halle 1940; Bd. 2, hg. v. I. Schröbler, Halle 1950/53
Burger, H. O. (Hg.): Annalen der deutschen Literatur. Geschichte der deutschen Literatur von den Anfängen bis zur Gegenwart, Stuttgart ²1962 [Versuch einer annalistischen Darstellung, in streng chronologischer Folge; vgl. bes. H. Kuhn, F. Ranke u. S. Beyschlag.]
Erb, E.: Geschichte der deutschen Literatur von den Anfängen bis 1160. 2 Teilbde., Berlin (Ost) 1963/64 (Gesch. d. dt. Lit. v. d. Anfängen b. z. Gegenwart, hg. v. K. Gysi u. a. – Kollektiv f. Literaturgeschichte, Bd. I,1–2)
Frenzel, H. A. u. E.: Daten deutscher Dichtung. Chronologischer Abriß der deutschen Literaturgeschichte, Bd. 1: Von den Anfängen bis zur Romantik, München ¹⁵1979 (dtv 980)

9. Deutsche Literatur des MAs. in der Literaturgeschichtsschreibung

Haubrichs, W.: Die Anfänge: Versuche volkssprachiger Schriftlichkeit im frühen Mittelalter [ca. 700–1050/60], Tübingen ²1994 (Gesch. d. dt. Lit. v. d. Anfängen b. z. Beginn d. Neuzeit, hg. v. J. Heinzle, Bd. 1, T. 1) [Berücksichtigung der Sozial- und Funktionsgeschichte]

Vollmann-Profe, G.: Wiederbeginn volkssprachiger Schriftlichkeit im hohen Mittelalter [1050/60–1160/70], Tübingen ²1994 (Geschichte d. dt. Lit. v.d. Anfängen b.z. Beginn d. Neuzeit, hg. v. J. Heinzle, Bd. 1, T. 2)

Heinzle, J.: Wandlungen und Neuansätze im 13.Jahrhundert [1220/30–1280/90], Tübingen ²1994 (Gesch. d. dt. Lit. v.d. Anfängen b.z. Beginn d. Neuzeit, hg. v. J. Heinzle, Bd. 2, T. 2)

Schwietering, J.: Die deutsche Dichtung des Mittelalters, Potsdam 1932, Nachdr. 1957

See, K. von (Hg.): Neues Handbuch der Literaturwissenschaft, Bd. 6: Europäisches Frühmittelalter, hg. v. K. von See, Wiesbaden 1985; Bd. 7: Europäisches Hochmittelalter, hg. v. H. Krauß, 1981; Bd. 8: Europäisches Spätmittelalter, hg. v. W. Erzgräber, 1978; Bd. 9: Renaissance und Barock I, hg. v. A. Buck, 1972; Bd. 10: Renaissance und Barock II, hg. v. A. Buck, 1972 [Versuch, die Möglichkeiten der Komparatistik und der Literatursoziologie zu nutzen und aus diachroner Sicht übernationale Epochenstile und Gattungstraditionen darzustellen.]

Kartschoke, D.: Geschichte der deutschen Literatur im frühen Mittelalter, München 1990 (Gesch. d. dt. Lit. i. MA., hg. v. J. Bumke, T. Cramer, D. K., Bd. 1, dtv 4551)

Bumke, J.: Geschichte der deutschen Literatur im hohen Mittelalter, München 1990 (Gesch. d. dt. Lit. i. MA., hg. v. J. B., T. Cramer, D.Kartschoke, Bd. 2, dtv 4552)

Cramer, T.: Geschichte der deutschen Literatur im späten Mittelalter, München 1990 (Gesch. d. dt. Lit. i. MA., hg. v. J. Bumke, T. C., D. Kartschoke, Bd. 3, dtv 4552)

Boeckh, J. G. u.a.: Geschichte der deutschen Literatur von 1480 bis 1600, Berlin (Ost) 1961 (Gesch. d. dt. Lit. v.d. Anfängen b.z. Gegenwart, hg. v. K. Gysi u.a. – Kollektiv f. Literaturgeschichte, Bd. 4)

Boeckh, J. G. u.a.: Geschichte der deutschen Literatur 1600 bis 1700. Mit einem Abriß der sorbischen Literatur, Berlin (Ost) 1962 (Gesch. d. dt. Lit. v.d. Anfängen b.z. Gegenw., hg. v. K. Gysi u.a. – Kollektiv f. Literaturgeschichte, Bd. 5)

Burger, H. O.: Renaissance, Humanismus, Reformation. Deutsche Literatur im europäischen Kontext, Bad Homburg, Berlin, Zürich 1969 (Frankfurter Beitrr. z. Germ., Bd. 7)

Koberstein, A.: Grundriß der Geschichte der deutschen Nationalliteratur, 5. umgearb. Aufl. v. K. Bartsch, 5 Bde., Leipzig 1872–84

Müller, G.: Deutsche Dichtung von der Renaissance bis zum Ausgang des Barock, 1927, Nachdr. Darmstadt 1957

Stammler, W.: Von der Mystik zum Barock. 1400–1600, Stuttgart ²1980

Rupprich, H.: Die deutsche Literatur vom späten Mittelalter bis zum Barock. T. 1: Das ausgehende Mittelalter, Humanismus und Renaissance. 1370–1520; T. 2: Das Zeitalter der Reformation. 1520–1570, München 1970–73 (Gesch. d. dt. Lit. v.d. Anfängen b.z. Gegenwart, hg. v. H. de Boor u. R. Newald, Bd. IV,1–2) [Materialsammlung]

Newald, R.: Die deutsche Literatur vom Späthumanismus bis zur Empfindsamkeit. 1570–1750, München ⁶1967 (Gesch. d. dt. Lit., hg. v. H. de Boor u. R. Newald, Bd. 5)

Verzeichnis der Abbildungen und Quellennachweis

Abb. 1 Schrifttypen (nach B. Bischoff) *Seite 30*
Abb. 2 Große Heidelberger Liederhandschrift: Miniatur Kaiser Heinrichs *Seite 36*
Abb. 3 Große Heidelberger Liederhandschrift: Zwei Strophen Kaiser Heinrichs (MF 4,17 u. 4,26) *Seite 37*
Abb. 4 Braunes Stemma der Nibelungenlied-Handschriften *Seite 41*
Abb. 5 Grundriß eines Benediktiner-Klosters *Seite 46*
Abb. 6 Die Hauptorte althochdeutscher Überlieferung *Seite 47*
Abb. 7 Die europäischen Universitäten bis 1500 *Seite 50*
Abb. 8 Die Londoner Psalterkarte *Seite 59*
Abb. 9 *Von erfarung aller land.* Aus Sebastian Brants *Narrenschiff* *Seite 62*
Abb. 10 Die Tötung des Einhorns. Aus einem italienischen Bestiarium *Seite 75*
Abb. 11 Pelikan-Emblem aus dem *Nucleus emblematum* von Gabriel Rollenhagen *Seite 80*
Abb. 12 Die Reichskrone über der Mitra (nach P. E. Schramm) *Seite 85*
Abb. 13 Ecclesia und Synagoge am Doppelportal des Straßburger Münsters *Seite 94*
Abb. 14 Naturdeutung auf dem Flabellum von Kremsmünster *Seite 95*
Abb. 15 Aus der Wiener Otfried-Handschrift *Seite 100*
Abb. 16 Amor und der liebende Dichter aus dem *Roman de la rose* *Seite 111*
Abb. 17 Die Feinde des *Sachsenspiegels*. Aus der Dresdener Handschrift *Seite 128*
Abb. 18 Die sieben Heerschilde. Aus dem Heidelberger *Sachsenspiegel* *Seite 162*
Abb. 19 Mannschaft. Aus der Heidelberger *Sachsenspiegel*-Handschrift *Seite 163*
Abb. 20 Huldeschwur. Aus der Heidelberger *Sachsenspiegel*-Handschrift *Seite 163*
Abb. 21 Grundriß einer Burganlage (Münzenberg) *Seite 167*
Abb. 22 Der sterbende Roland. Aus der St. Galler Handschrift von Strickers *Karl* *Seite 177*
Abb. 23 Die Gerade. Aus der Dresdener *Sachsenspiegel*-Handschrift *Seite 183*
Abb. 24 Der Höllenritt Theoderichs auf der Relieftafel am Westportal von San Zeno Maggiore in Verona *Seite 220*

Autor und Verlag danken folgenden Lizenzgebern für die freundliche Genehmigung zum Abdruck von Textauszügen und zur Reproduktion von Abbildungen:
Chr. Belser AG für Verlagsgeschäfte & Co. KG (Abb. 21); Bildarchiv Foto Marburg (Abb. 13); Prof. Dr. Bernhard Bischoff†, München u. Erich Schmidt Verlag, Berlin (Abb. 1); Hermann Böhlaus Nachf. GmbH, Wien (Abb. 12); The British Library, London (Abb. 10 u. 16); Deutscher Taschenbuch Verlag, München (Abb. 7 u. Texte, S. 200, 276f., 278); S. Fischer Verlag, Frankfurt a. M. (Texte, S. 91–93, 102–104, 275); Walter de Gruyter Verlag, Berlin, New York (Abb. 4 u. 6); Ernst Klett Verlag, Stuttgart (Abb. 5); Stift Kremsmünster u. Foto Fasching, Wilhelmsburg (Abb. 14); Max Niemeyer Verlag, Tübingen (Abb. 9); Österreichische Nationalbibliothek Wien (Abb. 15); Philipp Reclam jun. Verlag, Ditzingen (Text, S. 112–115); Suhrkamp Verlag, Frankfurt (Text, S. 27f.); Sächsische Landesbibliothek Dresden (Abb. 17 u. 23); Kantonsbibliothek St. Gallen (Abb. 22); Stadt- und Universitätsbibliothek Frankfurt a. M. (Abb. 11); Universitätsbibliothek Heidelberg (Abb. 2, 3, 18–20).

Register

Das erste Register erfaßt die Namen und Sachen der Primärliteratur, das zweite in Auswahl die im Darstellungsteil zitierte Forschung. Eingeklammerte Zahlen beziehen sich auf die Anmerkungen. Die Abkürzung. *Lit.* verweist nur auf die betr. Sachgruppe in den Literaturhinweisen des Anhangs, die einzelnen Autoren sind nicht aufgenommen.

1. Namen und Sachen

Abaelard(us), Petrus 51, 130
abbreviatio 135
Achteck (typolog.) 85–87
Ackermann s. Johannes von Tepl
actum u. *datum* 129
Adam 81 f., 98
Adam von Bremen 63 f., 299 (8)
Adelheid, Die böse 181 f.
Adler (Naturdeutung) 76, 96
Agnes von Loon 193
Alanus ab Insulis (von Lille) 67
Albertus Magnus 51, 78
Albrant, Meister 53
Albrecht von Johansdorf 255, 266, 313 (23)
Albrecht von Scharfenberg 145, 238
Alexander d. Gr. 64 f., 98, 193, 207 f.
alieniloquium 107
Alkuin 102, 212
Allegorie, rhet. 107 f., 133, christl. hermeneut. 107 f., – u. Allegorese 110–116, – u. Symbol 115 f.; Lit. 326–329
Allod 165
Alpharts Tod 152, 222
Alterität 22–26
Altersstufen, menschl. 301 (51)
Ambraser Heldenbuch 29 f., 34, 42, 237, 311 (82)
Ambrosius, B. von Mailand 78, 108
Ammianus Marcellinus 221, 310 (63)
amplificatio 135–138
Anadiplose (*reduplicatio*) 134
Anapher 134
Andreas Capellanus 258, 307 (21)
Annolied 98, 301 (55)

Anonymität 238
Antithese 135 f.
Antityp 81 f.
Antonomasie 133
Aphärese 149
Apokoinu 135
Apokope u. Synkope 149
Aporie (*dubitatio*) 127, 135
Aposiopese (*interruptio*) 135
Apostrophe 135
Apparat, textkrit. 38 f.
apprecatio 129
aptum 130
Archetypisierung 217
Archetypus 32, 38 f., 41
arenga 129
argumentum 127, 207
Aristoteles 52, 71, 77 f., 117 f., 123
Arithmetik/Geometrie 52 f.
Arminius (d. Cherusker) 218
ars dictaminis 118, 129; Lit. 332
ars praedicandi 118; Lit. 332
artes liberales 49, 52 f., 70, 110
artes mechanicae 53
Artus, Kg. 194, 203–207
Artusepik 194 ff.; Lit. 338–341
Artushof 195 f., 201 f., 204
Arundel-Sammlung 313 (22)
Assonanz 145
Asyndeton 135
Athetese 40
Atlilieder, an. 223 f., 226, 234
Attila (Etzel) 56, 98, 212, 218 f., 221
Atzeton 282 f.
Aufgesang, Ab- 150

Auferstehung 69, 96
Auftakt 147
Augenzeugenschaft 126f.
Augustinus, Aurelius 45, 63, 67, 70, 76f., 97, 105–108, 118, 140, 176, 179, 212, 299 (26), 302 (61–63), 303 (21), 304 (12)
Autoritäten 62f., 191
âventiure 196–199, 201, 207–211, 240

Ballade 223
Barockroman 66, 99
Bastarda 30f.
Bauern 157f., 166, 186, 306 (46)
Beda (Venerabilis) 58, 101, 104, 108
Bekehrungsmotiv 140f.
bellum intestinum 110
Benediktinerregel 46, 175, 298 (3)
Benoît de Sainte-Maure 193
Beowulf 56, 144, 223
Bernger von Horheim 258
Bernhard von Clairvaux 128, 176, 305 (31)
Berol (Béroul) 195
Berthold von Regensburg 65f., 128, 299 (10)
Bescheidenheits- u. Demutsformel 126
Bibelexegese 100–110
Biblia pauperum 93
Bild u. Text 31f., 35; Lit. 322, 329
Bildungswesen 45 ff.; Lit. 324f.
biograph. Tendenz 240f.
bîspel 72f.
Biterolf und Dietleib 152, 222, 238, 311 (82)
Boethius 52f., 56
Brandans Reise 65
Brant, Sebastian 62, 298 (6)
Brauchtumslied 244, 249, 273
brevitas 127
Brief 129f.; Lit. 332
Buch der Natur 77, – der Welt 65f.
Bukolik 122
Burg 167f.; Bürger, bürgerlich 185f.
Burgund 190
Burkart (Burkhard) von Hohenfels 75, 251f., 255

Caesarius von Heisterbach 212, 308 (40)
capatatio benevolentiae 126, 129
Capitalis 30f.

Carmina Burana 29, 50, 121f., 244f., 269–271, 313 (28)
Cassian(us), Johannes 108
Cervantes Saavedra, M. de 206, 242
chanson de geste 90, 192f., 238
Chiasmus 134
Chrétien (Chrestien) de Troyes 154, 191f., 195, 203–205, 208f., 258f., 307 (17), 308 (32f.); Lit. 338f.
civitas Dei u. *civitas terrena* 97
concessio 135
conclusio 127, 157
corroboratio 129
curiositas 62f.
Cursus, doppelter 197f.

Daktylus 147, 258
Daniel, Vision 98
Dante Alighieri 60
Dares Phrygius 127
David 87, 91–93
Deors Klage 112
descriptio (Ekphrasis) 137
Dictys Cretensis 127
Dienst 155, 172–174, 178, 236f., 255, 260, 263–266
Dietmar von Aist (Eist) 135, 247, 249–253, 276
Dietrich von Meißen 90
Dietrichs Flucht 152, 222, 238, 311 (82)
Dietrichepik u. -sage 219–222; Lit. 345
Dingdeutung 65–81
dispositio 119
disputatio 51
Domtür, Hildesheim 93
dôn 39, 143, 152, 278, 282f.
Donatus, A. 52
Doppelwahl (1198) 87f.
Dreistiltheorie 131f.
Durandus, Wilhelm 109, 302 (66)

Eberlin von Günzburg 57
Ecclesia u. Synagoge 94f.
Eckenlied 152, 222
Edda 144, 223, 308 (45)
Edelsteine 85–87; Lit. 327
Edition, hist.- krit. 35–40; Lit. 322f.
Ehe 179, 181–183, 198, 259
Eike von Repgow 53, 57, 126–128, 156f., 161–163, 166, 182f., 303 (14), 304 (4)

Eilhart von Oberg(e) 195
Einhard 90, 126, 137
Einhorn 71–76
Ekkehard IV. von St. Gallen 47, 298 (6)
Elefant (Naturdeutung) 74
Eleonore von Aquitanien 179, 194
Elisabeth von Nassau-Saarbrücken 192
Elision 149
Ellipse 135
elocutio 119
Emblematik 79–81; Lit. 329
Eneasroman 193 f.
Enjambement 146
Entmythisierung 217
Enzyklopädie 60, 77 f.
Epik, höf. 190 ff.
Epilog s. *peroratio*
Epimythion 72
Episode 199, 239, 307 (22)
Epistolae obscurorum virorum 130
Epoche 11
Epos u. Roman 237–242
Ereignisverknüpfung 239
Erlebnis 125, 138–141, 248
Ermanarich, ostgot. Kg. 220 f.
Erzähler 238 f.
Eusebius von Caesarea 97
Eva (typolog.) 82
exclamatio 135
exordium (prologus) 125 f.; Lit. 331 f.

Fabel 72
fabula 127, 207, 219
Fachliteratur 44, 53
Faktizität 72, 77, vs. Spiritualität 98 f.
Falke 78, 250–252
Fälschungen 34
fama 219
familia 166, 169
Faustbuch 129
Fehler, Leit-, Binde-, Trenn- 33
Fest 171
Feudalgesellschaft 155 ff.; Lit. 333–336
Figur u. Charakter 240 f.
Figuraldeutung 81
Figuren, rhetor. 132–138, Positions- 133 f., Wiederholungs- 134, Appell- 135, Quantitäts- 135
Finalität 240

Flächenstaat, institutioneller 161–166
Fleming, Paul 134
Formel 223, 279
Frauen 178–183, 252; Lit. 338
Frauenlob (Heinrich von Meißen) 143, 151, 159, 304 (6)
Frauenstrophe 247 f., 252
Freidank 67, 72, 159 f., 278, 280 f., 299 (14), 304 (6)
Freiheit u. Unfreiheit 155–157
Friedrich I. Barbarossa, Ks. 34, 49, 89, 164 f., 171, 175, 268
Friedrich II., Ks. 78 f., 165, 167 f., 280, 300 (32)
Friedrich von Hausen 254, 258, 266–268, 313 (24–27)
Fulda 47, 101
Füllungsfreiheit, germ.-dt. 147
furor poeticus 142

Gabe 205 f.
Galilei, Galileo 58
Gattungsmischung 237
Gebrauchssituation 43 f.
Gefolgschaft 214–216
Geistes- u. Ideengeschichte 18
Geistes- vs. Naturwissenschaften 17
geminatio (iteratio, epizeuxis) 134
genus deliberativum 123 f.
genus demonstrativum 124 f., 137
genus grande/grave/sublime 132
genus humile 131
genus iudiciale 123
genus medium/mediocre 131
Geoffrey von Monmouth 194, 307 (16)
Gerade 182 f.
Germanistik, Begriff 14–16
Geschichtsdeutung 81–99
gewere 166
Giselbert (Gislebert) von Mons 305 (19)
Gleichheit 160
Gleichnis 104 f., 133
Gnomik 279–281
Goethe, J. W. von 116, 302 (70)
Goldemar 152, 222
Gorgias von Leontini 117
Gottfried von Straßburg 48, 83, 112–116, 120, 125, 134–137, 145, 173, 180 f., 190, 195, 203, 205, 209, 240, 302 (68 f.), 303 (12), 308 (36); Lit. 339–341

Gozbert, Abt von St. Gallen 45
Gral 203
Grammatik 52
Gregor I., Papst 45, 108, 212
Gregor VII., Papst 129, 176
Gregor IX., Papst 283
Gregor, B. von Tours 310 (60)
Grimmelshausen, J. J. C. von 66, 99, 123, 299 (11)
Grundherrschaft 166, 216
Gruppenlied 244 f.
Gryphius, Andreas 135 f.
Guibert von Nogent 109
Guillaume de Lorris 111
Gunther, B. von Bamberg 212
Gutenberg, Johannes 32

Hadloub, Johans 35, 37
Haken-, Bogenstil 146
Handlungsträger 195–199, 239–241
Handschriften 29–35, Provenienz 30, Schreibstoff 30, Schrifttypen 30 f., Blatt- u. Lagenzählung 31, Format 31, Initialen 31, 125, Illustration 31 f., Einband 32, Schreibweise 39, Gebrauchssituation 43 f.; Lit. 322
Hartmann von Aue 31, 47 f., 54 f., 104, 123, 126, 137, 148 f., 158, 172, 174, 187, 194–202, 204 f., 209, 238, 259, 263–266, 298 (79), 301 (60), 311 (82); Lit. 339–341
Häßlichkeit 137 f.
Haus u. Herrschaft 166–170
Hávamál 215 f., 279, 308 (45, 51)
Hebung 146, beschwerte 148, Spaltung 148
Heerschildordnung 161 f.
Heinrich der Löwe 60, 88, 90 f., 96, 164, 170
Heinrich, Ks. 35–40, 249
Heinrich I., Kg. 84
Heinrich II., Kg. 86
Heinrich IV., Ks. 129
Heinrich VI., Ks. 88 f., 171, 187
Heinrich (VII.), Kg. 165
Heinrich II., Kg. von England 49, 194
Heinrich II. Jasomirgott, Mkgf. 34, 165
Heinrich von Albano 175
Heinrich von Melk 137, 245 f., 312 (6)

Heinrich von Morungen 257–259, 262 f., 312 (12, 20)
Heinrich von Rugge 151
Heinrich von Veldeke 83, 145, 171, 193 f., 305 (19), 306 (14)
Held 213 f., Heroisches 233–237
Heldenepik, mhd. 213 ff.; Lit. 342–345
Heldenlied u. -epos 222–225
Heldensage, germ. 213–225, 309 (48), – u. Mythos 216–218, – u. Märchen 218, – u. Geschichte 56, 218–222, 310 (60), Deutungsschemata 221 f., Überlieferungsformen 222–225; Lit. 342–344
Heliand 101, 144, 301 (58)
Herbort von Fritzlar 193
Herennius-Rhetorik 118, 127
Herger 279 f.
Hermann I., Ldgf. von Thüringen 88, 90, 171, 193, 283
Hermeneutik, histor. 17 f., christl. 58 ff., 101; Lit. 321, 326–329
Herrschaft 84, 155, Haus- 166–170, Grund- 166
Herzog Ernst 64, 88
Hieronymus 45, 108
Hildebrandslied 144, 152, 222 f., 225, 279
(H)ildico 219
Himmelsmantel 86
historia 127, 207
Historizität mal. Texte 24 f.
Hochzeit zu Kana 101–104
Hof, -gesellschaft, -literatur 169–171, 188 f., 260; höfisch 170 f., 181, 187–189, 231–233; Lit. 335
Hoffmannswaldau, C. Hoffmann von 130, 138
Hoftag, Magdeburg 89, Mainz 171, 175, 268
Holtzwart, M. 300 (33)
Homer 107, 120, 127, 223, 242, 309 (53)
Honorius Augustodunensis 61
Hrabanus Maurus 47, 58, 77, 101, 108
Hugo von St. Victor 65, 70, 299 (9, 20)
Hugo von Trimberg 78, 155 f., 304 (2)
Huldeschwur 163 f.
Hunnenschlachtlied, an. 221
huobe, Hufenbauern 166
Hydatius 218, 310 (59)
Hygbald von Lindisfarne 212
Hyperbaton (*transgressio*) 134

Idylle 120
immixtio manuum 163 f.
Inkunabel 32; Li. 322
Innozenz III., Papst 283
inscriptio 129
Interaktionsmuster 242
Interpolation 34
interrogatio 135
intitulatio 129
inventio, rhetor. 119–123, 191
Inversion 134
Investitur 164, 177
invocatio 129
Irene, Kgn. 89
Ironie 133, 138
Isaak, Opferung 82, 101–103
Isidor, B. von Sevilla 52, 58, 64, 77, 107, 161, 207, 302 (5)
Isokolon 134

Jean Bodel 192, 207
Jerusalem (vierfach. Schriftsinn) 109 f.
Jesaja 87
Johannes von Tepl 123, 134 f., 138 f., 303 (20)
Jonas 82
Jordanes 56, 310 (59)
Judas 90 f.
Julius Valerius 193
Junggrammatiker 16

Kadenztypen 149
Kaiserchronik 83, 189
Kampfmetaphorik 175 f.
Kanon, literar. 293
Kanzonenform 150, 258
Karl d. Gr., Ks. 31, 47, 56, 84, 90 f., 243
Karl IV., Ks. 165
khardjas mozarabes 259
Klage 139 f.
Klage 222, 235 f., 238, 311 (82)
Klassik 187 f., 292 f.
Klerikerkultur 13, 45, 49 f., 55–57, 65, 212, 219, 244; Lit. 325
Kloster 45–48
Klosterneuburg, Altar 83
Kolophon 32
König- u. Kaisertum, dt. 84–87
Koninc Ermenrikes Dôt 223, 345
Konjektur 34, 40

Konkordanz, AT – NT 81 f., 86 f., 93
Konrad I., Kg. 84
Konrad II., Ks. 85, 165
Konrad von Megenberg 77 f., 299 (30)
Konrad von Würzburg 142 f., 151
Konrad, Pfaffe 90–93, 176 f., 193, 300 f. (46)
Konstantin d. Gr., Ks. 12, 34
Konstruktionsallegorie 112
Kontamination 34
Kontinuität 23 f.
Kontrafaktur 144, 258
Kopernikus, Nikolaus 58
Kremsmünster, Scheibenkreuz 95 f.
Kreuzzug 174–177, 263–268, 280 f., 305 (32); Lit. 337
Krönungsordo, Mainzer 87
Kudrun 152, 222 f., 236, 311 (82); Lit. 345
Kürenberger 151 f., 247–250, 312 (9)
Kultureinfluß, frz. 170, 179 f., 190–195
Kursive 31

Labyrinth 79 f.
Laienkultur 13, 45, 49, 54–57, 187–189, 219, 266; Lit. 325
Lamprecht, Pfaffe 193, 207 f., 307 (13)
Langzeile 146, 151
Latein 13, 45, 55, 57, 90, 291; Lit. 325
laudatio temporis acti 122 f.
Laurin 152, 222, 238
lectio 51
Lehen (*beneficium, feudum*), Lehnsherr (*senior, hêrre*), -mann (*homo, vasallus, man*) 163 f., 282, – wesen, Lit. 335 f.
Lehnsverzicht 164, 177
Lehnwörter 55, 190
Leich 151
leit 256 f.
Leithandschrift 35, 39
Lemma, editor. 35, emblemat. 79
Leo I., d. Gr., Papst 45
Leo von Neapel 193
Leuthold (Liutolt) von Seven 277
Lex Burgundionum 218
Liebesbrief 130, 244
liet 143, 277
Linguistik 19
Literaturbegriff 292
Literaturgeschichtsschreibung 286–293, 314 (5); Lit. 352–355

Literaturtheorie, mal. 126
Literaturwissenschaft, Neuere dt. 19
littera patens, – clausa 129
litterati et illitterati 49f., 55
Liudprand von Cremona 86
Lob u. Tadel 124f.
Longos 120
Löwe (Naturdeutung) 69f., 96
Lucidarius 60–62, 152f., 298 (4)
Ludwig I., der Fromme, Ks. 91
Ludwigslied 213
Lüge, schöne 207–212
Luther, M. 12, 51, 57, 101f., 128f., 141

Märchen 206; Lit. 341f.
mære 157f.
Majuskel 31
Mandeville, John 64
Manesse, Johannes u. Rüdiger 37
Manessesche Handschrift 29, 35–37, 39f., 143f., 185
Mannfall u. Herrenfall 164
Mannschaft (*homagium*) 163f.
Marcabru 121
Maria 82, 88, 259
Markt 182, 184f.
Marner, Der 73f., 143, 299 (25)
Martianus Capella 52, 110
matière de Bretagne 192
matière u. san/sen(s) 208f.
Matthieu de Vendôme 119
Maximilian I., Ks. 190
Mäzene 170f.
Mediävistik, Begriff 11–13, Begründung 21ff.
meine, der âventiure 207–212
Meinhard von Bamberg 212
Melker Marienlied 82, 300 (38)
Memento mori 245f.
memoria 119
Metapher 107, 133, 303 (16)
Metonymie 133
Metrik 143–154, antike/roman./germ.-dt. 146f., Reim 144f., Takt u. Versfüllung 145–150, Strophenformen 150–152; Lit. 333
Mikro-, Makrokosmos 60
miles christianus 175–177; Lit. 337
Mimesis 142
Ministerialität 162, 169, 172, 178, 260

Minne (*amour courtois*) 194, 199, 203, 231, 246, 254–259, 261, 264, 269
Minneallegorie 111–115
Minnesang, Edition 35–40, Strophenfolge 39, Melodie 144, Kanzone 150, Standesdichtung 170, 174, Anfänge volkssprachl. Lyrik 243–247, donauländ. – 247–254, 269, 276, Hohe Minne 254–260, Herkunft u. Entstehung 259f., Sozialgesch. 260, Tagelied 260–263, Kreuzzugsthematik 263–268, Walthers Mädchenlieder u. die Neue Hohe Minne 269–277; Lit. 345–351
Minuskel, karoling. 30f., 100
Mittelalter, Begriff 11f., -Rezeption 14; Lit. 321
Mobilität, soziale 155–161
Mora 147
Moriz von Craûn 194, 311 (82)
Moses 82, 96
Motto (emblemat.) 79
Mündlichkeit 13, 29, 42f., 45, 144, 224, 238; Lit. 325
Münzenberg, Burg 167f.
munt 166, 179, 255
Musik 53

narratio 127, 129
Nationalliteratur 288f.
Naturdeutung 69–81, -kunde 76–79, -wissenschaft 76–79; Lit. 327
Natureingang 245, 249f.
Neidhart 190, 243, 273, 277
Neumen 144
Nibelungenlied u. Nibelungensage 34, 41f., 46, 56, 143, 145, 149, 151f. (Strophe), 187, 204, 213, 222–238: Heusler 226–228, syn- u. diachron. Interpr. 228f., Heroisches u. Höfisches 229–237, *triuwe* u. *untriuwe* 234–237, Rache 234–236, – u. *Kudrun* 236, Epos u. Roman 237–242; 251f., 297 (2f.), 305 (21), 311 (82); Lit. 343–345
Noah 98, Arche 83, Fluch 156f.
Notker der Deutsche 55
Notker der Stammler 151

Ockham, Wilhelm von 51
Odoaker, ital. Kg. 219, 221
Öffentlichkeit, repräsentative 84

Opitz, M. 14, 57, 119, 131f., 134, 141f., 302 (6)
oral tradition 43, 224, s. Mündlichkeit
Ordogedanke 155–161, 283–285; Lit. 336
Origenes 66, 108
Original 32, 41, 43, Originalität 139, 191
Ortnit 152, 222, 311 (82)
Oswald von Wolkenstein 121, 135, 137f., 143
Otfried von Weißenburg 32, 79, 82, 100–104, 130, 145, 243, 301 (57)
Otto I., Ks. 84–86, 89
Otto IV. von Braunschweig, Ks. 88
Otto, B. von Freising 56, 96–98, 301 (50, 53f.)
Ovid 130, 194, 259, 307 (15)
Oxymoron 136

Paläographie 30f.
Paradies 59, 61, 120
Paralipse (*praeteritio*) 135
Paris, Sorbonne 49f.
Parodie 120, 130, 262f., 277
Paronomasie (*annominatio*) 134
Pastourelle 121f., 260, 269–274
Pelikan (Naturdeutung) 76, 80f.
Periphrase 133
peroratio (*epilogos*) 127–129
Personenverbandsstaat 161–165, 216
petitio 129
Petrarca, Francesco 11, 63, 136f., 140–142, 298 (7), 303 (19, 22)
Petrus Lombardus 51
pfaffen unde leien 49, 65, 285
Philipp III., Kg. von Spanien 81
Philipp von Schwaben, Kg. 88–90, 285
Philodemos von Gadara 107
Philologie, Begriff 14
Physiologus 69–77, 280, 299 (18, 23)
pictura (Icon) 79
Pleonasmus 134
Plinius d. Ä. 71, 77f.
Poetik u. Rhetorik 141f.; Lit. 330f.
Polyptoton 134
Positivismus 16
Präfiguration 82f.
Predigt, Homilie, Sermon 128; Lit. 332f.
Priscianus 52
prodesse – delectare 126, 131
Prokatalepse (*praeoccupatio*) 135

Prolog s. *exordium*
promulgatio 129
Properz 122
propositio 129
Proprietäten 68f., 78
Prosa 61, 139, 143, – u. Reimvers 152–154
Prosa-Lancelot 152, 195, 205, 308 (27)
Prosper Aquitanus 218, 310 (59)
Prudentius 110
Pseudo-Kallisthenes 193

Quadrivium 49, 52
quaestio 51, 156
Quintilian 107, 117f., 124, 137, 302 (3)

Rabenschlacht 152, 222, 311 (82)
Rache 234–236
«Rahmenbestimmungen» f. Dt. 20
Rat u. Hilfe (*consilium et auxilium*) 164
Rechtsaufzeichnung 57
Rechtsbrauch (*costume*) 204–206
Rede, gebundene 143
Regenboge, Barthel 143
Regensburg, Burggf. von 247, 254
Reichenau 45, 47
Reichskrone, otton. 83–88
Reim 142–145, 152, 211f.
Reimann, J. F. 302f. (9)
Reimbindung u. -brechung 145
Reinmar der Alte (von Hagenau) 256
Reinmar der Fiedler 277f.
Reinmar von Zweter 151, 305 (21)
Responsion 151
Rhetorik 18, 52, 117ff., Zweck 117, 281, *persuadere* 118, *ars bene dicendi* 117, Regelsystem 118, *inventio* 119–123, *genera orationis* 123–125, *dispositio* 119–131, *exordium* 125–127, *narratio* 127, *peroratio* 127f., Urkunde u. Brief 128–130, *elocutio* 119–138, *aptum* 131f., *genera elocutionis* 131f., Figuren u. Tropen 132–138, Typisches 139f., Poetik 141f.; Lit. 330
Richard Löwenherz 88
Richard von St. Victor 68
Ritter, ritterlich 171ff., 187–189; Lit. 336f.
Ritterorden, geistl. 176, Gold. Vlies 190
Rolandslied s. Konrad, Pfaffe
Rollenhagen, Gabriel 80, 300 (35)

Rollenlyrik 248
roman courtois 192, 194f.
roman d'antiquité 192f.
Rosengarten zu Worms 152, 222
roman de la rose 111f.
rota Virgilii 132
Rothirsch, Petrus 138
Rudolf IV., Hg. von Österreich 34
Rudolf von Fenis, Gf. von Neuenburg 255f., 258
Ruinen-Elegie, ae. 122
Ruodlieb 138, 243, 312 (2)

Saga 223
Sage 213, 223, – u. Lied 225
Saladin, Sultan 175
Salomo 83, 87, 90f.
salutatio 129
Samariter-Gleichnis 104f., 301 (60)
Sammeltheorie 223
Samson 96
sanctio 129
Sara u. Hagar 107f.
satirisch 182
Saxo Grammaticus 223, 310 (60)
Schlange, eherne 82, 96
Scholastik 51f. 65
Schönheit 137f., 142; Schön-Gut-Identität 211f.
Schriftlichkeit 13, 29, 42f., 45, 224, 238; Lit. 325
Schriftsinn 101–110, 208f., s. *sensus*
Schwertleite 171, -segen 176
Sendschreiben 129
Senkung 146, Synkope, Spaltung 148
sensus litteralis (historicus) 109f., *– allegoricus* 109f., *– tropologicus (moralis)* 109f., 112, *– anagogicus* 109f.
Sentenz 51
Sequenz 151
Siebenzahl 162
Sigenot 152, 222
Sigle 35
signum-res-Schema 105f.
Sigurdlieder, an. 223, 226
Silbe 148, Silbenzählung 146f.
Silesius, Angelus (Joh. Scheffler) 136
similitudo 77
Sinnfindungsregel, hermeneut. 68–70

Sinnträger (*persona, numerus, locus, tempus, gestum*, Farben, Buchstaben, geometr. Figuren, Sprache) 68–70
Sozial- u. Funktionsgeschichte 18, 173f.
Spannung, ob überhaupt-, wie- 239
speculum 162
Spervogel 279f.
Sprachdeutung 70; Lit. 328
Sprichwort 279
Spruchdichtung 277–285, Lied, Sang- u. Sprechspruch 277f., Gnomik 279–281, Walther 281–285; Lit. 345–351
St. Gallen, Kloster 45–47
Stabreim 144
Stadt u. Land 184–186
Stand 159f.
Stauferzeit, staufisch 187–189; Lit. 334f.
Steinmar 262f.
Stemma 33f., 41, 43
Stollen 150
Straßburg, Münster 94f.
Streitgespräch 139
Stricker, Der 72f., 177, 299 (24), 311 (82)
Strophenformen, Otfried 100, Kanzone 150, Leich 151, Kürenberger, *Nibelungenlied* 151f., 227, *Kudrun* 152, Berner- u. *Hildebrandston* 152, prov. 258, Spruchdichtung 278, 282
Strukturalismus 19f.
subscriptio, emblemat. 79, Urkunde 129
Substitution (Metapher) 107, 133
Sueton 137
Synalöphe 149
Synaphie u. Asynaphie 147f.
Synekdoche (*pars pro toto*) 133

T-Karte 58f.
Tacitus 16
Tafelrunde 206f.
Tagelied (prov. *alba*) 142f., 249, 252–254, 260–263, 288
Takt 145–150
Tannhäuser, Der 135, 151
Tatian 101, 301 (58)
Tatsächlichkeitsgrad 127, 142, 207
Tau, *signum* 96
Tautologie 134
Tegernseer Brief (MF 3, 1) 244, 312 (3)
Temperamente, vier 60

Territorialisierungsprozeß 165 f.; Lit. 336
Textdeutung, allegor. 100–116
Textkritik 32–40, Archetypus 32, *recensio* 32 f., *examinatio* 32, 34, *eliminatio* 33, Kollation 33, Filiation 33, Stemma 33 f., 41, Fehler 33, Varianten 33, 35, *lectio difficilior* 34, 90, Leithandschrift 35, 39, Kontamination 34, *emendatio*, Konjektur 34, 40, *corruptela* 34, *crux* 34, Interpolation 34, Edition 35–40, Original 32, 41, «Ursprüngliches» 38 f., 43, Sondergut 41; Lit. 322
Textura, got. 30 f., 37
Theoderich d. Gr., ostgot. Kg. (Dietrich von Bern) 56 f., 98, 218–221, 310 (61)
Theorie, Krit. 20
Thidrekssaga 42, 223, 226–228, 310 (70)
Thomas d'Angleterre 195
Thomas von Aquino 23, 51, 60, 160, 306 (37), 308 (39)
Thomasin von Zirklaere 67 f., 191, 209–211, 281, 299 (14), 308 (37)
Tibull 122
Tonbeugung 147
Tondauer u. -stärke 146 f.
Topos (*locus communis*) 40, 119–123, 137, Typus u. Variation 120, Kaiser-40, *puer senex* 48, Herrscherlob 91, *locus amoenus* 112–115, 119–122, 249, 271, Land- u. Hofleben 122, Dichtertraum 111, 120 f., *laudatio temporis acti* 122 f., Alter 137 f., 269, Verkehrte Welt 122 f., Exordialtopoi 126 f., Wahrheit – Lüge 154, 207–212
tougenlîch 254, 259
Transkription, diplomat. 37
translatio imperii 98
Traum 111, 120, 251, 273 f.
Treuaufsagung (*diffidatio*) 164, 263
Treubruch (Felonie) 164
Trinität 89
Trivium 49, 52
Trojaroman 193
Tropen, rhetor. 133
Troubadourlyrik 258 f.
troutliet 245 f.
Tuotilo von St. Gallen 151
Typologie 81–99, halb- u. außerbibl. 83, 90, *ante legem, sub lege, sub gratia* 83, Anwendungsbeispiele 84–96, 101–104

Typos (*figura*) 81 f.; Lit. 328 f.
übel wîp-Genre 182
Überbietung 126
Überlieferungsgeschichte 33 f., 40–44
Ulrich von Gutenburg 151
Ungleichzeitigkeit d. Gleichzeitigen 11
Universalienstreit 52
Universalkartographie 58–60, 298 (1–3)
Universitäten 48–53
Unziale 30 f.
Urkunde 128 f.; Lit. 332

Vagantenlied 244 f., 249, 259, 269–271
Varianten 33, Entstehungs- u. Überlieferungs- 43
Vasallitätsterminologie 164, 176–178, 254 f., 260
Ventoux, Mt. 63, 140 f.
Vergil 120, 132, 193 f. 224
Vergleich, hist.-typolog., hist.-genet. 228
Verkehrte Welt 122 f.
„Vermeidung der Trägheit" 126
Verona, San Zeno 220
Verrat, Genelun, Judas 90 f.
Vers, Füllung 145–150, – u. Satz 146, -gegenden 147–149
Versikel 151
versus rapportati 134
Vertrag, vasallit. 162–164, 216, 255
Villikationsverfassung 166
Vincenz von Beauvais 77
Vínland-Fahrten 63 f.
Virginal 152, 222
vlæmen mit der rede 190 f.
Volkssprache 13, 45, 55, 187, 291
Völsungasaga 223, 226 f.
Vorausdeutung 232, 239
Vulgata 81 f., 86 f., 91, 98, 101 f., 107–109, 160, 175 f.

Wace 194, 307 (16)
Wahrheit 61 f., 126 f., 142, 153, 191, 207–212, 219, 242; Wahrscheinlichkeit 211
Waltharius 56, 223
Walther von der Vogelweide 34, 87–90, 120–122, 124 f., 130, 134, 138, 149–151, 191 f., 203, 249, 260, 269–278, 281–285, 307 (24), 313 (31); Lit. 347
wân 255, 264–266

Wasser u. Wein 101–104
Wechsel 248f., 262
Wegstruktur 199, 307 (22)
Weltalter 98, 101, 301 (51)
Weltchronistik 96–98
Weltdeutung 58 ff., – u. Textdeutung 105 f., Weltkunde 60 f.
Weltliteratur 288
Weltreiche 98
Wernher der Gartenære 157, 160f., 190f., 304 (5), 311 (82)
Widukind von Korvei 84, 137, 219
Wielandlied, an. 223
winileod 243
«Wissen verpflichtet zur Mitteilung» 126
Wittenwiler, Heinrich 126, 130, 303 (13)
Wolfdietrich 152, 222, 311 (82)

Wolfger von Erla, B. von Passau 171, 281
Wolfram von Eschenbach 29, 54, 74f., 83, 137, 148f., 173, 187, 193, 238, 259, 262, 311 (82); Lit. 339–341

Zahlendeutung 70, 86, 162; Lit. 327
Zeichenhaftigkeit (*significatio*) 65, 67f., Augustin 105–107, *signum proprium* u. *signum translatum* 106, *littera* u. *spiritus* 106, 108f., Artusroman 207–212
Zeilenstil, strenger, freier 146
Zersingen 43
Zeugma 135
Zirkel, hermeneut. 17
Zivilisationsprozeß 170, 174
Zweigewaltenlehre, Gelasius I. 87
Zwölfzahl, typolog. 86

2. *Forschung*

Alewyn, R. 27f., 297 (30)
Auerbach, E. 83, 288, 300 (37)

Beck, H. 309 (48)
Bertau, K. 288, 290f., 301 (47)
Besch, W. 153f., 304 (28)
Beyschlag, S. 143, 228f., 310 (71)
Bezzola, R. R. 196, 339
Bischoff, B. 30, 297 (1)
Blank, W. 302 (68)
Bloch, M. 173
Blumenberg, H. 298 (5)
Boor, H. de 55, 187–189, 237, 259–261, 278, 284, 286–292, 306 (40, 2), 312 (1, 12)
Borst, A. 295 (2)
Bosl, K. 161, 304 (10)
Bowra, C. M. 214, 309 (47)
Brackert, H. 23–26, 41f., 98, 229, 232, 235, 297 (29, 2), 306 (46), 311 (74), 312 (17)
Braune, W. 41, 297 (2)
Briquet, C. M. 30
Brunner, O. 155, 166, 304 (1, 16), 306 (43)
Bumke, J. 171–174, 183, 188f., 191, 228, 240, 304 (11, 15), 305 (18), 307 (9, 11), 311 (83), 314 (7)
Burdach, K. 259

Curschmann, M. 308 (37), 313 (28)
Curtius, E. R. 13, 18, 23, 27, 62, 119f., 126, 288f., 291, 314 (39, 5)

Decker-Hauff, H. 86, 300 (45)
Dilthey, W. 17
Dittmann, W. 296 (22f.)
Droysen, J. G. 286, 314 (1)
Dumézil, G. 217

Ebeling, G. 105f., 302 (62)
Eis, G. 53, 298 (12)
Eliade, M. 217
Ennen, E. 338
Ertzdorff, X. von 301 (57)

Fischer, L. 303 (24)
Frappier, J. 258
Frings, Th. 193, 305 (19)
Fromm, H. 18, 21, 197, 296 (16), 307 (19)

Gadamer, H.-G. 18, 22
Ganz, P. F. 306f. (4)
Gervinus, G. G. 16, 139, 289
Gloege, G. 108, 302 (64)
Goetz, H.-W. 333, 338
Grabmann, M. 51, 298 (11)
Grimm, J. 14–16, 57, 213, 223, 242
Grimm, W. 15, 310 (65)

Grimminger, R. 245, 249f., 312 (4)
Grubmüller, K. 299 (24, 29), 304 (3)
Gruenter, R. 120, 302 (68)
Grundmann, H. 298 (13), 305 (36), 306 (42)

Habermas, J. 18, 20, 84
Haebler, K. 32, 322
Hahn, G. 139f., 303 (20), 313 (31)
Harms, W. 299 (22), 300 (36)
Hauck, K. 12, 217, 308 (43), 309 (54, 57)
Haug, W. 154, 231, 235, 304 (25), 308 (35), 310 (64), 311 (75)
Hegel, G. W. F. 117f., 238
Heinzle, J. 291, 297 (6)
Herder, J. G. 14, 279
Heusler, A. 18, 143, 213, 217, 221–227, 240, 279, 292, 309 (48, 52), 310 (67, 69)
Hirsch, A. 99, 301 (56)
Hocke, G. R. 75, 300 (34)
Höfler, O. 217f., 309 (56)
Höver, W. 276–278, 303 (18)
Hoffmann, W. 143, 310 (60)
Hübinger, P. E. 12, 296 (3)
Hübner, A. 35, 139

Ihlenburg, K. H. 232, 236, 310 (62)
Jauß, H. R. 18, 21–23, 25f., 296 (4), 297 (28), 308 (38), 311 (83), 314 (4)
Jeanroy, A. 259
Jolles, A. 214, 242, 279, 309 (46)

Kaiser, G. 174, 206, 236f., 305 (24), 307 (15), 314 (41)
Kant, I. 118
Kartschoke, D. 91–93, 291, 300 (46)
Kayser, W. 18
Kellermann, W. 240, 311 (86)
Kleinschmidt, E. 260, 306 (45)
Kluckhohn, P. 260
Kolb, H. 299 (9), 300 (38), 302 (68), 304 (3)
Köhler, E. 18, 153, 173, 178, 196, 202, 206, 208, 211f., 240f., 258f., 304 (27), 305 (23f.), 308 (26, 30, 39)
Kraus, C. von 38, 274
Krauß, H. 242
Krings, H. 160, 304 (7)
Krohn, R. 302 (69), 308 (36)
Kuhn, Hans 213, 225, 308 (43)

Kuhn, Hugo 13, 43f., 54, 187f., 199, 236, 261, 271, 292, 296 (6f.), 297 (9), 306 (3), 307 (23), 310 (60), 312 (11)

Lachmann, K. 14, 32, 38–40, 223f., 310 (66)
Lämmert, E. 21, 296 (13), 297 (8)
Lewis, C. S. 23, 302 (68)
Liebertz-Grün, U. 260, 307 (21)
Lubac, H. de 108f., 302 (65)
Lüthi, M. 206, 218, 308 (29, 44)

Maurer, F. 282, 299 (23), 313 (37)
Mayer, H. E. 305 (32)
Meier, C. 299 (17, 28)
Minder, R. 21, 293, 297 (27)
Mohr, W. 178, 305 (19)
Moser, H. 39f., 281, 313 (35)
Müller, J.-D. 237, 242, 311 (93)

Nadler, J. 289
Nagel, B. 241, 311 (81, 90)
Nellmann, E. 300 (45), 301 (46, 55)
Nolting-Hauff, I. 197f., 306 (39)

Ohly, F. 12, 18, 67–70, 83, 244, 299 (12), 301 (46), 312 (3)

Panzer, F. 218, 309 (58)
Paris, G. 258
Peters, U. 174, 305 (25, 35), 306 (45)
Pinder, W. 11
Plett, H. F. 133, 303 (17)
Pyritz, H. 35

Ranke, F. 112, 302 (68)
Ranke, L. von 12
Ruh, K. 44, 307 (13), 312f. (20)
Rupprich, H. 292

Scherer, W. 16f., 287
Schieb, G. 193, 305 (19), 307 (14)
Schirmunski, V. 228
Schlegel, A. W. u. F. 16, 172
Schlesinger, W. 155, 309 (50)
Schlosser, H. D. 102–104, 301 (57)
Schmidtke, D. 299 (24)

Schöne, A. 81, 300 (36)
Schramm, P. E. 86, 300 (44)
Schröder, F. R. 217, 309 (54)
Schröder, W. 84, 241, 300 (38, 42), 311 (91)
Schweikle, G. 312 (9), 318
Schwietering, J. 18, 83, 112, 259, 302 (68)
See, K. von 217, 309 (48, 54)
Spitzer, L. 258f.
Stackmann, K. 35, 307 (15)
Stammler, W. 19, 53
Stein, K. vom 15
Strohschneider-Kohrs, I. 20, 296 (17)

Tervooren, H. 39f.
Tiemann, H. 153, 304 (26)
Trunz, E. 298 (9)

Voßkamp, W. 308 (38)
Vries, J. de 217, 309 (55)

Wachinger, B. 239, 242, 311 (85)
Wapnewski, P. 274f., 312 (9, 20), 313 (31f.)
Weber, G. 112, 229, 302 (68), 311 (73)
Wehrli, M. 187f., 237, 286f., 289, 291, 306 (1)
Wolf, F. A. 223